Indicadores de sustentabilidade e gestão ambiental

Indicadores de sustentabilidade e gestão ambiental

ARLINDO PHILIPPI JR
TADEU FABRÍCIO MALHEIROS

Copyright © 2013 Editora Manole Ltda., conforme contrato com os autores.

SECRETARIA EDITORIAL
Giuliana Carolina Talamini

APOIO TÉCNICO E EDITORIAL
Ana Maria Barbieri Bedran Martins
Ana Paula Alves Dibo
Carla Grigolleto Duarte
Nayara dos Santos Egute
Ruby Alicia Criollo Martinez
Sonia Maria Viaggiani Coutinho
Tatiana Tucunduva Philippi Cortese

PRODUÇÃO EDITORIAL
Editor gestor: Walter Luiz Coutinho
Editora: Ana Maria Silva Hosaka
Produção editorial: Pamela Juliana de Oliveira,
            Marília Courbassier Paris

PROJETO GRÁFICO E CAPA
Nelson Mielnik e Sylvia Mielnik

FOTOS DA CAPA
Ana Maria Silva Hosaka e Opção Brasil Imagens

EDITORAÇÃO ELETRÔNICA
JLG – Editoração Eletrônica

Dados Internacionais de Catalogação na Publicação (CIP)
(Câmara Brasileira do Livro, SP, Brasil)

Indicadores de sustentabilidade e gestão ambiental/editores Arlindo Philippi Jr,
Tadeu Fabrício Malheiros. -- Barueri, SP: Manole, 2012. -- (Coleção ambiental; 12)

Vários autores.
Bibliografia.
ISBN 978-85-204-2664-7

1. Administração de empresa 2. Gestão ambiental 3. Planejamento estratégico
4. Sustentabilidade
I. Philippi Jr, Arlindo. II. Malheiros, Tadeu Fabrício. III. Série.

| 12-12921 | CDD-658.4 |

Índices para catálogo sistemático:
1. Gestão ambiental : Sustentabilidade :
Administração 658.4

Todos os direitos reservados.
Nenhuma parte deste livro poderá ser reproduzida, por qualquer
processo, sem a permissão expressa dos editores.
É proibida a reprodução por xerox.

A Editora Manole é filiada à ABDR – Associação Brasileira de Direitos Reprográficos.

1ª edição – 2013

Editora Manole Ltda.
Avenida Ceci, 672 – Tamboré
06460-120 – Barueri – SP – Brasil
Fone: (11) 4196-6000 – Fax: (11) 4196-6021
www.manole.com.br
info@manole.com.br

Impresso no Brasil
Printed in Brazil

CORPO EDITORIAL
CONSELHO EDITORIAL CONSULTIVO

Adriana Marques Rossetto (UFSC); Alaôr Caffé Alves (USP); Aldo Roberto Ometto (USP); Alexandre Hojda (Uninter); Alexandre Oliveira Aguiar (Uninove); Ana Lucia Nogueira de Paiva Britto (UFRJ); Andre Tosi Furtado (Unicamp); Angela Maria Magosso Takayanagui (USP); Antoninho Caron (FAE); Antonio Carlos Rossin (USP); Arlindo Philippi Jr (USP); Augusta Thereza Alvarenga (USP); Blas Enrique Caballero Nuñez (UFPR); Beat Gruninger (BSD); Carlos Alberto Cioce Sampaio (UFPR); Carlos Eduardo Morelli Tucci (Unesco); Claude Raynaut (UBordeaux II); Claudia Ruberg (UFS); Cleverson V. Andreoli (Sanepar); Daniel Angel Luzzi (USP); Delsio Natal (USP); Dimas Floriani (UFPR); Enrique Leff (Unep); Francisco Arthur Silva Vecchia (USP); Francisco Suetonio Bastos Mota (UFCE); Frederico Fábio Mauad (USP); Gilda Collet Bruna (UPMackenzie); Hans Michael van Bellen (UFSC); Héctor Ricardo Leis (UFSC); Horácio Hideki Yanasse (Inpe); Isabella Fernandes Delgado (Fiocruz); Jalcione Pereira de Almeida (UFRGS); Leila da Costa Ferreira (Unicamp); Leo Heller (UFMG); Liliane Garcia Ferreira (MPESP); Lineu Belico dos Reis (USP); Manfred Max-Neef (Uach); Marcel Bursztyn (UnB); Marcelo de Andrade Roméro (USP); Marcelo Pereira de Souza (USP); Márcia Faria Westphal (USP); Marcos Reigota (Uniso); Maria Cecilia Focesi Pelicioni (USP); Maria do Carmo Sobral (UFPE); Maria José Brollo (IG/SMA/SP); Maria Luiza Leonel Padilha (USP); Mario Thadeu Leme de Barros (USP); Mary Dias Lobas de Castro (SVMA/SP); Nemésio Neves Batista Salvador (UFSCar); Oswaldo Massambani (USP); Patricia Marra Sepe (SVMA/SP); Paula Raquel da Rocha Jorge Vendramini (UPM); Paula Santana (UCoimbra); Reynaldo Luiz Victoria (USP); Ricardo Toledo Silva (USP); Rita Ogera (SVMA/SP); Roberto Luiz do Carmo (Unicamp); Selma Simões Castro (UFG); Sérgio Martins (UFSC); Severino Soares Agra Filho (UFBA); Sonia Maria Viggiani Coutinho (USP); Stephan Tomerius (UTrier); Sueli Corrêa de Faria (Urbenviron); Sueli Gandolfi Dallari (USP); Tadeu Fabrício Malheiros (USP); Tânia Fisher (UFBA); Valdir Fernandes (FAE); Valdir Frigo Denardin (UFPR); Vânia Gomes Zuin (UFSCar); Vicente Fernando Silveira (RF); Vicente Rosa Alves (UFSC); Vilma Sousa Santana (UFBA); Wagner Costa Ribeiro (USP); Zulimar Márita (UFMA).

REALIZAÇÃO

Programa de Pós-Graduação em Saúde Pública da FSP, USP
Programa de Pós-Graduação em Ciências da Engenharia Ambiental da EESC, USP
Departamento de Saúde Ambiental da FSP, USP
Departamento de Hidráulica e Saneamento da EESC, USP

APOIO INSTITUCIONAL

Siades – Sistema de Informações Ambientais para o Desenvolvimento Sustentável da USP
CRHEA – Centro de Recursos Hídricos e Ecologia Aplicada da EESC, USP
Incline – Interdisciplinary Climate Investigation Center, USP

EDITORES
Arlindo Philippi Jr
Tadeu Fabrício Malheiros

AUTORES

Adelaide Cassia Nardocci
Faculdade de Saúde Pública, USP

Alceu de Castro Galvão Jr
Agência Reguladora de Serviços Públicos
Delegados do Estado do Ceará, Arce

Alexandre Caetano da Silva
Agência Reguladora de Serviços Públicos
Delegados do Estado do Ceará, Arce

Angélica Aparecida Tanus Benatti Alvim
Universidade Presbiteriana Mackenzie, UPM

Arlindo Philippi Jr
Faculdade de Saúde Pública, USP

Beatriz Bittencourt Andrade
Universidade Federal de Santa Catarina, UFSC

Bernardo Arantes do Nascimento Teixeira
Universidade Federal de São Carlos, UFSCar

Carlos Alberto Cioce Sampaio
Universidade Federal do Paraná, UFPR

Christian Eduardo Henríquez Zuñiga
Universidade Regional de Blumenau, Furb

Dora Blanco Heras
Universidade de Santiago de Compostela, USC

Evaldo Luiz Gaeta Espíndola
Escola de Engenharia de São Carlos, USP

Fábio Silva Lopes
Universidade Presbiteriana Mackenzie, UPM

Frederico Yuri Hanai
Universidade Federal de São Carlos, UFSCar

Gilda Collet Bruna
Universidade Presbiteriana Mackenzie, UPM

Gina Rizpah Besen
Faculdade de Saúde Pública, USP

Glória Regina Calháo Barini Néspoli
Faculdade de Saúde Pública, USP

Hans Michael van Bellen
Universidade Federal de Santa Catarina, UFSC

Helena Ribeiro
Faculdade de Saúde Pública, USP

Ioshiaqui Shimbo
Universidade Federal de São Carlos, UFSCar

Laudemira Silva Rabelo
Universidade Federal do Ceará, UFC

Leydy Viviana Agredo González
Universidad del Valle, Colômbia

Liliane Garcia Ferreira
Ministério Público de São Paulo, MPESP

Lineu Belico dos Reis
Escola Politécnica, USP

Luiz Guilherme Rivera de Castro
Universidade Presbiteriana Mackenzie, UPM

Luiz Gustavo Faccini
Faculdade de Saúde Pública, USP

Mara Lúcia Barbosa Carneiro Oliveira
Organização Pan-Americana de Saúde, Opas

Maria Luiza de Moraes Leonel Padilha
Faculdade de Saúde Pública, USP

Mario Alejandro Pérez Rincón
Universidad del Valle, Colômbia

Marise Tissyana Parente Carneiro Adeodato
Prefeitura Municipal de Sumaré, SP

Natália Sanchez Molina
Escola de Engenharia de São Carlos, USP

Omar Yazbek Bitar
Instituto de Pesquisas Tecnológicas, IPT

Oscar Dalfovo
Universidade Regional de Blumenau, Furb

Patrícia Cristina Silva Leme
Superintendência de Gestão Ambiental, USP

Patrícia Verônica Pinheiro Sales Lima
Universidade Federal do Ceará, UFC

Peter Zeilhofer
Universidade Federal de Mato Grosso, UFMT

Renata Amaral
Escola de Engenharia de São Carlos, USP

Ricardo Siloto da Silva
Universidade Federal de São Carlos, UFSCar

Roberto Righi
Universidade Presbiteriana Mackenzie, UPM

Samuel Luna de Almeida
Faculdade de Saúde Pública, USP

Sonia Maria Viggiani Coutinho
Faculdade de Saúde Pública, USP

Sueli Corrêa de Faria
Urbenviron, International Association for Environmental Planning and Management

Tadeu Fabrício Malheiros
Escola de Engenharia de São Carlos, USP

Tania de Oliveira Braga
Instituto de Pesquisas Tecnológicas, IPT

Tiago Balieiro Cetrulo
Escola de Engenharia de São Carlos, USP

Valdir Fernandes
Universidade Positivo, UP

Volia Regina Costa Kato
Universidade Presbiteriana Mackenzie, UPM

Wanda Maria Risso Günther
Faculdade de Saúde Pública, USP

Os capítulos expressam a opinião dos autores, sendo de sua exclusiva responsabilidade.

Sumário

Prefácio XIII
Jacques Marcovitch

Apresentação XIX
Os Editores

Capítulo 1
Desafios do uso de indicadores na avaliação da sustentabilidade 1
Tadeu Fabrício Malheiros, Sonia Maria Viggiani Coutinho & Arlindo Philippi Jr

Capítulo 2
Indicadores de sustentabilidade: uma abordagem conceitual 31
Tadeu Fabrício Malheiros, Sonia Maria Viggiani Coutinho & Arlindo Philippi Jr

Capítulo 3
Construção de indicadores de sustentabilidade 77
Tadeu Fabrício Malheiros, Sonia Maria Viggiani Coutinho & Arlindo Philippi Jr

Capítulo 4
Indicador da Pegada Ecológica: aspectos teóricos e conceituais para aplicação no âmbito de universidades 89
Leydy Viviana Agredo González & Mario Alejandro Pérez Rincón

Capítulo 5
Indicadores ambientais aplicados à gestão municipal........................... 125
Omar Yazbek Bitar & *Tania de Oliveira Braga*

Capítulo 6
Indicadores de sustentabilidade local: experiência do Projeto
Jaboticabal Sustentável 159
*Bernardo Arantes do Nascimento Teixeira, Marise Tissyana Parente
Carneiro Adeodato, Ioshiaqui Shimbo* & *Ricardo Siloto da Silva*

Capítulo 7
Indicadores de sustentabilidade local: caso de Ribeirão Pires, SP 189
Sonia Maria Viggiani Coutinho & *Tadeu Fabrício Malheiros*

Capítulo 8
Indicadores de desenvolvimento local e sua aplicação em municípios 223
Liliane Garcia Ferreira & *Arlindo Philippi Jr*

Capítulo 9
Sistema de indicadores socioambientais para planejamento e gestão
urbana 263
Glória Regina Calháo Barini Néspoli & *Peter Zeilhofer*

Capítulo 10
Indicadores de sustentabilidade para desenvolvimento turístico 295
Frederico Yuri Hanai & *Evaldo Luiz Gaeta Espíndola*

Capítulo 11
Indicadores de sustentabilidade no planejamento de arranjos
produtivos locais 327
*Gilda Collet Bruna, Angélica Aparecida Tanus Benatti Alvim, Roberto Righi,
Volia Regina Costa Kato* & *Luiz Guilherme Rivera de Castro*

Capítulo 12
Construção de indicadores territoriais socioambientais em
comunidades 367
*Christian Eduardo Henríquez Zuñiga, Carlos Alberto Cioce Sampaio,
Oscar Dalfovo* & *Valdir Fernandes*

Capítulo 13
Indicadores de sustentabilidade em cultivos de algas vermelhas........... 401
Laudemira Silva Rabelo & Patrícia Verônica Pinheiro Sales Lima

Capítulo 14
Aplicação do modelo FPSEEA na construção de indicadores de saúde
ambiental 445
Mara Lúcia Barbosa Carneiro Oliveira & Sueli Corrêa de Faria

Capítulo 15
Método da Pegada Ecológica na avaliação da gestão do
desenvolvimento territorial 473
Hans Michael van Bellen & Beatriz Bittencourt Andrade

Capítulo 16
Aplicabilidade da Pegada Ecológica em contextos universitários 495
Renata Amaral, Dora Blanco Heras, Patrícia Cristina Silva Leme
& Tadeu Fabrício Malheiros

Capítulo 17
Pegada Ecológica aplicada à Universidad del Valle, Colômbia 523
Leydy Viviana Agredo González & Mario Alejandro Pérez Rincón

Capítulo 18
Sistema de informações ambientais para o setor industrial têxtil 561
Maria Luiza de Moraes Leonel Padilha, Arlindo Philippi Jr
& Tadeu Fabrício Malheiros

Capítulo 19
Indicadores de postura ambiental do setor de produção de etanol de
cana-de-açúcar... 593
Tiago Balieiro Cetrulo, Natália Sanchez Molina &
Tadeu Fabrício Malheiros

Capítulo 20
Indicadores de energia, desenvolvimento e sustentabilidade 615
Lineu Belico dos Reis

Capítulo 21
Indicadores para prestação e regulação de serviços de abastecimento
de água e esgotamento sanitário 647
Alceu de Castro Galvão Junior & Alexandre Caetano da Silva

Capítulo 22
Coleta seletiva com inclusão de catadores no Brasil: construção
participativa de indicadores de sustentabilidade 677
Gina Rizpah Besen, Helena Ribeiro & Wanda Maria Risso Günther

Capítulo 23
Indicadores de risco à saúde associados à poluição do ar por queima
de biomassa para municípios brasileiros 705
Adelaide Cassia Nardocci, Helena Ribeiro, Samuel Luna de Almeida,
Luiz Gustavo Faccini & Fábio Silva Lopes

Posfácio 721
Paula Santana

Índice remissivo 725

Anexo: dos editores e autores 729

Prefácio

Este livro é mais do que oportuna contribuição para que se enfrente uma das maiores deficiências encontradas pelos estudiosos dos nossos problemas ambientais: a falta de indicadores bem construídos e articulados. Ao demonstrar, com grande lucidez e saber acadêmico, a centralidade das informações nesta área e também suas perigosas fragilidades, os professores Arlindo Philippi Jr, Tadeu Fabrício Malheiros e dezenas de pesquisadores produziram verdadeira obra de referência.

Um dos capítulos detém-se na evolução histórica dos dados econômicos, evidenciando que as informações sociais e ambientais, embora usadas "de forma desintegrada nos diversos âmbitos e níveis", começam a ocupar espaços nos processos decisórios. Mas, alertam os autores, deve-se evitar os riscos da replicabilidade sistemática e sem critérios de adequação. Páginas adiante, em outra abordagem, acentuam-se as dimensões conceituais da questão. É recuperado e interpretado um conjunto de dez princípios para avaliação do desenvolvimento sustentável. Decálogo essencial, em qualquer tempo e lugar, para a orientação de políticas empresariais e governamentais relacionadas ao tema.

A construção e o fortalecimento de indicadores foram igualmente objetos de análise fundamentada, em que conteúdo e forma se combinam para proporcionar leitura proveitosa aos tomadores de decisão ou estudiosos da matéria em distintas esferas. Não faltam reflexões sobre a "pegada ecológica", um conceito dos anos 1990, mas de grande atualidade, que indica os serviços ambientais consumidos pelo homem e que no momento estão acima da capacidade de renovação da natureza.

A obra evolui em direção ao uso de métricas na gestão pública. Procede-se uma exposição de casos em várias comunidades, arranjos produtivos locais e desenvolvimento turístico. Segue-se um leque de iniciativas de âmbito universitário, sistemas de informações em setores industriais, produção de energia, políticas de saúde e coleta seletiva de resíduos.

Os estudos ora referidos têm o Brasil como cenário principal e focam variáveis muito presentes no debate acadêmico internacional. Diante disso, invoquemos uma das obras estrangeiras mais recentes e instigantes a respeito de indicadores, que é *World in The Balance: The Historic Quest for a Universal System of Measurement*, de Robert Crease, da Universidade Stony Brook, Long Island, NY. Ocupa-se o autor da busca da mensuração na história do conhecimento e demonstra que a metrologia, quando criteriosamente usada, pode ajudar grandes e inovadoras decisões.

Crease aponta três parâmetros para qualificar uma unidade de mensuração. Ela terá que ser facilitadora no estabelecimento de relações; combinar elementos na escala apropriada (sem usar, por exemplo, centímetros na descrição de distâncias geográficas); e manter-se regular, estável, numa determinada linha de tempo. O trabalho coletivo que Philippi e Malheiros fazem agora chegar aos leitores também cumpre, em essência, essas três precauções recomendadas.

Prefácios, mesmo os de aplauso irrestrito como este, não devem antecipar o teor prefaciado ou descrever, antes dos autores, os seus argumentos. O que fizemos até agora foi um resumo temático antes de sublinhar a relevância, que é a sua força maior. Nela se evidencia o quanto as boas informações podem ser determinantes no estudo da sustentabilidade e, consequentemente, a falta que fazem a muitos conteúdos produzidos no Brasil.

Para que se tenha ideia do grau de precariedade nos dados ambientais disponíveis para as nossas autoridades e pesquisadores, lembremos o Relatório do Brasil à Convenção-Quadro da ONU sobre Mudanças Climáticas em Buenos Aires. Nele está consignado, com todas as letras, que as estimativas apresentadas a respeito das emissões de gases de efeito estufa (GEE) em nosso país "estão sujeitas a incertezas devidas a diversas causas, desde a imprecisão de dados básicos utilizados até o conhecimento incompleto dos processos que originaram as emissões ou remoções de gases de efeito estufa". A ressalva demonstra um alto grau de transparência, mas igualmente reconhece descompassos nas estatísticas ambientais brasileiras.

Em termos globais, a divulgação das emissões de GEE pelo IPCC, revisadas periodicamente, constituem um avanço extraordinário. Tem o seu grau de acerto reconhecido pela imensa maioria da comunidade científica. Modelos matemáticos e digitais de grande sofisticação projetam resultados para o futuro, que naturalmente só podem ser tomados como advertências. A exatidão nestes modelos, entretanto, foi previamente testada em checagens retrospectivas sobre fenômenos climáticos. É cientificamente inquestionável a sua confiabilidade.

A questão em análise não se esgota no aquecimento global e suas causas. Sobre a biodiversidade, por exemplo, o desencontro estatístico é alarmante. A última catalogação chegou a cerca de 1,5 milhão de espécies no planeta. Não faltam, porém, cálculos que variam entre 3 e 100 milhões de espécies. Ou seja, ignoramos completamente os seres vivos que habitam o planeta.

Este livro abre espaço para questionamentos da confiabilidade de indicadores tomados como infalíveis até o século XX. Sabemos que novos instrumentos de aferição de riquezas e carências vêm surgindo neste novo milênio. O IDH, medindo os níveis de educação e saúde em regiões e países, já não se isola como instrumento de aferições diferenciadas. Surgem outros meios de calcular o desenvolvimento, que se distingue do mero crescimento representado nos cálculos para a composição do Produto Nacional Bruto. Entre estes, destaca-se o Índice de Desempenho Ambiental, concebido pela Yale University e pela Columbia University e focado, sobretudo, nas emissões de gases de efeito estufa e na qualidade da água.

O Índice de Progresso Genuíno, idealizado por Herman Daly e John Cobb, propõe rigorosa filtragem nos componentes do PIB. Valoriza resultados diretamente vinculados à qualidade de vida e, por ilegítimas, desconsidera na medição atividades que afetem o meio ambiente ou alarguem as distâncias sociais. Nessa conta, o PIB dos Estados Unidos, que foi de US$ 10,8 trilhões em 2004, recuou, no IPG, para US$ 4,4 trilhões.

A métrica do desenvolvimento, que ainda tem no PIB a sua referência maior, começa a ser questionada. Um estudo publicado pela revista *The Economist* muda a classificação dos países e emparelha-se com outro, o chamado relatório Stiglitz-Sen, por ter sido liderado por dois ganhadores do Prêmio Nobel, Joseph Stiglitz (2001) e Amartya Sen (1998).

Uma comissão relatora de 27 estudiosos foi nomeada pelo presidente da França, Nicolas Sarkozy, e trabalhou com o propósito de rever cálculos e parâmetros de avaliação das contabilidades nacionais, buscando um indicador que transcendesse o PIB. Ou seja, não restrito aos números da produção, mas considerando igualmente o bem-estar coletivo, a preservação dos recursos naturais e os padrões de sustentabilidade.

Ainda não se cogita eliminar o PIB na mensuração do desenvolvimento, mas assegurar-lhe variáveis ambientais e sociais que possam qualificá-lo como elemento inspirador de novos procedimentos de gestão. O relatório final teve quatro endereços de peso: a Cúpula da ONU, a Organização para Cooperação e Desenvolvimento Econômico (OCDE), o Banco Mundial e o Fundo Monetário Internacional. É possível crer que isso venha a suprir boa discussão teórica, e com algumas chances de consequências práticas.

Tal como vigora hoje, o PIB, segundo os seus críticos, mascara os índices de desigualdade e não leva em conta externalidades que influem em sua composição, principalmente os impactos sociais e ambientais. Dois exemplos demonstram este desvio. Um deles mostra que as grandes catástrofes ambientais ensejam o crescimento do PIB com o volume de empregos na reconstrução de regiões atingidas; outro aponta as grandes mineradoras que contribuem para a expansão do crescimento e, simultaneamente, degradam os recursos naturais.

Com este livro que chega às mãos do leitor muito se fortalece o discurso em favor do aperfeiçoamento dos indicadores ambientais. Poucos estudiosos no Brasil ocuparam-se deste aspecto decisivo nos saberes relativos à matéria. Uma exceção foi o pesquisador Sérgio Besserman, ex-presidente do IBGE e autor de ensaios precursores. Terá ele, nestas páginas, dezenas de brilhantes aliados à causa que sempre defendeu com tanta ênfase.

A precária situação das estatísticas ambientais dá-se porque, segundo Besserman, na maior parte do século XX os governos privilegiaram outras áreas de interesse. Neste período, as estatísticas demográficas evoluíram significativamente, o mesmo acontecendo com as estatísticas econômicas, em razão da proeminência dessas questões no período. Já o debate sobre sustentabilidade emergiu nos primórdios dos anos 1970 e somente na década seguinte ganhou relevância estratégica. Trata-se de um tema bem mais novo na agenda global.

Explicam-se, portanto, em boa parte, as contradições que frequentemente encontramos nas informações relativas ao meio ambiente. Besserman registra que o Brasil dispõe de qualidade estatística, mas na dimensão ambiental ainda vive as mesmas carências de outros países. Ele ressalva os bons serviços do IBGE e reconhece o mérito do Ministério da Ciência e Tecnologia na elaboração do Inventário Brasileiro de Emissão de Gases de Efeito Estufa. Faz-se necessário, porém, que todos os governos destinem recursos para ampliar esta área, que hoje adquire importância equivalente à dos estudos econômicos e demográficos.

Todo indicador, por mais sofisticado que seja, apresentará sempre algumas incertezas. Besserman lembra oportunamente a parábola zen sobre um discípulo que apontava o dedo indicador para a lua e dizia: "lua cheia". Ao ter o dedo cortado pelo mestre, o discípulo entendeu que a existência e a beleza da lua cheia tinham maior importância do que o indicador que apontava.

Lembramos esta reflexão sem receio de simplificar o tema. Nenhum dos 23 ensaios aqui reunidos pretende elevar o conhecimento estatístico a um patamar que o isente de relativização. O seu uso, embora cada vez mais recomendável, não exime uma análise de imprecisões e até de maus propósitos. No Brasil e no mundo contemporâneo sobram exemplos de dados exibidos para ilustrar propostas enganosas e não, como seria correto, simplesmente para alimentar o estudo de políticas e comprovar sua eficácia.

Quer isto dizer que devemos deixar de lado as estatísticas? Absolutamente não. Elas são indispensáveis, mas devem ser usadas em suas condições indispensáveis de relatividade. Ensinou Jean-Louis Besson, professor de Ciências Econômicas da Universidade de Grenoble e especialista em Matemática e Estatísticas Aplicadas à Economia, em seu conhecido ensaio "As estatísticas: verdadeiras ou falsas?", que é simplesmente impossível uma completa exatidão nesse campo. Citando Morgenstern, afirma: "Não se pode contar sem se enganar". Todo cálculo decorrente deste método é afetado por um grau de incerteza difícil de aferir. Besson entende que a estatística é um espelho no qual a sociedade se mira, sempre com um olhar "inevitavelmente seletivo, subjetivo, parcial e contingente".

Outra especialista da área, Annie Fouquet, abordando o debate social, renega cifras e taxas autodenominadas como definitivas a respeito de desemprego, inflação, saldo do comércio exterior etc. Escreve que, nesta hipótese, o estatístico, erigindo-se como dono da verdade, usurpa o direito de julgar as políticas de Estado. Ela pergunta, de forma incisiva: "Estatística ou magistratura da cifra?".

Fouquet emitiu esta opinião quando ocupava um alto cargo no Serviço de Estudos e Estatísticas, a principal agência francesa na área. É necessário, entretanto, questionar a contundência de sua avaliação. Muitas vezes a culpa das distorções não cabe ao produtor de cálculos, e sim ao leitor de seus conteúdos, bem como ao uso indevido que se faz deles, quase sempre na perspectiva do "contra" e do "a favor".

Os números constituem referências necessárias para a compreensão dos países, dos continentes e do mundo em sua totalidade. Não dispensam, porém, aspectos históricos e outros que contribuem para a sua caracterização.

É importante, sobretudo, entender os indicadores como aspectos de cada situação analisada e não como palavra final ou diagnóstico irrecorrível.

Não basta rechear de números uma proposta para justificá-la. A transição das ideias para o mundo real enfrenta complexidades insuspeitadas. O choque do subjetivo com as interações da concretude pode ser impactante a ponto de anular todo o efeito imaginado em sua concepção. Neste processo, dados numéricos funcionam como amortecedores. Carregam de realismo o que foi a hipótese intuída antes de chegar ao cotidiano. É sempre necessário, porém, adequar os indicadores ao contexto que se pretende explorar. Tais cuidados preventivos, como está demonstrado neste livro, tornam-se obrigatórios quando lidamos com projetos ambientais, notoriamente associados ao futuro da humanidade.

Todos os capítulos desta obra inserem seus autores no segmento dos intelectuais públicos, entendida a expressão como definidora de acadêmicos atentos aos interesses da sociedade. As inteligências aqui reunidas não se limitam a conclusões apenas assimiláveis por seus pares. Embora mirem declaradamente escalões de comando em governos e empresas, acabam por atrair de modo geral o leitor educado, esteja onde estiver. As exposições fluem sem os defeitos formais da especialização, mas com todas as suas virtudes. Especialistas, neste espaço, não escrevem uns para os outros, mas buscando orientar os gestores sobre o uso de ferramentas que, no Brasil, por serem ainda escassas, requerem um aproveitamento com a máxima perícia e seriedade. Isto contribuiu, decisivamente, para atestar o alto nível do material elaborado que resulta na publicação mais atualizada no Brasil sobre o tema que a inspirou.

Ao domínio técnico evidenciado em cada um dos ensaios alia-se um viés ao mesmo tempo analítico e propositivo. Aplicando indicadores na justa medida, sem os desvios contextuais já mencionados, os autores também cuidaram da clareza de linguagem. Este é um elemento que se distingue como essencial no trânsito do conhecimento. A literatura acadêmica foi enriquecida com estas centenas de páginas. E os grandes centros de pesquisa envolvidos no projeto editorial, entre os quais a Universidade de São Paulo, ficaram sumamente honrados pela mobilização de intelectuais que compartilham seus saberes com usuários de indicadores em todas as instâncias da governança ambiental.

Jacques Marcovitch
Universidade de São Paulo

Apresentação

O documento da Agenda 21 Global, assinado na Conferência das Nações Unidas para o Meio Ambiente e Desenvolvimento – Rio 92, colocou o tema indicadores de sustentabilidade em destaque na agenda internacional, ao apresentar a urgência de se envidar esforços para elaboração de "indicadores de desenvolvimento sustentável que sirvam de base sólida para a tomada de decisões em todos os níveis e que contribuam para uma sustentabilidade autorregulada dos sistemas integrados de meio ambiente e desenvolvimento". Este desafio encontrou, no entanto, dificuldades nos campos teórico, aplicado, e também resistência na arena política. Isto porque havia ainda insuficiente amadurecimento e mesmo conhecimento sobre esta temática, com muitos questionamentos, por exemplo, como os modelos e indicadores existentes iriam dar sustentação ao próprio paradigma do desenvolvimento sustentável.

Duas décadas depois observa-se um expressivo número de projetos e experiências com a proposição de indicadores como instrumento de apoio à decisão com a premissa do desenvolvimento sustentável. A Organização das Nações Unidas teve papel central na consolidação destes esforços nos diversos continentes, e por meio de parcerias com governos nas suas várias instâncias, centros de pesquisa, organizações governamentais, setor privado, e outros atores-chave, fomentou estudos, espaços de discussão, projetos. Ao mesmo tempo, interessados nesta temática seguiram crescendo, sendo atualmente possível encontrar e participar de grupos e redes associados à questão destes indicadores, alguns inclusive com focos específicos, como, por exemplo, a Rede Canadense de Indicadores de Sustentabilidade (Canadian Sustainability Indicators Network – CSIN), com atividades desde 2003, articulada pelo Instituto Internacional de Desenvolvimento Sustentável, sediado no Canadá. Também o grupo Global Reporting Initiative (GRI), fundado em 1997 pela Coalizão para Economias Ambientalmente Responsáveis (Coalition for Environmentally Responsible Economies – Ceres) e pelo Programa das Nações Unidas para o Meio Ambiente (Pnuma), cujo foco têm sido os relatórios de sustentabilidade. A rede de pesquisa Sistema de Informações Ambientais para o Desenvolvimento Sustentável (Siades), coordenada atualmente pela Faculdade de Saúde Pública em conjunto com a Escola de Engenharia de São Carlos da USP, com mais de 15 anos de atuação, agrega pesquisadores e profissionais do Brasil e de vários países da América Latina e Europa, com interesse e experiência no tema indicadores de sustentabilidade e gestão ambiental.

Este livro, então, reúne parte dessa experiência nacional e internacional, trazendo aspectos teórico-conceituais, experiências, reflexões e propostas relacionadas ao desafio da construção de indicadores de sustentabilidade.

Nos primeiros capítulos o livro apresenta contextualização do tema no que se refere à importância da informação para as atividades e processos ligados à política e gestão ambiental, incluindo os principais desafios do uso de indicadores na avaliação de sustentabilidade, e em seguida faz uma abordagem conceitual e apresenta marcos históricos na temática. Ainda nesta primeira parte são destacados modelos de apoio na estruturação de sistemas de indicadores de sustentabilidade, bem como coleção de boas práticas para identificação de indicadores em processos de avaliação e sustentabilidade. Destaque é dado também aos conceitos de sustentabilidade forte e fraca e seu rebatimento no contexto dos indicadores para desenvolvimento sustentável, a partir do caso de estudo do indicador de pegada ecológica com aplicação no âmbito de universidades.

Na parte seguinte são trazidas experiências e resultados acumulados. Assim, um primeiro conjunto de experiências ilustra contextos aplicados à gestão local e regional, a partir de diferentes olhares, como o da gestão municipal, o uso do enfoque dos arranjos produtivos locais (APLs), a metodologia Pressão-Estado-Resposta (PER) adaptada ao campo da saúde pública e ambiental. Um segundo bloco é voltado para diferentes aplicações do indicador da pegada ecológica, como na avaliação de gestão do desenvolvimento territorial, e na pegada ecológica em contextos universitários. Em seguida, os textos abordam experiências para setores diversificados, como o industrial têxtil e o de produção de etanol de cana-de-açúcar. Destaque também é dado aos indicadores de energia no contexto da avaliação de sustentabilidade. Por fim, e não menos importante, apresentam-se estudos para o setor de saneamento ambiental, com foco na prestação e regulação de serviços de abastecimento de água e esgotamento sanitário, e coleta seletiva com inclusão de catadores. Para concluir, apresenta-se uma abordagem do uso de indicadores de risco à saúde associados à poluição do ar por queima de biomassa para os municípios brasileiros.

Portanto, este livro representa um fórum com resultados de estudos e pesquisas, agregando conhecimento e percepções de especialistas que tratam o tema, observando obstáculos, resistências e estratégias, em diferentes âmbitos e contextos de tomada de decisão, proporcionando quadro de referência para interessados neste amplo e ainda recente campo de trabalho, no contexto da gestão ambiental.

Arlindo Philippi Jr
Tadeu Fabrício Malheiros

Desafios do uso de indicadores na avaliação da sustentabilidade

1

Tadeu Fabrício Malheiros
Engenheiro ambiental, Escola de Engenharia de São Carlos da USP

Sonia Maria Viggiani Coutinho
Advogada, Faculdade de Saúde Pública da USP

Arlindo Philippi Jr
Engenheiro civil e sanitarista, Faculdade de Saúde Pública da USP

Não há dúvidas de que a informação tem lugar de destaque nos diversos espaços de tomada de decisão e nas estratégias para definição dos recursos necessários ao desenvolvimento de comunidades, empresas e regiões.

Historicamente, informações econômicas vêm sendo usadas para medir crescimento e acumulação de riquezas, especialmente no contexto da segurança, do ponto de vista da sobrevivência alimentar, dos recursos necessários para o funcionamento das instituições, da proteção contra hostilidades e mesmo da ampliação de riquezas. Seu uso tem visado, portanto, apoiar o desenvolvimento econômico de cada grupo específico, seja a questão estratégica decidida de forma coletiva ou não. Por exemplo, o Produto Interno Bruto (PIB) e o Produto Nacional Bruto (PNB), indicadores muito utilizados, e que refletem o tema mais contemporâneo do ponto de vista macroeconômico, foram desenvolvidos, em 1932, por Simon Kuznets.

De acordo com Henderson (2007), esses indicadores foram criados e depois difundidos durante a Segunda Guerra Mundial para mensurar a produção utilizada para o conflito, como a fabricação de armamentos, tanques, aviões e automóveis, e para a produção de alimentos. Contudo, não foram criados para medir a verdadeira riqueza de uma nação, como bem atestou o criador desses índices, em 1934, perante o Congresso americano: "O bem-estar de uma nação pode ser inferido muito pouco por meio da medida da renda nacional" (Kuznets, 1934 apud Hall, 2010, p. 151).

A grande crítica que se tem feito a esses índices deve-se ao fato de o PIB, por exemplo, computar apenas a produção calculada em dinheiro, deixando de fora os custos sociais e ambientais do processo produtivo, passando a caracterizar as indústrias e corporações, bem como os outros atores deste processo, como externalidades (Henderson, 2007; Meadows, 1998; Bossel 1998). Ou seja, tradicionalmente observa-se que houve incentivos ao crescimento econômico, e de certa forma aceitou-se como inevitáveis os danos ambientais associados, um custo a ser pago pela coletividade, contrabalançado com a probabilidade de maiores rendas na região e com a promessa da possibilidade de implementação de ajustes em etapa futura.

As informações sociais, principalmente no campo da demografia e saúde, também têm tido importância nesse contexto, quando apresentam relação direta com a capacidade de produção econômica, sendo fator relevante para a produção de riquezas, na defesa ou conquista destas.

Informações ambientais, da mesma forma, têm apoiado decisões no campo da produção de alimentos, na agricultura e pecuária, na quantificação de recursos para a produção de bens manufaturados, no acompanhamento e na previsão de fenômenos meteorológicos, em geral relacionados também à segurança, principalmente econômica, de comunidades ou empreendimentos.

No entanto, o foco ainda prevalente para o desenvolvimento econômico é reflexo de um paradigma que apoia a construção do bem-estar centrado na produção de bens de consumo, colocando em plano secundário o desenvolvimento social, o equilíbrio e a proteção ambiental. Assim, apesar da diversidade de indicadores, a prática revela que seu uso, de forma geral, ainda vem sendo feito de modo desintegrado nos diversos âmbitos e níveis da tomada de decisão.

De certa forma, este problema reflete o quanto esta discussão de integração das diversas dimensões do desenvolvimento ainda é nova. Neste sentido, destaca-se que só recentemente a questão do desenvolvimento social passou a ser progressivamente incorporada aos processos de transformação tecnológica e econômica, e a sensibilização ambiental ampliou seu espaço nesses processos, permeando instituições da sociedade e apresentando apelo político crescente.

Nesse contexto histórico, a Conferência das Nações Unidas para o Meio Ambiente, em Estocolmo, em 1972, foi um marco importante na discussão dos problemas ambientais na esfera internacional, com foco no crescimento populacional, no processo de urbanização e na tecnologia envolvida na industrialização. Embora criticada pelos países em desenvolvimento presentes, essa Conferência representou um grande avanço na questão das interfaces sobre desenvolvimento, meio ambiente e a necessidade de produção e intercâmbio de informações, como pode ser observado na Declaração de Estocolmo, fruto dessa Conferência (Quadro 1.1).

Quadro 1.1 – Princípio 20 da Declaração de Estocolmo – 1972.

Declaração de Estocolmo
(Declaration of the United Nations Conference on the Human Environment)
Princípio 20 – Deve ser fomentada, em todos os países, especialmente naqueles em desenvolvimento, a investigação científica e medidas desenvolvimentistas, no sentido dos problemas ambientais, tanto nacionais como multinacionais. A esse respeito, o livre intercâmbio de informação e de experiências científicas atualizadas deve constituir objeto de apoio e assistência, a fim de facilitar a solução dos problemas ambientais; as tecnologias ambientais devem ser postas à disposição dos países em desenvolvimento, em condições que favoreçam sua ampla difusão, sem que constituam carga econômica excessiva para esses países (ONU, 1972).

Em 1987, o relatório *Nosso futuro comum*, da Comissão Mundial para o Meio Ambiente e Desenvolvimento (CMMAD)[1], reafirmou a necessidade de um enfoque integrado para a política e a tomada de decisão, no que se refere ao desenvolvimento humano (CMMAD, 1988). Essa ideia foi ampliada e se consolidou com a realização da Conferência das Nações Unidas sobre Desenvolvimento e Meio Ambiente, ocorrida no Rio de Janeiro em 1992, onde representantes de 178 países reuniram-se para discutir e delibe-

---

[1] A Comissão Brundtland, formalmente Comissão Mundial para o Meio Ambiente e Desenvolvimento (CMMAD), em inglês World Commission on Environment and Development (WCED), conhecida pelo nome de sua coordenadora, Gro Harlem Brundtland, foi formada pelas Nações Unidas em 1983. A Comissão foi criada para tratar de uma crescente preocupação: a deterioração acelerada do meio ambiente antrópico e dos recursos naturais, e as consequências para a economia e o desenvolvimento social. Cf. http://www.un-documents.net/a38r161.

rar sobre instrumentos orientados para um importante escopo: a sustentabilidade do desenvolvimento. Diversos compromissos internacionais importantes foram assinados, com destaque para as conhecidas Declaração do Rio de Janeiro (Quadro 1.2), a Agenda 21 Global (Quadro 1.3), a Convenção do Clima (Quadro 1.4) e a Convenção da Biodiversidade (Quadro 1.5). Todos esses documentos têm a questão da informação e os indicadores como peça-chave na estratégia para a mudança de padrões de consumo e produção mais alinhados com a ideia do desenvolvimento sustentável.

Quadro 1.2 – Princípio 10 da Declaração do Rio – 1992.

Declaração do Rio (Rio Declaration on Environment and Development)
Princípio 10 – A melhor maneira de tratar questões ambientais é assegurar a participação, no nível apropriado, de todos os cidadãos interessados. No nível nacional, cada indivíduo deve ter acesso adequado a informações relativas ao meio ambiente de que disponham as autoridades públicas, inclusive informações sobre materiais e atividades perigosas em suas comunidades, bem como a oportunidade de participar de processos de tomada de decisões. Os estados devem facilitar e estimular a conscientização e a participação pública, colocando a informação à disposição de todos [...] (ONU, 1992a).

Quadro 1.3 – Capítulo 40 da Agenda 21 Global – 1992.

Agenda 21 Global (Global Agenda 21)
Capítulo 40 – Informação para a Tomada de Decisões – Introdução – 40.1. No desenvolvimento sustentável, cada pessoa é usuária e provedora de informação, considerada em sentido amplo, o que inclui dados, informações, experiências e conhecimentos adequadamente apresentados. A necessidade de informação surge em todos os níveis, desde o de tomada de decisões superiores, nos planos nacional e internacional, ao comunitário e individual [...] (ONU, 1992).

Quadro 1.4 – Convenção do Clima – 1992.

Convenção do Clima (United Nations Framework Convention on Climate Change)
Artigo 2 Objetivo O objetivo final desta Convenção e de quaisquer instrumentos jurídicos com ela relacionados que adote a Conferência das Partes é o de alcançar, em conformidade com as disposições pertinentes desta Convenção, a estabilização das concentrações de gases de efeito estufa na atmosfera num nível que impeça uma interferência antrópica perigosa no sistema climático. Esse nível deverá ser alcançado num prazo suficiente que permita aos ecossistemas adaptarem-se naturalmente à mudança do clima, que assegure que a produção de alimentos não seja ameaçada e que permita ao desenvolvimento econômico prosseguir de maneira sustentável (ONU, 1992b).

Quadro 1.5 – Convenção da Biodiversidade – 1992.

Convenção da Biodiversidade (Convention on Biological Diversity)
Artigo 17 Intercâmbio de Infomações 1. As Partes Contratantes devem proporcionar o intercâmbio de informações, de todas as fontes disponíveis do público, pertinentes à conservação e à utilização sustentável da diversidade biológica, levando em conta as necessidades especiais dos países em desenvolvimento. 2. Esse intercâmbio de informações deve incluir o intercâmbio dos resultados de pesquisas técnicas, científicas, e socioeconômicas, como também Informações sobre programas de treinamento e de pesquisa, conhecimento especializado, conhecimento indígena e tradicional como tais e associados às tecnologias a que se refere o § 1 do art. 16. Deve também, quando possível, incluir a repatriação das informações (ONU, 1992c).

Em 2002, a Cúpula Mundial sobre Desenvolvimento Sustentável (Rio +10) foi realizada pela Organização das Nações Unidas (ONU), em Joanesburgo, África do Sul, com o objetivo de mais uma vez avaliar as ações até então tomadas, reafirmar compromissos e definir prazos. À época, passados dez anos desde a Conferência do Rio de Janeiro, houve uma percepção de que pouco havia sido feito em relação às diretrizes anteriormente acordadas. Embora muitos países, estados e municípios tivessem construído suas Agendas 21, ficou clara a necessidade de melhor avaliar sua efetiva

6 INDICADORES DE SUSTENTABILIDADE E GESTÃO AMBIENTAL

implementação e os respectivos avanços na construção de bases duradouras do desenvolvimento (ONU, 2002).

Como resultado desse encontro foi redigida uma Declaração Política e um Plano de Implementação das ações acordadas, que reafirmaram a necessidade de cooperação e comprometimento para a adoção dos princípios constantes da Declaração do Rio (1992), para a total implementação da Agenda 21 e dos objetivos constantes da Declaração do Milênio das Nações Unidas (2000), bem como de todos os acordos e conferências ocorridos desde 1992. Da mesma forma, foram reafirmados os compromissos em relação à participação para tomada de decisões, governança, monitoramento e informação ambiental (ONU, 2002) – (Quadro 1.6).

Quadro 1.6 – Declaração de Joanesburgo – 2002.

Declaração de Joanesburgo (Johannesburg Declaration on Sustainable Development)
[...] 26. Reconhecemos que o desenvolvimento sustentável requer uma perspectiva de longo prazo e participação ampla na formulação de políticas, tomada de decisões e implementação em todos os níveis. Na condição de parceiros sociais, continuaremos a trabalhar por parcerias estáveis com todos os grupos principais, respeitando os papéis independentes e relevantes de cada um deles [...]. [...] 30. Assumimos o compromisso de reforçar e aperfeiçoar a governança em todos os níveis, para a efetiva implementação da Agenda 21, das Metas de Desenvolvimento do Milênio e do Plano de Implementação de Joanesburgo [...]. [...] 33. Assumimos adicionalmente o compromisso de monitorar, em intervalos regulares, o progresso alcançado na implementação das metas e dos objetivos do desenvolvimento sustentável [...]. (ONU, 2002a)

Ao mesmo tempo, não se pode desconsiderar nesse período o contexto histórico de reestruturação das economias, com um crescente enriquecimento de países e a paradoxalmente baixa capacidade de distribuição desse ganho para a população, bem como um forte aumento da concorrência econômica global. Esse quadro amplia, então, os desafios na gestão dos espaços antrópicos e naturais (Jager, 2008), pois induz a uma situação de conflito por prioridades políticas, na qual aquelas mais tradicionalmente concretas – como emprego e segurança pública – acabam reforçando decisões fragmentadas.

O Relatório do Desenvolvimento Humano de 2011 (UNDP, 2011) destaca os ganhos alcançados no Índice de Desenvolvimento Humano (IDH). A média mundial cresceu 18% entre 1990 e 2010, e 41% desde 1970, mostrando avanços na parte de expectativa de vida, na matrícula de alunos em escolas, na alfabetização e renda. No entanto, destaca também que a desigualdade em renda aumentou na maioria dos países da Europa, América do Norte, Austrália e Nova Zelândia. O fosso entre ricos e pobres cresceu, nas últimas duas décadas, em mais de 3/4 dos países membros da Organização para Cooperação Econômica e Desenvolvimento (OCDE). Também se observou que diversos países emergentes, como China, Índia e África do Sul, vêm experimentado aumento da concentração de renda nos grupos de faixas de renda mais altas (UNDP, 2011).

É preciso, então, expandir os aspectos a serem colocados na cesta da tomada de decisão, o que significa novas lentes para olhar o mundo, de forma a favorecer a compreensão sistêmica dessas mudanças. Trata-se mais especificamente de identificar, de modo estratégico, oportunidades e ameaças que efetivamente poderão contribuir ou emperrar o desenvolvimento a médio e longo prazos, e inseri-las nas pautas de discussão das políticas públicas. O modelo fragmentado de decisão não está alinhado com os compromissos firmados nos tratados internacionais visando desenvolvimento sustentável.

INFORMAÇÃO E TOMADA DE DECISÃO NO CONTEXTO DO DESENVOLVIMENTO SUSTENTÁVEL

O que emerge, portanto, dessa discussão sobre tomada de decisão, gestão ambiental e desenvolvimento sustentável é a demanda por sinais que possam orientar a sociedade sobre os rumos a serem desenhados, em termos de políticas e de padrões de consumo e produção associados. Essa mudança de perspectiva reflete diretamente na escolha de indicadores apropriados aos processos de tomada de decisão, nos âmbitos individual e coletivo, do local ao global e do global ao local. A ideia está no uso das lentes de sustentabilidade para enxergar o planeta (olhar global) e suas partes (a questão do local e suas especificidades), favorecendo a decisão de onde colocar os esforços de forma a potencializar as energias do sistema no melhor uso dos recursos à luz do desenvolvimento sustentável (Meadows, 1999; Hodge et al., 1999).

Os indicadores de sustentabilidade ocupam papel central no processo, pois podem ser usados como ferramenta de mobilização das partes interessadas, na análise e avaliação da sustentabilidade do desenvolvimento, bem como nos processos de educação e comunicação.

Gestores dos setores governamentais e não governamentais, pesquisadores, lideranças sociais e tomadores de decisão, que venham a trabalhar com indicadores de sustentabilidade, têm à sua frente um amplo conjunto de questões referentes ao uso adequado dessa ferramenta tão essencial na gestão para a sustentabilidade. No entanto, pressionados pela necessidade de dar respostas urgentes à crescente demanda das partes interessadas, frequentemente acabam por escolher modelos e processos de construção nem sempre mais adequados aos seus contextos.

Observando a experiência acumulada nas últimas décadas na construção e no uso de indicadores para apoiar a decisão alinhada ao paradigma do desenvolvimento sustentável, é possível identificar um conjunto de desafios para operacionalização de indicadores de sustentabilidade.

Então, os atores deste momento de mudanças devem trabalhar em conjunto para vencer esses obstáculos políticos, técnicos e tecnológicos, o que significa criar ambiente de diálogo e aprendizagem coletiva, bem como dar permanente prioridade a processos de educação e capacitação para o desenvolvimento sustentável.

Esses aspectos-chave para efetivação de indicadores de sustentabilidade incluem a definição de marcos referenciais sobre o conceito de desenvolvimento sustentável e sua aplicação no contexto em que os indicadores de sustentabilidade serão construídos. Isso significa transformar a forma de olhar e perceber as diferentes realidades. Novos fatores, portanto, serão colocados na cesta da tomada de decisão.

A escolha do caminho metodológico a ser adotado para a construção dos indicadores é sempre uma etapa decisiva em termos de impacto, abrangência, custos, tempo e continuidade do projeto, entre outros. E essa definição em geral está diretamente atrelada à vontade política em priorizar e incorporar esses indicadores nos diversos e variados processos de decisão – públicos e privados.

Nas últimas duas décadas houve uma significativa profusão de modelos de suporte para análise dos indicadores de sustentabilidade. Porém, de forma geral, foram construídos para atender cenários específicos de tomada de decisão, cuja replicabilidade em diferentes realidades deve ser analisada com o devido cuidado. Na análise e na escolha desses modelos, é fundamental também observar seu potencial para servirem de lentes da sustentabilidade. Nesse sentido, aspectos a serem atendidos incluem viabilizar capacidade de integração e síntese, bem como favorecer horizontes de planejamento que atendam às demandas atuais e não comprometam as oportunidades das gerações futuras.

Um dos fatores-chave na viabilização de bons indicadores de sustentabilidade é o estabelecimento de sistemas de monitoramento que viabilizem a coleta de dados com qualidade, regularidade e acesso pelos diferentes atores envolvidos na tomada de decisão.

Apesar do discurso quase que universal de ampliação de espaços de participação das partes interessadas nos processos de política e gestão para a sustentabilidade, a prática muitas vezes mostra-se desanimadora. Seja por parte das instituições coordenadoras e executoras – de políticas, planos, programas e projetos, como planos de desenvolvimento local e projetos de responsabilidade social –, que não dispõem de tempo, pessoal capacitado, recursos necessários para a adequada identificação e engajamento das partes interessadas, que favoreçam especialmente o enfoque de colaboração na resolução de problemas; seja por parte dos atores interessados, que muitas vezes perdem a credibilidade nos processos participativos, em função do elevado número de demandas – como a participação em comitês de desenvolvimento local, comitês de bacias hidrográficas, comissões de planos de gestão, e outros –, não dispondo de tempo e recursos que facilitem o engajamento em processos de construção de indicadores de sustentabilidade. Por fim, observa-se ainda que muitos projetos de construção de indicadores acabam não concretizando seu uso efetivo pelos tomadores de decisão.

Outro desafio a ser trabalhado é a viabilização de sistemas de indicadores para as diferentes escalas de gestão – do local ao global. Esses sistemas devem individualmente atender especificidades locais, captando esforços e medindo o desempenho de cada unidade. Ao mesmo tempo, é preciso identificar indicadores que possam comparar as unidades, criando uma nova unidade de análise – regional ou global. Nessa nova escala de análise, outros aspectos podem surgir como fundamentais, tais como fatores cumulativos de pressão sobre os recursos naturais, fragmentação de ecossistemas, capacidade de suporte, serviços ecossistêmicos, migração, redes de cidades, globalização, entre outros.

Finalmente, a questão da institucionalização desses indicadores talvez seja um dos pilares ainda mais fragilizados, pois dependem de que as estruturas de governança – pública e privada – se tornem mais robustas, mais comprometidas e mais transparentes. Assim, a questão dos indicadores de sustentabilidade deve ser uma ferramenta presente e constante nos processos decisórios. E, além disso, é necessário que se construam indicadores de automonitoramento dos sistemas gestores, numa perspectiva de aprendizado contínuo, de melhoria progressiva, que responda às complexas redes de decisão política nos diferentes níveis de atuação.

A questão do desenvolvimento sustentável

As alterações tecnológicas, as mudanças nos padrões de consumo ao longo da história e a escala global que seus impactos alcançaram no último século impuseram marcos significativos nas modificações dos espaços naturais. Nessa fatia mais recente da história, um grande pico na taxa de consumo de recursos naturais, associado a processos acelerados de urbanização, principalmente em países em desenvolvimento, com aumento dos índices de poluição urbana, ampliou os impactos das modificações ambientais em ordem global, como a redução da camada de ozônio, o aumento do efeito estufa e a redução significativa da biodiversidade, entre outros.

O que se observa, então, é um modo de operar os sistemas antrópicos a partir de uma visão de mundo e de progresso predominantemente calcada na busca de maior disponibilidade e transformação dos recursos naturais em bens de consumo, ampliando o potencial de alterações ambientais e levando a ultrapassar a capacidade de autorrecuperação dos sistemas naturais. Se essa questão já representa um macro e significativo problema de insustentabilidade, quando se mede socialmente quem sofre os impactos potenciais e reais dessa destruição dos serviços ambientais, observa-se que a distribuição não é uniforme, e em geral atinge de forma mais perversa a população mais carente. Estudos com enfoque nessa temática da justiça ambiental têm apoiado governos e empresas a enxergarem novas formas de gerir seus recursos e processos, visando socializar os benefícios de seus esforços.

Do ponto de vista epidemiológico, observa-se, por exemplo, que os efeitos da poluição atmosférica, como no caso do indicador de material particulado, vêm apresentando impacto maior sobre as faixas de população com baixa renda. Esse aspecto pode estar associado a fatores de como essa população se informa sobre a questão da poluição, podendo também estar ligado a determinantes econômicos, como renda, habitação e trabalho.

Esse modelo equivocado de desenvolvimento vai além da questão do padrão de consumo e de produção, e tem relação com a forma como a sociedade e suas instituições respondem a essas modificações ambientais.

A Agenda 21 Global reconhece que a alteração significativa dos ambientes naturais, a poluição do meio ambiente físico e o consumo de recursos naturais sem critérios adequados aumentam o risco de exposição às doenças e atuam negativamente na qualidade de vida da população, em um processo cíclico vicioso. Essa Agenda considera a aplicação de enfoque sistêmico e harmônico para as dimensões sociais, econômicas, institucionais e ambientais como estratégia viável para a busca de justiça social e equilíbrio, com a proteção ambiental.

Por exemplo, diversos estudos, inclusive apoiados por instituições voltadas a programas de desenvolvimento, como o Banco Mundial, reforçam a ideia de que, para diminuir a pressão sobre os recursos naturais, é preciso combater a pobreza e, portanto, é necessário buscar o desenvolvimento econômico. Ao mesmo tempo, países com indicadores econômicos elevados, como é o caso dos Estados Unidos, Canadá, Japão, entre outros, apresentam elevadas taxas de consumo de recursos naturais, inclusive significativamente superiores às médias apresentadas por países em desenvolvimento. O Relatório de Desenvolvimento Humano (UNDP, 2011) destaca que as emissões per capita de gases de efeito estufa ainda são maiores nos países mais ricos.

No caso do Brasil, embora o PIB tenha aumentado na proporção de cem vezes nas últimas cinco décadas (The World Bank, 2011), não se conseguiu resolver ainda as elevadas taxas de desigualdade social, uma situação crônica que persiste em diversas regiões do país. O Índice de Gini do Brasil, em 2009, era de 53,9 (numa escala de 0 a 100, quanto maior, pior a situação da desigualdade), enquanto países da Europa apresentavam valores próximos de 25 (The World Bank, 2011). Ou seja, um desenvolvimento econômico em bases insustentáveis, que degrade os recursos naturais e aumente a desigualdade social, resultará numa permanente pressão sobre os estoques naturais. E por quê? Porque sempre, nessa condição de elevada desigualdade social, com parcela importante da população em situação de vulnerabilidade social, as negociações, inclusive de empreendimentos de grande porte com alto impacto ambiental potencial, serão desbalanceadas entre as dimensões socioeconômicas e ambientais, e esta última acabará ficando em segundo plano.

Assim, é fundamental estruturar adequadamente a base de dados ambientais, com informações sobre potencialidades e fragilidades dos ecossistemas ante as pressões das atividades econômicas. Pode ser então utilizada como referência para o estabelecimento tanto de políticas de desenvolvimento quanto de processos de planejamento, identificando principalmente os fatores de capacidade de suporte dos ecossistemas naturais, bem como os custos associados à degradação, como problemas de saúde pública, danos às infraestruturas urbanas, menor capacidade de produção agrícola, escassez de recursos hídricos para atividades essenciais etc.

As mudanças políticas, administrativas, socioculturais e tecnológicas observadas nas últimas décadas, os diversos protocolos internacionais assinados e, posteriormente, sua internalização nas políticas nacionais, certamente, têm relação com a proposta global de se ampliar a capacidade da sociedade de mobilização para mudanças na forma de gestão, visando a recuperação de ecossistemas e construção de janelas de oportunidades para gerações futuras.

A ideia de desenvolvimento sustentável traz à tona que as ações não devem se orientar de forma isolada, seja no acúmulo de riquezas, seja na proteção de recursos naturais, como, por exemplo, as florestas, ressaltando a necessidade de aumentar a capacidade política, social e ecológica de lidar com ameaças e mudanças e de manter ou ampliar opções para responder às questões sociais e naturais em permanente mudança.

O termo desenvolvimento sustentável deve ser analisado tanto a partir de uma perspectiva política, representada pelo processo de institucionalização da problemática ambiental, para obter consensos cada vez mais significativos, da perspectiva ambiental, de respeito à capacidade de suporte dos ecossistemas, quanto a partir da tentativa de conceituação mais precisa, representada principalmente por correntes econômicas.

O processo mundial de construção de um conceito comum para essa ideia de conciliação do desenvolvimento econômico e proteção dos patrimônios social e natural surgiu com mais força a partir da década de 1960. Isso pode ser observado no aumento de estudos, publicações e eventos globais relacionados a essa temática, como ilustrado no Quadro 1.7.

Quadro 1.7 – Destaque de alguns documentos relacionados à construção do conceito de desenvolvimento sustentável.

Ano	Documento	Conteúdo
1968	The population bomb	Crescimento demográfico e suas consequências prejudiciais (Erlich, 1968).
1968	The tragedy of the commons	Problemas associados a questões do coletivo (Hardin, 1968).
1972	The limits to growth. A report to the Club of Rome	Estudo sobre a acelerada industrialização, o rápido crescimento populacional, a desnutrição, a depleção dos recursos não renováveis e a deterioração do meio ambiente (Meadows et al., 1972).
1972	Declaração de Estocolmo	A preocupação principal estava centrada no crescimento populacional, no processo de urbanização e na tecnologia envolvida na industrialização (ONU, 1972).
1980	World conservation strategy: living resource conservation for sustainable development	Primeira divulgação do termo desenvolvimento sustentável, apresentando uma clara definição do conceito de conservação. A ênfase foi dada à dimensão humana, que consistia na observação de três fatores: manutenção dos processos ecológicos, preservação da diversidade genética e utilização das espécies e ecossistemas de modo sustentável (IUCN, 1980).
1987	Nosso futuro comum	Define desenvolvimento sustentável como sendo aquele que atende às necessidades do presente sem comprometer a possibilidade de as gerações futuras atenderem às suas próprias necessidades (CMMAD, 1988).
1991	Caring for the Earth (revisão da publicação de 1980)	Benefícios sociais e econômicos da conservação da natureza, tanto no sentido de um uso mais sustentável dos recursos naturais quanto no sentido de uma utilização socialmente mais equitativa, tornando esse documento mais social e político do que o primeiro (IUCN, 1991).
1992	Declaração do Rio sobre Meio Ambiente e Desenvolvimento, Agenda 21 Global	Elevação da questão ambiental a primeiro plano nos compromissos internacionais, restando a tarefa de buscar a integração da problemática ambiental no planejamento e nas tomadas de decisão econômicas em todos os níveis (ONU, 1992, 1992a).

(continua)

Quadro 1.7 – Destaque de alguns documentos relacionados à construção do conceito de desenvolvimento sustentável (*continuação*).

Ano	Documento	Conteúdo
2000	Declaração do Milênio	Foram identificados oito objetivos a serem alcançados até o ano de 2015: erradicar a pobreza extrema e a fome; atingir o ensino básico universal; promover a igualdade entre os sexos e a autonomia das mulheres; reduzir a mortalidade infantil; melhorar a saúde materna; combater o HIV/Aids, a malária e outras doenças; garantir a sustentabilidade ambiental e estabelecer uma parceria mundial para o desenvolvimento (ONU, 2000).
2002	Declaração de Joanesburgo	Reafirma a necessidade de cooperação e comprometimento para a adoção dos princípios constantes da Declaração do Rio (1992), para total implementação da Agenda 21 e dos objetivos constantes da Declaração do Milênio das Nações Unidas (2000), bem como de todos os acordos e conferências ocorridos desde 1992 (ONU, 2002a).

Na opinião dos autores Nobre e Amazonas (2002) e Veiga (2005), a noção de desenvolvimento sustentável, como apresentada e defendida pelas Nações Unidas, surge oficialmente em 1987, com a publicação do Relatório Brundtland, como uma proposta política. Ou seja, como um documento que aglutina toda a estratégia de institucionalização da problemática ambiental ocorrida durante a década de 1970, que visava elevar a questão ambiental ao primeiro plano da agenda política internacional e, ao mesmo tempo, levá-la a penetrar as decisões sobre políticas públicas em todos os níveis. De acordo com Nobre e Amazonas (2002), essa publicação vem como uma resposta à questão ambiental da década de 1970, afirmando que desenvolvimento (no sentido de crescimento econômico) e meio ambiente (no sentido de estoques de recursos naturais e de capacidade suporte) não são contraditórios. Além disso, o relatório *Nosso futuro comum* afirma que o crescimento é imperativo para diminuição da pobreza e para minimizar os impactos ambientais, desde que respeitados os limites existentes. Por essa ideia, os recursos naturais existentes serão suficientes para satisfazer as necessidades humanas em longo prazo, desde que usados e gerenciados adequadamente (CMMAD, 1988).

DESAFIOS DO USO DE INDICADORES NA AVALIAÇÃO DA SUSTENTABILIDADE | 15

A tônica das discussões da CMMAD, criada pela ONU em 1983, e que mais tarde seria a base do relatório *Nosso futuro comum*, publicado em 1987, foi a de que os estoques de capital ecológico estavam sendo consumidos mais rapidamente do que sua capacidade de regeneração, mas o crescimento econômico poderia ser reconciliado com a proteção ambiental. Entendiam também que deveria ser tratada urgentemente a questão da dívida externa, especialmente na África e na América Latina, como forma de possibilitar a essas regiões a capacidade de dar atenção às questões ambientais.

Embora aleguem fragilidade nesse documento, uma leitura atenta de suas 428 páginas demonstra a seriedade e amplitude com que foi construído. O grupo foi formado por representantes de vários países, muitos deles em desenvolvimento, e a maioria dos participantes eram especialistas que ocupavam importantes cargos em seus países (Coutinho, 2006).

Gro Harlem Brundtland, por exemplo, à época presidente da Comissão e ocupante do cargo de primeira-ministra da Noruega, médica e mestre em saúde pública, dedicou-se durante vários anos à medicina e à pesquisa dentro do sistema de saúde pública da Noruega. Junto a esse comissariado, foram criados painéis consultivos integrados por especialistas de renome para orientação sobre as recomendações e conclusões do grupo nas áreas de energia, indústria e segurança alimentar, e também um corpo de juristas para assisti-los na questão dos princípios[2] e direitos legais. Além disso, foram realizadas diversas reuniões deliberativas em formato de audiências públicas, em todas as regiões do mundo, para conhecer de perto questões ambientais e de desenvolvimento e, ao mesmo tempo, colher sugestões e preocupações junto ao governo, instituições de pesquisa, organizações não governamentais (ONGs), setor industrial e sociedade civil em geral. Como resultado, foram oferecidas milhares de páginas de material para análise (CMMAD, 1988).

Esse relatório define o desenvolvimento sustentável como sendo aquele que atende às necessidades do presente sem comprometer a possibilidade de as gerações futuras atenderem às suas próprias necessidades (CMMAD, 1988, p. 46). Há nessa definição, além do conceito de necessidade, certamente se referindo às necessidades dos países subdesenvolvidos, o conceito de limitação do consumo para atender às necessidades presentes e

---

[2] Súmula dos princípios legais propostos para a proteção ambiental e o desenvolvimento sustentável, adotados pelos especialistas em Direito Ambiental, da Comissão Mundial para o Meio Ambiente e Desenvolvimento (CMMAD, 1988).

futuras. Assim, uma comunidade sustentável deve procurar equilibrar seu crescimento econômico com a capacidade de suporte de seus ecossistemas e a manutenção de seus recursos naturais, de sua cultura, de sua saúde e vida social, para que sua população possa ter uma boa qualidade de vida. Isso significa que, sendo o principal objetivo do desenvolvimento a satisfação das necessidades e aspirações humanas, que, na maioria das vezes, são determinadas social e culturalmente, o modelo de desenvolvimento sustentável requer que se promova a busca de novos valores que possibilitem a manutenção dos padrões de consumo dentro dos limites ecológicos (Coutinho, 2006).

A ideia de desenvolvimento traz em sua origem a questão do debate entre desenvolvimento e crescimento, que é analisada por Veiga (2005) a partir de três correntes de pensamento: desenvolvimento como sinônimo de crescimento; desenvolvimento como um mito, ilusão ou quimera; e desenvolvimento como um caminho do meio, a partir da negativa das duas primeiras.

De acordo com Veiga (2005), na prática, até meados do século XX não havia a necessidade entre os economistas de se criar uma diferenciação entre desenvolvimento e crescimento, simplesmente porque havia uma correlação direta entre as nações mais desenvolvidas em todos os sentidos e o enriquecimento pela industrialização. Não havia, de forma generalizada, dados contrários que pudessem invalidar essa constatação.

Somente quando o crescimento econômico de determinado país passou gradativamente a não significar mais necessariamente que seria garantido o acesso à saúde e à educação e, portanto, à questões básicas da qualidade de vida, passou-se a um maior e global questionamento desse enfoque. Isso se torna mais concreto, principalmente a partir de 1990, com o surgimento do Índice de Desenvolvimento Humano (IDH), lançado pelo Programa das Nações Unidas para o Desenvolvimento (PNUD), como uma medida geral e sintética do desenvolvimento humano, que, embora não abranja todos os aspectos de desenvolvimento, computa a renda, a longevidade e a educação (Veiga, 2005).

Pela segunda corrente, existem autores, todos citados por Veiga (2005), como Arrighi (1997) e Rivero (2002), que entendem o desenvolvimento como uma ilusão, uma quimera ou, simplesmente, como um mito. Arrighi, por exemplo, a partir de um modelo baseado no PNB per capita, classifica e divide os países em três blocos: núcleo orgânico (países centrais), semiperiferia (países emergentes) e periferia (países pobres). Em se-

DESAFIOS DO USO DE INDICADORES NA AVALIAÇÃO DA SUSTENTABILIDADE | **17**

guida, atestando a impossibilidade de mudanças importantes dentro dessa hierarquia baseada na riqueza, chega à conclusão de que o desenvolvimento, por esse caminho, seria uma ilusão impossível de ser alcançada. Ou seja, na verdade parece haver interesse daqueles, hoje beneficiários dessa situação, na própria manutenção dela.

O caminho do meio tem em Sen (1999), citado por Veiga (2005), seu principal defensor. Indiano, membro da presidência do Banco Mundial, idealizador do IDH, juntamente com Mahbud Ul Haq, e ganhador do Prêmio Nobel da Economia, em 1998, Amartya Sen vê na expansão da liberdade o principal objetivo do desenvolvimento. Liberdade essa que deve abranger não somente o direito ao desenvolvimento econômico, mas também o direito ao acesso à saúde, à educação e à participação da vida da comunidade. E, para se alcançar esse patamar, um país não necessita primeiro enriquecer para depois melhorar a qualidade de vida, desvinculando, assim, desenvolvimento de crescimento econômico.

Em relação à sustentabilidade, adjetivada na expressão desenvolvimento sustentável, a discussão também se dá em três níveis, também analisados por Veiga (2005): os otimistas tecnológicos, que creem que as inovações tecnológicas podem superar qualquer dilema entre conservação ambiental e crescimento econômico, cujo maior expoente se dá em Solow (2000); os fatalistas, representados por Georgescu-Roegen (1999), para quem a economia será absorvida pela natureza através da fatalidade entrópica, e por seu discípulo Daly (1973), para quem só haverá alternativa na condição estacionária, com desenvolvimento, mas sem crescimento, em uma economia estável (*steady-state economy*); o caminho do meio, representado pelo Relatório Brundtland, que, como documento político estratégico, visava a institucionalização do conceito.

Sem a pretensão de uma explicação mais detalhada da Lei da Entropia, para Georgescu-Roegen (1999), a inclusão do desenvolvimento sustentável na pauta de discussões significa a inserção da questão entrópica na corrente econômica, uma vez que a grande ameaça à sustentabilidade do processo econômico é a base econômica que lhe serve de suporte, bem como a capacidade do meio em absorver a alta entropia resultante do processo econômico. Isso decorre do fato de que, pela segunda lei da termodinâmica, há a tendência de transformação da energia livre disponível em energia não disponível e, portanto, não utilizável. Dessa forma, do ponto de vista da física, o processo econômico seria a transformação de energia e de recursos naturais disponíveis de baixa entropia, em poluição e lixo, de alta entropia. Assim, deve haver uma alteração da visão do sistema econômico isolado, sem troca de matéria e energia com o meio ambiente, para um sistema que sofre influência e, ao mesmo tempo, influencia os ecossistemas (Figura 1.1).

Figura 1.1 – Interações economia-ecossistema de uma perspectiva termodinâmica.

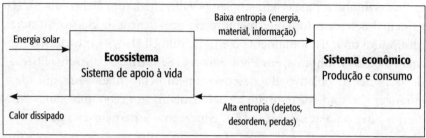

Fonte: Cavalcanti (2001, p. 66).

Veiga (2005, p. 14) conclui que o fato de não ter sido adotado um conceito unânime para o termo desenvolvimento sustentável, assim como para a ideia de justiça social, não significa que eles tenham pouca utilidade. Pelo contrário, essas ideias exprimem uma utopia, a visão de futuro sobre a qual a civilização contemporânea necessita alicerçar suas esperanças.

Romeiro (2001), não reconhecendo um caminho do meio, entende haver apenas duas correntes de interpretação: os representantes da economia ambiental, o *main stream* clássico, e a economia ecológica. Os primeiros partiram de um reconhecimento inicial de que os recursos naturais sequer apareciam no funcionamento da economia (Figura 1.2), para, posteriormente, reconhecê-los, mas não os considerarem como fatores limitantes à expansão da economia, sendo apenas uma restrição relativa, superável pelo avanço científico e tecnológico e pelos mecanismos de mercado (Figura 1.2a). A segunda corrente vê o sistema econômico como um subsistema de um todo maior que o contém e que apresenta limitações, inicialmente superáveis, mas que, em longo prazo, não conseguirá se manter se não houver estabilização nos níveis de consumo per capita com a capacidade de carga do planeta (Figura 1.2b).

A despeito de todas essas divergências no campo econômico, vários são os autores que procuraram definir desenvolvimento sustentável. Todas as conceituações são passíveis de discussão e carentes de unanimidade, mas todas igualmente convergem para o ponto comum da urgência de uma solução para a atual crise ambiental global.

Figura 1.2 – Representação das correntes da economia ambiental – 1.2a e 1.2b – e economia ecológica – 1.2c.

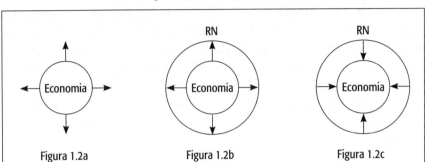

RN: recursos naturais
Fonte: Romeiro (2001, p.12).

Hoje é difícil de admitir que possam ser ainda imprevisíveis os rumos do planeta se mantidos os mesmos patamares de utilização e exploração dos recursos naturais. Mesmo os otimistas tecnológicos concordam com as ameaças existentes, mas creem que os efeitos nocivos sobre o ambiente poderão ser superados pelo avanço da tecnologia. Por isso é que o livro de Schamandt e Ward (2000), diante do reconhecimento da ameaça ambiental global, propõe a traçar a direção de uma resposta nos moldes de um desenvolvimento sustentável. Para isso, estes autores consideram vitais, entre outros fatores, a ética e a liderança, a comunidade científica, as ferramentas de mercado e a participação de todos os atores sociais nas decisões.

Apesar da existência de tanta divergência em torno do termo desenvolvimento sustentável e de como atingi-lo, há uma aceitação unânime acerca de certos princípios-chave da sustentabilidade. Os temas comuns em todos os modelos incluem a perspectiva de longo prazo, a capacidade de suporte dos ecossistemas, a responsabilidade intergerações, a precaução, o bem-estar comunitário baseado em ampla participação, as ideias de cooperação, conservação e justiça, bem como a noção de que a sustentabilidade comporta várias dimensões, sendo prioritário o inter-relacionamento de pelo menos três: a ecológica, a econômica e a social.

Por fim, apesar de não se ter, como pode ser visto, um conceito claro e universalmente aceito de desenvolvimento sustentável, não significa que esse termo seja desprovido de significado. O conceito normativo de desenvolvimento sustentável, representado pelo Relatório Brundtland, pode ser utilizado como referencial teórico, uma vez que, além de ser derivado de um processo mundial para institucionalização do termo, que culminou com sua ampla aceitação, foi a base utilizada em 1992 para a criação da Agenda 21 Global. Além disso, contém os princípios que a maioria dos autores entendem necessários para sua efetivação e parece ocupar, na análise de Veiga (2005), um caminho do meio nas discussões entre os fatalistas entrópicos e os otimistas tecnológicos. No entanto, a construção de indicadores que venham a dar suporte aos processos que visem sustentabilidade demanda um modelo de análise para transformar o conceito de desenvolvimento sustentável em algo concreto.

VISÕES MULTIDIMENSIONAIS DO DESENVOLVIMENTO SUSTENTÁVEL

Do ponto de vista de Bossel (1998), a sustentabilidade tem várias dimensões: física, material, ecológica, social, legal, cultural, psicológica e ética. A sociedade humana só pode ser sustentável se for sustentável em todos esses pontos, o que, a seu ver, é uma exigência alta. Além disso, a sustentabilidade deve permanecer como um conceito dinâmico, pois as sociedades e seus ambientes mudam, tecnologias e culturas mudam, valores e aspirações mudam, e uma sociedade desse tipo deve permitir e sustentar tais mudanças. Outro fator importante seria a aceitação dos limites físicos, ecológicos, sociais e psicológicos da existência da humanidade, devendo a sociedade buscar o desenvolvimento sem crescimento físico, seja de fluxos de matéria e energia, seja da população.

Para o autor, a sustentabilidade do desenvolvimento envolve uma questão temporal que se assenta na asserção de que se antes a ameaça à existência humana por ações insustentáveis parecia distante, hoje ocupa uma posição de destaque, representando uma ameaça real e mais próxima. Isso ocorre em função da escala de modificações empreendidas nos ecossistemas naturais, e do sistema estar com sua capacidade de resposta a mudanças comprometida. Parte assim para uma análise de sistema, afirmando que se a sociedade humana faz parte de um sistema total que depende como suporte de vários outros subsistemas, e o desenvolvimento em bases sustentáveis só será viável se as partes também o forem, então é necessário existir um modelo para sua sistematização e indicadores que produzam informações essenciais e confiáveis sobre a viabilidade de cada componente do sistema (Bossel, 1998).

Schamandt e Ward (2000) partem do trabalho de Albert Toynbee (1946) sobre a história do mundo, que utilizou os conceitos de *Challenge and Response* para explicar como as civilizações cresceram ou decaíram. Assim Toynbee (1946) concluiu que o desenvolvimento sustentável seria hoje a maior *resposta* da humanidade ao desafio das mudanças ambientais globais, como as alterações climáticas, na produção da terra, nos recursos hídricos, nos sistemas ecológicos etc. Por desafio, Toynbee entendia algum fator ou evento imprevisível que apresentasse uma ameaça aos meios pelos quais os grupos se sustentavam. Não sendo uma palavra totalmente negativa, podia trazer o início de uma oportunidade. Por resposta, entendia a ação tomada por esses grupos para lidar com a nova situação. Um *desafio* podia resultar do aumento populacional, exaustão de recursos vitais, mudanças climáticas etc. Ou seja, nada que fosse deliberadamente criado. Já a *resposta* exigia visão, liderança e ação para superar a ameaça e criar uma base de sobrevivência, esperança e prosperidade.

Segundo o trabalho de construção de indicadores de desenvolvimento sustentável da Comissão para o Desenvolvimento Sustentável das Nações Unidas (CDS), foram propostos quatro aspectos relevantes que contribuem para o desenvolvimento sustentável: os aspectos institucionais, que compreendem a estrutura e o funcionamento de todas as organizações e entidades, as suas orientações políticas, bem como o esforço empreendido para a efetiva implementação do desenvolvimento sustentável, seja através de investimento em ciência e tecnologia, seja pela concretização de acordos multilaterais; os aspectos econômicos, nas suas diferentes escalas, têm por objetivo a eficiência dos processos produtivos, questões financeiras, bem como o consumo de recursos materiais e o uso de energia; os aspectos sociais, que estão ligados à satisfação das necessidades humanas, melhoria da qualidade de vida e justiça social e os aspectos ambientais, que se relacionam com o uso dos recursos naturais e sua conservação e/ou degradação (Figura 1.3).

Sachs (1993, p. 26-7) fala em cinco dimensões de sustentabilidade:

- Sustentabilidade social, que envolve uma mudança nos padrões de desenvolvimento e é orientada por outra visão de sociedade, fundada em uma civilização do ser, em que exista maior equidade na distribuição do ter e da renda, de modo a melhorar substancialmente os direitos e as condições de amplas massas de população e a reduzir a distância entre os padrões de vida de abastados e não abastados.

Figura 1.3 – Aspectos determinantes do desenvolvimento sustentável.

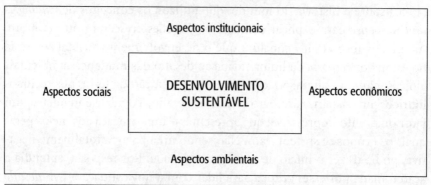

Fonte: Direção Geral do Ambiente (2000, p. 8).

- Sustentabilidade econômica, que deve englobar uma alocação e uma gestão mais eficiente dos recursos, um fluxo regular de investimento de recursos públicos e privados e a superação das condições externas limitantes, tais como a questão da dívida externa, das barreiras protecionistas e da limitação do acesso à ciência e tecnologia.
- Sustentabilidade ecológica, que deve ser incrementada pelo respeito à capacidade de carga do planeta, baseada no uso sustentável dos recursos, pela limitação do consumo dos combustíveis fósseis e de outros recursos esgotáveis, pela substituição por produtos renováveis, pela redução de resíduos e de poluição, pela autolimitação do consumo material dos países ricos, pelo aumento da pesquisa de tecnologias limpas e pela definição de regras claras e instrumentos econômicos de proteção ambiental.
- Sustentabilidade espacial, que é voltada para uma configuração rural e urbana mais equilibradas, com melhor distribuição territorial dos assentamentos humanos e das atividades econômicas, em especial em relação às áreas metropolitanas.
- Sustentabilidade cultural, que visa à busca do preceito do ecodesenvolvimento com respeito às especificidades de cada ecossistema, de cada cultura e de cada local.

O PARADIGMA DO DESENVOLVIMENTO SUSTENTÁVEL E O PROCESSO DE TOMADA DE DECISÃO

Dessa forma, o que se observa é a ampliação do desafio trazida pelo paradigma do desenvolvimento sustentável, que implica atuar:

- Em ambiente de complexidade das relações governo – sociedade, sociedade – sociedade, sociedade – indivíduo, sociedade – natureza e natureza – natureza.
- De forma local, porém em contexto global de demanda e pressão.
- Com enfoque de integração dos componentes do desenvolvimento sustentável.
- De forma a incorporar o componente temporal nas decisões, considerando as crescentes taxas de poluição e redução da capacidade de resiliência dos ecossistemas.

Hodge et al. (1999) reforçam que o paradigma do desenvolvimento sustentável expande, de certa forma, as fronteiras do processo de tomada de decisão. O resultado é uma visão diferente de mundo e novos caminhos para se encontrar pontos de intervenção. Essa nova lente da sustentabilidade está na capacidade de integração, síntese e enfoque colaborativo para encontrar soluções para melhoria da qualidade de vida.

Cada vez se torna mais evidente, portanto, que é uma demanda fundamental do processo de construção do desenvolvimento sustentável a disponibilização e acesso de informações como base no processo de organização dos atores para formulação e implementação de políticas calcadas nessa proposição da sustentabilidade. Isso acontece, pois, em processo cíclico, informações apoiam formulação de políticas e construção de espaços de tomada de decisão, os quais podem utilizar os indicadores de modo a justificar seus esforços.

Dentro do campo específico da política pública, alguns modelos explicativos ou abordagens foram desenvolvidos para se entender melhor como e porque o governo faz ou deixa de fazer alguma ação que repercutirá na vida dos cidadãos. Muitos foram os modelos desenvolvidos, mas de acordo com Souza (2006), a abordagem pelo ciclo das políticas públicas vê a política pública como um ciclo deliberativo, formado por vários estágios e constituindo um processo dinâmico e de aprendizado. Segundo Frey (2000), as tradicionais divisões do ciclo político nas várias propostas existentes na bibliografia se diferenciam apenas gradualmente, e comuns a todas as propostas são as fases da formulação, da implementação e do controle dos impactos das políticas. Frey (2000) e Souza (2006) propõem as seguintes fases: percepção e definição de problemas, definição da agenda (*agenda-setting*), identificação de alternativas, avaliação das opções, seleção das opções, elaboração de programas e decisão, implementação de políticas e, finalmente, a avaliação de políticas e a eventual correção da ação.

O ciclo das políticas públicas não pode ser concebido de forma simples e linear, nem pode, por definição, possuir um ponto de partida claramente definido. Ele é melhor representado por um complexo fluxo de ações e decisões de governo; um conjunto de *stakeholders* que dão sustentação à política; e finalmente por nós, críticos. Esses nós ou elos críticos representam os pontos no tempo em que questões referidas ao processo de sustentação política dos programas, de coordenação interinstitucional e de capacidade de mobilizar recursos institucionais se conjugam (Silva, 1999).

É importante destacar que o processo de política pública não possui uma racionalidade manifesta. Não é uma ordenação tranquila na qual cada ator social conhece e desempenha o papel esperado (Saravia, 2006). Na verdade a ação pública é caracterizada por incoerências, ambiguidades e incertezas em todos os estágios e em todos os momentos. Qualquer política pública é, em grande parte, um esforço de coordenação de forças centrífugas que operam no interior da própria máquina estatal e na sociedade. A formulação de políticas é com muita frequência marcada pelo fato de que os decisores não sabem exatamente o que querem, nem o resultado possível das políticas formuladas, até porque as políticas adotadas são o resultado de um processo de negociação no qual o desenho original de um programa é substancialmente modificado (Jobert e Muller, 1987 apud Arretche, 2006).

Nem sempre as fases do ciclo de políticas públicas têm um encadeamento lógico. De acordo com Hoogwood e Gunn (1984), às vezes, as metas de uma política pública são definidas retroativamente com a finalidade de sugerir um sentido lógico mais claro ou um maior grau de previsão sobre os produtos que realmente prevalecem nos primeiros estágios de elaboração das políticas. Os objetivos acabam sendo ajustados no final para racionalizar ações passadas, em vez de serem formulados nas etapas inicias como uma diretriz racional para ações futuras. Segundo Frey (2000), na prática, os atores político-administrativos dificilmente se atêm a essa sequência do ciclo de políticas públicas, especialmente para programas políticos mais complexos, que se baseiam em processos interativos, cuja dinâmica é alimentada por reações mútuas dos atores envolvidos.

A Comissão de Desenvolvimento Sustentável (CDS) da ONU define a tomada de decisão como um processo cíclico, que em geral envolve cinco etapas, havendo necessidade de informação disponível para cada uma delas: identificação do problema, formulação de políticas, implementação, monitoramento do desempenho e avaliação. Bossel (1998) lembra que o conceito de desenvolvimento carrega a interpretação de quem o usa e direciona o foco, e assim certos indicadores foram utilizados e outros negligenciados nos diversos processos de formulação e implementação de políticas públicas e privadas, e suas interfaces. Da mesma forma, ao se usar um conjunto de indicadores, será possível ver somente essas informações, o que define e limita o sistema e os problemas que se percebe e o tipo de desenvolvimento que se pretende. Daí a importância da construção e do uso adequado das informações no processo de decisão dentro do paradigma do desenvolvimento sustentável.

Esse ciclo é carregado de grande inércia, considerando a quantidade de instituições que em geral estão associadas a esse processo de coleta, construção e uso de indicadores. Os processos estão ligados a leis e normas que regem essas instituições e o próprio sistema de informações, nos seus diversos níveis. Há de se considerar aqui também as pessoas que de alguma forma estão também relacionadas a esse conjunto de informações, seja no seu processo de coleta, no seu uso ou na divulgação, como é o caso da mídia, por exemplo.

Da mesma forma que a informação expõe aspectos positivos, é ferramenta importante também no rastreamento de pontos frágeis, de problemas, que podem representar vazadouros de receitas e de esforços, inviabilizando o funcionamento do sistema como um todo, como no caso de cidades e empresas, na gestão de planos, programas e projetos. Essa demanda da gestão, seja no setor público ou privado, por informações que ampliem o potencial da decisão, requer, portanto, entender as dificuldades relativas principalmente às dimensões ambientais e sociais e suas interfaces com os componentes do desenvolvimento sustentável. Mousinho (2001) destaca para o contexto da informação ambiental a dificuldade de acesso e recuperação da informação, que não está adequadamente organizada, em geral está fragmentada, levando ao questionamento da qualidade e confiabilidade. Na área social e de saúde pública também são grandes os desafios que se referem à própria dificuldade de levantar determinadas informações, por custo, falta de norma e, muitas vezes, pouco interesse das instâncias e dos atores responsáveis. Portanto, no campo do desenvolvimento sustentável, a construção e a operacionalização de bons indicadores requerem um estabelecimento de princípios e boas práticas que norteiem todo o processo, partindo da definição de necessidades e de foco, de engajamento de partes interessadas, de procedimentos de comunicação e diálogo, e do seu uso na formulação e implementação de políticas públicas.

REFERÊNCIAS

ARRETCHE, M.T.S. Tendências no estudo sobre avaliação. In.: RICCO, E.M. *Avaliação de políticas sociais: uma questão em debate*. 4. ed. São Paulo: Cortez, 2006. p. 29-39.

BOSSEL, H. *Earth at a crossroads: paths to a sustainable future UK*. Cambridge: Cambridge University Press, 1998.

CAVALCANTI, C. Condicionantes biofísicos da economia e suas implicações quanto à noção de desenvolvimento sustentável. In: ROMEIRO, A.R.; REYDON, B.P.; LEONARDI, M.L.A. (orgs.). *Economia do meio ambiente*. Campinas: Unicamp, 2001.

COUTINHO, S.M.V. *Análise de um processo de criação de indicadores de desenvolvimento sustentável no município de Ribeirão Pires – SP*. São Paulo, 2006. Dissertação (Mestrado em Saúde Pública). Faculdade de Saúde Pública, Universidade de São Paulo.

[CMMAD] COMISSÃO MUNDIAL SOBRE MEIO AMBIENTE E DESENVOLVIMENTO. *Nosso futuro comum*. Rio de Janeiro: Ed. FGV, 1988.

DALY, H.(ed). *Toward a steady-state economy*. San Francisco, CA:W.H. Freeman, 1973

DIREÇÃO GERAL DO AMBIENTE. *Proposta para um sistema de indicadores de desenvolvimento sustentável*. Amadora, Portugal: Direção Geral do Ambiente, 2000. Disponível em: http://www.iambiente.pt/sids/sids.pdf. Acessado em: 24 fev. 2012.

EHRLICH, P. *The population bomb*. New York: Ballantine Books, 1968.

FREY, K. Políticas públicas: um debate conceitual e reflexões referentes à prática da análise de políticas públicas no Brasil. *Planejamento e Políticas Públicas*, Brasília,

DF, Ipea, v. 21, p. 211-59, jun. 2000. Disponível em: http://www.ipea.gov.br/ppp/index.php/PPP/article/viewFile/89/158. Acessado em: 18 maio 2011.

GEORGESCU-ROEGEN, N. *The entropy law and the economic process*. Lincoln: Havard University Press, 1999.

HALL, J. S. K. Contribution to economics. *Journal of Futures Studies*, v. 15, n. 2, p. 151-54, nov. 2010. Disponível em: http://www.jfs.tku.edu.tw/15-2/S02.pdf. Acessado em: 25 fev. 2012.

HARDIN, G. The tragedy of the commons. *Science*, n. 162, 1968.

HENDERSON, H. PIB: um indicador anacrônico. *Le Monde Diplomatique*, 19 de dezembro de 2007. Disponível em: http://diplo.org.br/2007-12,a2026. Acessado em: 24 fev. 2012.

HODGE, R.A.; HARDI, P.; BELL, D.V.J. *Seeing change through the lens of sustainability*. Costa Rica: 1999. Disponível em: http://iisd.ca/measure/scipol/docs.htm. Acessado em: 24 fev. 2012.

HOOGWOOD, B.W.; GUNN, L.A. *Policy analysis for the real world*. New York: Oxford University, 1984.

[IUCN] INTERNACIONAL UNION FOR THE CONSERVATION OF THE NATURE AND NATURAL RESOURCES et al. (orgs.). *World conservation strategy: living resource conservation for sustainable development*, 1980. Disponível em: http://iucn.org/dbtw-wpd/edocs/WCS-004.pdf. Acessado em: 24 fev. 2012.

_____. *Caring for the Earth: a strategy for sustainable living*, 1991. Disponível em: http://iucn.org/dbtw-wpd/edocs/CFE-003.pdf. Acessado em: 24 fev. 2012.

JAGER, J. *Our planet. How much more can Earth take?* Great Britain: Haus Publishing, 2008.

MEADOWS, D.H; MEADOWS, D.L; RANDERS, J. et al. *Limites do crescimento: um relatório para o projeto do Clube de Roma sobre o dilema da humanidade*. São Paulo: Perspectiva, 1972.

MEADOWS, D. *Indicators and information systems for sustainable development*. The Sustainability Institute. 1998. Disponível em: http://www.iisd.org/pdf/s_ind_2.pdf. Acessado em: 24 fev. 2012.

_____. *Leverage points: places to intervene in a system*. The Sustainability Institute, 1999. Disponível em: http://www.sustainer.org/pubs/Leverage_Points.pdf. Acessado em: 24 fev. 2012.

MOUSINHO, P.O. *Indicadores de desenvolvimento sustentável: modelos internacionais e especificidades do Brasil*. Rio de Janeiro, 2001. Dissertação (Mestrado em Ciência da Informação) – Universidade Federal do Rio de Janeiro.

NOBRE M.; AMAZONAS, M. (orgs.). *Desenvolvimento sustentável. A institucionalização de um conceito.* Brasília, DF: Ibama, 2002.

[ONU] ORGANIZAÇÃO DAS NAÇÕES UNIDAS. *Declaration of the United Nations Conference on the Human Environment,* Stockholm, 1972. Disponível em: http://www.unep.org/Documents.Multilingual/Default.asp?DocumentID=97&ArticleID=1503&l=en. Acessado em: 25 fev. 2012.

_____. *Agenda 21,* 1992. Disponível em: http://www.un.org/esa/sustdev/documents/agenda21/english/agenda21toc.htm. Acessado em: 25 fev. 2012.

_____. *Rio declaration on environment and development,* 1992a. Disponível em: http://www.un.org/documents/ga/conf151/aconf15126-1annex1.htm. Acessado em: 25 fev. 2012.

_____. *Framework convention on climate change,* 1992b. Disponível em: http://unfccc.int/resource/docs/convkp/conveng.pdf. Acessado em: 25 fev. 2012.

_____. *Convention on biological diversity,* 1992c. Disponível em: http://www.cbd.int/doc/legal/cbd-en.pdf. Acessado em: 25 fev. 2012.

_____. *United Nations millennium declaration.* 55ª Special Session, 2000. Disponível em: http://www.un.org/millennium/declaration/ares552e.pdf. Acessado em: 25 fev. 2012.

_____. *Report of the world summit on sustainable development.* Johannesburg, South Africa, 26 de agosto a 4 de setembro de 2002. Disponível em: http://www.un.org/jsummit/html/documents/summit_docs/131302_wssd_report_reissued.pdf. Acessado em: 25 fev. 2012.

_____. *Johannesburg declaration on sustainable development.* Johannesburg, South Africa, 2002a. Disponível em: http://www.un.org/esa/sustdev/documents/WSSD_POI_PD/English/POI_PD.htm. Acessado em: 25 fev. 2012.

ROMEIRO, A.R. Economia ou economia política da sustentabilidade. *Texto Para Discussão.* IE, Unicamp, n. 102, set. 2001. Disponível em: http://cursa.ihmc.us/rid%3D1GM431YJX-G9XCVN-S9/economia%20ou%20economia%20da%20pol%C3%ADtica%20da%20sustentabilidade.pdf. Acessado em: 25 fev. 2012.

SACHS, I. *Estratégias de transição para o século XXI.* São Paulo: Studio Nobel/ Fundap, 1993.

SARAVIA, E. Introdução à teoria da política pública. In: SARAVIA, E.; FERRAREZI, E. (orgs.). *Políticas públicas: coletânea.* Brasília, DF: Enap, 2006. p. 21-42.

SCHMANDT, J.A.; WARD, C.H. *Sustainable development. The challenge of transition.* Cambridge, UK: Cambridge University Press, 2000.

SILVA, P.L.B. *Modelo de avaliação de programas sociais prioritários.* Relatório final do programa de apoio à gestão social no Brasil. Campinas: Unicamp, 1999.

SOLOW, R.M. *Growth theory: an exposition*. London: Oxford University Press; 2000

SOUZA, C. Políticas públicas: uma revisão da literatura. *Sociologias*, Porto Alegre, n. 16, p. 20-45, 2006. Disponível em: http://www.scielo.br/scielo.php?script=sci_arttext&pid=S1517-45222006000200003&lng=en&nrm=iso. Acessado em: 25 fev. 2012.

THE WORLD BANK, 2011. Disponível em: http://data.worldbank.org/indicator/SI.POV.GINI?page=2. Acessado em: 25 fev. 2012.

TOYNBEE, A. J. *A study of history abridgement*. London: Oxford University Press, 1946.

VEIGA, J.E. *Desenvolvimento sustentável: o desafio do século XXI*. Rio de Janeiro: Garamond, 2005.

[UNDP] HUMAN DEVELOPMENT REPORT, 2011. Disponível em: http://hdr.undp.org/en/. Acessado em: 25 fev. 2012.

Indicadores de sustentabilidade: uma abordagem conceitual | 2

Tadeu Fabrício Malheiros
Engenheiro ambiental, Escola de Engenharia de São Carlos da USP

Sonia Maria Viggiani Coutinho
Advogada, Faculdade de Saúde Pública da USP

Arlindo Philippi Jr
Engenheiro civil e sanitarista, Faculdade de Saúde Pública da USP

Apesar da longa experiência do uso de indicadores como ferramenta de apoio nos diversos processos de tomada de decisão, só mais recentemente que esforços vêm sendo empreendidos na construção e aplicação de indicadores alinhados à proposta do desenvolvimento sustentável. Esse movimento pode ser observado principalmente a partir da década de 1990, com a própria consolidação do termo desenvolvimento sustentável, a assinatura da Agenda 21 Global e os diversos projetos da Agenda 21 Local. Também tem papel importante aqui o envolvimento de instituições-chave, como a Organização das Nações Unidas (ONU), a Comissão Econômica para a América Latina e Caribe (Cepal), o Banco Mundial e a Comissão Europeia. Nesse período, observa-se também iniciativas de governos e grupos locais, como o projeto Sustainable Seattle com lançamento em novembro de 1990.

Essa profusão de experiências e estudos vem também acompanhada de uma lista bastante variada de definições sobre indicadores, suas funções, regras e princípios a serem observados para o melhor uso dessa ferramenta. Visando apoiar a organização de todo esse processo, e tendo como foco central o uso dos indicadores de sustentabilidade como ferramenta para medir e avaliar o progresso em direção ao desenvolvimento sustentável, em novembro de 1996, um grupo internacional de pesquisadores e especialistas em sistemas de avaliação de cinco continentes se reuniu na Fundação de Estudos Rockefeller e no Centro de Conferências em Bellagio, na Itália, para rever o progresso até aquela data, sintetizando o conhecimento a partir dos esforços práticos em andamento (Hardi e Zdan, 1997).

Esse grupo propôs um conjunto de princípios que servem como um roteiro para todo o processo de avaliação, incluindo a escolha e a forma dos indicadores, sua interpretação e a comunicação dos resultados. Por serem inter-relacionados, devem ser aplicados como um conjunto completo. A finalidade de seu uso dá-se tanto para o início quanto para a melhora de atividades de avaliação de grupos comunitários, organizações não governamentais (ONGs), corporações, governos nacionais e instituições internacionais.

Esses princípios abordam quatro aspectos de avaliação do progresso em direção ao desenvolvimento sustentável. O princípio 1 aborda o ponto inicial de qualquer avaliação, onde deve ser estabelecida uma visão de desenvolvimento sustentável calcada em objetivos claros, que forneçam uma definição prática dessa visão em termos do que é significativo para o tomador de decisões. Os princípios 2 a 5 abordam o conteúdo a ser avaliado e a necessidade de se criar perspectiva de sistema total com os focos práticos das questões prioritárias atuais. Os princípios 6 a 8 abordam questões-chave do processo de avaliação. Os princípios 9 e 10 reforçam a necessidade de se estabelecer uma capacidade contínua do processo de avaliação (Hardi e Zdan, 1997):

Princípio 1 – Visão direcionada e objetivos
- A avaliação deve ser guiada por uma visão de desenvolvimento sustentável e deve buscar objetivos claros que definam essa visão.

Princípio 2 – Perspectiva holística
- Inclui a revisão do sistema como um todo e de suas partes.
- Considerar o bem-estar dos subsistemas social, econômico e ambiental, seu estado, a direção e a taxa de mudança desse estado, de suas partes componentes e a interação entre as partes.
- Considerar as consequências negativas e positivas das atividades humanas que se refletem em custos e benefícios para os sistemas ecológicos e humanos, ambos em termos monetários e não monetários.

Princípio 3 – Elementos essenciais

- Considerar equidade e disparidade dentro da atual população e entre as presentes e futuras gerações, lidando tanto com a preocupação quanto com o uso de recursos, consumo exagerado e pobreza, direitos humanos e acesso a serviços, se cabível.

- Considerar o desenvolvimento econômico e outras atividades fora do mercado que contribuem para o bem-estar humano e social.

Princípio 4 – Escopo adequado

- Adotar horizonte de tempo grande o suficiente para englobar tanto as escalas de tempo humanas quanto ecológicas, respondendo, assim, às necessidades dos tomadores de decisão de curto prazo quanto às necessidades das futuras gerações.

- Definir um espaço de estudo grande o suficiente para englobar tanto o impacto local quanto os distantes, sobre as pessoas e ecossistemas.

- Construir histórico de atuais condições para antecipar as futuras: onde queremos ir e onde poderemos ir.

Princípio 5 – Foco prático

- Adotar um conjunto explícito de categorias ou uma estrutura organizada que ligue as visões e os objetivos aos indicadores e critérios de avaliação.

- Adotar um número limitado de questões para análise.

- Adotar um número limitado de indicadores ou combinação de indicadores para fornecer um sinal claro do progresso.

- Padronizar medidas, se possível, para permitir a comparação.

- Comparar os valores dos indicadores com as metas, os valores de referência, a posição, os pontos iniciais ou a tendência de direção, se cabível.

Princípio 6 – Abertura

- Fazer com que os métodos e dados que sejam usados estejam acessíveis a todos.

- Explicitar julgamentos, assunções e incertezas dos dados e interpretações.

Princípio 7 – Comunicação efetiva

- Ser concebida para direcionar as necessidades da audiência e do conjunto de usuários.

- Ser desenhada através dos indicadores e outras ferramentas que estimulem e engajem os tomadores de decisões.

- Objetivar simplicidade na estrutura e uso de linguagem clara e abrangente.

Princípio 8 – Ampla participação

- Obter ampla participação (representação) da população-chave, profissionais, técnicos e grupos sociais, incluindo jovens, mulheres e população indígena, a fim de assegurar o reconhecimento de valores diversos e em mudança.

- Assegurar a participação dos tomadores de decisões para estabelecer uma ligação forte entre as políticas adotadas e as ações resultantes.

Princípio 9 – Avaliação constante

- Desenvolver capacidade de avaliação constante para determinadas tendências.

- Ser interativa, adaptativa e sensível à mudança e incerteza, porque os sistemas são complexos e mudam frequentemente.

- Ajustar objetivos, estruturas e indicadores, a partir de novos conhecimentos adquiridos.

- Promover desenvolvimento de aprendizado coletivo e *feedback* para os tomadores de decisões.

Princípio 10 – Capacidade institucional

- Estabelecer claramente as responsabilidades e fornecer ajuda constante no processo de tomada de decisões.

- Fornecer capacidade institucional para a coleta de dados, manutenção e documentação.

- Ajudar no desenvolvimento de capacidade para avaliação local.

Esses princípios podem orientar a construção de sistemas adequados de medições, os quais são indispensáveis para operacionalizar o conceito de desenvolvimento sustentável, pois possibilitam aos tomadores de decisão e à sociedade estabelecer objetivos e metas, bem como avaliar o seu desempenho em relação a eles. A alta complexidade dos processos de desenvolvimento sustentável, nas suas diversas dimensões – ambiental, social, cultural, econômica, institucional, entre outras –, amplia o desafio da construção de bons indicadores. É nesse contexto, de encontrar caminhos que viabilizem interesse e soma de esforços na construção de bases duradouras para o desenvolvimento, que os indicadores de desenvolvimento sustentável vêm à tona, com a tarefa de descrever a realidade de forma simples e confiável, orientar a escolha de dados para medir os avanços, bem como passar a mensagem sobre os desafios ambientais, humanos, econômicos, tecnológicos e políticos associados.

Portanto, o que é um indicador nessa abordagem?

A literatura traz uma lista bastante variada de definições sobre indicadores, mas, de maneira geral, refere-se a uma medida que resume informações importantes sobre determinado fenômeno. A ideia é que aquilo que está sendo efetivamente medido tenha significado maior do que simplesmente o valor associado a essa medição, sempre dentro da proposta do uso do indicador na tomada de decisão. Medir, por exemplo, o volume de um reservatório de água pode ter relação com produção de alimentos (disponibilidade de água para irrigação), abastecimento de água para determinada comunidade, capacidade de produção de energia, proteção de áreas contra inundação, tamanho da modificação ambiental, entre outros. Assim, o que se observa é a concepção do indicador como um sinal, algo que representa alguma coisa para uma pessoa ou um grupo com referência a algo.

Bakkes et al. (1994) destacam que as diversas definições sobre indicadores e o uso dessa terminologia apresentam-se muitas vezes confusas, sendo usadas de forma inadequada, misturando os termos indicador, meta, padrão, limites, dados e outros. Segundo Winograd e Farrow (2009), os dados são a base para indicadores e informações, e por si só não podem ser usados para interpretar mudanças ou condições. Ou seja, um dado torna-se um indicador quando sua compreensão ultrapassa o número, a mensuração, no sentido de adquirir significado através da informação interpretada.

Dito et al. (1999) definem indicadores como sinais ou sinalizações de eventos e sistemas complexos, no sentido de facilitar a compreensão e comunicação. Mais uma vez, processos essenciais na tomada de decisão, seja ela individual ou coletiva, local ou global. Meadows (1998) destaca que indicadores são parte das informações que a sociedade usa para entender o mundo, planejar ações e tomar decisões. Gallopin (1996) descreve o indicador como uma variável ou função de variáveis, e propõe que se entenda variável como uma representação operativa de um atributo (característica, qualidade, propriedade) de um sistema. Nesse caso, exemplos de variáveis seriam peso ou idade de determinada pessoa, número de habitantes de determinada localidade, número de óbitos em determinada região, volume de água em determinado reservatório e assim por diante.

A função de variáveis pode ser simples, como uma taxa, que mede a mudança de valores de variáveis em relação a um valor de base, bastante usada na área de saúde, por exemplo, como a Taxa de Mortalidade Infantil. Esta mede o número de óbitos de menores de um ano de idade na população residente em certo espaço geográfico, levando em consideração um ano determinado. A função de variáveis pode ser também mais complexa, incluindo a soma ou multiplicação de duas ou mais variáveis, ou mesmo a saída de modelos de simulação.

Segnestan (2002), ao apresentar a parte conceitual sobre indicadores, define dados como o componente básico no trabalho com indicadores. E indicadores, os quais são derivados dos dados, como ferramenta analítica para o estudo de mudanças na sociedade. A combinação de indicadores, conforme a autora, forma índices, usados com mais frequência em níveis de análise mais agregada, como nos âmbitos regionais e nacionais (Figura 2.1).

Segnestan (2002) ainda destaca que análises baseadas em indicadores são necessárias como etapa de produção de informação, base para um adequado processo de decisão. Bossel (1998, 1999), por sua vez, propõe os indicadores como a ligação do indivíduo com o mundo, enfocando que eles possibilitam compreender os eventos que acontecem no entorno de cada um, que pode, assim, responder a eles de forma apropriada. Define indicadores, portanto, como ferramenta de orientação num mundo complexo. Como exemplos dos indicadores no dia a dia de cada um, cita: um sorriso sinaliza simpatia; um céu cinzento, que possivelmente virá chuva; a luz vermelha do farol de trânsito, que há perigo de colisão; o aumento da temperatura do corpo pode sinalizar doença (Bossel, 1999, p. 9). Dahl (1997) define indicadores como ferramentas de comunicação.

No contexto dos indicadores, os conceitos de padrão e norma são similares. Eles se referem fundamentalmente a valores estabelecidos ou dese-

Figura 2.1 - Produção de informação a partir de dados.

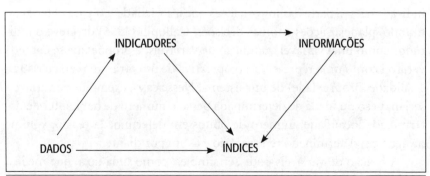

Fonte: Adaptado de Segnestan (2002, p. 3).

jados pelas autoridades governamentais ou obtidos por um consenso social. Esses indicadores são utilizados dentro de um senso normativo, um valor técnico de referência. As metas, por outro lado, representam uma intenção, valores específicos a serem alcançados. Elas, normalmente, são estabelecidas a partir do processo decisório, dentro de uma expectativa de que seja de alguma maneira alcançável. Os progressos no sentido do alcance das metas devem ser observáveis ou mensuráveis. O Programa das Nações Unidas para o Desenvolvimento (PNUD) das Metas do Milênio define, por exemplo, oito objetivos:

1. Erradicar a extrema pobreza e a fome.
2. Atingir o ensino básico universal.
3. Promover a igualdade de gênero e a autonomia das mulheres.
4. Reduzir a mortalidade infantil.
5. Melhorar a saúde materna.
6. Combater o HIV/Aids, a malária e outras doenças.
7. Garantir a sustentabilidade ambiental.
8. Estabelecer uma parceria mundial para o desenvolvimento.

Para cada objetivo, define metas. Por exemplo, para o objetivo 7, estabelece como uma das metas reduzir pela metade, até 2015, a proporção da população sem acesso permanente e sustentável à água potável segura e o esgotamento sanitário.

A questão dos indicadores reside essencialmente na escolha da variável, ou das variáveis, cujos valores provêm de medições (variáveis quantitativas) ou observações (para variáveis qualitativas) em tempos, lugares, populações, entre outras, distintas.

Assim, indicadores podem ser quantitativos ou qualitativos. Com relação aos indicadores qualitativos, Machado (1999) comenta que psicologicamente cada pessoa tem a sua percepção do meio ambiente e de sua qualidade, e que esta é individual. Porém, essa percepção biologicamente está limitada às condições anatômicas e fisiológicas do ser humano. Desta forma, apesar da percepção ser única, ela é necessariamente emoldurada pela inteligência, que oferece diferentes formas cognitivas para os inúmeros conteúdos perceptivos. O mundo exterior é rico e variado em coisas e acontecimentos, mas o processo de pensar está na dependência de nossa condição humana: acuidade dos órgãos sensoriais, postura ereta, desenvolvimento intelectual, destreza manual, capacidade de expressar o pensamento em palavras faladas e escritas, sentido histórico e geográfico, organização cultural e, principalmente, a procura constante de explicações para a ordenação lógica do mundo, ou seja, a reflexão filosófica (Machado, 1999, p. 15-21).

Com relação aos diversos sistemas de indicadores atualmente disponíveis, sobretudo para os ambientais, observa-se predominância quase que absoluta do uso de indicadores quantitativos. Por exemplo, no caso dos indicadores de qualidade ambiental usados no Estado de São Paulo, o Índice de Qualidade do Ar, bem como os indicadores de emissão de poluentes monitorados dentro do sistema de licenciamento existente, quase todos são quantitativos e respondem à exigência de padrões estabelecidos em legislação. Será que algum paulistano arriscaria dizer que a qualidade do ar no trecho urbano do município de São Paulo é boa? Ao se refletir sobre esse exemplo, e entendendo que o uso dos indicadores qualitativos baseia-se numa abordagem perceptiva, há um potencial ainda a ser explorado nesse contexto dos indicadores, aproximando o conhecimento da realidade.

Assim, dentro de um universo de dados potenciais, os dados escolhidos são coletados e processados (dados primários), o que inclui as etapas de validação das informações coletadas e seu tratamento estatístico. Geralmente, essas etapas iniciais demandam grande esforço, custo e tempo, sobretudo para que dados estatisticamente confiáveis sejam produzidos (Figura 2.2).

Tomando como exemplo o setor do serviço de saúde, e focando no caso de um hospital municipal, observa-se uma infinita abundância de variáveis potenciais, quantitativas e qualitativas, a serem exploradas nos diversos tipos de tomada de decisão para planejamento e operação de um empreendimento dessa categoria.

Figura 2.2 – Produção de indicadores.

Por exemplo, variáveis relacionadas à infraestrutura física das instalações poderiam ser consumo de água diário, consumo de energia no mês, temperatura média do ambiente interno, tipo de revestimento das paredes, áreas das diversas partes do hospital. Pode-se ter variáveis relacionadas aos serviços do hospital, como atendimentos realizados, tempo de espera dos pacientes, custo do serviço, entre outras.

Uma vez que o indicador é, em essência, uma ferramenta de apoio à decisão, a escolha do indicador depende primeiramente das necessidades dos usuários potenciais. Ou seja, parte-se de um objetivo a partir do qual se identifica a necessidade de informações de apoio à decisão, em que tais informações são os indicadores. As variáveis, então, são definidas a partir do que se espera desse indicador.

Exemplificando ainda no contexto do hospital, imagine que decidiram criar um indicador *Grau de Satisfação do Usuário* (GSU), com o objetivo de monitorar um dos objetivos da política do empreendimento em *satisfazer nossos usuários* (nesse caso, o indicador GSU = Função – variável *satisfação do cliente*). A variável é então medida por meio de uma pergunta feita ao usuário: *Qual nota você nos daria hoje?*. E as classes de respostas poderiam ser (p) péssimo, (r) ruim, (m) médio, (b) bom, (o) ótimo, (sr) sem resposta. O GSU seria dado pelo número total de respostas por classe em razão do número total de respostas.

Certamente na concepção da Figura 2.3, os dados potenciais poderiam ser comparados à foto do usuário na entrada e na saída; medir batimento cardíaco ao longo de sua estadia no hospital; questionário de avaliação etc. Com base na definição do indicador GSU, optou-se, nesse caso, pela coleta de dados a partir de uma pergunta. Assim, os dados primários são as fichas com as respostas dos usuários, já os dados estatísticos, referem-se ao tratamento e à análise das respostas, como, por exemplo, número de respostas no mês X das categorias (p) péssimo, (r) ruim, (m) médio, (b) bom, (o) ótimo, (sr) sem resposta, bem como número total de respostas no mês X.

Ainda dentro desse enfoque da comunicação, é essencial a identificação prévia dos usuários potenciais dos indicadores, cujas necessidades em termos de informações podem ser bastante variadas.

O monitoramento e a avaliação do Relatório GEO 2000, bem como a experiência acumulada na realização de estudos para apoio à tomada de decisão, possibilitou à *United Nations Environment Programme* (Unep) entender melhor os usuários potenciais, aproveitando ainda mais o documento, conforme ilustra a Tabela 2.1.

Tabela 2.1 – Categorias de usuários e necessidades.

Categoria de usuários	Necessidades
Eleitores	Indicadores podem apoiar na identificação de ações que eles podem tomar e as que os governantes deveriam exercer. Indicadores precisam ser aplicados, sendo relevantes no nível individual ou local, e conceitualmente claros. Os indicadores deveriam ser em número reduzido, simples, sem ambiguidades, com a informação técnica e metodológica.
Mídia	Jornalistas precisam de informação clara. Os dados devem ser claros e não ambíguos, com mensagens claras e avaliações (notas aos editores, guias de interpretação, limitações) que possibilitem aos jornalistas fazer declarações sobre tendências, por exemplo, se o aspecto está se estabilizando, piorando ou melhorando.
Tomadores de decisão	Precisam de informação simples que forneçam uma visão geral, mas com alguma avaliação e possivelmente algumas análises que destaquem áreas onde ações devem ser focadas. Metas são importantes.
Governos locais	Precisam de informações que possibilitem a análise de forma desagregada, a fim de aplicar adequadamente as políticas. Precisam que os indicadores e métodos sejam aplicáveis e relevantes para diferentes formatos e condições de vilas, cidades e municípios.
Gestores (Implementadores de política e verificadores)	Necessitam de um conjunto amplo de indicadores que sejam claramente definidos e estáveis em termos de método e necessidade de dados, podendo ser utilizados para medir avanços ao longo do tempo. Precisam de bons manuais, metas e objetivos claramente definidos e indicadores de efetividade de políticas.

(continua)

Tabela 2.1 – Categorias de usuários e necessidades. *(continuação)*

Categoria de usuários	Necessidades
ONGs	Precisam de informação para uso nas campanhas de sensibilização pública e exercício de pressão sobre os políticos. Podem precisar de um conjunto amplo de indicadores, com avaliação e análise, o que deveria incluir acesso a documentos técnicos, manuais e dados possíveis (a serem disponibilizados na internet).
Indústrias	Precisam provavelmente de indicadores que forneçam incentivos de engajamento e usem linguagem apropriada (eco-eficiência, custo, efetividade específica por setor e indicadores de pressão). Indicadores que possibilitem antecipar tendências (para fins de investimento) e custos.
Legisladores e planejadores	Legisladores precisam de um conjunto compreensível de vários indicadores para informar sobre áreas específicas da política. Necessidade de um conjunto de indicadores de desenvolvimento sustentável ou de indicadores com foco nas interconexões entre os diferentes pilares da sustentabilidade. Deve haver uma necessidade de conexões para diagnósticos e cenários e custos para apoio à formulação de políticas. Os indicadores deveriam ter ligação com informações e dados disponíveis.
Acadêmicos	Precisam de dados muito específicos para pesquisa, como dados de entrada/subsídio (*input*) para estudos e modelos e para uso no desenvolvimento e validação de modelos. Eles também parecem necessitar de avaliações detalhadas, exame e explicação das razões por trás das análises.
Agências de fomento à pesquisa	Devem precisar de um conjunto de indicadores como base para escolha de projetos a serem financiados. Informação sobre disponibilidade de dados, base conceitual de indicadores, metodologia, viabilidade e confiabilidade.

Fonte: Rickard et al. (2007, p. 72).

Figura 2.3 – Exemplo do gráfico do GSU de um hospital municipal, conforme setor, para os meses de janeiro, fevereiro e março de um determinado ano.

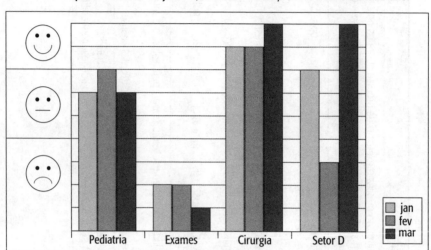

No caso do hospital municipal e seu indicador de grau de satisfação, pode-se observar uma necessidade de agregação de informações conforme o usuário. Por exemplo, cada setor poderá necessitar da informação detalhada para seus serviços, eventualmente por dia ou horário. No entanto, para a gerência do hospital, um indicador agregado do grau de satisfação será mais eficaz, no qual estejam somados os indicadores de cada setor.

Considerando a importância de uma classificação, Rayen Quiroga (2001) propõe uma classificação dos sistemas de indicadores conforme a Tabela 2.2.

São diversas as experiências em indicadores em todo o mundo, sejam elas em nível local, regional, nacional ou global. Muitas adotam o modelo de pressão-estado-resposta, ou derivações desse modelo. Uma grande parte são experiências que utilizam como modelo uma divisão temática. Infelizmente, ainda são poucas as experiências que adotam uma visão sistêmica para a construção de indicadores. A Tabela 2.3 ilustra alguns exemplos das experiências mais conhecidas, de onde partiu a iniciativa, o nível de abrangência territorial, o modelo adotado e a referência de onde pode ser pesquisada.

INDICADORES DE SUSTENTABILIDADE: UMA ABORDAGEM CONCEITUAL | **43**

Tabela 2.2 – Classificação de modelos de sistemas de indicadores de sustentabilidade.

	Enfoque sistêmico		Enfoque comensuralista	
	Ambientais	De desenvol-vimento sus-tentável	Monetariza-dos	Índices
Mundial	Naredo: Capital Natural (Coste Energético de Reposición) WWI: Vital Signs WRI: Série World Resources		Value of World Ecosystem Services (Costanza et al., 1997)	IPV – Índice do Planeta Vivo
Nacional	Canadá Nova Zelândia Suécia OCDE Colômbia Venezuela Costa Rica Série GEO Conect 4	Indicadores de Desenvolvimento Sustentável de países, tais como, Argentina, Brasil, Colômbia, México, entre outros.	Banco Mundial: Riqueza das nações e economia genuína	IPV – Índice do Planeta Vivo Ibes – Índice de Bem-Estar Social ISA – Índice de Sustentabilidade Ambiental Pegada Ecológica
Regional	Canadá	Chile México Estados Unidos (fronteiriços)		Pegada Ecológica
Local	Bacias	Sustainable Seatlle	Banco Mundial	Pegada Ecológica
Setorial ou temático	Biodiversidade Energia Transporte			

Fonte: Quiroga (2001).

Tabela 2.3 – Experiências em indicadores.

Experiência	Responsável	Nível	Modelo adotado	Referência
Global Environment Outlook (GEO)	United Nations Environment Programme (Unep), Global Environment Outlook Team (GEO)	Global, regional, nacional, estadual, local	Pressão, Estado, Impacto, Resposta (PEIR)	http://www.unep.org/GEO/
Indicators of Sustainable Development	Commission on Sustainable Development (CSD) – United Nations	Global	Força-motriz--Estado-Resposta (início), temático (fim)	http://www.un.org/esa/sustdev/natlinfo/indicators/isdms2001/table_4.htm
Core Set of Indicators	European Environment Agency	Nacional	Força motriz, Pressão, Estado, Impacto, Resposta	http://themes.eea.europa.eu/IMS/CSI
OECD Environmental indicators	Organization for Economic Co-operation and Development (OECD)	Global, regional	Pressão, Estado, Resposta (PER)	http://www.oecd.org/statisticsdata/0,3381, en_2649_37465_1_119656_1_1_37465,0 0.html
Key Environmental Indicators	Organisation for Economic Co-operation and Development (OECD)	Regional	Pressão, Estado, Resposta (PER)	http://www.oecd.org/dataoecd/20/40/37551205.pdf
Indicadores de Desarrollo Sustentable en México	Instituto Nacional de Estadística, Geografia e Informática (Inegi) y Instituto Nacional de Ecológia (INE)	Nacional	Pressão, Estado, Resposta (PER)	http://www.inegi.gob.mx/prod_serv/contenidos/espanol/biblioteca/default.asp?accion=2&upc=702825168124&seccionB=bd

(continua)

Tabela 2.3 – Experiências em indicadores. (*continuação*)

Experiência	Responsável	Nível	Modelo adotado	Referência
National Environment Indicator Series: Environmental Signals (2003)	Environment Canada	Nacional	Pressão, Estado, Resposta (PER)	http://publications.gc.ca/ collections/Collection/ En40-770-2002E.pdf
Millennium Development Goals Indicators	United Nations Statistical Division	Global, regional, nacional, local	Temático (social, ambiental e econômico)	http://unstats.un.org/unsd/ mdg/default.aspx
Earth trends (on-line)	World Resources Institute (WRI)	Global, nacional	Temático (ambiental, social, econômico e institucional)	http://earthtrends.wri.org/ miscell/syndication. php?theme=0
Global Reporting Initiative	Global Reporting Initiative (GRI)	Local, Local-empresarial	Temático	http://www.globalreporting.org
Vital signs	Worldwatch Institute	Global	Temático (ambiental, econômico, social, ambiental, político)	http://www.worldwatch. org/taxonomy/term/37
State of the World	Worldwatch Institute	Global	Temático	http://www.worldwatch. org/taxonomy/term/37
World Resources	World Resources Institute (WRI)	Global, nacional	Temático (varia a cada edição)	http://www.wri.org/sear ch?s=world+resources& restrict=wri_all
World Development Indicators 2007	World Bank	Global, regional, nacional	Temático (varia a cada edição)	http://web.worldbank.org/ wbsite/external/datastatistics/0,, contentMDK: 21298138~pagePK:64133 150~piPK:64133175~the SitePK:239419,00.html

(*continua*)

46 | INDICADORES DE SUSTENTABILIDADE E GESTÃO AMBIENTAL

Tabela 2.3 – Experiências em indicadores. (*continuação*)

Experiência	Responsável	Nível	Modelo adotado	Referência
Worldwide Governance Indicators 1996-2006	World Bank	Global, regional, nacional	Temático (governança)	http://info.worldbank.org/governance/wgi/index.asp
Sustainable Development Indicators	European Union	Regional	Temático (ambiental, social, econômico e institucional)	http://epp.eurostat.ec.europa.eu/portal/page/portal/sdi/indicators
Quality of Life Indicators	UK Government	Regional, nacional, local	Temático (ambiental, social, econômico e institucional)	http://www.shropshire.gov.uk/factsfigures.nsf/open/3B9A853832652F2D80256F-B200331E32
Regional Sustainability Indicator Commons (em construção)	Seattle, Washington, Estados Unidos – processo participativo	Local	Temático	http://sustainableseattle.org/
Sustainable Development Indicadores for Sweden	Swedish Environmental Protection Agency	Nacional	Temático (ambiental, social, econômico e institucional)	http://www.scb.se/
The Barcelona Agenda 21 Indicators	Barcelona, Catalunha, Espanha – processo participativo	Local	Temático (Agenda 21)	http://w10.bcn.es/APPS/cercagsa/search.do?q=The+Barcelona+Agenda+21+Indicators&site=Todo_BCN&idioma=ca
City of Winnipeg Quality of Life Indicators	Winnipeg, Manitoba, Canadá – processo participativo	Local	Temático (ambiente urbano, capital construído, capital social e bem-estar humano)	http://www.iisd.org/publications/pub.aspx?pno=446

(continua)

INDICADORES DE SUSTENTABILIDADE: UMA ABORDAGEM CONCEITUAL | **47**

Tabela 2.3 – Experiências em indicadores. (*continuação*)

Experiência	Responsável	Nível	Modelo adotado	Referência
Indicadores de Desenvolvimento Sustentável do Brasil	Instituto Brasileiro de Geografia e Estatística (IBGE)	Nacional	Temático (ambiental, social, econômico e institucional)	http://www.ibge.gov.br/home/geociencias/recursosnaturais/ids/default.shtm
The Dow Jones Sustainability Group Indexes (DJSGI)	SAM Indexes GmbH	(Local – empresarial)	Índice não monetizado	http://www.sustainability-indexes.com
Living Planet Index	World Wildlife Fund (WWF)	Global, regional, nacional	Índice não monetizado	http://www.panda.org/news_facts/publications/living_planet_report/index.cfm
HDI – Human Development Index	United Nations Development Programme (UNDP)	Global, nacional, regional, estadual, local	Índice não monetizado	http://hdr.undp.org/hdr2006/statistics/
Environmental Sustainability Index (ESI)/ Environmental Performance Index (EPI)	Yale Center for Environmental Law and Policy (Ycelp) and Center for International Earth Science Information Network (Ciesin) of Columbia University	Global	Índice não monetizado	http://sedac.ciesin.columbia.edu/es/epi/
Ecological Footprint		Global, regional, nacional, estadual, local	Índice não monetizado	http://www.footprintnetwork.org/

(continua)

Tabela 2.3 – Experiências em indicadores. (*continuação*)

Experiência	Responsável	Nível	Modelo adotado	Referência
Wellbeing Index	Prescott-Allen (2001)	Nacional	Índice não monetizado	Prescott-Allen (2001)
Índice de Qualidade de Vida Urbana (IQVU)	Belo Horizonte, Minas Gerais	Local	Índice não monetizado	http://portalpbh.pbh.gov. br/pbh/ecp/comunidade. do?evento=portlet&pIdPlc= ecpTaxonomiaMenuPortal &app=portaldoop&tax=174 36&lang=pt_ BR&pg=6983&taxp=0&
Índice Paulista de Responsabilidade Social (IPRS)	São Paulo, São Paulo	Local	Índice não monetizado	http://www.seade.gov.br/ produtos/iprs/
Índice Paulista de Vulnerabilidade Social (IPVS)	São Paulo, São Paulo	Local	Índice não monetizado	http://www.seade.gov.br/ produtos/ipvs/apresenta-cao.php
Genuine Progress Index (GPI)	Redefining Progress (The Genuine Progress Indicator (GPI) for Utah 1990-2007)	Nacional, estadual, regional, local	Índice monetizado	http://www.utahpop.org/ gpi.html
The Value of the Worlds Ecosystem Services and Natural Capital	Costanza et al. (1997)	ecossistemas	Monetizado	Costanza et al. (1997)
Where Is the Wealth of Nations? Measuring Capital for the XXI Century	World Bank	Regional, nacional	Monetizado	http://siteresources. worldbank.org/IN-TEEI/214578-111088625 8964/20748034/All.pdf

(continua)

INDICADORES DE SUSTENTABILIDADE: UMA ABORDAGEM CONCEITUAL | 49

Tabela 2.3 – Experiências em indicadores. (*continuação*)

Experiência	Responsável	Nível	Modelo adotado	Referência
Evaluación de la sostenibilidad en América Latina y el Caribe	División de Desarrollo Sostenible y Asentamientos Humanos, Comisión Económica para América Latina (Cepal)	Regional, nacional	Sistêmico (sistema socioecológico)	http://www.eclac.cl/esalc/
Sistema de Indicadores de Desarrollo Sustentable República Argentina	Ministerio de Salud y Ambiente	Nacional	Sistêmico (sistema socioecológico)	http://www.ambiente.gov.ar/default.asp?idseccion=60

SISTEMAS DE INFORMAÇÃO PARA O DESENVOLVIMENTO SUSTENTÁVEL – RELATÓRIO DO GRUPO BALATON ORGANIZADO POR DONELLA MEADOWS (1998)

O relatório do grupo Balaton, organizado por Donella Meadows (1998), faz parte do resultado de um seminário encabeçado pelo Instituto Nacional de Saúde Pública e Proteção Ambiental, em Bilthoven, Países Baixos, ocorrido em 1996, realizado por membros do grupo internacional Balaton, fundado em 1981, e composto por especialistas e ativistas que trabalhavam o desenvolvimento sustentável em seus países e regiões. O resultado desse encontro fez com surgissem novas visões sobre os tipos de informação e de indicadores necessários para se alcançar um mundo sustentável, no nível da comunidade, de uma nação ou em todo o planeta (Meadows, 1998).

O processo de criação de indicadores apresentado no relatório foi desenvolvido a partir de três níveis: a ideia de processo, com as visões de mundo que poderiam auxiliar na escolha dos indicadores e o estabelecimento de vínculos entre os indicadores; um modelo (ou estrutura) para organizar um sistema de informações para o desenvolvimento sustentável; e, por último, a escolha dos indicadores.

Com relação ao processo, evidenciou-se a necessidade de se estabelecer uma coerência entre os níveis inferiores e superiores do sistema, devendo este ser organizado seguindo uma hierarquia crescente em escala e decrescente em especificidade. Embora nos níveis superiores a agregação dos indicadores seja necessária para se alcançar uma visão ampla do sistema, deve-se ter o cuidado de não perder informações em cada estágio do sistema hierárquico.

As informações locais, tais como erosão do solo, nutrição infantil, saneamento, adequação de moradia, entre outras, devem ser construídas com o auxílio da comunidade, que ali expressarão seus valores e anseios. Isso possibilitará a criação de indicadores mais relevantes e compreensíveis, capazes de visualizar um cenário almejado, garantindo que vários interesses estejam representados, o que se traduzirá em credibilidade política.

A participação de especialistas será necessária para fornecer um entendimento mais amplo das perspectivas do sistema ao longo do tempo, para a descoberta de dados e a avaliação do que poderá ser mensurado, dando credibilidade científica ao processo. No entanto, por outro lado, esses cientistas poderão se perder em detalhes, avaliando o que for interessante intelectualmente em detrimento do que possa vir a ser relevante politicamente também, podendo criar indicadores técnicos sem significado fora do mundo científico.

Deve ser assegurada ampla participação, não só de especialistas, mas também da comunidade, como pressuposto de validade do processo. Essa participação deve ser planejada conforme as características de cada localidade, evitando representações desproporcionais, consumo de tempo muito longo e ausência de consenso.

A partir dessas reflexões, são sugeridas dez etapas para o processo de criação de um conjunto de indicadores:

- Seleção de um pequeno grupo multidisciplinar, responsável por todo o trabalho, que possua estreitos laços com a comunidade do local onde esses indicadores serão construídos. Deve incluir especialistas e não especialistas com grande comprometimento temporal ao processo.

- Deixar clara a proposta de construção de indicadores, fornecendo informações e apresentando exemplos de sucesso.

- Identificação dos valores e das visões compartilhadas pela comunidade.

- O grupo de trabalho deve buscar modelos, indicadores e dados já existentes nas bases locais.

- Um conjunto de indicadores deve ser rascunhado, revisto e condensado, para buscar um foco prático.

- Validação do processo através de apresentação do rascunho a amplos setores da comunidade.

- Revisão técnica, em que um grupo interdisciplinar deve selecionar os indicadores que tiverem mensurabilidade estatística e relevância sistêmica, mantendo as intenções e preferências expressas pela revisão da comunidade. Essa revisão auxilia no preenchimento de lacunas e solução de problemas técnicos na produção dos dados.

- Etapa de pesquisa dos dados.

- Publicação e disseminação dos indicadores, de maneira clara, apontando ações para melhorá-los e estabelecendo ligações com as políticas que lhes são afetas.

- Revisões periódicas.

A estrutura utilizada para os indicadores de desenvolvimento sustentável adotada pelo grupo Balaton se baseia no diagrama de Herman Daly, desenvolvido nos anos 1970, que representa a relação entre a economia humana e a terra, de forma clara, lógica e sistemática. A forma triangular utilizada pelo grupo Balaton se refere à configuração inicialmente proposta por Daly, mais tarde substituída por uma linha vertical.

A ideia principal é situar a economia humana dentro de um esquema hierárquico, apoiada nos recursos naturais, buscando alcançar a última proposta (alto do triângulo). Não se deve, contudo, ter em mente que a única proposta da natureza seria a de preencher as finalidades humanas. Estas só serão realizadas se houver o funcionamento dos sistemas natural, social e econômico. O que importa, na verdade, é a relação entre a saúde da natureza e o bem-estar humano, conforme adaptação feita por Meadows (1998) (Figura 2.4).

Assim, as três medidas agregadas básicas do desenvolvimento sustentável seriam a suficiência com que todos alcançam o bem estar, a eficiência com que os recursos principais se transformam em bem estar e a capacidade de suporte no uso destes recursos principais. O objetivo maior de uma sociedade sustentável seria produzir o máximo de bem estar com o míni-

Figura 2.4 – Sistema de informações em desenvolvimento sustentável proposto por Meadows (1998).

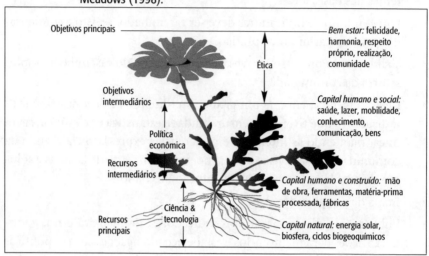

Fonte: Adaptado de Meadows (1998, p.42).

mo de pressão sobre os recursos principais. A partir dessas medidas, três indicadores podem responder às questões centrais do desenvolvimento sustentável: As pessoas estão bem, satisfeitas e felizes? (suficiência e equidade – topo do triângulo); O melhor bem-estar é atingido com o mínimo de material e energia possível? (eficiência dos mecanismos de transformação da base para o topo do triângulo); O sistema natural, que suporta as entradas e saídas de material e energia, é saudável e cheio de potencial evolutivo? (capacidade suporte da base do triângulo).

Os indicadores podem e devem derivar de cada nível do triângulo, mas devem refletir a conexão entre um nível e outro. Assim, os indicadores básicos de desenvolvimento sustentável deverão medir o bem-estar humano, a integridade ambiental e a proporção entre as duas, que seria a medida de eficiência com que os recursos ambientais são transformados em bem-estar humano.

Explicando um pouco o triângulo de Daly, surgem as definições de:

• Capital natural (recursos principais) – consiste nos estoques e fluxos da natureza dos quais a economia humana extrai material e energia (fontes) e no qual dispõe os resíduos (*sink*). Daly fornece o conceito desse capital através de três regras básicas para a sustentabilidade (*Daly rules*): os recursos renováveis não devem ser utilizados mais rapidamente que

INDICADORES DE SUSTENTABILIDADE: UMA ABORDAGEM CONCEITUAL | **53**

sua capacidade de regeneração; os recursos não renováveis não devem ser consumidos em taxas acima da capacidade do sistema de desenvolver tecnologia para que sejam substituídos por recursos renováveis; e, finalmente, a poluição e os resíduos sólidos não devem ser emitidos mais rapidamente do que o sistema natural possa absorvê-los. Os indicadores para esse capital podem ser expressos, por exemplo, como a proporção entre a taxa de uso e a taxa de restauração desses recursos.

- Capital construído (recursos intermediários) – seria o estoque físico da capacidade produtiva de uma economia, isto é, as ferramentas construídas pelo homem, máquinas, fábricas, geradores (capital industrial); hospitais, escolas (capital de serviços); carros, refrigeradores, (capital doméstico); roupas, alimentos (capital de bens de consumo); rodovias, pontes (infraestrutura pública); depósitos de óleo, minas (capital de obtenção de recursos); incineradores de lixo, estações de tratamento (capital de combate à poluição); segurança (capital militar). Esses capitais aumentam com o investimento e diminuem com a depreciação. Uma sociedade sustentável deve ser estruturada para utilizar minimamente os capitais militar, de obtenção de recursos e de combate à poluição, uma vez que eles não são produtos, mas sim custos.

- Capital humano e social (objetivos intermediários) – a base do capital humano seria a população, sua idade e estrutura de sexo, e do capital social seria o estoque de atributos inerentes aos indivíduos e à coletividade humana (conhecimento, confiança, eficiência, honestidade, relacionamentos, poder etc.).

- Bem-estar (objetivos principais) – o bem-estar requer certa quantidade de elementos materiais para sustentar a vida, após esse limite uma maior riqueza não tem sido associada a maior felicidade. É citado Manfred Max-Neef, que, depois de estudos entre diversas culturas, chegou a uma lista universal das nove necessidades básicas humanas, sendo que somente a primeira – subsistência – seria material, mas todas seriam igualmente necessárias, não podendo ser substituídas ou eliminadas:

- Subsistência
- Proteção (segurança)
- Afeição
- Conhecimento

- Participação
- Preguiça (lazer, descanso)
- Criação
- Identidade
- Liberdade

A etapa final desse trabalho seria implementação, monitoramento, teste, avaliação e melhora dos indicadores. Para isso deve-se buscar a melhor forma de repassar seu entendimento à comunidade, através de mapas, desenhos ou gráficos, e informar às pessoas com seriedade e honestidade, estabelecendo uma revisão periódica dos indicadores.

O grupo Balaton ressalta a importância de um primeiro passo, sem a pretensão de perfeição, pois não deve ser tão difícil chegar a indicadores melhores do que os que temos hoje (Meadows, 1998, p. 78).

TEORIA DOS ORIENTADORES PARA INDICADORES DE DESENVOLVIMENTO SUSTENTÁVEL DE HARTMUT BOSSEL (1999)

De acordo com Bossel (1999), tanto o Produto Interno Bruto (PIB) – um indicador simples que há muito tempo vem sendo utilizado para medir o fluxo total de bens e serviços finais produzidos em determinada região para avaliação de crescimento econômico –, quanto o Índice de Desenvolvimento Humano (IDH) e o Index of Sustainable Economic Welfare (ISEW) – mais tarde transformado no Genuine Progress Indicator (GPI) –, embora importantes indicadores, não são capazes de medir, de forma isolada, saúde e qualidade de vida da população, sendo, portanto, inviáveis como medida comparativa de desenvolvimento isoladamente.

Nesse mesmo sentido, a Pegada Ecológica (PE), em inglês *Ecological Footprint*, é um excelente indicador agregado, na visão de Bossel (1999), pois consegue medir o impacto das atividades econômicas sobre o meio ambiente, mas é incapaz de expressar as questões sociais do desenvolvimento. A pegada ecológica busca medir o total de terra necessário para manter a demanda de alimentos, água, energia, resíduos por pessoa, por produto, por cidade ou região.

Em relação aos indicadores desenvolvidos pela Comissão de Desenvolvimento Sustentável das Nações Unidas (CDS), embora tenha sido criada uma lista de indicadores, de acordo com Bossel (1999), não foi seguida uma metodologia de pesquisa que levasse em conta a viabilidade de todo o sistema, deixando alguns pontos sem cobertura e outros com excesso de cobertura. Ao mesmo tempo, essa lista refletia uma experiência específica ligada ao interesse científico de seus autores.

Da mesma forma, embora houvesse uma tentativa de sistematização, os modelos de Pressão, Estado e Resposta (PER) e de Pressão, Estado, Resposta e Impacto (PEIR) também não foram suficientes, na visão de Bossel, para levar em conta a natureza dinâmica e sistêmica dos processos, bem como a inserção em um sistema maior e seus *feedback loops*. E, ainda, muitas vezes os aspectos de pressão, em determinados casos, se confundiam com o aspecto de estado. Outras vezes, pressões e impactos múltiplos não eram computados.

Bossel (1999) propõe que primeiro deve-se identificar os subsistemas mais relevantes do sistema social, incluindo tanto os sistemas constitutivos quanto aqueles dos quais a sociedade depende. O seu esquema de subsistemas e suas relações pode ser visualizado na Figura 2.5.

Figura 2.5 – Sistemas e subsistemas setoriais do sistema social.

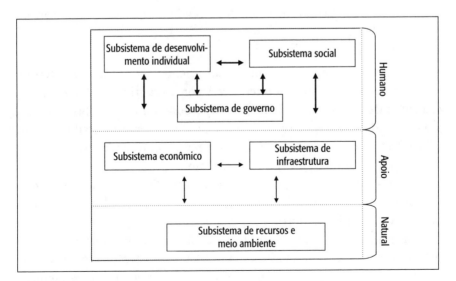

Fonte: Bossel (1998).

INDICADORES DE SUSTENTABILIDADE E GESTÃO AMBIENTAL

Esses seis subsistemas correspondem a potenciais que devem ser mantidos de forma sustentável:

- *Potencial individual*: possibilidades de desenvolvimento individual. É o resultado acumulado de tradição, cultura, condições sociais, políticas e econômicas.

- *Potencial social*: menos tangível. A habilidade de lidar com o processo social e revertê-lo em benefício do sistema total. Tem um componente cultural forte, determinando coerência e relacionamentos. Envolve honestidade, crença, competência e eficiência.

- *Potencial organizacional*: manifesta-se em conhecimento e desempenho do governo, administração, negócio e gerenciamento; é importante para o uso eficaz de recursos naturais e humanos para benefício do sistema como um todo.

- *Potencial de infraestrutura*: constitui o estoque de estruturas construídas: estradas, sistemas de abastecimento de água, escolas, universidades. É a espinha dorsal de toda a economia e da atividade social.

- *Potencial produtivo*: é o estoque de produção, distribuição e facilidades de mercado. Fornece os meios de toda a atividade econômica.

- *Potencial natural*: constitui o estoque de recursos renováveis e não renováveis, energia, biosistemas, envolvendo a capacidade de absorção de resíduos.

Além do esquema de sistemas e subsistemas, Bossel utiliza o termo orientadores para representar interesses, valores, critérios ou objetivos. São os rótulos de certas categorias de preocupações ou interesses. Sistemas diferentes podem ter os mesmos orientadores, mas terão indicadores diferentes. São na maioria das vezes termos gerais, como saúde, existência, liberdade ou segurança, que representam importantes interesses de pessoas ou sistemas em geral, mas que não podem ser medidos diretamente. Pode-se apenas inferir seu estado, o preenchimento de seus padrões, por meio da observação de indicadores apropriados.

Determinado conjunto de indicadores deve dar uma informação completa e confiável sobre a satisfação, ou a falta de satisfação, a todos os sete orientadores básicos (Existência, Coexistência, Adaptabilidade, Segurança, Liberdade, Eficácia e Necessidades Psicológicas). Para indicadores de desenvolvimento sustentável deve-se deixar claro seu conceito e quais orientadores devem ser satisfeitos para assegurar um rumo para o desenvolvimento sustentável (Figura 2.6).

O desenvolvimento sustentável é uma propriedade de um sistema viável: se um sistema é viável em seu ambiente, ele será sustentável. Portanto, deve-se olhar primeiramente para orientadores de um sistema viável. Isso quer dizer que a viabilidade de um sistema requer o preenchimento de um conjunto de orientadores básicos, que são idênticos em todos os sistemas. Se forem seguidos todos eles, haverá razoável certeza de que tudo o que é importante foi considerado.

A teoria dos orientadores foi desenvolvida nos anos 1970 em um esforço para entender e analisar visões divergentes de futuro e interesses norma-

Figura 2.6 – Propriedades dos sistemas ambientais.

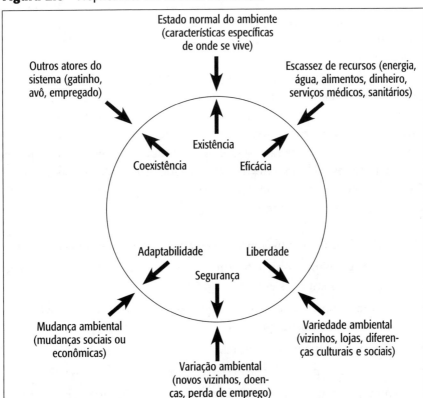

Fonte: Bossel (1998).
Nota: Pode ser inserido também orientador de necessidades psicológicas.

tivos de distintos atores sociais, e para definir critérios e indicadores para o desenvolvimento sustentável. Atualmente tem sido usada em estudos de ecossistemas (Bossel, 1998, 1999). Todos os sistemas devem ser compatíveis com seus sistemas ambientais e com suas propriedades características para serem viáveis e para existirem de forma sustentável.

INDICADORES DE DESENVOLVIMENTO SUSTENTÁVEL DA CDS (MODELO TEMÁTICO)

A partir da recomendação da Agenda 21, a Comissão de Desenvolvimento Sustentável das Nações Unidas (CDS) aprovou, em 1995, em sua terceira sessão, um Programa de Trabalho em Indicadores de Desenvolvimento Sustentável de cinco anos (1995-2000), convocando organizações do sistema das Nações Unidas, organizações intergovernamentais e não governamentais, com a coordenação de seu secretariado, para a implementação dos principais elementos desse Programa de Trabalho (ONU, 1995).

O principal objetivo desse Programa de Trabalho da CDS foi construir indicadores de desenvolvimento sustentável acessíveis para os tomadores de decisões, em nível nacional, definindo-os, elucidando metodologias e fornecendo atividades de treinamento e capacitação para sua construção. Ao mesmo tempo, pretendia-se que os indicadores utilizados nas políticas nacionais pudessem também vir a ser utilizados em relatórios nacionais da CDS e de outros organismos intergovernamentais. O critério de seleção dos indicadores foi o seguinte:

- Primordialmente indicadores de escala e objetivos nacionais.
- Relevância para o objetivo principal de avaliar o progresso rumo ao desenvolvimento sustentável.
- Clareza, simplicidade e não ambiguidade, ou seja, passível de entendimento, na medida do possível.
- Forte embasamento conceitual.
- Dentro das capacidades de desenvolvimento nacional dos governos.
- Número limitado, não definitivamente acabado, adaptável à futura mudança.

- Ampla cobertura da Agenda 21 e do desenvolvimento sustentável.

- Resultado, na medida do possível, do consenso internacional.

- Dependente de dados de fácil obtenção ou disponíveis a baixo custo, adequadamente documentado, de reconhecida qualidade e de atualização regular.

A construção dos indicadores das Nações Unidas se propôs, inicialmente, a ser um trabalho significativo para a avaliação da implementação da Agenda 21 Global e, ao mesmo tempo, um importante subsídio para os países construírem seus próprios indicadores nacionais, regionais e locais. Porém, não foram encontradas evidências, em documentos posteriores das Nações Unidas, acerca das consequências da diminuição do grupo inicial de 134 indicadores (que cobriam amplamente os objetivos e as metas da Agenda 21 Global) para 57 indicadores (que deixaram algumas áreas descobertas), em relação à proposta inicial de uma avaliação da implementação da Agenda 21 Global e, portanto, dos rumos para um desenvolvimento sustentável. Os números entre parênteses na Tabela 2.4 referem-se a que capítulo da Agenda 21 Global relaciona-se o indicador.

Além disso, como resultado da Agenda 21 Global, diversos governos começaram, a partir de 1993, a pedido da CSD, a submeter à Comissão relatórios periódicos de seu *status* de implementação da Agenda 21, cuja primeira publicação se deu em 1997, por ocasião da revisão da Cúpula da Terra (Rio+5). As séries sumarizadas por cada país cobriam o status de todos os capítulos da Agenda 21. A finalidade desse perfil de cada país era ajudá-los a monitorar seu progresso, possibilitar a troca de informações e experiências, servindo ainda como memória institucional, a fim de ter um arquivo das ações para implementação da Agenda 21.

Esses indicadores foram revistos em 2005 com o propósito de incorporar novas ideias acerca do papel dos indicadores de desenvolvimento sustentável, refletir as experiências dos diversos países na última década e relacioná-las com outros indicadores, como, por exemplo, os indicadores dos objetivos do milênio. Esse processo foi organizado através de um encontro de especialistas, com participação de diversos países, organizações internacionais, além de ampla consulta (ONU, 2007).

Tabela 2.4 – Tradução e adaptação da estrutura temática de indicadores da CSD.

SOCIAL		
TEMA	**SUBTEMA**	**INDICADOR**
Equidade	Pobreza (3)	% da população vivendo abaixo da linha da pobreza
		Índice de Gini de Distribuição de Renda
		Taxa de desemprego
	Igualdade de gênero (24)	Média dos salários das mulheres em relação ao dos homens
Saúde (6)	Estado nutricional	Estado nutricional das crianças
	Mortalidade	Taxa de mortalidade abaixo dos cinco anos
		Expectativa de vida ao nascer
	Saneamento	% população com serviço adequado de disposição de esgotos
	Água potável	População com acesso à água potável segura
	Serviços de saúde	% da população com acesso aos serviços primários de saúde
		Imunização de crianças contra doenças infecciosas
		Taxa de prevalência de contraceptivos
Educação (36)	Nível educacional	Taxa de conclusão da curso primário e secundário
	Analfabetismo	Taxa de analfabetismo de adultos
Moradia (7)	Condições de vida	Área de moradia por pessoa
Segurança	Crime (36, 24)	Número de crimes notificados por cem mil cidadãos
População (5)	Mudanças demográficas	Taxa de crescimento da população
		População dos assentamentos formais e informais

(continua)

INDICADORES DE SUSTENTABILIDADE: UMA ABORDAGEM CONCEITUAL | 61

Tabela 2.4 – Tradução e adaptação da estrutura temática de indicadores da CSD. (*continuação*)

AMBIENTAL		
TEMA	SUBTEMA	INDICADOR
Atmosfera (99)	Mudança climática	Emissão de gases do efeito estufa
	Depleção da camada de ozônio	Consumo de substâncias destruidoras da camada de ozônio
	Qualidade do ar	Concentração de poluentes no ar em áreas urbanas
Terra (10)	Agricultura (14)	Áreas de plantação permanentes e aráveis
		Uso de fertilizantes
		Uso de pesticidas agrícolas
	Florestas (11)	Área de floresta como % da área total
		Intensidade de desflorestamento
	Desertificação (12)	Terra afetada por desertificação
	Urbanização (7)	Área de assentamentos formais e informais
Oceanos, mares e costas (17)	Zona costeira	Concentração de algas em águas costeiras
		% do total da população vivendo em áreas costeiras
Água (18)	Quantidade de água	Retirada anual de água superficial e subterrânea como % da água total disponível
	Qualidade da água	Demanda Bioquímica de Oxigênio (DBO) nos corpos de água
		Concentração de coliformes fecais
Biodiversidade (15)	Ecossistema	Área de ecossistemas principais selecionados
		Áreas protegidas como % da área total
	Espécies	Abundância de espécies principais selecionadas

(continua)

Tabela 2.4 – Tradução e adaptação da estrutura temática de indicadores da CSD. (*continuação*)

ECONÔMICO		
TEMA	**SUBTEMA**	**INDICADOR**
Estrutura econômica (2)	Performance econômica	PIB per capita
		Parcela do investimento em Produto Nacional Bruto (PNB)
	Comércio	Balança comercial em bens e serviços
	Status financeiro (33)	Dívida em razão do PNB
		Total de Auxílio Oficial ao Desenvolvimento (ODA) dado ou recebido como percentagem do PNB
Padrões de produção e consumo (4)	Consumo de material	Intensidade de uso de recursos materiais
	Uso de energia	Consumo de energia anual per capita
		Parcela de consumo de energia de recursos renováveis
		Intensidade do uso da energia
	Geração e gerenciamento do lixo	Geração de resíduos sólidos industriais e municipais
		Geração de resíduos perigosos
		Geração de resíduos radioativos
		Reciclagem de lixo e reúso
	Transporte	Distância percorrida per capita por modo de transporte
INSTITUCIONAL		
Estrutura institucional (38,39)	Estratégia de implementação de desenvolvimento sustentável (8)	Estratégia nacional de desenvolvimento sustentável

(continua)

Tabela 2.4 – Tradução e adaptação da estrutura temática de indicadores da CSD. (*continuação*)

INSTITUCIONAL		
TEMA	SUBTEMA	INDICADOR
Estrutura institucional (38,39)	Cooperação internacional	Implementação de acordos globais ratificados
Capacidade institucional (37)	Acesso à informação (40)	Número de assinaturas de internet por cada mil habitantes
	Infraestrutura de comunicação (40)	Linhas telefônicas por cada mil habitantes
	Ciência e tecnologia (35)	% do PNB gasto com ciência e tecnologia
	Preparo e respostas a desastres	Perda humana e econômica devido a desastres naturais

Fonte: ONU (2001).

Modelo pressão-estado-impacto-resposta (PEIR)

A matriz PEIR busca estabelecer um vínculo lógico entre os seus componentes, de forma a avaliar o estado do meio ambiente a partir dos fatores que exercem pressão sobre os recursos naturais, do estado resultante dessas pressões, dos impactos produzidos por essas pressões sobre a qualidade de vida e, finalmente, das respostas que são produzidas para enfrentar esses problemas ambientais.

Embora existam trabalhos anteriores focados no estresse-resposta, datados da década de 1950, os modelos atuais de PEIR encontraram sua base no trabalho de Tony Friend e David Rapport, da Statistics Canada (1979), que visava a organização de estatísticas ambientais. Por esse modelo reconhecia-se que o estresse causado pelas atividades humanas não era limitado apenas aos efeitos da poluição, mas incluía uma complexa série de formas físicas, químicas e biológicas.

A metodologia utilizada por eles surgiu como parte de uma iniciativa maior entre a Statistics Canada e o Escritório de Estatística das Nações Unidas para desenvolver um Sistema Estatístico de Balanço de Material-Energia que fosse fisicamente análogo ao Sistema de Contas Nacional. Assim, baseados na noção de estresse e resposta desenvolveram o Stress-Response Environmental Statistical System (Stress).

A estrutura por eles proposta incluía quatro categorias estatísticas:

- Estatísticas das atividades estressoras.
- Estatísticas dos estresses ambientais.
- Estatísticas das respostas ambientais.
- Estatísticas das respostas humanas individuais e coletivas (Murcott, 1997).

A partir da adaptação dessa estrutura tem-se, além do modelo PEIR utilizado pelo GEO Cidades, a utilização e divulgação do modelo PEIR, em inglês Pressure-State-Response (PSR), pela Organisation for Economic Co-operation and Development (OECD), em 1994; do Modelo Força-Motriz-Estado-Resposta, em inglês Driving-Force-Stress-Response (DSR), pelas Nações Unidas, em 1996; e, finalmente do modelo Força-Motriz-Pressão-Estado-Impacto-Resposta, em inglês Driving-Force-Pressures-State-Impact-Responses (DPSIR), pela European Environment Agency (EEA), em 1999.

Os componentes da matriz PEIR, utilizada pela metodologia GEO Cidades (Figura 2.7), derivou do modelo utilizado pela OECD e correspondem à tentativa de responder a quatro questões:

- O que está acontecendo com o meio ambiente? (corresponde ao estado do meio ambiente decorrente das pressões sofridas).
- Por que ocorre isso? (corresponde às pressões exercidas pela atividade humana sobre o meio ambiente).
- O que podemos fazer e o que estamos fazendo? (corresponde às ações coletivas ou individuais que aliviam ou previnem os impactos ambientais negativos, corrigem os danos ambientais, conservam recursos ou contribuem para a melhoria da qualidade de vida).
- O que acontecerá se não atuarmos agora? (representa os impactos ou efeitos que serão produzidos sobre a qualidade de vida, ecossistemas ou economia local, gerando um cenário de futuro).

Figura 2.7 – Fluxograma de interação entre componentes urbano-ambientais da matriz PEIR.

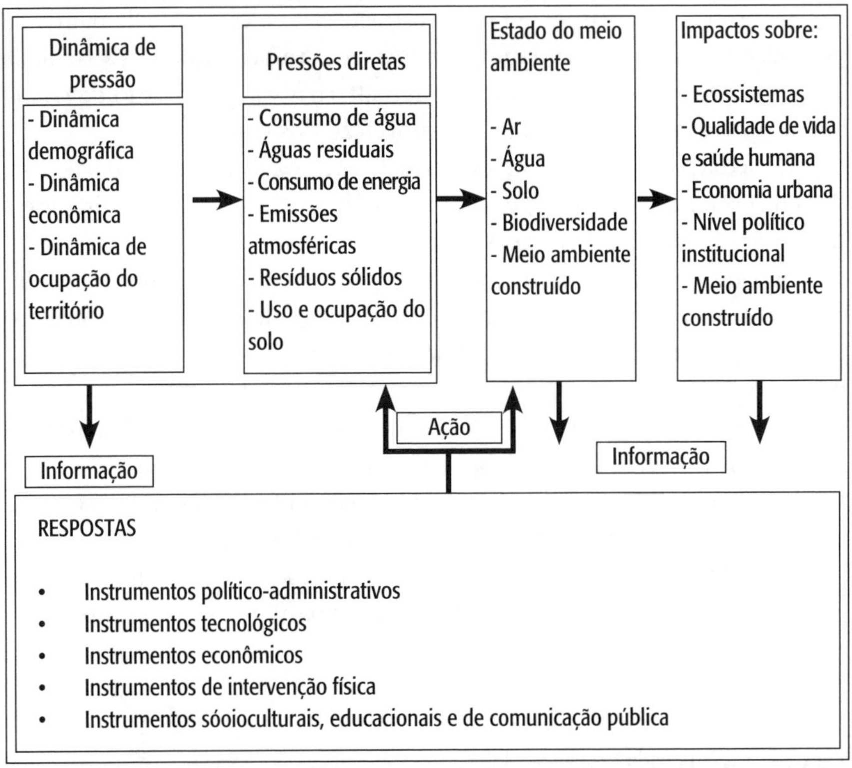

Dinâmica de pressão	Pressões diretas	Estado do meio ambiente	Impactos sobre:
- Dinâmica demográfica - Dinâmica econômica - Dinâmica de ocupação do território	- Consumo de água - Águas residuais - Consumo de energia - Emissões atmosféricas - Resíduos sólidos - Uso e ocupação do solo	- Ar - Água - Solo - Biodiversidade - Meio ambiente construído	- Ecossistemas - Qualidade de vida e saúde humana - Economia urbana - Nível político institucional - Meio ambiente construído

Ação

Informação   Informação

RESPOSTAS

- Instrumentos político-administrativos
- Instrumentos tecnológicos
- Instrumentos econômicos
- Instrumentos de intervenção física
- Instrumentos sóoioculturais, educacionais e de comunicação pública

Fonte: Adaptado de Pnuma (2001).

A resposta a todas essas perguntas permite a visualização de um cenário atual, facilitando a adoção das estratégias mais apropriadas para a correção dos problemas ambientais verificados e das políticas locais pertinentes.

Pegada ecológica (PE)

A PE foi concebida, em 1990, por Mathis Wackernagel e William Rees, da University of British Columbia, e tem relação com o espaço ecológico necessário para sustentar determinado sistema ou unidade. Basicamente, contabiliza os fluxos de matéria e energia que entram e saem de um sistema econômico e converte esses fluxos em área correspondente de terra ou água existentes na natureza para sustentar esse sistema indefinidamente (Wackernagel e Rees, 1996). Fundamenta-se no conceito de capacidade de carga, ou seja, a máxima população que pode ser suportada por dado sistema.

Considerando o aspecto finito dos recursos e a crescente demanda da população humana, vê-se claramente que, em muitas regiões, a capacidade de carga já foi superada, restando, como alternativa, a utilização de recursos de outras regiões, bem como a exportação dos resíduos.

A média limite seria de 1,9 hectares por pessoa, considerando países de dimensões e densidades populacionais diferentes. Contudo, atualmente a humanidade tem utilizado mais do que o equivalente a um planeta, considerando o consumo de recursos e área para absorção dos resíduos. Um cenário moderado da PE demonstra que se os modelos atuais de consumo continuarem, em 2030, aproximadamente, serão necessárias duas Terras para a satisfação das necessidades da população (Figura 2.8).

Certamente esse indicador sinaliza que houve ultrapassagem da capacidade de suporte do ecossistema global, o que na prática significa que a sociedade atual está impactando funções essenciais de sustentação desses ecossistemas naturais. Por exemplo, fragmentação excessiva de florestas, inviabilizando habitat para diversas espécies de fauna e flora; alterações em áreas-chave para regulação climática, ou recarga de fontes de recursos hídricos, entre outros.

Figura 2.8 – Pegada Ecológica Global.

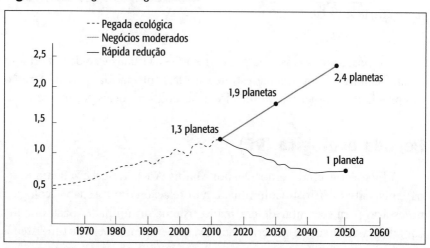

Fonte: Global Footprint Network (2008).

Sistema socioecológico

Marco conceitual utilizado pelo projeto Evaluación de la Sostenibilidad en América Latina y El Caribe (Esalc), o sistema socioecológico considera quatro subsistemas principais: social, econômico, institucional e ambiental. Cada subsistema inclui variáveis, como, por exemplo, qualidade de vida e renda (social); produção, consumo de bens e dejetos gerados (econômico); leis, regulamentos e valores da sociedade (social); recursos naturais, processos ecológicos e biodiversidade (ambiental).

O modelo parte de fluxos e diversas inter-relações entre os subsistemas, que são apresentados de forma esquemática e simplificada na Figura 2.9.

As setas curtas pontilhadas representam interações entre o sistema e o mundo externo (comércio internacional, entrada e saída de materiais e energia etc.). As inter-relações foram selecionadas para serem as mais neutras e universais possíveis. Pertencem a dois tipos básicos: por um lado, os fluxos de matéria e/ou energia (dejetos que saem ou recursos naturais que entram); por outro, a informação, os sinais de controle e/ou ações que geram mudanças nas variáveis e a organização dos sistemas receptores também fluem entre os subsistemas (fluxos financeiros, regulações e impostos, estabelecimento de áreas protegidas etc.).

Figura 2.9 – Sistema socioecológico.

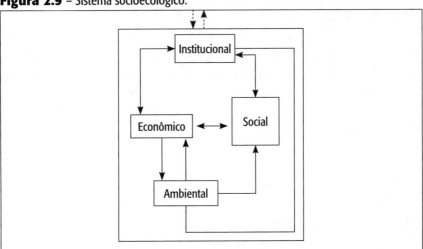

Fonte: Martinez (2007).

As setas são direcionadas entre os quatro subsistemas e representam inter-relações entre eles, portanto, são bidirecionais. Por exemplo, as setas entre o sistema econômico e o ambiental incluem, por um lado, os fluxos de bens e serviços ambientais (como os recursos naturais) até a produção econômica, ou até o consumo, e, por outro, os resíduos gerados pelo consumo e a produção, que são despejados no ambiente.

A visão simultânea dos indicadores dos subsistemas permite detectar se o desenvolvimento do sistema nacional (regional, local ou global) se dá de forma harmoniosa entre os subsistemas ou se, ao contrário, se dá às expensas da deterioração destes, de uma forma holística.

Barômetro da sustentabilidade (*Barometer of sustainability*)

O barômetro da sustentabilidade foi desenvolvido por especialistas do The International Development Research Center (IDRC) e do The World Conservation Union (IUCN), sendo Prescott-Allen (1999, 2001) seu principal pesquisador. Busca avaliar o progresso rumo à sustentabilidade de determinada localidade pela integração de indicadores econômicos, biofísicos e de saúde social. Parte do pressuposto de que as pessoas oferecem seu entendimento de bem-estar do ecossistema e bem-estar humano para a sustentabilidade, permitindo ao público determinar o nível de sustentabilidade que deseja alcançar.

Prescott-Allen (1999, 2001) entende que a avaliação do estado do ambiente envolve uma grande quantidade de aspectos do sistema que devem ser integrados para gerarem respostas mais precisas, devendo, portanto, serem transformados em unidade. Dessa forma, em vez de utilizar índices monetarizados, serve-se de escalas de desempenho para combinar diferentes indicadores, na qual medem-se escalas de desempenho boas e ótimas em um extremo e ruins e péssimas em outro.

Combina bem-estar humano com bem-estar do ecossistema, medidos individualmente por seus respectivos índices. Indicadores para esses índices são escolhidos somente se puderem ser definidos em termos numéricos, verificada a desejabilidade, a aceitabilidade e a não aceitabilidade. Para computar o progresso rumo à sustentabilidade, os valores do bem-estar do ecossistema e do bem-estar humano precisam primeiramente ser calculados, assim como os subíndices que constituem esses dois índices. O índice do bem-estar do ecossistema identifica tendência na função do ecossistema no tempo, com indicadores de terra, água, ar, biodiversidade e recursos. O índice do bem-estar humano representa uma visão geral do bem-estar humano e envolve saúde, educação, desemprego, pobreza, entre outros. Uma vez obtidos os valores para cada um dos índices, eles são colocados em seus respectivos quadrantes para representar os valores no barômetro. O ponto de intersecção desses índices indica a região de sustentabilidade, e quando os valores de sustentabilidade são comparados no tempo, a tendência representa uma região de progresso (ou falta de progresso) em alcançar a sustentabilidade (Prescott-Allen, 1999, 2001).

Os índices são combinados de forma que não é perdida a informação, e uma mudança em um índice não altera o outro índice. Pode ser apresentado em formato de mapas e análises comparativas. Embora o índice incorpore os valores que o público entende por sustentabilidade, a escolha dos pesos e critérios é arbitrária e muitas vezes confusa. Além disso, depende da disponibilidade de valores numéricos (Prescott-Allen, 1999, 2001).

As escalas utilizadas em cada eixo variam de 0 a 100, sendo então divididas em cinco setores de 20 pontos cada (Figura 2.10).

Figura 2.10 – Barômetro da sustentabilidade.

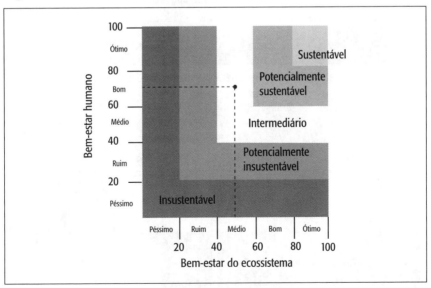

Fonte: Traduzido e adaptado de Prescott-Allen (1999, 2001).

Painel da sustentabilidade
(*Dashboard of sustainability*)

O painel de sustentabilidade foi desenvolvido pelo Consultative Group on Sustainable Development Indicators, um grupo internacional coordenado pelo International Institute for Sustainable Development (IISD). Constitui parte da iniciativa em indicadores de sustentabilidade do Bellagio Forum for Sustainable Development, em 1999 (Van Bellen, 2002; Hardi e Zdan, 2000).

O painel de sustentabilidade é uma ferramenta de engajamento-visual para ser entendida pelos tomadores de decisões e o público em geral. Utiliza a imagem de um painel de instrumentos (como de um automóvel), representado por quatro *displays*, que indicam o desempenho econômico, social, ambiental e institucional.

Cada *display* traz a agregação de diversos indicadores (taxa de emprego, cobertura florestal, grau de educação etc.), mostrados com cores. A cor do indicador contará a história. O branco indica o melhor do resultado para a sustentabilidade, o cinza é neutro, e o preto é um aviso urgente de não sustentabilidade (Figura 2.11).

Figura 2.11 – Painel (*dashboard*) da sustentabilidade.

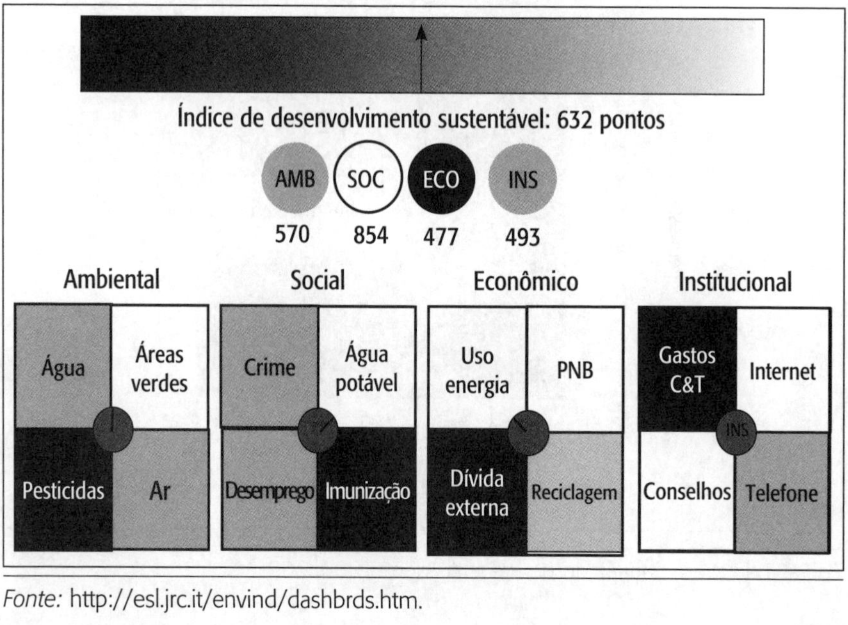

Fonte: http://esl.jrc.it/envind/dashbrds.htm.

O efeito é um entendimento rápido e fácil do desempenho de desenvolvimento sustentável para determinado país, servindo também como ferramenta de comparação para outros países. É utilizada através de um software online, que pode ser acessado em http://esl.jrc.it/envind/dashbrds.htm.

Síndromes de sustentabilidade

O conceito de síndrome foi definido entre 1993 e 1994 pelo German Advisory Council on Global Change (WBGU). De acordo com esse grupo, as relações entre a sociedade humana e o meio ambiente operam conforme padrões típicos funcionais denominados síndromes (WGBU, 1996).

As síndromes caracterizam um desenvolvimento perigoso e de risco para a interação homem – natureza (civilização – natureza), e representam uma linha de base para medir e indicar a não sustentabilidade. São padrões que podem se repetir em vários locais. Desenvolvimento sustentável, então, significaria a ausência de síndromes (Rabinovich e Torres, 2004).

A dificuldade de se estabelecer um modelo de avaliação adequado deve-se ao fato de que o desenvolvimento humano e a mudança ambiental estão indissoluvelmente ligados, e não podem ser entendidos como um processo separado; além disso, há grande complexidade nessas inter-relações.

Assim, o WBGU desenvolveu uma nova abordagem para permitir uma descrição integrada do meio ambiente global, os problemas de desenvolvimento e suas dinâmicas específicas – uma abordagem por meio de síndromes. De acordo com o grupo, o termo síndrome foi emprestado do campo da medicina, onde se relaciona a perfis clínicos complexos. Na análise do sistema Terra, ele é utilizado para se referir a interações entre múltiplos fatores. O tratamento requer um diagnóstico baseado no exame e na avaliação dos sintomas, e, finalmente, uma recomendação específica de terapia. Portanto, o objetivo é aprimorar ou eliminar os sintomas, ou, melhor ainda, evitá-los totalmente por meio de ações preventivas.

As síndromes são modelos típicos de causa-efeito de mudança global, com impactos no desenvolvimento ambiental e humano. Eles podem ocorrer em diferentes regiões no mundo. A análise das síndromes possibilita a verificação de quais regiões do mundo poderão ser particularmente suscetíveis a síndromes específicas no presente ou no futuro.

O Annual Report, de 1996, da WBGU, descreve as dezesseis mais importantes síndromes de mudanças globais. Essas síndromes são classificadas em três grupos. As síndromes de utilização (aquelas que resultam de excessiva ou descontrolada explotação dos recursos naturais); síndromes de desenvolvimento (que nascem de processos não sustentáveis de desenvolvimento); e síndromes de disposição (que resultam da disposição inadequada de substâncias no solo, ar e água).

Um aspecto importante de cada síndrome é seu caráter transversal. Por exemplo, a síndrome de favela refere-se à degradação ambiental e à pobreza em assentamentos urbanos, especialmente nos países em desenvolvimento. Nas áreas de favela das grandes cidades, são encontrados grandes problemas ambientais e de desenvolvimento. Essa situação é mais exacerbada pela imigração das áreas rurais e é a maior causa da síndrome da revolução verde, que leva a grandes disparidades socioeconômicas e regionais nas áreas rurais.

A abordagem por síndromes ainda se encontra em desenvolvimento. O nome dado a cada síndrome serve como uma caracterização básica de alguma coisa que sempre é muito mais complexa e apresenta multicamadas do que o próprio título revela. A Figura 2.12 demonstra a rede simplificada de inter-relações da *Sahel Syndrome*.

Figura 2.12 – Rede de inter-relações da *Sahel Syndrome Global*.

Fonte: Adaptado de WGBU (1996, p. 135).

Tabela 2.5 – Síndromes de mudança global (WBGU).

Síndromes de utilização	
Sahel Syndrome	Excesso de cultivo de terras marginais, combinado com pobreza rural.
Overexploitation Syndrome	Excesso de explotação dos ecossistemas naturais.
Rural Exodus Syndrome	Problemas ambientais e de desenvolvimento por causa do abandono das práticas tradicionais de agricultura.
Dust Bowl Syndrome	Degradação ambiental pela agroindústria.
Katanga Syndrome	Degradação ambiental pela depleção dos recursos não renováveis.
Mass Tourism Syndrome	Destruição da natureza pelo turismo.
Scorched Earth Syndrome	Destruição ambiental pelo impacto de ações militares.
Síndromes de desenvolvimento	
Aral Sea Syndrome	Problemas ambientais e de desenvolvimento causados pelos projetos de planejamento centralizados em larga escala.
Green Revolution Syndrome	Perturbações causadas ao meio ambiente e sociedade como consequência de políticas de desenvolvimento rurais inapropriadas.
Asian Tigers Syndrome	Não atendimento a padrões ambientais devido ao rápido crescimento econômico.
Favela Syndrome	Degradação ambiental e pobreza rural pela urbanização descontrolada.
Urban Sprawl Syndrome	Destruição das paisagens pelo plano de expansão das cidades e infraestrutura.
Major Accident Syndrome	Desastres ambientais como resultado de erros técnicos e acidentes industriais.
Síndromes de disposição	
Smokestack Syndrome	Degradação ambiental pela difusão em larga escala de substâncias persistentes.
Waste Dumping Syndrome	Ameaças ao meio ambiente pela disposição de lixo.
Contaminated Land Syndrome	Poluição de longo prazo perto das áreas industriais.

Fonte: Traduzido e adaptado de WBGU (1996, p. 116).

A partir desse estudo do WBGU, foi desenvolvida, em 2002, uma consultoria coordenada pela Cepal para a avaliação de síndromes em países da América Latina e Caribe, entre eles, Brasil, Argentina e Colômbia. Os trabalhos podem ser encontrados na série de manuais publicados pela CEPAL (Rabinovich e Torres, 2004).

REFERÊNCIAS

BAKKES, J.A.; VAN DEN BORN, G.J.; HELDER, J.C. et al. *An overview of environmental indicators: state of the art and perspectives*. [S.l.]: Unep/ RIVM, 1994.

BOSSEL, H. *Earth at a crossroads: paths to a sustainable future UK*. Cambridge: Cambridge University Press, 1998.

_____. *Indicators for sustainable development: theory, method, applications. A report to the Balaton Group*. Canadá: IISD, 1999.

[CEPAL] COMISSÃO ECONÔMICA PARA A AMÉRICA LATINA E O CARIBE. *Evaluación de la Sostenibilidad en América Latina y El Caribe* (Esalc), [19--]. Disponível em: http://www.eclac.cl/cgi-bin/getprod.asp?xml=/esalc/noticias/paginas/6/12746/P12746.xml&xsl=/esalc/tpl/p18f.xsl&base=/esalc/tpl/top-bottom.xsl. Acessado em: 25 fev. 2012.

COSTANZA, R. et al. The value of the world's ecosystem services and natural capital. *Nature*, table 2, v. 387, p. 256, 1997.

DAHL, A.L. The big picture: comprehensive approaches. In: MOLDAN, B.; BILHARZ, S. (orgs.). *Sustainability indicators: report of the project on indicators of sustainable development*. Chichester: John Willey and Sons, 1997.

DITO, R.M.; O'FARRELL, D.; BOND, W. *Sustainable community indicators software. Guidelines for the development of sustainability indicators: user reference*. Ottawa: Environment Canada/CMHC/Westland Resource Group, 1999. Disponível em: http://www.ec.gc.ca/Publications/945EA003-5997-486F-9B75-EB63B0F2F4FD/GuidlinesFortheDevofSI.pdf. Acessado em: 25 fev. 2012.

GALLOPIN, G.C. Environmental and sustainability indicators and the concept of situational indicators. A system approach. *Environmental Modelling & Assessment*, n. 1, p. 101-17, 1996.

GLOBAL FOOTPRINT NETWORK. *Global Footprint Annual Report 2008*. Disponível em: http://www.footprintnetwork.org/images/uploads/Global_Footprint_Network_2008_Annual_Report.pdf. Acessado em: 25 fev. 2012.

HARDI, P.; ZDAN, T.J. *Assessing sustainable development: principles in practice.* Winnipeg: IISD, 1997. Disponível em: http://www.iisd.org/pdf/bellagio.pdf. Acessado em: 1 mar. 2012.

_____. *The dashboard of sustainability.* Draft paper. Winnipeg: IISD, 2000.

MACHADO, J.A. Desenvolvimento sustentável: a busca de unidade para seu entendimento e operacionalização. In: ALTVATER, E. et al. *Terra incógnita: reflexões sobre globalização e desenvolvimento.* Pará: UFPA/Naea, 1999. p. 203-48.

MARTINEZ, R.Q. *Indicadores de desarrollo sostenible en América Latina y El Caribe: evaluación de la sostenibilidad en América Latina y El Caribe.* Santiago del Chile: Cepal, 2007.

MEADOWS, D. *Indicators and information systems for sustainable development.* [S.l.]: The Sustainability Institute, 1998. Disponível em: http://www.iisd.org/pdf/s_ind_2.pdf. Acessado em: 25 fev. 2012.

MURCOTT, S. Sustainable development: a meta-review of definitions, principles, criteria indicators, conceptual frameworks and information systems. In: ANNUAL CONFERENCE OF THE AMERICAN ASSOCIATION FOR THE ADVANCEMENT OF SCIENCE, IIASA SYMPOSIUM ON SUSTAINABILITY INDICATORS, 1997, Seattle, WA. *Anais...* Seattle, WA: IISA, 1997.

[ONU] ORGANIZAÇÃO DAS NAÇÕES UNIDAS. Commission on Sustainable Development. *General discussion of progress in the implementation of Agenda 21, focusing on the cross-sectorial components of Agenda 21 and the critical elements of sustainability: information for decision-making and Earthwatch,* 3rd session, New York, 11-28 abr. 1995. Disponível em: http://www.un.org/earthwatch/about/docs/csd3sgan.htm. Acessado em: 25 fev. 2012.

_____. Commission on Sustainable Development. *Indicators of sustainable development: framework and methodologies,* 2001. Disponível em: http://www.un.org/esa/sustdev/csd/csd9_indi_bp3.pdf. Acessado em: 25 fev. 2012.

_____. Department of Economic and Social affairs. Commission on Sustainable Development. *Division for sustainable development indicators of sustainable development guidelines and methodologies.* 3. ed., 2007. Disponível em: http://www.un.org/esa/sustdev/natlinfo/indicators/guidelines.pdf. Acessado em: 25 fev. 2012.

[PNUMA] *PROGRAMA DAS NAÇÕES UNIDAS PARA O MEIO AMBIENTE* et al. *Metodologia para a elaboração de relatórios GEO Cidades. Manual de aplicação.* México: Pnuma, 2001.

PRESCOTT-ALLEN, R. *Barometer of sustainability: measuring and communicating wellbeing of nations and sustainable development.* Cambridge: IUCN, 1997.

_____. *Assessing progress toward sustainability: the system assessment method illustrated by the wellbeing of nations.* Cambridge: IUCN, 1999.

_____. *The wellbeing of nations: a country-by-country index of quality of life and the environment*. Washington, DC: Island Press, 2001

QUIROGA, R.M. *Indicadores de sostenibilidad ambiental y de desarollo sostenible: estado del arte y perspectivas*. Santiago de Chile: ONU, 2001. (Série Manuales n. 16).

RABINOVICH, J.; TORRES, F. Caracterización de los Síndromes de sostenibilidad del desarrollo. El caso de la Argentina. In: COMISSÃO ECONÔMICA PARA A AMÉRICA LATINA E O CARIBE, 38., 2004, Santiago de Chile. *Anais...* Santiago do Chile: Cepal, 2004. Disponível em: http://www.eclac.org/publicaciones/xml/5/19575/lcl2155e.pdf. Acessado em: 25 fev. 2012.

RAPPORT, D.; FRIEND, A. *Towards a comprehensive framework for environmental statistics: a stressresponse approach. Statistics Canada Catalogue 11-510. Minister of Supply and Services.* Canada, Ottawa, 1979.

RICKARD, L. et al. Ensuring policy relevance. In: HÁK, T.; MOLDAN, B.; DAHL, A.L. *Sustainability indicators a scientific assessment.* Washington, DC: Island Press, 2007.

SEGNESTAN, L. *Environment and sustainable development theories and practical experience.* Washington, DC: The World Bank Environment Department, 2002. (Environmental Economics Series. Paper n. 89). Disponível em: http://siteresources.worldbank.org/INTEEI/936217-1115801208804/20486265/IndicatorsofEnvironmentandSustainableDevelopment2003.pdf. Acessado em: 25 fev. 2012.

THE WORLD BANK. *Where is the wealth of nations? measuring capital for the 21st century.* Washington, DC: World Bank, 2006. Disponível em: http://siteresources.worldbank.org/INTEEI/214578-1110886258964/20748034/All.pdf. Acessado em: 25 fev. 2012.

VAN BELLEN, H.M. *Indicadores de sustentabilidade: uma análise comparativa.* Florianópolis, 2002, 235 f. Tese (Doutorado em Engenharia de Produção) – Centro Tecnológico, Universidade Federal de Santa Catarina. Disponível em: http://www.tede.ufsc.br/teses/PEPS2761.pdf. Acessado em: 25 fev. 2012.

WACKERNAGEL, M.; REES, W. *Our ecological footprint.* Gabriola Island, BC/Stony Creek, CT: New Society Publishers, 1996.

WINOGRAD, M.; FARROW, A. Sustainable development indicators for decision making: concepts, methods, definition and use. In. SEIDLER, R. (org.). *Dimensions of sustainable development.* 2 v. Boston: EOLSS Publishers, 2009.

[WGBU] GERMAN ADVISORY COUNCIL ON GLOBAL CHANGE. *World in Transition. The research challenge.* Annual Report, 1996. Alemanha: Spinger, 1996. Disponível em: http://www.wbgu.de/fileadmin/templates/dateien/veroeffentlichungen/hauptgutachten/jg1996/wbgu_jg1996_engl.pdf. Acessado em: 25 fev. 2012.

Construção de indicadores de sustentabilidade | 3

Tadeu Fabrício Malheiros
Engenheiro ambiental, Escola de Engenharia de São Carlos da USP

Sonia Maria Viggiani Coutinho
Advogada, Faculdade de Saúde Pública da USP

Arlindo Philippi Jr
Engenheiro civil e sanitarista, Faculdade de Saúde Pública da USP

A determinação da escolha de indicadores em nível global, nacional ou local é analisada por Meadows (1998), ao afirmar que, embora o planeta Terra seja regido por somente um conjunto de leis físicas e biológicas, esses fatores sofrem modificações de acordo com as diferenças de ecossistemas e climas. Portanto, todos os seres humanos possuem as mesmas necessidades fundamentais por sustentação, porém elas deverão ser buscadas por diferentes meios. Apesar de ser importante o estabelecimento de indicadores globais que informem problemas comuns, é necessário, a partir de paradigmas próprios, definir o que é vital para ser mensurado em cada região, estado ou localidade. Alguns indicadores serão mensurados de forma quantitativa, enquanto outros necessitarão de um estudo qualitativo, tendo como produto final um estado percebido do ambiente.

Os indicadores são necessários não só para o entendimento do mundo, mas também para que se possa planejar ações e tomar decisões. Assim, serão escolhidos a partir de prioridades, como enfatiza Meadows (1998, p. viii):

Os indicadores surgem de valores (nós medimos o que nos preocupa), e eles criam valores (nós nos preocupamos com o que é medido). Carregam, portanto, modelos mentais sobre o mundo baseados na cultura, na personalidade, nos valores e na experiência de quem participa de sua criação.

Para se chegar a valores, uma simples pergunta a ser feita é: o que você gostaria de saber sobre sua sociedade daqui a cinquenta anos, a fim de assegurar que seus netos terão uma boa vida? A resposta dada pelas pessoas a essa questão reflete seus valores (Meadows, 1998, p. 2).

Outro ponto destacado no trabalho de Meadows (1998) para o grupo Balaton leva em conta os erros mais comuns que devem ser evitados na escolha de indicadores:

- Agregação exagerada – se muitos dados forem reunidos, a mensagem final pode ficar indecifrável. Um exemplo conhecido seria o Produto Interno Bruto (PIB), que junta tanto o fluxo monetário por mudanças boas (educação, saúde etc.) quanto por mudanças ruins (aumento do número de internações, do crime etc.).

- Medir o que é mensurável em detrimento de medir o que é importante – como exemplo clássico, tem-se medir a riqueza das pessoas em valores monetários, em vez de medi-la pela qualidade de vida.

- Depender de falsos modelos – pode-se pensar, por exemplo, que a taxa de natalidade reflete a disponibilidade de programas de planejamento familiar, quando, na verdade, reflete a liberdade da mulher em utilizar tais programas.

- Falsificação deliberada – se um índice carrega más notícias, alguns maus governantes são tentados a perdê-los ou suprimi-los, mudando seus termos e definições. Diversos países, entre eles o Brasil (IBGE, 2002), contam como desempregadas somente as pessoas que efetivamente procuram por emprego, e não computam os que, embora ainda desempregados, desistiram de procurar.

- Desviar a atenção da experiência direta – às vezes, as próprias percepções devem ser mantidas em detrimento dos números expressos pelo indicador. Confia-se demais nos indicadores, devendo-se levar em consideração que os indicadores podem estar incorretos.

- Incompletos – como reflexo parcial da realidade, podem deixar de apresentar muitos detalhes.

Por outro lado, bons indicadores devem:

- Apresentar valores claros – sem incertezas em relação ao que é bom ou ruim.
- Possuir conteúdo claro – fácil de entender, com unidades que tenham sentido.
- Gerar interesse – sugestivos para efetiva ação.
- Ser politicamente relevantes para todos os participantes do sistema.
- Ser viáveis, ter baixo custo.
- Ser suficientes, na medida certa da informação.
- Ser oportunos temporalmente, ou seja, passíveis de serem cumprido em curto prazo.
- Ser apropriados em escala, nem superagregados, nem subagregados.
- Ser democráticos – ampla participação na escolha e acesso aos resultados. Nesse ponto deve-se destacar a importância da ampla participação da comunidade envolvida na construção dos indicadores. Estes não devem ser determinados apenas por um pequeno grupo de especialistas, mas devem envolver o maior número possível de pessoas da comunidade. Os especialistas são importantes na definição de metodologias e nos cálculos, porém, muitas vezes, são levados muito mais pelo que é tecnicamente possível do que é politicamente desejável.
- Suplementar – devem incluir o que as pessoas não podem medir por si próprias (emissões radioativas).
- Ser participativo – fazer uso daquilo que as pessoas podem medir por si próprias, levando isso para uma visão geográfica e temporal.
- Ser hierárquicos – podem passar tanto uma visão detalhada quanto geral.
- Possuir medida física – devem, dentro do possível, ser medidos em unidades físicas (tonelada de óleo, anos de vida saudável), e não monetária.
- Conduzir para a mudança, fornecendo informação em tempo para que se possa agir.
- Não devem pretender ser completos – devem ser experimentais, passíveis de discussão, de aprendizado e de mudança.

Gomes (2011) destaca em sua pesquisa alguns requisitos importantes para a produção de bons indicadores, conforme descrito na Tabela 3.1.

Tabela 3.1 – Condições para um indicador ideal.

Requisitos	Explicação
Representatividade	Refere-se à capacidade de retratar os problemas da área de estudo.
Validade científica	Tem relação com a forma de coleta e com a elaboração do dado.
Fonte de informação	Deve-se observar a confiabilidade da sua origem (se de órgão oficial, instituição creditada, organização não governamental – ONG –, jornal etc.).
Relevância	O indicador deve possuir concordância com o quadro legislativo do governo local para possibilitar a avaliação e o monitoramento do progresso, a fim de alcançar resultados para a sociedade.
Valores de referência	Para que o usuário possa estabelecer comparações e julgar a relevância do seu valor.
Conformidade temporal	Deve-se averiguar o tempo decorrido entre a coleta do dado e a realidade que se deseja representar. Nesse aspecto, é evidente que, para cada temática, há um intervalo de tempo aceitável, que deve ser julgado pelo seu especialista.
Redundância	Deve-se tomar cuidado para que o indicador não a apresente, ou seja, que diferentes dados coletados não expressem a mesma informação.
Sensibilidade às mudanças	À medida que ocorrem as alterações no ambiente, mesmo que pequenas, a resposta do dado é imediata, mudando o seu valor; e se for de natureza preventiva, que seja capaz de sinalizar a degradação antes da ocorrência de sérios danos.
Séries temporais	Se a sensibilidade às mudanças ocorrer ao longo do tempo, pode-se gerar séries temporais de dados (lineares, cíclicos ou sazonais), entendidas como ótimas tradutoras dos fenômenos de diferentes dinâmicas em um determinado tempo. Quando for importante a análise da evolução, os indicadores devem ter a capacidade de expressar as mudanças em uma escala de tempo compatível com os problemas.
Abrangência	No que se refere a dados espaciais, o indicador deve apresentar limites bem definidos no espaço, de forma a facilitar, geográfica e operacionalmente, o gerenciamento das propostas do planejamento.
Conectividade	Conectividade do indicador com outros do meio, ou seja, os elos entre as diversas informações e as respostas integradas às suas mudanças.

(continua)

CONSTRUÇÃO DE INDICADORES DE SUSTENTABILIDADE | 81

Tabela 3.1 – Condições para um indicador ideal (*continuação*).

Requisitos	Explicação
Integração	É importante observar se o indicador é integrador, se tem a capacidade de sintetizar informações de vários outros indicadores.
Tipo de informação	Informação prescritiva: deve-se considerar se a informação é prescritiva – aquela que é analítica e apresenta recomendações ao desenvolvimento de alternativas, constituindo um bom indicador. Informação descritiva: deve-se considerar se a informação é descritiva – restringe-se à descrição das propriedades do meio, sem a pretensão de fornecer subsídios diretos à tomada de decisão.
Disponibilidade e acesso	Informação sobre o indicador, sem perda de tempo que impeça ou dificulte o planejamento.
Comunicação/ divulgação dos indicadores	Comunicados de forma que envolva o público, por gráficos e informações contextuais, auxiliando na compreensão e interpretação da medição.
Custo razoável	Corresponde ao valor ideal para obtenção da informação de acordo com a quantidade de dados, da unidade de área e da escala de trabalho. Em suma, pretende-se que haja uma relação custo-benefício.
Participação popular	Em algum momento, ou na elaboração ou revisão dos indicadores.
Atualização e divulgação	Os dados precisam ser coletados e reportados regularmente, devendo haver um tempo mínimo entre a coleta e a reportagem, a fim de garantir a atualidade e utilidade para o usuário.
Fácil compreensão	Indicadores devem ser simples e fáceis de compreender para informar o grupo de pessoas que tomará as decisões quanto aos rumos do planejamento.
Modelo conceitual estrutural	Usado como guia para o desenvolvimento e a estruturação de um conjunto de indicadores, de uma forma coerente. Sem ele, o conjunto se torna uma mistura eclética de indicadores, sem qualquer justificação clara para a sua seleção.

Fonte: Santos (2004), The Association of Public Health Observatorie (Apho, 2008), Advisory Committee on Official Statistics (Acos, 2009), Martínez (2009), Statistical Indicators Benchmarking the Information Society (Sibis, 2003) e Central Statistical Office (CSO, 2009) apud Gomes (2011).

Mesmo na intenção de demonstrar todos os princípios de boas práticas que se espera encontrar em um conjunto de indicadores, é unânime, na opinião dos autores citados, que a possibilidade de encontrar todos esses critérios é diminuta. Martinez (2004) considera ainda, como requisitos mínimos, o gradualismo, permitindo que possa se partir de um número limitado de indicadores a serem aprimorados ao longo do tempo; a qualidade e o número mínimo de dados disponíveis, uma vez que os indicadores requerem um mínimo de informação primária, confiável e sistematizada; a capacidade de associação, que envolve o engajamento de parceiros institucionais com uma liderança; o planejamento de acordo com as necessidades dos usuários; a continuidade, que deve ser garantida ao longo do tempo; e o intercâmbio de experiências anteriores.

De acordo com Silva (2000, p. 131), a utilização de determinado sistema de indicadores relacionado a um contexto específico, porém menos abrangente, não invalida a utilização de um outro mais genérico, de aplicação em larga escala de abrangência, desde que corresponda aos objetivos para os quais tenha sido criado. O desafio reside na correta compatibilização entre os indicadores de diferentes escalas, podendo-se identificar a viabilidade de adoção de diversas formas em diferentes níveis de abordagem espacial. Assim, qualquer processo, para se construir indicadores de desenvolvimento sustentável, deverá ser precedido de perguntas como: para quê? Por quê? Para quem?

A prática da construção de indicadores com base em informações existentes levanta questões interessantes, que devem acompanhar a reflexão durante o processo de construção de indicadores. Uma das discussões centrais sobre os indicadores de desenvolvimento sustentável é a definição de quais e quantos indicadores são necessários para a avaliação dos processos de desenvolvimento sustentável nos âmbitos local e global. Há uma grande diversidade de indicadores sociais, econômicos e ambientais em uso, porém a sua utilização sem estudos e critérios adequados poderá dificultar a avaliação e a comunicação do processo de desenvolvimento sustentável.

Para que um indicador possa medir o desenvolvimento sustentável, ele deve possibilitar que se estabeleça relações entre as atividades antrópicas e as modificações ou impactos que estão sendo causados, o que pode comprometer negativamente ou potencializar a qualidade de vida presente e futura.

Conforme ilustrado na Figura 3.1, a utilização de indicadores adequados pode dar informações sobre um conjunto de dimensões que integrem o desenvolvimento sustentável. O indicador deve, então, captar mudanças que direta ou indiretamente contribuam para a promoção do desenvolvimento sustentável, conforme discutido anteriormente.

Figura 3.1 – Exemplos de dimensões do desenvolvimento sustentável que devem ser captadas pelo indicador de desenvolvimento sustentável.

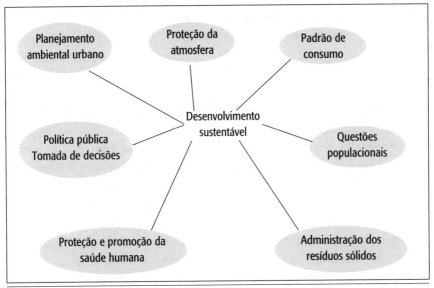

Fonte: Malheiros (2002).

Um padrão de consumo poderá ser ajustado ou mudado por meio de uma maior eficiência no sistema de produção, pela otimização do uso dos recursos naturais e pela minimização da geração de rejeitos. Como resultado, haverá uma diminuição no consumo de recursos naturais e, consequentemente, uma redução na quantidade de poluentes lançados no meio ambiente, que finalmente poderá ser detectada por indicadores de qualidade ambiental.

Para a questão populacional, têm-se como objetivos a melhoria da qualidade de vida da população, o envolvimento pleno da comunidade na tomada de decisões, a promoção de assentamentos sustentáveis, entre outros. Assim, ao fornecer informações estratégicas para a comunidade, o uso do indicador de desenvolvimento sustentável possibilita o envolvimento real da comunidade no processo de gestão da cidade.

A melhoria do sistema de limpeza urbana, que inclui a redução da quantidade de resíduos gerados, o incentivo à reciclagem e ao reúso, e a disposição adequada dos resíduos sólidos, contribuirá para evitar a queima irregular de resíduos. A gestão adequada da qualidade ambiental reduz o risco à saúde humana provocado pela poluição, inclusive podendo dar suporte adequado à proteção de grupos vulneráveis.

O planejamento ambiental urbano adequado pode resultar no uso mais eficiente da energia, num sistema de transporte urbano que estimule a redução da quantidade de viagens diárias, na concepção de um transporte de cargas menos poluente, reduzindo assim a quantidade de poluentes lançados na atmosfera. É preciso que o cidadão, ao ligar o seu veículo para ir ao trabalho, saiba que está contribuindo para o aumento do efeito estufa global, ou que ao trafegar pelas ruas de sua cidade, contribui para aumentar a poluição por meio do material particulado e de um maior consumo de recursos naturais não renováveis.

Entretanto, somente o fato de saber que sua ação contribui negativamente, pode não ser suficiente para que a sua cidade atinja o desenvolvimento sustentável. É necessário também repensar os modelos de desenvolvimento, fazendo uma revisão das questões de consumo sustentável, estilos e prioridades a serem enfocadas. É preciso que esse cidadão saiba, busque ou cobre alternativas para que suas atividades sejam menos impactantes, como, por exemplo, a implantação dos sistemas de saneamento ambiental.

A conscientização da comunidade para a importância da questão da poluição poderá resultar em tomada de decisões que considere as questões de desenvolvimento econômico, social e meio ambiente. Há, portanto, uma relação direta com o processo de formulação e implementação de políticas públicas. Dessa forma, a inserção de indicadores de desenvolvimento sustentável nas políticas públicas, e como ferramenta de gestão ambiental, possibilita que se faça a conexão entre a atividade diária do cidadão, ou as atividades de manutenção da cidade, e o desenvolvimento sustentável. Indicadores adequadamente escolhidos e aplicados podem captar a tendência de melhoria ou piora da qualidade de vida e ambiental, e, portanto, permite avaliar se a cidade está caminhando rumo ao desenvolvimento sustentável.

Grandes esforços têm sido empreendidos para o desenvolvimento e a operação dos indicadores de sustentabilidade desde a Conferência das Nações Unidas sobre o Meio Ambiente e Desenvolvimento (CNUMAD), em 1992. Quase mil iniciativas de indicadores em todo o mundo, nos diversos níveis de governança, estão listadas no Compêndio do International Institute for Sustainable Development (IISD). Ao mesmo tempo, os indicadores parecem ter tido pouco sucesso na implementação da visão de desenvolvimento sustentável. Por muitas razões, as evidências sugerem que os indicadores ainda não atingiram o seu potencial como parte dos processos de decisão.

De forma geral, os processos de decisão abrangem as etapas de mobilização das partes interessadas e do diálogo, o planejamento estratégico e a formulação de políticas, a gestão de planos, os programas e projetos, a comunicação e avaliação, em que especificamente os dois últimos devem permear todo o processo, fomentando a melhoria contínua dos resultados. Bons indicadores significam ferramenta potencial para ser aplicada em todas essas etapas dos processos de decisão.

Atualmente, vinte anos após a CNUMAD, em 1992, muito se aprendeu sobre o uso potencial dos indicadores de promoção do desenvolvimento sustentável. Suas funções podem ser brevemente resumidas como:

- Proporcionar maior compreensão das ligações entre os elementos complexos da sustentabilidade.
- Comunicar as questões relevantes para a sustentabilidade.
- Melhorar a gestão e o planejamento da sustentabilidade.
- Avaliar os impactos da política.

Os indicadores se tornam ferramentas poderosas quando efetivamente são aplicados na comunicação e na tomada de decisão. Isso quer dizer que não há sentido em construir indicadores se os interessados não se apropriam deles para orientar e guiar suas decisões, desde aquelas relacionadas às atividades diárias de cada ator até as mais amplas relacionadas ao coletivo.

Muitas vezes, embora se deseje, o uso efetivo dos indicadores não é tão óbvio. (Gutiérrez-Espeleta, 1998; Bossel, 1999; Winograd e Farrow, 2009). O fortalecimento dos indicadores depende de vários fatores, dos quais três podem ser destacados:

- Aplicação em questões complexas. A teoria de sistemas aponta para interações complexas que surgem no contexto da sustentabilidade. Os indicadores representam um caminho concreto para articular essa complexidade. Para esse fim, vários modelos, conforme ilustrado nos capítulos anteriores, foram gerados e estão em uso com a finalidade de identificar indicadores que reflitam o que está acontecendo no sistema. A seleção dos modelos tem importantes implicações, tendo em vista que os indicadores são levados ao poder. Se, por exemplo, o modelo é incompleto, os aspectos relevantes serão perdidos quando os indicadores forem relatados. Por outro lado, se o modelo é muito complexo, os resultados não serão significativos para aqueles que estão interpretando os indicadores para utilização na tomada de decisões. O ponto é refletir sobre como obter o máximo das diferentes metodologias, considerando suas potencialidades e limitações, levando em conta os diferentes usuários-alvo, o nível de gestão, a urgência e assim por diante.

- Maior sentimento de propriedade sobre os indicadores pelas várias partes interessadas. Em última análise, os indicadores são validados quando usados pelos tomadores de decisão e pelas partes interessadas na sustentabilidade. Isso ocorre de forma mais eficaz quando os usuários têm a propriedade intelectual sobre os indicadores, e quando os indicadores são relevantes e refletem seu campo de ação. A propriedade pode ser adquirida de diferentes formas: envolvimento direto dos usuários e das partes interessadas no processo de desenvolvimento de indicadores; incentivo à apropriação, ao uso de indicadores para a comunicação estratégica; e capacidade das instituições e pessoas de adotar os indicadores.

- A inclusão de indicadores de sustentabilidade nos processos orçamentários. Avanços estão sendo feitos a partir da inclusão de indicadores nos processos orçamentários e de contabilização. A avaliação da eficácia do programa em relação aos objetivos de níveis superiores (estratégicos) sempre foi um complexo desafio para os governos.

Gomes (2011) destaca também que o que se espera de um indicador ou índice para que apoie os processos de construção de sustentabilidade é que este se refira aos elementos relativos à sustentabilidade de um sistema, e tornem claros seus objetivos, sua base conceitual e seu público usuário.

Por fim, é fundamental então compreender que o processo de indicadores de sustentabilidade – mobilização, engajamento, construção, implementação, monitoramento, avaliação – é ferramenta indispensável na operacionalização do conceito desenvolvimento sustentável. No entanto, requer prioridade e continuidade, para que alcance todo seu potencial enquanto peça chave nos processos de tomada de decisão.

REFERÊNCIAS

BOSSEL, H. Indicators for sustainable development: theory, method, applications. *A report to the Balaton Group.* Canadá: IISD, 1999.

GOMES, P.R. *Indicadores ambientais na discussão da sustentabilidade: uma proposta de análise estratégica no contexto do etanol de cana-de-açúcar no estado de São Paulo.* São Carlos, 2011. Dissertação (Mestrado em Ciências da Engenharia Ambiental) – Escola de Engenharia de São Carlos, Universidade de São Paulo.

GUTIÉRREZ-ESPELETA, E.E. Designing Environmental Indicators for Decision makers. In: CONFERENCE OF THE INTERNATIONAL ASSOCIATION OF SURVEY STATISTICIAN AND THE INTERNATIONAL ASSOCIATION FOR OFFICIAL STATISTICS, 1998, México, Aguascalientes. *Proceedings...* México: Inegi, 1998.

[IBGE] INSTITUTO BRASILEIRO DE GEOGRAFIA E ESTATÍSTICA. *Indicadores de desenvolvimento sustentável.* Rio de Janeiro: IBGE, 2002.

MALHEIROS, T. *Indicadores ambientais de desenvolvimento sustentável local: um estudo de caso do uso de indicadores de qualidade do ar.* São Paulo, 2002. Tese (Doutorado). Programa de Pós-Graduação em Saúde Pública. Faculdade de Saúde Pública. Universidade de São Paulo.

MARTINEZ, R.Q. Indicadores de sustentabilidade: avanços e desafiospara a América Latina. In: ROMEIRO, A.R. *Avaliação e contabilização de impactos ambientais.* Campinas, SP: Ed. Unicamp/Imesp, 2004.

MEADOWS, D. *Indicators and information systems for sustainable development.* The Sustainability Institute, 1998. Disponível em: http://www.iisd.org/pdf/s_ind_2.pdf. Acessado em: 25 fev. 2012.

SILVA, S.R.M. *Indicadores de sustentabilidade urbana. As perspectivas e as limitações da operacionalização de um referencial sustentável.* São Carlos, 2000. Dissertação (Mestrado em Engenharia Urbana), Universidade Federal de São Carlos.

WINOGRAD, M.; FARROW, A. Sustainable development indicators for decision making: concepts, methods, definition and use. In. SEIDLER, R. (org.). *Dimensions of sustainable development.* 2 v. Boston: EOLSS Publishers, 2009.

Indicador da Pegada Ecológica: aspectos teóricos e conceituais para aplicação no âmbito de universidades

4

Leydy Viviana Agredo González
Economista, Universidad del Valle, Colômbia

Mario Alejandro Pérez Rincón
*Economista, Instituto Cinara,
Universidad del Valle, Colômbia*

Ter como meta contribuir com o desenvolvimento sustentável tornou-se uns dos maiores compromissos das universidades com a sociedade, registrados numa série de declarações internacionais, nas quais um número representativo de estabelecimentos de ensino superior decidiu incorporar as questões ambientais no seu agir, assumindo um papel mais importante no seu entorno. Nesse sentido, pode-se dizer que a partir do momento em que aumenta a apreensão sobre a disponibilidade de recursos naturais, as instituições de ensino superior começam a analisar os impactos ambientais gerados a partir de seu funcionamento, como uma preocupação da academia em contribuir com o desenvolvimento sustentável de forma eficaz. Assim, o objetivo principal deste capítulo é abordar a questão do desenvolvimento sustentável do ponto de vista das universidades, verificando como elas o inserem na sua missão, além de discutir o papel que desempenham na sociedade como um dos atores.

Como antecedente, em 1989, a Universidade da Califórnia publicou o primeiro documento que tratava dos problemas ambientais gerados por um campus universitário a partir de uma perspectiva acadêmica. O plano ambiental publicado pela universidade intitulava-se *No nosso quintal: as questões ambientais na Universidade da Califórnia em Los Angeles (UCLA) – proposta de mudança e potencial institucional como modelo* (Brink et al., 1989). Este foi um documento público que propôs os esquemas de uma política institucional focada em questões ambientais (Conde et al., 2006). Na década de 1990, a Universidade de Wisconsin propôs seu Programa de Ecologia do Campus, e a Universidade de Brown propôs o Projeto Verde, ambos desenvolvidos no âmbito de um novo contexto de ecologização das universidades.

A partir de 1990, várias universidades do mundo uniram-se para trabalhar o tema do desenvolvimento sustentável no espaço da academia, através de coligações importantes. Nesse contexto, em outubro de 1990, a Associação dos Dirigentes Universitários para um Futuro Sustentável (ULSF) tornou-se a primeira tentativa histórica para definir e promover a sustentabilidade no ensino superior, através da Declaração de Talloires (Conde et al., 2006, p. 16). Nessa declaração, 22 reitores de diferentes universidades do mundo concretizaram um plano de ação de dez pontos, que lhes permitiu definir o papel desempenhado pelas instituições de ensino superior com o objetivo de criar um ambiente sustentável:

> As universidades formam a maioria das pessoas que desenvolvem e administram as instituições da sociedade. É por isso que é profunda a responsabilidade delas em conscientizar, gerar conhecimento e desenvolver tecnologias e ferramentas necessárias para criar um ambiente sustentável. (Conde et al., 2006, p. 16)

Hoje, essa declaração é assinada por mais de 275 universidades em mais de quarenta países do mundo. Segundo Conde et al. (2006), nessa declaração as universidades comprometem-se:

- Com a educação, pesquisa, formação de políticas e troca de informações sobre população, meio ambiente e desenvolvimento para avançar em busca de um futuro sustentável.

- Em estabelecer programas para capacitar profissionais em gestão ambiental, desenvolvimento econômico sustentável, estudos populacionais e áreas afins para garantir que os formados sejam cidadãos conscientes e responsáveis em matéria ambiental.

- Em estabelecer um exemplo de responsabilidade ambiental através da criação de programas de conservação de recursos, reciclagem e redução de resíduos nos campi universitários, o que as comprometeu a ser, não apenas participantes, mas os agentes e gestores da mudança.

Em 1991 surge a Declaração de Halifax – construir o nosso futuro comum –, em que representantes da Associação Internacional das Universidades, a Universidade das Nações Unidas e a Associação de Universidades e Colégios do Canadá emitiram o seu total desacordo com a degradação ambiental gerada no mundo todo (Conde et al., 2006).

Na Conferência das Nações Unidas sobre o Meio Ambiente e o Desenvolvimento (CNUMAD), realizada em 1992, visando principalmente à preservação do meio ambiente e ao consumo consciente de recursos naturais não renováveis, a Organização das Nações Unidas (ONU) reconhece que a educação deve gerar consciência ética e promover um comportamento consistente com o uso sustentável dos recursos naturais e o desenvolvimento sustentável (Conde et al., 2006).

No mesmo sentido, em 1993, surge a Declaração de Swansea, assinada por mais de quatrocentas universidades em todo o mundo, que juntaram-se para trabalhar o tema "Pessoas e ambiente". Nela, especificamente as universidades da Associação Commonwealth se comprometem a desenvolver uma responsabilidade ambiental que contribua com o desenvolvimento sustentável. Nesse mesmo ano, foram convocadas, no Japão, 650 universidades para assumirem o desafio do desenvolvimento sustentável nas instituições de ensino superior, por meio da Declaração de Kyoto. Ainda nesse mesmo ano, em Barcelona, foi assinada a Carta do Copérnico (Programa Cooperativo Europeu para a Investigação sobre a Natureza e Indústria através de Estudos Universitários Coordenados), no contexto da Conferência Bienal da Associação Europeia de Universidades, que discutiu como as universidades poderiam contribuir para o desenvolvimento sustentável, levando em conta particularmente a aplicação do Capítulo 36 da Agenda 21. Essa carta foi assinada por 213 universidades em toda a Europa (Conde et al., 2006).

Em 1995, no Reino Unido, foi acordada a declaração dos estudantes para um futuro sustentável, em que cerca de noventa estudantes universitários, juntamente com professores e funcionários, comprometeram-se com a proteção do meio ambiente e dos recursos naturais. Finalmente, em

1997, a Declaração de Salônica comprometeu várias universidades europeias a definir ações que contribuam para a sustentabilidade ambiental a partir da implementação de programas ambientais em cada uma delas.

Entre as diversas instituições envolvidas na gestão ambiental dentro de seus campi, destacam-se: a Universidade Politécnica da Catalunha, que promove uma cultura de sustentabilidade ambiental por meio de campanhas de sensibilização destinadas a toda a comunidade universitária (estudantes, professores e trabalhadores em geral) no âmbito do seu plano de meio ambiente; a Universidade de Michigan (Estados Unidos), com sua campanha Waste Management and Recycling; e a Universidade de Tufts (Estados Unidos), com sua campanha Tuft Clean (Creighton, 1998) e com o projeto HE21 (ACU, 1999). Em função das inovações de seu programa, a Universidade Autônoma de Madri tornou-se um dos casos mais bem-sucedidos na execução de campanhas de sensibilização, não só ambientais, mas também na promoção da participação ativa de toda a comunidade universitária em diversos projetos ambientais. A Universidade de Edimburgo, com a sua agenda ambiental, o Ekokampus da Tampereen Yliopisto da Finlândia, o Escritório Verde da Universidade Politécnica de Valência ou o Pla de Medi Ambient da Universidade Politécnica da Catalunha são alguns dos planos de ação já em execução, que a partir de um sistema de indicadores avaliam o impacto dos diferentes setores das universidades (Conde et al., 2006).

Na América Latina, o maior número de casos de gestão sustentável de campi é desenvolvido por Universidades no México e na Costa Rica: Universidade Nacional Autônoma de México (Unam), Universidade Autônoma de Baja California, Universidade de Guadalajara, Universidade de Guanajuato e Universidade Nacional da Costa Rica, entre outras. Todas elas, sensibilizadas quanto à sua responsabilidade ambiental, desenvolvem, em paralelo com suas atividades de ensino e capacitação, iniciativas para fortalecer a cultura ambiental na comunidade universitária e contribuir para o objetivo do desenvolvimento sustentável.

Já na Colômbia, universidades como a Pontifícia Universidade Javeriana, em Bogotá e Cali, têm políticas de responsabilidade social, onde o compromisso com o meio ambiente, dentro e fora de suas instalações, é uma das suas principais preocupações. Instituições como a Universidade Pedagógica Nacional, Universidade de Ciências Aplicadas e Ambientais, Universidade Distrital Francisco José de Caldas, Universidade do Cauca e Universidade dos Andes, entre outras, reconhecem a importância de contribuir para a proteção do meio ambiente. Além disso, já têm definidas suas políticas ambientais, que regem o trabalho de cada uma delas e o papel que desempenham na sociedade.

No caso da Universidade do Valle, a partir do ano 2000, a Faculdade de Engenharia adotou uma nova estrutura acadêmica e administrativa, instituindo a Escola de Engenharia, Recursos Naturais e Meio Ambiente (Eidenar) com a finalidade de assumir novos compromissos no tratamento de problemas ambientais e as reais implicações dos impactos ambientais sobre a sociedade. Nesse sentido, no âmbito do seu plano de desenvolvimento 2009-2019, a escola Eidenar apresentou uma proposta para construir uma visão do campus da Universidade do Valle como um laboratório gigante para a gestão do desenvolvimento sustentável, através da formulação de um Plano Universitário de Meio Ambiente (Puma). Este serve como ferramenta para a incorporação da dimensão ambiental no Plano de Desenvolvimento Institucional de 2015, incluindo ações de transmissão, geração, aplicação e difusão do conhecimento, bem como sistemas de gestão ambiental para o uso eficiente e a poupança dos recursos no campus universitário (Escobar, 2008, p. 5).

A QUESTÃO DO DESENVOLVIMENTO SUSTENTÁVEL

O interesse pela sustentabilidade e pelos limites dos recursos naturais é uma preocupação permanente. Autores como David Ricardo, com a lei dos rendimentos decrescentes, mostrou como era, cada vez mais, necessário ocupar terras menos produtivas para mais produção, exigindo mais trabalho e redução da renda da terra (Castro, 2004, p. 77). Esse argumento tem sido, desde então, a base para explicar a escassez de recursos naturais não renováveis e o surgimento do conceito de externalidades. Malthus e John Stuart Mill preocuparam-se com as possíveis consequências da escassez de recursos naturais no crescimento econômico, no entanto, os avanços tecnológicos no campo da agricultura, que começaram a se desenvolver naquele momento, fizeram com que essas preocupações fossem desaparecendo com o tempo, promovendo, assim, a ideia de crescimento econômico sem restrições ambientais.

No final de 1960 e início de 1970, as preocupações sobre a disponibilidade de recursos naturais e seu impacto sobre o crescimento econômico se tornaram mais evidentes, quando se reconheceu que a Terra é um universo limitado, onde é impossível crescer indefinidamente, e muito menos se sustentar ao longo do tempo. Em 1972, pouco antes da crise do petróleo, o Clube de Roma publicou o relatório *Limites do crescimento*, que tratava da impossibilidade de um crescimento econômico contínuo, tendo em conta as restrições sobre a disponibilidade de recursos naturais e a capacidade da Terra de absorver a poluição das atividades econômicas. De acordo com Meadows et al. (1972), o fato de não mudar os padrões de crescimento e de consumo da população mundial tornaria inevitável que, em cerca de cem anos, o planeta atingisse o seu limite de crescimento e fizesse entrar em colapso o sistema socioeconômico, reduzindo drasticamente o tamanho da população e a capacidade industrial; tudo isso, resultado da poluição, da perda de terras para cultivo e da não disponibilidade de recursos energéticos. Assim, a busca de um modelo de desenvolvimento sustentável começava a se tornar uma prioridade das políticas econômicas, até então focadas numa visão de crescimento (Daly e Goodland, 1992).

Assim, somente depois da primeira crise do petróleo foi reconhecido novamente, como fizeram os clássicos, o papel dos recursos naturais como insumos na função de produção tradicional e nos seus modelos de crescimento. Desse modo, em 1972 foi realizada, em Estocolmo, a primeira Conferência da Terra, na qual foi expresso e reconhecido, pela primeira vez, que a degradação ambiental e seus problemas são uma preocupação mundial. Desde os anos 1980 foram feitas muitas pesquisas que começaram a promover padrões de crescimento diferentes, que consideravam a disponibilidade de recursos naturais e a capacidade regeneradora da Terra, demonstrando, assim, os efeitos negativos dos modelos tradicionais de crescimento.

Esforços e encontros continuam sendo realizados, destacando-se, mais recentemente, a Avaliação Ecossistêmica do Milênio (MEA, 2005), que avaliou o impacto das mudanças nos ecossistemas para os seres humanos, e os Relatórios do Painel Intergovernamental sobre Mudanças Climáticas (IPCC, 2007), que vêm ressaltando as várias opções para desacelerar o aquecimento global (Pérez et al., 2009).

Evidentemente, todas essas pesquisas, tratados e documentos trabalham temas relacionados com a problemática socioambiental e a importância do crescimento econômico conciliado com o meio ambiente. Embora não seja uma tarefa fácil, essa necessidade clara e evidente gera a proposta para se chegar a um desenvolvimento sustentável que irá garantir, por um lado, a produção de bens e serviços para o bem-estar da sociedade como um todo e, por outro, mudar os atuais níveis e padrões de consumo dos recursos naturais para minimizar os impactos sobre o meio ambiente.

Além disso, surgem discussões sobre o papel a ser desempenhado pela economia no meio ambiente, o que deve ser sustentado e qual é a melhor maneira de realizar isso, a influência exercida sobre a natureza e a capacidade do sistema econômico de fornecer soluções imediatas para os problemas ambientais. Portanto, a questão que vale perguntar é como lidar com esses limites naturais a fim de garantir não só o desenvolvimento da sociedade, mas também a manutenção das funções de suporte da vida cumpridas pelo ecossistema da Terra.

A principal controvérsia existente sobre o assunto gira em torno da definição de desenvolvimento sustentável concebida no relatório da Comissão Brundtland, que, embora leve em consideração aspectos importantes como a equidade intergeracional, traz evidentes e significativos problemas metodológicos em sua definição. Por exemplo, essa definição não estabelece a partir de qual perspectiva deve-se considerar as necessidades, nem quais as necessidades específicas a serem atendidas. Ao falar sobre as futuras gerações, não é possível definir quais são essas gerações e quais são suas dimensões; também não menciona explicitamente qual é o papel dos recursos naturais, a disponibilidade deles, a utilização e/ou esgotamento para assegurar que as gerações futuras possam atender às suas próprias necessidades; em geral, não consegue identificar o que deve ser sustentado.

Outra parte da discussão sobre o conceito do desenvolvimento sustentável desenvolveu-se a partir da crítica dos modelos tradicionais de crescimento de autores como Georgescu-Roegen, Constanza e Patten. A simples combinação das palavras desenvolvimento (enquanto associado a crescimento) e sustentável é incompatível, por quanto se considera que o crescimento, por definição, não pode ser sustentável, dada a irreversibilidade de certos processos de degradação e escassez causados pelas atividades econômicas (Mitchell, 1999, p. 18). A partir dessas críticas, considera-se que o desenvolvimento sustentável deve manter a capacidade dos ecossistemas naturais de sustentar as populações humanas a longo prazo. Para tanto, é necessário levar em conta a disponibilidade de recursos naturais e a capacidade de suporte dos ecossistemas.

Dada a controvérsia sobre a definição de desenvolvimento sustentável, é preciso concretizar os diferentes pontos de vista sobre o que se quer e deve ser sustentado ao longo do tempo. Muito do que é hoje conhecido como desenvolvimento sustentável tem sido pesquisado e discutido no contexto da economia, particularmente em áreas como Desenvolvimento Econômico, Economia Ambiental, Economia dos Recursos Naturais e Economia

Ecológica. De fato, desde as diferentes formas de abordar as relações e os conflitos entre crescimento econômico e qualidade ambiental, e os diversos significados e aplicações que podem ter o conceito de sustentabilidade, existem duas distintas abordagens conceituais sobre o tema: sustentabilidade fraca, defendida pela Economia Ambiental, e sustentabilidade forte, respaldado pela Economia Ecológica. Assim, o ponto central da controvérsia é o grau de substituição entre o capital reprodutível e o capital natural.

ABORDAGENS CONCEITUAIS DO DESENVOLVIMENTO SUSTENTÁVEL

Economia ambiental (EA) e sustentabilidade fraca

A EA tem como referência a escola neoclássica (Chavarro e Quintero, 2005), que foca a sua análise na escassez, em que os ativos (bens) são valorados segundo sua abundância ou carência. Nessa abordagem teórica, o ambiente é considerado um bem econômico, que tende a ser escasso, cujo horizonte de esgotamento é totalmente previsível. Embora o ambiente tenha adquirido esse *status*, e os recursos naturais são essenciais nos processos produtivos, ele não tem nem preço nem dono, razão pela qual a EA considera o ambiente externo ao mercado. Assim, a única forma de integrá-lo é internalizando os impactos ambientais por meio da valoração monetária dos benefícios e/ou dos custos ambientais.

A EA desenvolve uma análise do ambiente em termos econômicos e quantitativos, ou seja, em termos de preço, de custo e benefícios monetários, destacando-se como algumas das questões mais significativas: a problemática das externalidades, a distribuição dos recursos naturais entre as distintas gerações e a valoração econômica dos recursos naturais e dos impactos ambientais negativos (Corbi e Scioli, 2007, p. 1).

Assim, no momento em que a economia neoclássica decidiu incorporar o ambiente em seu campo de estudo, surge a EA, que tem como fins principais analisar economicamente os recursos ambientais, definir as bases teóricas que permitam aperfeiçoar o uso dos recursos naturais, analisar de que forma as variações no crescimento econômico afetam o meio ambiente e, finalmente, estudar como e por que as decisões que as pessoas tomam têm consequências no ambiente.

Do ponto de vista da EA, o desenvolvimento sustentável será alcançado quando a sociedade moderna transferir à população do futuro uma quantia certa de capital, como resultado da maximização dos benefícios do crescimento econômico, que não seja inferior a que a geração atual desfruta. Esse capital deve gerar bem-estar por meio da criação de bens e serviços e da manutenção da qualidade ambiental (Pearce e Turner, 1995). A partir desse enfoque, garantir a dotação de recursos ao longo do tempo (capital natural e capital reproduzível) traz consigo assumir um grau de substituição entre os recursos naturais e o progresso tecnológico, incluindo o capital feito pelo homem. A EA não faz distinção entre capital natural e capital artificial, pois considera a existência de substituição perfeita entre os dois tipos de capital. Essa construção teórica é conhecida como sustentabilidade fraca, porque não dá um tratamento especial ao capital natural. Em termos gerais é definida como:

> aquela que procura manter constante o valor monetário do estoque de capital total, supondo que existe substituição total entre as duas formas de capital. Ou seja, uma diminuição do valor do estoque de capital natural pode ser compensada por aumentos de capital fabricados e vice-versa. (Carpintero, 2003, p. 123)

A sustentabilidade fraca é também conhecida como de segunda ordem, que procura manter uma renda sustentável com a finalidade de garantir o bem-estar social através de taxas de utilidade não decrescentes. Assim, como observado por Arias (2006, p. 5): "A regra da sustentabilidade fraca exige que a geração de riqueza permaneça constante ou crescente, mantendo os meios de produção como o capital feito pelo homem, capital natural e capital humano".

Na verdade, essa abordagem não visa à conservação dos recursos naturais, mas à conservação dos níveis de bem-estar deles derivados, por meio do sustento dos níveis do estoque de capital total. Portanto, a sustentabilidade dependerá da não perda de bem-estar social per capita ao longo do tempo (Solow, 1986). A sustentabilidade, nesse caso, consiste em conservar ou aumentar o capital total agregado de uma geração para outra (Solow, 1993), de modo que as gerações futuras tenham a opção de viver tão bem como os seus antecessores. Uma sociedade que reduza o seu capital natural, aumentando o seu capital artificial (compensando a perda e mantendo o capital total), é uma sociedade que chega à sustentabilidade fraca (Castro, 2004, p. 75).

Desse ponto de vista teórico foram desenvolvidos dois tipos de modelos que permitiram uma abordagem mais ampla do desenvolvimento sustentável. Entre as obras mais famosas estão as de autores como Dasgupta e Heal (1974), Solow (1974), Stiglitz (1974), Hartwick (1977, 1978), Howarth e Norgaard (1990, 1992, 1993) e Pearce et al. (1989), que fizeram suas contribuições a partir de modelos de crescimento com capital natural esgotável e da equidade intergeracional.

No primeiro modelo, o termo sustentabilidade não é explícito e seu significado está associado a um crescimento permanente do capital total em longo prazo. Este tipo de modelo intertemporal de crescimento, que inclui um recurso natural esgotável, permite demonstrar que, sob certas condições, se o capital não diminui, pode-se sustentar uma taxa de consumo não decrescente ao longo do tempo. Pode-se pensar então que, nessa abordagem teórica, a sustentabilidade pode ser alcançada, mais facilmente, só em economias com dotações altas de capital, e, portanto, as sociedades mais pobres poderiam levar mais tempo para alcançar a sustentabilidade, ou simplesmente ser insustentáveis, ou seja, o mundo de cabeça para baixo.

A sustentabilidade aparece como um problema de poupança, ou seja, uma questão de eficiência, não de equidade intergeracional. A produção (*output*) agregada da economia (incluindo o capital natural) pode ser destinada ao consumo ou ser investida na acumulação de capital total. Uma propensão a poupar inadequadamente, oriunda de repetidos períodos de alto consumo, leva a baixos níveis de acumulação (poupança) do capital e, portanto, desvia recursos de consumo e investimento futuros. Para isso, em cada período, deve-se contrabalançar as perdas de capital natural de qualquer forma, compensando com capital artificial, graças ao caráter substituível dos dois tipos de capital (Castro, 2004, p. 79).

Finalmente, a maioria desses modelos considera a população como exógena, e torna-se uma grande limitação pelo fato de não incluir as interações entre população, estoque de capital natural e crescimento econômico. Esses modelos tratam a mudança tecnológica e o crescimento populacional como variáveis exógenas que afetam a taxa de crescimento. Posteriormente, no final dos anos 1980, o desenvolvimento de modelos de crescimento endógeno considerou a mudança tecnológica (e, portanto, a taxa de crescimento) como uma variável endógena (Castro, 2004, p. 80).

O segundo modelo desenvolvido nessa abordagem teórica é a equidade intergeracional, que, embora baseado na maioria dos princípios neoclássicos, aceita o fato de que as questões de eficiência econômica conven-

INDICADOR DA PEGADA ECOLÓGICA: ASPECTOS TEÓRICOS E CONCEITUAIS | 99

cionais não são adequadas para abordar os problemas intergeracionais da sustentabilidade, já que isso não garante a existência do pressuposto de que o consumo não pode ser negativo.

Para conseguir um caminho de consumo não decrescente é necessário que as gerações presentes se preocupem o suficiente com as gerações futuras (Castro, 2004, p. 82). Uma das principais características desses modelos é a tentativa de eliminar a carga que tem a atual geração nos modelos neoclássicos, nos quais não podem ser distinguidas uma geração da outra.

Nessa abordagem destacam-se os trabalhos de Howarth e Norgaard (1990, 1992, 1993), que consideram a utilidade como uma função dos níveis de consumo e uma preferência dos agentes. Esses autores se concentram em uma economia com os recursos naturais limitados, mas sem capacidade produtiva, e focam a sua análise na principal externalidade decorrente (a poluição), bem como na preocupação da atual geração com a utilidade das gerações futuras. Esses modelos são geralmente aplicáveis a uma economia fechada, que supõe gerações que vivem dois períodos. Nessa abordagem teórica, a equidade entre gerações é um critério estrito de sustentabilidade; portanto, qualquer discrepância temporária na unidade pode ser interpretada como uma característica inegável de insustentabilidade. Alcançar um nível de consumo sustentável vai depender, então, das preferências da sociedade. Entende-se, portanto, que os autores que trabalham com essa teoria supõem que em cada geração exista uma regra de sustentabilidade fundamentada na ética.

As decisões de consumo e de poupança de cada geração são tomadas pelo critério da eficiência econômica em cada momento, e podem ser diferentes das de outro momento no tempo. Por outro lado, a sociedade como um todo mostra uma preferência marcada pela função de utilidade intertemporal, que visa a equidade intertemporal na alocação de recursos entre cada geração, com base em uma regra de distribuição intertemporal (Castro, 2004, p. 150).

Economia ecológica (EE) e sustentabilidade forte

A EE é uma linha de pensamento que pressupõe uma relação inseparável entre os ecossistemas e as atividades econômicas dos seres humanos, portanto, a biosfera é considerada como o sustento de toda atividade econômica. Assim, o sistema econômico é considerado um subsistema da biosfera, em que as atividades econômicas devem utilizar os recursos naturais a uma taxa menor em relação à taxa de renovação, e só se deve gerar a quantidade de resíduos que o ecossistema possa assimilar (Martínez-Alier e Roca, 2001). Assim, é aceito como ponto de partida que a economia é um subsistema aberto à entrada de energia e materiais e à saída de resíduos, poluição e calor dissipado.

A característica principal dessa corrente é a sua natureza multidisciplinar, derivada da necessidade de considerar não apenas o sistema econômico e a sociedade, mas os ecossistemas naturais e as relações entre eles. Como área de trabalho, a EE se consolidou desde 1980, com o surgimento da International Society for Ecological Economics (Isee) e da revista *Ecological Economics*. Embora seja um campo de estudo relativamente novo, a EE vem consolidando o arcabouço teórico que a suporta a partir de bases científicas e princípios analíticos funcionais, que permitem a sua identificação como uma disciplina que apresenta um novo paradigma (Castiblanco, 2007, p. 9). A EE, ao incorporar novas abordagens de lógica e racionalidade, bem como novos esquemas de valores, permite, então, propor um papel diferente para a sociedade e uma maior solidariedade com as gerações futuras.

No entanto, a abordagem da EE é mais ampla. A partir do século XIX e início do século XX começou a se promover, sem sucesso, um olhar biofísico da economia como um sistema sob as leis da termodinâmica. Entre os mais importantes autores da época destacam-se o médico ucraniano Sergei Podolinski, o biólogo Patrick Gedes, o engenheiro Josef Popper-Lynkeus, o biólogo e ecologista de sistemas Alfred Lotka e o Prêmio Nobel de Química, Frederick Soddy. Esses autores enfatizaram a existência da relação energia--economia a partir da natureza da termodinâmica (Castiblanco, 2007). No entanto, as bases científicas e os princípios analíticos da EE só vieram com as contribuições dos ecologistas C. S. Holling e H. T. Odum e dos economistas K. E. Boulding, Herman E. Daly e Nicolas Georgecu-Roegen. Este último, finalmente, fez as contribuições mais relevantes para o arcabouço conceitual que sustenta a EE. A principal contribuição de Georgecu-Roegen foi integrar a análise econômica nos conceitos biofísicos e nas leis da termodinâmica, como a lei da conservação da massa e energia e a lei da entropia. Essas contribuições foram detalhadas em um livro clássico (*A lei da entropia no processo econômico*, 1996), pelo qual alguns economistas consideram que Georgescu-Roegen merecia o Prêmio Nobel de Economia.

Fundamentos da EE

Os conceitos biofísicos básicos que servem de base à EE surgem a partir de uma área da física conhecida como termodinâmica, que trouxe uma revolução científica no século XIX. Da mesma forma, o surgimento da Ecologia, em 1869, contribuiu para a EE por meio de conceitos como a capacidade de carga. Segundo Aguilera e Alcántara (1994), os principais conceitos dessas disciplinas, consideradas como a base da EE, são fundamentalmente três:

- Primeira Lei da Termodinâmica: matéria e energia não são nem criadas, nem destruídas, apenas transformadas (lei da conservação). A principal contribuição para a EE está relacionada com a constatação de que a geração de resíduos é inerente aos processos de produção e consumo. Nesse sentido, a contaminação não pode ser vista como uma externalidade do processo econômico.

- Segunda Lei da Termodinâmica: conhecida como a lei da entropia. Estabelece que a matéria e a energia são contínua e irreversivelmente degradadas de forma ordenada para outra desordenada, independentemente de serem ou não usadas. Desse modo, ante a natureza mecânica do processo econômico, em que há uma equivalência entre o que entra e o que sai, e a natureza entrópica do processo econômico, defendido pela EE, supõe-se uma inevitável transformação de recursos materiais valiosos em desperdícios, sem valor (Georgescu-Roegen, 1980). Neste contexto, as leis da termodinâmica deixam claro que qualquer processo é mudança e que particularmente os processos econômicos (produção e consumo de bens e serviços) geram poluição (Castiblanco, 2007, p. 12).

- Finalmente, a terceira contribuição pondera duas questões muito importantes do ponto de vista da ecologia. Por um lado, deve-se considerar a possibilidade de não gerar mais lixo do que realmente os ecossistemas podem absorver, e por outro, a impossibilidade de aproveitar os ecossistemas a uma taxa superior em relação à de regeneração. É evidente que deve ser definida uma série de limites ao sistema econômico, limites esses que só podem ser definidos à luz de um conhecimento aprofundado e preciso da estrutura e do funcionamento dos ecossistemas naturais, como feito pela ecologia. A base biofísica e a própria ecologia mostram que o homem não utiliza recursos de forma isolada; ele utiliza os ecossistemas e, portanto, estes devem ser as unidades de gestão adequadas (García, 2003, p. 73).

Assim, a revolução promovida por Nicholas Georgescu-Roegen trouxe basicamente uma concepção absolutamente diferente da que tinha a economia convencional, abordando o tema do fluxo da matéria e da energia na atividade econômica. Segundo a teoria econômica neoclássica, o fluxo do processo de produção é circular, e vai desde as indústrias até as moradas, e vice-versa, sem entradas ou saídas. Para Georgescu-Roegen esse diagrama circular reduz o ciclo econômico simplesmente à compra e venda de bens e serviços. A partir dessas críticas, esse autor demonstrou que tanto a energia como a matéria não podem ser renovadas em ciclos contínuos e perpétuos; a matéria inclusive não pode ser perfeitamente reciclada, e seu processo de degradação é totalmente irreversível. Todo esse arcabouço deu origem à sua ideia central sobre os limites biofísicos para o crescimento econômico. De forma geral, a abordagem de Georgescu-Roegen permite entender que a Lei da Entropia determina a lei da escassez e o valor real nos processos econômicos (Castiblanco, 2007, p. 10).

Contribuições importantes como as de Daly, Holling e Odum também ajudaram para a consolidação da EE. Daly (1992) propôs o estado estacionário da economia, a fim de minimizar o uso de materiais e energia, enquanto C. S. Holling desenvolveu suas contribuições a partir da estabilidade e da resiliência dos ecossistemas. Odum propôs uma análise emergente sob o princípio de que todos os bens e serviços ambientais têm seu sustento na energia solar, considerada a fonte primária de todos os processos e funções dos ecossistemas. Vale ressaltar que nessa análise emergente destacaram-se alguns autores como Constanza, Hall e Jansson.

Entre os economistas ecológicos contemporâneos mais reconhecidos estão: Joan Martínez-Alier, reconhecido pelas suas contribuições a partir dos estudos no tema de conflitos ecológicos distributivos e da dívida ecológica; Robert Ayres, conhecido por seus estudos sobre o metabolismo industrial e os limites do crescimento; e José Manuel Naredo, Oscar Carpintero, Antonio Valero e Giuseppe Munda, por suas contribuições a essa ciência na Espanha (Castiblanco, 2007).

Abordagens e debates relevantes

A história do pensamento econômico permite observar como o desenvolvimento da ciência econômica foi consolidado sem levar em conta o ambiente natural e as relações e interações entre os ecossistemas ecológicos e todos os processos produtivos. O fato de não considerar a complexidade dos problemas ambientais, a sua dimensão e irreversibilidade na biosfera, é talvez o principal aspecto que caracteriza as abordagens e os debates que acontecem a partir da EE. Porém, ésses aspectos e essas necessidades não são atendidos através das análises da economia convencional.

A principal abordagem considerada a partir da EE, que deu origem a muita discussão à luz da economia convencional, foi a concepção do sistema econômico como um subsistema da biosfera, ao contrário do conceito convencional de um ciclo econômico focado exclusivamente em comprar e vender bens e serviços. Assim, o fato de a biosfera sustentar a vida humana supõe, portanto, que o sistema econômico deve estar sujeito às leis e aos limites que o ambiente impõe. À luz dos fundamentos da EE, como um produto das críticas de Nicholas Georgescu-Roegen, essa abordagem destaca a necessidade de uma reinterpretação do ciclo econômico e das relações entre o homem e a natureza (Castiblanco, 2007). A Figura 4.1 permite a compreensão de cada uma dessas correntes acerca do ciclo econômico.

Figura 4.1 – O ciclo econômico a partir da EE e da economia convencional.

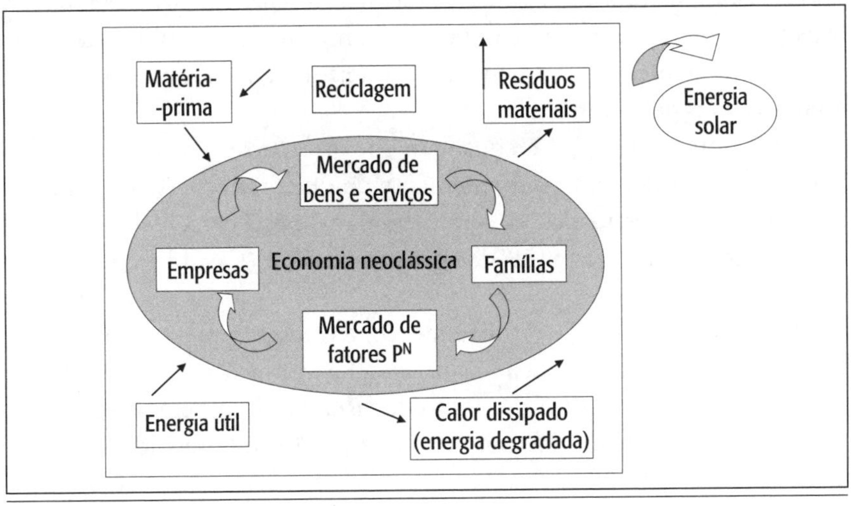

Fonte: Martínez-Alier e Roca (2001).

A concepção do tempo é outro grande conflito entre a EE e a economia convencional. Embora na EE o tempo seja controlado pelo ritmo da natureza, na economia convencional o tempo responde unicamente à dinâmica do mercado.

> O tempo na economia convencional é regulado pelo ritmo acelerado da circulação de capitais e da taxa de juros, responde ao mercado, às pressões sociais e políticas, os quais operam a um ritmo maior do que os processos ecológicos [...]. O tempo na biologia e na ecologia é controlado pelo ritmo da natureza, o qual confere aos processos um ritmo inexorável e irreversível. (Castiblanco, 2007, p. 12)

Por outro lado, o debate entre o crescimento econômico e a conservação ambiental, bem como a crítica à valoração econômica e à inclusão de conceitos como escala sustentável e distribuição justa, são considerados grandes diferenças entre a EE e a economia convencional. O debate entre o crescimento econômico e a conservação ambiental gira em torno da incompatibilidade entre crescimento econômico sustentável e a conservação da biosfera em longo prazo e seus serviços ecológicos. Para tanto, a crítica à valoração econômica tradicional enfatiza, especialmente, que os ecossistemas e recursos ambientais não devem nem podem ser produzidos nem valorados e reproduzidos como um bem ou serviço.

A EA enfatiza a importância da valoração econômica dos direitos de propriedade e incorpora mecanismos de mercado na regulação e gestão de bens públicos ou livres que compõem o ambiente. Esses valores teóricos são suportados no cálculo dos custos de oportunidade, nos preços-sombra ou nos valores de contingência.

Em contrapartida, a EE considera que os recursos naturais e o meio ambiente têm valor independentemente de que façam parte ou não das preferências e necessidades da espécie humana, e está principalmente preocupada com a natureza física dos bens a gerenciar (Castiblanco, 2007, p. 15).

Em suma, para a EE, é insuficiente, em termos puramente monetários, valorar o capital natural (recursos naturais) e as funções que sustentam a vida humana, funções que, do ponto de vista da EE, devem se sustentar, não podendo ser substituídas por nenhum tipo de capital artificial, a fim de preservar a estrutura e as características dos sistemas ecológicos que fazem parte da biosfera. Essa condição de não substituição entre os dois tipos de capital é conhecida como a sustentabilidade forte, e é considerada a principal diferença entre a EE e a economia convencional.

Assim, a EE aborda o desenvolvimento sustentável a partir da perspectiva da sustentabilidade forte (SF), que pode ser alcançada na medida em que as atividades produtivas não excedam a capacidade do meio ambiente, e o capital feito pelo homem não substitua o capital natural, pois ele tem funções essenciais para a sobrevivência humana que não podem ser substituídas. Tais funções essenciais são conhecidas, nessa abordagem conceitual, como capital natural crítico, que levou ao conceito de serviços ambientais essenciais à vida de todos os seres que habitam a Terra e, obviamente, essenciais para a atividade econômica (Constanza, 1997).

De acordo com Castro (2004), a partir do ponto de vista da SF, ser sustentável implica, então, em não reduzir as funções naturais de suporte da vida, já que o bem-estar depende do capital natural e suas funções não podem ser substituídas em nenhum caso pelo capital feito pelo homem.

A SF também é conhecida como sustentabilidade de primeira ordem, ou sustentabilidade em sentido estrito; está baseada na regra do capital natural constante. Ao contrário da Sustentabilidade Fraca, a SF distingue entre capital natural crítico insubstituível, que têm funções essenciais para o ser humano, e capital natural não crítico, com substituibilidade limitada. Dentro do capital natural crítico são considerados a atmosfera, a camada de ozônio, os sistemas climáticos e a biodiversidade, entre outros, cujas principais funções ambientais são fornecer recursos, absorver resíduos e ser o sustento da vida humana. Assim, a abordagem SF se baseia no conceito de sustentabilidade ecológica, que afirma que a atividade econômica deve ser limitada pela capacidade dos ecossistemas. Por essa razão, é necessário definir a quantidade de recursos a serem utilizados nos processos produtivos, de modo que o meio ambiente e as funções ambientais da biosfera não sejam afetados significativamente. A esse respeito, Arias (2006, p. 8) comenta:

> Essa abordagem defende que se deve sustentar a estrutura e as características dos ecossistemas da Terra, as funções de suporte da vida ou o estoque de capital natural. Essa sustentabilidade ecológica é representada pelos conceitos de estabilidade e resiliência, o primeiro se refere à capacidade das populações de espécies para retornar ao equilíbrio após um distúrbio, e o segundo mede a propensão do ecossistema para retornar à sua estrutura principal depois de uma perturbação. A principal perturbação dos ecossistemas é o impacto das

atividades humanas, e o argumento para conseguir a sustentabilidade é evitar os impactos que reduzem essas duas propriedades dos ecossistemas.

Nesse pensamento, a sustentabilidade é definida como a não diminuição das funções naturais de suporte da vida, além de enfatizar os problemas ecológicos distributivos inter e intrageracionais. Ou seja, ao considerar o consumo de recursos que podem ser usados pelas gerações futuras, a SF considera necessário conservar a capacidade do meio ambiente, para que no futuro ele seja desfrutado da mesma forma como é feito hoje. Assim, além de considerar os efeitos da atividade produtiva sobre o meio ambiente, a EE em função da SF também leva em conta as consequências sobre a equidade inter e intrageracional.

Continuando com a análise do consumo ambiental no futuro, há outro grande desafio: o uso de recursos não renováveis na atividade econômica. É claro que, pela natureza desses recursos, qualquer uso hoje diminuiria a disponibilidade e, portanto, a dotação para as gerações futuras. Pode-se pensar que as mudanças tecnológicas contribuiriam para a sustentabilidade do meio ambiente através do uso eficiente dos recursos naturais não renováveis, ou por meio da substituição deles por recursos renováveis. No entanto, apesar das virtudes do progresso tecnológico nas atividades produtivas, gera-se uma contrapartida bastante negativa, como a poluição, e apesar de as técnicas de progresso serem eficientes na utilização de recursos não renováveis, quando eles são usados e jogados no meio ambiente como resíduos, geram uma grande degradação ambiental. O problema agora não é o uso de recursos e a redução de seu estoque, mas seus efeitos para o meio ambiente, que, em muitos casos, são irreversíveis, sendo gerados pelo progresso tecnológico através do uso eficiente dos recursos. Assim, a SF considera as limitações do ambiente como a irreversibilidade dos efeitos gerados pelas atividades produtivas do homem, em que a exploração do capital natural traz danos que, na maioria das vezes, não podem ser reparados; situação que provoca uma incerteza sobre o funcionamento do meio ambiente no futuro.

Nessa abordagem teórica desenvolvem-se modelos que, em sua maioria, coincidem em não aceitar a premissa principal neoclássica, que planeja a substituição perfeita entre os dois tipos de capital. Isso porque entende que a não substituibilidade foi estabelecida como uma condição necessária para que haja sustentabilidade estrita; portanto, o que se pretende é integrar a realidade ecológica à realidade econômica. Assim, para que exista SF os dois tipos de capital (natural e manufaturado) devem ser considerados como complementares e não como substitutos (Pérez et al., 2009). Entre os modelos mais utilizados estão: modelos a partir da termodinâmica e da entropia, modelos setoriais e modelos de coevolução (Castro, 2004).

No entanto, para discutir a sustentabilidade a partir dessa abordagem teórica, é mais conveniente usar uma série de indicadores, que podem ser físicos, químicos e biológicos, entre outros, capazes de avaliar a deteriorização do meio ambiente e a quantidade de recursos naturais utilizados por determinado sistema econômico, do ponto de vista monetário. Entretanto, é impossível para um único indicador biofísico de sustentabilidade agrupar todos os outros, razão pela qual cada um dos indicadores biofísicos desempenha um papel crucial no processo de sustentabilidade, já que permite avaliar o impacto dos processos produtivos na biosfera através de uma estimativa direta do consumo de recursos ou de emissão de resíduos e poluentes.

Assim, a EE desenvolveu uma série de indicadores que atendem às características acima mencionadas, em resposta a defeitos evidentes que apresenta a avaliação monetária dos impactos ambientais. Entre os indicadores mais conhecidos para avaliar o impacto das diferentes atividades econômicas estão: Energy Return On Investment (Eroi), que calcula o retorno de energia na entrada de energia; Material and Energy Flow Accounting (Mefa), que são indicadores dos fluxos de matéria e energia das economias; Input Material por Unidad de Servicio (Mips), que calcula a entrada de materiais por unidade de serviço; a Emergia, que examina os sistemas através do fluxo de energia; a Pegada Hídrica, que estima a quantidade de água incluída na produção de bens e serviços; o Índice de Planeta Vivo (IPV), que mede o estado da biodiversidade no mundo através de uma estimativa das tendências que tem a população de espécies de vertebrados que vivem em ecossistemas marinhos; a fórmula do Ipat [Impact = População (P) X afluença (A) – como uma alternativa de consumo – tecnologia (T)]; e a Pegada Ecológica, que mede a carga que exerce uma população sobre a natureza em termos da área de terra requerida para manter constantes as atividades produtivas e de consumo, entre outros (Martinez-Alier e Roca, 2001).

A PEGADA ECOLÓGICA COMO INDICADOR DE SUSTENTABILIDADE

Normalmente, a sociedade não considera ou inclusive ignora que é parte de um sistema tão complexo como o planeta Terra. Tradicionalmen-

INDICADORES DE SUSTENTABILIDADE E GESTÃO AMBIENTAL

te a relação homem-natureza tem sido considerada puramente extrativa, sem considerar, em momento algum, as implicações da atividade humana sobre a natureza. A Pegada Ecológica é precisamente um indicador que mostra alguns aspectos importantes do impacto gerado nessa relação.

O que é Pegada Ecológica (PE)?

De acordo com a definição original de Mathis Wackernagel e William Rees (1996), criadores da PE, esse indicador estabelece:

> a área de território ecologicamente produtivo (plantações, pastagens, florestas ou ecossistemas aquáticos) necessário para produzir os recursos utilizados por tempo indeterminado e para assimilar os resíduos produzidos por uma população definida [...] onde quer que esteja essa área. (Wackernagele e Rees, 1996, p. 9)

A PE é um indicador simples, mas bastante abrangente, que não apenas permite estimar as exigências mínimas, em termos de área necessária para fornecer os materiais e a energia requerida por determinada população, mas que também avalia a sustentabilidade das atividades humanas, contribuindo para a construção efetiva de uma consciência social e para a tomada de decisão.

Justificativa

Embora o conceito de PE tenha nascido durante a década de 1990, suas bases têm origem e se entrelaçam com a literatura e as pesquisas anteriores de ciências como a ecologia, a economia e a geografia. O conceito como tal foi desenvolvido sob um arcabouço metodológico e conceitual que procurou medir a área de território ecologicamente produtivo necessário para produzir recursos e absorver resíduos de dada população.

Assim, o pensamento por trás da PE está baseado principalmente na análise do conceito de capacidade de carga (CC), definida como o máximo de população de determinada espécie que pode ser suportada indefinidamente em determinado habitat, sem reduzir permanentemente a produção desse habitat. Mas esse conceito é relevante para o desenvolvimento humano? Indica qualquer tipo de restrição ao seu crescimento?

Essa definição rigorosa da CC não permite observar de forma clara sua aplicabilidade para o desenvolvimento dos seres humanos. No entanto, uma adaptação desta definição permite evidenciar que a CC da biosfera não é infinitamente expansível, mas que se reduz à medida que a atividade econômica começa a aumentar. Assim, "se definirmos a capacidade de carga não como a população máxima, mas como a carga máxima que pode ser imposta pela população, sem prejudicar o meio ambiente" (Rees, 1996, p. 28), é possível observar que a carga exercida pelo homem sobre a biosfera, a cada dia, vem aumentando como resultado do crescimento da população e do consumo, enquanto a área total de produção e a quantidade de recursos naturais são fixos ou, em vários casos, estão continuamente em declínio, reduzindo, portanto, a sua CC.

Assim ficou mais clara a necessidade de saber se o estoque de recursos naturais seria suficiente para atender à crescente demanda de toda a população, justamente por causa da expansão do comércio internacional e da tecnologia. Analisar de forma diferente essa questão fundamental significa, então, deixar de se perguntar quantas pessoas poderiam ser mantidas de forma sustentável em determinada região, e começar a se perguntar: qual é a área de território produtivo que seria necessária para sustentar dada população indefinidamente, onde quer que ela esteja localizada? Segundo Rees (1996), aplicar o conceito de CC no desenvolvimento do ser humano deve permitir responder eficazmente a essa pergunta.

Abordagens e pressupostos

O método de cálculo da PE proposta por Wackernagel e Rees pressupõe que cada unidade de consumo de matéria ou energia requer certa quantidade de território para ser abastecido e para tratar os resíduos gerados. É por isso que no momento do cálculo desse indicador é estimada a área de território necessária para a produção de cada item de consumo por pessoa. A filosofia por trás do cálculo da PE considera que a utilização do equivalente em hectares de terras ecologicamente produtivas permite expressar o tanto da produção da natureza que está sendo aproveitado pelos humanos.

Visando simplificar a coleta de dados, Wackernagel e Rees concentraram seus cálculos em cinco categorias: alimentação, habitação, transporte, bens de consumo e serviços, de modo que, para cada uma delas, é estimada a área necessária para produzir os recursos consumidos e absorver os resíduos gerados por dada população. Vale ressaltar que cada uma dessas categorias de consumo pode ser subdividida em partes menores, dependendo das informações disponíveis e da exatidão e precisão do cálculo desejado, que estão sujeitos aos objetivos específicos de cada pesquisa. Para determinar a área de terra necessária para as categorias de consumo, Wackernagel e Rees consideraram os seguintes tipos de solo (Chambers et al., 2000): Área das plantações: para a agricultura; Área de pastos: espaço utilizado para a alimentação do gado; Área de florestas: naturais ou replantadas; Extensão de mar produtivo: áreas marinhas produtivas; Área de território urbanizado: área urbana ou ocupada por infraestrutura; Área de absorção de CO_2 e de resíduos sólidos urbanos: terrenos necessários para a absorção de CO_2 produzido pelo consumo de combustíveis fósseis e material degradado gerado pela produção e consumo de bens e serviços.

Uma vez considerada a abordagem geral do cálculo da PE, na interpretação dos resultados devem ser levadas em conta as hipóteses em que se desenvolveu o indicador (Wackernagel et al., 2002):

- É possível contabilizar grande parte dos bens consumidos e dos resíduos.

- Os fluxos de recursos e resíduos podem ser transformados em área biologicamente produtiva necessária para manter esses fluxos.

- Os diferentes tipos de áreas biologicamente produtivas podem ser expressos na mesma unidade, uma vez que foram normalizados de acordo com sua produtividade. Ou seja, cada hectare de lavouras, pastagens etc. pode ser expresso na forma de um hectare com produtividade igual à média global.

- Desde que as áreas representem usos mutuamente exclusivos, e que cada hectare padrão represente a mesma produtividade, essas áreas podem ser agregadas. O total obtido representa a demanda total.

- A área requerida pela população total pode ser comparada com a oferta de serviços ecológicos da natureza, que também pode ser expressa em unidades padrão de produtividade.

- A PE inclui apenas a área ecologicamente produtiva para uso humano, excluindo desertos, geleiras permanentes e florestas protegidas. Portanto, considera-se a área terrestre e marinha que suporta a atividade fotossintética e a biomassa utilizada pelos humanos. Excluem-se as áreas não produtivas e as áreas marginais com vegetação distribuída uniformemente.

- O método da PE pressupõe que as práticas agrícolas, florestais e da pecuária em grande escala são sustentáveis e, portanto, considera que a produtividade do solo não diminui ao longo do tempo.
- Considera apenas os serviços básicos fornecidos pelo ambiente: o abastecimento de energia proveniente de fontes renováveis e não renováveis, a absorção de resíduos, o suporte ou terra necessária para viver etc.
- Tenta não contabilizar duas vezes a mesma área de terra se ela fornece dois ou mais serviços simultaneamente.

DEBATES SOBRE A PE

Embora o indicador da PE seja relativamente novo, é preciso reconhecer que alcançou um notável nível de divulgação, não só dentro da comunidade científica, mas também entre os responsáveis pela tomada de decisões e os consumidores em geral. No entanto, é difícil para um único indicador recolher com eficiência todos os assuntos relacionados à sustentabilidade. Assim, todos os indicadores estão sujeitos a algumas limitações. Porém é útil conhecer os pontos fortes e fracos da PE, bem como as principais críticas recebidas, a fim de identificar ferramentas que possam complementar a análise e garantir seu uso de forma adequada.

Fortalezas

Segundo Carballo et al. (2006), em relação aos aspectos teóricos do conceito, a PE considera quatro questões fundamentais que a fortalecem como um indicador de sustentabilidade: é um indicador de sustentabilidade forte; é consistente com as leis da termodinâmica; reconhece o componente social da sustentabilidade; e incorpora limites ecológicos às atividades humanas. Outro de seus pontos fortes é a sua capacidade para comunicar os resultados, pois permite definir e visualizar a dependência do homem do funcionamento dos ecossistemas. Da mesma forma, a clareza e a simplicidade conceitual dos seus resultados favorecem a tomada de decisões. Por outro lado, permite fazer cálculos para diferentes comunidades ou setores de uma mesma sociedade, com estilos de vida diferentes, mostrando a desigualdade na apropriação e no uso dos ecossistemas. Finalmente, distingue entre diferentes categorias de consumo e de área apropriada, permitindo identificar impactos de áreas distintas e executar ações com base em cada uma das necessidades identificadas.

Fraquezas e críticas

Enquanto o sucesso da PE como um indicador de sustentabilidade tem sido reconhecido em muitos aspectos, também é verdade que ela tem sido repetidamente criticada por alguns autores, precisamente por causa de suas desvantagens como indicador. Dada a natureza ambiciosa do conceito, tem sido formulado um grande número de críticas com relação à pertinência das suas abordagens. Alguns aspectos questionados são: o papel do comércio na PE (Lenzen e Murray, 2001; Van Den Bergh e Verbruggen, 1999); a dificuldade do uso da produtividade local, utilizando então produtividade global (Bicknell et al., 1998; Lenzen e Murray, 2001); a consideração de fronteiras políticas não relacionadas com os ecossistemas (Van Den Bergh e Verbruggen, 1999, 1999a); o fato de que, segundo o indicador, alguns países industrializados, com pouca área, não podem ser sustentáveis (Van Den Bergh Verbruggen, 1999, 1999a); e aplicação do conceito de capacidade de carga às populações humanas (McDonald e Patterson, 2003).

Da mesma forma, há um debate interessante sobre a interpretação da PE que ainda não foi fechado (veja, por exemplo, as respostas de Ferguson, 1999; Wackernagel, 1999; Loh, 2000; Rees, 2000; Wackernagel e Silverstein, 2000; Wackernagel et al., 2004a; e Woods, 2004).

A PE exclui alguns itens que têm um impacto ecológico significativo, como o consumo de água, de recursos naturais renováveis e não renováveis e alguns tipos de poluição. Além disso, supõe-se que cada tipo de área tem um único uso (Van Den Bergh e Verbruggen, 1999), incluindo apenas a área ecologicamente produtiva. Entretanto, a área improdutiva pode ser utilizada, direta ou indiretamente, para uso humano (Lenzen e Murray, 2001; Lenzen et al., 2003).

Van Vuuren e Smeets (2000), reconhecidos como os maiores críticos do conceito, apontam que alguns dos principais pontos fracos da PE são: os pressupostos assumidos para a agregação de diferentes áreas; a comparabilidade entre áreas com produtividade diferente; e a determinação dos déficits e excedentes ecológicos.

McDonald e Patterson (2004) destacam entre os aspectos críticos da PE: a falta de definições e metodologias comuns; a inconveniência da utilização da superfície como unidade de medida; a metodologia utilizada para quantificar o impacto do consumo energia, que é voltada exclusivamente para o CO_2, sem considerar outros gases. Do mesmo modo, a PE considera as seguintes formas de compensar as emissões: a capacidade de absorção das florestas; a utilização de fatores de equivalência visando incluir as diferenças entre a produtividade biológica de diferentes áreas, quando são agregadas; os critérios de delimitação espacial da área em estudo; a natureza estática do indicador e sua relevância política. Finalmente, Herendeen (2000) acredita que outra limitação importante é a não diferenciação do uso sustentável e não sustentável da terra. Assim, na busca de ganhos de produtividade, a PE poderia incentivar métodos de produção insustentáveis.

Essas limitações são aceitas pelos defensores da PE, pois se considera que a exclusão dessas questões a tornaria um indicador conservador, e embora não aconteçam distorções que realmente invalidem a sua análise, deve--se reconhecer que, em grande parte, é subestimado o real impacto da atividade humana sobre o ambiente (Carballo et al., 2006). Vale ressaltar que algumas dessas restrições estão sendo corrigidas na análise da PE. Já se abordam questões como a inclusão de gases metano e outros de efeito estufa (Walsh et al., 2007; Lenzen e Murray, 2001), ou a diferenciação entre o uso sustentável e insustentável da superfície (Lenzen e Murray, 2001; Lenzen et al., 2003). Da mesma forma, a fim de superar as limitações da análise estática, o estudo de séries temporais tem ajudado a reduzir algumas distorções típicas dos estudos referidos a um único ano (Wackernagel et al., 2004).

No mesmo sentido, as observações críticas recebidas têm influenciado a opinião que os autores tinham do seu próprio indicador. Nos objetivos iniciais, destacava-se a eficiência da PE como um indicador de sustentabilidade e planejamento (Wackernagel e Rees, 1996). Mais recentemente, redireciona-se para objetivos mais específicos e menos ambiciosos do que os primeiros. Assim a PE se concentra exclusivamente, pelo menos em teoria, na contabilidade do capital natural e na documentação da superexploração ecológica (Wackernagel et al., 2004a). Sem alterar a essência do conceito e do método de cálculo, a atual formulação do indicador se concentra no estudo da resiliência (capacidade de recuperação) da biosfera, necessária para renovar os recursos de uma população definida em determinado ano, considerando a tecnologia e a gestão dos recursos existentes naquele ano (Monfreda et al., 2004). Os mesmos autores enfatizam essa

METODOLOGIAS DE CÁLCULO GERAIS

Wackernagel e Rees (1996) definiram uma metodologia geral para o cálculo do indicador da PE. O cálculo consiste, essencialmente, em determinar a área necessária para satisfazer os consumos de alimentos, produtos florestais, consumo de energia, bem como a ocupação do território, entre outros. No entanto, há muitas críticas a esse indicador, e então a metodologia original foi modificada de várias maneiras. Atualmente, existem três métodos de cálculo para a PE: método composto ou abordagem de composição; método de componente base ou aproximação dos componentes; e análise de insumo-produto (*input-output*).

Segue uma apresentação detalhada de cada metodologia para o cálculo do indicador da PE.

Método composto ou abordagem de composição

Chambers et al. (2000) apontam que o método desenvolvido por Wackernagel é o mais abrangente e robusto de todos os modelos definidos. O método de cálculo considera como a principal unidade de análise o Estado-Nação e a utilização de estatísticas de consumo e população, visando estimar o consumo anual per capita de dada população. O cálculo é composto basicamente por três partes: a primeira é para calcular o consumo de mais de cinquenta recursos bióticos, como carne, laticínios, frutas, verduras, legumes, grãos, tabaco, café, produtos de madeira etc. Embora existam estatísticas sobre o consumo de certos recursos, na maioria dos casos não há dados completos sobre o consumo de diferentes bens, portanto, para contabilizar esses consumos, é preciso estimá-los como segue:

Consumo (C) = Produção (P) – Exportação (X) + Importação (M)

O consumo total de cada categoria deve ser dividido pelo tamanho da população, dando uma média per capita (t/pessoa). O próximo passo é estimar a área apropriada per capita (aa) ou a área necessária para a produção de cada um dos artigos de consumo (i). Esse valor é calculado dividindo-se o consumo médio (Ci) para cada item (t/pessoa) por sua produtividade (Pi) ou rendimento médio anual por hectare (t/ha):

$$aa_i = {c_i}\Big/{p_i}$$

Posteriormente, calcula-se a PE total per capita (pe) pela adição de todas as áreas apropriadas para cada um dos bens e serviços de consumo:

$$pe = \sum_{i=1}^{i=n} aa_i$$

Assim, a Pegada Ecológica total (PE) de uma dada população será a PE total per capita (pe), multiplicada pelo tamanho da população (N):

$$PE = N \times pe$$

Sempre que necessário, os ajustes devem ser feitos para evitar a dupla contagem do mesmo terreno. Por exemplo, no caso dos animais alimentados com grãos, são registrados o consumo dos seus alimentos (nas terras de lavoura), em vez de terrenos para a sua pastagem. Finalmente, enquanto são calculados os requisitos territoriais previstos pela PE, também é necessário calcular a capacidade de suporte local (CS), ou seja, quanto recurso pode fornecer e quanto rejeito pode absorver a área de estudo. Para calcular essa área deve-se somar todas as áreas de terras produtivas (TP) onde reside a população de estudo e dividi-las pelo número de habitantes (N):

$$CS = \sum TP / N$$

Após o cálculo da CS, ela é comparada com os resultados da PE e determina-se se existe ou não um déficit ecológico, que indica que a população não é autossuficiente e, portanto, depende de outros lugares para se sustentar através da apropriação de superfície que não lhe pertence. Assim, quando o CS é mais baixo do que a PE da população em questão, é dito que existe um déficit ecológico, e é ultrapassada a linha da sustentabilidade ambiental, ou, sob o novo conceito, poderia falar-se de superexploração ecológica, em que os limites são ultrapassados e, possivelmente, vai caminhar para o colapso ambiental. Se o contrário acontecer, vai ser dito, então, que a população em questão é autossuficiente e sustentável.

Método de componente base ou aproximação dos componentes

Esse método foi contemporâneo ao desenvolvido por Wackernagel em 1996, resultado da ausência de dados sobre o comércio para desenvolver a análise na escala regional. Suas primeiras aplicações empíricas foram feitas apenas a partir de 1998, por Simmons e Chambers (1998) e, em seguida, por Simmons et al. (2000). O foco principal desse método de cálculo é analisar e medir o impacto de estilos de vida diferentes, organizações, regiões subnacionais, produtos e serviços, em vez de analisar unidades mais agregadas, como países. Esse modelo adota um método conhecido como *bottom-up* ou de baixo para acima, usando dados de fontes primárias. Nesse sentido, estima-se o consumo médio por meio da análise do fluxo de materiais das diversas atividades, em vez de obter dados de estatísticas nacionais, ou seja, que utiliza as informações de pesquisas locais e estudos de ciclo de vida.

Como o método proposto por Wackernagel e Rees (1996), esse método considera as mesmas áreas de terra: área de lavouras, pastagens, florestas, mar produtivo, área de terreno urbanizado e área para a absorção de CO_2 e de resíduos sólidos. Além disso, o cálculo total da PE é realizado da mesma maneira. Vale ressaltar que o método de Componente base não substitui, de forma alguma, o método Composto ou abordagem de composição, pois cada um deles tem suas aplicações e benefícios; assim, podem ser considerados como análises complementares. O método de análise escolhido dependerá da precisão necessária para o cálculo.

Finalmente, considera-se que esse método de cálculo é simples e educativo, pois se baseia nas atividades normais da população, permitindo identificar o impacto gerado e promover a participação ativa para compensar esses impactos. Nesse contexto, esse modelo é o mais adequado para ser aplicado em campi universitários, embora sua metodologia de cálculo seja modificada de acordo com as informações disponíveis.

Análise *input-output*

A PE também pode ser calculada utilizando a análise de insumo-produto. Esse método de análise foi desenvolvido por Bicknell et al. (1998) e refinado, anos mais tarde, por Ferng (2001); até esse momento não tem sido amplamente utilizado. No entanto, alguns estudos vêm sendo realizados desde o início de 1970 por analistas como Hite e Laurent (1971), Herendeen (1972) e Wright (1975). Essa metodologia permite uma nova maneira de entender o contexto da análise da PE, incorporando as ligações entre a produção de bens e serviços em dada economia e sua demanda final. O método utiliza as tabelas convencionais de insumo-produto desenvolvidas para países ou regiões, e, embora seja matematicamente mais rigoroso do que os outros dois métodos, é baseado principalmente nas ideias e nos princípios considerados por Wackernagel e Rees (1996) na sua metodologia original.

Como indicado por Bicknell et al. (1998), essa análise permite aprofundar a apreciação das necessidades das indústrias que inicialmente não parecem ser intensivas em superfície. Outros autores como Lenzen e Murray (2001), Lenzen et al. (2003) ou Ferng (2002) também realçam o potencial dessa metodologia para corrigir algumas deficiências da abordagem original sobre temas como a análise regional, a distribuição de terrenos ou a pegada da energia, além de incluir necessidades diretas e indiretas de área de terreno.

O fato de que as tabelas de insumo-produto estejam expressas em termos monetários e não físicos supõe uma grande limitação para a análise (Wackernagel et al., 2005). Outras questões referem-se à adequação das tabelas para o ano em que se estima a pegada, ou à suposição de que a tecnologia utilizada para produzir as mercadorias importadas é a mesma do país que desenvolve as tabelas (Suh et al., 2004).

Aplicações empíricas da PE

Desde que o conceito foi apresentado, em 1992, decorrente da sua visão teórica, de fácil compreensão e da metodologia de cálculo, a PE tem sido amplamente reconhecida e utilizada por muitos pesquisadores em todo o mundo. Nesse contexto, as aplicações empíricas desse indicador desenvolvem-se basicamente em três cenários diferentes: no nível de países; no nível regional e de cidades; e no nível de empresas, escolas e famílias (Li et al., 2008). É ainda possível calcular a PE pessoal respondendo a um simples questionário na internet.

PE para países

Desde a sua criação, a análise da PE tem sido aplicada em escalas nacionais. Relatórios como *Planeta Vivo*, da WWF, e *Ecological Footprint of Nations*, da Redefining Progress, têm calculado esse indicador para uma grande parte dos países do mundo, e, dada a clareza e a simplicidade dos seus resultados, em muitos países há um grande número de estudos em torno da PE.

PE para a escala subnacional

Regionalmente, a PE foi calculada para as grandes cidades e regiões ao redor do mundo, e embora a informação disponível seja muito escassa em escalas diferentes das nacionais, as melhorias na metodologia original têm permitido o desenvolvimento de um grande número de aproximações desse indicador para o nível subnacional. Assim, no nível municipal, têm sido realizados cálculos em cidades como Berlim, Helsinki, Santiago do Chile, Barcelona, Tóquio, Toronto, entre outras. Folke et al. (1997) calcularam a PE de 29 cidades na região do Mar Báltico; em cidades como Londres, Liverpool e York, os cálculos foram feitos por instituições como a Best Foot Forward (BFF) (Chambers et al., 2002) e o Instituto do Meio Ambiente de Estocolmo (SEI) (Barrett et al., 2001, 2003). Para o nível regional, os cálculos foram feitos em locais como o País Basco (Departamento de Ordenación del Territorio y Medio Ambiente, 2005), Catalunha (Mayor et al., 2003), Galiza (Carballo et al., 2006), Navarra e na região de Magallanes (Inostroza, 2005), entre outros. Finalmente, na Colômbia também têm sido desenvolvidos alguns estudos em nível subnacional, para cidades como Bogotá, Medellín e Manizales.

PE de empresas e campi universitários

Como já mencionado, as principais aplicações desse indicador têm sido feitas nas áreas urbanas, para algumas populações, regiões e para quase todos os países do mundo. Nos últimos anos, começou-se a propor a sua utilidade como indicador de sustentabilidade ambiental no contexto corporativo, empresarial ou em sistemas produtivos. Assim, a partir de 2004 começa-se a aplicar o cálculo da PE nas empresas, surgindo o conceito de

Pegada Ecológica Corporativa (Doménech, 2004, 2006, 2007); um dos primeiros estudos aplicados nesse campo é o feito na Autoridade Portuária de Gijón, em 2004.

No âmbito das universidades, o cálculo desse indicador tem sido limitado, pois, segundo Olalla (2003), há grandes problemas e fraquezas que limitam a sua aplicabilidade nesse contexto. Grande parte dessas iniciativas tem sido desenvolvida em universidades norte-americanas e em países anglófonos, entre as quais se destaca a pesquisa conduzida na Universidade de Redlands, que fez três abordagens para o cálculo desse indicador a partir de uma perspectiva diferente da sustentabilidade (forte fraco e ideal), o Colorado College e a Universidade do Estado de Ohio. Na Europa, destacam-se os estudos desenvolvidos na Universidade de Santiago de Compostela, o Campus de Vegazana da Universidade de León, a Universidade Politécnica da Catalunha e a Universidade Autônoma de Madri, entre outros.

REFERÊNCIAS

AGUILERA, F.; ALCÁNTARA, V. *De la economía ambiental a la economía ecológica en de la economía ambiental a la economía ecológica.* Barcelona: Icaria/Fuhem, 1994. p. 15-30.

ARIAS, F. Desarrollo sostenible y sus indicadores. *Revista Sociedad y Economía,* p. 200-29, 2006. [Documento de Trabajo, n. 93, Universidad del Valle.]

[ACU] ASSOCIATION OF COMMONWEALTH UNIVERSITIES; HE21: a Blueprint?. *The Bulletin,* n. 141, 1999.

BARRETT, J.; SCOTT, A.; LINDFIELD, S. *Ecological footprint of Liverpool: developing sustainable scenarios [R].* York: Stockholm Environment Institute, 2001. p. 1-121.

BARRETT, J.; VALLACK, H.; JONES, A. et al. *A material flow analysis and ecological footprint of York [R].* York: Stockholm Environment Institute, 2003. p. 1-9.

BICKNELL, K.B.; BALL, R.J.; CULLEN, R. et al. New methodology for the ecological footprints with an application to the New Zealand economy. *Ecological Economics,* n. 27, p. 149-60, 1998.

BRINK, T. et al. *En nuestro patio trasero: la cuestión ambiental en la Universidad de California en los Angeles (Ucla) – propuesta para el cambio y el potencial institucional como modelo.* Los Angeles: Ucla, 1989.

CARBALLO, A.; VILLASANTE, C.S.; ZOTES, Y.N. *Consumo de energía y medio ambiente en Galicia: una visión desde la huella ecológica x jornadas de economía crítica.*

In: GRUPO DE INVESTIGACIÓN DE ECONOMÍA PESQUERA Y RECURSOS NATURALES. Universidad de Santiago de Compostela, 2006. Disponível em: http://www.ucm.es/info/ec/jec10/ponencias/404carballoetal.pdf. Acessado em: mar. 2010.

CARPINTERO, O. *Sostenibilidad ambiental y metabolismo económico: flujos de energía, materiales y huella de deterioro ecológico de la economía española*, 1955-995. Valladolid, 2003. Tese (Doutorado) – Universidad de Valladolid, Valladolid.

CASTIBLANCO, C. La economía ecológica: una disciplina en busca de autor. *Revista Gestión y Ambiente*, v. 10, n. 3, p. 7-21, dez. 2007.

CASTRO, M. *Concepto y medida del desarrollo sostenible en indicadores de desarrollo sostenible urbano. Una aplicación para Andalucía*. Andalucía: Instituto de Estadística de Andalucía, 2004, p. 69-118.

CHAMBERS, N.; SIMMONS, C.; WACKERNAGEL, M. *Sharing nature's interest. Ecological footprint as an indicator of sustainability*. Earthscan, UK: Routledge, 2000.

CHAMBERS, N.; HEAP, R.; JENKIN, N. et al. *A resource flow and ecological footprint analysis of greater London [R]*. Oxford: Best Foot Forward, 2002. p. 1-72.

CHAVARRO A.; QUINTERO J. *Economía ambiental y economía ecológica: hacia una visión unificada de la sostenibilidad*, 2005. Disponível em: http://www.manizales.unal.edu.co/modules/unrev_ideasAmb/documentos/IAedicion2Art09.pdf. Acessado em: out. 2009.

CONDE, R.; GONZÁLEZ, O.; MENDIETA, E. Hacia una gestión sustentable del campus universitario. *Revista Casa del Tiempo*, v. 3, n. 93-94, p, 15-25, out.-nov. 2006.

COSTANZA R. et al. The value of the world's ecosystem services and natural capital. Nature 387:253-260 (1997)

CORBI, A.; SCIOLI, N. *Economía ambiental y desarrollo sostenible*. 2007. Disponível em: http://www.nicolasscioli.com.ar/documentos/econambientaldessostenible.pdf. Acessado em: dez. 2009.

CREIGHTON, S. *Greening the Ivory Tower*. Cambridge: MIT Press, 1998.

DALY, H.; GOODLAND, R. *An ecological-economic assessment of deregulation of international commerce under GATT*. Washington DC: The World Bank, 1992.

DASGUPTA, P.S.; HEAL, G.M. The optimal depletion of exhaustible resources. *Review of Economics Studies*, Symposium on the Economics of Exhaustible Resources, v. 41, p. 3-28, 1974.

DEPARTAMENTO DE ORDENACIÓN DEL TERRITORIO Y MEDIO AMBIENTE. *Huella ecológica de la comunidad autónoma del País Vasco*. [S.l.]: Departamento de Ordenación del Territorio y Medio Ambiente, 2005. (Serie Programa Marco Ambiental, n. 43).

DOMÉNECH, J. L. Huella ecológica portuaria y desarrollo sostenible. *Puertos*. Nº 114, p. 26-31, 2004.

_____. Guía metodológica para el cálculo de la huella ecológica corporativa. *Terceros Encuentros sobre Desarrollo sostenible y población*; eumed.net. Universidad de Málaga, 6-24 de julio de 2006, 46 p.

_____. Huella ecológica y desarrollo sostenible. AENOR. Madrid, 2007, 400 pp.

ESCOBAR, L. *Propuesta para la formulación del Plan Universitario de Medioambiente (Puma) de la Universidad del Valle*, 2008.

FERGUSON, A.R.B. The essence of ecological footprints. *Ecological Economics*, v. 31, p. 318-9, 1999.

FERNG, J.J. Using composition of land multiplier to estimate ecological footprints associated with production activity. *Ecological Economics*, v. 37, n. 2, p. 159-72, 2001.

_____. Toward a scenario analysis framework for energy footprints. *Ecological Economics*, v. 40, n. 1, p. 53-69, 2002.

FOLKE, C.; JANSSON, A.; LARSSON, J. et al. Ecosystem appropriation by cities [J]. *Ambio*, v. 26, n. 3, p. 167-72, 1997.

GARCÍA, M. Apuntes de economía ecológica. *Boletín Económico de ICE*, n. 2767, p. 69-75, 2003.

GEORGESCU-ROEGEN, N. *La ley de la entropía y el problema económico en Economía, Ecología y Ética. Ensayos hacia una economía en estado estacionario*. México: Fondo de Cultura Económica, 1980. p. 61-72.

HARTWICK, J.M. Intergenerational equity and the investing of rents from exhaustible resources. *American Economics Review*, n. 66, p. 972-4, 1977.

_____. Substitution among exhaustible resources and intergenerational equity. *Review of Economic Studies*, v. 45, n. 2, p. 347-54, 1978.

HERENDEEN, R.A. *The energy costs of goods and services*. Urbana, IL: Center for Advance Computation, University of Illinois, 1972.

_____. Ecological Footprint is a vivid indicator of indirect effects. *Ecological Economics*, v. 32, n. 3, p. 357-8, 2000.

HITE, J.C.; LAURENT, E.A. Empirical study of economic-ecological linkages in a coastal area. *Water Resources Research*, v. 7, n. 5, p. 1070-8, 1971.

HOWARTH, R.; NORGAARD, R.B. Intergenerational resource rights, eficiency, and social optimality. *Land Economics*, v. 66, n. 1-1, 1990.

_____. Environmental valuation under sustainable development. *American Economic Review Papers and Proceedings*, n. 80, p. 473-77, 1992.

_____. Intergenerational transfers and the social discount rate. *Environmental and Resource Economics*, n. 3, p. 337-58, 1993.

INOSTROZA, L. La Huella urbana y ecológica de magallanes. Una mirada sobre nuestra insostenibilidad. *Urbano*, v. 8, n. 11, p. 28-40, 2005.

[IPCC] INTERGOVERNMENTAL PANEL ON CLIMATE CHANGE. *Cambio climático 2007*. Informe de Síntesis. Genebra, 2007. 104 p.

LENZEN, M.; MURRAY, S.A. A modified ecological footprint method and its application to Australia. *Ecological Economics*, v. 37, n. 2, p. 229-55, 2001.

LENZEN, M.; LUNDIE, S.; BRANSGROVE, G. et al. Assessing the ecological footprint of a large metropolitan water supplier: lessons for water management and planning towards sustainability. *Journal of Environmental Planning and Management*, n. 46, p. 113-41, 2003.

LI, G.J.; WANG, Q.; GU, X. W. et al. Application of the componential method for ecological footprint calculation of a Chinese university campus. *Ecological Indicators*, n. 8, p. 75-8, 2008.

LOH, J. (org.). *Living Planet Report 2000*. Gland, Switzerland: WWF, 2000.

MARTINEZ-ALIER, J.; ROCA JUSMET, J. *Economía ecológica y política ambiental*. México: Fondo de Cultura Económica/PNUMA, 2001.

MAYOR, X.; QUINTANA, V.; BELMONTE, R. *Aproximación a la huella ecológica de Catalunya*. [S.l.]: Consell Assessor per al Desenvolupament Sostenible, 2003.

McDONALD, G.; PATTERSON M. Ecological footprints and interdependencies of New Zealand regions. *Ecological Economics*, n. 50, p. 49-67, 2004.

[MEA] MILLENNIUM ECOSYSTEM ASSESSMENT. *Ecosystems and human well-being: synthesis*. Washington, D.C.: Island Press, 2005.

MEADOWS, D.H.; MEDAOWS, D.L.; RANDERS, J. *Los límites del crecimiento*. México: Fondo de Cultura Económica, 1972.

MITCHELL, B. *La gestión de los recursos y del medio ambiente*. Madrid: Mundiprensa, 1999.

MOFFATT, I. Ecological footprints and sustainable development. *Ecological Economics*, v. 32, n. 3, p. 359-62, 2000.

MONFREDA, Ch.; WACKERNAGEL, M.; DEUMLING, D. Establishing national natural capital accounts based on detailed ecological footprint and biological capacity assessment. *Land Use Policy*, n. 21, p. 231-46, 2004.

OLALLA TÁRRAGA, M. A. *Indicadores de sostenibilidad y huella ecológica, aplicación a la UAM*. Universidad Autónoma de Madrid. España. 2-17, 2003.

PEARCE, D.W.; MARKANDYA, A.; BARBIER, E.B. *Blueprint for a green economy*. London: Earthscan Publications, 1989.

PEARCE, D.; TURNER, R. *Economía de los recursos naturales y del medio ambiente*. Madrid: Colégio de Economistas de Madrid, 1995.

PÉREZ, M.; ROJAS J.; ORDOÑEZ, C. *Desarrollo sostenible. Principios, aplicaciones y lineamientos de política para Colombia*. Cali: Universidad del Valle, 2009.

REES, W. Indicadores territoriales de sustentabilidad, *Ecología Política*, Madrid, n. 12, p. 27-40, 1996.

_____. Eco-footprint analysis: merits and brickbats. *Ecological Economics*, n. 32, p. 371-74, 2000.

SIMMONS, C.; CHAMBERS, N. Footprinting UK Households: how big is your ecological garden? *Local Environment*, v. 3, n. 3, p. 355-62, 1998.

SIMMONS, C.; LEWIS, B.; BARRETT, J. Two feet-two approaches: a component--based model of ecological footprinting. *Ecological Economics*, n. 32, p. 375-80, 2000.

SOLOW, R.M. Intergenerational equity and exhaustible resources. *Review of Economic Studies*, Symposium on the Economics of Exhaustible Resources, v. 41. p. 29-45, 1974.

_____. On the intertemporal allocation of natural resources. *Scandinavian Journal of Economics*, n. 88, p. 141-9, 1986.

_____. An almost practical step toward sustainability. *Resources Policy*, v. 19, n. 30, p. 162-72, 1993.

STIGLITZ, J.E. Growth with exhaustible natural resources: the competitive economy. *Review of Economic Studies*, Symposium on the Economics of Exhaustible Resources, v. 41, p. 123-37, 1974.

SUH, S.; LENZEN, M.; TRELOAR, G.J. et al. System boundary selection in Life--cycle inventories. *Environmental Science & Technology*, v. 38, p. 657-64, 2004.

VAN DEN BERGH, J.C.J.M.; VERBRUGGEN, H. Spatial sustainability, trade an indicators: an evaluation of the ecological footprint. *Ecological Economics*, v. 29, n. 1, p. 61-72, 1999.

VAN VUUREN, D.; SMEETS E.M.W. Ecological Footprint of Benin, Bhutan, Costa Rica and Netherlands. *Ecological Economics*, v. 34, n. 1, p. 115-30, 2000.

WACKERNAGEL, M.; REES, W. *Our ecological footprint: reducing the impact on the earth*. Gabriola Island, BC: New Society Publishing, 1996.

WACKERNAGEL, M. An evaluation of the ecological footprint. *Ecological Economics*, n. 31, p. 317-8, 1999.

WACKERNAGEL, M.; SILVERSTEIN, J. Big things first: focusing on the scale imperative with the ecological footprint. *Ecological Economics*, n. 32, p. 391-4, 2000.

WACKERNAGEL, M.; WERMER, P.; GOLDFINGER, S. Introduction to the ecological footprint: underlying research question and current calculation strategy, 2002. *Internet Encyclopaedia of Ecological Economics*, 12 mar. 2007.

WACKERNAGEL, M.; MONFREDA, C.; ERB, K.H. et al. Ecological footprint time series of Austria, the Philippines, and South Korea for 1961-1999: comparing the conventional approach to an actual land area approach. *Land Use Policy*, v. 21, p. 261-9, 2004.

_____. Calculating national and global ecological footprint time series: resolving conceptual challenges. *Land Use Policy*, v. 21, p. 271-8, 2004a.

WACKERNAGEL, M.; MONFREDA, C.; MORAN, D. et al. National footprint and biocapacity accounts 2005: the underlying calculation method. *Global Footprint Network*, 2005. Disponível em: http://www.footprintnetwork.org/download.php?id=5. Acessado em: jan. 2005.

WALSH, C.; O'REAGAN, B.; MOLES, R. Incorporating methane into ecological footprint analysis. In: INTERNATIONAL ECOLOGICAL FOOTPRINT CONFERENCE, 8 a 10 de maio de 2007, Cardiff (UK). Disponível em: http://www.brass.cf.ac.uk/uploads/Walsh_M64.pdf. Acessado em: fev. 2010.

WOODS, P. *Ecological footprint: North Sydney. Stage 1. Assesment of its use as sustainability measure for North Sydney Council*. Sydney: Sydney Council, 2004. Disponível em: http://www.ies.unsw.edu.au/partnership.

[WWF] WORLD WILDLIFE FUND. *Informe Planeta Vivo 2006*. Disponível em: http://www.wwf.org.co/sala_redaccion/publicaciones/?109443/Informe-Planeta-Vivo-2006. Acessado em: jan. 2010.

WRIGHT, D.J. The natural resource requirements of commodities. *Applied Economics*, n. 7, p. 31-9, 1975.

Indicadores ambientais aplicados à gestão municipal[1]

5

Omar Yazbek Bitar
Geólogo, Instituto de Pesquisas Tecnológicas do Estado de São Paulo

Tania de Oliveira Braga
Geóloga, Instituto de Pesquisas Tecnológicas do Estado de São Paulo

Gestores municipais e organizações da sociedade requerem, cada vez mais, informações consistentes e objetivas acerca da situação ambiental em seu território. Busca-se identificar claramente a dimensão dos problemas e, com base nisso, priorizar as ações e mobilizar os recursos necessários. Contudo, diante da grande variedade de fatores envolvidos, bem como da complexidade frequentemente observada nas múltiplas relações que ocorrem entre eles, essas informações nem sempre podem ser obtidas e aplicadas com a facilidade desejada.

Sabe-se, por exemplo, que a obtenção do índice de qualidade de água em determinado curso d'água utilizado para fins de abastecimento público, a depender do grau detectado, geralmente não é suficiente para orientar a priorização de melhorias no tratamento. Devem-se reconhecer também os fatores

---

[1] Os autores agradecem a todos os profissionais e entidades nacionais e internacionais que, direta ou indiretamente, contribuíram para a realização dos trabalhos que deram origem a este texto. Em particular, registram-se os agradecimentos especiais aos colegas do Instituto de Pesquisas Tecnológicas do Estado de São Paulo e da Secretaria Municipal do Verde e do Meio Ambiente da Prefeitura do Município de São Paulo, que se envolveram nas pesquisas relacionadas ao desenvolvimento dos indicadores no caso do município de São Paulo.

que determinam essa condição, como a quantidade de pontos de lançamento de esgotos sanitários e efluentes industriais *in natura* a montante da captação. Também importa saber as consequências do estado alterado da água, como o número de casos diagnosticados de doenças de veiculação hídrica e, ainda, o montante de gastos associados à rede ambulatorial e hospitalar mobilizada para esse tipo de atendimento. Ilustram-se, assim, apenas algumas das muitas questões que pode haver e que necessitam de uma abordagem integrada.

Portanto, salienta-se, com tendência evolutiva notavelmente crescente nos últimos anos, a perspectiva de construir e manter sistemas de informações ambientais integrados no âmbito das administrações municipais. Para concretizar isso, ganham relevância os indicadores ambientais, em virtude de sua potencialidade em sintetizar dados e informações essenciais.

ORIGEM

As demandas por indicadores ambientais surgem especialmente na década de 1970, quando governos de países industrializados e Organizações Não Governamentais (ONGs) com atuação internacional expressaram a necessidade de que deveriam ser realizadas avaliações sistemáticas e periódicas acerca da situação ambiental no mundo. Diante de cenários de degradação crescente do meio ambiente, tais demandas foram apresentadas em diversos fóruns de discussão, sendo então consideradas como insumos fundamentais para a tomada de decisões públicas e privadas acerca de medidas preventivas e corretivas necessárias para reverter a tendência. Datam dessa época as primeiras iniciativas para a avaliação do estado geral do meio ambiente, elaborados com base em indicadores ambientais, visando obter um panorama do meio ambiente no mundo, detalhando-se progressivamente a situação geral em continentes, países, regiões e cidades.

Em fins dos anos 1980, o Governo Canadense aprimorou o conceito de *indicador ambiental* até então empregado, sugerindo considerá-lo como uma simplificação de informações técnico-científicas, com o objetivo de facilitar a comunicação acerca de questões ambientais relevantes. Isso ocorreu também em países europeus, como na Holanda, em 1987, cujo governo iniciou um esforço similar dirigido para avaliar os resultados de sua política ambiental. Em 1989, a reunião da cúpula do então G7 solicitou à Organização para a Cooperação e Desenvolvimento Econômico (OCDE) o desenvolvimento de um conjunto básico de indicadores ambientais, de fácil compreensão, para subsidiar a tomada de decisões por parte dos governos envolvidos. Posteriormente, na Conferência Rio 92 e na Agenda 21 (Capítulo 40), incluiu-se a recomendação sobre a necessidade de desenvolver indicadores para avaliação ambiental de forma integrada às outras dimensões do desenvolvimento sustentável (social, econômica, institucional). Constata-se, a partir daí, empenho significativo na formulação de indicadores ambientais no mundo, com o surgimento de vários modelos e aplicações (Penna Franca, 2001).

Entre as aplicações atuais, destaca-se o uso de indicadores ambientais desenvolvidos no âmbito do programa denominado GEO (*Global Environment Outlook* ou Panorama do Ambiente Global), conduzido pelo Programa das Nações Unidas para o Meio Ambiente (Pnuma) desde meados da década de 1990. Trata-se de um modelo fundamentado na realização de avaliação ambiental integrada mediante processo participativo, visando construir uma ponte entre o conhecimento científico referente à situação ambiental num dado contexto e a tomada de decisão política. Refere-se também a um processo de comunicação estabelecido por meio da elaboração e divulgação de relatórios periódicos, que analisam a evolução das alterações ambientais, suas causas, os impactos decorrentes e as respostas que têm sido dadas pelos governos e pela sociedade de modo geral.

A série de relatórios GEO elaborada abrange casos como os a seguir, referentes a processos de avaliação ambiental integrada:

- GEO Mundo – tendo já sido divulgados cinco relatórios analíticos e detalhados, quais sejam: GEO-1 (1997), GEO-2 (2000), GEO-3 (2003), GEO-4 (2008) e GEO-5 (2012).

- Anuário GEO – possui quatro publicações (*GEO Year Book* 2003, 2004/5, 2006 e 2007). A partir de 2008 o Anuário deixou de ser apresentado como GEO e passou a ser denominado *Anuário Pnuma* (*UNEP Year Book* 2008, 2009, 2010, 2011 e 2012).

- GEO Regiões – foram elaborados relatórios GEO das seguintes regiões ou continentes: África (2002 e 2006), América do Norte (2002), América Latina e Caribe (2000 e 2003); e Ásia e Pacífico (1996 e 2001).

- GEO Sub-regiões – foram elaborados relatórios GEO para as seguintes sub-regiões: Andes (2003), Caribe (2005), Cáucaso (2002), Ilhas do Pacífico (1999), Mercosul (2009), Oceano Índico Ocidental (1999), Oceanos Atlântico e Índico (2005), Pacífico (2005) e Amazônia (2008).

- GEO Nacional – refere-se aos relatórios GEO de países. Os países que já fizerem pelo menos um relatório GEO são Argentina (2004 e 2006), Bahamas (2005), Barbados (2000), Belize (2010), Brasil (2002 e 2007), Chile (1999, 2002 e 2005), Costa Rica (2002 e 2005), Cuba (2000 e 2008), El Salvador, Equador (2008), Guatemala (2002 e 2009), Haiti (2010), Honduras (2005), México (2004 e 2005), Nicarágua (2001 e 2003), Panamá (1999, 2004 e 2009), Peru (2000 e 2002-2004), República Dominicana (2010), Santa Lucía (2006), Uruguai (2008 e 2009) e Venezuela (2010). Convém observar que, no caso do Brasil, publicou-se um relatório GEO em 2002 (IBAMA, 2002) e, em 2007, iniciando uma série temática, emitiu-se o GEO Recursos Hídricos.

- GEO temáticos – tendo sido divulgados o GEO Desertos (2006) e o GEO Gelo e Neve (2007).

- GEO Cidades – especialmente para países da América Latina e Caribe, o Pnuma recomendou a elaboração do relatório GEO para as cidades. Para tanto, contratou o Consórcio Parceria 21, formado por organizações não-governamentais brasileiras, visando o desenvolvimento da metodologia GEO Cidades. As cidades-piloto de aplicação dessa metodologia foram Manaus e Rio de Janeiro. Além dessas cidades, fizeram seu primeiro Informe GEO Cidades: Arequipa (2005), Asunción (2008), Beberibe (2010), Bogotá (2003), Buenos Aires (2003), Canelones (2009), Cartagena (2009), Cidade de Guatemala (2008), Cidade de São Paulo (2004), Cidade do México (2003), Cidade do Panamá (2007), Cienfuegos (2008), Chiclayo (2008), Cobija (2008), Colonia (2009), Copiapó (2009), Córdoba (2010), El Alto (2008), Esmeraldas (2008), Georgetown (2010), Havana (2004), Holguín (2008), Lima y Callao (2005), Localidades Urbanas de Rivera (2010), Loja (2008), Marabá (2010), Montevidéu (2004), Piranhas (2010), Playa Del Carmen (2008), Ponta Porã (2010), Puerto Montt (2010), Querétaro (2008), Rosario (2008), San Salvador (2008), Santa Clara (2008), Santiago (2003), Santo Domingo (2007), São Miguel de Tucumã (2007) e Vitoria Gasteiz (2010).

Destaca-se, ainda, a aplicação do modelo GEO na avaliação ambiental integrada do município de São Bernardo do Campo (SP), em 2012. Além disso, o modelo GEO tem sido utilizado em outros contextos, como na Costa Rica, onde se realizou o GEO Grande Área Metropolitana do Vale

Central da Costa Rica (2006). No Brasil, em âmbito estadual, pode-se citar o GEO Estado de Goiás (2002) e, com foco na situação dos recursos hídricos – apresentou a proposta de um novo recorte geográfico, as bacias hidrográficas – o GEO Bacias. O modelo GEO Bacias foi desenvolvido pelo Instituto de Pesquisas Tecnológicas do Estado de São Paulo (IPT) em parceria com a Coordenaria de Recursos Hídricos (CRHi) da Secretaria Estadual do Meio Ambiente de São Paulo (SMA/SP) e o Departamento de Águas e Energia Elétrica (DAEE), com recursos do Fundo Estadual de Recursos Hídricos (Fehidro). Essa aplicação resultou no primeiro relatório de situação dos recursos hídricos, elaborado com base em indicadores, em nível estadual, publicado em 2009 com dados de 2007 (SMA, 2009).

Neste Capítulo, aborda-se especificamente o uso de indicadores ambientais na avaliação ambiental integrada de cidades, baseado no modelo GEO Cidades do Pnuma, que foi divulgada originalmente na publicação Pnuma (2003) e, mais recentemente, na sua a terceira revisão (Pnuma, 2008). Fundamenta-se, ainda, em considerações sintetizadas por Bitar e Braga (2009), tendo em conta a aplicação ao contexto da gestão ambiental de municípios.

CONCEITO UTILIZADO

Não se pretende aqui relacionar, discutir ou mesmo comparar os diversos tipos de indicadores que poderiam ser aplicados a cidades ou áreas urbanas. Há uma vasta gama de possibilidades encontradas na literatura técnico-científica sobre isso e seria muito complexo estabelecer um quadro geral com esse conteúdo. Todavia, convém conceituar e diferenciar os indicadores ambientais, tratados ao longo deste Capítulo, particularmente em relação aos indicadores de desenvolvimento sustentável e aos indicadores de qualidade de vida urbana.

Para o entendimento do conceito de indicador ambiental hoje adotado, deve-se considerar a origem e o sentido da palavra indicador, que vem do latim *indicare* e que significa algo a salientar ou revelar, ou seja, expressão simplificada de algo intrinsecamente complexo. Exemplo ilustrativo pode ser encontrado nos índices de qualidade do ar, que envolvem múltiplos fenômenos físico-químicos que ocorrem na atmosfera, mas que podem ser traduzidos por meio de valores ou referências quantitativas, como a concentração de gases, e qualitativas, como na classificação das condições

INDICADORES DE SUSTENTABILIDADE E GESTÃO AMBIENTAL

do ar em distintos níveis (boa, regular, má), passíveis de rápida compreensão por um público mais amplo. Em resumo, o conceito de indicador contempla o desafio de revelar e comunicar, de maneira simples e objetiva, a ocorrência e a evolução de um determinado fenômeno cujas características são geralmente complexas.

Os indicadores ambientais exprimem a situação dos recursos ambientais – isto é, dos recursos do meio físico (solo, água e ar), do meio biótico (fauna e flora – a biodiversidade) e do meio antrópico (ambiente construído) – frente às atividades humanas. Não se pode pretender, assim, por meio desses indicadores, revelar se as atividades humanas estão sendo realizadas de forma adequada ou justa, por exemplo, pois não incluem aspectos como taxa de inflação, taxa de desemprego, nível de salários ou essencialidade da produção (produção de bens necessários x supérfluos), os quais devem ser contemplados em uma matriz de indicadores de desenvolvimento sustentável.

Portanto, os indicadores de desenvolvimento sustentável extrapolam os indicadores ambientais. Além de expor a situação dos recursos ambientais, os indicadores de desenvolvimento sustentável devem demonstrar se as atividades humanas realizadas são realmente importantes, se estão atingindo seus objetivos e se as relações de trabalho e emprego são justas. Indicadores de desenvolvimento sustentável devem considerar, além das funções ambientais, as funções de produção. Com isso, sob a ótica do desenvolvimento sustentável, importa não apenas que a situação dos recursos ambientais seja ótima, mas também que não haja, por exemplo, taxas elevadas de inflação, desemprego ou pobreza em um determinado contexto analisado.

Já os indicadores de qualidade de vida urbana são focados no bem estar humano. Abrangem alguns aspectos referentes aos recursos ambientais e mesmo ao desenvolvimento sustentável, mas tratam, principalmente, de aspectos como democracia e participação política (relação vereador/população local), cidadania (número de conselhos de direitos e defesa de interesses, por temática), felicidade (pesquisa subjetiva), conforto habitacional (número de dormitórios), serviços de comunicação (correios, bancas de jornais/revistas, telefones públicos), serviços pessoais (agências bancárias, pontos de táxi e postos de gasolina), segurança patrimonial (ausência de roubo e furtos de veículos, moradias e estabelecimentos), segurança pessoal (ausência de homicídios, violações de domicílios, estupros, roubos, porte ilegal de armas, atentados ao pudor e lesões corporais) e segurança no trânsito. Para ressaltar a diferença entre indicadores ambientais e indicadores de qualidade de vida urbana tem-se, por exemplo, os indicadores referentes ao tema saúde. Enquanto os indicadores ambientais procuram revelar as doenças decorrentes, principalmente, da má qualidade do ar e da água, os indicadores de qualidade de vida urbana abrangem parâmetros sobre doenças mentais e taxa de nascidos com peso normal (Sposati, sd).

Os indicadores ambientais têm como objetivo expressar, para os tomadores de decisão e para a população de um modo geral, a informação técnica-científica sobre o meio ambiente. Tratada apenas de forma tradicional, essa informação torna-se, muitas vezes, incompreendida ou muito abstrata, não fornecendo a real dimensão de sua importância para cada indivíduo e para toda a coletividade. O uso de indicadores ambientais almeja tornar a informação sobre o meio ambiente tão compreensível e "familiar" quanto, por exemplo, a informação sobre economia, hoje bastante difundida e assimilada pela população.

Em síntese, o conceito de indicador ambiental, aplicado ao contexto municipal enfocado, é o da representação integrada de um conjunto de dados, informações e conhecimentos acerca de determinado fenômeno urbano-ambiental, capaz de expressar e comunicar, de maneira simples e objetiva, as características essenciais e o significado desse fenômeno aos tomadores de decisão e à sociedade em geral. Entre suas características principais, encontram-se a ocorrência, a magnitude e a evolução do fenômeno, enquanto em relação a seu significado destacam-se as conseqüências e a importância socioambiental associadas. A adoção de cada indicador compreende a perspectiva de que possa ser utilizado no acompanhamento de cada fenômeno urbano-ambiental ao longo do tempo, sobretudo no sentido de avaliar o progresso ou retrocesso em relação à situação do meio ambiente (SVMA/IPT, 2004).

FINALIDADE DE USO DOS INDICADORES AMBIENTAIS

A utilização de indicadores visa resumir a informação de caráter técnico-científico para transmiti-la numa forma sintética, preservando o essencial dos dados originais e empregando apenas as variáveis que melhor servem aos objetivos, ou seja, não todas as que podem ser medidas ou analisadas. A informação é assim mais facilmente utilizada por gestores, políticos, grupos de interesse ou público em geral. Utilizando-se indicadores, tal como quando se usa um parâmetro estatístico, se ganha em clareza e operacionalidade o que se perde em detalhe da informação. Os indicadores são projetados para simplificar a informação sobre fenômenos complexos de modo a melhorar e facilitar a comunicação

Os indicadores podem, então, servir para diversas aplicações, variando em função das necessidades e dos objetivos pretendidos com a sua utilização. Podem ser destacadas algumas finalidades principais, associadas ao emprego dos indicadores (DGA/DSIA, 2000):

- Alocação de recursos (financeiros, materiais, humanos), como suporte à tomada de decisão, auxiliando gestores na atribuição de fundos, uso de recursos naturais e determinação de prioridades. No âmbito dos municípios esse aspecto ganha relevância, pois, com o uso de indicadores ambientais, o Poder Público Municipal, como tomador de decisão, tem a informação para decidir sobre a aplicação de recursos financeiros. Por exemplo, se os indicadores ambientais de qualidade de água estão bons e os de qualidade do ar estão ruins, a prioridade seria investir na melhoria da qualidade do ar.

- Classificação de locais, como instrumento para a comparação de condições em diferentes locais ou áreas geográficas. O uso de indicadores ambientais como forma de comparar distritos/bairros de um município é um recurso importante para detalhar a tomada de decisão. Por exemplo, se os indicadores de qualidade do ar estão ruins e eles são relativamente piores em um determinado bairro, a prioridade seria iniciar as ações de melhoria da qualidade do ar nesse bairro.

- Cumprimento de normas legais, como na aplicação a áreas específicas para clarificar e sintetizar a informação sobre o nível de cumprimento das normas ou critérios legais. A utilização de indicadores ambientais com metas estabelecidas em parâmetros legais permite a disseminação dos critérios da legislação e a identificação da conformidade legal, facilitando, principalmente no âmbito municipal, a aplicação da própria lei.

- Análise de tendências, como na aplicação a séries de dados para detectar evolução no tempo e no espaço. A divulgação anual dos indicadores ambientais permite avaliar tendências, isto é, se o indicador está melhorando, piorando ou mantendo-se constante, sendo um aspecto importante inclusive no âmbito municipal.

- Informação ao público, em que o uso de indicadores ambientais é uma forma de democratizar a informação, permitindo que a população disponha facilmente de dados para requerer ações do Poder Público.

- Investigação científica, como nas aplicações a desenvolvimentos técnico-científicos, servindo nomeadamente de alerta para a necessidade de pesquisa mais aprofundada.

Válido para aplicação em qualquer contexto, este amplo conjunto de finalidades representa evidente potencial de uso no âmbito da gestão ambiental municipal. Não obstante, esse conjunto poderá ter mais efetividade se considerado sob a perspectiva de composição de sistemas integrados, ou seja, sistemas de indicadores ambientais nos quais todas as principais questões ambientais de um determinado contexto (espacial, organizacional) estejam representadas.

MODELOS DE AVALIAÇÃO AMBIENTAL INTEGRADA

Assim, em sua aplicação a processos de avaliação ambiental, em distintos níveis de escala e abrangência territorial, os indicadores ambientais têm sido cada vez mais desenvolvidos em sistemas organizados sob a égide da integração e inter-relacionamento. É perceptível a consolidação de alguns modelos aprimorados ao longo do tempo a partir da estrutura básica de análise denominada PER (Pressão, Estado, Resposta), conforme originalmente proposta e adotada pela OCDE. Essa estrutura decorre da necessidade de encontrar respostas às seguintes questões fundamentais colocadas pela sociedade e pelos governos em relação aos recursos ambientais:

- O que está acontecendo com o meio ambiente (ou seja, qual é o Estado?).
- Por que isso está acontecendo? (ou seja, qual é a Pressão?).
- O que está sendo feito a respeito disso? (ou seja, qual é a Resposta?).

Os fenômenos que caracterizam a *Pressão* sobre o ambiente se relacionam sobretudo às atividades humanas e sua dinâmica. Constituem, portanto, as *causas* diretas e indiretas dos problemas ambientais, como transportes, urbanização, emissão de poluentes, lançamento de esgotos *in natura* nos rios ou redução da cobertura vegetal (Figura 5.1).

Figura 5.1 – Ocupação irregular de encostas e urbanização: situação de riscos e *pressão* direta e indireta aos recursos ambientais.

Foto: Tania de Oliveira Braga.

Por sua vez, os indicadores de *Estado* dizem respeito às condições do ambiente que resultam daquelas atividades refletidas na qualidade das águas (em razão, por exemplo, do lançamento de esgotos *in natura* nas drenagens – Figura 5.2), do ar e do solo.

Os indicadores de *Resposta* devem então revelar as ações empreendidas pelo conjunto da sociedade (Poder Público, empresas, população) no sentido de melhorar o estado do meio ambiente. Essas ações tendem a se desenvolver por meio de políticas, planos, programas e projetos (Figura 5.3), visando prevenir, mitigar e corrigir os impactos ambientais negativos decorrentes daquelas atividades (atuando, assim, diretamente tanto nos impactos quanto nas pressões e no estado do meio ambiente).

Posteriormente, com a difusão e aplicação prática da estrutura PER, surgiram modelos que consideraram necessário distinguir as atividades que compõem a Pressão. Separam-se, então, os fenômenos que pressionam o ambiente de maneira direta (que passam a compor, então, a Pressão "P", propriamente dita – como as emissões atmosféricas – e os que o fazem de modo indireto – como o crescimento da pobreza ou a desigualdade social –,

Figura 5.2 – Curso d'água, em trecho de área urbana, recebendo lançamento de esgoto *in natura*: *pressão* direta ao ambiente que se reflete no *estado* dos recursos hídricos.

Foto: Tania de Oliveira Braga.

Figura 5.3 – Trecho das obras de construção de uma Estação de Tratamento de Esgotos (ETE): *resposta* para prevenir a degradação dos recursos hídricos.

Foto: Tania de Oliveira Braga.

constituindo um novo tipo, mais amplo, denominado de *Força Motriz* ("F"), formulada para representar estes últimos. Esse é o caso do modelo proposto pela Comissão das Nações Unidas sobre Desenvolvimento Sustentável (*United Nations Commission on Sustainable Development* – UNCSD), que adota a estrutura FER, possivelmente em vista da prevalência de uma abordagem mais ampla e indireta nas análises efetuadas sobre o tema. O modelo PER foi adotado inicialmente também pelo Instituto Brasileiro de Geografia e Estatística (IBGE) para os trabalhos sobre indicadores de desenvolvimento sustentável no Brasil. Por sua vez, a Agência Europeia do Ambiente adotou as estruturas PER e FER e incorporou novos elementos, considerando os indicadores de *Impacto* ("I"), desenvolvidos para tratar dos fenômenos que se referem aos efeitos adversos à qualidade de vida, aos ecossistemas e a socioeconomia, configurando a estrutura FPEIR (Figura 5.4).

Figura 5.4 – Modelo FPEIR (onde a dimensão Força Motriz está representada pelas "atividades humanas"), com alguns temas que podem ser tratados por indicadores.

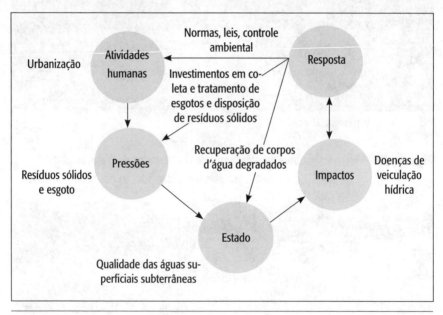

Fonte: AEA (2004).

A esses três arranjos básicos (PER, FER e FPEIR) soma-se a abordagem utilizada em processos de avaliação ambiental de municípios (GEO Cidades) conduzidos pelo Pnuma, que contempla a estrutura PEIR. Outro modelo que pode ser mencionado é o da Agência Ambiental dos Estados Unidos da América (*United States Environmental Protection Agency* – Usepa), que adota uma variante do conceito de *Impacto*, incluindo nova tipologia de indicador denominado de *Efeito* ("E"), relativo a consequências em geral ao meio ambiente, estabelecendo o modelo PEER. Com isso, pode-se reunir os principais modelos disponíveis, desenvolvidos a partir de aplicações, conforme mostra a Tabela 5.1.

Tabela 5.1 – Modelos de sistemas de avaliação ambiental integrada, baseados em indicadores, conforme os tipos ou dimensões considerados.

Tipo de indicador (dimensão)	Modelo de matriz de indicadores				
	PER	PEER	FER	FPEIR	PEIR
Força motriz (F) *Drive*			•	•	
Pressão (P) *Pressure*	•	•		•	•
Estado (E) *State*	•	•	•	•	•
Impacto (I) *Impact*				•	•
Efeito (E) *Effect*		•			
Resposta (R) *Response*	•	•	•	•	•
Fonte	OECD (1993)	Usepa (1995)	UNCSD (1996)	EEA (1999)	Pnuma (2002)

Ressalta-se que esses modelos resultam de experiências práticas e representam as principais referências de aplicação para fins de avaliação ambiental integrada. De uma maneira ou outra, os casos de sistemas de indicadores ambientais adotados em diferentes contextos resultam dos modelos disponíveis.

O MODELO GEO CIDADES

O modelo de avaliação ambiental integrada denominado GEO Cidades deriva do projeto GEO Mundo, iniciado pelo Pnuma em 1995 com o objetivo de produzir a avaliação contínua do estado do meio ambiente global, regional e nacional, por meio de processos participativos e de parcerias institucionais. Em decorrência da experiência adquirida desde a execução do primeiro GEO América Latina e Caribe, evidenciou-se a necessidade de adequação dos procedimentos às características latino-americanas. Isso ressaltou a importância do fenômeno da urbanização e a necessidade de considerar a complexidade dos problemas ambientais verificados nas cidades, sobretudo nas grandes metrópoles latino-americanas. Portanto, ainda no âmbito do modelo GEO do Pnuma, surge a iniciativa do projeto GEO Cidades, proposta especialmente para a região.

De modo a adaptar a aplicação do modelo GEO ao caso das cidades, constituiu-se o Consórcio Parceria 21, associação de organizações não--governamentais, que desenvolveu seus trabalhos em duas etapas: a 1ª com a formulação do documento "Metodologia para Elaboração de Informes GEO Cidades" (Pnuma, 2002), cujas atividades incluíram a realização de um *workshop* sobre o assunto (efetuado na Cidade do México, com participação de representantes do Pnuma e do MMA); e a 2ª etapa, que envolveu a produção de relatórios GEO Cidades para duas importantes capitais brasileiras (Rio de Janeiro e Manaus), como estudo piloto visando testar a metodologia então recém-proposta.

Objetivos e marco conceitual

De acordo com Lemos (2006), os objetivos gerais da aplicação do modelo GEO Cidades podem ser resumidos nos seguintes tópicos: promover melhor compreensão da dinâmica das cidades e seus ambientes, fornecendo aos governos municipais, cientistas, formuladores de políticas e público em geral, informação confiável e atualizada sobre suas cidades; publicar avaliações que contenham informação sobre o estado do meio ambiente, os principais fatores de mudança, a identificação de temas emergentes e a valorização geral das principais políticas públicas; e fornecer um guia para a tomada de decisões, especialmente na formulação de políticas e na distribuição de recursos.

Salientam-se, de acordo com o mesmo autor, os seguintes objetivos específicos: fornecer instrumentos que permitam realizar a avaliação ambiental integrada do meio ambiente urbano, considerando-se as características dos ecossistemas; e contribuir na busca de soluções para confrontar a crescente vulnerabilidade aos desastres naturais e aos provocados pela dinâmica social. Afirma ainda que a avaliação ambiental integrada, no âmbito do modelo GEO Cidades, visa influenciar a tomada de decisão por parte dos governantes (*policy-makers*), bem como analisar assuntos ambientais em contexto abrangente, buscando ampliar a visão daqueles que são afetados (*stakeholders*). Pretende-se aumentar a consciência e garantir que as perspectivas sejam balanceadas e capazes de serem viabilizadas por meio da participação da sociedade. Menciona também que o marco conceitual do modelo GEO Cidades consiste na incorporação da dimensão ambiental às políticas setoriais urbanas (habitação, saneamento, uso do solo, etc.). Compreende sua integração nas ações de gestão (sinergia), bem como na necessidade de Planejamento Estratégico, inclusão dos custos sociais e ambientais no orçamento, fortalecimento da Sociedade Civil, dos canais de participação, da democracia e da cidadania e foco na ação local.

Com o tempo, o modelo proposto pela AEA, que considera os indicadores de Força Motriz "F", acabou sendo também adotado ao processo GEO em suas avaliações ambientais integradas. Assim, adotou-se também o modelo FPEIR, mais abrangente em termos de tipologia e de inter-relacionamento dos indicadores ambientais, nas aplicações a cidades.

O processo de avaliação

A aplicação do modelo GEO Cidades, a partir da concepção original do Pnuma, pressupõe a institucionalização de um processo contínuo de avaliação ambiental no âmbito da administração ambiental municipal. As etapas que devem compor esse processo são resumidas a seguir:

- *Etapa 1- Institucional*: instalação da equipe técnica local.
- *Etapa 2- Produção da informação*: identificação, compilação e seleção de dados (visando a elaboração de um Informe).
- *Etapa 3- Elaboração do Informe*: análise de dados, propostas e difusão de informações (objeto das atividades que culminam com a publicação do Informe).

140 INDICADORES DE SUSTENTABILIDADE E GESTÃO AMBIENTAL

- *Etapa 4- Incorporação das propostas às políticas locais*: discussão do Informe com formuladores de políticas públicas e com a sociedade; e elaboração conjunta de políticas (tendo como base o Informe produzido).

- *Etapa 5- Continuidade do processo GEO Cidades*: avaliação das políticas resultantes; planejamento de um novo Informe (a executar, periodicamente).

O modelo GEO Cidades se fundamenta na aplicação da estrutura de análise ambiental denominada PEIR para a avaliação ambiental de municípios, visando à produção do Informe GEO. Essa estrutura propicia a compreensão integrada dos problemas e fenômenos urbano-ambientais por meio da identificação e caracterização de indicadores ambientais e de suas relações com os diferentes recursos ambientais envolvidos (ar, água, solo, biodiversidade e ambiente construído). Distinguindo-se a variável "F", configura-se, então, a matriz de correlação, entre a estrutura FPEIR e os recursos ambientais no contexto de cidades, base para a identificação dos principais problemas e de seus respectivos indicadores a selecionar.

Os critérios para seleção de indicadores ambientais estabelecidos no modelo do Pnuma abrangem: a relevância política e a utilidade para o usuário, consistência analítica, mensurabilidade, facilidade de compreensão, confiabilidade, transversalidade, universalidade e disponibilidade de dados. Devem, ainda, ser objetivos e práticos, sendo desejável que seus componentes sejam continuamente coletados, mantidos e regularmente disponibilizados ao público por suas respectivas instituições geradoras.

O modelo original do GEO Cidades recomenda um conjunto básico de 53 indicadores. Incluem os *fundamentais* (ou seja, aqueles já consagrados e amplamente utilizados, sobretudo por distintos organismos internacionais), como os propostos pela UNCSD, OCDE e *Cities Environment Reports on the Internet* (Ceroi), entre outras entidades, bem como os *novos* (sugeridos no âmbito do desenvolvimento da metodologia do modelo GEO Cidades). Esse conjunto (*fundamentais* e *novos*) constitui a "cesta básica" de indicadores sugeridos pelo modelo, apresentando 14 indicadores de Pressão, 8 de Estado, 16 de Impacto e 15 de Resposta, conforme a Figura 5.5.

O modelo prevê a possibilidade de que possam ser escolhidos *substitutos* a alguns desses indicadores, em razão de eventual problema que possa surgir durante a sua definição ou mesmo coleta de dados. Pode-se também

Figura 5.5 – "Cesta básica" com os 53 indicadores ambientais recomendados no modelo GEO Cidades.

Indicadores de pressão:
1. Crescimento populacional;
2. Índice Gini de desigualdade de renda;
3. Superfície e população de assentamentos;
4. Mudança de solo não urbano para urbano;
5. Redução da cobertura vegetal;
6. Distribuição modal de transporte;
7. Taxa de motorização;
8. Consumo anual de energia *per capita*;
9. Consumo de água;
10. Produção de resíduos sólidos;
11. Disposição de resíduos sólidos;
12. Volume de águas residuais domésticas não tratadas;
13. Emissões atmosféricas;
14. Emissões de gases produtores de chuvas ácidas.

Indicadores de resposta:
1. Plano diretor urbano;
2. Legislação de proteção a mananciais;
3. Regulamentação e controle de emissões de fontes móveis e fixas;
4. Presença de atividades de Agenda 21 local;
5. Educação ambiental;
6. Quantidade de ONGs ambientalistas;
7. Tributação com base no princípio poluidor--pagador e/ou usuário pagador;
8. Notificações preventivas e multas por violações das normas de destinação de resíduos;
9. Ligações domiciliares;
10. Áreas reabilitadas;
11. Investimentos em áreas verdes;
12. Investimentos em recuperação ambiental;
13. Investimentos em água e esgoto;
14. Investimentos em gestão de resíduos;
15. Investimentos em transporte público.

Indicadores de estado:
1. Qualidade do ar;
2. Escassez da água;
3. Qualidade da água de abastecimento;
4. Proporção de áreas de instabilidade geológica ocupadas;
5. Sítios contaminados;
6. Cobertura vegetal;
7. Espécies da flora e da fauna extintas ou ameaçadas;
8. Proporções de áreas deterioradas.

Indicadores de impacto:
1. Perda da biodiversidade;
2. Incidência de enfermidades de veiculação hídrica;
3. Incidência de enfermidades cardiorrespiratórias;
4. Incidência de enfermidades por intoxicação e contaminação;
5. Alteração de microclima;
6. População residente em áreas de vulnerabilidade urbana;
7. Incidências de inundações, desmoronamentos etc.
8. Taxa de criminalidade de jovens;
9. Despesas com saúde pública em razão de enfermidades de veiculação hídrica;
10. Custos de captação e tratamento de água;
11. Despesas com obras de contenção e prevenção de riscos ambientais;
12. Despesas com recuperação de monumentos históricos;
13. Desvalorização imobiliária;
14. Deterioração de centros históricos;
15. Perda de arrecadação fiscal;
16. Perda de atratividade urbana.

Fonte: Pnuma (2002).

proceder a inclusão de outros *locais* (ou seja, propostos no âmbito dos trabalhos de cada cidade, em face de sua relevância para aquele contexto específico). Há, para cada um dos 53 indicadores, uma ficha com itens que descrevem, detalhadamente, o conteúdo associado ao indicador (denominada de Ficha de Descritores), contendo as informações que procuram explicar e justificar sua adoção, ilustrando as características gerais, incluindo as formas de cálculo e representação gráfica associadas.

Como ponto de partida para o processo de construção dos indicadores ambientais aplicáveis a uma determinada cidade, segundo a estrutura da Matriz PEIR, utiliza-se uma planilha básica de apoio, com a estrutura para identificação dos indicadores, correlacionando os tipos com os recursos ambientais. Cada célula é utilizada para relacionar os fenômenos atuantes na interação correspondente e os indicadores que podem traduzi-lo de modo mais adequado, conforme ilustrado na Tabela 5.2.

Tabela 5.2 – Planilha básica para identificação de indicadores ambientais, segundo a Matriz PEIR. Com a incorporação da dimensão "F", poder-se-ia acrescentar a coluna "Força Motriz".

Recurso ambiental	Tipo de indicador (dimensão)				
	Pressão	Estado	Impacto	Resposta	PEIR
Ar					
Água					
Solo					
Biodiversidade					
Ambiente construído					

Fonte: Pnuma (2002).

Como visto, os recursos ambientais considerados no modelo GEO Cidades correspondem aos que têm sido geralmente utilizados em processsos de avaliação ambiental diversos, ou seja, associam-se aos meios físico, biótico e antrópico. Ressalta-se, apenas, quanto ao meio biótico, a conjugação de fauna e flora sob a denominação mais abrangente de biodiversidade, bem como o meio antrópico traduzido segundo o conceito de ambiente construído.

INDICADORES AMBIENTAIS APLICADOS À GESTÃO MUNICIPAL | 143

Tabela 5.3 – Principais características do processo de aplicação do modelo GEO Cidades em distintos municípios da América Latina e Caribe.

Informe GEO	Principais características do processo de aplicação do modelo GEO Cidades
Rio de Janeiro	O processo GEO Rio de Janeiro, primeiro da série GEO Cidades, partiu da adaptação da metodologia desenvolvida para o GEO nacional à realidade e às necessidades urbanas latino-americanas e caribenhas. A elaboração da metodologia GEO Cidades e sua aplicação na cidade do Rio de Janeiro foram realizadas pelo Consórcio Parceria 21.
Manaus	O processo GEO Manaus também foi realizado pelo Consórcio Parceria 21. Durante seu desenvolvimento surgiram alguns obstáculos: dificuldade de obtenção de dados nos órgãos públicos e em instituições privadas; falta de informações e dados adequadamente tratados sobre temas relevantes; falta de sistematização de bases de dados para alguns dos temas abordados e ausência de bases de dados com séries históricas, assim como descontinuidade de dados sequenciais.
Cidade do México	No desenvolvimento do GEO Cidade do México, além da publicação, foi elaborada uma ferramenta de alta interatividade que consiste em uma base digital de dados espaciais que permite uma visão territorial do sistema urbano ambiental.
Bogotá	O GEO Bogotá, além de apresentar um panorama dos problemas ambientais e de suas causas, também delineia as principais diretrizes e os campos de ação prioritários para reduzir os impactos ambientais que sofre a capital colombiana.
Buenos Aires	Esse Informe foi elaborado a partir de um processo participativo incorporando os pontos de vista e percepção de especialistas, instituições e políticos relacionados com a gestão ambiental urbana de Buenos Aires e construindo consensos sobre assuntos e questões prioritárias por meio do diálogo.
Santiago	A aplicação do modelo GEO em Santiago do Chile enfrentou alguns problemas, pois embora contando com ampla disponibilidade de dados estatísticos, muitos deles não são atualizados regularmente, o que produziu descontinuidade na informação de base.
Havana	Na elaboração do GEO Havana participaram 22 instituições e 37 especialistas, todos envolvidos com a situação ambiental dessa cidade.
Montevidéu	O informe GEO Montevidéu é o quarto de uma série de informes, iniciada sob o título de Informe Ambiental Montevidéu XXI.

(continua)

144 | INDICADORES DE SUSTENTABILIDADE E GESTÃO AMBIENTAL

Tabela 5.3 – Principais características do processo de aplicação do modelo GEO Cidades em distintos municípios da América Latina e Caribe (*continuação*).

Informe GEO	Principais características do processo de aplicação do modelo GEO Cidades
São Paulo	Associado a esse Informe, apresentado de forma detalhada no próximo item, tem-se uma base digital de dados espaciais, que permitiu o cálculo de uma parte dos indicadores e a comparação dos indicadores de acordo com os distritos e as subprefeituras do município; e um banco digital de dados alfanuméricos que permite a consulta dos indicadores na web.
Arequipa	O GEO Arequipa institucionaliza o processo de gestão ambiental iniciado na década de 1990 nessa cidade.
Lima e Callao	Destacam-se três inovações no processo participativo: (1) consulta realizada em todos os 49 distritos sobre a gestão ambiental em suas jurisdições; (2) a realização de uma pesquisa sobre percepção cidadã, aplicada a uma amostra representativa de mais de 500 habitantes; e (3) a elaboração do GEO Juvenil.

Fonte: PNUMA (2005).

Características de aplicação e resultados

Algumas das principais características do processo de aplicação do modelo GEO em cidades da América Latina e Caribe são apresentadas na Tabela 5.3, tendo em vista os informes produzidos para cada caso.

A aplicação do modelo GEO nessas cidades implicou a seleção de indicadores específicos para cada realidade, contribuindo para uma futura revisão e para o aprimoramento da cesta básica apresentada pelo Pnuma. Em outras palavras, todas as cidades que aplicaram o modelo GEO Cidades, o fizeram com mudanças substantivas na "cesta básica" originalmente proposta pelo Pnuma.

Análise comparativa dos informes GEO das cidades de Rio de Janeiro, Manaus, Cidade do México, Bogotá, Buenos Aires, Santiago do Chile e Havana, conforme efetuada em Pnuma (2004 e 2005), ilustra de maneira exemplar o caráter das conclusões e resultados gerais que podem ser obtidos a partir da avaliação ambiental integrada de municípios e da correspondente produção de um informe, conforme sintetizados a seguir:

- Os fenômenos urbanos, econômicos, sociais, políticos, culturais e ambientais formam uma intrincada rede, com forte relação de interdependência, na qual um componente pode, ao mesmo tempo, ser causa de um problema e ser prejudicado ou beneficiado pela ação individual ou combinada de outros componentes, estabelecendo, assim, um sistema complexo. Nesse contexto, não é possível, nem conveniente, utilizar uma análise linear do tipo causa/efeito. O uso do PEIR com o relatório tipo GEO facilita tratar esta dificuldade.

- Na região, persiste uma forte tendência de urbanização, isto é, cada vez mais pessoas estão elegendo as cidades como local para viver, embora cada país apresente diferentes ritmos de urbanização. A porcentagem de habitantes urbanos continuará em crescimento durante os próximos anos, assim, por exemplo, a Argentina passará de 90% da população urbana, em 2000, para 93% em 2015, enquanto o México, com menor taxa de urbanização, passará de 74%, em 2000, para 78%, em 2015.

- A ineficiência dos processos de planejamento urbano, territorial e ambiental, se expressa na afluência caótica de migrantes pobres para as cidades. Esses migrantes acabam por se instalar em áreas inadequadas à ocupação, convertendo-se, assim, em uma das principais pressões para a alteração do uso do solo. A expansão urbana, que não só os pobres contribuem para, mas também os setores médios e o desenvolvimento imobiliário, que impõem sua cota, se converteram em um assunto público de primeira ordem; além disso, os riscos que a expansão urbana descontrolada significa para o meio ambiente e seus custos sociais e econômicos são cada vez mais evidentes.

- As pressões urbanas e a falta de planejamento se traduzem na deterioração dos serviços ambientais, tais como, disponibilidade e tratamento de água; tratamento e disposição de resíduos sólidos urbanos; controle de pragas urbanas; instalação e manutenção de espaços de recreação e proteção de refúgios de vida silvestre. Assim, é necessário outorgar um valor econômico ao ambiental para demonstrar a importância da política ambiental. Valorar economicamente os serviços ambientais significa obter uma medição monetária da mudança no bem-estar que uma pessoa ou um grupo de pessoas experimenta em decorrência de melhorias nos serviços ambientais.

- Entre as causas dos principais problemas ambientais presentes na maior parte dessas sete cidades destacam-se:

  - Mudança de uso do solo de valor ambiental para uso urbano, acelerada pela desvalorização de áreas verdes e espaços públicos.
  - Padrões exagerados de consumo e desperdício, nos quais não se assume o custo real dos recursos naturais estratégicos e prevalece a desigualdade, especialmente no caso do recurso água.
  - Desequilíbrios crescentes nos sistema de transporte, prevalecendo o incremento do sistema motorizado e o incentivo ao veículo particular, e a ausência de soluções tecnológicas capazes de reduzir de forma significativa a contaminação do ar.
  - Expansão das áreas urbanas e dispersão das áreas residenciais, de trabalho e outras atividades, implicando grandes deslocamentos e tempo cada vez maior na funcionalidade espacial da cidade.
  - Persistente predomínio de atividades industriais e de serviços carentes de tecnologias limpas, que não incorporam a eco-eficiência, como é o caso da reciclagem e do pleno aproveitamento dos insumos e subprodutos.
  - Ausência crônica de infraestrutura ambiental para o tratamento de resíduos sólidos e descarga de águas residuais.
  - Crescente vulnerabilidade populacional associada ao incremento de riscos ambientais, principalmente inundações e escorregamentos.

- O tratamento dos processos de deterioração que se observam na região é limitado por uma série de fatores que operam contra uma efetiva gestão ambiental, destacam-se entre outros fatores: as condições adversas de pobreza rural agravadas pela escassez de alternativas produtivas ambientalmente sustentáveis; e a pobreza urbana que, entre outros aspectos, incide na ocupação do solo com valor ambiental. Por seu lado, os mercados pouco desenvolvidos e as limitações no sistema de preços impedem que sejam considerados custos, informações e oportunidades ambientais. Além disso, o atraso tecnológico e as insuficiências institucionais e normativas não propiciam o fluxo de recursos para financiar bens públicos ambientais e investir em capital natural; e

- A situação dos ecossistemas urbanos da América Latina e Caribe é resultado da evolução da gestão pública em matéria urbano-ambiental e, portanto, das deficiências legais, institucionais e culturais que prevalecem. Essa gestão pública, em termos ambientais, se caracteriza por:

  - Atrasada incorporação das questões ambientais na agenda pública.
  - Limitada e inadequada inserção da gestão ambiental no núcleo da ação pública e obstaculizada por uma estrutura setorizada da administração governamental.
  - Inexistência de políticas orientadas para um melhor equilíbrio urbano/rural.
  - Falta de equilíbrio e eficácia entre as políticas nacional, regional e local.
  - Escassa vinculação entre a geração de informação e de conhecimento e o processo da política pública e sua comunicação social.
  - Predominância de precária situação cultural e de "estado de direito".
  - Falta de políticas para uma efetiva participação cidadã na agenda ambiental governamental.

Esses e outros tipos de conclusões obtidas resultam de uma análise comparativa e de consideração de aspectos comuns, mas podem também estar presentes em avaliações específicas de determinados municípios. Uma breve consulta aos relatórios produzidos até o momento acerca dessas e outras cidades propicia tal constatação.

O CASO DO MUNICÍPIO DE SÃO PAULO

A aplicação do modelo GEO Cidades ao município de São Paulo se iniciou no âmbito da Secretaria Municipal do Verde e do Meio Ambiente (SVMA) da Prefeitura do Município de São Paulo (PMSP), em dezembro de 2002, tendo o Instituto de Pesquisas Tecnológicas do Estado de São Paulo (IPT) como parceiro técnico. Contou com a colaboração de diversas outras instituições públicas, organizações não-governamentais e empresas privadas. A adoção e consequente institucionalização desse modelo na administração local foram estabelecidas pela SVMA em abril de 2003 e em seguida submetida à apreciação do Conselho Municipal do

Meio Ambiente e Desenvolvimento Sustentável (Cades), sendo formalmente aprovada pelo colegiado em julho de 2003. O primeiro Informe GEO referente à aplicação do modelo do Pnuma na cidade foi publicado em dezembro de 2004, constituindo-se no Informe GEO Cidade de São Paulo (SVMA/IPT, 2004).

O produto obtido expressa o Diagnóstico Ambiental do Município de São Paulo, cuja realização atende à perspectiva apontada na lei municipal que determina a emissão anual do Relatório de Qualidade do Meio Ambiente do Município (RQMA). A sistematização e atualização permanente desses indicadores constituem referência básica para a edição continuada do Diagnóstico, bem como para o estabelecimento de metas e prioridades em ações voltadas para a melhoria das condições ambientais no território municipal. As ações priorizadas tendem a orientar a aplicação de recursos do Fundo Especial do Meio Ambiente e Desenvolvimento Sustentável (FEMA), criado por lei e cuja regulamentação prevê sua gestão mediante o uso de indicadores ambientais.

Assim, ao elaborar o primeiro panorama ambiental da cidade, com base no modelo GEO, lançavam-se as bases técnicas para o desenvolvimento contínuo do processo de avaliação ambiental integrada do território municipal, por meio do emprego sistemático de indicadores ambientais. Visa-se, em especial, subsidiar a tomada de decisões e propiciar o acesso público a dados, informações e conhecimentos de relevante interesse à gestão ambiental da cidade.

A concepção empregada no caso de São Paulo, em face de perspectivas de evolução do processo de descentralização política intensificado com a criação de subprefeituras, requereu a adoção de abrangências espaciais em diferentes escalas territoriais. Isso foi realizado para todos os indicadores ambientais propostos, de modo a que estes estivessem representados tanto em nível municipal quanto de subprefeituras (31, no total) e também de distritos (96, no total). A dimensão e complexidade desse quadro exigiram, então, a elaboração de uma Base de Dados em formato digital, de modo a poder armazenar e operar o amplo conjunto de variáveis previsto. Esse aspecto induz a um cuidado adicional na sistematização do quadro de indicadores, haja vista a intenção de disponibilização futura dos dados à sociedade por meio eletrônico.

De maneira geral, em relação às etapas que compõem o processo de avaliação ambiental do modelo GEO Cidades, foram realizadas as seguintes atividades básicas:

INDICADORES AMBIENTAIS APLICADOS À GESTÃO MUNICIPAL | **149**

- Formalização da adoção do modelo GEO Cidades no âmbito da administração local (início do processo GEO Cidade de São Paulo).

- Revisão e compatibilização das atividades locais então em curso, em face da adoção do modelo GEO Cidades.

- Análise e revisão dos indicadores propostos na "cesta básica" do modelo GEO Cidades.

- Definição da Matriz de Indicadores Ambientais Paulistanos, a Matriz PEIR.

- Estruturação de Base de Dados em formato digital, compondo o sistema operacional de indicadores ambientais da cidade (Sistema GEO Cidade de São Paulo) a ser mantido e atualizado continuamente.

- Coleta, compilação, tratamento e sistematização de dados e informações essencialmente secundários, relativos à Matriz.

- Aquisição e desenvolvimento de dados primários, para determinados casos considerados necessários no âmbito dos trabalhos relativos à Matriz.

- Análise geral do conjunto de dados e informações obtidos, identificando ameaças e riscos ambientais, bem como as oportunidades de resolução desses problemas, além de temas emergentes.

- Elaboração do contexto social, econômico e político, configurando o conjunto de pressões sobre o meio ambiente.

- Elaboração da avaliação integrada do estado do meio ambiente, bem como dos impactos e respostas associadas.

- Formulação de propostas e recomendações, com breve exercício preliminar acerca de cenários futuros (mas que, ao final, acabou não incorporado ao Informe).

- Produção do Informe GEO Cidade de São Paulo em versão preliminar (primeira minuta).

- Reunião pública para exame e discussão da versão preliminar.

- Revisão da versão preliminar e produção do Informe final (o "Informe Zero" da cidade).

- Edição e publicação do Informe GEO Cidade de São Paulo, em sua versão formal e completa (SVMA/IPT, 2004).

Nesse processo participaram, de forma direta, por parte da SVMA e do IPT, cerca de 60 profissionais, entre os quais: geólogos; geógrafos; engenheiros civis, sanitaristas, florestais e de minas; sociólogos; médicos; ecólogos; psicólogos; arquitetos; biólogos; e outros.

INDICADORES DE SUSTENTABILIDADE E GESTÃO AMBIENTAL

Registra-se o fato singular de que as atividades realizadas para a definição da Matriz PEIR acabaram propiciando, durante a realização dos trabalhos, certa simultaneidade temporal em relação à execução das demais tarefas previstas para a consecução do modelo adotado. Isso conferiu à definição da Matriz o papel de "atividade chave" em todo o processo, visto que acabaram sendo examinados também aspectos relacionados à qualidade geral do conjunto de dados e informações obtidos.

Partiu-se da análise dos 53 indicadores propostos na "cesta básica" do modelo GEO Cidades, na qual os indicadores foram examinados segundo a lógica dos recursos ambientais (ou seja, segundo ar, água, solo, biodiversidade e ambiente construído). Inclui-se a apreciação dos aspectos econômicos e políticos, obteve-se a Matriz PEIR com o número total de 83 indicadores. Essa Matriz foi submetida à apreciação final por parte da Plenária do Cades, tendo sido aprovada pela Resolução Cades 83/2003, de 11.12.2003, publicada no Diário Oficial do Município (DOM) em 16.12.2003, compondo, então, o conjunto oficial de indicadores ambientais do município. Os 83 indicadores propostos para a cidade (23 de Pressão, 19 de Estado, 19 de Impacto e 22 de Resposta), podem ser apresentados segundo os distintos tipos e categorias referentes ao modelo GEO Cidades (Tabela 5.4).

Tabela 5.4 – Quantidade de indicadores ambientais no Informe GEO Cidade de São Paulo, segundo o tipo e a categoria.

Tipo	Categoria				
	Fundamental ou novo (Modelo GEO Cidades)		Substituto (ao do Modelo GEO Cidades)	Local	Total
	Sem alteração	Com alteração			
Pressão	11	2	-	10	23
Estado	5	3	-	11	19
Impacto	7	4	1	7	19
Resposta	10	3	2	7	22
Total	33	12	3	35	83

Fonte: SVMA/IPT (2004).

Em relação à "cesta básica" (vide Figura 5.5), estabeleceram-se 45 indicadores (sendo 33 sem modificações e 12 com adaptações), o que significa a manutenção da maior parte (cerca de 85%) dos 53 propostos no modelo GEO Cidades. Não obstante, introduziram-se 3 indicadores como *substitutos*, visando suprir certas dificuldades encontradas na obtenção de dados relativos a indicadores originais (fundamentais ou novos). Acrescentaram-se, ainda, outros 35, denominados *locais* e considerados particularmente relevantes à cidade de São Paulo, totalizando, enfim, os 83 indicadores estabelecidos para a cidade de São Paulo, denominados, em seu conjunto, como a Matriz dos Indicadores Ambientais Paulistanos (Figura 5.6).

Esses 83 indicadores se desdobram em 235 grandezas ou subindicadores potenciais, ou seja, apresentam uma média de cerca de 3 grandezas por indicador. Cada grandeza corresponde a um determinado atributo associado ao fenômeno urbano-ambiental tratado pelo indicador (fenômeno este que se procura representar na denominação formal do próprio indicador), podendo, ainda, conforme o caso, ser desdobrada em grandezas específicas. Por sua vez, cada grandeza é representada por unidades de medida e respectivo símbolo, segundo padrões internacionais de medição (Inmetro/Senai, 2000). Exemplos de associação entre o fenômeno e o indicador encontram-se em diversos casos, como no do indicador de pressão denominado de Redução da Cobertura Vegetal, onde o próprio fenômeno que se procura retratar e analisar dá nome ao indicador correspondente.

Deve-se observar a dimensão da quantidade de variáveis que podem, então, ser obtidas a partir da definição da Matriz, em vista das diferentes abrangências requeridas desde o início dos trabalhos para cada indicador estabelecido (subprefeituras e distritos), conforme Tabela 5.5. De certo modo, esse aspecto revela o alto grau de complexidade da dinâmica da cidade e de seu contexto ambiental, elementos que prenunciam o amplo quadro de dados e informações a ser pesquisado e mantido.

O período subsequente à definição da Matriz envolveu, simultaneamente, o processo de avaliação do meio ambiente e a elaboração do Informe GEO, o tratamento e aprimoramento dos dados progressivamente obtidos, bem como a revisão de algumas grandezas. Conta-se, ainda, a interação estabelecida com a equipe do Pnuma e, novamente, com a Comissão Especial do Cades.

Figura 5.6 – Matriz dos indicadores ambientais paulistanos.

Pressão	Estado
P.01 – Crescimento e densidade populacional	E.01 – Qualidade do ar
P.02 – Índice de desigualdade de renda (Gini)	E.02 – Chuva ácida
P.03 – Índice de inclusão/exclusão social	E.03 – Qualidade das águas superficiais e subterrâneas
P.04 – Índice de desenvolvimento humano municipal (IDH-M)	E.04 – Qualidade da água de abastecimento
	E.05 – Escassez de água
P.05 – Assentamentos autorizados e não autorizados	E.06 – Áreas de risco de inundação e escorregamento
P.06 – Expansão da área urbanizada	E.07 – Áreas de erosão e assoreamento
P.07 – Verticalização de imóveis	E.08 – Áreas contaminadas
P.08 – Redução da cobertura vegetal	E.09 – Sismicidade e vibrações
P.09 – Consumo de água	E.10 – Poluição sonora
P.10 – Destinação de águas residuárias e pluviais	E.11 – Poluição eletromagnética
P.11 – Produção de resíduos sólidos	E.12 – Poluição visual
P.12 – Disposição de resíduos sólidos	E.13 – Conservação do patrimônio histórico, ambiental e arqueológico
P.13 – Emissões atmosféricas	
P.14 – Distribuição modal de transporte	E.14 – Cobertura vegetal
P.15 – Motorização	E.15 – Arborização urbana
P.16 – Consumo de combustíveis	E.16 – Diversidade de espécies silvestres
P.17 – Transmissão de energia elétrica	E.17 – Unidades de conservação e áreas correlatas
P.18 – Consumo de energia elétrica	E.18 – Acessibilidade e áreas de lazer
P.19 – Transmissões de radiodifusão	E.19 – Fauna sinantrópica e animais domésticos soltos
P.20 – Uso de telefonia móvel	
P.21 – Atividades potencialmente poluidoras	
P.22 – Uso de agroquímicos	
P.23 – Ocorrências contra a fauna	

Resposta	Impacto
R.01 – Plano diretor municipal	I.01 – Incidência de enfermidades associadas à poluição do ar
R.02 – Legislação de proteção a mananciais	I.02 – Óbitos decorrentes de enfermidades associadas à poluição do ar
R.03 – Agenda 21 local	I.03 – Incidência de enfermidades de veiculação hídrica
R.04 – Educação ambiental	I.04 – Óbitos decorrentes de enfermidades de veiculação hídrica
R.05 – Organizações não governamentais ambientalistas	
R.06 – Tributação ambiental	I.05 – Incidência de zoonoses
R.07 – Controle de emissões atmosféricas	I.06 – Óbitos decorrentes de zoonoses
R.08 – Controle de emissões de fontes de ruído	I.07 – Ocorrências de inundações e escorregamento
R.09 – Controle de circulação de cargas perigosas	I.08 – Áreas contaminadas com risco caracterizado à saúde
R.10 – Controle de vetores, fauna sinantrópica e animais soltos	I.09 – Alterações microclimáticas
R.11 – Ligações domiciliares	I.10 – Custos de captação, condução e tratamento de água
R.12 – Áreas com risco de inundação e escorregamento recuperadas	I.11 – Rebaixamento do nível d'água subterrâneo
R.13 – Áreas urbanas de erosão e assoreamento recuperadas	I.12 – Despesas com saúde pública por enfermidades associadas à poluição do ar
R.14 – Reabilitação de águas degradadas	I.13 – Despesas com saúde pública por enfermidades de veiculação hídrica
R.15 – Investimentos em água e esgoto	I.14 – Despesas com saúde pública em razão de zoonoses
R.16 – Investimentos em gestão de resíduos sólidos	I.15 – Despesas com conservação e restauração do patrimônio histórico, ambiental e arqueológico
R.17 – Recuperação de materiais recicláveis dos resíduos sólidos	
R.18 – Investimentos em transporte público	I.16 – Desvalorização imobiliária
R.19 – Ampliação de cobertura vegetal	I.17 – Perda de atratividade urbana
R.20 – Criação e gestão de unidades de conservação	I.18 – Índice de vulnerabilidade juvenil
R.21 – Reabilitação e soltura de animais silvestres	I.19 – Perda de biodiversidade
R.22 – Sanções por infrações a normas ambientais	

Fonte: SVMA/IPT (2004).

Tabela 5.5 – Quantidade de variáveis potenciais previstas no sistema de informações GEO Cidade de São Paulo.

Número de variáveis potenciais			
Indicadores ambientais		Grandezas (subindicadores)	
		Abrangência	Total
83	235	Município (1)	235
		Subprefeitura (31)	7.285
		Distrito (96)	22.560
Total			**30.080**

Fonte: SVMA/IPT (2004).

O período subseqüente à definição da Matriz envolveu, simultaneamente, o processo de avaliação do meio ambiente e a elaboração do Informe GEO, o tratamento e aprimoramento dos dados progressivamente obtidos, bem como a revisão de algumas grandezas. Conta-se, ainda, a interação estabelecida com a equipe do Pnuma e, novamente, com a Comissão Especial do Cades.

Há que se registrar algumas dificuldades gerais encontradas na obtenção de dados e informações secundárias, tanto em agências públicas quanto em entidades privadas e organizações não governamentais, em que pesem a predisposição e fundamental colaboração prestada pela maioria delas. Os problemas encontrados decorrem do fato de que a maior parte dos dados não disponibilizados não se encontra prontamente organizada, quando não fisicamente inacessível. Detectaram-se situações muito distintas em relação ao formato de apresentação e armazenamento dos dados, havendo desde cópias impressas até Base de Dados digitais, verificando-se nestas últimas algumas pouco amigáveis. Outro aspecto a ressaltar reside no fato de que muitas informações se encontram disponíveis apenas para o conjunto da Região Metropolitana de São Paulo (RMSP), ou seja, em um contexto no qual os dados relativos ao município de São Paulo necessitam ser desagregados.

O modo precário e disperso em que boa parte das informações ambientais se encontra, bem como os muitos entraves estabelecidos nos procedimentos operacionais de acesso público à informação, verificados em diferentes instâncias e entidades, mostra que há, ainda, um longo caminho a percorrer. Isso se verifica especialmente no sentido de um maior intercâmbio e disseminação das informações entre órgãos públicos e para a sociedade em geral. Nesse contexto, deve-se salientar que, embora a concepção do modelo GEO Cidades tenha como pressuposto o uso primordial de dados secundários, a não obtenção ou ausência de algumas informações consideradas essenciais (ou mesmo a presença não qualificada ou insuficiente de outras) pode exigir a aquisição, tratamento e produção de alguns dados primários. É o que ocorreu no caso de São Paulo, por exemplo, em relação aos dados de uso e ocupação do solo, que foram elaborados durante o processo, visto que se mostravam essenciais para avaliar a evolução das pressões territoriais.

A avaliação integrada dos dados obtidos e a produção do Informe GEO têm como ponto de partida a análise das pressões exercidas pelo desenvolvimento urbano e industrial sobre o meio ambiente. Por essa razão, além da Introdução usual, os primeiros produtos do Informe gerado versam sobre algumas características básicas atuais do Município. Inclui apreciação geral sobre o processo histórico de ocupação e de crescimento urbano da cidade de São Paulo (como base ao entendimento do cenário atual), além do quadro político-institucional em que se situa a administração local e seus órgãos. Cita-se também o papel das organizações sociais em relação à questão ambiental no Município. Em seguida, apresenta-se uma análise das dinâmicas atuais consideradas relevantes no processo de desenvolvimento e transformação urbana da cidade, incluindo os aspectos demográficos, sociais, econômicos e territoriais.

Na sequência, o Informe apresenta o estado do meio ambiente, os impactos socioambientais e as respostas empreendidas pelo Poder Público e pela sociedade organizada. Segue-se a síntese geral sobre o panorama ambiental da cidade e algumas propostas de políticas e recomendações gerais, ressaltadas em face das considerações e análises anteriores e estabelecidas em relação ao conjunto dos estudos efetuados. Convém salientar os trabalhos iniciados no sentido da formulação integrada de cenários possíveis em relação ao futuro, os quais estiveram presentes na versão preliminar do Informe, mas que, em virtude de dificuldades operacionais encontradas no processo de discussão pública, acabaram não sendo incluídos. Contudo, as análises iniciais efetuadas certamente poderão ser aproveitadas para as futuras edições do Informe.

Enfim, os resultados gerais obtidos permitem considerar que o contexto do projeto GEO Mundo e a subsequente aplicação do modelo GEO

Cidades, no qual se insere o Informe, atribuem à Matriz de indicadores o caráter de base ao desenvolvimento do processo configurado como projeto GEO Cidade de São Paulo. O aprimoramento contínuo dessa Matriz no município de São Paulo e sua operação informatizada (Sistema GEO Cidade de São Paulo, contando com o auxílio permanente de uma Base de Dados em formato digital), tende a constituir-se em relevante instrumento de apoio à governança e gestão ambiental do Município. Nele, poder-se-á atualizar e modificar os indicadores e suas respectivas grandezas (subindicadores), bem como, eventualmente, incluir outros.

CONCLUSÕES

Em síntese, indicadores ambientais se prestam a atuar como ferramentas em processos de avaliação ambiental, portanto não devem ser enfocados como um fim em si próprio. A finalidade do indicador é revelar, de modo simplificado, fenômenos ambientais complexos. O desenvolvimento de indicadores ambientais deve sempre visar o fornecimento de informações ao tomador de decisão e a comunicação pública. Todo indicador tende a ser representado por uma ou mais grandezas, cuja magnitude deve ser passível de mensuração periódica, propiciando a essencial e imprescindível análise evolutiva dos fenômenos a revelar, dependendo, assim, de continuidade e de um histórico consistente de dados.

Quanto à qualidade e disponibilidade dos dados, o problema da comunicação com os órgãos detentores constitui, de fato, dificuldade nada desprezível, carecendo ainda de melhor caracterização e solução. A questão da disponibilidade e formato dos dados deve ser equacionada junto aos fornecedores, buscando modos de edição mais compatíveis. Demandas por dados sob contextos espaciais distintos, sobretudo os que requerem desagregação em face da aplicação a cidades ou regiões geográficas com contornos físico-territoriais não coincidentes com limites administrativos, necessitam de solicitação e preparação prévia junto aos órgãos que podem produzi-los. Os modelos disponíveis se fundamentam em dados secundários, mas às vezes alguns dados primários precisam ser gerados, requerendo admitir a necessidade de investimentos no processo de produção de indicadores.

Alguns desafios gerais a novos processos de construção de indicadores ambientais aplicáveis a municípios podem ser destacados, como os de que se devem priorizar os problemas ambientais a avaliar e só então estabelecer os indicadores; o de definir metas a serem atingidas na gestão dos problemas ambientais, mediante processos participativos e com emprego de indicadores; o de aperfeiçoar os esforços institucionais e garantir a produção consistente e contínua de dados; e o de assegurar a perenidade dos sistemas construídos, como condição básica para o aprimoramento. Na construção de indicadores, problemas com a representatividade do conjunto de indicadores selecionados tendem a ser superados por processos participativos, salientando-se a relevância de se estimular o caráter inclusivo desses processos para sua melhoria.

Vale salientar que os indicadores ambientais utilizados no âmbito municipal podem ser integrados a outros instrumentos de planejamento e gestão aplicáveis a esse contexto, como a Agenda 21 Local e as Metas de Desenvolvimento do Milênio. Agregam-se a isso os trabalhos referentes ao desenvolvimento dos planos diretores municipais, em que os indicadores podem auxiliar na detecção dos problemas e no estabelecimento de prioridades para o futuro.

Destaca-se, ainda, que o uso de indicadores ambientais "não visa substituir os tradicionais métodos de inventário, tratamento e avaliação da informação ambiental, mas sim complementá-los" (Ramos, 1997). O modelo de avaliação ambiental integrada objetiva, em essência, articula os dados disponíveis e simplifica sua comunicação ao público e ao tomador de decisão.

Por fim, em vista das experiências consideradas e analisadas, cabe frisar a percepção de que o uso eficiente e eficaz de indicadores ambientais em processos de avaliação ambiental integrada de municípios só é possível com a vontade política, a coordenação e o trabalho do Poder Executivo Municipal. Nesse contexto, ressalta-se o papel potencial das secretarias ou departamentos de meio ambiente, conforme o caso, em cujo âmbito deve estar a condução desses processos.

REFERÊNCIAS

[AEA] AGÊNCIA EUROPÉIA DO AMBIENTE. *Os recursos hídricos da Europa: uma avaliação baseada em indicadores. Síntese.* Copenhaga. 24p. 2004. Disponível em http://www.eea.europa.eu/pt/publications. Acessado em: set. 2012.

BITAR, O.Y; BRAGA, T.O. *Indicadores ambientais: ferramenta de comunicação e auxílio à tomada de decisão. Municípios.* Revista da Associação Paulista de Municípios, APM, São Paulo (Ano 5, 42, p.28-30; e Ano 6, 43, p.21-23), 2009.

[DGA/DSIA] DIRECÇÃO GERAL DO AMBIENTE/DIRECÇÃO DE SERVIÇOS DE INFORMAÇÃO E ACREDITAÇÃO. *Proposta para um sistema de indicadores de desenvolvimento sustentável.* 224p. 2000. Disponível em: http://www.iambiente.pt/sids/sids.pdf.

[EEA] EUROPEAN ENVIRONMENT AGENCY. *Environmental indicators: Typology and overview.* Technical report n° 25. 19p. 1999. Disponível em http://www. eea.europa.eu. Acessado em: set. 2012.

INSTITUTO BRASILEIRO DO MEIO AMBIENTE E DOS RECURSOS NATURAIS RENOVÁVEIS – IBAMA. *GEO Brasil 2002: perspectivas do meio ambiente no Brasil.* Edições Ibama, Brasília, 447 p. 2002.

INSTITUTO NACIONAL DE METROLOGIA, NORMALIZAÇÃO E QUALIDADE INDUSTRIAL / SERVIÇO NACIONAL DE APREDIZAGEM INDUSTRIAL – INMETRO/SENAI. *Vocabulário internacional de termos fundamentais e gerais de metrologia.* Brasília. 2ª edição. 76p. 2000. Disponível em http://www.inmetro.gov.br. Acessado em: set. 2012.

LEMOS, H.M. *Programa GEO Cidades Pnuma.* Apresentação no Painel sobre Qualidade de Vida Urbana – ACRJ. Rio de Janeiro, 15 de setembro de 2006. Disponível em: http://www.acrj.org.br. Acessado em: ago. 2008.

[OECD] ORGANISATION FOR ECONOMIC CO-OPERATION AND DEVELOPMENT. *OECD core set of indicators for environmental performance reviews:* A synthesis report by the Group on the State of the Environment. Environment Monographs n° 83. OECD, Paris, 39p. 2003.

PENA FRANCA, L. *Indicadores ambientais urbanos:* revisão da literatura. Rio de Janeiro: Consórcio Parceria 21, 2001. (separata).

[PNUMA] PROGRAMA DAS NAÇÕES UNIDAS PARA O MEIO AMBIENTE. *Metodologia para elaboração de Informes GEO Cidades:* manual de aplicação. Pnuma/Ibam/Iser/Redeh, Rio de Janeiro, 132p. 2002. Disponível em http://www.redeh.org.br/. Acessado em: set. 2012.

_____. *Metodología para la elaboración de los informes GEO Ciudades. Manual de Aplicación. Versión 1.* Pnuma, México, 164p. 2003.

_____. *Perspectivas del medio ambiente urbano em América Latina y el Caribe:* las evaluaciones GEO Ciudades y sus resultados. Pnuma, México. 127 p. 2004.

_____. *Evaluaciones ambientales integrales em ciudades de América Latina y el Caribe:* Proyecto GEO Ciudades. Pnuma, México. 32 p. 2005.

_____. *Metodología para la elaboración de los informes GEO Ciudades. Manual de Aplicación. Versión 3.* Pnuma, Panamá, 185p. 2008.

RAMOS, T. B. 1997. *Sistemas de indicadores e índices ambientais.* Comunicação apresentada no 4° Congresso Nacional dos Engenheiros do Ambiente. APEA: p. IV33 – IV43, Faro, Portugal, 1997.

[SMA] SECRETARIA DO MEIO AMBIENTE DO ESTADO DE SÃO PAULO. *Situação dos recursos Hídricos no Estado de São Paulo*. Ano base 2007. CRHi, São Paulo, 146p. 2009.

[SVMA/IPT] SECRETARIA DO VERDE E DO MEIO AMBIENTE / INSTITUTO DE PESQUISAS TECNOLÓGICAS DO ESTADO DE SÃO PAULO. *GEO Cidade de São Paulo: panorama do meio ambiente urbano*. Pnuma, São Paulo, 206p. 2004.

SPOSATI, A. Quadro de indicadores. Apresentação do Núcleo de Seguridade e Assistência Social da PUC/SP, sd. Disponível em: http://www.dpi.inpe.br. Acessado em: set. 2012.

[UNSD] UNITED NATIONS STATISTICS DIVISION. Indicators of Sustainable Development Framework and Methodologies. *Commission on Sustainable Development*. United Nations, New York. 1996. Disponível em: http://nepis.epa.gov. Acessado em: set. 2012.

Indicadores de sustentabilidade local: experiência do Projeto Jaboticabal Sustentável

6

Bernardo Arantes do Nascimento Teixeira
Engenheiro civil, Universidade Federal de São Carlos

Marise Tissyana Parente Carneiro Adeodato
Arquiteta e urbanista, Prefeitura Municipal de Sumaré, SP

Ioshiaqui Shimbo
Engenheiro eletricista, Universidade Federal de São Carlos

Ricardo Siloto da Silva
Arquiteto e urbanista, Universidade Federal de São Carlos

Novos paradigmas de desenvolvimento para as cidades têm tomado como base a sustentabilidade e a participação social na formação de políticas públicas mais sustentáveis. Nesse contexto, torna-se essencial a mensuração desse desenvolvimento por meio de indicadores de sustentabilidade que apontem a eficiência das políticas implementadas em dado período ou subsidiem a implementação de novas políticas em prol da sustentabilidade local. Construir esses indicadores de sustentabilidade e monitorá-los dentro de um processo participativo foi o desafio proposto pelo Projeto Jaboticabal Sustentável (PJS).

Cotejando debate teórico e aplicação prática na realidade, o Projeto Jaboticabal Sustentável propôs-se ao desenvolvimento simultâneo de processo reflexivo e experimental que visava à incorporação da sustentabilidade nas políticas públicas dentro de um processo participativo, almejando-se com isso a construção de um projeto-piloto que pudesse ser replicado em outros municípios.

Os resultados obtidos apontam para uma efetiva contribuição do projeto para o município de Jaboticabal, obtendo-se produtos significativos a partir do processo desenvolvido, resultando no aumento da discussão sobre sustentabilidade no município e o início de mobilização da sociedade para participação nas políticas locais.

Inserido nos debates sobre sustentabilidade e políticas públicas, este capítulo propõe-se, então, à reflexão sobre um processo de construção de sistema de monitoramento participativo da sustentabilidade desenvolvido no município de Jaboticabal-SP, o Projeto Jaboticabal Sustentável, observando os limites e as possibilidades para a implementação desse processo, na perspectiva de constituição de um desenvolvimento local mais sustentável e democrático.

SUSTENTABILIDADE E PARTICIPAÇÃO NAS POLÍTICAS LOCAIS

A sustentabilidade do desenvolvimento local

Nas últimas décadas, ampliou-se consideravelmente o debate em torno da preocupação com os impactos ambientais provocados pela exploração e pelo uso indiscriminado de recursos naturais. Os passivos ambientais tornaram-se alvo de estudos técnicos e científicos, como também tema relevante na definição de políticas tanto no âmbito público como no privado.

Originalmente, a noção de sustentabilidade surge como uma proposta de ação diferenciada no trato das questões ambientais. A partir da década de 1960, a preocupação com os limites do desenvolvimento no planeta levou vários estudiosos a propor alternativas ao modelo de desenvolvimento vigente.

Em 1987, no Relatório Brundtland, a Organização das Nações Unidas (ONU) apresentou uma definição de desenvolvimento sustentável que se tornou passível de várias críticas pelas inconsistências e pelo vazio conceitual, provocando a generalização do termo e a apropriação por diversos tipos de atores, até mesmo antagônicos (Acselrad, 2001). O aparente consenso do discurso do sustentável, defendido das camadas empresariais aos setores mais ativistas, revela, na verdade, uma confusão de objetivos e perspectivas quanto ao que se espera da sustentabilidade de um desenvolvimento.

O primeiro entendimento é que essa perspectiva, ao tratar de desenvolvimento, implica transformações econômicas e sociais – no que trata da riqueza das nações e bem-estar social – e se propõe a enfrentar um processo histórico de enraizamento do sistema capitalista e suas consequências na maioria das nações do mundo.

Por sustentável, entenda-se a não manutenção desse sistema, que tem tido consequências devastadoras sobre o ambiente natural e social, mas a tentativa de amenizar seus efeitos e substituir seus mecanismos de ação por outros que possibilitem um equilíbrio socioambiental e econômico que se mantenha a longo prazo, com a melhoria das condições de vida para as populações.

Diante da pouca probabilidade de que essa mudança no sistema aconteça num processo de transformação global, a inserção de um referencial sustentável no desenvolvimento socioeconômico de um lugar parece um projeto mais coerente e viável. Disso deriva, então, a proposta de incorporação da sustentabilidade na esfera do desenvolvimento local. Centrada numa escala territorial mais próxima às sociedades, a proposta de sustentabilidade local permite que as comunidades, no seu contexto específico, possam tomar suas próprias decisões em prol de sua sustentabilidade local (Diegues, 1992).

Na perspectiva da sustentabilidade, então, várias dimensões precisam ser trabalhadas a partir dessa esfera local: a dimensão ambiental, relacionada ao uso responsável dos recursos naturais; a econômica, visando à distribuição equitativa dos benefícios econômicos; a social, promovendo a inclusão pela garantia de acesso a bens e serviços a todos; a política, para a ampliação da democratização e participação na gestão pública; e a cultural, preservando e divulgando os valores e as identidades locais.

A proposta de sustentabilidade local se baseia em vários princípios que podem ser delineados a partir de conceituações diversas de sustentabilidade. Silva e Shimbo (2000) delimitam alguns princípios básicos comuns a esses conceitos, como o caráter de tendência, a dinâmica, a pluralidade de dimensões (indissociáveis), a temporalidade e espacialidade, e o seu caráter participativo.

Assim, a sustentabilidade pode ser entendida como um princípio ético, normativo, um processo contínuo de trabalho coletivo para solução integrada de problemas nas várias dimensões existentes, promovendo o dinamismo endógeno e a participação efetiva da sociedade na construção de novas políticas e diretrizes para o desenvolvimento local sustentável.

Dimensão política da sustentabilidade: democracia e participação nas políticas públicas

Nos esforços para um delineamento mais claro das questões incutidas no paradigma da sustentabilidade, a dimensão política tem sido sempre vista como um aspecto fundamental para sua organização e operacionalização. Os princípios políticos de participação da população nas decisões e a garantia das liberdades democráticas devem ser respeitados e postos em práticas na construção da sustentabilidade local.

Segundo Baquero (2001), o Brasil tem em seu passado de instabilidade política e econômica um legado autoritário que por muito tempo colocou-se como obstáculo à cultura política democrática. Nas últimas décadas, 1980 e 1990, uma mudança no quadro político nacional iniciou-se com alguns movimentos descentralizadores, que permitiram a emergência da discussão em torno de processos mais participativos na gestão, abrindo espaço para a institucionalização de canais de participação popular nas administrações públicas (Leal, 1994), como a criação dos conselhos gestores, o orçamento participativo, os planos diretores participativos e outros. A Constituição de 1988 consolidou esse processo, institucionalizando a soberania e a independência da autoridade política de cada nível de governo com relação às demais (Arretche, 1999).

Frey (2000) reforça a ideia de que os municípios devem desempenhar um papel fundamental dentro de uma estratégia democratizante e, para Ferreira (2000), eles devem ser vistos como o espaço territorial e a tarefa de governo mais próxima do cidadão. Segundo Buarque (2002), o benefício dessa nova concentração na escala municipal é a maior aproximação entre os problemas e as necessidades da comunidade e as instâncias decisórias, fortalecendo o poder local e as oportunidades de maior controle social sobre as políticas públicas.

Observa-se que, em geral, a descentralização político-administrativa favoreceu o reconhecimento do poder local como instância decisória e dos setores populares como atores legítimos desse processo. Shugler (1984) aponta que, em muitos processos, a participação é entendida como capaz de resolver todos os problemas das decisões políticas. O autor alerta para que a falta de clareza conceitual sobre participação não venha a tornar-se uma panaceia, carregada de muito discurso e pouca ação, em vez de ser um instrumento útil no aperfeiçoamento das relações entre os atores sociais. O autor defende que a participação significa o envolvimento efetivo do cidadão e de organizações comunitárias nos processos de tomada de decisão.

A defesa da participação política e da democracia apresenta-se como princípio indissociável das alternativas mais sustentáveis de desenvolvimento. Para Frey (2000), um governo que se propõe a ter a sua administração orientada para o desenvolvimento sustentável e para o bem comum deve dispor de um tripé estratégico: reinvenção do governo; reinvenção da democracia e reinvenção da comunidade, considerando que a participação da sociedade e o fortalecimento da sociedade civil desempenham um papel fundamental no caminho para uma sociedade sustentável. Os indicadores de sustentabilidade tornam-se, então, importantes instrumentos tanto para a orientação das políticas públicas locais quanto para o monitoramento da sustentabilidade no processo de desenvolvimento local pela própria sociedade.

Indicadores de sustentabilidade: instrumentos de gestão e de cidadania

A utilização de indicadores para diagnóstico e acompanhamento da realidade de um lugar, em seus vários aspectos, tem sido uma tendência corrente nos últimos anos. No contexto da sustentabilidade, os indicadores surgem como instrumentos para análise e acompanhamento dos processos de desenvolvimento, servindo não só como subsídio para a formulação de políticas públicas, mas também como monitoramento da execução e dos efeitos dessas políticas (Cunha, 2003).

Os indicadores podem ser entendidos como sintetizadores de um conjunto de informações em um número, permitindo a mensuração de determinados fenômenos entre si (Kayano e Caldas, 2002) e a observação de mudanças e tendências ao longo do tempo. Nesses termos, indicadores de sustentabilidade apresentam-se como informações capazes de mensurar o grau de sustentabilidade de um lugar, processo ou objeto, em suas várias dimensões, observando as escalas tanto temporais quanto espaciais dos acontecimentos.

O enfoque nos processos participativos e democráticos de gestão coloca o debate central sobre os indicadores na questão da informação como direito que permite o diálogo entre a gestão pública e a sociedade civil (Kayano e Caldas, 2002). A democratização das informações favorece o aumento da participação popular na formulação das políticas públicas, e os indicadores tornam-se instrumentos para controle da gestão e medição de sua eficiência e eficácia (Vaz, 2000).

Para Cunha (2003), na estruturação de um sistema de indicadores, a maior dificuldade está em estabelecer um referencial teórico. Garcias (2001) aponta que a construção e a seleção dos indicadores dependem da clareza e do estabelecimento de objetivos e metas comuns entre os diversos atores envolvidos. Nesse processo, algumas características importantes a serem consideradas para os indicadores são: relevância, facilidade de compreensão, acessibilidade e confiabilidade, sendo também estatisticamente mensuráveis e capazes de refletir as tendências fundamentais da saúde cultural, econômica e ambiental em longo prazo, tendo a sustentabilidade como referencial principal (Hart, 1999).

Entre os exemplos externos que foram empreendidos nesse sentido, a experiência de Seattle, nos Estados Unidos, tornou-se referência em 1997 para muitas comunidades que demonstraram interesse em implementar um processo de construção coletiva de indicadores de sustentabilidade (inclusive a de Jaboticabal, objeto de análise deste capítulo). Na pesquisa para a construção dos indicadores foram selecionados tópicos diversos, como consumo de recursos, educação, economia, transporte, ambiente natural, saúde, ambiente social, cultura, lazer, população e participação comunitária, e critérios aos quais esses indicadores deveriam atender, como: refletir as tendências fundamentais da saúde cultural, econômica e ambiental em longo prazo; ser estatisticamente mensuráveis, com dados disponíveis há uma ou duas décadas, de preferência; ser atraentes para a mídia local; e ser compreensíveis para as pessoas comuns (Atkinsson, 1993). O método resultante aponta para dez etapas (denominadas passos ou *steps*) para implementação de um processo de construção coletiva de indicadores de sustentabilidade:

- Passo 1: Formar um grupo de trabalho.
- Passo 2: Esclarecer a proposta.
- Passo 3: Identificar os valores e as visões compartilhados pela comunidade.
- Passo 4: Revisar modelos, indicadores e informações existentes.
- Passo 5: Esboçar um conjunto de indicadores propostos.
- Passo 6: Organizar um processo de seleção participativo.
- Passo 7: Fazer uma revisão técnica.
- Passo 8: Pesquisar as informações.
- Passo 9: Publicar e promover o relatório.
- Passo 10: Atualizar o relatório regularmente.

No contexto europeu, a Xarxa de Ciutats i Pobles cap a la Sostenibilitat foi criada em 1997, tendo como um de seus objetivos a elaboração de um sistema municipal de indicadores de sustentabilidade para poder planejar e avaliar os processos de avanço para a sustentabilidade nos municípios da região de Barcelona, na Espanha. O referencial teórico dessa experiência sobre indicadores baseia-se nos critérios de sustentabilidade propostos pela Xarxa, que são: utilização eficiente dos recursos ecológicos; não superação da capacidade de carga do meio; valorização e proteção da biodiversidade; utilização de recursos próprios; diversidade funcional da cidade; contribuição à sustentabilidade global; implicação social no processo de sustentabilidade.

No Brasil, uma experiência que se destaca é a do Índice de Qualidade de Vida Urbana (IQVU), de Belo Horizonte. Diante da necessidade de se conhecer melhor as disparidades intraurbanas do município, a fim de direcionar o investimento dos recursos públicos na cidade, foi proposta a estruturação de um sistema de indicadores municipais que pudessem dimensionar a sua qualidade de vida urbana e ambiental (Nahas, 2002).

O IQVU de Belo Horizonte foi calculado pela primeira vez em 1996, compondo-se de 75 indicadores que buscaram dimensionar a quantidade e a qualidade da oferta local de equipamentos e serviços de diversos setores da cidade, como: abastecimento, assistência social, cultura, educação, esportes, habitação, infraestrutura, meio ambiente, saúde, segurança e serviços urbanos (Nahas, 2002).

Dada a sua relevância na construção e utilização de indicadores no apoio à constituição de um desenvolvimento urbano mais sustentável, como melhor qualidade de vida, assim como Seattle, a experiência do IQVU também veio a ser um referencial na idealização e estruturação do Projeto Jaboticabal Sustentável. A experiência de Barcelona foi conhecida no final do projeto, mas foi considerada de significativa contribuição metodológica e conceitual para comparação e aperfeiçoamento de experiências com indicadores de sustentabilidade municipais.

Mediante o exposto, observa-se que o debate relacionado à sustentabilidade e às políticas públicas é amplo e ainda controverso, demandando não só a consolidação de um referencial teórico, como também verificações práticas que viabilizem a transformação da realidade por meio da sustentabilidade e da democratização da gestão pública.

O debate apresentado aponta para a necessidade de maior atenção aos processos que congregam simultaneamente as temáticas abordadas, explo-

O PROJETO JABOTICABAL SUSTENTÁVEL (PJS)

rando os limites e as possibilidades que permitam uma transferência real desses debates para a prática. A análise da experiência do Projeto Jaboticabal Sustentável revela uma série de questões e debates que permitem uma reflexão mais pragmática sobre a implementação da experiência.

O PROJETO JABOTICABAL SUSTENTÁVEL (PJS)

Contextualização

O PJS integrou o projeto de pesquisa "Incorporação de princípios e indicadores de sustentabilidade em políticas urbanas de pequenos e médios municípios", apoiado pela Fundação de Amparo à Pesquisa do Estado de São Paulo (Fapesp) e desenvolvido, de 1999 a 2004, no município de Jaboticabal, por pesquisadores da pós-graduação em engenharia urbana da Universidade Federal de São Carlos (UFSCar).

Segundo Teixeira (2000), Jaboticabal foi escolhido pela disposição da administração local em criar e implementar instrumentos inovadores de gestão pública, ampliando seus mecanismos de ação participativa, e pelas afinidades existentes de experiências anteriores desenvolvidas entre a UFSCar e o município.

Jaboticabal desenvolveu-se a partir da expansão da cafeicultura para o oeste do estado de São Paulo, na segunda metade do século XIX, tornando-se esta a base da economia do município. Mas a partir de meados do século passado, com a queda dos preços do café em 1929, destacou-se o plantio do algodão e, mais recentemente, da cana-de-açúcar. A cana adquiriu importância crescente, transformando-se na principal atividade econômica do município na atualidade (Prefeitura Municipal de Jaboticabal – PMJ –, 2000).

Dos anos 1950 em diante teve início um intenso processo de urbanização em decorrência do êxodo rural, e a população urbana passou de menos da metade, naquele momento, a uma taxa de urbanização superior a 97% do total de aproximadamente 72 mil habitantes no final da década de 2010 (Seade, 2012). O valor de seu Produto Interno Bruto (PIB) era de aproximadamente R$ 1,41 bilhão em 2011 (Seade, 2012) e o Índice de Desenvolvimento Humano (IDH) era de 0,815 em 2000 (Seade, 2012).

Na área rural, que corresponde a 95% do município, a monocultura da cana-de-açúcar, cultivada em grande parte da região, é uma questão preocupante a ser considerada na sustentabilidade ambiental do municí-

INDICADORES DE SUSTENTABILIDADE LOCAL: EXPERIÊNCIA DO PROJETO JABOTICABAL | **167**

pio, pela poluição e pelo esgotamento do solo, provocados por esse tipo de produção.

O Índice Paulista de Responsabilidade Social (IPRS) classifica Jaboticabal no Grupo 1, municípios com alta riqueza, alta ou média longevidade, e alta ou média escolaridade (Seade, 2012). Estão nesse grupo municípios localizados ao longo dos principais eixos rodoviários do estado, com nível elevado de riqueza e bons indicadores sociais, mas com disparidades em termos de boas condições de vida da população. O Plano Diretor Municipal, em 2000, apontava a situação no começo da década:

> Nos últimos anos, grande parcela dos municípios paulistas vem apresentando queda da sua arrecadação decorrente da crise econômica verificada no país. Paralelo a isso está ocorrendo a pauperização da população, com aumento da demanda por serviços públicos e a transferência aos municípios de responsabilidades, antes a cargo dos governos federal e estadual, sem a justa transmissão de recursos. Como exemplo, pode-se citar a assistência social, a educação, gestão da saúde, trânsito, entre outras, que hoje são responsabilidades municipais. (PMJ, 2000, p. 73)

Dentro desse contexto, observa-se que o processo de descentralização administrativa proposto pela constituição de 1988 sobrecarregou a capacidade dos municípios de fornecer uma infraestrutura de serviços urbanos ao coletivo da população, sem uma contrapartida de capacitação técnica e recursos financeiros na implementação de estratégias eficazes para fazer frente a tal processo (Teixeira, 1998).

Visando uma contribuição para esses quadros, o PJS buscou alternativas para a gestão de problemas em pequenos e médios municípios por meio da incorporação de princípios da sustentabilidade na formulação de políticas urbanas, proporcionando a capacitação dos técnicos municipais e o controle por parte da sociedade organizada sobre as ações públicas no meio urbano, a partir da obtenção e do monitoramento por indicadores de sustentabilidade.

A parceria estabelecida entre a universidade e a administração local incorporou posteriormente novos parceiros, como entidades públicas, associações, ONGs, instituições de ensino e outros, dando origem a um grupo formado por agentes locais diversos, que buscaram o envolvimento da comunidade no processo.

O objetivo geral do projeto foi de propiciar condições para que a partir de uma conceituação de sustentabilidade no âmbito local pudessem ser desenvolvidos instrumentos para o monitoramento e a orientação das políticas públicas municipais por práticas mais sustentáveis, por meio dos indicadores de sustentabilidade, dentro de um processo participativo.

A primeira fase do PJS teve início no final de 1999, seguindo em atividade até julho de 2000. A partir de agosto de 2001, a segunda fase foi a de maior produtividade, com o alcance de vários objetivos propostos. A terceira e última fase, iniciada em janeiro de 2005, ficou sob responsabilidade do fórum local, constituído para continuidade das ações do projeto. A Figura 6.1 apresenta o cronograma de desenvolvimento do projeto.

Figura 6.1 – Coluna do tempo do PJS.

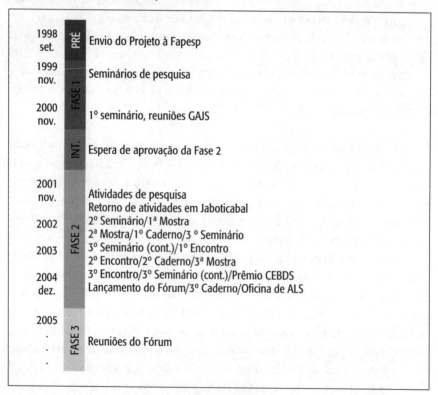

Desenvolvimento do processo

Foram propostas estratégias de atuação para cada fase, dentro de um esquema de pesquisa-ação. A estratégia geral foi a produção do conheci-

INDICADORES DE SUSTENTABILIDADE LOCAL: EXPERIÊNCIA DO PROJETO JABOTICABAL | **169**

mento simultaneamente à formação de pessoas e à intervenção. O método de trabalho constituiu-se a partir de três linhas estratégicas:

- Ação no município: por meio da parceria formada entre a PMJ, a UFSCar e outros agentes locais.

- Formação de pessoas: a partir de encontros periódicos, oficinas e seminários para a discussão dos temas envolvidos com a sustentabilidade no município.

- Produção de conhecimento: por meio de projetos e publicações desenvolvidos pelos alunos da UFSCar e membros do grupo.

As estratégias de pesquisa procuraram viabilizar os meios de se atingir os objetivos do projeto (tanto de pesquisa quanto de intervenção), por meio da produção de conhecimento científico sobre sustentabilidade. Na interação com os atores locais foram escolhidas estratégias de participação e aprendizagem mútua como forma de manter uma relação aberta com os participantes, tanto em termos de horizontalidade de decisões e opiniões, como da troca de conhecimentos e experiências.

Foram realizados, ainda, eventos em praça pública para troca de experiências entre os parceiros e a visibilidade do projeto, como as Mostras Jaboticabal Sustentável, e a elaboração de publicações voltadas para a comunidade, como os *Cadernos Jaboticabal Sustentável*, para auxiliar na difusão do projeto junto às escolas e à comunidade, abordando temas com conceitos e dimensões da sustentabilidade e caracterização do município segundo essas dimensões. Outros eventos, como os Encontros Jaboticabal Sustentável, também foram estratégicos na intervenção, por serem marcados por momentos decisivos para o projeto, de convocação dos parceiros para direcionamentos a serem tomados, principalmente para a continuidade do projeto.

Inicialmente, a centralidade do projeto estava na capacitação de técnicos do poder público para formulação, implementação e avaliação de programas e projetos de políticas públicas a partir de princípios e indicadores de sustentabilidade. Para isso, na sua primeira fase, trabalhou-se a sensibilização do poder público e da sociedade civil para as questões propostas no projeto. Essa capacitação ocorreu entre os técnicos de carreira e voluntários da prefeitura que participavam das reuniões e de várias atividades do projeto, em discussões e treinamentos específicos sobre sustentabilidade e suas dimensões.

Já na segunda fase, uma questão essencial passou a ser o desenvolvimento de um processo participativo, dentro de uma condição mais sustentável de trabalho, procurando garantir a participação da diversidade de atores locais. No decorrer do processo, acabou-se por definir, então, duas estratégias básicas do projeto: o aumento do conhecimento local sobre sustentabilidade e a ampliação de parceiros e participantes no projeto.

A partir dessas definições foram implementadas várias ações que permitiram a operacionalização dessas estratégias e o desenvolvimento do projeto segundo esses direcionamentos. Os esforços passaram a se concentrar na ampliação das parcerias e na consolidação de um grupo de ação local, como forma de proporcionar o encontro, a discussão e a mobilização da sociedade. Para essa capacitação, entendida aqui como formação de pessoas, por meio de transferência e troca de conhecimentos, foram organizados seminários e oficinas para discussão de ideias e propostas do projeto à comunidade local, visando à definição de conceitos e debates coletivos.

Por meio da elaboração de publicações de construção coletiva, os *Cadernos Jaboticabal Sustentável* (n. 1, n. 2 e n. 3), foi possível a sistematização do conhecimento produzido sobre sustentabilidade pelo grupo local, que definiu como sustentáveis as ações que procuram garantir o futuro de um lugar com uma boa qualidade de vida para todos, respeitando as pessoas e conservando o meio ambiente (Teixeira et al., 2002).

Na ampliação de parcerias, a formação do Grupo de Ação Jaboticabal Sustentável (GAJS) permitiu a congregação de várias entidades locais, governamentais e não governamentais, com a realização de reuniões sistemáticas de planejamento e organização das ações, discussão de temas de interesse e outras demandas do projeto. Como operações dessa estratégia, foram realizados ainda eventos em praça pública para troca de experiências entre os parceiros e a visibilidade do projeto, as Mostras Jaboticabal Sustentável e outros eventos, como os Encontros Jaboticabal Sustentável, marcados por momentos decisivos para direcionamentos a serem tomados para a continuidade do PJS.

A construção de indicadores

Com relação ao sistema de indicadores, todas as atividades desenvolvidas subsidiaram a construção do sistema de indicadores de sustentabilidade no município, como a realização de mostras, a elaboração dos cadernos e a sensibilização das entidades para incorporação dos princípios e conceitos de sustentabilidade, bem como os estudos produzidos pela equipe de pesquisadores.

A partir da constituição de uma base teórica foi possível experimentar uma metodologia de construção desses indicadores, por meio da realização de um seminário, no qual os vários participantes presentes tiveram a oportunidade de propor, discutir e selecionar alguns indicadores de sustentabilidade, com o auxílio de um método de atribuição quantitativa de valores para cada indicador. Assim, buscou-se agilizar a construção dos indicadores de sustentabilidade por meio da realização de várias etapas em um dos seminários Jaboticabal Sustentável. A escolha da primeira temática para criação de indicadores foi a água, que foi escolhido por:

- Esse tema já ter indicadores bem conhecidos, como o consumo de água.

- Pelo número significativo de especialistas em água participantes do projeto e pelo interesse dos atores locais sobre o tema.

- Pela oportunidade de experimentação de um método para construção de indicadores para uma dissertação de mestrado que estava sendo desenvolvida por uma das integrantes da equipe de pesquisadores (ver Miranda, 2003).

Essa metodologia aplicou-se primeiramente em um trabalho com subgrupos e, posteriormente, em uma discussão coletiva, propiciando a participação de vários atores no processo. O seminário foi realizado em seis etapas:

- Primeira etapa: proposição de indicadores segundo quatro diferentes aspectos relacionados com a água (uso urbano, uso rural, águas pluviais e função ecológica), considerando os que pudessem representar problemas à comunidade e ao ambiente.

- Segunda etapa: definição dos critérios de escolha de indicadores e sua forma de avaliação.

- Terceira etapa: escolha dos indicadores propostos na primeira etapa segundo os critérios estabelecidos (representatividade, comparabilidade, viabilidade de coleta de dados, preditividade, clareza e síntese).

- Quarta etapa: adequação dos indicadores segundo as dimensões de sustentabilidade – ambiental, social, econômica, política e cultural.

- Quinta etapa: coleta de dados para mensuração dos indicadores escolhidos.
- Sexta etapa: revisão dos indicadores e nova seleção.

No final do processo, foram elencados os indicadores para cada tipo de uso, apresentados no Quadro 6.1.

Quadro 6.1 – Proposta de indicadores de sustentabilidade sobre o tema água.

Proposição de indicadores de sustentabilidade para água de Jaboticabal
Aspecto urbano
1 - Consumo de água por habitante
2 - Percentual de residências com falta de água
3 - Vazão dos rios para captação
4 - Número de pontos de lançamento de esgotos não tratados em corpos d'água
5 - Perdas de água por vazamento
6 - Frequência de limpeza das caixas d'água
7 - Número de casos de doenças por veiculação hídrica
8 - Número de vazamentos de esgoto identificados
9 - Existência de um Conselho de Gestão de Recursos Hídricos
10 - Desconformidade com o padrão de potabilidade
11 - Desconformidade com o enquadramento dos corpos hídricos
12 - Quantidade de produtos químicos utilizados no tratamento de água
13 - Tema água abordado no ensino de forma ampla
Aspecto pluvial
1 - Vazões máximas e mínimas de corpo d'água
2 - Número de ocorrências de inundações
3 - Percentual de aproveitamento de água da chuva

(continua)

Quadro 6.1 – Proposta de indicadores de sustentabilidade sobre o tema água. (*continuação*)

Proposição de indicadores de sustentabilidade para água de Jaboticabal
4 - Percentual de impermeabilização das bacias
Aspecto rural
1 - Extensão da mata ciliar
2 - Grau de preservação das nascentes
3 - Presença de erosões
4 - Número de poços artesianos em uso
5 - Área irrigada
6 - Consumo de água rural
7 - Contaminação de rios
8 - Número de poços abandonados
Aspecto ecológico
1 - Número de locais cuja água é o elemento preponderante para estruturas paisagísticas, ecológicas e lazer
2 - Presença de peixes nos rios e córregos
3 - Diversidade da fauna e da flora

Como estratégia para garantir a continuidade do projeto, após o término da segunda fase, foi criado o Fórum Permanente Jaboticabal Sustentável e aplicada uma oficina-piloto de formação de agentes locais de sustentabilidade, na busca da autonomia do grupo local e da capacitação dos diversos atores.

Na constituição do fórum, das 34 instituições que tiveram algum envolvimento com o Projeto, dezesseis aderiram ao Fórum Permanente Jaboticabal Sustentável (Figura 6.2), que deveria dar continuidade às atividades do projeto. Essas instituições assinaram uma Carta de Princípios, contendo a natureza do fórum, seus objetivos e princípios e valores.

Figura 6.2 – Composições do Fórum Permanente Jaboticabal Sustentável, por natureza das instituições e setores de atuação.

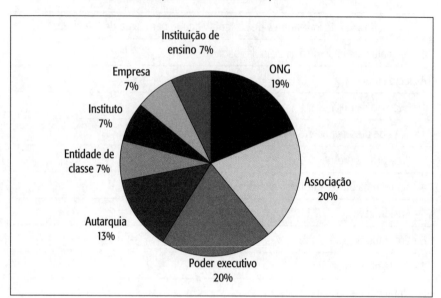

Produtos e resultados

O Quadro 6.2 apresenta uma síntese entre os objetivos propostos do projeto e o que foi realizado, bem como as respectivas estratégias.

Numa análise qualitativa do processo, pode-se considerar que:

- Houve avanço da discussão no município sobre sustentabilidade com o GAJS.
- Métodos, instrumentos e técnicas participativas (levadas pelos pesquisadores) facilitaram o aprendizado coletivo de alguns participantes, e dificultaram para outros (por serem muito acadêmicas).
- Alguns atores locais entenderam os conceitos de sustentabilidade e incorporaram em suas ações, outros apenas em discurso.
- A sustentabilidade foi um tema de difícil entendimento para alguns setores sociais (sem formação técnica).
- Os *Cadernos Jaboticabal Sustentável* foram instrumentos que favoreceram a acessibilidade e a sistematização de noções sobre sustentabilidade para a comunidade.

INDICADORES DE SUSTENTABILIDADE LOCAL: EXPERIÊNCIA DO PROJETO JABOTICABAL

Quadro 6.2 – Síntese dos objetivos, estratégias, produtos e resultados (1ª e 2ª fases).

Objetivos propostos	Estratégias – operações	Produtos e resultados (1ª e 2ª fases)
A sensibilização do poder público e da sociedade	Ampliação de parcerias • Processo participativo • Grupo de Ação JS • Mostras JS	• Desenvolvimento de um processo participativo • Consolidação do grupo de ação local, com a participação dos diversos atores locais, o Grupo de Ação Jaboticabal Sustentável • Realização de três mostras culturais, com divulgação do projeto, exposição de trabalhos sobre a sustentabilidade pelas entidades participantes e incorporação de novos parceiros
A capacitação para a formulação, a implementação e a avaliação de programas e projetos de políticas públicas a partir de princípios e indicadores de sustentabilidade	Aumento do conhecimento • Seminários • Oficinas • Reuniões	• Debates com parceiros nos temas sobre princípios, dimensões e indicadores de sustentabilidade • Realização de reuniões sistemáticas de planejamento e organização das ações do grupo, no município e na universidade • Realização de oficinas de capacitação de parceiros
A construção de uma base de informações para a tomada de decisões e para o uso público	Aumento do conhecimento • Construção de indicadores • Cadernos JS	• Construção de indicadores de sustentabilidade de água, iniciando a construção desses instrumentos para o município • Publicação de três fascículos de produção coletiva, o primeiro sobre conceitos e dimensões da sustentabilidade, o segundo sobre a caracterização dos municípío segundo esses conceitos e o terceiro sobre a água e a sustentabilidade em Jaboticabal
A implantação de um sistema de monitoramento (contínuo ou permanente) da sustentabilidade	Ampliação de parcerias • Encontros JS • Fórum JS	• Realização de três encontros onde foram discutidas questões relativas à continuidade do projeto • Constituição do fórum permanente local

- Houve avanços no processo de criação de indicadores, mas o método (técnico e complicado) e o processo participativo (mais demorado) restringiram a sua construção de fato.

- Processos participativos aconteceram mais internamente ao GAJS, não se refletindo na relação com a administração municipal.

- Constatou-se um baixo engajamento de alguns setores da sociedade.

- Houve baixo engajamento do poder público nas atividades do projeto, mas esse ator manteve uma presença forte no GAJS.

- A assessoria dos pesquisadores possibilitou uma articulação entre atores locais, mas conflitos internos (muitas vezes ocultos) impediram uma maior integração entre as entidades e o poder público.

- Dentro do GAJS houve baixa legitimidade representativa dos representantes de instituições, observando-se mais um posicionamento pessoal.

- As Mostras Jaboticabal Sustentável possibilitaram a divulgação do projeto e um maior contato com a comunidade.

- O Fórum foi a estratégia utilizada para a continuidade do processo, mas careceu de maior adesão e recursos para o prosseguimento do processo.

Diante dos resultados apresentados, pretende-se agora fazer uma discussão mais geral do projeto segundo questões relevantes também para o debate sobre sustentabilidade local, participação e indicadores, verificando os limites e as possibilidades desse projeto-piloto.

Limites e possibilidades do processo

Sobre a contribuição das estratégias escolhidas para o projeto

Pelo exposto, pode-se dizer que as estratégias escolhidas contribuíram significativamente para o processo, tendo em vista que se observam os resultados percebidos pela implementação da experiência.

Nas entrevistas realizadas com participantes do projeto, o aumento da discussão do tema da sustentabilidade dentro da cidade (aumento do conhecimento), fomentando um processo educacional e de formação na temática e em processos participativos de pessoas e instituições não governamentais e governamentais, foi apontando como o que de mais positivo o projeto trouxe para o município:

> Acho que o que de mais positivo é que nós tivemos a oportunidade de conhecer, de receber conhecimento, de construir conhecimento, em relação à direção da sustentabilidade, voltando em direção aos conceitos do que pode ser sustentável, aos indicadores de sustentabilidade, e em relação aos processos participativos com o monitoramento das políticas públicas. (Participante 1 do GAJS)

Isso reflete um início de processo de mudança a partir de um grupo restrito, o GAJS, com categorias distintas de pessoas e instituições, que pode vir a se estender para a sociedade de uma forma mais ampla. Há que se avaliar o grau de aprofundamento dessas transformações, se há mudanças de fato ou simplesmente incorporação no discurso dos atores, sem reais modificações em suas atitudes e valores.

> Com o desenrolar do projeto as pessoas começaram a assimilar na sua atuação diária, no seu discurso, a questão da sustentabilidade. E o poder público conseguiu, através de tudo isso, assimilar o conceito da sustentabilidade na elaboração de suas ações diárias. (Participante 2 do GAJS)

Na experiência de Jaboticabal, a construção participativa de conceitos e a proposição de indicadores permitiram uma discussão maior sobre a sustentabilidade no GAJS, vista de uma forma interativa entre dimensões. Pela observação direta de ações e condutas, acredita-se que alguns atores incorporaram esses conceitos nas suas atividades cotidianas, outros apenas em discurso, e outros talvez nem tenham compreendido a fundo a questão. Assim, segundo a percepção de um dos pesquisadores entrevistados, "os que permaneceram já estavam sensibilizados para a sustentabilidade, já tinham um histórico com o tema".

Acredita-se que houve incorporação dos conceitos de sustentabilidade no município tanto em discurso como em ações concretas. Mesmo que haja inicialmente uma incorporação mais retórica, entende-se que é um começo, e isso contribui para o processo, no que se espera que evolua para ações concretas em médio e longo prazo. Pela própria característica do processo, resultados mais consistentes em curto prazo (cinco anos de projeto) são tímidos ou inexistentes, mas há um avanço significativo se comparado com outros municípios, tendo se consolidado dentre outros projetos que não puderam se manter com o apoio do poder público, apesar da sua restrita interferência na vida municipal.

> Eu acho que a gente deu vários passos, eu acho que a gente progrediu rápido até, com relação a esse processo, que é um processo longo que a todo o tempo tem que ser avaliado, e a gente deu um passo muito grande, e eu acho que, assim, se comparado a outros municípios conforme a gente vinha falando, eu acho que Jaboticabal está um passo à frente de muita coisa, e que a gente tem que se reestruturar e se respaldar na nossa história, no nosso histórico da vontade do Jaboticabal Sustentável e dar continuidade agora. (Participante 3 do GAJS)

Considera-se que, a partir das estratégias que foram desenvolvidas, os instrumentos e a organização social mobilizada formaram uma base de estruturação essencial para que seja dada a continuidade a esse processo pelos agentes locais, contribuindo assim para que o grupo de agentes locais sensibilizado dê continuidade a ações para implementação do monitoramento da sustentabilidade por meio de indicadores.

Mas, segundo Thiollent (2003), essas transformações na sociedade, quando se dão a partir de um trabalho localizado em nível de grupos de pequena dimensão, podem não se concretizar se forem desprovidas de poder. Por isso torna-se relevante a verificação da condição de participação dos atores sociais no alcance da gestão pública participativa.

Sobre a interferência dos atores no alcance da gestão pública participativa

Como apontado na discussão teórica (Ferreira, 2000; Soares e Gondim, 1998), um dos pressupostos da sustentabilidade está na imprescindibilidade de participação da diversidade de atores sociais no processo em que se pretende a construção de uma sociedade sustentável. A abertura à participação de vários atores sociais possibilita a ampliação do debate e a construção de uma base comum de discussões que congregue os mais diversos interesses em torno de um objetivo comum.

A Figura 6.3 é representativa dos papéis e interações existentes entre os atores. Segundo o esquema proposto, são quatro os grupos sociais que atuam nesse processo: a sociedade organizada coletivamente (associações, ONGs, instituições etc., representadas pelo GAJS); a assessoria técnico-política (universidade e pesquisadores); poder público (prefeitura, autarquias, poder legislativo etc.); e outros segmentos da sociedade (não presentes no grupo de ação, podendo ser industriais, comerciais, movimentos sociais etc.).

Figura 6.3 – Esquema de interação entre atores no PJS.

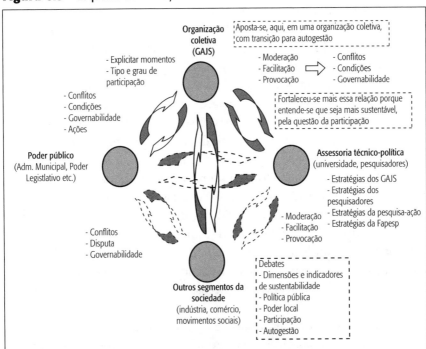

Cada grupo acabou assumindo papéis que se definiram e se modificaram de acordo com a dinâmica do processo. No PJS, num primeiro momento, o poder público era o parceiro central, mas com as mudanças de estratégias, a aposta passou a ser na organização coletiva da sociedade, passando a ser esse grupo protagonista do processo. Esse grupo menor, representando a sociedade, deveria buscar o seu fortalecimento e ampliação, atingindo outros segmentos sociais que estivessem ausentes.

A universidade se colocou como assessoria técnico-política, assumindo um papel de provocação de questões, facilitação do aprendizado sobre sustentabilidade e a moderação das relações entre os atores. Por sua vez, o poder público tem no seu apoio e na abertura ao diálogo com a sociedade um papel importante no fomento do processo.

As relações entre esses grupos foram permeadas por momentos de naturezas diversas, como cooperação, consenso, horizontalidade, mas também conflitos, divergências e centralizações que acabaram por interferir positiva ou negativamente no processo. Mas como afirma El Andaloussi (2004), não se pode imaginar um grupo visando a um objetivo comum a partir de lógicas diferentes sem passar por momentos de relação de força e negociações até se conseguir o consenso. As questões de relacionamentos internos entre os atores diversos fizeram aflorar alguns conflitos, principalmente de ordem político-partidária. Isso causou alguns entraves ao processo.

Houve dificuldades em se ter uma representação legítima no processo de participação dos atores. A baixa participação da sociedade local foi uma das principais fragilidades verificadas. Esse fator restritivo pode estar associado à baixa cultura participativa ainda predominante, a falhas estratégicas de sensibilização, ao desgaste e à desmotivação da população por não ver resultados mais concretos, ou à própria complexidade do tema, que não é tão atrativo ou acessível para as camadas mais populares.

Houve o engajamento de entidades do GAJS em um fórum, mas o comprometimento maior com o bem comum (a cidade), acima de interesses individuais, conflitos, disputas de poder e burocracia (do poder público), era condição essencial para consolidação desse espaço e ampliação da participação de outros segmentos sociais, como relata essa entrevistada:

> A consolidação do fórum agora é cada vez a participação de mais segmentos diferentes no grupo. Quem sabe a gente conseguia a participação de um sindicato, a participação das faculdades daqui, por exemplo, de grupo de bairros, até de igrejas e tudo isso. (Participante 4 do GAJS)

A falta de autonomia do grupo local no processo como um todo pôde ser observado como consequência da atuação do poder público no processo em termos de emancipação política para participação na gestão pública.

Ferreira (2000) considera que o desenvolvimento de um processo participativo é uma estratégia fundamental nos novos paradigmas de gestão pública e sustentabilidade, capaz de envolver a população por meio da capacitação de atores governamentais e não governamentais para a gestão pública sustentável, em uma perspectiva de integração das mais diversas

INDICADORES DE SUSTENTABILIDADE LOCAL: EXPERIÊNCIA DO PROJETO JABOTICABAL | **181**

dimensões. Segundo a autora, a importância desse tipo de metodologia está na necessidade de mudança de comportamento da população dentro de uma perspectiva da sustentabilidade socioambiental, subsidiando atores locais para que possam intervir no processo de gestão.

Na administração de Jaboticabal observa-se que houve interesse em promover processos participativos por parte do poder público, dada a própria abertura ao desenvolvimento do projeto e a existência de outras atividades com o mesmo caráter de participação. No entanto, há evidências e relatos que questionam se essa abertura à participação foi realmente efetiva, ou se aconteceu apenas em nível de discurso.

El Andaloussi (2004) afirma que a participação de agentes administrativos no processo está marcada por subjetividades e interesses, e sua implicação pode ser motivada por ganhos em termos de informações obtidas pela pesquisa ou de relações de autoridade, já que, como tomador de decisão, controla condições que podem continuar a ampliar ou frear o processo. Segundo um dos pesquisadores, o fato de ter um poder público receptivo, em algum momento, não facilitou o processo, e, em outro, foi até empecilho pelo fato de centralizar de certa forma e esvaziar a mobilização da sociedade civil.

Com as possibilidades de mudança de gestão nos processos eleitorais que ocorreram durante o projeto, a incerteza do apoio de novas administrações a projetos de sucesso da gestão anterior colocou em questão a real imprescindibilidade de apoio do poder público para se desenvolver um projeto como esse.

> Existe no Brasil essa política de você realmente barrar o que a administração anterior fez para que você possa marcar a sua administração com projetos novos. Mas eu acho que o fórum não tem um caráter exclusivo do ponto de vista executivo, não é só a prefeitura que participa desse projeto, então caso a próxima administração não tenha interesse, as instituições devem continuar a desenvolver o projeto Jaboticabal, porque na verdade ele tem um caráter bem variado de instituições, e se executivo não se interessar, as instituições continuam tocando, tentando através das atividades sensibilizar o executivo e o legislativo também. (Participante 4 do Poder Público)

Pode-se ver esse apoio do poder público positivamente, como possibilidade de maior acesso aos processos de tomada de decisão, a recursos etc., mas também, no caso da ausência desse apoio, uma oportunidade de

INDICADORES DE SUSTENTABILIDADE E GESTÃO AMBIENTAL

organização e fortalecimento da sociedade em torno de organizações mais autônomas, como o fórum, como um instrumento de fiscalização e monitoramento das políticas públicas municipais na perspectiva da sustentabilidade.

Sobre a viabilidade do processo na perspectiva da sustentabilidade

Em termos gerais, a maioria dos processos de pesquisa com ação simultânea busca transformações na realidade social, e assim foi a proposta do PJS, por via da incorporação da sustentabilidade nas políticas locais, considerando que seus princípios eram capazes de trazer melhorias para a qualidade de vida da população local, nas mais diversas dimensões, no presente e para o futuro.

Segundo Macnaghten e Jacobs (1997), nesses processos os cidadãos são chamados a fazer parte dos projetos porque a participação pública se tornou uma parte essencial no discurso da sustentabilidade, pelo princípio democrático e pela instrumentalidade dessa participação, no apoio às decisões públicas. Os indicadores se apresentam como os instrumentos necessários para informar os cidadãos sobre as condições locais, podendo assumir um caráter mais técnico ou mais educacional, como ferramentas de comunicação para o grande público sobre a sustentabilidade, esperando-se com isso uma mudança de comportamentos dos cidadãos em seu cotidiano ou o seu engajamento político nos processos decisórios.

Esses autores investigaram, em Lancaster (Inglaterra), o nível de compreensão e identificação da população local com as propostas de desenvolvimento sustentável para solucionar problemas da cidade. A pesquisa conclui que a desconfiança no governo e nas instituições promotoras de desenvolvimento sustentável, e o pouco entendimento das pessoas sobre as questões de sustentabilidade, podem afetar as iniciativas de participação pública na promoção do desenvolvimento sustentável e na utilização de indicadores de sustentabilidade para prover informações.

Vários autores (Kayano e Caldas, 2002; Vaz, 2000; Ferreira, 2000) consideram a construção de indicadores importante e necessária tanto para a sociedade quanto para o poder público, para estes, como instrumentos de apoio às tomadas de decisão, e, para a sociedade, como ferramentas para o monitoramento da sustentabilidade dessas políticas.

Em Jaboticabal também se observaram fragilidades e potencialidades no processo, como já exposto. A escolha da estratégia de construção participativa de indicadores apresentou vantagens e desvantagens. Conforme relato de pesquisadores, apesar de ser a participação uma condição essencial da sustentabilidade, observou-se que a opção por essa estratégia demandou mais tempo e dilatação dos prazos previstos no projeto, além de ter dificultado a construção do sistema de indicadores, que não chegou a ser concretizado.

Resultados mais concretos de intervenção, com as prospostas de sustentabilidade do projeto, nas decisões municipais, não puderam ser observados durante o processo (como a construção e o monitoramento de um indicador). No entanto, as diversas condições criadas para possibilitar o aumento do conhecimento sobre sustentabilidade dos agentes locais favoreceram o processo, tendo em vista que facilitaram a transferência de conhecimentos novos (conceitos, princípios, dimensões e indicadores de sustentabilidade).

Como todo processo, a avaliação e a constatação de fragilidades demandam revisão e correção das falhas apresentadas. Segundo Thiollent (2003), o processo de transformação almejado exige uma visão dinâmica acerca do desenvolvimento da pesquisa, no qual devem estar presentes considerações estratégicas e táticas para saber como alcançar os objetivos, superar ou contornar obstáculos e neutralizar as reações adversas.

CONSIDERAÇÕES FINAIS

Segundo Gauthier (apud El Andaloussi, 2004, p. 108), partindo das necessidades de acumulação do conhecido, admite-se que não se deve atomizar o conhecimento a ponto de tornar a pesquisa (o saber) não generalizável, não reproduzível, não falseável, portanto, voltada para uma ação específica. Ao contrário, deve-se elevar o nível de abstração do saber para que este se autoproduza e possa transpor-se em situações diferentes.

Nessa perspectiva de abstração do conhecimento adquirido pela reflexão e avaliação do PJS, considerando-se ainda os limites de um estudo de caso único, podem ser observadas algumas questões importantes na perspectiva de incorporação da sustentabilidade nas políticas públicas municipais.

A sociedade, ao se integrar em uma experiência inovadora, cujo referencial de transformação da realidade seja a sustentabilidade e a democracia, enfrenta as dificuldades de um processo de mudança de uma cultura de passividade, observação e paternalismo para uma de questionamento, organização coletiva, engajamento, emancipação e ação para intervir e participar ativamente das transformações do seu espaço territorializado.

O gestor público, por sua vez, tem o desafio de quebrar os padrões históricos de dominação, hierarquização e privatização do poder em favor da abertura à participação social e legitimação da esfera pública de decisões, apoiando e incorporando caminhos alternativos por meio de instrumentos como os indicadores de sustentabilidade, para o desenvolvimento social, econômico, cultural e ambiental mais sustentável de seu município.

Ao promover experiências como essas, por sua vez, a universidade cumpre seu objetivo precípuo ao produzir um conhecimento novo e torná-lo acessível à sociedade, e vai mais além ao participar com essa sociedade do processo de mudança de sua realidade social. Ao se dispor a isso, a universidade torna mais rica e relevante a sua experiência, buscando com a sociedade caminhos alternativos de melhoria de qualidade de vida.

Sobre o alcance da experiência em termos de mudança da realidade social, El Andaloussi (2004) afirma que o papel da pesquisa-ação é o de provar a eficácia de uma solução, que resulta de uma transformação em escala restrita. O papel das instituições é o de favorecer essa difusão em escala maior.

Sachs (1994) entende que as estratégias em busca da sustentabilidade não podem ser impostas de cima para baixo, mas elaboradas e concretizadas pelas populações interessadas, com o apoio de uma política eficaz para a sua emancipação. Entende-se que esse processo desenvolvido de 1999 a 2004 propiciou condições para que a construção dos indicadores e a formulação e o monitoramento de políticas públicas mais sustentáveis e democráticas em Jaboticabal venham a ser possíveis de fato. Como um projeto-piloto, o desafio constante é de avaliação e aperfeiçoamento contínuo desse processo, como complementa essa afirmação:

> As trocas de experiências entre cidades e estudos comparativos deveriam ocupar um alugar importante nas políticas de cooperação, a ideia não sendo tanto a de fornecer modelos prontos, mas sim a de estimular a imaginação social, permitindo encontrar nos acertos e erros dos outros um reflexo de suas próprias interrogações. (Sachs, 1994, p.55)

Por essa experiência, infere-se que a busca por metodologias inovadoras de incorporação da sustentabilidade em políticas públicas passa pela experimentação de erros e acertos, que contribuem para o aperfeiçoamento do processo e de experiências semelhantes posteriormente.

Pela reflexão e avaliação do PJS, bem como pelos debates apontados na literatura, pode-se indicar algumas possibilidades que favorecem o processo de monitoramento da sustentabilidade em políticas públicas por meio de indicadores, tais como:

- Questionamento contínuo e permanente do modelo de gestão pública por parte da sociedade. Ou seja, entende-se que formas alternativas de gestão da cidade na perspectiva da sustentabilidade são fortalecidas com o monitoramento das políticas públicas pela sociedade.

- Organização coletiva da sociedade dentro de uma perspectiva de autonomia e emancipação de ações. Ou seja, um grupo organizado da sociedade mobilizado para compreensão e ação em torno de modelos alternativos de gestão na cidade, estando sob seu controle as decisões, ações e recursos do seu projeto e tendo a capacidade de estar aberto à participação de outros segmentos sociais dentro da visão de sociedade local como um todo.

- Formação contínua e permanente em sustentabilidade (princípios, dimensões, indicadores), sendo observada não só a construção participativa de conceitos e interações entre dimensões, mas a incorporação na conduta de cada indivíduo. nas ações, sendo essa uma condição essencial para transformações na sociedade.

- Construção participativa de indicadores de sustentabilidade que estejam sob a governabilidade local, ou seja, criar condições reais para que a sociedade domine a ferramenta, o poder público possa dele se utilizar, e os problemas decorrentes da observação desses instrumentos possam de fato ser resolvidos por uma ação ou política pública em nível local.

- Apoio do poder público como fomentador (não centralizador) do processo, ajudando na capacitação, oferecendo assessorias e disponibilizando recursos e estrutura de apoio.

- E a existência de uma assessoria técnico-política capaz de promover a mediação e o equilíbrio na relação entre atores e entre o saber técnico e o saber das pessoas, provocando e facilitando a aprendizagem, e aprendendo e produzindo conhecimento pela ação (Adeodato, 2005).

A experiência do PJS, apesar de não ter atingido seu objetivo principal de construir um sistema de monitoramento participativo da sustentabilidade local, representa uma significativa contribuição a processos inovadores para a inserção de um referencial sustentável na sustentabilidade local, e fomenta a troca de experiências entre cidades, para que a incorporação de princípios e indicadores de sustentabilidade nas políticas públicas possa ser uma meta possível e factível em municípios que adotem a sustentabilidade e a democracia como referenciais de mudança da realidade e melhoria de sua qualidade de vida.

REFERÊNCIAS

ACSELRAD, H. Sentidos da sustentabilidade urbana. In: ACSELRAD, H. (org.). *A duração das cidades: sustentabilidade e risco nas políticas urbanas*. Rio de Janeiro: CREA-RJ/DP&A Editora, 2001.

ADEODATO, M.T.P.C. *Análise das estratégias para o projeto de incorporação de princípios e indicadores da sustentabilidade em políticas públicas no município de Jaboticabal-SP*. São Carlos, 2005. 276 f. Dissertação (Mestrado em Engenharia Urbana) – Centro de Ciências e de Tecnologia, Universidade Federal de São Carlos.

ARRETCHE, M.T.S. Políticas sociais no Brasil: descentralização em um Estado federativo. *Revista Brasileira de Ciências Sociais*, v.14, n. 40, 1999.

ATKINSSON, A. *Desenvolvimento de indicadores de comunidades sustentáveis – Lições do Seattle Sustentável*. [S.l.]: Universidade Livre do Meio Ambiente/Centro de Referência em Gestão Ambiental para Assentamentos Humanos, 1993. Disponível em: http://www.bsi.com.br/unilivre/centro/textos/Forum/deicom.htm. Acessado em: 19 set. 2003.

BAQUERO, M. Cultura política participativa e desconsolidação democrática: reflexões sobre o Brasil contemporâneo. *São Paulo em Perspectiva*, São Paulo, Fundação Seade, v. 15, n. 4., 2001.

BUARQUE, S.C. *Construindo o desenvolvimento local sustentável*. Rio de Janeiro: Garamond , 2002.

CUNHA, F.L.S.J. *O uso de indicadores de sustentabilidade ambiental no monitoramento do desenvolvimento agrícola*. Brasília, 2003. 85 f. Dissertação (Mestrado em Gestão Econômica do Meio Ambiente) – Centro de Estudos em Economia, Meio Ambiente e Agricultura, Universidade de Brasília.

DIEGUES, A.C.S. Desenvolvimento sustentável ou sociedades sustentáveis: da crítica dos modelos aos novos paradigmas. *São Paulo em Perspectiva*, n. 6, jan.-jun. 1992.

EL ANDALOUSSI, K. *Pesquisas-ações: ciência, desenvolvimento, democracia*. Trad. Michel Thiollent. São Carlos, SP: EdUFSCar, 2004.

FERNANDES, M. Desenvolvimento sustentável: antinomias de um conceito. In: FERNANDES, M.; GUERRA, L. (orgs.). *Contra-discurso do desenvolvimento sustentável*. Belém: Associação das Universidades Amazônicas, 2003.

FERREIRA. L. C. Indicadores político-institucionais de sustentabilidade: criando e acomodando demandas públicas. *Revista Ambiente e Sociedade*, Campinas, SP, Nepam, Unicamp, ano III, n. 6-7, 2000.

FREY, K.A. Dimensão político-democrática nas teorias de desenvolvimento sustentável e suas implicações para a gestão local. *Revista Ambiente e Sociedade*, Campinas, SP, Nepam, Unicamp, ano IV, n. 9, 2000.

GARCIAS, C. M. Indicadores de qualidade ambiental urbana. In: BOLLMAN, A.H.; MAIA, N. B.; MARTOS, H.L. et al. (orgs.). *Indicadores ambientais: conceitos e aplicações*. São Paulo: Educ/Compendi/Inep, 2001.

HART, M. *Guide to sustainable community indicators*. North Andover, MA: Hart Environmental Data, 1999.

KAYANO, J.; CALDAS, E. Indicadores para ao diálogo. In: CACCIA-BAVA, S.; PAULICA, V.; SPINK, P. (orgs.). *Novos contornos da gestão local: conceitos em construção*. São Paulo: Polis/FGV-Eaesp, 2002.

LEAL, S.M.R. *Para além do Estado: tendência, limites e alcance das novas formas de gestão urbana a nível local*. Campinas, 1994. Tese (Doutorado em Economia) – Instituto de Economia, Universidade Estadual de Campinas.

MACNAGHTEN, P.; JACOBS, M. Public Identification with sustainable development. *Global Environment Change*, Elsevier Science, Lancaster, v. 7, n. 1, pp. 5-24, 1997.

MIRANDA, A.B. de. *Abastecimento de água e esgotamento sanitário: princípios e indicadores de sustentabilidade numa cidade de médio porte*. São Carlos, 2003. Dissertação (Mestrado em Engenharia Urbana) – Centro de Ciências Exatas e de Tecnologia, Universidade Federal de São Carlos.

NAHAS, M.I.P. *Bases teóricas, metodologia de elaboração e aplicabilidade de indicadores intra-urbanos na gestão municipal da qualidade de vida urbana em grandes cidades: o caso de Belo Horizonte*. São Carlos, 2002. 375 f. Tese (Doutorado em Ecologia e Recursos Naturais) – Centro de Ciências Biológicas e da Saúde, Universidade Federal de São Carlos.

[PMJ] PREFEITURA MUNICIPAL DE JABOTICABAL. *Plano diretor de desenvolvimento urbano*. Jaboticabal, SP: PMJ, 2000.

SACHS, I. Estratégias de transição para o século XXI. In: RAYNAUT, C.; ZANO-NI, M. *Cadernos de desenvolvimento e meio ambiente*. Curitiba: Ed. UFPR, 1994. (Sociedades, Desenvolvimento e Meio Ambiente n. 1)

[SEADE] FUNDAÇÃO SISTEMA ESTADUAL DE ANÁLISE DE DADOS. *Perfil municipal: Jaboticabal.* Disponível em: http://www.seade.gov.br/produtos/perfil/index.phd. Acessado em: 24 set. 2012.

SHUGLER, E. Os caminhos da participação popular: uma reflexão sobre experiências em favelas cariocas. *Espaço e Debates: Revista de Estudos Sociais e Urbanos*, São Paulo, Cortez, ano IV, n. 11. 1984.

SILVA, S.M; SHIMBO, I. Proposições básicas para princípios de sustentabilidade. In: II ENCONTRO NACIONAL E I ENCONTRO LATINO AMERICANO SOBRE EDIFICAÇÕES E COMUNIDADES SUSTENTÁVEIS, 2000, Canela. *Anais...* Porto Alegre: Antac, 2000.

SOARES, J.A.; GONDIM, L. Novos modelos de gestão: lições que vêm do poder local. In: SOARES, J.A.; BAVA, S.C. (orgs.). *Os desafios da gestão municipal democrática*. São Paulo: Cortez, 1998.

TEIXEIRA, B.A.N. *Projeto de pesquisa incorporação de princípios e indicadores de sustentabilidade em políticas urbanas de pequenos e médios municípios*. São Carlos, SP: PPPJ/ PPGEU-UFSCar, 1998.

_____. *Relatório fase 1 da pesquisa incorporação de princípios e indicadores de sustentabilidade em políticas urbanas de pequenos e médios municípios*. São Carlos, SP: PPPJ/ PPGEU-UFSCar, 2000.

TEIXEIRA, B.A.N. et al. *Cadernos Jaboticabal Sustentável, n. 1: Conceitos*. Jaboticabal-SP: PMJ/ UFSCar, 2002.

THIOLLENT. M.. *Metodologia da pesquisa-ação.* 12ª ed. São Paulo: Cortez, 2003.

VAZ, J.C. *Avaliando a gestão. 125 dicas para a ação municipal*. São Paulo: Instituto Polis, 2000.

XARXA DE CIUTATS I POBLES CAP A LA SOSTENIBILITAT. *Sistema municipal d'indicadors de sostenibilitat diputació de Barcelona*. Barcelona: Winihard Gràfics, 2000.

Indicadores de sustentabilidade local: caso de Ribeirão Pires, SP

7

Sonia Maria Viggiani Coutinho
Advogada, Faculdade de Saúde Pública da USP

Tadeu Fabrício Malheiros
Engenheiro ambiental, Escola de Engenharia de São Carlos da USP

Desde a Conferência das Nações Unidas sobre Meio Ambiente e Desenvolvimento (Cnumad), em 1992, no Rio de Janeiro, muitas ações foram iniciadas no sentido de se construir as bases para um desenvolvimento sustentável. Como recomendação dessa Conferência, muitos países elaboraram suas Agendas 21 nacionais, regionais e municipais, sendo, nesse contexto, cada vez mais urgente a tarefa de criação de mecanismos para a avaliação do processo das Agendas 21 construídas e implementadas ao longo do tempo.

Pesquisa realizada pelo Internacional Council for Local Environmental Iniciatives (Iclei), em 2002, com o auxílio da Organização das Nações Unidas (ONU), demonstrou que 6.416 governos locais, em 113 países, estiveram envolvidos em atividades de Agenda 21 Local nos dez anos anteriores (ONU/Iclei, 2005). Levantamento da Coordenação da Agenda 21, do Ministério do Meio Ambiente, demonstra 544 experiências municipais, estaduais e regionais de Agendas 21 Locais no Brasil (Brasil, 2007).

Consta da Agenda 21 Global que as decisões devem se basear em informações consistentes, por meio de indicadores de desenvolvimento sustentável. Assim, a criação de indicadores como ferramenta de avaliação passa a ser prioridade de muitos países, estados e municípios, sendo várias as experiências na criação de indicadores em diversas partes do mundo.

Como exemplo, pode-se citar alguns sistemas de indicadores e índices existentes de âmbito regional ou nacional, tais como os indicadores de desenvolvimento sustentável da ONU (2007), os indicadores da Comunidade Europeia (Eurostat, 2007), os indicadores do Banco Mundial (The World Bank, 2006), os indicadores de desenvolvimento sustentável do Instituto Brasileiro de Geografia e Estatística (IBGE, 2002, 2004, 2008 e 2010), o Environmental Sustainability Index (Yale Center for Environmental Law and Policy, 2005), o Índice de Desenvolvimento Humano (PNUD, 2008a), o Índice Paulista de Responsabilidade Social (Seade, 2004), entre outros. Na América Latina, além do Brasil, computam-se experiências com indicadores de sustentabilidade no México, Chile, Colômbia e Argentina (Martinez, 2004).

O número de experiências internacionais de construção de indicadores de desenvolvimento sustentável locais relatado, a que se teve acesso, é maior na Europa, nos Estados Unidos e no Canadá, tais como as experiências internacionais locais desenvolvidas nas cidades de Seattle (Estados Unidos), Winnipeg (Canadá) e Barcelona (Espanha) (Seattle, 1998; IISD, 1997; Ajuntament de Barcelona, 2003). No Brasil, computam-se algumas experiências locais com a criação de indicadores ambientais para o Rio de Janeiro (RJ), Manaus (AM) e, mais recentemente, São Paulo (SP), usando a metodologia GEO Cidades (Pnuma, 2001). Para Belo Horizonte (MG), destaca-se a criação do Índice de Qualidade de Vida Urbana (IQVU) (Nahas, 2001).

Em 2004 foi ampliada a atuação da Comissão de Políticas de Desenvolvimento Sustentável, do Ministério do Meio Ambiente (Brasil, 2004b), focando na avaliação e revisão das Agendas 21 nacional e local. Para isso, sinalizou a importância da criação de indicadores e, ao mesmo tempo, ampliou o quadro de integrantes da Comissão anterior, reforçando a participação ministerial, de associações nacionais e segmentos da sociedade civil. Ao lado dessas inovações, a partir de 2004, o Programa Agenda 21, do Ministério do Meio Ambiente, integrou o Plano Plurianual (PPA) do governo federal, tornando-se uma das políticas públicas estruturais para o quadriênio 2004-2007 (Brasil, 2004a). No entanto, nenhum projeto específico foi apresentado no sentido de se construir indicadores de avaliação para as Agendas 21 Locais, até 2011.

Verifica-se, principalmente para o contexto brasileiro, uma lacuna no conhecimento sobre indicadores locais de desenvolvimento sustentável e o processo de construção deles. Esses indicadores são entendidos como ferramenta para o monitoramento de Agendas 21 de municípios, para o estabelecimento de políticas públicas, para o acompanhamento de sustentabilidade de projetos interdisciplinares e como espaço de efetiva participação da sociedade no processo de gestão e planejamento ambiental.

Este capítulo relata um estudo de caso de construção de indicadores de sustentabilidade local que foi desenvolvido junto ao Conselho da Cidade do Município de Ribeirão Pires, localizado na Região Metropolitana de São Paulo. A metodologia utilizada para o levantamento dos indicadores envolveu a realização de oficinas de trabalho, aplicando-se técnica participativa para a definição das prioridades da comunidade, dentro de uma perspectiva de sustentabilidade do município de Ribeirão Pires, em um cenário de médio e longo prazo. Portanto, foi uma fase de diagnóstico junto à comunidade, aqui representada pelo Conselho da Cidade de Ribeirão Pires.

Decidiu-se trabalhar junto ao Conselho da Cidade de Ribeirão Pires, que já se encontrava preparado para o trabalho de construção coletiva e questões de sustentabilidade urbana, uma vez que seus membros haviam justamente concluído um longo processo de construção da Agenda 21 do município. Esse fato possibilitou desconsiderar as etapas de mobilização e sensibilização do grupo.

Durante o processo de construção dos indicadores de desenvolvimento sustentável, os representantes do Conselho da Cidade tiveram um papel ativo na definição de prioridades, avaliação e construção dos indicadores. No final de cada uma das oficinas de trabalho eram feitas a consolidação e análise dos resultados obtidos, para apresentação na oficina seguinte, como ponto de partida para a evolução do processo construtivo dos indicadores.

INDICADORES DE DESENVOLVIMENTO SUSTENTÁVEL

A inexatidão do conceito de desenvolvimento sustentável, que tem sua origem ligada à biologia populacional do fim da década de 1970, e seu caráter vago e contraditório, contido no Relatório Brundtland, têm pautado as discussões de diversos autores, principalmente dentro da corrente econômica, desde seu surgimento oficial em 1987. A despeito de todas as divergências no campo econômico, vários são os autores que procuraram definir desenvolvimento sustentável. Todas as conceituações são passíveis de longas discussões, mas todas igualmente convergem para o ponto comum da urgência de uma solução para a atual crise socioambiental global, e consideram, no mínimo, um conjunto de dimensões que, de forma geral, abrange os temas ambientais, sociais e econômicos como base para avaliar o desenvolvimento.

Assim, o desenvolvimento e a sustentabilidade, que eram termos sem associação, agora se unem em uma escala global e em uma estrutura temporal de urgência para buscar a resposta de como poderemos fornecer suficiência, segurança e qualidade de vida para todos – uma questão de desenvolvimento – e de como poderemos viver dentro das leis e dos limites do ambiente biofísico – uma questão de sustentabilidade (Meadows, 1998). Um indicador de desenvolvimento sustentável deve refletir eficiência, suficiência, equidade e qualidade de vida, não podendo mais ser confundido com crescimento apenas, gerando uma única questão acerca da possibilidade de nossa geração viver com qualidade de vida, sem dilapidar a saúde e a produtividade do planeta, e, por conseguinte, permitir que as próximas gerações também tenham acesso às mesmas condições de vida.

Os indicadores que são necessários para responder a essa questão não são imediatamente óbvios, mas sabe-se que deverão ser mais do que indicadores isolados, devendo, além de trabalhar nas interfaces das dimensões da sustentabilidade, também incorporar a noção de tempo e de limites.

Com o crescente estabelecimento das metas para um desenvolvimento sustentável, como as Agendas 21, cresce a urgência da construção de indicadores que mensurem as ações nesse sentido.

> A quantificação e qualificação das condições ambientais que estão sendo alteradas, preservadas ou simplesmente estudadas passam a ser muito importantes, não só para a espécie humana, como para a vida de muitos organismos. Daí a importância de avaliação muito mais precisa do que aquelas que um dia foram suficientes para os homens primitivos: frio, quente, claro, escuro, doce, azedo etc. Hoje, vários profissionais de diferentes áreas necessitam saber, acuradamente, o quanto e como as atividades antrópicas estão alterando partes específicas de ecossistemas. Somente os órgãos sensitivos natos da espécie humana já não são suficientemente precisos ou adequados para as necessidades da própria espécie. (Maia et al., 2001)

Dessa forma, vários países, cientes de que o indicador até então utilizado para medir desenvolvimento econômico a partir do Produto Interno Bruto (PIB) per capita não era mais suficiente para mensurar sustentabilidade do desenvolvimento, partiram para a construção de novos modelos que pudessem lidar com a complexidade desse novo paradigma.

A partir daí surgem diversas iniciativas e projetos em todo o mundo com o objetivo de criar indicadores de sustentabilidade para os níveis de gestão local, regional, estadual e até mesmo global. De acordo com Gomes et al. (2000, p.09), "praticamente todos os Estados-membros da União Europeia já publicaram documentos sobre indicadores ambientais ou de desenvolvimento sustentável".

A construção de sistemas de indicadores em nível global, nacional ou local deve considerar que, embora o planeta Terra seja regido por somente um conjunto de leis físicas e biológicas, esses fatores sofrem modificações de acordo com as diferenças de ecossistemas e climas. Portanto, todos os seres humanos possuem as mesmas necessidades fundamentais de sustentação, porém elas deverão ser buscadas por diferentes meios. Daí ser importante estabelecer indicadores que informem problemas comuns nas diferentes escalas de decisão, mas que também fortaleçam e identifiquem questões e realidades específicas para a diversidade de contextos, como por exemplo, o meio rural e o urbano.

De acordo com estimativa da ONU de 2007, a população mundial urbana deve continuar crescendo mais rápido do que o total da população mundial. Como consequência, cerca de 3 bilhões de pessoas, ou 48% da humanidade, vivia em 2003 em assentamentos urbanos; hoje, mais de 50%, e serão quase 60%, em 2030. Dessa forma, a população urbana deve alcançar 4 bilhões, em 2017, e 5 bilhões, em 2030 (ONU, 2007).

No Brasil, a grande concentração urbana foi resultante de uma utilização deficiente do espaço urbano, constituindo um entrave ao desenvolvimento sustentável das cidades. Esse problema urbano, ao alcançar proporções maiores em todo o mundo, passa a ser uma das linhas de atuação da ONU a partir da consolidação de seu Programa Habitat.

Partindo da constatação feita durante a Conferência do Rio, realizada em 1992, de que a maioria do crescimento populacional urbano mundial se daria em países do terceiro mundo, tanto a Agenda 21, produto dessa Conferência, quanto a Agenda Habitat, fruto da conferência de Istambul, aceitando que um dos pilares centrais para se alcançar a sustentabilidade está nas cidades, onde se localiza a maior parte de atividades e pessoas, passaram a orientar as políticas públicas e as práticas urbanas de diversas cidades e metrópoles. Entre as diretrizes formuladas pode-se destacar a ideia de desenvolvimento sustentável, a necessidade de coordenação setorial, a descentralização da tomada de decisões e a participação das comunidades interessadas em instâncias específicas da gestão urbana (Grostein, 2001), tornando importante a construção de indicadores locais para avaliar sustentabilidade.

O MUNICÍPIO DE RIBEIRÃO PIRES

Características geográficas

O município de Ribeirão Pires integra a Região Metropolitana de São Paulo (Figura 7.1), distando cerca de 40 km da capital paulista. Sua área total é de 107 km², e a sua população estimada era de 107.046 habitantes (IBGE, 2007).

O município está situado na Serra de Paranapiacaba, que, por sua vez, é um segmento da Serra do Mar, com vegetação remanescente de Mata Atlântica, que cobre cerca de 50% do município. Ela integra a Reserva da Biosfera da Cidade de São Paulo, um dos componentes da Reserva da Biosfera da Mata Atlântica, considerada pela ONU como patrimônio da humanidade em virtude da diversidade biológica e suas características únicas, inclusive pela proximidade com um dos maiores aglomerados urbanos do mundo. Os remanescentes em geral não estão conectados e apresentam-se com dimensões variadas, alguns deles localizados muito próximos às áreas urbanizadas ou até mesmo no seu próprio interior (PMRP, 2005).

O clima se caracteriza como tropical de altitude, frio e úmido. O território de Ribeirão Pires encontra-se situado em uma área estratégica dos formadores de três diferentes bacias hidrográficas protegidas ambientalmente pela legislação estadual: Bacia Hidrográfica da Billings/Braço Rio Grande (cerca de 70% do território), Bacia Hidrográfica do Rio Taiaçupeba (cerca de 20% do território) e Bacia Hidrográfica do Rio Guaió (cerca de 10% do território).

O reservatório Rio Grande, braço produtor do sistema Billings, ainda se mantém como um dos reservatórios de grande capacidade de armazenamento de água durante todo o ano, inclusive nos períodos de estiagem, sendo responsável por importante parcela da água consumida pela Região Metropolitana de São Paulo.

INDICADORES DE SUSTENTABILIDADE LOCAL: CASO DE RIBEIRÃO PIRES, SP | 195

Figura 7.1 – Localização de Ribeirão Pires.

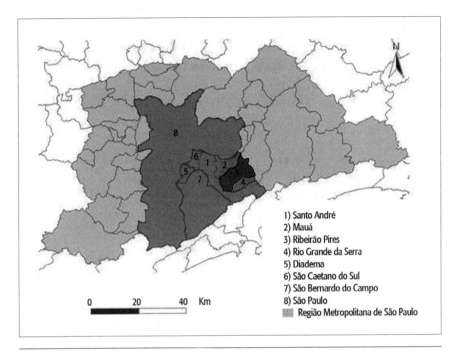

Fonte: Soares e Aguiar (2003).

A economia do município é diversificada, predominando, em número de empregos formais, a atividade industrial, com destaque para o setor metal-mecânico. O comércio e o setor de serviços apresentam hoje as maiores taxas de crescimento, e as atividades de turismo estão sendo dinamizadas desde sua elevação em 1998 à categoria de estância turística. São crescentes os investimentos na ampliação da infraestrutura urbana, na recuperação das atrações locais e na qualificação dos serviços públicos, visando torná-lo referência regional nas atividades turísticas e de lazer entre todos os municípios da bacia do Rio Grande e respectiva área de mananciais.

O incentivo ao turismo é, na verdade, a dinamização de um caminho já trilhado no passado, quando, em 1927, a construção da represa Billings alagou uma área de 108 km² na região sul/sudeste da metrópole paulista, 7 km² dos quais em Ribeirão Pires, viabilizando produção de energia elétrica na Baixada Santista. Nas décadas seguintes, a presença do reservatório Billings, as qualidades cênicas e naturais do entorno, bem como o fácil acesso ferroviário, principal meio de transporte da época, dinamizaram a incipiente economia local e estruturaram um padrão de ocupação das terras do município por meio da venda de lotes rurais, da construção de chácaras de lazer e de casas de veraneio, adquiridas principalmente por moradores de Santo André e de Santos.

A legislação de Proteção aos Mananciais de 1975/1976 continha mecanismos de comando e controle, que buscavam restringir a ocupação a índices de densidade baixa, e obtiveram, como resultado, perdas no setor industrial, principalmente a partir do final da década de 1980, seguindo-se a desaceleração da economia e problemas sociais derivados da perda de empregos e da falta de perspectivas para os moradores.

Pela Tabela 7.1, verifica-se que, apesar da renda familiar per capita do município não ter evoluído de forma significativa, pode-se inferir que o poder público direcionou investimentos e/ou ações para a área da saúde e, especialmente, para a educação, que elevaram o Índice de Desenvolvimento Humano Municipal (IDHM) total, colocando o município, em 2000, em 130º lugar no ranking dos 645 municípios do estado de São Paulo. Verifica-se ainda que bons indicadores na área social podem elevar o IDHM do município, a despeito de sua condição de riqueza, demonstrando que a melhoria da qualidade de vida não está ligada somente ao aumento da renda. Ao mesmo tempo, é importante lembrar que, em sua maioria, são pouco perceptíveis as mudanças no valor do índice em curto e médio prazos, bem como a comparabilidade entre municípios de Índice de Desenvolvimento Humano (IDH) médio.

Tabela 7.1 – IDHM Ribeirão Pires e IDHM por variável – 1991-2000.

	IDHM	Variação do índice	IDHM renda	Variação renda	IDHM longevidade	Variação longevidade	IDHM educação	Variação educação
1991	0,776	3,99%	0,741	2,59%	0,722	3,73%	0,864	5,90%
2000	0,807		0,757		0,749		0,915	

Fonte: PNUD (2008a).

Com relação ao Índice Paulista de Responsabilidade Social (IPRS), verifica-se que Ribeirão Pires alçou a condição de grupo 1, em 2002, com o aumento dos indicadores sociais, embora a renda tenha diminuído no período, mantendo a mesma posição em 2004, com aumento de seus indicadores nas dimensões de longevidade, renda e escolaridade (Tabela 7.2). O município continua em 2006, no Grupo 1 do IPRS, com valor 70 na dimensão escolaridade, demonstrando um aumento significativo desta dimensão.

Tabela 7.2 – IPRS de Ribeirão Pires, Região Metropolitana e Estado de São Paulo.

	Ano	Ribeirão Pires	RMSP	Estado
Dimensão riqueza	2000	58	68	61
	2002	47	56	50
	2004	53	58	52
Dimensão longevidade	2000	64	63	65
	2002	70	66	67
	2004	72	70	70
Dimensão escolaridade	2000	48	43	44
	2002	58	52	52
	2004	61	54	54
Grupo	2000	Grupo 2 – Municípios que têm níveis de riqueza elevados, mas não têm bons indicadores sociais		
	2002	Grupo 1 – Municípios que têm níveis de riqueza elevados e bons indicadores sociais		
	2004	Grupo 1 – Municípios que têm níveis de riqueza elevados e bons indicadores sociais		

Fonte: Seade (2008).

Agenda 21 de Ribeirão Pires

Em 1997, deu-se em Ribeirão Pires o processo de discussão pública de alternativas de desenvolvimento pelo Fórum de Desenvolvimento Sustentado, que contou com mais de 1.500 cidadãos e trinta entidades (PMRP, 1997). Após ampla discussão, concluiu-se em outubro do mesmo ano um instrumento de planejamento participativo, elaborado com a finalidade de discutir o futuro do município para os quatro anos seguintes. Juntamente com o Orçamento Participativo, lançado no mesmo ano, buscava ampliar a democracia participativa, levando ao cidadão comum e aos setores organizados o desafio de construir coletivamente o futuro comum.

Os princípios da sustentabilidade eram desconhecidos por muitos cidadãos. Assim, tema por tema, as discussões da construção do desenvolvimento sustentável passaram a ser tratadas como objetivo comum. Na busca do desenvolvimento sustentável iniciou-se o tratamento simultâneo e equitativo das dimensões social, econômica, ambiental e também institucional, sem a qual não se obtém estrutura e capacidade de governança para promover as mudanças e transformações socioeconômicas necessárias (Conselho da Cidade, 2003).

Dando continuidade ao modelo de planejamento participativo do Fórum de Desenvolvimento Sustentado, em 2001, o governo municipal criou o Fórum da Cidade, que tinha a missão de instituir o Conselho da Cidade e elaborar a Agenda 21 Local de forma mais abrangente do ponto de vista temático e mais ampla nos debates com a população (Conselho da Cidade, 2003).

Todas as propostas advindas das plenárias regionais foram organizadas e distribuídas entre esses três eixos estruturantes, resultando na seguinte distribuição:

No final das discussões das plenárias temáticas estavam prontas as propostas para a elaboração da Agenda 21 do município. Rumo à finalização do processo foram eleitos os 28 integrantes do Conselho da Cidade, com quatorze representantes da sociedade civil e quatorze do poder público, e suplentes. Após a posse do Conselho, foi criado um grupo executivo visando transformar as propostas em programas nas áreas de saúde, educação, cidadania, cultura, esporte, segurança, transporte, meio ambiente, turismo, integração regional e outros. Esses programas, denominados na Agenda como temas, foram distribuídos entre os três eixos estruturantes e

Quadro 7.1 – Dimensões da Agenda 21 de Ribeirão Pires.

Cidadania e inserção social	Desenvolvimento econômico-sustentável	Qualidade do ambiente natural e construído
Saúde	Comércio e serviços	Saneamento ambiental
Cidadania e participação popular	Turismo	Habitação
Educação	Mineração	Recuperação e preservação da paisagem
Cultura	Indústria	Planejamento e controle territorial
Esporte	Agronegócio	Transporte e sistema viário
Segurança		Educação ambiental

Fonte: Conselho da Cidade (2003).

possuíam: um diagnóstico de avaliação da situação; indicadores de metas qualitativas e/ou quantitativas; indicação dos atores envolvidos; e prazos para execução das ações e nível de governabilidade (capacidade dos atores envolvidos de concretizarem a ação). Encerrados esses trabalhos, foram realizadas plenárias abertas para uma última revisão da Agenda 21 e suas ações propostas. O documento foi aprovado e publicado, e serviu como instrumento para o governo municipal.

Em 2004, por meio de uma parceria entre a Faculdade de Saúde Pública da Universidade de São Paulo e a Prefeitura Municipal da Estância Turística de Ribeirão Pires, deu-se início a construção de indicadores de desenvolvimento sustentável junto aos membros do Conselho da Cidade. A proposta foi apresentada à Assembleia do Conselho da Cidade, onde foram lembrados alguns conceitos relativos a indicadores e desenvolvimento sustentável e a proposta do projeto, que foi prontamente aceita em plenária por todos os participantes.

A primeira oficina ocorreu no dia 31 de julho de 2004. Para a preparação e mobilização dos membros do Conselho da Cidade e da população em geral de Ribeirão Pires para a primeira oficina de trabalho, foram enviados convites, via correio, juntamente com textos preparatórios da temática a ser desenvolvida. O primeiro texto continha relato de semelhante experiência na construção de indicadores de desenvolvimento sustentável na cidade de Seattle, Estados Unidos. O segundo texto apresentava o conceito de desenvolvimento sustentável.

A oficina teve início com uma apresentação sobre os conceitos envolvidos e a explanação do roteiro de trabalho. Os participantes foram divididos em quatro grupos de trabalho para discussão e consenso de cinco questões acerca das metas de desenvolvimento da cidade. Cada grupo possuía um coordenador, que buscou estimular a participação de todos os membros do grupo, e um relator, que se responsabilizou pela elaboração de um documento de consenso do grupo. No final da manhã, realizou-se a plenária onde foram apresentadas as questões levantadas por todos os grupos.

Em seguida, a partir das respostas de cada grupo e o resultado da plenária, elaborou-se uma apresentação do resumo de todas as questões levantadas pelos participantes, que foi levada ao conhecimento do grupo na segunda oficina de trabalho.

A segunda oficina contou também com participantes do Conselho da Cidade, representantes da sociedade civil e representantes do setor público, além de pesquisadores da Faculdade de Saúde Pública. A oficina iniciou com a apresentação para o grupo sobre o conceito e a aplicação dos indicadores de desenvolvimento sustentável.

Os participantes foram divididos em grupos com o objetivo de discutir e sugerir indicadores de desenvolvimento sustentável, a partir das metas de desenvolvimento para Ribeirão Pires, estabelecidas pela plenária da primeira oficina, e a partir também dos rumos estabelecidos na Agenda 21 de Ribeirão Pires. Para essa tarefa foram utilizadas fichas para serem preenchidas com a descrição do indicador, sua dimensão (social, econômica, ambiental ou institucional), sua justificativa, a disponibilidade de dados, o período de atualização e a prioridade.

Durante as semanas seguintes à oficina de trabalho, foram reunidas as diversas sugestões de indicadores de todos os grupos, sendo novamente apresentadas no início da terceira oficina de trabalho. O conjunto de indicadores proposto pelo Conselho da Cidade é composto de 33 indicadores.

Embora nas fichas utilizadas pelos membros do Conselho constasse quatro dimensões da sustentabilidade – ambiental, social, econômica e institucional –, não foi proposto nenhum indicador institucional.

Cumpridas as principais etapas para construção de indicadores, as reuniões do Conselho tiveram que ser interrompidas em função do período

Tabela 7.3 - Indicadores propostos pelo Conselho da Cidade de Ribeirão Pires.

Dimensão	Indicador
Ambiental	1. Atendimento dos serviços de abastecimento de água 2. Atendimento dos serviços de coleta e tratamento de esgotos 3. Coleta e disposição adequada de resíduos 4. Drenagem de águas pluviais 5. Presença de garças nos rios da cidade 6. Variedade da fauna e da flora
Social	7. Metros quadrados de parque por habitante 8. Número de praças por habitante 9. Oportunidades para atividades de lazer 10. Número de especialidades médicas 11. Frequência de atendimento médico satisfatório 12. Número de equipamentos e centros de saúde 13. Tempo de demora no agendamento e atendimento médico 14. Número de leitos ou centros de saúde por habitante 15. Número de atendimentos no município e por bairro (programas de agentes comunitários da saúde) 16. Informação nutricional das escolas 17. Investimento na atualização de professores 18. Tempo de carreira do funcionário 19. Oferta de cursos profissionalizantes 20. Demanda da população infantil sobre a oferta de vagas 21. Índice de mortalidade por acidente de trânsito 22. Índice de mortalidade por homicídio 23. Índice de mortalidade por doenças contagiosas 24. Índice de mortalidade por faixa etária 25. Índice de mortalidade por região da cidade 26. Número de organizações da sociedade civil 27. Número de projetos desenvolvidos (pelas organizações da sociedade civil) 28. Divulgação das ações do Conselho da Cidade à população 29. Frequência de visitação e utilização do espaço público
Econômico	30. Número de empregos e salário médio dos empregados por setor 31. Arrecadação de impostos e produção por setor 32. Número de empresas por setor 33. Número de migrações do trabalho formal para o informal

eleitoral, uma vez que diversos conselheiros estavam engajados em processo de campanha política, e não estavam, naquele período, com tempo disponível para participarem das reuniões. Novas reuniões foram agendadas, mas não houve *quorum* suficiente no período próximo às eleições municipais.

Discussão

O processo de construção de indicadores de desenvolvimento sustentável em Ribeirão Pires iniciou a partir da aceitação do projeto pela prefeitura do município, em 2003, e do encaminhamento da proposta para aprovação em sessão do Conselho da Cidade.

Mesmo a iniciativa do processo tendo sido discutida e aprovada no âmbito do executivo municipal, não houve a participação de todos os representantes do setor do governo nas oficinas realizadas, embora cada uma de suas secretarias possuísse um representante nomeado para o Conselho da Cidade.

Em contrapartida, houve ampla participação dos representantes da sociedade civil: membros de associações de bairros, comércio, indústria e organizações não governamentais (ONGs). De um total de 28 membros do Conselho, na primeira oficina houve a presença de dezenove membros, sendo catorze representantes da sociedade civil e cinco representantes do poder público. Na segunda oficina houve a presença de dezesseis membros do Conselho, sendo oito da sociedade civil e oito do poder público.

Deve-se assegurar ampla participação não só de especialistas, mas também da comunidade, como pressuposto de validade do processo. Porém, a participação deve ser planejada conforme as características de cada localidade, evitando-se representações desproporcionais, consumo de tempo muito longo e ausência de consenso.

Em Ribeirão Pires, com cerca de 100 mil habitantes, optou-se por trabalhar com o Conselho da Cidade, formado por representantes de cada secretaria de governo, de diversos setores da sociedade civil, bem como de cada uma das oito regiões em que foi dividido o município, seguindo a ampla representação dos diversos setores e a proporcionalidade verificada em outras experiências locais.

Em Seattle, cidade americana de cerca de 500 mil habitantes, em experiência semelhante, foram enviados trezentos convites à comunidade, que resultaram na participação de 150 membros da comunidade no Painel Cívico de Seattle Sustentável, responsável pela construção dos indicadores.

INDICADORES DE SUSTENTABILIDADE LOCAL: CASO DE RIBEIRÃO PIRES, SP | **203**

Em outro projeto, em Winnipeg, cidade de cerca de 600 mil habitantes, foi formado um grupo denominado Umbrella Group, com 29 membros, que incluiu representantes do setor público, privado, sociedade civil, empresarial, associações profissionais, organizações educacionais, grupos indígenas e ONGs, além de se procurar um equilíbrio na participação de homens e mulheres.

Já em Barcelona, cidade de cerca de 1,5 milhão de habitantes, o processo de criação dos indicadores ocorreu simultâneo à construção da Agenda 21, e se deu a partir da criação do Conselho Municipal para o Meio Ambiente e Sustentabilidade (CMMAS), composto pelos setores público e privado, associações cívicas, movimentos ecológicos, universidades e especialistas em sustentabilidade.

Dessa forma, em Ribeirão Pires, o Conselho da Cidade cumpriu seu papel de local de participação dos membros da comunidade, possibilitando um canal de troca de experiências e anseios do grupo, a partir das diferentes visões da realidade. Além disso, seus membros demonstraram conhecimento e interesse com a questão da sustentabilidade, que já havia sido amplamente discutida por ocasião da construção da Agenda 21 de Ribeirão Pires, ainda que não tenha havido a participação de todos os seus membros durante as oficinas. Por outro lado, demonstrou-se haver uma fragilidade da atuação do Conselho durante o período de processo eleitoral e mudança de gestão.

Um dos aspectos diferenciais desse estudo de caso foi a natureza participativa de construção dos indicadores de Ribeirão Pires, da mesma forma como foi utilizada em Seattle (Seattle, 1998; Atkisson, 2004).

O processo de Ribeirão Pires se diferencia do modelo de Seattle em relação à preexistência, em Ribeirão Pires, de um referencial teórico de desenvolvimento sustentável, concretizado pela Agenda 21 local; por haver consenso entre os participantes durante as oficinas; por atender aos critérios que os indicadores de desenvolvimento sustentável deveriam possuir. Por outro lado, o processo de Ribeirão Pires, como o de Seattle, também teve dificuldade em manter a mobilização do Conselho da Cidade (em Seattle, por tratar-se de voluntários, e, em Ribeirão Pires, pela proximidade das eleições municipais).

Em relação ao modelo de Winnipeg de construção de indicadores de desenvolvimento sustentável (IISD, 1997), iniciado no mesmo ano, a iniciativa de Ribeirão Pires deu-se igualmente da necessidade de se avaliar o plano estratégico de desenvolvimento sustentável do município, concretizado na Agenda 21 local; em Winnipeg o objetivo era a necessidade de se avaliar o Plano da Cidade e guiá-la para o século XXI. Além disso, as etapas de trabalho em Ribeirão Pires foram semelhantes ao processo de múltiplos atores utilizado em Winnipeg.

Embora o processo de Ribeirão Pires não tenha tido propósito específico, tal qual o processo ocorrido em Barcelona (Ajuntament de Barcelona, 2003), iniciado em 1998, de se avaliar a recém-criada Agenda 21 do município, o fato da construção dos indicadores ter ocorrido com o auxílio dos membros do Conselho da Cidade, que participaram do processo de construção da Agenda 21, colaborou para que a visão de futuro e os respectivos indicadores se aproximassem dos rumos pretendidos pela Agenda 21 de Ribeirão Pires, mesmo que, como se pode ver nas Tabelas 7.4 e 7.5, tenham restado várias lacunas em relação à disponibilidade de dados e abrangência e/ou pertinência do indicador proposto.

As reuniões do Conselho foram interrompidas em função do período eleitoral, uma vez que diversos conselheiros estavam engajados em processo de campanha política, e não estavam, naquele período, com tempo disponível para participarem das reuniões. Algumas das reuniões que foram agendadas, não tiveram *quorum* suficiente no período próximo às eleições municipais. Apesar dessa lacuna, verificou-se que o processo participativo de construção dos indicadores e o material colhido até aquele momento haviam sido suficientes para se alcançar os objetivos propostos no projeto.

A discussão junto à comunidade, representada pelo Conselho da Cidade, favoreceu se chegar a um conjunto de indicadores de interesse local, o que é de extrema importância, uma vez que ao expressarem os valores e anseios dessa comunidade, possibilitaram a criação de indicadores mais relevantes, representativos e compreensíveis de todos os setores da sociedade, o que, de acordo com Meadows (1998), acaba por se traduzir em credibilidade política.

A ausência de indicadores institucionais revela fragilidade na cobrança por uma estruturação melhor do sistema de administração do município. Revela ainda a necessidade de ampliação da educação para a cidadania, por meio da participação dos diversos setores no processo de decisão. A atuação do Conselho, por sua evolução natural, deve apontar para a criação desses indicadores no futuro.

Na Tabela 7.4 há alguns comentários acerca do conjunto de indicadores de Ribeirão Pires em relação a certos aspectos que podem ser considerados pelo Conselho da Cidade de Ribeirão Pires.

INDICADORES DE SUSTENTABILIDADE LOCAL: CASO DE RIBEIRÃO PIRES, SP | 205

Tabela 7.4 - Comentários acerca do conjunto de indicadores de desenvolvimento sustentável de Ribeirão Pires.

Indicador	Comentários/sugestões
1. Atendimento dos serviços de abastecimento de água	Sugestão de inclusão de regularidade e qualidade do atendimento (rodízio, perdas na rede)
2. Atendimento dos serviços de coleta e tratamento de esgotos	Verificar eficiência do sistema de tratamento (qualidade da água tratada, % de tratamento)
3. Coleta e disposição adequada de resíduos	População atendida, forma de disposição, reciclagem e coleta seletiva
4. Drenagem de águas pluviais	Número de pontos de alagamento, população atingida diretamente, valoração dos danos, frequência, uso e ocupação do solo
5. Presença de garças nos rios da cidade	Gerou controvérsias: seria um indicador de má qualidade da água ou indicaria um problema ecológico, de falta de habitat/alimento? Qual seria um bom bioindicador?
6. Variedade da fauna e da flora	Medir se há variedade de espécies
7. Metros quadrados de parque por habitante	Há padrão da Organização Mundial da Saúde (OMS)
8. Número de praças por habitante	Talvez possa ser englobado pelo indicador anterior
9. Oportunidades para atividades de lazer	Questões de acessibilidade da população
10. Número de especialidades médicas	Há padrão da OMS
11. Frequência de atendimento médico satisfatório	Indicador qualitativo interessante
12. Número de equipamentos e centros de saúde	Verificar se a população está sendo atendida e utilizando esses equipamentos
13. Tempo de demora no agendamento e atendimento médico	Indicador de qualidade

(continua)

Tabela 7.4 - Comentários acerca do conjunto de indicadores de desenvolvimento sustentável de Ribeirão Pires. *(continuação)*

Indicador	Comentários/sugestões
14. Número de leitos ou centros de saúde por habitante	Há padrão da OMS
15. Número de atendimentos no município e por bairro (programas de agentes comunitários da saúde)	Sustentabilidade territorial, verificar se o programa é adequado
16. Informação nutricional das escolas	Qualidade da merenda escolar
17. Investimento na atualização de professores	Investimento por professor, horas de treinamento, número de cursos oferecidos
18. Tempo de carreira do funcionário	Questão relevante ou não?
19. Oferta de cursos profissionalizantes	Acessibilidade, diversidade de cursos
20. Demanda da população infantil sobre a oferta de vagas	Incluir ensino fundamental e médio, por região
21. Índice de mortalidade por acidente de trânsito	Relação violência, conservação estradas, sinalização, alcoolismo
22. Índice de mortalidade por homicídio	Vulnerabilidade juvenil, educação
23. Índice de mortalidade por doenças contagiosas	Relação com programas de saúde
24. Índice de mortalidade por faixa etária	Impacto na qualidade de vida conforme faixa etária
25. Índice de mortalidade por região da cidade	Sustentabilidade territorial
26. Número de organizações ativas da sociedade civil	Medir pelo número de projetos desenvolvidos
27. Número de projetos desenvolvidos (pelas organizações da sociedade civil)	Incluir população atingida pelos projetos

(continua)

Tabela 7.4 - Comentários acerca do conjunto de indicadores de desenvolvimento sustentável de Ribeirão Pires. *(continuação)*

Indicador	Comentários/sugestões
28. Divulgação das ações do Conselho da Cidade à população	Quantas pessoas participam das reuniões
29. Frequência de visitação e utilização do espaço público	Quais espaços públicos
30. Número de empregos e salário médio dos empregados por setor	Quem efetivamente ocupa os cargos, população local ou de fora?
31. Arrecadação de impostos e produção por setor	Relacionar a investimento público
32. Número de empresas por setor	Desemprego
33. Número de migrações do trabalho formal para o informal	Relacionar com renda da população

Os serviços de abastecimento de água, coleta e tratamento de esgotos e coleta de resíduos tendem a ser universalizados no futuro, restando importantes aspectos que poderão responder melhor sobre a qualidade desses serviços, tais como a regularidade e a qualidade do atendimento no abastecimento de água, as perdas na rede, a qualidade da água tratada, a forma de disposição de resíduos, a coleta seletiva e a reciclagem, entre outros.

O indicador de disponibilidade de áreas verdes, assim como os indicadores de lazer, deveriam contemplar o acesso da população a locais de lazer.

Embora escolhido pelos membros do Conselho da Cidade como um indicador de qualidade da água, a presença de garças nos rios da cidade, na verdade, constitui um indicador que gerou controvérsias e entendimentos diversos (Tabela 7.4). Sugere-se, portanto, que seja avaliada a possibilidade de se pesquisar outro indicador para medir a qualidade da água.

Na Tabela 7.5, o conjunto de indicadores é analisado em relação à disponibilidade de dados. Dos 33 indicadores, 13 não possuíam dados disponíveis, sendo que a frequência de atendimento médico satisfatório envolve dados qualitativos. Esse resultado demonstra a necessidade de nova avaliação do conjunto de indicadores a fim de se estabelecer, a partir dessa análise de

Tabela 7.5 - Indicadores de Ribeirão Pires x disponibilidade de dados.

Indicador	Disponibilidade de dados
1. Atendimento dos serviços de abastecimento de água	Instituto Brasileiro de Geografia e Estatística (IBGE)/Companhia de Saneamento Básico do Estado de São Paulo (Sabesp)
2. Atendimento dos serviços de coleta e tratamento de esgotos	IBGE/Sabesp
3. Coleta e disposição adequada de resíduos	IBGE/Sabesp
4. Drenagem de águas pluviais	Não disponível
5. Presença de garças nos rios da cidade	Não disponível
6. Variedade da fauna e da flora	Não disponível
7. Metros quadrados de parque por habitante	Não disponível
8. Número de praças por habitante	Não disponível
9. Oportunidades para atividades de lazer	Disponível base municipal
10. Número de especialidades médicas	Programa Nacional de Telessaúde (Datasus)
11. Frequência de atendimento médico satisfatório	Não disponível
12. Número de equipamentos e centros de saúde	Datasus
13. Tempo de demora no agendamento e atendimento médico	Não disponível
14. Número de leitos ou centros de saúde por habitante	Datasus
15. Número de atendimentos no município e por bairro (programas de agentes comunitários da saúde)	Datasus (desagregar dados)
16. Informação nutricional das escolas	Não disponível
17. Investimento na atualização de professores	Não disponível
18. Tempo de carreira do funcionário	Não disponível
19. Oferta de cursos profissionalizantes	Prefeitura Municipal de Ribeirão Pires (PMRP)

(continua)

INDICADORES DE SUSTENTABILIDADE LOCAL: CASO DE RIBEIRÃO PIRES, SP | 209

Tabela 7.5 - Indicadores de Ribeirão Pires x disponibilidade de dados. (*continuação*)

Indicador	Disponibilidade de dados
20. Demanda da população infantil sobre a oferta de vagas em creches	PMRP
21. Índice de mortalidade por acidente de trânsito	PMRP
22. Índice de mortalidade por homicídio	PMRP
23. Índice de mortalidade por doenças contagiosas	Datasus
24. Índice de mortalidade por faixa etária	PMRP
25. Índice de mortalidade por região da cidade	PMRP
26. Número de organizações ativas da sociedade civil	PMRP
27. Número de projetos desenvolvidos (pelas organizações da sociedade civil)	Não disponível
28. Divulgação das ações do Conselho da Cidade à população	Não disponível
29. Frequência de visitação e utilização do espaço público	Não disponível
30. Número de empregos e salário médio dos empregados por setor	PMRP/Cadastro Geral de Empregados e Desempregados (Caged)
31. Arrecadação de impostos e produção por setor	PMRP/Caged
32. Número de empresas por setor	PMRP/Caged
33. Número de migrações do trabalho formal para o informal	PMRP

disponibilidade de dados, quais indicadores devem ser retirados da lista por não possuírem dados, ou quais devem ser mantidos, por sua relevância para a comunidade, o que então demanda colocar esforços para que os dados sejam coletados nas bases municipais ou em outras fontes.

Os resultados obtidos a partir da análise do processo de construção dos indicadores de desenvolvimento sustentável de Ribeirão Pires indicam que foi possível, por meio de um processo participativo dos membros representativos da sociedade dentro do Conselho da Cidade, discutir as bases de um desenvolvimento sustentável para o município dentro de uma visão de futuro, permitindo se chegar a resultados concretos de construção por consenso de um conjunto de indicadores de desenvolvimento sustentável. Em seguida segue análise em relação aos princípios e métodos pesquisados.

Relação do conjunto de indicadores com a Agenda 21 de Ribeirão Pires

Tendo em vista que a construção da Agenda 21 de Ribeirão Pires tratou, tema por tema, do desenvolvimento sustentável, considerando os componentes social, econômico, ambiental e também institucional e estabelecendo alguns indicadores, a Tabela 7.6 busca analisar o conjunto de indicadores propostos neste projeto junto ao Conselho da Cidade de Ribeirão Pires em relação às metas contidas na sua Agenda 21:

Essa comparação é um exercício importante, principalmente se levado em consideração que o grupo do Conselho da Cidade que participou desse estudo de construção dos indicadores de desenvolvimento sustentável, em 2004, também participou, embora com muito mais componentes, do grupo de construção da Agenda 21, durante os anos de 2001 e 2003.

A partir de uma leitura da Tabela 7.6, pode-se observar que os indicadores criados nesse projeto junto ao Conselho da Cidade de Ribeirão Pires não conseguem preencher os principais objetivos e metas da Agenda 21 de Ribeirão Pires, deixando em aberto importantes lacunas, que acabam por inviabilizar sua completa avaliação, no sentido de se alcançar um desenvolvimento sustentável.

As áreas mais cobertas por indicadores dizem respeito a saúde, educação e saneamento, coincidindo com muitos dos objetivos da Agenda 21 de Ribeirão Pires. O foco dos indicadores de saúde escolhidos pelos integrantes do Conselho da Cidade direcionou-se para os índices de mortalidade, muito embora a Agenda 21 atente para questões de morbidade, tanto em relação às chamadas "doenças da pobreza", como as doenças imuno-preveníveis, as transmitidas por vetores, as diarreicas, a tuberculose e a hanseníase, quanto em relação às doenças crônico-degenerativas, como o câncer, diabetes e hipertensão.

Tabela 7.6 – Indicadores propostos pelo Conselho da Cidade de Ribeirão Pires x relação com a Agenda 21 de Ribeirão Pires.

Agenda 21	Agenda 21 (metas)	Indicadores Agenda 21	Indicadores Conselho da Cidade
1. Saúde	Redução da mortalidade materna e infantil; taxa de cesáreas (público e privados); problemas nutricionais; potabilidade da água; controle de doenças e agravos prioritários; reorganização dos modelos assistenciais de saúde; melhorar atendimento; especialidades médicas; serviço emergência; informatização; programa de saúde da família; programa de agentes comunitários de saúde; desenvolvimento dos recursos humanos; desenvolver programa de capacitação do conselho de saúde.	- Mortalidade infantil - Partos cesarianos - Coeficiente de prevalência hanseníase, Aids. - Cobertura vacinal - Detecção de câncer de mama e uterino - Profissionais capacitados - Conselheiros qualificados/meta - Divulgação dos direitos do cidadão	- Informação nutricional das escolas - Índice de mortalidade por faixa etária - Índice de mortalidade por região da cidade - Índice de mortalidade por doença contagiosa - Número de especialidades médicas - Frequência de atendimento satisfatório - Número de equipamentos e Unidade Básica de Saúde (UBS) - Tempo de demora no agendamento e atendimento - Número de leitos por habitante - Número de atendimentos nos programas de saúde no município e por bairro
2. Cidadania	Integrar ações da prefeitura com entidades assistenciais; criar banco de dados; programa de apoio às famílias e segurança alimentar; programa de atenção à mulher, infância e juventude; programa de prevenção à dependência química; terceira idade (centros de referência, integração, banco de dados); política de atendimento à pessoa portadora de deficiência (inclusão, capacitação da rede de ensino); política de atendimento ao morador de rua (atendimento, albergues); política integrada dos conselhos (articulação, capacitação, recursos).	- Número de casos identificados de dependência química - % de idosos - Número de idosos ligados a programas da prefeitura	- Índice de mortalidade por homicídio - Número de organizações da sociedade civil ativas/mil habitantes - Número de projetos desenvolvidos - Divulgação das ações do Conselho à população

(continua)

Tabela 7.6 – Indicadores propostos pelo Conselho da Cidade de Ribeirão Pires x relação com a Agenda 21 de Ribeirão Pires. *(continuação)*

Agenda 21	Agenda 21 (metas)	Indicadores Agenda 21	Indicadores Conselho da Cidade
3. Educação	Qualidade social da educação (acesso e permanência, analfabetismo, capacitação dos professores, avaliação permanente do aluno, envolvimento sociedade civil); ampliar conceito escola aberta; capacitação, conselho; tornar a cidade polo de pesquisa universitária na área ambiental.	- % de analfabetismo	- Investimento na atualização dos professores - Tempo de carreira do funcionário - Oferta e demanda da população infantil x oferta de vagas em creches - Oferta cursos profissionalizantes
4. Cultura	Reconhecer/diagnosticar as identidades culturais da cidade; preservar e criar locais de sociabilidade; elaborar projetos de patrimônio cultural com ação multiplicadora e cidadania (criar arquivo e museu municipal); criar mecanismos de veiculação de informação; fomento à produção cultural local; articular produção cultural ao turismo; ampliar acesso às atividades culturais da cidade.	- % da população envolvida na produção artística, espaços, hábitos de sociabilidade e identidades - Número de artistas da cidade	- Oportunidade para atividades de lazer e culturais - Frequência de visitação e utilização do espaço público
5. Esporte e lazer	Realizar diagnóstico sobre as práticas esportivas da população; ampliar o índice de praticantes de esportes; descentralização esportiva (para outros bairros); fomentar a prática de esportes radicais (de baixo impacto ambiental).	- % da população envolvida em programas esportivos/meta	

(continua)

Tabela 7.6 – Indicadores propostos pelo Conselho da Cidade de Ribeirão Pires x relação com a Agenda 21 de Ribeirão Pires. *(continuação)*

Agenda 21	Agenda 21 (metas)	Indicadores Agenda 21	Indicadores Conselho da Cidade
6. Segurança	Integrar e aumentar o efetivo policial; combate à violência (criminalidade, iluminação pública, programas culturais, transporte); defesa civil (prevenção, sistema alerta, redução áreas de risco); ampliar número de hidrantes.	- Índice de criminalidade (homicídios, furtos)/meta - Número de hidrantes/meta	- Índice de mortalidade por homicídio
7. Comércio e serviços	Qualidade do atendimento (selo de qualidade); programa de segurança para o comércio; programa de logística comercial (vagas, sinalização, carga e descarga); programa estratégico de desenvolvimento comercial (reurbanização bairros, fachadas, censo econômico, comércio local); programa de atração de novos empreendimentos.	- Qualidade do atendimento/meta - Índice de consumo por habitante	
8. Turismo	Sensibilização turística; qualificação e eficiência no atendimento turístico; Ribeirão mais bonita; potencializar os pontos turísticos; fomento e qualificação da infraestrutura de serviços e equipamentos; fomento e geração de eventos; geração de trabalho e renda para o turismo; definição das estratégias de mercado para o turismo.		

(continua)

Tabela 7.6 – Indicadores propostos pelo Conselho da Cidade de Ribeirão Pires x relação com a Agenda 21 de Ribeirão Pires. *(continuação)*

Agenda 21	Agenda 21 (metas)	Indicadores Agenda 21	Indicadores Conselho da Cidade
9. Mineração	Programa de fomento à atividade minerária (areia, água mineral, pedra); programa de planejamento da atividade mineral (licenciamento, banco de dados, convênios).		
10. Indústria	Programa de apoio à exportação para as pequenas e médias empresas; qualificação e requalificação de mão de obra; divulgação da produção industrial do município; atração de novas empresas (licenciamento, viabilidade logística, incentivos); agronegócio.	- % da população empregada	- Número de empregos e salário médio por setor - Número de empresas por setor - Arrecadação de impostos e produção por setor - Número de migrações do trabalho formal para informal
11. Saneamento ambiental	Coleta, tratamento e destinação de esgotos; tratamento e abastecimento de água; produção de água (compensação financeira, reúso, exploração de água subterrânea); drenagem; resíduos sólidos (coleta e disposição final, redução, reciclagem, identificar resíduos gerados).	- Índice de cobertura, coleta e tratamento de esgoto/cinco anos - Índice de balneabilidade da represa junto à foz do Ribeirão Pires - Qualidade dos corpos d'água - Redução de doenças de veiculação hídrica - Ocorrência de enchentes	- Atendimento dos serviços de abastecimento de água - Atendimento dos serviços de coleta de esgotos - Coleta e disposição adequada de resíduos - Drenagem de águas pluviais - Presença de garças nos rios da cidade

(continua)

Tabela 7.6 – Indicadores propostos pelo Conselho da Cidade de Ribeirão Pires x relação com a Agenda 21 de Ribeirão Pires. *(continuação)*

Agenda 21	Agenda 21 (metas)	Indicadores Agenda 21	Indicadores Conselho da Cidade
12. Habitação	Realocação de assentamentos; crescimento irregular; regularização de áreas em área de risco e ambientalmente sensíveis; cadastro socioeconômico das famílias em áreas de risco; recuperação de áreas degradadas; levantamento da situação fundiária; compensação ambiental.		
13. Recupreação e preservação da paisagem	Recuperação da paisagem urbana (calçadas, parques, poluição visual); programa de arborização; integração centro alto/centro baixo; preservação de patrimônio.	- Índice de área verde por habitante	- Metros quadrados de parque por habitante - Número de praças por habitante
14. Planejamento e controle territorial	Conhecimento do território (cartografia, sistema de informação geográfica – SIG –, plano diretor, inventário florestal); ordenamento do território; monitoramento, fiscalização e licenciamento.		- Medir se a fauna e a flora estão mudando

(continua)

Tabela 7.6 – Indicadores propostos pelo Conselho da Cidade de Ribeirão Pires x relação com a Agenda 21 de Ribeirão Pires. *(continuação)*

Agenda 21	Agenda 21 (metas)	Indicadores Agenda 21	Indicadores Conselho da Cidade
15. Viário e transporte	Integração entre transportes; ampliação de terminais; sistema viário; trânsito (acidentes, sinalização, cargas perigosas, fiscalização).	- Utilização transporte coletivo	- Índice mortalidade por acidente de trânsito
16. Educação ambiental	Programa municipal de educação ambiental		- Número de organizações da sociedade civil ativas/ mil habitantes - Número de projetos desenvolvidos

A reorganização do modelo assistencial de saúde, previsto na Agenda 21 de Ribeirão Pires, encontra paralelo nas preocupações do Conselho em avaliar os programas de saúde da família e o programa de agentes comunitários de saúde.

A cidadania, prevista na Agenda 21 através de ações de apoio aos grupos mais vulneráveis, como a mulher, a infância e a juventude, a terceira idade, a pessoa deficiente e o morador de rua, foi coberta apenas por indicadores que pretendem avaliar as ações dos conselhos e o número de projetos desenvolvidos nesse sentido.

A melhoria da qualidade do ensino, tal como prevista pela Agenda 21, foi um aspecto importante levantado pela comunidade e demonstrado pelos indicadores de tempo de carreira e capacitação dos professores, bem como pela questão da oferta de vagas.

Apesar de o município estar totalmente localizado em área de proteção de mananciais, pouco foi lembrado pelo grupo do Conselho em relação ao uso e à ocupação do solo, especialmente quanto ao planejamento e controle territorial e à habitação, que englobam a realocação de assentamentos localizados em áreas de risco, a recuperação de áreas degradadas, o monitoramento, a fiscalização ou o licenciamento. Ainda que não resultassem em um indicador concreto, as poucas preocupações levantadas durante as oficinas do Conselho diziam respeito à regularização de moradias localizadas em área de proteção, através do título de propriedade.

Outro fator relevante contido na Agenda 21, também em relação à localização estratégica, é que o município tem, há muitos anos, procurado opções de desenvolvimento econômico em áreas como serviços, comércio e turismo, além de sua vocação para produção minerária de água mineral, areia e pedra. As indústrias não poluentes também são uma meta procurada pelo setor empresarial de Ribeirão Pires e, embora diversas ações tenham sido previstas pela Agenda 21 nesse sentido, muito pouco foi discutido durante as oficinas dos indicadores. Atentou-se mais para a questão dos salários, impostos, migrações para o setor informal e número de empresas por setor do que para alternativas de crescimento de determinados setores da economia, principalmente o turismo.

Com relação à Agenda 21, a Tabela 7.6 apresenta um paralelo entre as ações previstas por ela e alguns de seus indicadores, com o conjunto de indicadores construídos pelo Conselho da Cidade. Apesar de aconselhável que a Agenda 21 de Ribeirão Pires fosse construída com os indicadores e as metas necessários para sua avaliação, isso não ocorreu. Apenas alguns objetivos foram cobertos por indicadores e, destes, poucos apresentam metas claras.

PONTOS POSITIVOS, LIMITAÇÕES E RECOMENDAÇÕES DO PROJETO

Como pontos positivos do projeto em questão, devem ser destacados três aspectos que contribuíram para o processo de construção dos indicadores de desenvolvimento sustentável em Ribeirão Pires:

- A utilização de critérios contidos em princípios e em outros modelos para criação de indicadores contribuiu para que o grupo fosse guiado por critérios de sustentabilidade, que englobam pensamento holístico, visão de futuro e preocupação com as próximas gerações. Além disso, a utilização de fichas metodológicas facilitou o trabalho de escolha e organização dos indicadores.

- A criação do Conselho da Cidade, formado por um grupo intersetorial, para a construção da Agenda 21 de Ribeirão Pires, colaborou para que houvesse preparo anterior dos membros do Conselho para as questões da sustentabilidade e processos participativos.

- A ampla adesão dos diversos representantes do Conselho da Cidade e o consenso a que se chegou na escolha dos indicadores possibilitaram que o conjunto dos indicadores proposto fosse resultado dos valores e anseios da comunidade local, resultando em credibilidade do processo perante a comunidade.

Como limitações do estudo, pode-se citar a desmobilização do Conselho da Cidade pela proximidade das eleições municipais e, posteriormente, pela mudança de gestão, embora esse fato não tenha influenciado o resultado final do estudo.

Recomenda-se, por fim, que sejam ampliados ou implementados programas de capacitação na área de meio ambiente e desenvolvimento sustentável, e contínuo investimento em educação, a fim de garantir maior mobilização da sociedade para participar das decisões do município e para exigir a continuidade das ações do Conselho da Cidade, a despeito de mudanças na gestão municipal.

Deve-se dar continuidade ao processo de coleta de dados, com a criação de um sistema de dados municipal mais eficiente, e garantir a divulgação dos resultados e tendências dos indicadores a todos os setores da sociedade, entendendo a questão dos indicadores de desenvolvimento sustentável como um processo permanente, dinâmico e de melhoria contínua.

REFERÊNCIAS

AJUNTAMENT DE BARCELONA. *Indicadors 21. Indicadors locals de sostenibilitat a Barcelona.* Barcelona: Ajuntament de Barcelona, 2003.

ATKISSON A. *Desenvolvimento de indicadores de comunidades sustentáveis – Lições de Seattle Sustentável.* 2004 19p.

BRASIL. Ministério do Meio Ambiente. *Programa Agenda 21 – PPA.* Brasília, DF: MMA, 2004a. Disponível em: http://www.mma.gov.br/?id_estrutura=18&id_conteudo=1151. Acessado em: 24 maio 2012.

_____. *Decreto de 3 de fevereiro de 2004.* Brasília, DF: MMA, 2004b. Disponível em: http://www.mma.gov.br/index.php?ido=conteudo.monta&idEstrutura=18&idConteudo=714. Acessado em: 24 maio 2012.

_____. *Sistema Agenda 21 – MMA.* Brasília, DF: MMA, 2007. Disponível em: http://www.mma.gov.br/index.php?ido=conteudo.monta&idEstrutura=18&idConteudo=4977. Acessado em: 24 maio 2012.

CONSELHO DA CIDADE. *Agenda 21 local: a cidade, o meio ambiente e o homem.* Ribeirão Pires: Conselho da Cidade; 2003.

[EUROSTAT] EUROPEAN COMMISSION. *Sustainable development indicators,* 2007. Disponível em: http://ec.europa.eu/environment/eussd/. Acessado em: 24 maio 2012.

GOMES, M.L.; MARCELINO, M.M.; ESPADA, M.G. *Proposta para um sistema de indicadores de desenvolvimento sustentável.* Portugal: Direção Geral do Ambiente; 2000. Disponível em: http://www.iambiente.pt/sids/sids.pdf. Acessado em: 24 maio 2012.

GROSTEIN, M.D. Metrópole e expansão urbana: a persistência de processos "insustentáveis". *São Paulo em Perspectiva,* São Paulo, Fundação Seade, v. 15, n. 1, jan.-mar. 2001. Disponível em: http://www.scielo.br/scielo.php?script=sci_arttext&pid=S0102-88392001000100003. Acessado em: 24 maio 2012.

[IBGE] INSTITUTO BRASILEIRO DE GEOGRAFIA E ESTATÍSTICA. *Contagem da população 2007.* Rio de Janeiro: IBGE, 2007. Disponível em: http://www.ibge.gov.br/home/estatistica/populacao/contagem2007/default.shtm. Acessado em: 24 maio 2012.

_____. *Indicadores de desenvolvimento sustentável.* Rio de Janeiro: IBGE, 2002. Disponível em: http://www.ibge.gov.br/home/geociencias/recursosnaturais/ids/ids_2002.shtm. Acessado em: 2 set. 2008.

_____. *Indicadores de desenvolvimento sustentável.* Rio de Janeiro: IBGE, 2004, 2008, 2010 Disponíveis em: http://www.ibge.gov.br/home/geociencias/recursosnaturais/ids/ids_2004.shtm. Acessado em: 24 maio 2012.

_____. *Indicadores de desenvolvimento sustentável.* Rio de Janeiro: IBGE, 2008. Disponível em: http://www.ibge.gov.br/home/presidencia/noticias/noticia_visualiza.php?id_noticia=1156&id_pagina=1. Acessado em: 24 maio 2012.

_____. *Indicadores de desenvolvimento sustentável.* Rio de Janeiro: IBGE, 2010. Disponível em: http://www.ibge.gov.br/home/geociencias/recursosnaturais/ids/default_2010.shtm. Acessado em: 24 maio 2012.

[IISD] INTERNATIONAL INSTITUTE OF SUSTAINABLE DEVELOPMENT. *City of Winnipeg quality of life indicators,* 1997. Disponível em: http://www.iisd.org/pdf/wpg.qoli.pdf. Acessado em: 24 maio 2012.

MAIA, N.B.; MARTOS, H.L.; BARRELLA, W. (orgs.). *Indicadores ambientais: conceitos e aplicações.* São Paulo: Educ/Comped/Inep, 2001.

MARTINEZ, R.Q. Indicadores de sustentabilidade: avanços e desafios para a América Latina. In: ROMEIRO, A.R. *Avaliação e contabilização de impactos ambientais.* Campinas: Ed. da Unicamp/Imesp, 2004. p. 252-70.

MEADOWS, D. *Indicators and information systems for sustainable development.* [S.l.]: The Sustainability Institute, 1998. Disponível em: http://www.iisd.org/pdf/s_ind_2.pdf. Acessado em: 24 maio 2012.

NAHAS, M.I.P. Metodologia de construção de índices e indicadores sociais, como instrumentos balizadores da gestão municipal da qualidade de vida urbana: uma síntese da experiência de Belo Horizonte. In: HOGAN, D.J.; CARMO, R.L. et al. (orgs.). *Migração e ambiente nas aglomerações urbanas.* Campinas: Nepo/Unicamp, 2001.

[ONU] ORGANIZAÇÃO AS NAÇÕES UNIDAS. Department of Economic and Social Affairs. Population Division. *World urbanization prospects: the 2007 Revision Population Database.* New York: ONU, 2007. Disponível em: http://esa.un.org/unup/ Acessado em: 25 maio 2012.

_____. *Indicators of sustainable development: guidelines and methodologies.* 3ed. New York, 2007. Disponível em: http://www.un.org/esa/sustdev/natlinfo/indicators/guidelines.pdf. Acessado em: 24 maio 2012.

[ONU/ICLEI] ORGANIZAÇÃO AS NAÇÕES UNIDAS. INTERNATIONAL COUNCIL FOR LOCAL ENVIRONMENTAL INITIATIVES. Department of Economic and Social Affairs. *Second local Agenda 21 survey. Background paper n. 15.* New York: ONU, 2005. Disponível em: http://www.un.org/jsummit/html/documents/backgrounddocs/icleisurvey2.pdf. Acessado em: 24 maio 2012.

[PNUD] PROGRAMA DAS NAÇÕES UNIDAS PARA O DESENVOLVIMENTO. *Atlas do desenvolvimento humano no Brasil.* Ranking do IDHM dos municípios do Brasil 1991/2000 versão excel, 2008a. Disponível em: http://www.pnud.org.br/atlas/tabelas/index.php. Acessado em: 24 maio 2012.

_____. *Relatório desenvolvimento humano 2007/2008*, 2008b. Disponível em: http://www.pnud.org.br/rdh/. Acessado em: 24 maio 2012.

[PNUMA] PROGRAMA DAS NAÇÕES UNIDAS PARA O MEIO AMBIENTE et al. *Metodologia para a elaboração de relatórios GeoCidades. Manual de aplicação.* México: Pnuma, 2001.

[PMRP] PREFEITURA MUNICIPAL DE RIBEIRÃO PIRES. *Fórum Desenvolvimento Sustentado: a cidade discutindo seu futuro.* Ribeirão Pires: PMRP, abr. 1997.

_____. *Ribeirão Pires, a sua cidade: sumário de dados.* Ribeirão Pires: PMRP, 2005.

[SEADE] FUNDAÇÃO SISTEMA ESTADUAL DE ANÁLISE DE DADOS. *Índice Paulista de Responsabilidade Social (IPRS).* Versão 2004. Disponível em: http://www.seade.gov.br/produtos/iprs/. Acessado em: 24 maio 2012.

_____. *Perfil municipal,* 2008. Disponível em: http://www.seade.gov.br/produtos/perfil/perfil.php. Acessado em: 24 maio 2012.

SEATTLE. *Sustainable Seattle,* 1998. Disponível em: http://www.sustainableseattle.org/component/content/article/44-regional-indicators/123-1998report. Acessado em: 24 maio 2012.

SOARES N.L.; AGUIAR, S.R.L.. São Paulo, 2003. Monografia (Conclusão de curso de especialização em Gestão Ambiental) – *O desafio da construção da Agenda 21 local: o estudo de caso da estância turística de Ribeirão Pires* Faculdade de Saúde Pública, Universidade de São Paulo.

THE WORLD BANK. *World Development Indicators 2006.* Disponível em: http://econ.worldbank.org/WBSITE/EXTERNAL/DATASTATISTICS/0,,contentMDK:20899413~menuPK:232599~pagePK:64133150~piPK:64133175~theSitePK:239419,00.html. Acessado em: 24 maio 2012.

THIOLLENT, M. *Metodologia da pesquisa-ação.* São Paulo: Cortez, 1985.

YALE CENTER FOR ENVIRONMENTAL LAW AND POLICY. Yale University and Center for International Earth Science Information Network. Columbia University. *Environmental sustainability index: benchmarking national environmental stewardship,* 2005. Disponível em: http://www.yale.edu/esi/. Acessado em: 24 maio 2012.

Indicadores de desenvolvimento local e sua aplicação em municípios

8

Liliane Garcia Ferreira
Bacharel em Direito, Ministério Público de São Paulo

Arlindo Philippi Jr
Engenheiro civil e sanitarista, Faculdade de Saúde Pública da USP

O desenvolvimento sustentável, fundamentado na harmonização de objetivos sociais, ambientais e econômicos, de modo a atender às necessidades das gerações presentes, sem comprometer a possibilidade de as gerações futuras atenderem às suas próprias necessidades, é hoje um objetivo a ser perseguido por todas as nações do mundo.

Sob o enfoque desse conceito, a experiência vivida pelo município de Cubatão, em data recente, pode ser tida como um dos melhores exemplos de prática de desenvolvimento insustentável. No final da década de 1970 e início da de 1980, Cubatão ganhou notoriedade internacional como uma das cidades mais poluídas do mundo em virtude da grande quantidade de poluentes emitidos pelo complexo industrial sídero-petroquímico ali instalado.

O crescimento econômico promovido no local, com a instalação de inúmeras indústrias sem nenhuma preocupação com os aspectos ambiental e social, acabou gerando um contexto de degradação ambiental extremamente grave. Nesse período, médicos, biólogos e técnicos em saúde pública que realizaram trabalhos e pesquisas no município detectaram anomalias congênitas, perdas gestatórias e problemas pulmonares graves em crianças e anciões causados pela poluição.

O crítico contexto ambiental e social de Cubatão teve ampla divulgação na mídia, alcançando repercussão mundial e levando o município a ficar conhecido como "Vale da Morte". A situação levou à instituição, em 1978, de uma Comissão Especial de Vereadores (CEV) do município, visando avaliar o problema da poluição e apontar ações corretivas. Um ano depois, foi criada na Assembleia Legislativa do Estado de São Paulo uma Comissão Especial de Investigação (CEI), com a mesma finalidade. Essas comissões, embora não tenham resultado em ações concretas, serviram como forte instrumento de pressão para que fosse encontrada uma solução para o caso de Cubatão.

Seguiu-se a criação pelo governo federal, por meio do Decreto federal n. 87.000, de 9 de março de 1982, de uma Comissão Interministerial (CI) destinada a propor medidas para recuperação, controle e preservação da qualidade ambiental de Cubatão. No final do seu trabalho, esta comissão produziu diversos relatórios, contendo as conclusões dos estudos realizados e recomendando a adoção de diversas ações para a solução do problema.

Contudo, ações concretas somente viriam em 1983 com a criação, pelo governo do estado de São Paulo, do Programa de Controle da Poluição Ambiental em Cubatão, o qual encampou diversas propostas da comissão criada pelo governo federal, sendo a Companhia Estadual de Tecnologia de Saneamento Ambiental (Cetesb) incumbida de sua implementação.

De alguns anos para cá, muito se tem falado sobre a melhoria das condições ambientais do município, tido por autoridades locais como símbolo de recuperação ambiental. Contudo, indaga-se: houve mesmo essa melhoria? Atualmente a população do município está livre dos efeitos deletérios da poluição? Existem indicadores suficientes para demonstrar que isso realmente ocorreu em todos os aspectos ambientais, ou seja, ar, água, solo, vegetação, fauna etc.?

Ainda, sendo o município de Cubatão, no final da década de 1970, exemplo das consequências nefastas do crescimento econômico predatório, supondo-se que as melhorias ambientais tenham efetivamente acontecido, houve melhoria nas condições de vida da população? Pode-se afirmar que o desenvolvimento de Cubatão vem sendo praticado em consonância com as exigências do desenvolvimento sustentável? Existe informação suficiente e adequada à disposição da população para essa avaliação?

Este capítulo, obviamente, não tem a pretensão de dar resposta definitiva a todas essas indagações, mas provocar a reflexão dos leitores a respeito da problemática ambiental, do desenvolvimento sustentável e da importância dos indicadores, a partir de breve estudo da situação vivida por Cubatão.

O MUNICÍPIO DE CUBATÃO

Inserido na Região Metropolitana da Baixada Santista, estado de São Paulo, Cubatão possui área de 142 km², contando em 2006 com uma população de 118.959 habitantes (Seade, 2007). A zona urbana e industrial do município está localizada em uma faixa de planície de 11 km de comprimento e largura variável entre 2 e 4 km, quase que totalmente encerrada em uma caixa, cujas paredes são formadas, a norte, oeste e leste, pela Serra do Mar e, ao sul, parcialmente, pela Serra do Morrão, Serra do Quilombo e pequenos montes situados na Ilha de Santos e São Vicente, entre a Serra do Mar e os manguezais (Cetesb, 1985a).

O clima de Cubatão situa-se no limite entre tropical e subtropical, caracterizado por altas temperaturas e alta média da umidade relativa do ar. As características geográficas e condições climáticas, somadas ao regime de ventos, com predominância de calmarias, tornam o município altamente desfavorável à dispersão atmosférica de poluentes, condição especialmente grave nos meses de inverno, nos quais a quantidade de precipitações pluviométricas, que favoreceria a redução da poluição, diminui de modo considerável, ocorrendo o fenômeno que se denomina de inversão térmica, simplificadamente descrito por Branco (1984, p. 27):

> Ao entardecer, principalmente nas épocas mais frias do ano, o solo sofre um resfriamento muito rápido, fazendo com que as camadas de ar inferiores fiquem mais frias que as camadas superiores. Como o ar frio que está embaixo não sobe, assim como o ar quente de cima não baixa, origina-se uma situação de completa estagnação, em que toda fumaça, ao invés de subir e se dissipar tende a permanecer junto ao solo, envolvendo as casas, as pessoas e vegetação.

A vegetação da região é caracterizada pela presença de floresta atlântica nas escarpas da serra e dos morros, que atua como agente estabilizador do solo. A área da base das encostas das serras e dos morros até o limite dos manguezais é ocupada por vegetação de restinga ou floresta tropical de planície litorânea, vegetação esta que sofreu fortes impactos da ocupação antrópica, assim como os manguezais, que funcionam como fixadores de sedimentos, além de possuírem a função de filtro biológico e berçário de diversas espécies da fauna (Cetesb, 1985a).

Entretanto, essas características, configuradoras de uma situação de alta vulnerabilidade ecológica e baixa adequabilidade a determinados usos, que alertavam para a necessidade de serem levadas em consideração, na adoção de padrões de qualidade do ar, as condições da área onde tais padrões seriam aplicados (Rossin et al., 1983), não impediram um intenso crescimento urbano e industrial em Cubatão.

A formação do complexo industrial sídero-petroquímico

A transformação do município em grande polo industrial iniciou-se a partir da construção da Usina Hidroelétrica Subterrânea de Cubatão, nos anos de 1952 a 1955, trazendo farta disponibilidade de energia elétrica para a região (Goldenstein, 1965), incluindo a área metropolitana de São Paulo. A esse fato deve ser somada a construção da Rodovia Anchieta, entre São Paulo e Santos, finalizada em 1947, que garantiu o fluxo de transporte entre o local de produção (Cubatão) e a metrópole consumidora (São Paulo) (Gutberlet, 1996).

A inauguração da Refinaria "Presidente Artur Bernardes" pela Petrobrás, em 1955, viria determinar a formação do atual complexo industrial petroquímico, uma vez que a ela seguiu-se a instalação de outras indústrias, especialmente voltadas para o aproveitamento dos derivados de petróleo (Cubatão, 1976).

Segundo Ferreira (1993), duas ordens de fatores contribuíram para a implantação da refinaria do Petróleo Brasileiro S.A. (Petrobras) em Cubatão e, em consequência, da indústria petroquímica, apesar das condições locais desfavoráveis. A primeira delas diz respeito exclusivamente à decisão política, respondendo diretrizes traçadas no âmbito federal. Nesse período vivia-se no país a Doutrina de Segurança Nacional e Desenvolvimento, cujo principal objetivo, tendo em vista a promoção do "milagre econômico brasileiro", era reforçar o potencial produtivo nacional, para aumentar o poder de barganha na arena geopolítica global, legitimando um crescimento econômico acelerado e predatório, sem nenhuma preocupação com a melhoria da qualidade de vida da população como um todo. "A única perspectiva levada em conta na avaliação de projetos era econômico-financeira", uma vez que inexistiam pressões políticas sobre restrições ambientais ou restrições internacionais a financiamentos (Ferreira, 1993, p. 41).

O salto industrializante proposto, justificado por via da presença do Estado, como de "interesse nacional", e legitimado no âmbito da opinião pública como "o interesse geral", fez com que fosse descartada qualquer discussão setorizada sobre os problemas de ordem social ou ambiental, havendo como que "um acordo pela construção da identidade nacional calcada no desenvolvimentismo" (Ferreira, 1993, p. 43), contexto no qual as questões de infraestrutura de transportes e energia, o equacionamento dos problemas das indústrias siderúrgica e petrolífera e a instalação de novos setores industriais adquiriram foros de problemas nacionais, prioritários e intangíveis, tanto que o complexo industrial de Cubatão contou sempre com a capa protetora dos órgãos de segurança nacional.

A segunda ordem de fatores, ainda conforme Ferreira (1993), responde à lógica econômico-financeira e se refere à proximidade do maior mercado consumidor, o parque industrial de São Paulo, disponibilidade de energia, facilidade de comunicações, preexistência de canais de circulação de matérias-primas e produtos (porto, oleoduto, rodovia e ferrovia) e abundância de água (Ferreira, 1993).

Em 1963, a instalação da Companhia Siderúrgica Paulista (Cosipa) veio incrementar a base industrial em formação, completando a característica do polo industrial de Cubatão como polo sídero-petroquímico. A ela se seguiram a instalação de diversas outras indústrias, abrigando o polo, nessa virada de milênio, 21 indústrias de grande porte, sendo dez indústrias químicas/petroquímicas, sete indústrias de fertilizantes, uma siderúrgica, uma fábrica de papel, uma de cimento e uma de gesso, além de outras de pequeno e médio porte (Cetesb, 1984, 1985a, 1985b, 1986, 1989, 1990, 1984).

A evolução demográfica e o desenvolvimento urbano

A ocupação de áreas ecologicamente frágeis em Cubatão foi favorecida pela evolução demográfica do município, bastante acelerada a partir de 1950, após a emancipação administrativa e a construção da refinaria de petróleo da Petrobras, quando teve início a primeira fase de industrialização.

Entre 1950 e 1980 ocorreram movimentos migratórios de forma explosiva em Cubatão, em especial de trabalhadores oriundos do Nordeste,

228 | INDICADORES DE SUSTENTABILIDADE E GESTÃO AMBIENTAL

em face da grande procura de mão de obra necessária para a construção e expansão das fábricas. Dados do Instituto Brasileiro de Geografia e Estatística (IBGE) confirmam esse crescimento acelerado, que somente passou a se estabilizar a partir da década de 1990, conforme se verifica na Tabela 8.1. Em 2010, o município apresentava população total de 116.010 habitantes, conforme dados do Censo realizado pelo IBGE, confirmando a tendência de estabilização (IBGE, 2011).

Tabela 8.1 – Evolução demográfica de Cubatão.

População					
1950	1960	1970	1980	1991	2000
11.803	25.166	51.009	79.844	91.049	108.309

Fonte: IBGE (1950, 1960, 1970, 1980, 1991 e 2000).

Entretanto, a mão de obra utilizada na construção das fábricas era desqualificada e, após o término das obras, o número de empregados mantidos fixos era bastante reduzido, posto que as fábricas eram altamente mecanizadas e automatizadas, empregando, desde o início, um número relativamente baixo de operários na sua operação quando comparado ao valor da produção, a maioria deles operários qualificados (Goldenstein, 1965). Assim, concluídas as obras, restava sempre um enorme saldo de desempregados, gerando problemas habitacionais e ambientais para a cidade.

A estreita faixa de terras enxutas e planas existentes no município, somada à concorrência com a expansão do uso industrial do solo, acabou gerando um forte processo de especulação imobiliária, levando, consequentemente, esses trabalhadores desempregados à ocupação ilegal de terrenos pouco valorizados ou públicos, tais como margens de rodovias e ferrovias, bem como áreas de proteção ambiental, como encostas serranas, morros e manguezais, nos quais é comum o fenômeno da proliferação de favelas (Gutberlet, 1996).

Outra característica do crescimento urbano e industrial de Cubatão, segundo Goldenstein (1965), foi a total ausência de planejamento da instalação das indústrias, que foi espontânea e desordenada, em função de suas necessidades próprias, localizando-se perto ou longe do núcleo urbano, ignorando-se a direção dominante dos ventos, fato que, aliado à ausência de planejamento da expansão do próprio núcleo urbano já existente, acarretou diversos problemas à população e ao meio ambiente, diante do alto potencial poluidor dessas indústrias.

Aspecto relevante destacado por Goldenstein (1965) é que a formação do processo de industrialização do município não foi determinada pelo núcleo urbano preexistente, mas veio totalmente de fora, sendo realizada por grandes empreendimentos externos, que estabeleceram relações sociais com todos os municípios da Baixada Santista, dificultando a integração com o núcleo urbano já existente, sendo um dos fatores responsáveis pelo aglomerado urbano não ter acompanhado o desenvolvimento industrial.

O CONTEXTO DE DEGRADAÇÃO AMBIENTAL DE CUBATÃO NO INÍCIO DA DÉCADA DE 1980

O processo de industrialização de Cubatão, ocorrido em ritmo acelerado, sem nenhum planejamento e ignorando os aspectos ambientais e sociais, acabou gerando um contexto de degradação ambiental extremamente grave no município, no final da década de 1970 e início da década de 1980.

Nesse período, as concentrações do poluente material particulado vinham sistematicamente ultrapassando os padrões diários de qualidade do ar na Vila Parisi, onde está situada a maioria das indústrias do município, registrando altos picos de concentração e constatando-se, ainda, altas concentrações de fluoretos sólidos nesse material. Ocorriam, também, altas concentrações de SO_2 (dióxido de enxofre) em Cubatão-Centro, dependendo da direção dos ventos, onde também era comum a ultrapassagem dos padrões para monóxido de carbono (CO) e ozona (O_3) (Comissão Interministerial de Cubatão, 1982).

Em 1982, somente a emissão de material particulado, conforme a Cetesb, era de 5.400 t/mês, sendo que desse total 4.100 t/mês correspondiam a emissões de fontes sem nenhum tipo de controle. Em razão das inúmeras ultrapassagens dos padrões de qualidade do ar, em especial para os poluentes material particulado e ozona, a região de Cubatão estava saturada em termos de qualidade do ar, constituindo-se em área crítica de controle, exigindo a adoção de ações enérgicas e emergenciais.

O órgão ambiental, por meio de análises das concentrações de poluentes obtidas das estações automáticas de medição instaladas no município, observou, ainda, que durante curtos períodos, ocasião em que a direção predominante dos ventos era das indústrias para as estações, obtinham-se concentrações elevadíssimas de determinados poluentes. Como as estações estavam instaladas em centros habitacionais de Cubatão, nesses períodos a população estava respirando um ar altamente contaminado (Cetesb, 1983b).

A intensa poluição atmosférica também degradava fortemente a cobertura florestal. Estudos realizados nesse período apuraram que 80% das emissões de poluentes atmosféricos liberados na região de Cubatão ocorriam na porção final do vale do rio Mogi, incidindo, por ação das correntes aéreas, diretamente sobre a cobertura florestal das escarpas da Serra do Mogi e vertente noroeste da Serra do Morrão, locais onde a vegetação apresentava sua máxima degradação. Também começava a apresentar degradação acentuada a vegetação das escarpas serranas e dos morros da Baixada, situados na altura da sede do município de Cubatão e do antigo Caminho do Mar, atrás da refinaria da Petrobras, em razão da ação de poluentes conduzidos pelos ventos de encontro às encostas da Serra do Mar.

Foram verificadas alterações significativas da vegetação primitiva, sendo que as árvores de maior porte remanescentes apresentavam-se despojadas de folhas e até desgalhadas, completamente secas. Os vegetais menores mostravam estrutura foliar rala e danificada, com folhas queimadas e alteração de sua coloração natural (Comissão Interministerial de Cubatão, 1982).

A morte de árvores nas encostas da Serra do Mar, principalmente as de grande porte, foi um dos impactos mais notórios da poluição do ar, estendendo-se por alguns vales até as cotas mais elevadas da serra. A ação de poeiras ou de gases tóxicos, como o NO_2 (dióxido de nitrogênio) e o SO_2 (dióxido de enxofre) emitidos por indústrias de Cubatão, bem como a precipitação de chuvas químicas, normalmente denominadas de chuvas ácidas, "formadas pela dissolução, nas gotas de chuva, de inúmeros compostos químicos existentes na atmosfera" (Branco, 1984, p. 79), provocavam alteração visível da paisagem, com a substituição de florestas frondosas por uma vegetação rasteira, constituída sobretudo de samambaias, pequenas palmeiras e capins diversos, em meio à qual se destacavam os denominados paliteiros, ou seja, os troncos e a galharia seca e despida de folhas e de liquens das árvores mortas pela poluição (Branco, 1984).

A degradação da vegetação acarretava, ainda, sérios danos à fauna, podendo levar ao desaparecimento de espécies, pela supressão de fontes de alimento e de abrigo seguro, sem mencionar os efeitos negativos da ação direta da poluição sobre animais mais sensíveis, como alguns pássaros.

Outro grave efeito da poluição observado no município nesse período, segundo Branco (1984), foi a aceleração do rastejo da cobertura do solo que envolve a matriz rochosa dos morros, em consequência da morte da vegetação, pela falta de fixação das raízes das plantas, ocasionando, especialmente em épocas de grandes chuvas, diversos escorregamentos dos morros, arrastando milhares de toneladas de barro misturadas a rochas fragmentadas e troncos de árvores.

A intensa poluição das águas foi outra consequência nefasta da instalação desordenada do polo industrial. Dados da Cetesb demonstram que no ano de 1981 o rio Cubatão, responsável pelo abastecimento público do município, apresentava uma queda na qualidade de suas águas de montante para jusante, bem como uma piora nesse ano, especialmente para os parâmetros coliformes fecais e totais, nitrogênio amoniacal e Demanda Bioquímica de Oxigênio (DBO), indicando poluição por esgotos sanitários e industriais existentes ao longo do curso final do rio, logo antes do último ponto de amostragem.

Nos pontos situados após as indústrias, tanto no rio Cubatão, como nos rios Perequê e Mogi, os resultados das amostras coletadas pelo órgão ambiental demonstravam que as águas vinham apresentando uma deterioração acentuada no que se refere ao índice de toxidez, com ultrapassagens, em quase todos os meses, dos padrões de fenol, nitrogênio amoniacal, coliformes fecais e totais, e nitratos, além de ultrapassarem os níveis de DBO e apresentarem pH relativamente baixos, em alguns meses (Comissão Interministerial de Cubatão, 1982).

Aspecto importante no que se refere à poluição das águas, é que, embora o município já contasse com o serviço de água e esgoto operado e administrado pela Companhia de Saneamento Básico do Estado de São Paulo (Sabesp), não dispunha de atendimento na coleta, tratamento e destino final de esgotos sanitários, prevalecendo o sistema unifamiliar, motivo pelo qual as condições sanitárias eram precárias (Comissão Interministerial de Cubatão, 1982).

No que concerne à poluição do solo, estudo realizado no ano de 1978, pela Cetesb e pelo Departamento de Águas e Energia Elétrica do Estado de São Paulo (Daee), apurou que o complexo industrial de Cubatão produzia anualmente cerca de 1,5 milhão de toneladas de resíduos sólidos, dos quais 67% constituía resíduos descartáveis, verificando-se que a sua totalidade era disposta inadequadamente (arts. 51 a 56 do Decreto Estadual n. 8.468/76), inclusive os resíduos industriais perigosos, revelando uma total despreocupação e falta de sensibilização das indústrias sobre os riscos à saúde pública e à degradação do meio ambiente. A principal forma de disposição final era a céu aberto, em terrenos das indústrias ou de terceiros, no lixão de Cubatão ou nos mangues (61,9%), seguida do lançamento em lagoas e cursos d'água (38,1%) (Cetesb/Daee, 1978).

O mesmo ocorria com os resíduos sólidos domésticos, bem como com os resíduos hospitalares, que eram dispostos de maneira inadequada em um lixão situado em terreno do bairro de Itutinga, a céu aberto, a poucos metros do Rio Cubatão e a montante do local de captação de água da Sabesp, gerando graves riscos à saúde da população.

Todo esse contexto de degradação ambiental provocado pela poluição oriunda do complexo industrial, somado ao crescimento urbano desordenado da cidade, caracterizado por loteamentos sem infraestrutura e ocupações em áreas de risco e de preservação ambiental – especialmente por migrantes que vinham em busca de empregos no polo industrial, que acabavam por não encontrar –, com falta de saneamento básico, níveis de habitabilidade precários, segregação espacial e ausência de áreas de lazer, traziam diversos agravos à saúde pública.

Guilherme (1988, p. 113-4) dividiu os agravos à saúde pública em Cubatão, dentro desse contexto socioambiental, em três grandes grupos:

> os decorrentes da ausência de infraestrutura de saneamento e habitação (agravos ligados à pobreza), os relacionados ao processo de produção (doenças profissionais, acidentes de trabalho) e aqueles decorrentes da poluição industrial.

Estes últimos não somente por causa da exposição dos habitantes do município à poluição dispersa por toda a área, mas também por fatores de morbidade e mortalidade relativos a riscos eventuais decorrentes de agressões instantâneas, como o incêndio em Vila Socó, ocorrido em 25 de fevereiro de 1984, provocado pelo vazamento de gasolina de um duto da Petrobras que matou dezenas de pessoas. A mesma autora destaca que estudos realizados no município entre os anos de 1978 a 1980 detectaram, além de anomalias congênitas em recém-nascidos, diversas deficiências de desenvolvimento físico e/ou mental sem causa aparente, que poderiam estar relacionados à ação dos poluentes.

Contudo, a despeito da gravidade desse contexto, ações concretas para solucionar os problemas da poluição em Cubatão somente viriam em 1983, com a assunção do governo do estado de São Paulo por André Franco

Montoro, o qual incluía em seu programa de governo diretrizes de proteção ambiental do estado, questionando o estilo de desenvolvimento que vigorava no país e, em especial, no estado, no qual os índices de crescimento econômico vinham sendo mais que proporcionalmente acompanhados pelos índices de poluição.

O programa de governo de Franco Montoro previa o estabelecimento de objetivos e metas de longo prazo, para que o desenvolvimento se realizasse sem prejuízo das condições ambientais, ao lado de medidas imediatas e emergenciais para atender à gravidade da situação ambiental de alguns locais, como o da cidade de Cubatão.

Diante do desastre ecológico de Cubatão, questão tida como de alta prioridade pelo governo do estado, uma das primeiras medidas administrativas do governo Montoro foi determinar a realização de um completo levantamento dos fatores de poluição do município, bem como que fossem apontadas soluções para o problema, surgindo daí, ainda em 1983, um Plano de Ação para o Controle da Poluição em Cubatão (São Paulo, 1987).

Dessa forma, a gravidade do problema, sua repercussão nacional e até mesmo internacional, somadas à crescente sensibilização e participação da população do município, que cobrava uma solução urgente, criaram uma densidade política suficiente para determinar a oportunidade de se exercer um controle efetivo das fontes de poluição ambiental, nascendo daí o Programa de Controle da Poluição Ambiental em Cubatão.

O PROGRAMA DE CONTROLE DA POLUIÇÃO AMBIENTAL EM CUBATÃO

O Programa de Controle da Poluição Ambiental em Cubatão, lançado em 1983, teve como diretrizes básicas, além do controle das fontes de poluição ambiental, o desenvolvimento de estudos, pesquisas e atividades que pudessem revelar um quadro mais preciso da problemática ambiental do município, somado à sensibilização das entidades e instituições da comunidade local quanto ao problema, suas dimensões e consequências, ficando a cargo da Cetesb a sua execução (Cetesb, 1986).

O financiamento do programa se deu, em parte, por meio de uma linha de crédito subsidiada com recursos do Banco Mundial e do Governo do Estado de São Paulo, denominada Programa de Controle da Poluição (Procop) e, parcialmente, pelas próprias indústrias. O Procop foi criado pelo Decreto Estadual n. 14.806, de 4 de março de 1980, tendo como finalidade "apoiar a execução de projetos relacionados aos controle, preservação e melhoria das condições ambientais no estado de São Paulo" (Philippi Jr., 1987, p. 48; Philippi Jr. e Bruna, 2004).

O programa estabelecia como principais objetivos: obter o controle efetivo das principais fontes de poluição do município, de modo a garantir uma qualidade ambiental adequada à sua população; implantar um Plano de Ação de Emergência para episódios críticos de poluição, visando prevenir sua ocorrência e/ou minimizar suas consequências; estabelecer critérios para a alteração da legislação de zoneamento industrial e uso do solo na região; promover a educação ambiental da população do município, sensibilizando-a para os problemas ambientais, visando sua participação organizada no equacionamento desses problemas (Cetesb, 1985b). Para a consecução dos objetivos do programa, este foi dividido em três projetos: projeto de controle da poluição ambiental; projeto de apoio técnico às ações de controle; e projeto de participação comunitária e educação ambiental (Cetesb, 1986).

Os objetivos básicos do projeto de controle da poluição ambiental eram, como ações corretivas, obter a redução das emissões de poluentes do ar e águas das fontes do complexo industrial de Cubatão, de modo a assegurar o atendimento aos respectivos padrões legais de qualidade, assim como garantir coleta, transporte e destinação final adequados para os resíduos sólidos domésticos, hospitalares e industriais. Ainda, faziam parte desse projeto como medidas preventivas: a proibição de implantação de novas fontes de poluição ou alteração de processos produtivos que pudessem acarretar acréscimos nas emissões existentes; a "Operação Inverno", pela qual faz-se o acompanhamento diuturno das fontes significativas de poluição e das condições meteorológicas, visando à adoção de medidas com o objetivo de evitar a ocorrência do estado de emergência, em condições atmosféricas desfavoráveis, que pode causar riscos graves e iminentes à saúde da população; e a "Operação Verão", desenvolvida anualmente, em conjunto com a defesa civil, no período de novembro a março, ou seja, na estação das chuvas, em função do risco potencial de escorregamentos de encostas, visando reduzir suas consequências.

O projeto de apoio técnico às ações de controle, por sua vez, tinha como objetivo avaliar os efeitos da poluição ambiental na região, apontar ou identificar suas prováveis causas e definir as ações necessárias para amenizar e corrigir os danos provocados. O projeto de apoio compreendia, portanto, a realização dos estudos necessários ao direcionamento das ações de controle, incluindo o estabelecimento de prioridades de atendimento para situações que exigiam medidas preventivas e corretivas urgentes. Previa, ainda, a capacitação e o treinamento dos agentes do órgão ambiental envolvidos na execução do programa.

A inclusão do projeto de educação ambiental e participação comunitária no Programa de Controle da Poluição Ambiental em Cubatão surgiu do entendimento de que a participação da comunidade era fundamental para o sucesso de sua implementação, dando a sustentação política necessária para neutralizar o poder das indústrias e a ausência dos governos local e federal, uma vez que, nessa época, Cubatão ainda era considerada área de segurança nacional. Todavia, para que houvesse efetiva participação da comunidade, era necessário que esta estivesse capacitada e organizada. Além disso, o desenvolvimento de ações educativas favoreceria mudanças de comportamento e atitudes diante das questões ambientais, fazendo surgir valores voltados para a proteção, preservação e melhoria das condições ambientais e de vida no município.

Assim, esse projeto teve como objetivos, além de promover a educação ambiental, transmitir à população de Cubatão informações sobre o meio ambiente, bem como viabilizar, por meio de contatos e reuniões com os setores organizados da comunidade, sua participação nas discussões, encaminhamento de propostas e decisões referentes não apenas à problemática ambiental, mas também a outros setores do governo local e estadual. Os principais setores envolvidos nesse projeto foram associações de bairro, grupos religiosos e sindicatos.

A evolução do programa

Avaliação realizada pela Cetesb dos resultados obtidos pelo programa no período de julho de 1983 a julho de 1986 (Cetesb, 1986) revelou considerável melhoria, tanto no controle das fontes autuadas no início do programa quanto na redução da emissão dos vários tipos de poluentes atmosféricos, conforme Tabela 8.2, sendo obtida, ainda, a redução da frequência de episódios agudos de poluição do ar. Entretanto, apesar dos avanços atingidos em pouco tempo, o índice de qualidade do ar para material particulado, na região de Vila Parisi, continuava acima dos padrões legais. A qualidade das águas do rio Cubatão e seus afluentes, em relação a alguns indicadores específicos, como os fluoretos, também permanecia insatisfatória.

Tabela 8.2 – Reduções obtidas nos principais poluentes lançados na atmosfera de Cubatão.

Tipo de poluente	Emissões (t/dia)		%
	Julho/1984	Julho/1986	Redução
Material particulado	236,6	49,7	79,0
Dióxido de enxofre (SO_2)	78,4	49,5	37,0
Dióxido de nitrogênio (NO_2)	61,1	52,7	14,0
Fluoretos	2,6	1,1	58,0
Amônia	8,7	2,6	70,0
Hidrocarbonetos	90,0	27,5	69,0

Fonte: Cetesb (1986).

O programa, desde seu início, previa medidas de curto, médio e longo prazos e, durante sua implementação, sofreu diversas alterações e aperfeiçoamentos, decorrentes das avaliações periódicas dos resultados das medidas adotadas, bem como dos estudos e pesquisas realizados no município.

No final do ano de 1988, por exemplo, o controle de poeiras fugitivas e de algumas fontes secundárias de poluição do ar, com a identificação e atuação de 43 destas últimas, foi acrescentado às ações do programa. A necessidade de controle das poeiras fugitivas resultou de estudo que demonstrou que estas representavam 40% na composição da qualidade do ar na região de Vila Parisi, sendo provenientes da estocagem de materiais pulverulentos a céu aberto, bem como da circulação de veículos em vias pavimentadas e não pavimentadas das áreas industriais e urbanas (Cetesb, 1989).

Finda a primeira etapa do programa, em 31 de dezembro de 1989, conforme relatório da Cetesb, 89% das 320 fontes autuadas em 1984 estavam controladas, com redução significativa dos poluentes atmosféricos e das águas, bem como a destinação final adequada dos resíduos sólidos urbanos, hospitalares e industriais. Das fontes autuadas, somente 34 não estavam controladas até essa data, sendo 25 constituídas por fontes de poluição do ar, cinco por fontes de poluição das águas e quatro por fontes de poluição do solo, sendo a Cosipa – à época empresa estatal – a única empresa inadimplente em todos os aspectos (Cetesb, 1990).

No ano de 1990 iniciou-se uma nova fase do Programa de Controle da Poluição Ambiental em Cubatão intitulada "Ação permanente de fiscalização dos sistemas de controle de poluição instalados", visando o acompanhamento do desempenho dos sistemas implantados pelas indústrias. Essa fase também previa atuação rigorosa em relação às 34 fontes autuadas em 1984 que permaneciam inadimplentes, obtenção de avanços no controle das poeiras fugitivas e fontes secundárias de poluição do ar, estudo de necessidade de adoção de medidas complementares, identificação de riscos quanto à presença de indústrias e dutos na área urbana, e identificação de possíveis pontos de lançamento clandestinos do passado, de resíduos químicos, na Bacia dos rios Pilões e Cubatão até a barragem da Sabesp (Cetesb, 1990).

Em meados de 1994, segundo relatório da Cetesb, 91% das fontes de poluição autuadas em 1984 estavam controladas, havendo, ainda, vinte fontes sem controle, catorze delas do ar, quatro das águas e duas do solo, continuando a Cosipa a ser a principal empresa inadimplente, embora tivesse formalizado termo de compromisso com o órgão ambiental, obrigando-se a adotar as medidas necessárias à regularização de todas as suas pendências. Quanto às fontes secundárias, 46% do total estavam controladas (Cetesb, 1994).

No ano de 1991 foi realizada uma reavaliação quantitativa dos principais poluentes gerados pelas indústrias integrantes do Programa de Controle, bem como da carga remanescente após a adoção das medidas de controle, conforme retratado nas Tabelas 8.3 e 8.4.

Tabela 8.3 – Evolução da emissão de poluentes atmosféricos (1984-1991).

Emissão de poluentes atmosféricos (t/ano)		
Poluentes	1984	1991
Poeiras	114.416,4	31.645,4
HC	32.806,2	3.999,1
SO_2	28.559,1	17.010,8
NO_2	22.296,3	17.285,6
Amônia	3.188,6	74,8
Fluoretos	956,2	73,1

Fonte: Cetesb (1994).

238 | INDICADORES DE SUSTENTABILIDADE E GESTÃO AMBIENTAL

Tabela 8.4 – Evolução da emissão de poluentes das águas (1984-1991).

Emissão de poluentes das águas (t/ano)		
Poluentes	1984	1991
Carga orgânica	22.678,4	1.547,3
Metais pesados	1.467,3	43,8
Fluoretos	1.276,5	100,0
Fenóis	26,8	5,5
Resíduos sedimentáveis*	215,8	21,5

*ml/m³/ano

Fonte: Cetesb (1994).

O índice de qualidade do ar para partículas inaláveis, entretanto, continuava muito acima do padrão legal (50 ug/m³) na região de Cubatão-Vila Parisi (129 ug/m3), e as reclamações da comunidade quanto a episódios de emissões odoríferas provenientes de processos industriais continuavam bastante altas, foram recebidas 376 reclamações em 1993, sendo 184 (49%) relacionadas à empresa Petrobras-RPBC.

Quanto ao controle da poluição do solo, que teve como objetivo inicial romper o ciclo de disposição inadequada de resíduos, conforme o mesmo relatório, do total de 4.767.289,4 t/ano de resíduos sólidos gerados pelas indústrias, 1.629.782,0 t/ano ainda continuavam sendo dispostas de maneira inadequada, quase em sua totalidade pela Cosipa, com algumas iniciativas visando à adoção de processos de reciclagem e reutilização de resíduos, especialmente pelas indústrias de fertilizantes do município. Os resíduos de natureza domiciliar vinham sendo dispostos em aterro sanitário, enquanto os hospitalares eram incinerados em sistema operado pela municipalidade, com a aprovação do órgão ambiental.

Segundo o relatório (Cetesb, 1994), as demais medidas de controle também prosseguiam, entre elas, o controle das poeiras fugitivas, controle de opacidade e saneamento da área de Pilões, verificando-se a recuperação da qualidade das águas, diminuição expressiva de episódios críticos de poluição do ar, recuperação da Serra do Mar e substancial minimização de episódios de odor.

Desde 1994, entretanto, a despeito da continuidade das ações do Programa em Cubatão, com as alterações e aperfeiçoamentos necessários, não mais foram publicados relatórios técnicos dos resultados advindos dessas ações, sendo realizadas apenas audiências públicas até o ano de 1998, porém, sem o correspondente registro e feitas apresentações na câmara de vereadores do município, como ocorreu nos anos de 2003 e 2004, para prestação de contas da evolução do programa à comunidade, conforme informações obtidas junto ao órgão ambiental.

A falta de continuidade do processo de documentação dessa evolução, atribuída ao aumento da demanda de fiscalização e controle, somada à falta de recursos humanos suficientes e capacitados para essa atividade no órgão ambiental, prejudicou enormemente a avaliação da evolução do programa a partir daquela data. Tais informações propiciariam base mais adequada para o processo de tomada de decisões sobre a gestão ambiental do município, bem como para a efetiva participação da sociedade nesse processo. Ademais, são relevantes para que não se perca o histórico do importante trabalho já desenvolvido pelo órgão ambiental em Cubatão.

ÍNDICES E INDICADORES DE CUBATÃO

Os principais indicadores ambientais disponíveis sobre Cubatão dizem respeito aos utilizados pela Cetesb na atividade de controle da poluição, relacionados, basicamente, à poluição do ar e das águas, e divulgados anualmente nos relatórios de qualidade do ar e de qualidade das águas superficiais elaborados pelo órgão ambiental.

Entre os primeiros encontram-se a estimativa de emissões dos principais poluentes atmosféricos (MP, SO_x, NO_x, HC e CO), considerados internacionalmente, na avaliação da qualidade do ar, segundo o conceito de indicadores, como os mais significativos de uma condição geral de poluição atmosférica, bem como o índice de qualidade do ar.

A Cetesb vinha divulgando a distribuição anual do índice geral de qualidade do ar, efetuada com base nos boletins diários de qualidade do ar, que são elaborados a partir dos dados de qualidade do ar obtidos pelo órgão ambiental em suas estações automáticas de monitoramento, juntamente de uma previsão meteorológica das condições de dispersão dos poluentes para as 24 horas seguintes. Esse índice contemplava os seguintes parâmetros: dióxido de enxofre, partículas totais em suspensão, partículas inaláveis, fumaça, monóxido de carbono, ozônio e dióxido de nitrogênio.

O índice geral, entretanto, foi divulgado pela última vez no relatório referente ao ano de 2007, publicado em 2008. Atualmente, a Cetesb publica a distribuição percentual anual da qualidade do ar por poluente. Para cada poluente medido é calculado um índice, sendo utilizado para efeito de divulgação o índice mais elevado, isto é, a qualidade do ar de uma estação é determinada pelo pior caso.

Depois de calculado o valor do índice, o ar recebe uma qualificação associada com efeitos sobre a saúde pública, independentemente do poluente em questão, conforme a Tabela 8.5. A ultrapassagem do padrão de qualidade do ar é identificada pela qualidade inadequada. A qualidade má indica a ultrapassagem do nível de atenção, a péssima indica a ultrapassagem do nível de alerta, e a crítica, a ultrapassagem do nível de emergência, ensejando cada nível a adoção de medidas específicas para a melhoria da qualidade do ar, visando evitar que se alcance o nível de emergência, durante o qual são previstos sérios danos à saúde da população, inclusive com possibilidade do aumento de mortes prematuras em pessoas de grupos sensíveis.

Os relatórios de qualidade do ar elaborados pela Cetesb demonstram resultados positivos no controle da poluição do ar de Cubatão, tendo havido considerável redução das emissões globais de poluentes atmosféricos desde o início da implementação do Programa de Controle da Poluição no município, em 1983, com reflexos na melhoria geral da qualidade do ar, que vem evoluindo gradativamente, em especial a partir de meados da década de 1990. Entretanto, continuam a ocorrer ultrapassagens dos padrões de qualidade do ar, identificadas pela qualidade inadequada, com registros de nível de atenção identificado pela qualidade má, em especial na zona industrial, situações nas quais são previstos efeitos nocivos à saúde da população e ao meio ambiente, conforme a Tabela 8.5.

Segundo relatórios publicados pela Cetesb referentes aos anos de 2006 e 2007, a distribuição anual do índice geral de qualidade do ar em Cubatão no ano de 2006, de acordo o índice geral de qualidade do ar para o estado de São Paulo medido nas estações de medição de qualidade da Cetesb, conforme Tabela 8.6, demonstra, por exemplo, a ocorrência da qualidade inadequada em pouco mais de 13% do tempo monitorado na zona industrial, com registros de qualidade má, bem como na região de Cubatão-Centro, embora com menor frequência. No ano de 2007, a qualidade inadequada foi registrada em 20,1% do total de dias monitorados na região de Cubatão-Vila Parisi, porém não houve registros de qualidade má no município (Cetesb, 2007a; 2008).

Tabela 8.5 – Índice de qualidade do ar e efeitos sobre a saúde.

Qualidade	Índice	Significado
Boa	0 – 50	Praticamente não há riscos à saúde.
Regular	51 – 100	Pessoas de grupos sensíveis (crianças, idosos e pessoas com doenças respiratórias e cardíacas) podem apresentar sintomas como tosse seca e cansaço. A população, em geral, não é afetada.
Inadequada	101 – 199	Toda a população pode apresentar sintomas como tosse seca, cansaço, ardor nos olhos, nariz e garganta. Pessoas de grupos sensíveis (crianças, idosos e pessoas com doenças respiratórias e cardíacas) podem apresentar efeitos mais sérios na saúde.
Má	200 – 299	Toda a população pode apresentar agravamento dos sintomas como tosse seca, cansaço, ardor nos olhos, nariz e garganta e ainda apresentar falta de ar e respiração ofegante. Efeitos ainda mais graves à saúde de grupos sensíveis (crianças, idosos e pessoas com doenças respiratórias e cardíacas).
Péssima	≥ 300	Toda a população pode apresentar sérios riscos de manifestações de doenças respiratórias e cardiovasculares. Aumento de mortes prematuras em pessoas de grupos sensíveis.

Fonte: Cetesb (2012a).

A situação da qualidade do ar em Cubatão pouco tem se alterado ao longo dos últimos anos. Na região de Cubatão-Vila Parisi ainda são altas as concentrações de MP_{10}, que vêm se mantendo acima dos padrões de qualidade do ar, fato que no ano de 2011 ocorreu nas duas estações localizadas na área industrial do município. Quanto ao ozônio (O_3), reduziram-se as ultrapassagens de padrão na região de Cubatão-Centro de 2010 para 2011, porém ocorreram em número superior aos anos de 2007 a 2009. O nível de atenção, que indica a qualidade má, todavia, foi atingido apenas 3 vezes em 2011, enquanto em 2010 esse fato ocorreu 9 vezes (Cetesb, 2012a).

O relatório publicado em 2012, referente ao ano de 2011, entretanto, não apresenta a distribuição percentual anual da qualidade do ar em rela-

INDICADORES DE SUSTENTABILIDADE E GESTÃO AMBIENTAL

Tabela 8.6 – Distribuição do índice geral de qualidade do ar no estado de São Paulo – 2006.

Estação	BOA		REGULAR		INADEQUADA		MÁ		PÉSSIMA		CRÍTICA	
	Freq.	%	Freq.	%	Freq.	%	Freq.	%	Freq.	%	Freq.	%
P. D. Pedro II	153	44,6	176	51,3	14	4,1	0	0,0	0	0,0	0	0,0
Santana	173	50,7	160	46,9	7	2,1	1	0,3	0	0,0	0	0,0
Moóca	74	43,3	86	50,3	6	3,5	5	2,9	0	0,0	0	0,0
Cambuci	269	77,7	77	22,3	0	0,0	0	0,0	0	0,0	0	0,0
Ibirapuera	139	40,4	191	55,5	12	3,5	2	0,6	0	0,0	0	0,0
Nossa Senhora do Ó	172	47,5	183	50,6	6	1,7	1	0,3	0	0,0	0	0,0
São Caetano do Sul	104	30,6	199	58,5	27	7,9	10	2,9	0	0,0	0	0,0
Congonhas	170	49,0	177	51,0	0	0,0	0	0,0	0	0,0	0	0,0
Cerqueira César	232	64,1	130	35,9	0	0,0	0	0,0	0	0,0	0	0,0
Centro	174	49,7	176	50,3	0	0,0	0	0,0	0	0,0	0	0,0
Guarulhos	57	40,1	85	59,9	0	0,0	0	0,0	0	0,0	0	0,0
Santo André – Centro	294	81,9	65	18,1	0	0,0	0	0,0	0	0,0	0	0,0
Diadema	184	51,0	160	44,3	14	3,9	3	0,8	0	0,0	0	0,0
Santo Amaro	155	43,9	180	51,0	12	3,4	6	1,7	0	0,0	0	0,0
Osasco	252	69,8	109	30,2	0	0,0	0	0,0	0	0,0	0	0,0
Santo André – Capuava	190	56,2	140	41,4	8	2,4	0	0,0	0	0,0	0	0,0
São Bernardo do Campo	273	79,6	70	20,4	0	0,0	0	0,0	0	0,0	0	0,0
Taboão da Serra	265	74,9	86	24,3	3	0,8	0	0,0	0	0,0	0	0,0
Mauá	173	51,8	148	44,3	11	3,3	2	0,6	0	0,0	0	0,0
Pinheiros	192	52,6	170	46,6	3	0,8	0	0,0	0	0,0	0	0,0
Horto Florestal – Lab. Volante	86	39,3	119	54,3	12	5,5	2	0,9	0	0,0	0	0,0
Cubatão – Centro	232	67,1	106	31,2	4	1,2	2	0,6	0	0,0	0	0,0
Cubatão – V. Parisi	56	16,0	245	70,0	47	13,4	2	0,6	0	0,0	0	0,0
Cubatão – V. Mogi	83	54,2	68	44,4	2	1,3	0	0,0	0	0,0	0	0,0
Campinas – Centro	278	83,0	57	17,0	0	0,0	0	0,0	0	0,0	0	0,0
Jundiaí – Lab. Volante	83	47,7	88	50,6	2	1,1	1	0,6	0	0,0	0	0,0
Ribeirão Preto – Lab. Volante	80	87,0	12	13,0	0	0,0	0	0,0	0	0,0	0	0,0
Sorocaba	147	40,9	204	56,8	7	1,9	1	0,3	0	0,0	0	0,0
São José dos Campos	185	53,6	159	46,1	1	0,3	0	0,0	0	0,0	0	0,0
TOTAL	4.925	54,8	3.828	42,6	198	2,2	38	0,4	0	0,0	0	0,0

Obs: As porcentagens foram calculadas em relação ao total de dias monitorados, e a frequência é expressa em dias.

Fonte: Cetesb (2007a).

ção à UGRHI7-Baixada Santista, que abrange o município de Cubatão, por dificuldades com a conclusão do relatório no prazo exigido, segundo informações obtidas junto ao órgão ambiental.

A divulgação de dados incompletos é motivo de preocupação, pois pode criar dificuldades de compreensão da real condição da qualidade do ar, tanto em Cubatão quanto nas demais regiões do estado, visto que os indicadores devem ser claros, acessíveis e de fácil compreensão para a comunidade em geral.

Quanto à poluição das águas, a Cetesb, desde 1977, utiliza como indicador o Índice de Qualidade das Águas (IQA). O IQA é calculado pelo produto ponderado das qualidades das águas correspondentes a nove parâmetros considerados relevantes para essa avaliação: temperatura, pH, oxigênio dissolvido, demanda bioquímica de oxigênio, coliformes termotolerantes, nitrogênio total, fósforo total, resíduos totais e turbidez.

Considerando que o IQA é obtido mensalmente, com o intuito de representar a qualidade apresentada pelos corpos de águas monitorados, ao longo de um ano, definiu-se o IQA 20%, cujo cálculo é feito a partir do ajuste de uma distribuição normal dos resultados do IQA obtidos para determinado local ao longo de cada ano, e da obtenção do valor correspondente ao percentual 20%. O valor do IQA 20%, portanto, indica que durante 80% do tempo o ponto monitorado apresentou qualidade de água avaliada como igual ou superior a esse valor (Cetesb, 1999).

Contudo, em razão desse índice apresentar algumas limitações, entre elas a de considerar apenas a sua utilização para o abastecimento público e não contemplar alguns parâmetros, tais como metais pesados e compostos orgânicos com potencial mutagênico, foram criados, pela Resolução SMA/65, aprovada em 13 de agosto de 1998, o Índice de Qualidade de Águas Brutas para Fins de Abastecimento Público (IAP) e o Índice de Preservação da Vida Aquática (IVA), que começaram a ser utilizados em 2002.

Considerando-se o IQA divulgado nos relatórios da Cetesb, verifica-se que também houve melhora geral da qualidade das águas dos três principais cursos d'água do município (rios Cubatão, Mogi e Piaçaguera), embora tenha demorado um pouco mais a ocorrer, provavelmente em razão de, no início do programa, ter havido uma ação mais intensa para a redução da poluição atmosférica, aspecto prioritário para a proteção da saúde pública, além desta ser mais visível aos olhos da sociedade.

Dos três rios monitorados, o rio Cubatão, único no qual existe captação de água para abastecimento público, é o que apresenta melhor qualida-

INDICADORES DE SUSTENTABILIDADE E GESTÃO AMBIENTAL

Tabela 8.7 – Índice de qualidade das águas nos rios Cubatão, Mogi e Piaçaguera-IQA 20%.

Ano	Ponto amostragem CUB A03900	Ano	Ponto amostragem MOGI02800	Ano	Ponto amostragem PIAC02700
	Rio Cubatão		Rio Mogi		Rio Piaçaguera
	Índice IQA 20%		Índice IQA 20%		Índice IQA 20%
1984	Boa	1984	Ruim	1984	Péssima
1985	Aceitável	1985	Ruim	1985	Péssima
1986	Aceitável	1986	Ruim	1986	Péssima
1987	Aceitável	1987	Aceitável	1987	Péssima
1988	Aceitável	1988	Ruim	1988	Ruim
1989	Aceitável	1989	Ruim	1989	Ruim
1990	Ruim	1990	Ruim	1990	Péssima
1991	Aceitável	1991	Ruim	1991	Ruim
1992	Ruim	1992	Ruim	1992	Ruim
1993	Aceitável	1993	Ruim	1993	Ruim
1994	Aceitável	1994	Ruim	1994	Ruim
1995	Aceitável	1995	Aceitável	1995	Ruim
1996	Aceitável	1996	Ruim	1996	Ruim
1997	Aceitável	1997	Ruim	1997	Ruim
1998	Aceitável	1998	Aceitável	1998	Ruim
1999	Aceitável	1999	Ruim	1999	Aceitável
2000	Boa	2000	Boa	2000	Ruim
2001	Aceitável	2001	Aceitável	2001	Ruim
2002	Boa	2002	Aceitável	2002	Aceitável
2003	Aceitável	2003	Aceitável	2003	Aceitável
2004	Boa	2004	Aceitável	2004	Aceitável
2005	Boa	2005	Aceitável	2005	Aceitável
2006	Boa	2006	Boa	2006	Ruim

Fonte: Cetesb (1984-2007).

de. Entretanto, os dados do órgão ambiental demonstram que a qualidade das águas se encontra muito aquém do exigido para a proteção do meio ambiente no município, em especial nos rios Mogi e Piaçaguera, conforme se observa na Tabela 8.7 (Cetesb, 2007b).

A situação da qualidade das águas nos três rios monitorados em Cubatão também pouco se alterou de 2006 para 2011, mantendo índices de qualidade semelhantes (Cetesb, 2012b).

Avaliando-se a evolução dos indicadores ambientais disponíveis sobre Cubatão, nota-se que, embora tenha havido um grande avanço na melhoria das condições ambientais do município, ainda não está sendo garantida a sustentabilidade dos recursos naturais e a qualidade de vida exigidas pelo desenvolvimento sustentável, principalmente em razão das frequentes ultrapassagens dos padrões de qualidade do ar, que demonstram a continuidade de efeitos nocivos à saúde pública e ao meio ambiente, embora em menores proporções que no início da década de 1980, somadas à pouca melhoria obtida na qualidade das águas.

Os indicadores sociais e de condições de vida existentes em diversas bases, como IBGE e Fundação Sistema Estadual de Análise de Dados (Seade), apresentados a seguir, demonstram, por outro lado, que pouca foi a melhoria das condições de vida da população de Cubatão.

Hoje todos reconhecem a existência de correlação entre a cobertura dos serviços de saneamento básico e a qualidade de vida e saúde da população. Estudos epidemiológicos indicam que as doenças de veiculação hídrica tendem a diminuir em lugares adequadamente saneados, onde, além da alta cobertura dos serviços de abastecimento de água, também são implantados sistemas de coleta e tratamento de esgotos e resíduos sólidos.

Nesse sentido, os indicadores de saneamento básico de Cubatão são bastante preocupantes, demonstrando que apresenta condições precárias de saneamento, em especial no aspecto de esgotamento sanitário, tendo havido, ainda, considerável redução do nível de atendimento por abastecimento de água, entre 1991 e 2000, conforme se verifica nas Tabelas 8.8 e 8.9.

246 INDICADORES DE SUSTENTABILIDADE E GESTÃO AMBIENTAL

Tabela 8.8 – Esgoto sanitário – Nível de atendimento em Cubatão.

Esgoto sanitário – nível de atendimento (em %)					
1991*	2001	2002	2003	2004	2005
18,69	25,00	30,00	31,00	31,00	35,00

Fontes: Seade (2007b)*; Cetesb (2002-2006).

Tabela 8.9 – Abastecimento de água – Nível de atendimento em Cubatão.

Abastecimento de água – nível de atendimento (em %)	
1991	2000
91,13	85,07

Fonte: Seade (2007b).

Atualmente, a porcentagem da população atendida por coleta e tratamento de esgotos na UGRHI 7-Baixada Santista é de 72 e 16%, respectivamente. Para Cubatão, houve algum progresso no nível de coleta de esgotos, que passou de 35% em 2005 para 47% em 2011 (Cetesb, 2012b).

Os dados das Tabelas 8.10 e 8.11 revelam, ainda, que o nível de escolaridade da população do município está abaixo da média do total do estado de São Paulo.

Tabela 8.10 – Média de anos de estudos da população de 15 a 64 anos.

Cubatão	Estado de São Paulo
2000	2000
6,84	7,64

Fonte: Seade (2007a).

Tabela 8.11 – População acima de 25 anos com menos de oito anos de estudo (em %).

Cubatão	Estado de São Paulo
2000	2000
60,73	55,55

Fonte: Seade (2007a).

Segundo o Índice Paulista de Responsabilidade Social (IPRS), indicador desenvolvido pela Fundação Seade e instituído pela Lei Estadual n. 10.765, de 19 de fevereiro de 2001, no âmbito do estado de São Paulo, como uma ferramenta para avaliação e redirecionamento dos recursos públicos voltados para o desenvolvimento dos municípios paulistas, Cubatão está classificado entre os municípios que, embora com níveis de riqueza elevados, não exibem bons indicadores sociais, conforme retratado na Tabela 8.12 (Seade, 2007b), classificação que mantém até hoje (Seade, 2012).

Tabela 8.12 – IPRS do município de Cubatão.

	2000	2002	2004
Condições de Vida – Índice Paulista de Responsabilidade Social – IPRS	Grupo 2 – Municípios que, embora com níveis de riqueza elevados, não exibem bons indicadores sociais	Grupo 2 – Municípios que, embora com níveis de riqueza elevados, não exibem bons indicadores sociais	Grupo 2 – Municípios que, embora com níveis de riqueza elevados, não exibem bons indicadores sociais

Fonte: Seade (2007b).

Outro indicador desenvolvido pela Fundação Seade, o Índice Paulista de Vulnerabilidade Social (IPVS) – diante da constatação de que o IPRS não respondia integralmente às questões de equidade e de pobreza existentes no interior dos municípios – revela que, no ano 2000, mais de 40% da população do município vivia em situação de vulnerabilidade alta ou muito alta.

O IPVS permite identificar nos municípios do estado de São Paulo, particularmente naqueles de maior porte, áreas onde predominam famílias expostas a diferentes níveis de vulnerabilidade social, adotando como unidade de análise os setores censitários utilizados pelo IBGE na realização do censo demográfico. O IPVS baseia-se em uma tipologia derivada da combinação entre os indicadores sintéticos das dimensões socioeconômica e demográfica, permitindo classificar os setores censitários em seis categorias, segundo o grau de vulnerabilidade social da população neles residente: nenhuma vulnerabilidade, vulnerabilidade muito baixa, vulnerabilidade baixa, vulnerabilidade média, vulnerabilidade alta e vulnerabilidade muito alta (Seade, 2007b).

Tabela 8.13 – IPVS do município de Cubatão – 2000.

Condições de vida – IPVS	% da população exposta
Grupo 1 – Nenhuma vulnerabilidade	0,37
Grupo 2 – Vulnerabilidade muito baixa	16,10
Grupo 3 – Vulnerabilidade baixa	23,34
Grupo 4 – Média vulnerabilidade	17,97
Grupo 5 – Vulnerabilidade alta	21,19
Grupo 6 – Vulnerabilidade muito alta	21,04

Fonte: Seade (2007b).

A pouca melhora verificada nas condições de vida da população se reflete, em alguns aspectos, nos indicadores ambientais, a exemplo do atendimento precário dos domicílios do município por rede geral de esgoto sanitário, com evidente repercussão na qualidade das águas, sendo possível concluir que mais da metade dos esgotos sanitários vêm tendo como destino final os cursos d'água da região.

Some-se a isso o fato de mais de 40% da população viver em áreas de invasão e favelas, várias delas situadas em áreas de preservação permanente e em unidades de conservação, com restrições para a instalação de equipamentos públicos, conforme informações da secretaria de planejamento do município de Cubatão.

Impressionam as precárias condições de vida da população quando verificamos que o PIB *per capita* do município de Cubatão vem aumentando gradativamente (Tabela 8.14), atingindo em 2004 o valor de R$

68.834,99, cinco vezes superior ao PIB *per capita* do estado de São Paulo no mesmo ano, que foi de R$ 13.725,14 (Seade, 2007b).

Tabela 8.14 – PIB *per capita* do município de Cubatão.

PIB *per capita* (em R$ correntes)					
1999	2000	2001	2002	2003	2004
23.838,84	30.998,16	34.700,06	40.337,14	61.899,19	68.834,99

Fontes: Seade (2007b).

Esse fato somente vem confirmar a insuficiência do PIB *per capita* como indicador de desenvolvimento sustentável, por não ser capaz de capturar todos os aspectos importantes deste, demonstrando, ainda, que o desenvolvimento do município, de fato, não vem sendo efetuado em bases sustentáveis, ante a ausência de harmonia entre as dimensões econômica, ambiental e social.

De outro lado, praticamente inexistem indicadores institucionais. Dentre aqueles poucos existentes, verifica-se que até a presente data o Conselho Municipal de Meio Ambiente do município não foi implementado, embora tenha sido criado por lei. Também não existem leis municipais específicas para proteção ou controle ambiental (Seade, 2007b).

Outro dado revelador diz respeito ao percentual de despesas com gestão ambiental no total do orçamento do município, conforme Tabela 8.15 abaixo.

Tabela 8.15 – Percentual das despesas com gestão ambiental no total do orçamento do município de Cubatão.

PIB *per capita* (em R$ correntes)			
1995	1997	1998	1999
5,88	8,33	10,45	6,30

Fontes: Seade (2007b).

Esses indicadores institucionais poderiam ser utilizados para demonstrar a insuficiência de investimentos municipais na gestão ambiental e a pouca importância dada a esse aspecto pelo município.

AS INFORMAÇÕES DISPONÍVEIS E A NECESSIDADE DE NOVOS INDICADORES PARA CUBATÃO

O caminho em direção ao desenvolvimento sustentável, que resulte em um desenvolvimento economicamente eficiente, com equidade e responsabilidade social e ambientalmente equilibrado, exige a integração das questões socioeconômicas e ambientais no processo de tomada de decisões.

Um dos principais aspectos que dificulta o processo de gestão na direção do desenvolvimento sustentável é justamente a falta de informação adequada, especialmente de dados integrados da situação econômica, social e ambiental de um município, estado ou país.

A Agenda 21 Global, documento de planejamento estratégico de promoção do desenvolvimento sustentável aprovado na Conferência das Nações Unidas sobre Meio Ambiente e Desenvolvimento, realizada no Rio de Janeiro, em 1992, destacou o papel da informação nesse processo, dedicando, inclusive, um capítulo específico ao tema (Capítulo 40), partindo do princípio de que todos são usuários e provedores de informação, aqui incluídos dados, experiências e conhecimento (ONU, 1992b).

No mesmo sentido dispõe o princípio 10 da Declaração do Rio sobre Meio Ambiente e Desenvolvimento, que estabeleceu a participação social no trato das questões ambientais como necessária à implementação do desenvolvimento sustentável, ressaltando a importância da informação adequada para assegurar a efetividade desse processo (ONU, 1992a).

Segundo a Agenda 21 Global, a informação adequada deve ser útil e compreensível, tanto para o setor governamental como para o público em geral, a partir da identificação de suas necessidades, proporcionando bases sólidas para o processo de decisão em todos os níveis: internacional, nacional, regional e local. A disseminação dessas informações também constitui aspecto fundamental para o alcance do desenvolvimento sustentável. Definiu-se, então, que a informação necessária para a implementação do desenvolvimento sustentável deveria vir estabelecida na forma de indicadores, os quais devem ser relevantes, confiáveis e de fácil acesso (ONU, 1992b).

Os indicadores de sustentabilidade, além de contribuírem para a melhoria da compreensão do que seja exatamente o desenvolvimento sustentável, fornecem subsídios e aprimoram o processo decisório em todos os níveis, melhorando a política ambiental.

Quando se verificam as informações oficiais disponíveis à sociedade para a avaliação da situação do município de Cubatão no aspecto do desenvolvimento sustentável, pode-se concluir facilmente que são insuficientes e inadequadas para a avaliação do caminho que o município está seguindo naquela direção. Além da ausência de informações sistematizadas sobre diversos aspectos fundamentais para o planejamento do desenvolvimento sustentável do município, podemos encontrar diversas falhas e imperfeições na construção dos índices e indicadores existentes, que podem levar a uma percepção incompleta e/ou falsa da realidade. Ademais, verificamos que, na maioria das vezes, os indicadores são produzidos em escalas de tempo que não acompanham o dinamismo dos sistemas natural e social e, portanto, são incapazes de informar o processo decisório e direcionar as ações prioritárias.

Assim, por exemplo, dos relatórios de qualidade do ar divulgados anualmente pela Cetesb, pode-se constatar que o inventário das emissões de poluentes do ar de Cubatão nem sempre é feito anualmente, pois em alguns anos foram repetidos dados referentes a anos anteriores, conforme mencionado expressamente nos relatórios, aspecto que torna inconsistentes essas informações, dificultando a correta avaliação da evolução do controle da poluição, bem como dos instrumentos empregados na gestão ambiental do município.

O inventário anual da carga poluidora dos cursos d'água por efluentes industriais, por empresa, exigido pelo art. 46, da Resolução do Conselho Nacional do Meio Ambiente (Conama) 357/2005, por seu turno, foi iniciado apenas recentemente, ainda não existindo informações organizadas que possibilitem a avaliação da contribuição individual das indústrias para a qualidade dos cursos d'água do município, cabendo ressaltar que não basta exigir a informação, é necessário que ela seja sistematizada e transformada em ações efetivas de melhoria da qualidade das águas.

Não existem, ainda, informações sistematizadas sobre a evolução da geração e destinação final adequada para os resíduos sólidos industriais produzidos em Cubatão, fato que, além de impossibilitar a verificação da adoção de práticas ambientais mais adequadas pelas indústrias, baseadas na redução da geração, reaproveitamento e reciclagem, não permite à coletividade o acompanhamento e a participação em questão de grande relevância para a proteção do meio ambiente e da saúde pública.

Inúmeros são os impactos ambientais negativos decorrentes da disposição inadequada de resíduos sólidos industriais perigosos, muitas vezes irreversíveis, bem como os prejuízos causados à saúde e ao bem-estar da população.

A contaminação do solo e de sedimentos é questão reconhecidamente importante no município, embora o problema já seja conhecido há vários anos e a Cetesb tenha implantado cadastro de áreas contaminadas do estado de São Paulo em 2002, faltam informações que permitam avaliar a gestão ambiental desenvolvida para esse setor.

Também merecem menção os problemas sobre a limitação dos usos possíveis do solo, com restrições ao ordenamento territorial e ao planejamento urbano. Nesse aspecto verifica-se, por exemplo, a ausência de informações a respeito do crescimento de favelas, especialmente em áreas protegidas, e o percentual da população vivendo nessas áreas, que representa um grave e conhecido problema socioambiental do município.

A relação falta de saneamento-saúde, a taxa de desemprego e sua relação com a escolaridade, assim como indicadores institucionais que demonstrem a preocupação com a proteção do meio ambiente e o desenvolvimento sustentável, são outros importantes aspectos sobre os quais não encontramos indicadores adequados. Também não existem informações sistematizadas sobre a situação da vegetação do município, embora Cubatão abrigue importante parcela do remanescente do ecossistema de Mata Atlântica do país, bem como alguns dos últimos remanescentes de vegetação de restinga e manguezal do estado de São Paulo.

O Instituto Florestal realizou importante trabalho nesse aspecto, denominado Inventário Florestal da Vegetação Natural do Estado de São Paulo, que apresenta a distribuição espacial e respectiva quantificação da vegetação natural, devidamente identificadas de acordo com suas diferentes fitofisionomias, considerando dois enfoques: Regiões Administrativas e Unidades de Gerenciamento dos Recursos Hídricos (Bacias Hidrográficas). No trabalho, que se refere aos anos 2000 e 2001, foram consideradas, ainda, informações de levantamentos anteriores, alguns deles parciais, em especial inventário realizado pelo próprio Instituto referente aos anos 1990 e 1992. Segundo os autores, esse trabalho permitiu a estruturação de base georreferenciada para fins de monitoramento, que possibilitará "o mapeamento e avaliação periódica de uma mesma área em intervalos de tempo regulares para estudos e controle da dinâmica das mudanças" (Kronka et al., 2005, p. 20).

As informações existentes sobre os aspectos sociais e econômicos, por seu turno, limitam-se a poucos anos, ficando à mercê principalmente de ações do governo federal, por meio dos censos realizados com longos períodos de intervalo, enquanto a ausência de informações na forma de indicadores institucionais é quase absoluta. Ressalte-se que o município de Cubatão não produz informações sistematizadas, na forma de indicadores, sobre nenhum dos temas considerados relevantes na promoção do desenvolvimento sustentável.

A ausência dessas informações sistematizadas, bem como a inadequação de algumas informações disponíveis à sociedade, seja por serem produzidas em escala temporal inadequada, seja por falhas na produção dos dados, dificultam que o município alcance o objetivo da sustentabilidade, posto que é necessário para tanto que essas informações sejam capazes de orientar o processo de tomada de decisões, possibilitando que se façam as intervenções adequadas, inclusive no tempo adequado, que poderiam levar a uma gestão eficiente e eficaz, com a obtenção de resultados concretos.

Verifica-se, assim, em primeiro lugar, a necessidade de que indicadores já consolidados como necessários à avaliação do progresso na direção do desenvolvimento sustentável, tais como indicadores sociais sobre educação, saúde e saneamento, sejam produzidos em intervalos que possibilitem o monitoramento e a avaliação da implementação das políticas públicas respectivas, orientando o planejamento e o processo de tomada de decisões, bem como possibilitando à população acompanhar e participar desse processo.

Faz-se necessário, ainda, maior cuidado na produção e divulgação de índices e indicadores, de modo que tenham qualidade, refletindo o mais claramente possível a realidade, e não levem a sociedade a uma percepção falsamente positiva da realidade. A população e os tomadores de decisão devem ser informados, honestamente, sobre as consequências de suas ações, visto que, embora não garantam a obtenção de resultados, os indicadores estimulam a adoção de ações concretas visando à solução de problemas relevantes para a coletividade.

No processo de produção de indicadores sobre o município de Cubatão, assim como de qualquer localidade, torna-se necessário considerar suas características próprias e problemas específicos, motivo pelo qual o ideal seria que essas informações fossem produzidas e/ou sistematizadas pelo próprio município, haja vista a maior familiaridade com as características, os problemas e as necessidades deste, na forma de indicadores capazes de espelhar a situação atual e acompanhar a sua evolução ao longo dos anos.

Importante mencionar que o estado de São Paulo possui um órgão capacitado para a produção de indicadores, que é a Fundação Seade, que atua na produção e disseminação de pesquisas, análises e estatísticas socioeconômicas e demográficas, oferecendo à comunidade e aos agentes públicos informações indispensáveis à compreensão da realidade paulista, inclusive de cada um dos municípios do estado.

PROPOSTA DE INDICADORES PARA O MUNICÍPIO DE CUBATÃO

Sem a pretensão de esgotar o tema, especialmente considerando que os sistemas de indicadores devem ser flexíveis, permitindo as necessárias reavaliações, revisões e adaptações, em um processo de melhoria contínua, bem como que o desenvolvimento de indicadores deve ser participativo, podemos vislumbrar, desde logo, conforme mencionado no tópico anterior, a ausência de informações sistematizadas na forma de indicadores sobre alguns importantes aspectos do município de Cubatão.

Apresenta-se na Tabela 8.16, proposta de indicadores tidos, entre outros, como necessários à avaliação e orientação das políticas públicas indispensáveis à implementação do desenvolvimento sustentável em Cubatão, sobre os quais não existem informações sistematizadas, sem prejuízo do aperfeiçoamento e da produção pelo próprio município de indicadores já consolidados, como aqueles citados neste texto, em escala de tempo compatível com as necessidades do município, atendendo ao dinamismo da vida em sociedade e com a natureza.

CONSIDERAÇÕES FINAIS

A falta de informações adequadas e sistematizadas que possam orientar o estabelecimento de prioridades e o processo de tomada de decisões na direção do desenvolvimento sustentável é um dos principais problemas enfrentados não apenas pelo município de Cubatão, mas pela maioria dos municípios do nosso país, acabando por levar a decisões equivocadas, que acabam não trazendo os resultados desejados.

Há, ainda, falta de cooperação ou cooperação limitada entre os interessados – setor privado, comunidades afetadas, organizações não governamentais (ONGs), comunidade científica e governo –, que, aliada à falta de integração entre municipalidades, estados e o governo federal, bem como entre os diversos setores de cada um destes, dificultam a integração das dimensões ambiental e social nas decisões da política econômica.

Acrescente-se que as instituições ambientais são quase sempre vistas como obstáculos custosos para as políticas de outros setores, acabando por receber poucos incentivos, bem como recursos humanos, financeiros e materiais

INDICADORES DE DESENVOLVIMENTO LOCAL E SUA APLICAÇÃO EM MUNICÍPIOS | **255**

Tabela 8.16 – Proposta de indicadores de desenvolvimento sustentável para Cubatão.

Indicador	Justificativa	Utilização
- Geração de resíduos sólidos industriais em tonelada/ano - % de resíduos industriais perigosos sobre o total gerado - % dos resíduos industriais destinados à reciclagem/reaproveitamento sobre o total gerado	Permite verificar se o setor industrial efetua o gerenciamento sustentável de resíduos sólidos, no qual a redução da geração, a reutilização e a reciclagem são atividades fundamentais. Por representarem maiores riscos à saúde pública e ao meio ambiente, os resíduos perigosos são um dos mais preocupantes, justificando a verificação do percentual desse tipo de resíduo sobre o total gerado. Pode subsidiar a elaboração de políticas públicas visando à adoção de práticas ambientalmente sustentáveis pelas indústrias na gestão dos resíduos sólidos.	IBGE Comissão de Desenvolvimento Sustentável das Nações Unidas (CDS) Seattle (Estados Unidos)
- % da área contaminada sobre o total da área do município	Na região da Baixada Santista, Cubatão é um dos municípios que apresenta maior número de áreas contaminadas identificadas e cadastradas na Cetesb. Permite verificar a extensão das áreas contaminadas que acarretam danos ao meio ambiente e à saúde pública, bem como daquelas recuperadas, possibilitando a avaliação e o aperfeiçoamento da gestão desenvolvida para esse setor.	————
- % de perda de floresta primária sobre o total remanescente - Total de florestas recuperadas - % de áreas protegidas sobre o total da área do município	Cubatão abriga importante parcela do remanescente ecossistema de Mata Atlântica do país, de elevada biodiversidade, considerada como um dos biomas mais ameaçados de desaparecimento do mundo. Portanto, é fundamental o monitoramento da proteção e do processo de degradação e/ou recuperação da vegetação do município, a fim de permitir a adoção das políticas públicas necessárias à mais adequada proteção desse rico ecossistema.	IBGE CDS Upper (Áustria)
- % de coleta seletiva de lixo sobre o total de lixo coletado	A coleta seletiva de lixo é importante no processo de promoção do desenvolvimento sustentável por contribuir para a proteção do meio ambiente e da saúde pública, bem como para a geração de empregos e redução dos gastos com limpeza urbana. Permite avaliar o desempenho do município na gestão sustentável dos resíduos sólidos domésticos.	IBGE Seade

(continua)

Tabela 8.16 – Proposta de indicadores de desenvolvimento sustentável para Cubatão. *(continuação)*

Indicador	Justificativa	Utilização
- Gastos anuais com pesquisa e desenvolvimento (P&D)	Permite verificar o grau de preocupação do setor público e privado com o progresso científico e tecnológico necessário para alcançar o desenvolvimento sustentável. Permite a formulação de estratégias de desenvolvimento em longo prazo, bem como subsidiar políticas públicas na perspectiva do desenvolvimento sustentável.	IBGE
- % da população vivendo em áreas de invasões e favelas sobre o total da população do município - % de áreas protegidas ocupadas por invasões e favelas em relação ao total da área urbana	A existência de invasões e favelas, várias delas situadas em áreas de preservação permanente e unidades de conservação, constitui um grave problema do município. A moradia adequada é uma das condições determinantes para a qualidade de vida da população, bem como a preservação do meio ambiente natural. Permite avaliar o desempenho governamental na proteção do meio ambiente e a evolução desse tipo de uso e ocupação do solo, visando subsidiar a política habitacional do município.	CDS: "Proporção da população urbana vivendo em favelas". Seade: "Existência de favelas".
- Taxa de desemprego - Relação escolaridade-desemprego	O desemprego é um dos principais fatores que determinam os níveis de pobreza, refletindo a incapacidade do sistema econômico em prover ocupação produtiva a todos. No município de Cubatão pode estar vinculado à baixa escolaridade da população, diante das características do polo industrial, que exige mão de obra especializada. Esse indicador pode subsidiar a formulação de estratégias e políticas de educação e geração de emprego e renda.	IBGE: taxa de desocupação. Seattle (Estados Unidos): desemprego
- Incidência de doenças relacionadas ao saneamento ambiental inadequado	O saneamento ambiental de Cubatão é precário, especialmente no que concerne ao esgotamento sanitário. Ampliar o acesso ao saneamento básico (abastecimento de água, esgotamento sanitário, coleta e destino final dos resíduos sólidos, drenagem urbana) é fundamental para melhorar a qualidade de vida da população e reduzir a pobreza, sendo um dos objetivos essenciais do desenvolvimento sustentável. O indicador permite conhecer, monitorar e avaliar a situação de saúde relacionada às condições de saneamento ambiental e subsidiar ações nesta área.	IBGE

(continua)

Tabela 8.16 – Proposta de indicadores de desenvolvimento sustentável para Cubatão. *(continuação)*

Indicador	Justificativa	Utilização
- % do gasto público com proteção do meio ambiente no total do orçamento do município	Verifica a capacidade de atuação e o grau de comprometimento do município na proteção do meio ambiente, que é uma das atribuições do poder público, trazendo subsídios para avaliar o desempenho governamental e orientar os gastos públicos.	IBGE (o primeiro) Seade (ambos)
- Existência de leis municipais específicas para proteção do meio ambiente		
- Existência de Conselho Municipal do Meio Ambiente em atividade	Os conselhos constituem importante mecanismo de consulta e exercício da participação popular na gestão pública, sendo sua institucionalização uma forma de capacitação para a gestão local. Revela o nível de organização municipal no que se refere à democratização da gestão de políticas públicas ambientais para a solução de problemas locais.	IBGE

insuficientes, além de não terem o apoio político necessário para o exercício efetivo da fiscalização. Esses fatos acabam, muitas vezes, levando esses órgãos a deixarem de ter participação efetiva nos processos de planejamento e formulação de decisões, bem como de cumprirem uma de suas funções básicas: a geração de informações. Gerar informações sólidas sobre a qualidade do meio ambiente, as fontes de emissões, os impactos da poluição – inclusive sobre a saúde pública –, entre outros aspectos, é fundamental para uma gestão ambiental adequada, capaz de produzir resultados concretos.

Alcançar o desenvolvimento sustentável de um município depende diretamente de uma gestão ambiental pública eficiente e eficaz, que não pode prescindir da existência de uma política ambiental que traga no seu contexto a visão holística e o tratamento multidisciplinar das questões ambientais, com ampla participação e envolvimento de toda a sociedade na sua elaboração e execução, desde a fase de planejamento até a efetivação de ações concretas.

A gestão deve, ainda, ser flexível, apresentando possibilidade de revisão e readequação periódicas ante o dinamismo dos sistemas natural e social, o que somente será possível caso haja monitoramento e avaliação contínuos, por meio de indicadores adequados.

Cubatão, atualmente, sem dúvida, apresenta melhores condições ambientais que aquelas vividas no final da década de 1970 e início da década de 1980, porém elas, somadas às condições socioeconômicas da maioria da população que ali vive, ainda não são suficientes para lhes proporcionar uma qualidade de vida compatível com os preceitos do desenvolvimento sustentável.

Ressalte-se a existência de inúmeros estudos e projetos de novos empreendimentos industriais, portuários e logísticos para o município. Qualquer descuido na avaliação das consequências ambientais e sociais da implementação de todos esses projetos que, muitas vezes, se sobrepõem, poderá levar ao rompimento da tênue linha que separa a Cubatão atual, e o futuro desejado para a cidade, da Cubatão "Vale da Morte".

A construção de indicadores de desenvolvimento sustentável para Cubatão, com ampla participação da população nesse processo, é, portanto, fundamental para garantir que haja continuidade na melhoria das condições ambientais do município e na qualidade de vida da população.

REFERÊNCIAS

BELLEN, H.M. *Indicadores de sustentabilidade: uma análise comparativa*. Rio de Janeiro: Ed. FGV, 2005.

BOSSEL, H. *Indicators for sustainable development: theory, method, applications. A report to the Balaton Group*. Canadá: IISD, 1999. Disponível em: http://www.iisd. org/pdf/balatonreport.pdf. Acessado em: 7 mar. 2005.

BRAGA, T.M. et al. Índices de sustentabilidade municipal: o desafio de mensurar. *Nova Economia*, Belo Horizonte, v. 14, n. 3, p. 11-33, set.-dez. 2004.

BRANCO, S.M. *O fenômeno Cubatão na visão do ecólogo*. São Paulo: Cetesb/Ascetesb, 1984.

[CETESB/DAEE] COMPANHIA ESTADUAL DE TECNOLOGIA DE SANEAMENTO AMBIENTAL. DEPARTAMENTO DE ÁGUAS E ENERGIA ELÉTRICA DO ESTADO DE SÃO PAULO. *Resíduos sólidos industriais na bacia do rio Cubatão: relatório técnico*. 2 v. São Paulo: Cetesb, 1978.

[CETESB] COMPANHIA ESTADUAL DE TECNOLOGIA DE SANEAMENTO AMBIENTAL. *Plano de ação para solução da problemática ambiental em Cubatão*

(*Subcomissão de controle-Vilalpa 17/06/1983): relatório técnico.* São Paulo: Cetesb, 1983a.

_____. *Plano de ação para controle da poluição ambiental em Cubatão: relatório técnico.* São Paulo: Cetesb, 1983b.

_____. *A degradação da vegetação da Serra do Mar em Cubatão: relatório preliminar.* São Paulo: Cetesb, 1984.

_____. *Baixada Santista: carta do meio ambiente e de sua dinâmica.* São Paulo: Cetesb, 1985a.

_____. *Desenvolvimento ambiental regional no estado de São Paulo. Controle de poluição ambiental em Cubatão: relatório técnico.* São Paulo: Cetesb, 1985b.

_____. *Desenvolvimento ambiental regional no estado de São Paulo. Controle da poluição ambiental em Cubatão: Resultados-Julho/83 a Julho/86. Relatório técnico.* São Paulo: Cetesb, 1986.

_____. *Desenvolvimento ambiental regional no estado de São Paulo. Ação da Cetesb em Cubatão: situação em Julho de 1989. Relatório técnico.* São Paulo: Cetesb, 1989.

_____. *Desenvolvimento ambiental regional no estado de São Paulo. Ação da Cetesb em Cubatão: situação em Janeiro de 1990. Relatório técnico.* São Paulo: Cetesb, 1990.

_____. *Desenvolvimento ambiental regional no estado de São Paulo. Ação da Cetesb em Cubatão: situação em Junho de 1994. Relatório técnico.* São Paulo: Cetesb, 1994.

_____. *Relatórios de qualidade das águas interiores do estado de São Paulo-1998. Relatórios Técnicos.* São Paulo: Cetesb, 1999.

_____. *Relatórios de qualidade das águas interiores do estado de São Paulo-2001. Relatórios Técnicos.* São Paulo: Cetesb, 2002.

_____. *Relatórios de qualidade das águas interiores do estado de São Paulo-2002. Relatórios Técnicos.* São Paulo: Cetesb, 2003.

_____. *Relatórios de qualidade das águas interiores do estado de São Paulo-2003. Relatórios Técnicos.* São Paulo: Cetesb, 2004.

_____. *Relatórios de qualidade das águas interiores do estado de São Paulo-2004. Relatórios Técnicos.* São Paulo: Cetesb, 2005.

_____. *Relatórios de qualidade das águas interiores do estado de São Paulo-2005. Relatórios Técnicos.* São Paulo: Cetesb, 2006.

_____. *Relatórios de qualidade do ar no estado de São Paulo-2006. Relatórios técnicos.* São Paulo: Cetesb, 2007a.

_____. *Relatórios de qualidade das águas interiores do estado de São Paulo-2006. Relatórios Técnicos.* São Paulo: Cetesb, 2007b.

_____. *Relatórios de qualidade do ar no estado de São Paulo-2007. Relatórios técnicos.* São Paulo: Cetesb, 2008.

_____. *Relatórios de qualidade do ar no estado de São Paulo-2011. Relatórios técnicos*. São Paulo: Cetesb, 2012a.

_____. *Relatórios de qualidade das águas interiores do estado de São Paulo-2011. Relatórios Técnicos*. São Paulo: Cetesb, 2012b.

COMISSÃO INTERMINISTERIAL DE CUBATÃO. Subcomissão de Poluição do Ar, Água e Resíduos Sólidos. *Qualidade ambiental em Cubatão: subsídio para uma política de ação*. Relatório apresentado à Comissão Interministerial criada pelo Decreto federal n. 87000/82. São Paulo: Comissão Interministerial de Cubatão, 1982.

[CMMAD] COMISSÃO MUNDIAL SOBRE MEIO AMBIENTE E DESENVOLVIMENTO. *Nosso futuro comum*. Rio de Janeiro: Ed. FGV, 1991.

CUBATÃO. Prefeitura Municipal. *4º Boletim Informativo*. Cubatão: Prefeitura Municipal, 1976.

FERREIRA, L.C. *Os fantasmas do Vale: qualidade ambiental e cidadania*. Campinas: Ed. Unicamp, 1993.

GOLDENSTEIN, L. et al. Cubatão e sua área industrial. In: *A Baixada Santista: aspectos geográficos*. v. 4. São Paulo: Edusp, 1965, p. 11-65.

GUILHERME, M.L. Urbanização, saúde e meio ambiente: o caso da implantação do polo industrial de Cubatão e os seus efeitos urbanos e regionais nos setores de saúde e poluição ambiental. In: TARTAGLIA, J.C.; OLIVEIRA, O.L. (orgs.). *Modernização e desenvolvimento no interior de São Paulo*. São Paulo: Unesp, 1988.

GUTBERLET, J. *Cubatão: desenvolvimento, exclusão social e degradação ambiental*. São Paulo: Edusp/Fapesp, 1996.

HARDI, P.; ZDAN, T. *Assessing sustainable development: principles in practice*. Winnipeg: IISD, 1997. Disponível em: http://www.iisd.org/pdf/bellagio/pdf. Acessado em: 10 jun. 2005.

[IBGE] INSTITUTO BRASILEIRO DE GEOGRAFIA E ESTATÍSTICA. *Censo Demográfico e Econômico 1950*. Rio de Janeiro: IBGE, 1954. Disponível em: http://www.biblioteca.ibge.gov.br/visualizacao/momografias/GEBISRJ/CD1950/CD_1950_XXV_t1_SP.pdf. Acessado em 25 mai. 2012.

_____. *Censo Demográfico 1960*. Rio de Janeiro: IBGE, 1965. Disponível em: http://www.biblioteca.ibge.gov.br/visualizacao/momografias/GEBISRJ/CD1960/CD_1960_SP.pdf. Acessado em 25 mai. 2012.

_____. *Censo Demográfico 1970*. Rio de Janeiro: IBGE, 1973. Disponível em: http://www.biblioteca.ibge.gov.br/visualizacao/momografias/GEBISRJ/CD1970/CD_1970_SP_3parte.pdf. Acessado em 25 mai. 2012.

_____. *Censo Demográfico 1980*. Rio de Janeiro: IBGE, 1982. Disponível em: http://www.biblioteca.ibge.gov.br/colecao_digital_publicacoes_multiplo.php?link=CD1980&titulo=Censo%20Demogr%E1fico%201980. Acessado em 25 mai. 2012.

_____ *Censo Demográfico 1991.* Rio de Janeiro: IBGE, 1992. Disponível em: http://www.biblioteca.ibge.gov.br/visualizacao/momografias/GEBISRJ/CD1991/CD_1991_SP.pdf. Acessado em 25 mai. 2012.

_____. *Censo Demográfico 2000.* Rio de Janeiro: IBGE, 2001. Disponível em: http://www.ibge.gov.br/home/estatistica/populacao/censo2000/universo.php. Acessado em 25 mai. 2012.

_____. *Indicadores de desenvolvimento sustentável: Brasil, 2002.* Rio de Janeiro: IBGE, 2002.

_____. *Indicadores de desenvolvimento sustentável: Brasil, 2004.* Rio de Janeiro: IBGE, 2004.

_____. *Censo 2010.* Rio de Janeiro: IBGE, 2011. Disponível em: http://www.censo2010.ibge.gov.br/dados_divulgados/index.php. Acessado em: 29 mai. 2012.

KRONKA, F.J.N. et al. *Inventário florestal da vegetação natural do estado de São Paulo.* São Paulo: SMA/ Instituto Florestal/Imesp, 2005.

MEADOWS, D. *Indicators and information systems for sustainable development.* The Sustainability Institute, 1998. Disponível em: http://www.nssd.net/pdf/Donella.pdf. Acessado em: 2005.

NOBRE, M. Desenvolvimento sustentável: origens e significado atual. In: NOBRE, M.; AMAZONAS, M.C. (orgs.). *Desenvolvimento sustentável: a institucionalização de um conceito.* Brasília, DF: Ibama, 2002, p. 21-106.

[ONU] ORGANIZAÇÃO DAS NAÇÕES UNIDAS. *Report of the United Nations Conference on Environment and Development. Rio Declaration on Environment and Development.* New York: ONU, 1992a. Disponível em: http://www.un.org/documents/ga/conf151/aconf15126-1annex1.htm. Acessado em: 10 jun. 2005.

_____. Department of Economic and Social Affairs. Division for Sustainable Development. *Agenda 21.* New York: ONU, 1992b. Disponível em: http://www.un.org/esa/sustdev/documents/agenda21/index.htm. Acessado em: 10 jun. 2005.

_____. Department of Economic and Social Affairs. Division for Sustainable Development. *Indicators of sustainable development: framework and methodologies.* New York: ONU, 1996. Disponível em: http://www.un.org/esa/sustdev/natlinfo/indicators/indisd/english/english.htm. Acessado em: 26 jun. 2005.

_____. *Indicators of sustainable development: framework and methodologies.* New York: ONU, 2001a. Disponível em: http://www.un.org/esa/sustdev/csd/csd9_indi_bp3.pdf. Acesso em: 26 jun. 2005.

_____. *Indicators of sustainable development: guidelines and methodologies.* New York: ONU, 2001b. Disponível em: http://www.un.org/esa/sustdev/publications/indisd-mg2001.pdf. Acessado em: 26 jun. 2005.

PERALTA, I.G. *O impacto da industrialização sobre o desenvolvimento urbano de*

Cubatão. São Paulo, 1979. 260 f. Tese (Doutorado em História Econômica) – Faculdade de Filosofia, Letras e Ciências Humanas, Universidade de São Paulo.

PHILIPPI JR., A. *Controle da poluição ambiental: implantação de sistema de financiamento*. São Paulo, 1987. 240 f. Tese (Doutorado em Saúde Pública) – Faculdade de Saúde Pública, Universidade de São Paulo.

PHILIPPI JR., A.; BRUNA, G.C. Política e gestão ambiental. In: PHILIPPI JR., A.; ROMÉRO, M.A.; BRUNA, G.C. (orgs.). *Curso de gestão ambiental*. Barueri: Manole, 2004, p. 657-711.

PHILIPPI JR., A. et al. Indicadores de desenvolvimento sustentável. In: PHILIPPI JR., A. (org.). *Saneamento, saúde e ambiente: fundamentos para um desenvolvimento sustentável*. Barueri: Manole, 2005, p. 761-808.

RIBEIRO, J.C.J. *Indicadores ambientais: avaliando a política de meio ambiente no estado de Minas Gerais*. Belo Horizonte: Semad, 2006.

ROSSIN, A.C.; ZANATI, P.T.; CAMARGO, S.R. Qualidade do ar em Cubatão: necessidade de padrões específicos para a área. In: CONGRESSO BRASILEIRO DE ENGENHARIA SANITÁRIA E AMBIENTAL, 12., 1983, Camboriú, SC. *Anais...* São Paulo: Cetesb, 1983.

SACHS, I. *Caminhos para o desenvolvimento sustentável*. Rio de Janeiro: Garamond, 2000.

SÃO PAULO. Governo do Estado. *A batalha do meio ambiente no governo Montoro*. São Paulo: PW, 1987.

[SEADE] FUNDAÇÃO SISTEMA ESTADUAL DE ANÁLISE DE DADOS. *Índice paulista de responsabilidade social*. São Paulo: Seade, 2004. Disponível em: http://www.seade.gov.br/produtos/iprs/pdf/oiprs/pdf. Acessado em: 29 nov. 2005.

_____. *Índice paulista de vulnerabilidade social*. São Paulo: Seade, 2007. Disponível em: http://www.seade.gov.br/produtos/ipvs/pdf/oipvs/pdf. Acessado em: 5 mar. 2007a.

_____. *Informações dos municípios paulistas*. São Paulo: Seade, 2007b. Disponível em: http://www.seade.gov.br/produtos/imp/index.php. Acessado em: 16 abr. 2007.

_____. *Perfil municipal*. São Paulo: Seade, 2007c. Disponível em: http://www.seade.gov.br/produtos/perfil/perfil.php. Acessado em: 16 abr. 2007.

_____. *Informações dos municípios paulistas*. São Paulo: Seade, 2012. Disponível em: http://www.seade.gov.br/produtos/imp/index.php. Acessado em: 29 mai. 2012.

Sistema de indicadores socioambientais para planejamento e gestão urbana[1]

9

Glória Regina Calháo Barini Néspoli
Engenheira civil e bacharel em direito, Faculdade de Saúde Pública da USP

Peter Zeilhofer
Geógrafo físico, Universidade Federal de Mato Grosso

Persiste a ideia de que as más condições socioambientais em nosso continente, país, estado e municípios resultam apenas da falta de recursos públicos para a implementação de políticas públicas. Entende-se, porém, que a pouca disponibilidade de informações e de indicadores constitui-se um dos grandes entraves para a priorização, transparência, participação social e efetividade das ações das administrações municipais, de forma que estruturas e recursos sejam otimizados na gestão ambiental urbana. Destaca-se Leff (2004): "Nada mais insustentável que o fato urbano. A cidade

---

[1] Agradecimentos aos professores doutores Arlindo Philiphi Jr e Tadeu Fabrício Malheiros da Faculdade de Saúde Pública da USP pelos ensinamentos no que se refere a indicadores de sustentabilidade, políticas públicas e gestão ambiental. Ao professor doutor Peter Zeilhofer da Universidade Federal de Mato Grosso (UFMT) pela orientação da dissertação de mestrado da autora e pela colaboração no emprego de técnicas de geoprocessamento. À professora doutora Gretel Villamonte da Universidade Federal de Santa Catarina (UFSC) pela imprescindível participação na realização do tratamento estatístico dos dados. Ao engenheiro Romilton Rolemberg Néspoli pelo trabalho de programação da base de dados. Aos departamentos de Geografia e de Engenharia Sanitária da UFMT pelo apoio técnico.

converteu-se, pelo capital, em lugar onde se aglomera a produção, se congestiona o consumo, se amontoa a população e se degrada a energia".

O bem-estar social e ambiental não passa apenas pela disponibilidade de recursos, mas também pela definição de prioridades, de graus de igualdade e de organização social (Kliksberg, 2002). Assim, com o intuito de propor uma ferramenta que possa orientar os tomadores de decisão no município e permitir a participação ativa da população, buscou-se a construção de um sistema de indicadores socioambientais que refletisse a realidade urbana, através de um índice sintético de qualidade ambiental urbana, porém, permitindo a leitura da qualidade dos ambientes natural, construído e cultural, ou seja, o estado desses ambientes, através de indicadores. Utilizou-se a bacia hidrográfica urbana como unidade de planejamento, por considerá-la mais apropriada para uma abordagem integrada desses ambientes e para a sensibilização social sobre os problemas urbanos.

No que se refere ao contexto social, pretende-se que o homem citadino se veja como parte de um espaço, que não seja só a sua rua, o seu bairro, a sua região administrativa, mas um ambiente ampliado, uma biorregião, quer seja enquanto microbacia, sub-bacia ou bacia hidrográfica, que sofre os impactos de suas ações e onde possam ser medidos os seus resultados.

No tocante à fundamentação legal para essa ideia da construção desses indicadores, destaca-se então o Estatuto das Cidades, instituído pela Lei federal n. 10.257/2001, bem como as diversas políticas públicas de meio ambiente nos âmbitos federal, estadual e municipal; de Recursos Hídricos instituída pela Lei federal n. 9.433/97 e a de Saneamento Básico, instituída pela Lei federal n. 11.445, de 5 de janeiro de 2007, que trazem alguns objetivos comuns e apontam a necessidade da integração de ações e de se qualificar os ambientes, para estabelecer metas de melhorias futuras utilizando, como ferramentas, indicadores que permitam sua mensuração.

A Lei federal n. 11.445/2007 (Brasil, 2007) estabelece diretrizes de âmbito nacional para os serviços de saneamento básico, ressaltando como um de seus princípios fundamentais a integralidade na prestação desses serviços, de forma que abastecimento, esgotamento sanitário, limpeza urbana e drenagem urbana sejam planejados de modo articulado com outras políticas urbanas, como as de desenvolvimento urbano, habitação, combate e erradicação da pobreza, proteção ambiental e promoção da saúde. Constitui outra diretriz dessa lei a transparência das ações de saneamento, respaldada em sistemas de informações, processos decisórios institucionalizados, controle social, segurança, qualidade e regularidade, além da integração com a gestão dos recursos hídricos.

SISTEMA DE INDICADORES SOCIOAMBIENTAIS PARA PLANEJAMENTO E GESTÃO URBANA | **265**

A legislação supracitada refere-se à necessidade de planejamento, consolidação e compatibilização dos serviços de saneamento básico na forma de planos de saneamento, o que envolveria: a elaboração de diagnóstico da situação e de seus impactos sociais; a construção de sistema de indicadores sanitários, epidemiológicos, ambientais e socioeconômicos que fundamentem as propostas e seu acompanhamento; a definição de objetivos, metas, programas, projetos e ações, inclusive as destinadas para emergências e contingências; a indicação de fontes de financiamento, além de mecanismos e procedimentos para avaliação sistemática da eficiência e eficácia das ações a serem implementadas.

Além dessas, figuram entre as diretrizes: fomento ao desenvolvimento científico e tecnológico, à adoção de tecnologias apropriadas e à difusão dos conhecimentos gerados; adoção de critérios objetivos de elegibilidade e prioridade, levando em consideração fatores como nível de renda e cobertura, grau de urbanização, concentração populacional, disponibilidade hídrica, riscos sanitários, epidemiológicos e ambientais; adoção da bacia hidrográfica como unidade de referência para o planejamento de suas ações, além do estímulo à implementação de infraestruturas e serviços comuns a municípios, mediante mecanismos de cooperação entre entes federados.

Trata-se, finalmente, da necessária articulação da política de saneamento básico com as políticas e ações da União de desenvolvimento urbano e regional, de habitação, de combate e erradicação da pobreza, de proteção ambiental, de promoção da saúde e outras de relevante interesse social voltadas para a melhoria da qualidade de vida, inclusive no que tange ao financiamento para o setor.

O fundamento lógico da discussão realizada neste capítulo se apoia, então, em um tripé: primeiro, a necessidade crucial de eleição de prioridades para a atuação pública, ante a escassez de recursos financeiros e humanos das instituições e as crescentes demandas por serviços públicos; segundo, de ser a bacia hidrográfica o sistema natural que sintetiza na qualidade das águas dos córregos e rios urbanos o maior número de impactos das ações antrópicas sobre o ambiente urbano, espaço esse em que se assenta quase a totalidade da população municipal; e, terceiro, a necessidade de se disponibilizar ferramentas para que as políticas públicas, a eficiência institucional e a participação social consciente se efetivem e possam ser monitoradas e avaliadas.

O objetivo, portanto, é apresentar os resultados da construção inicial de um sistema de indicadores socioambientais que representasse a realidade urbana e permitisse uma análise transversal das múltiplas relações estabelecidas no contexto urbano. Destaca-se que se identificou a real necessidade de maior iniciativa das administrações municipais na concepção e organização de sistemas de informações estatísticas locais e de indicadores de sustentabilidade para uma boa gestão urbana. Indica-se a utilização da bacia hidrográfica como unidade de planejamento e gestão por potencializar as possibilidades de monitoramento das mudanças socioambientais urbanas e de seus impactos, orientando a concepção e gestão de políticas públicas de forma integrada e participativa.

O estudo mostra-se oportuno diante das políticas públicas mais recentemente concebidas no contexto federal, que indicam uma tendência para a valorização do planejamento, do monitoramento e da avaliação das políticas governamentais. Cita-se, como exemplo desse novo direcionamento, o sistema de avaliação e monitoramento das políticas e programas sociais, em desenvolvimento pelo Ministério do Desenvolvimento Social e Combate à Fome no Brasil, que busca através da modernização da gestão das políticas públicas a melhoria das ações do Estado (Unesco, 2006).

O MUNICÍPIO DE CUIABÁ

O município de Cuiabá tem área de aproximadamente 3.224,68 km², situa-se no centro sul do estado de Mato Grosso, na província geomorfológica denominada Depressão Cuiabana. A área urbana de Cuiabá, objeto do estudo, é denominada de Macrozona Urbana pela Legislação de uso do solo em vigor e localiza-se ao sul do município, predominando os relevos de baixas amplitudes, com altitudes que variam de 146 a 250 metros (IPDU, 2004, p. 38).

A cidade apresenta clima quente, semiúmido, com duas estações bem definidas, uma seca (outono-inverno) e uma chuvosa (primavera-verão). As temperaturas médias registradas, no período de 1970 a 2002, foram: média das mínimas de 21,4ºC e das máximas de 32,7ºC (IPDU, 2004, p. 63). Em relação ao clima urbano, é grande a influência que os diferentes tipos de uso do solo exercem na formação de microclimas, representando acréscimos expressivos da temperatura nos últimos vinte anos e o surgimento de ilhas de calor. Segundo Maitelli (1994, p. 166), "a maior intensidade de ilha de calor foi observada no período noturno da estação seca, com 5ºC, e estudos realizados anteriormente por Maitelli et al. (1991), registraram os valores de 2,5ºC em condições de tempo semelhantes".

Entre os impactos da ação antrópica detectados na área urbana estão: desmatamento; ocupação e impermeabilização de áreas verdes e de preservação permanente; erosão do solo; assoreamento dos leitos dos rios e córregos; deterioração da qualidade das águas, principalmente pelas descargas de águas residuárias e esgotos; redução da flora e fauna locais; poluição atmosférica; poluição sonora nas vias e corredores principais e deposição de resíduos em terrenos baldios e nos leitos dos córregos.

Foram analisadas as sub-bacias urbanas dos córregos: Ribeirão do Lipa, Manoel Pinto, da Prainha, do Gambá, do Barbado, do São Gonçalo, Lavrinha e do Rio Coxipó, para as quais existiam os dados necessários. Desconsiderou-se no estudo o fato de que os perímetros de duas dessas sub-bacias extrapolem a Macrozona Urbana (Figura 9.1) por ser a população urbana expressivamente maior que a localizada na área rural, concentrando-se no perímetro urbano os impactos antrópicos mais expressivos.

A CONSTRUÇÃO DOS INDICADORES

Conforme recomendado pela Agenda 21 para a construção dos indicadores socioambientais, observou-se o marco referencial utilizado para os Indicadores de Desenvolvimento Sustentável (IDS), concebidos pela Comissão de Desenvolvimento Sustentável da Organização das Nações Unidas (CDS) (ONU, 2007), que foi adotado pelo Instituto Brasileiro de Geografia e Estatística (IBGE) para a construção dos indicadores de desenvolvimento sustentável para o Brasil.

Esses indicadores são organizados em quatro dimensões (ambiental, social, econômica e a institucional) e quinze temas, a saber: *ambiental* (atmosfera, terra, oceanos, mares e áreas costeiras, biodiversidade, saneamento); *social* (população, equidade, saúde, educação, habitação, segurança); *econômica* (estrutura econômica e padrões de produção e consumo) e *institucional* (estrutura institucional e capacidade institucional) (IBGE, 2002, p. 11).

No que se refere aos indicadores, o enfoque adotado para abordar a questão ambiental foi o dos meios, que busca "organizar as questões ambientais a partir da perspectiva de seus principais componentes (ar, água, recursos naturais, biota e assentamentos humanos) e seu objetivo é avaliar o estado destes" (Rojas, 2005, p. 14).

A construção de um sistema de indicadores exige a adoção de quatro etapas: definição de um conceito abstrato ou temática social de interesse;

Figura 9.1 – Mapa da Macrozona Urbana de Cuiabá, MT, com as sub-bacias objeto de estudo, ano base 2000.

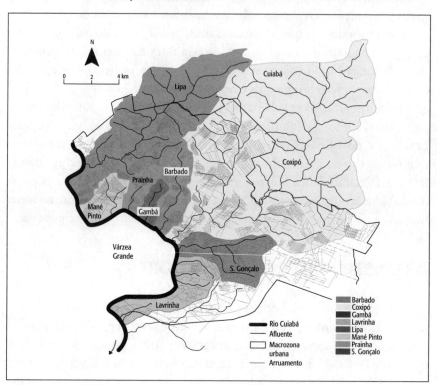

Fonte: Néspoli (2005).

definição das dimensões ou diferentes formas de interpretação operacional do conceito, tornando-o um objetivo claro a ser indicado; seleção de estatísticas públicas disponíveis e construção dos indicadores, constituindo-se assim o sistema de indicadores (Januzzi, 2003, p. 18). Porém, a construção de um indicador sintético implica uma etapa a mais, utilizando algum método de agregação dos indicadores relativos a cada dimensão (Januzzi, 2003, p. 21-2).

Na construção do conjunto de indicadores buscou-se, ainda, seguir orientações quanto às propriedades que, no entendimento de diversos estudiosos e instituições, devem reger qualquer índice de desenvolvimento: *simplicidade* – elegendo variáveis mais significativas e evitando redundância; *construção antropocêntrica* – considerando a população o objeto de vul-

SISTEMA DE INDICADORES SOCIOAMBIENTAIS PARA PLANEJAMENTO E GESTÃO URBANA | **269**

nerabilidade principal ante os riscos naturais e dando prioridade a indicadores que reflitam a situação da população analisada; *consistência da informação* – os dados dos indicadores devem ser consistentes em sua metodologia, definição, escala espacial e escala temporal, evitando: a ocorrência de vazios de informação em determinados espaços geográficos para um ano determinado ou vazios de informação para determinados períodos em um ou diversos espaços geográficos; que procedam de fontes confiáveis e que não apresentem anomalias estatísticas significativas; *objetividade* – incluindo apenas parâmetros objetivos, ou seja, que reflitam fatos sociais, econômicos ou territoriais, prescindindo dos subjetivos, por basearem-se em percepções individuais, que podem colocar em risco a validade dos resultados do índice; *conjunção de versatilidade e adequação à área de estudo* – a proposta deverá recolher especificamente as características e peculiaridades socioeconômicas do território analisado, porém ao mesmo tempo se regerá pelo conceito de universalidade, ponderando em sua construção metodológica a aplicabilidade do índice a espaços geográficos diferentes da área de estudo (Valiente, 2001, p. 34-5).

Considerou-se ainda que, além de conter essas propriedades, os indicadores devem constituir-se em uma ferramenta de gestão ambiental, uma vez que o descrédito no planejamento e na gestão urbano-ambiental é uma realidade a ser enfrentada, exigindo a adoção de um novo rumo para a ação municipal. A solução, na opinião de Maricato (2002), envolveria a adoção dos seguintes pressupostos:

- Criar uma consciência da cidade real e indicadores de qualidade de vida.
- Criar um espaço de debate democrático, de forma a dar visibilidade aos conflitos presentes no ambiente urbano.
- Assegurar reforma administrativa para que as políticas públicas tenham abordagem integrada.
- Formação de quadros e agentes para uma ação integrada.
- Aperfeiçoamento e democratização da informação.
- Propor um programa especial para as regiões metropolitanas.
- Utilizar a bacia hidrográfica como referência para o planejamento e gestão.
- Formulação de políticas de curtíssimo, médio e longo prazo.

A partir das orientações conceituais e propriedades anteriormente citadas, definiu-se que o tema social de interesse a ser medido seria a qualidade do ambiente urbano, resultante da interação homem-natureza, que reflete na qualidade de vida dessa população, entendendo que a qualidade de vida está intrinsecamente relacionada com a qualidade ambiental.

Para essa observação foram adotados três focos de atenção, ou seja, três dimensões de interpretação: o ambiente natural, resultante das interferências sociais; o ambiente construído pela sociedade para atender suas necessidades; e algumas características do ambiente cultural de cada espaço considerado. Para a construção dos indicadores foram utilizadas variáveis, cada uma medindo um tipo de situação do ambiente, porém "cada uma num aspecto particular, numa qualificação particular, numa categoria particular" (Pereira, 2001, p. 84), cuja combinação resulta em um indicador sintético que caracteriza cada unidade espacial de referência.

A premissa para a escolha das variáveis foi a da disponibilidade de dados que pudessem refletir as condições ambientais nas três dimensões definidas, para o ano 2000, período de referência do Censo 2000 do IBGE, e que permitissem a sua agregação para as diversas sub-bacias urbanas. Como o estudo tratou mais da construção metodológica de indicadores, não foram realizadas reuniões com a sociedade civil organizada ou com especialistas para sua validação. Outra premissa adotada foi a não utilização de diferentes variáveis que pudessem representar um único aspecto do ambiente, a fim de se evitar sobreposições.

Em virtude da inexistência de um sistema de monitoramento da qualidade do ar, optou-se pela adoção da variável "mortalidade por doenças respiratórias" como uma *proxy* (substituto). Ressalta-se como fundamento para sua utilização os estudos realizados por Saldiva et al. (1995, apud Philiphi Jr, 2005, p. 18) para a Região Metropolitana de São Paulo, no período de maio de 1990 a abril de 1991, que demonstrou associação estatisticamente significativa entre mortalidade diária de idosos e poluição por partículas inaláveis (PI), uma vez que um aumento de 100 $\mu g/m^3$ na concentração de PI estaria associado estatisticamente a um aumento de 13% na taxa de mortalidade diária de idosos.

A partir dessas premissas foram delimitadas todas as sub-bacias localizadas parcial ou totalmente dentro do perímetro urbano, a fim de que pudessem ser coletados e sistematizados os dados sobre o ambiente físico, biótico e sobre a população, restritos ao perímetro de cada sub-bacia, seguindo a ordem do Quadro 9.1.

SISTEMA DE INDICADORES SOCIOAMBIENTAIS PARA PLANEJAMENTO E GESTÃO URBANA | 271

Quadro 9.1 – Síntese dos procedimentos metodológicos empregados para a elaboração desse estudo de caso.

Aquisição de dados estatísticos (variáveis)			
▼			
Relatório da Secretaria Municipal de Saúde – 2000	Base de dados do Sistema de Informações da Bacia do Rio Cuiabá (Sibac)	Planta Cadastral do Município de Cuiabá 1: 5.000 e projetos de loteamentos	IBGE Censo 2000
▼	▼	▼	▼
Mortalidade por doenças respiratórias (número de óbitos por bairro).	Características físico-químicas-biológicas das águas dos córregos.	Áreas verdes, parques urbanos, setores censitários.	Dados sobre infraestrutura, serviços públicos; demográficos e socioeconômicos.
▼			
Agregação dos dados por sub-bacia			
▼			
Cálculo dos indicadores relativos por sub-bacia			
▼			
Cálculo dos índices de qualidade dos ambientes por sub-bacia			
▼			
Visualização espacial dos indicadores e índices			
▼			
Validação interna e externa dos índices			

Fonte: Néspoli (2005).

No Quadro 9.2 é sintetizado o processo de construção do sistema de indicadores proposto, que detalha os passos seguidos para obtenção de variáveis, indicadores relativos e índices sintéticos por sub-bacia urbana.

272 | INDICADORES DE SUSTENTABILIDADE E GESTÃO AMBIENTAL

Quadro 9.2 – Detalhamento dos procedimentos empregados para a construção dos indicadores e índices de qualidade ambiental.

Dimensões de análise dos ambientes – natural, construído e cultural		
Variáveis observadas		
Ambiente natural	Ambiente construído	Ambiente cultural
Ar – mortalidade por doenças respiratórias (n. de óbitos/bairro)	Pessoas residentes na sub-bacia	Pessoas alfabetizadas com dez anos ou mais
Água – Oxigênio dissolvido/ Nitrogênio total/Fósforo/ Coliformes fecais	Número de Domicílios Particulares Permanentes (DPP)	Responsáveis de DPP com oito anos de estudo ou mais
Áreas verdes – total de áreas (m²) por sub-bacia	DPP com rede de abastecimento de água	Renda média dos responsáveis pelos DPP
Parques Urbanos – m² por sub-bacia	DPP com rede de esgoto ou água pluvial	Responsáveis pelos DPP com renda inferior ou igual a dois salários mínimos
	DPP com banheiro	
	DPP com serviço de coleta de lixo	
	DPP com sete moradores ou mais	
▼		
Variáveis deduzidas ou indicadores relativos obtidos		
Indicadores relativos ao ambiente natural	Indicadores relativos ao ambiente construído	Indicadores relativos ao ambiente cultural
Indicador de qualidade do ar	Indicador de densidade populacional da sub-bacia	Indicador de alfabetização
Indicador de qualidade da água	Indicador de domicílios particulares permanentes	Indicador de instrução dos responsáveis
Indicador de áreas verdes	Indicador de domicílios abastecidos por rede geral de água	Indicador de renda média dos responsáveis

(continua)

SISTEMA DE INDICADORES SOCIOAMBIENTAIS PARA PLANEJAMENTO E GESTÃO URBANA 273

Quadro 9.2 – Detalhamento dos procedimentos empregados para a construção dos indicadores e índices de qualidade ambiental. *(continuação)*

Dimensões de análise dos ambientes – natural, construído e cultural		
Indicadores relativos ao ambiente natural	**Indicadores relativos ao ambiente construído**	**Indicadores relativos ao ambiente cultural**
Indicador de parques urbanos	Indicador de domicílios com rede de esgoto ou pluvial	Indicador de responsáveis com renda inferior ou igual a dois salários mínimos
	Indicador de domicílios com banheiro	
	Indicador de domicílios com serviço de coleta de lixo	
	Indicador de congestionamento domiciliar	
▼ Cálculo dos Índices de Qualidade dos Ambientes		
Índice de Qualidade do Ambiente Natural (IQAN)	Índice de Qualidade do Ambiente Construído (IQACO)	Índice de Qualidade do Ambiente Cultural (IQAC)
▼ Cálculo do índice de qualidade ambiental (sintético)		
▼ Validação interna e externa dos índices		
▼ Mapa dos indicadores relativos, índices de qualidade dos ambientes e índice de qualidade ambiental por sub-bacia		

Fonte: Néspoli (2005).

OBTENÇÃO DOS DADOS

Os dados sobre mortalidade por doenças respiratórias, por bairro, foram fornecidos pela Secretaria Municipal de Saúde de Cuiabá, disponíveis para o ano 2000. Os registros de qualidade da água referem-se às análises laboratoriais realizadas por Lima (2001) de amostras coletadas na foz desses contribuintes junto ao Rio Cuiabá, no período de 1999 a 2001. As medianas da série temporal foram atribuídas às respectivas sub-bacias, delimitadas a partir de dados planialtimétricos da planta da área urbana na escala 1:20.000, utilizando o software de Geoprocessamento Arcview (Esri).

Um cadastro inconcluso das áreas verdes (UPA, 2002), em fase de elaboração pela Unidade de Planejamento Ambiental de Cuiabá (UPA), da Secretaria de Meio Ambiente e Desenvolvimento Urbano de Cuiabá, foi complementado e revisado, contando com informações dos títulos dominiais e da planta cadastral do município escala 1:5.000, para obtenção de dados referentes a cada loteamento e setor censitário. Essa variável refere-se a áreas verdes potenciais, tituladas em favor do município e/ou destinadas pelos loteadores, para as quais não pode ser afirmado que estão desocupadas ou que suas doações foram concretizadas.

Os dados referentes à localização e às áreas dos parques urbanos existentes no município foram obtidos junto à Secretaria de Estado de Meio Ambiente. Os dados demográficos e os referentes a infraestruturas e serviços públicos foram obtidos junto ao IBGE, resultantes do censo demográfico de 2000, por setor censitário, posteriormente agregados por sub-bacias.

Os dados secundários referentes à população (variáveis 9 a 14) foram obtidos junto ao IBGE – censo de 2000, por setor censitário, e posteriormente agregados por sub-bacia. Através da planta georreferenciada da cidade, foi calculada a área de cada setor censitário e de cada sub-bacia urbana.

Todos os dados foram processados com a planilha eletrônica Excel e o programa estatístico SPSS, versão 10.

Para a complementação da planta geral da cidade, com informações dos setores censitários, foi utilizado o Programa Autocad 2000, e para o cálculo das áreas das sub-bacias e a visualização dos indicadores em planta da cidade foi utilizado o programa Arcview (Esri).

Do tratamento estatístico inicial foram obtidos os dados constantes nas Tabelas 9.1, 9.2 e 9.3.

A partir das dezoito variáveis iniciais escolhidas (V1 a V18), referentes aos ambientes natural, construído e cultural apresentados, pretendeu-se conhecer as condições das águas, do ar, das áreas verdes públicas, da densidade populacional, das infraestruturas e serviços públicos ofertados, do congestionamento domiciliar, bem como da escolarização e renda dos responsáveis pelos domicílios.

Para o cálculo das variáveis deduzidas 15, 16 e 18 foram empregadas as fórmulas 1, 2, e 3.

Tabela 9.1 – Dados referentes às sub-bacias urbanas de Cuiabá – Ambiente natural.

Nome	Área	Pessoas residentes	V1 Ar	V2 Água_1 (OD)	V3 Água_2 (Ntotal)	V4 Água_3 (P)	V5 Água_4 (Coliformes)	V6 Áreas Verdes	V7 Parques
Unidades	m²	ud	Óbitos*	mg/L	mg/L	mg/L	NMP/100mL	m²/hab	% **
Barbado	12.781.439	52.909	304	2,1	9,93	65.012.153	1,78	11,97	0
Coxipó	81.832.716	185.916	904	6,26	1,32	208.072	0,19	6,48	0,81
Lavinha	29.263.642	12.611	65	3,53	4,23	1.849.191	1,73	26,62	0
Gambá	4.617.956	30.266	153	3,24	9,05	15.798.820	1,87	3,73	0
Manoel Pinto	9.608.325	42.930	274	2,44	8,95	138.328.770	2,26	4,65	0
Prainha	59.053.776	46.613	438	1,89	10,23	38.061.007	2,98	45,38	0,07
Rib. do Lipa	43.381.227	75.434	332	4,64	3,33	291.736	0,41	7,61	3,02
São Gonçalo	15.898.950	28.710	128	3,34	5,85	1.271.910	0,52	19,82	0,74

Fonte: Néspoli (2005).

* Este dado absoluto foi relativizado em relação ao total de pessoas residentes na bacia para o posterior cálculo do indicador de qualidade do ar.
** Corresponde à proporção entre o somatório de área de parques existentes e a área da sub-bacia em que se situam.

Tabela 9.2 – Dados referentes às sub-bacias urbanas de Cuiabá – Ambiente construído.

Nome	V8 Densidade	V9 Dom_part.	V10 Água rede	V11 Esgoto	V12 Banheiro	V13 Lixo	V14 Morad_7
Unidades	hab/ha	n. de domicílios	n. de domicílios	n. de domicílios	n. de domicílios	n. de domicílios	n. de domicílios
Barbado	41,4	13.952	12.753	9.321	13.013	11.382	960
Coxipó	22,72	47.739	43.197	23.872	41.267	42.633	3.206
Lavrinha	4,31	3.303	3.172	2.114	3.254	3.146	156
Gambá	65,54	7.785	7.646	5.863	7.462	7.479	635
Manoel Pinto	44,68	11.487	11.316	7.680	11.314	9.371	781
Prainha	7,89	13.318	11.904	7.003	12.195	11.742	620
Rib. do Lipa	17,39	20.183	18.927	7.040	16.864	16.704	1.268
São Gonçalo	18,06	7.478	6.967	2.523	7.110	7.104	441

Fonte: Néspoli (2005).

SISTEMA DE INDICADORES SOCIOAMBIENTAIS PARA PLANEJAMENTO E GESTÃO URBANA | 277

Tabela 9.3 – Dados referentes às sub-bacias urbanas de Cuiabá – Ambiente cultural.

Nome	V15 Alfab_10	V16 Resp_8	V17 Renda Média	V18 Prop_2SM
Unidades	Pessoas	Responsáveis	(R$1,00)	%
Barbado	42.138	8.505	1.135	40,17
Coxipó	140.912	24.095	702	44,30
Lavrinha	10.064	1.732	797	38,17
Gambá	24.084	4.930	1.461	34,08
Manoel Pinto	35.510	6.177	1.307	36,62
Prainha	36.676	7.490	1.140	38,43
Rib. do Lipa	55.932	11.359	1.455	31,06
São Gonçalo	21.743	3.038	595	43,49

Fonte: Néspoli (2005).

$$\text{Taxa de alfabetização} = \frac{\text{Pessoas alfabetizadas}}{\text{Pessoas residentes com dez anos ou mais}} \qquad [1]$$

$$\% \text{ Responsáveis} = \frac{\text{Responsáveis por domicílios com oito anos de estudo ou mais}}{\text{Total de responsáveis pelos domicílios particulares permanentes}} \qquad [2]$$

$$\% \text{ Renda} < 2sm = \frac{\text{Somatório de responsáveis com renda até dois salários mínimos}}{\text{Total de responsáveis pelos domicílios particulares permanentes}} \qquad [3]$$

Obtenção de indicadores relativos

Com o objetivo de obter indicadores que variassem de 0 (zero) a 100, sem que estes estivessem afetados pelas diferentes unidades de medidas, a variação das variáveis foi padronizada. Foi empregada a Fórmula 4, utilizada para o cálculo do Índice de Desenvolvimento Humano (IDH), para dezessete índices.

A única exceção é o indicador calculado a partir da renda média dos responsáveis, para o qual empregou-se a Fórmula 5. É importante ressaltar aqui que se observou a recomendação do *Atlas de desenvolvimento humano no Brasil* (PNUD, 2003), que indica a renda familiar per capita como a melhor opção de indicador para caracterizar as reais possibilidades de consumo da população local no cálculo do IDH Municipal, em detrimento do PIB per capita municipal. Ressalta-se, porém, que a renda média familiar só está disponível por município, o que possibilita a sua utilização para cálculo do IDH Municipal; portanto, adotou-se aqui a renda média dos responsáveis por ser a única variável de renda disponível por setor censitário.

$$\text{Índice} = \frac{\text{Valor observado da variável} - \text{valor mínimo}}{\text{Valor máximo} - \text{valor mínimo}} \qquad [4]$$

Obs: Sendo o valor máximo e o valor mínimo selecionados dentre os valores do total de sub-bacias observadas.

$$\text{Índice de Renda (IRi)} = \frac{\text{Renda média da SB observada} - \text{Renda média mínima}}{\text{Renda média máxima} - \text{Renda média mínima}} \qquad [5]$$

Obs: Sendo que a renda média máxima e a renda média mínima foram selecionadas dentre os valores do total de sub-bacias observadas.

No que se refere à qualidade da água, foram agregados os quatro indicadores em um único, o Índice de Qualidade da Água (IQAG), através de média aritmética. A fórmula usada foi a 6. Importa aqui registrar que se limitou a considerar o registro da qualidade da água na foz dos córregos e rios, sem levar em conta a qualidade da água no ponto em que o córrego ou rio entra na área urbana, situação essa considerada necessária quando a metodologia for aplicada em microbacias.

$$\text{IQAG} = \text{Índice de Qualidade da Água} \qquad IQAG = \frac{1}{4} \sum_{i=1}^{4} Ii \qquad [6]$$

Em que:

IQAG – Índice de Qualidade da Água é igual à média aritmética dos valores dos quatro índices referentes à qualidade da água.

N = número de parâmetros utilizados no cálculo do índice; n=4

I i = é o valor do parâmetro i em uma escala de 0 – 100 (foram padronizadas as quatro variáveis de qualidade da água).

No que se refere a esse índice, entende-se como recomendável a atribuição de diferentes pesos às variáveis que compõem o indicador, definidos a partir de um consenso obtido por painéis de especialistas, do qual fora gerado gráfico para cada parâmetro, como é o caso do IQA da Companhia Estadual de Tecnologia de Saneamento Ambiental (Cetesb) (Braga, 2002, p. 103), que utiliza nove parâmetros: coliformes fecais, pH, oxigênio dissolvido, demanda bioquímica de oxigênio ($DBO_{5,20}$), resíduo total, nitrogênio total, fósforo total, turbidez e temperatura.

No entanto, deixou-se de considerar diferentes pesos na construção do índice, por se entender que um índice assim concebido não permitiria a sua construção em diferentes situações e lugares brasileiros, onde nem sempre todos os dados sobre os parâmetros recomendados estão disponíveis. Utilizou-se, portanto, um mesmo peso para cada parâmetro de qualidade da água, o que poderia ser utilizado em outros lugares, conforme a disponibilidade de dados sobre os parâmetros indicados e de recursos para o seu tratamento.

Uma vez calculados os indicadores relativos para todas as variáveis, detectou-se que nem todos caminhavam na mesma direção, ou seja, nem todos indicavam o valor 0 para o pior valor do índice, em uma escala crescente, até atingir 100 como o melhor valor para o índice. Exemplo: quanto menor a incidência de coliformes totais, melhor a qualidade da água; quanto maior a área de parques, melhor a qualidade ambiental.

Para a regularização dessa situação procedeu-se à operação de subtração desses valores de 100, invertendo-se assim a ordem dos números, de forma que todos refletissem os mesmos sentidos em uma escala crescente de pior situação (representada pelo valor zero) à melhor situação (representada pelo valor 100).

Para sintetizar em um único índice cada uma das três dimensões, os indicadores relativos foram agregados através de média aritmética, uma vez que foram atribuídos pesos iguais a todos os indicadores considerados. Finalizando, para agregar os índices de qualidade dos ambientes natural, construído e cultural em um indicador sintético que refletisse a qualidade ambiental de cada sub-bacia urbana de Cuiabá, contribuinte do Rio Cuiabá, utilizou-se a média aritmética, sendo atribuídos pesos iguais aos três índices.

RESULTADOS ALCANÇADOS

Apresenta-se na Tabela 9.4 os indicadores relativos e os índices construídos no decorrer do projeto após tratamento estatístico dos valores absolutos das variáveis consideradas, em um processo de agregações sucessivas. A partir desses indicadores, em uma escala de 0 a 100, buscou-se qualificar as sub-bacias urbanas de Cuiabá, a partir de determinado parâmetro, indicando as melhores, piores e intermediárias situações de qualidade ambiental.

Validação dos indicadores construídos

Visando verificar a consistência do indicador, procedeu-se uma validação interna e outra externa.

Validação interna

A validação interna é um processo para verificar as propriedades do indicador, usando a mesma informação com a qual ele foi gerado.

O processo de validação interna do indicador consiste no estudo da correlação entre o indicador e a informação que se utilizou na sua construção para ver como ele reflete as diferentes dimensões. No estudo de caso adotou-se a análise de correlação, utilizando o gráfico correspondente, o diagrama de dispersão (*scatterplot*), visando estudar a distribuição dessas variáveis.

Esse processo compreendeu em um primeiro momento o estudo da correlação entre o indicador geral com cada um dos indicadores das três dimensões e, caso essa relação entre o indicador sintético e o das dimensões apresentasse indefinição (se direta ou inversa), procurou-se aprofundar a análise estudando a relação desse indicador com os outros indicadores das outras dimensões que compunham o indicador geral.

A técnica estatística adotada para o estudo dessa correlação foi a análise do diagrama de dispersão e do coeficiente de correlação de Pearson (r) que caracteriza o grau das relações entre os indicadores. Conforme Farhat (1998, p. 96), quando esse coeficiente se aproxima de (1) ou de (-1), o ajuste dos dados é perfeito, e quando r=0, a relação entre Y e X não é compatível.

SISTEMA DE INDICADORES SOCIOAMBIENTAIS PARA PLANEJAMENTO E GESTÃO URBANA | **281**

Tabela 9.4 – Indicadores relativos, índices de qualidade dos ambientes e índice de qualidade ambiental (sintético).

SUB-BACIA	Indic. 1 Amb. Natural	Indic. 2 a 5 Amb. Natural	Indic. 6 Amb. Natural	Indic. 7 Amb. Natural	Índice Qualid. Amb. Natural (IQAN)	Indic. 8 Amb. Construído	Indic. 9 Amb. Construído	Indic. 10 Amb. Construído	Indic. 11 Amb. Construído	Indic. 12 Amb. Construído	Indic. 13 Amb. Construído	Indic. 14 Amb. Construído	Índice Qualid. Amb. Construído IQACO	Indic. 15 Amb. Cultural	Indic. 16 Amb. Cultural	Indic. 17 Amb. Cultural	Indic. 18 Amb. Cultural	Índice Qualid. Amb. Cultural (IQAC)	Índice Qualid. Amb. Urbana (IQAU)
Barbado	73,08	26,07	19,78	0,00	29,73	39,43	100,00	22,19	79,55	64,90	0,00	36,55	48,95	41,36	89,56	71,89	31,19	58,50	45,73
Coxipó	90,77	100,00	6,60	26,82	56,05	69,93	28,52	12,11	39,13	19,27	53,31	41,27	37,65	25,26	43,36	18,41	0,00	21,76	38,48
Lavrinha	84,93	62,12	54,96	0,00	50,50	100,00	70,53	72,88	72,80	99,98	94,32	98,20	86,96	100,00	52,01	32,54	46,30	57,71	65,06
Gambá	86,91	43,16	0,00	0,00	32,52	0,00	71,24	96,76	100,00	82,16	100,00	0,00	64,31	49,39	100,00	100,00	77,19	81,65	59,49
Manoel Pinto	60,34	13,19	2,21	0,00	18,93	34,07	78,89	100,00	79,67	100,00	0,00	38,89	61,65	96,02	57,90	87,60	58,01	74,88	51,82
Prainha	0,00	18,15	100,00	2,32	30,12	94,15	68,76	0,00	45,33	53,53	45,45	100,00	58,17	57,12	68,77	72,38	44,34	60,65	49,65
Rib. do Lipa	100,00	83,11	9,32	100,00	73,11	78,64	92,67	48,16	2,74	0,00	8,16	53,64	40,57	0,00	68,94	99,54	100,00	67,12	60,27
São Gonçalo	98,86	67,44	38,63	24,50	57,36	77,54	0,00	41,47	0,00	77,00	92,61	64,65	50,47	31,65	0,00	0,00	6,12	9,44	39,09

Índice de Qualidade do Ambiente Natural (IQAN)
1- Indicador qualidade do ar
2 a 5 - Indicador qualidade da água
6 - Indicador áreas verdes
7- Indicador parques urbanos

Índice de Qualidade do Ambiente Construído (IQACO)
8 - Indicador densidade populacional
9 - Indicador domicílios permanentes
10 - Indicador domicílios abastecidos por rede de água
11 - Indicador domicílios servidos por rede de esgoto/pluvial
12 - Indicador domicílios com banheiro
13 - Indicador domicílios atendidos por serviço público de coleta de lixo
14 - Indicador congestionamento domiciliar

Índice de Qualidade do Ambiente Cultural (IQAC)
15 - Indicador de alfabetização
16 - Indicador instrução dos responsáveis
17 - Indicador renda média dos responsáveis
18 - Indicador responsáveis com renda inferior a dois salários mínimos

Apresenta-se na Figura 9.2, a título de exemplo, o diagrama que permite visualizar a relação entre o índice de qualidade do ambiente construído com o índice de qualidade ambiental urbana.

Figura 9.2 – Diagrama de dispersão Índice de Qualidade do Ambiente Construído x Índice de Qualidade Ambiental Urbana (r= 0,643).

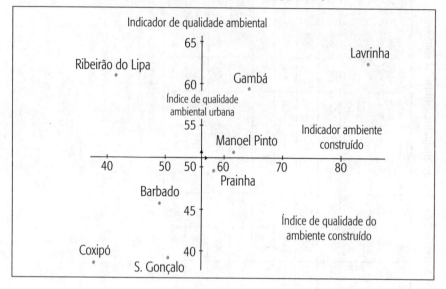

A Figura 9.2 representa duas sub-bacias nos quadrantes de relação inversa: Prainha e Ribeirão do Lipa. A sub-bacia da Prainha apresenta-se acima da média no que se refere ao índice de qualidade do ambiente construído e abaixo da média no que tange ao índice de qualidade ambiental urbana, mas a sua distância dessas médias é muito pequena, portanto não afeta a forma da relação entre os dois indicadores.

A sub-bacia do Ribeirão do Lipa encontra-se bem acima da média do índice de qualidade ambiental urbana e abaixo da média do índice de qualidade do ambiente construído. Esse afastamento (negativo) do Ribeirão do Lipa no índice de qualidade do ambiente construído deve-se interpretar da seguinte forma: o ambiente construído é uma dimensão deficitária nessa bacia, o que é evidenciado pelo precário atendimento daquela população no que se refere às infraestruturas de água e esgoto, além do serviço de coleta de lixo.

Portanto, pode-se concluir que, com exceção da sub-bacia do Ribeirão do Lipa, a relação entre os dois indicadores é direta, ou seja, os maiores valores do índice de qualidade do ambiente construído correspondem aos maiores valores do índice de qualidade ambiental urbana.

SISTEMA DE INDICADORES SOCIOAMBIENTAIS PARA PLANEJAMENTO E GESTÃO URBANA | **283**

Desse processo de análise para todos os índices conclui-se que:

- Exceto para a sub-bacia do Ribeirão do Lipa, existe uma relação direta entre o Índice de Qualidade do Ambiente Construído (IQACO) e o Índice de Qualidade Ambiental Urbana (IQAU).
- Existe uma relação direta entre o Índice de Qualidade do Ambiente Cultural (IQAC) e o IQAU.
- No que se refere à relação entre Índice de Qualidade do Ambiente Natural (IQAN) e o IQAU, quatro bacias apresentaram-se nos quadrantes de relação inversa, o que não permite afirmar que ao maior valor de um corresponde um maior valor do outro, fato que não invalida a metodologia, mas mereceria um estudo mais apurado para conhecer os motivos dessa ocorrência.

No que se refere à correlação entre o IQAN e o IQACO, de forma geral, pode-se dizer que a relação é inversa; entre o IQAN e o IQAC também se pode dizer que a relação é inversa.

Resta apenas verificar como o IQAN afeta o IQAU em todas as sub-bacias, através da observação dos índices da Tabela 9.5.

Tabela 9.5 – Síntese dos índices construídos.

Nome	IQAN	IQACO	IQAC	IQAU
Coxipó	56,05	37,65	21,76	38,48
São Gonçalo	57,36	50,47	9,44	39,09
Barbado	29,73	48,95	58,50	45,73
Prainha	30,12	58,17	60,65	49,65
Manoel Pinto	18,93	61,65	74,88	51,82
Gambá	32,52	64,31	81,65	59,49
Ribeirão do Lipa	73,11	40,57	67,12	60,27
Lavrinha	50,50	86,96	57,71	65,06

Fonte: Néspoli (2005).

Observa-se que no caso das sub-bacias do Ribeirão do Lipa, Coxipó e São Gonçalo, o valor do IQAN eleva consideravelmente o valor do IQAU, já que os valores das outras duas dimensões são inferiores, coincidindo com a representatividade das áreas de parques concentradas nestas sub-bacias.

No caso das bacias dos córregos Gambá, Prainha, Manoel Pinto, Barbado e Lavrinha, o valor do IQAN atua diminuindo o valor do IQAU justamente pela inexistência ou insignificância das áreas de parques.

Validação externa

O processo de validação externa consiste na comparação dos indicadores construídos com informações da realidade que não foram consideradas em sua composição; uma vez que estas não existem como registro administrativo, elas relacionam-se aqui com as observações técnicas sobre esses ambientes.

Diante da inexistência da prática de se agregar dados ou de se observar o ambiente urbano a partir de suas sub-bacias, não há outros dados ou trabalhos com os quais possam ser comparados os indicadores construídos, para fins de uma validação externa.

O ideal seria que esses indicadores pudessem ser validados por meio de uma oficina de trabalho ou de consulta a especialistas, porém, na indisponibilidade de recursos para isso na época do desenvolvimento do indicador, a validação se deu apenas por meio da comparação dos indicadores com a realidade, através da observação da autora, como gestora municipal. Algumas observações puderam ser feitas a partir dos indicadores encontrados.

A melhor posição no que se refere à sub-bacia do Ribeirão do Lipa, mesmo considerando as limitações da variável utilizada (mortalidade por doenças respiratórias por local de residência), poderia ser explicada pela localização da sub-bacia na região noroeste da área urbana, uma vez que o vento dominante é no sentido noroeste/sudeste, agravando a situação no centro (Prainha), onde a poluição gerada pelos transportes coletivos é expressiva.

Inicialmente, imaginava-se haver relação com a ausência de pavimentação, mas essa relação não se evidenciou nos indicadores, mesmo porque as principais vias por onde trafega o transporte coletivo e de maior fluxo são pavimentadas.

Outra limitação que a variável "mortalidade por doenças respiratórias" pode apresentar, a título de exemplo, é a situação em que um trabalhador, embora residente em determinada sub-bacia, possa ser acometido por uma doença respiratória e vir a óbito em virtude de sua exposição a partículas inaláveis no exercício de suas relações de trabalho em uma atividade econômica localizada em outra bacia. Situações como essa não influenciariam os indicadores de qualidade do ar, caso existisse um sistema de monitoramento de poluição atmosférica, através de equipamentos instalados estrategicamente em toda a área urbana, recurso esse presente em poucos municípios brasileiros.

No que se refere à qualidade da água, as melhores condições foram constatadas nas sub-bacias do Coxipó e Ribeirão do Lipa, e são justificadas por ambas cortarem áreas predominantemente com baixa densidade e por apresentarem vazões expressivas em sua foz com o rio Cuiabá.

As áreas verdes e as praças são distribuídas de forma muito desigual na área urbana, sendo inferiores ao mínimo estabelecido pela lei orgânica do município, de 12 m²/hab, nas sub-bacias do Coxipó, Gambá, Manoel Pinto e Ribeirão do Lipa, sendo igual ou superior a esse coeficiente nas sub-bacias do Barbado, Lavrinha, Prainha e São Gonçalo, com coeficientes muito diferentes entre elas. O mesmo acontece com os parques, concentrados nas sub-bacias do Coxipó, Ribeirão do Lipa e São Gonçalo.

O baixo desempenho dos indicadores de ambiente construído e cultural da sub-bacia do Coxipó é facilmente explicado diante da concentração, nessa bacia, de assentamentos espontâneos na região do Três Barras, Gumitá e Moinho, demonstrado pelo grande número de domicílios de caráter provisório, sem banheiro, sem rede coletora de esgoto, onde reside grande parte da população de baixa renda da capital.

Já na sub-bacia do São Gonçalo, onde se localiza o Conjunto Habitacional João Ponce, com infraestrutura mínima, rede de esgoto, apesar de muitos domicílios de caráter provisório, grande parte tem banheiro, contribuindo para um melhor indicador de ambiente construído, mesmo apresentando o pior índice no que se refere ao ambiente cultural.

Seguindo a orientação de Valiente (2001, p. 35), os índices de desenvolvimento devem apresentar objetividade, devendo prescindir de parâmetros subjetivos. Essa recomendação pôde ser comprovada neste estudo de caso, pois, ao serem colhidas opiniões de cinco especialistas, que aplicaram questionários, sobre o peso que dariam para cada indicador e dimensão, foram obtidas indicações de pesos diferentes, o que resultaria na aplicação de pesos distintos e não iguais para cada indicador construído. Caso fossem considerados esses pesos indicados, os resultados seriam diferentes, conforme o lugar onde fossem aplicados, a opinião e a formação dos especialistas consultados. Dessa forma, entende-se que o índice perderia seu caráter de universalidade, em função das diferenças regionais.

Do exposto, entende-se que os indicadores, com as limitações apresentadas, refletem as condições socioambientais das áreas levantadas, atendendo às condições de validade indicadas por Jannuzzi (2003, p. 26): "A validade de um indicador corresponde ao grau de proximidade entre o conceito e a medida, isto é, sua capacidade de refletir, de fato, o conceito abstrato a que o indicador se propõe "substituir" ou "operacionalizar".

ORDENAÇÃO E VISUALIZAÇÃO ESPACIAL DOS RESULTADOS

Para fins de ordenação e visualização, através de mapeamento, os indicadores relativos e índices foram classificados em quatro tipos de qualidade, utilizando-se os seguintes intervalos: o intervalo de 0 a menor que 25; o intervalo de 25 a menor que 50; o intervalo de 50 a menor que 75; e de 75 a 100.

Importa aqui ressaltar que, embora na pesquisa realizada seja sugerida uma ordenação de qualidade para cada um desses intervalos (ruim, regular, boa e ótima), outras formas de ordenação são possíveis, como a adotada pela Fundação Sistemas de Análise de Dados do Estado de São Paulo (Seade) na apresentação do Índice Paulista de Responsabilidade Social (IPRS), um indicador no qual são formados grupos de municípios ordenados conforme seu enquadramento nas categorias baixa, média e alta, no que se refere à riqueza, escolaridade e longevidade.

Porém, esse tipo de ordenação, apenas a partir do indicador sintético, parece não ser a mais adequada para indicadores socioambientais como os apresentados neste capítulo, uma vez que a apresentação dos dados agregados parcialmente até a construção do índice sintético é de fundamental importância para as avaliações necessárias a uma leitura de todos os aspectos do ambiente urbano.

Como exemplos, citam-se os dados referentes à qualidade da água, embora estes tenham sido agregados para fins de composição do IQAG; a apresentação dos valores absolutos é de fundamental importância a fim de que se avalie se esses valores estão dentro dos limites, condições e padrões estabelecidos pelas normas do Conselho Nacional do Meio Ambiente (Conama) n. 357/2005, conforme o uso pretendido para aquele corpo d'água, uma vez que aos municípios interessa essa informação para fins de monitoramento da qualidade ambiental. Importa saber não apenas se a sub-bacia tem a melhor ou pior situação de qualidade da água, mas se os valores absolutos encontrados estão dentro dos parâmetros legais vigentes, o que poderia sugerir outra ordenação, a partir do enquadramento ou não aos parâmetros legais.

Apresenta-se na Figura 9.3, a título de exemplo, o mapa do indicador sintético – IQAU. O estudo realizado apresenta esses mapas para todos os indicadores relativos construídos. A visualização através de mapas facilita a percepção pela população dos diferentes níveis de qualidade ambiental no espaço urbano, nos processos participativos de planejamento urbano e de educação ambiental.

Figura 9.3 – IQAU – sintético.

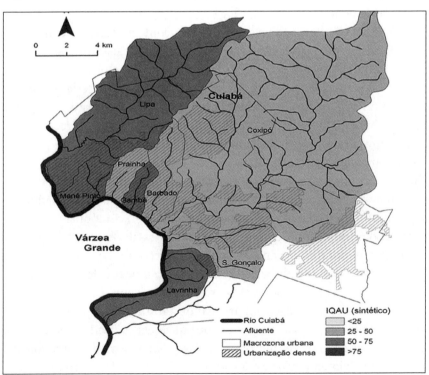

Fonte: Néspoli (2005).

DISCUSSÃO

A disponibilidade de dados consistentes no que se refere aos ambientes construído e cultural refletem na maior consistência dos indicadores produzidos a partir deles. Porém, na indisponibilidade de dados, ao se utilizar *proxys* (substitutos) que permitam avaliar alguns fatores, como foi o indicador qualidade do ar, estabeleceram-se limitações aos indicadores construídos, que merecem um estudo mais aprofundado.

Outra limitação imposta aos indicadores construídos é o fato de que os dados do IBGE são coletados apenas a cada dez anos, por ocasião da realização dos censos demográficos; porém, entende-se que com o fortalecimento do órgão de planejamento municipal e a estruturação de um sistema de informações georreferenciadas que adotasse as sub-bacias como unidade de referência, poderiam ser sistematizados registros administrativos e realizadas estimativas que permitissem observações intermediárias ao longo desse período.

O estudo limita-se ao levantamento do contexto legal e à construção de indicadores de qualidade ambiental para as sub-bacias urbanas que desembocam diretamente no rio Cuiabá, pela limitação dos dados de qualidade da água para o ano 2000; porém, essa construção poderia considerar todas as microbacias contribuintes do rio Coxipó, o que permitiria melhor nível de informação sobre esses ambientes. Da mesma forma, recomenda-se a utilização do índice de qualidade da água baseado em nove parâmetros, bem como a validação externa dos indicadores em oficinas de trabalho ou com a participação de especialistas.

Importa ainda registrar como limitação do sistema de indicadores o fato de não se considerar a dimensão institucional, componente imprescindível dos indicadores de sustentabilidade. Ressalta-se, porém, que não se encontrou referência a antecedentes de indicadores de sustentabilidade que considerassem as sub-bacias urbanas como unidade de referência. No caso brasileiro, em que não existe a tradição de organização do espaço urbano a partir de suas sub-bacias urbanas ou a instituição de representações populares por sub-bacias, entende-se que qualquer indicador institucional perderia sentido, uma vez que os órgãos representativos do setor ambiental e de desenvolvimento urbano são de abrangência municipal ou estadual.

Apresentam-se aqui alguns parâmetros novos, ainda não empregados no planejamento urbano, como o de congestionamento domiciliar, de qualidade da água e dos ambientes, além dos novos condicionantes legais que, forçosamente, influenciarão a atuação das administrações municipais em seus territórios, quer seja no que se refere ao planejamento ou à gestão urbana/ambiental. Procura-se, assim, despertar a atenção dos planejadores para a necessidade de se repensar alguns enfoques e paradigmas ainda presentes no processo de planejamento urbano/ambiental, o que representa uma potencialidade desse tipo de abordagem (Néspoli, 2005).

A opção pela construção de um sistema de indicadores sintéticos utilizando as sub-bacias urbanas, como unidades de planejamento e gestão, visa ao rompimento de uma prática usual de se planejar utilizando apenas dados e indicadores que reflitam as situações dos bairros e áreas resultantes do zoneamento de uso do solo como unidades de referência.

Aqui, não se considera nenhuma informação sobre o uso do solo, pois, em todas as sub-bacias urbanas de Cuiabá, o uso predominante é sempre o residencial e/ou uso misto, uma vez que os demais usos somente são permitidos ao longo de vias com maior disponibilidade de infraestrutura ou em zonas específicas de forma concentrada, o mesmo acontecendo, por exemplo, na sub-bacia onde se localiza o distrito industrial.

Dessa forma, pode-se ter indicadores que representem os ambientes em vários centros urbanos de uma região, desconsiderando as questões relativas ao uso e à ocupação do solo, particulares a cada espaço urbano, permitindo comparações entre eles. Entende-se aqui que os efeitos do uso e da ocupação do solo urbano estarão expressos nos indicadores de qualidade da água, ao longo dos córregos, quer seja de forma difusa ou pontual, ou nos indicadores de densidade populacional, sendo, portanto, indiretamente mensurados (Néspoli, 2005).

Apesar das limitações apresentadas, entende-se que o estudo constituiu-se em um exercício válido, com o intuito de conhecer a realidade socioambiental, objeto do planejamento urbano. O sistema de indicadores proposto poderia ser utilizado em qualquer área urbana, independente do seu porte, para que sejam permitidas comparações entre elas, dentro de uma mesma bacia maior ou de uma região hidrográfica, uma vez que apenas três indicadores são expressão de uma realidade local específica: da qualidade da água, das áreas verdes e de parques, porém de fácil obtenção, já que os demais podem ser viabilizados através de tratamento estatístico de dados do IBGE.

CONSIDERAÇÕES FINAIS

Foi base deste estudo o entendimento de que homem e natureza estão em constante relação, um modificando o outro, indicando a necessidade de equilíbrio nessa relação para que existam cidades sustentáveis. Nessa perspectiva, não há como falar em sustentabilidade sem a conservação das águas que abastecem as cidades; que propiciam a sobrevivência dos seres vivos e dos processos produtivos; que possibilitam a revitalização da paisagem; que propiciam a produção de alimentos e que viabilizam a manutenção dos ciclos naturais e sociais dos quais o nosso ambiente necessita para viver.

O contexto delineado pelas políticas nacionais apresenta a indicação da necessidade de integração de ações setoriais, estímulo e institucionalização da participação popular e, ainda, a valorização do planejamento, do monitoramento e da avaliação de políticas e programas governamentais. Diante disso, cumpre às administrações municipais a iniciativa de sua estruturação interna, com vistas à sua adequação e ao fortalecimento de seus órgãos de planejamento, com sistemas de informação e de indicadores, bem como com a constituição, formação e capacitação de corpo técnico multidisciplinar que permita acompanhar a dinâmica das cidades, espaço esse onde a complexidade das relações homem-natureza se concretiza e se materializa.

A integração de ações governamentais, a gestão social de bacias, o uso da bacia como unidade de planejamento e gestão, a necessidade de informações gerenciais e de parâmetros para medir e avaliar a atuação governamental em busca da sustentabilidade urbana e de diretrizes para o desenvolvimento local, entre outras questões levantadas na pesquisa, são condicionantes institucionais presentes no momento atual, a direcionar a atuação de qualquer nível de governo, constituindo um grande desafio para a gestão pública.

Considerou-se, inicialmente, como fundamento lógico da pesquisa, um tripé que orientasse a gestão ambiental urbana: a necessidade de se priorizar ações; a adoção da bacia hidrográfica como unidade de planejamento; e, ainda, a necessidade de ferramentas, como os indicadores, que subsidiem a tomada de decisão e a participação social. Explica-se, a seguir, a importância de cada um desses pontos para uma boa gestão.

Primeiramente, quanto à priorização de ações, o que se pretende é que esta se respalde em informações consistentes e que aconteça com a transparência necessária, com a participação comunitária e com foco na inclusão social e qualidade ambiental. Pretende-se, ainda, que as metas sejam direcionadas para a melhoria da qualidade ambiental das sub-bacias mais carentes de infraestruturas e serviços, com problemas ambientais mais representativos e, ainda, com população menos beneficiada pelas políticas setoriais de educação e geração de renda.

Quanto ao segundo ponto, entende-se que, com a instituição da gestão compartilhada de bacias, a ação municipal deverá estar integrada à ação estadual e federal, esferas que detêm o domínio sobre as águas e que procederão a sua gestão a partir das bacias hidrográficas, representadas por seus respectivos comitês. Essa gestão passa primordialmente pela ordenação do uso do solo, pois, qualquer conflito pela água é, antes de tudo, um conflito de uso do solo, cuja ordenação cabe aos municípios, através da sua legislação urbanística-ambiental.

Consequentemente, para que as administrações municipais trabalhem sua legislação urbanística por sub-bacia, necessitam de ferramentas, como um sistema de indicadores, que reflitam a realidade socioambiental desses espaços geográficos, como o construído neste estudo, para que possam monitorar ao longo do tempo a efetividade dessas leis, bem como de sua gestão sobre eles.

Os sistemas de informações e de indicadores, assim construídos, contribuem para que: as legislações urbanísticas sejam discutidas com a população de cada sub-bacia e elaboradas conforme as especificidades desse espaço; as ações setoriais possam ser discutidas de forma integrada; e as ações de educação ambiental possam ser dirigidas conforme as necessidades e características culturais de cada sub-bacia ou microbacia.

O terceiro ponto, o mais representativo dos benefícios da proposta, se dirige à população urbana, uma vez que lhe permite: visualizar, através dos indicadores, concebidos para todas as sub-bacias, a situação do ambiente em que se insere e dos impactos decorrentes de sua ação; comparar as demais sub-bacias urbanas, sensibilizando-se sobre os problemas que mais lhes afetam; enfim, situar-se no contexto urbano enquanto cidadão. Espera-se que esse exercício de conhecer a realidade para saber escolher e priorizar suas demandas contribua para a formação de *capital social*, ou seja, transforme-se em motivação que os fortaleça como grupo social para uma participação consciente, em busca de benefícios comunitários.

Conclui-se este capítulo entendendo ser viável a construção proposta, pois permite operacionalizar muitos dos pressupostos indicados por Maricato (2002) para uma nova forma de planejar e gerir o espaço urbano: a criação da consciência da cidade real e de indicadores de qualidade de vida;

a criação de um espaço democrático, onde os conflitos urbanos estejam visíveis para todos; a abordagem integrada das políticas públicas; a necessidade da formação dos agentes públicos para ações integradas; a democratização da informação para todos; a bacia hidrográfica como referência para o planejamento e a gestão; e a formulação de políticas de curtíssimo prazo (ações prioritárias), de curto, médio e longo prazos.

REFERÊNCIAS

BRAGA, B. et al. *Introdução à engenharia ambiental.* São Paulo: Prentice Hall, 2002.

BRASIL. Lei n. 11.445, de 5 janeiro de 2007. Disponível em: http://www.planalto. gov.br/ccivil_03/_Ato2007-2010/2007/Lei/L11445.htm. Acessado em: 7 maio 2007.

CUIABÁ. Câmara Municipal de Cuiabá. *Lei orgânica do município de Cuiabá.* Cuiabá, MT: Câmara Municipal, 1990.

FARHAT, C. A. V. *Introdução à estatística aplicada.* São Paulo: FTD, 1998.

[IBAM] INSTITUTO BRASILEIRO DE ADMINISTRAÇÃO MUNICIPAL. *Estatuto da Cidade, para compreender.* Rio de Janeiro: Ibam/Duma, 2001.

[IBGE] INSTITUTO BRASILEIRO DE GEOGRAFIA E ESTATÍSTICA. *Censo Demográfico 2000: características da população e dos domicílios: resultados do universo.* Rio de Janeiro: IBGE, 2001.

_____. *Indicadores de desenvolvimento sustentável.* Rio de janeiro: IBGE, 2002.

[IPDU] INSTITUTO DE PESQUISA E DESENVOLVIMENTO URBANO. *Perfil socioeconômico de Cuiabá.* Cuiabá/MT: Prefeitura Municipal de Cuiabá, 2001.

_____. *Perfil socioeconômico de Cuiabá.* Cuiabá/MT: Prefeitura Municipal de Cuiabá, 2004.

JANNUZZI, P.M. *Indicadores sociais no Brasil.* Campinas: Alínea, 2003.

KLIKSBERG, B. *América Latina: uma região de risco-pobreza, desigualdade e institucionalidade social.* Brasília, DF: Unesco, 2002. (Cadernos Unesco Brasil. Série Desenvolvimento Social, 1).

LEFF, E. *Saber ambiental: sustentabilidade, racionalidade, complexidade, poder.* Trad. Lúcia Mathilde Endlich Orth. Petrópolis: Vozes, 2004.

LIMA, E.B.N.R. *Modelagem integrada para gestão da qualidade da água na bacia do rio Cuiabá.* Rio de Janeiro, 2001. Tese (Doutorado em Engenharia Civil) – Instituto Alberto Luiz Coimbra de Pós-Graduação e Pesquisa de Engenharia, Universidade Federal do rio de Janeiro.

MAITELLI, G. *Uma abordagem tridimensional de clima urbano em área tropical continental: o exemplo de Cuiabá – MT.* São Paulo, 1994. Tese (Doutorado em Geografia) – Departamento de Geografia, Faculdade de Filosofia, Letras e Ciências Humanas, Universidade de São Paulo.

MARICATO, E. *Brasil, cidades-alternativas para a crise urbana.* 2. ed. Petrópolis: Vozes, 2002.

NÉSPOLI, G.R.C.B. *A construção e o uso de indicadores de qualidade ambiental no planejamento urbano: estudo de caso das sub-bacias urbanas de Cuiabá – MT.* Cuiabá, 2005. Dissertação (Mestrado em Geografia) – Departamento de Geografia, Universidade Federal de Mato Grosso.

[ONU] ORGANIZAÇÃO DAS NAÇÕES UNIDAS. Department of Economic and Social Affairs. *Indicators of sustainable development: guidelines and methodologies.* 3. ed. New York: ONU, 2007. Disponível em: http://www.un.org/esa/sustdev/natlinfo/indicators/guidelines.pdf. Acessado em: 2 set. 2008.

PEREIRA, J.C.R. *Análise de dados qualitativos: estratégias metodológicas para as ciências da saúde, humanas e sociais.* São Paulo: Edusp, 2001.

PHILIPHI JR., A. MALHEIROS, T.F. Saneamento e saúde pública: integrando homem e ambiente. In: PHILIPHI JR., A. (org.). *Saneamento, saúde e ambiente.* Barueri: Manole, 2005.

[PNUD] PROGRAMA DAS NAÇÕES UNIDAS PARA O DESENVOLVIMENTO. *Atlas do desenvolvimento humano no Brasil,* 2003. Disponível em: http://www.pnud.org.br/atlas. Acessado em: 9 maio 2007.

ROJAS, D. *Propuesta metodológica para el desarrollo y la elaboración de estadísticas ambientales em países de América Latina y el Caribe.* Chile: Cepal, 2005.

[UNESCO] ORGANIZAÇÃO DAS NAÇÕES UNIDAS PARA A EDUCAÇÃO, A CIÊNCIA E A CULTURA. *O sistema de avaliação e monitoramento das políticas e programas sociais. Representação do Brasil.* [S.l.]: Unesco, 2006.

[UPA] UNIDADE DE PLANEJAMENTO AMBIENTAL DA SMADES. *Cadastro de áreas verdes do município.* Cuiabá/MT: Prefeitura Municipal de Cuiabá, 2002.

VALIENTE, O.M. Indicadores de desarrollo: revisión de experiencias. *Revista Mato-Grossense de Geografia,* n. 4-5, Cuiabá, MT: EdUFMT, 2000-2001. p. 9-42.

Indicadores de sustentabilidade para desenvolvimento turístico

10

Frederico Yuri Hanai
Engenheiro Mecânico, Universidade Federal de São Carlos

Evaldo Luiz Gaeta Espíndola
Biólogo, Escola de Engenharia de São Carlos da USP

Recentemente começou a se formar uma consciência crítica mais ampla sobre os problemas socioambientais, com reflexões sobre o modelo de desenvolvimento atual e discussões de esforços para estabelecer o processo denominado desenvolvimento sustentável.

O paradigma do desenvolvimento sustentável influencia diversas atividades que se relacionam com o meio ambiente, entre elas, o turismo. O desenvolvimento do turismo vem reconhecendo os desafios atuais relacionados às questões ambientais, sociais, econômicas e ecológicas, almejando também ações corretas de desenvolvimento na busca do equilíbrio das atividades humanas com o ambiente.

O panorama do turismo nacional demonstra que a atividade turística nos espaços naturais e rurais, apesar de emergente, já é significativa e de grande importância para o Brasil. Seu desenvolvimento – nos segmentos denominados ecoturismo e turismo rural – vem apresentando altas taxas de crescimento e, provavelmente, continuará a crescer de forma intensa e constante.

O desenvolvimento do turismo em uma região se baseia na utilização dos recursos naturais e socioculturais do local, cujos produtos turísticos dependem e se mantêm, devendo, dessa forma, contribuir com ações de proteção e conservação e auxiliar em processos sustentáveis de desenvolvimento.

O turismo sustentável foi definido pela Organização Mundial de Turismo (OMT, 2003, p. 24) como aquele que "atende às necessidades dos turistas de hoje e das regiões receptoras, ao mesmo tempo que protege e amplia as oportunidades para o futuro". Assim, busca atender às atuais necessidades econômicas, sociais e de qualidade de vida para o desenvolvimento regional, enquanto conserva os recursos naturais e mantém a integridade cultural da população local, promovendo a responsabilidade coletiva e a satisfação das expectativas dos turistas de maneira que a atividade possa continuar indefinidamente proporcionando os benefícios propostos (Unep, 2003; OMT, 2003; Unep/WTO, 2005).

O contínuo desejo da sustentabilidade do turismo, a constante busca de uma maior eficiência econômica racional, baseada em princípios de equidade, de justiça social e equilíbrio harmônico do homem com o meio ambiente, pode direcionar na prática o objetivo realizável do turismo sustentável, entendido como algo a ser aspirado e um sentido a ser seguido. Essa visão gera iniciativas e ações para organizar uma nova postura da sociedade diante dos desafios atuais e futuros – socioambientais e econômicos – concordantes com o novo paradigma de desenvolvimento.

Para se consolidar como atividade responsável e ambientalmente adequada, é necessário o planejamento turístico integrado ao desenvolvimento regional, envolvendo a participação ativa da população local e contemplando os objetivos e princípios pressupostos pelo turismo sustentável. A incorporação dos princípios de desenvolvimento sustentável nas políticas públicas setoriais, entre elas, a de turismo, tem favorecido a sinergia, a integração de instrumentos, as técnicas de planejamento e a gestão ambiental e turística.

A United Nations Environment Programme (Unep) e a World Tourism Organization (WTO) recomendam para o planejamento em turismo sustentável:

- Otimização do uso dos recursos ambientais, que constituem o elemento-chave para o desenvolvimento turístico, com a manutenção dos processos ecológicos e apoio à conservação dos recursos renováveis e da biodiversidade.

- Respeito à autenticidade sociocultural das comunidades dos destinos, com o compromisso de conservação de seu patrimônio construído e seus gêneros de vida, valores tradicionais e fortalecimento da compreensão intercultural e tolerância.

- Garantia de operações viáveis, de longo prazo, com a geração de benefícios econômicos direcionados às comunidades de destino, de maneira a contribuir para diminuição dos problemas socioeconômicos locais.

Assim, é fundamental o estabelecimento de estratégias e o emprego responsável de técnicas de planejamento, gestão e monitoramento do desenvolvimento sustentável do turismo, tornando-se importante estabelecer instrumentos para verificação e manutenção da sustentabilidade do desenvolvimento turístico.

No turismo, o monitoramento constitui-se um instrumento essencial a qualquer processo de planejamento ou gestão de suas atividades. O monitoramento é fundamental para as estratégias de desenvolvimento sustentável, pois, além de verificar o alcance de ações planejadas, permite acompanhar e documentar sistematicamente o processo de desenvolvimento do turismo, avaliando a eficácia e a pertinência de políticas, planos e programas implementados.

O monitoramento envolve as coletas e medições regulares das condições ambientais, sociais e econômicas, e, para esse fim, utiliza-se de indicadores, que fornecem informações indispensáveis para avaliar as mudanças ocasionadas numa localidade e servem como instrumento para detectar problemas e examinar situações, além de mostrar a tendência de condições futuras, facilitando o trabalho de gestão dos tomadores de decisões, pesquisadores, políticos e gestores públicos.

Os indicadores podem ter uma influência determinante no processo de desenvolvimento sustentável do turismo de três formas principais: por meio da informação que geram; da mobilização que criam (associações e envolvimento setorial); e das ações que promovem (OMT, 2005).

O uso de indicadores, como medidores de processo do desenvolvimento sustentável, tem as seguintes funções principais (Watson e Cole, 1992; Gallopín, 1996; Frausto Martínez et al., 2005):

- Reconhecer metas e objetivos, mostrando se condições em relação às finalidades de gestão estão sendo atingidas e satisfeitas.
- Sinalizar a necessidade de ações corretivas da estratégia de gestão.

- Subsidiar o processo de tomada de decisão, proporcionando informação relevante para apoiar a implementação de políticas em diferentes níveis.

- Tornar-se a base para o gerenciamento dos impactos ambientais (avaliar a eficiência de várias alternativas).

- Refletir a condição geral de um sistema, permitindo análise comparativa no tempo e no espaço (situações e locais).

- Antecipar situações futuras de risco e conflito.

Os diversos fatores, critérios e dimensões relacionados ao conceito de sustentabilidade conferem uma série de implicações e princípios éticos que devem estar inseridos nos contextos de políticas e planos de desenvolvimento, inclusive do turismo.

Essas dimensões de sustentabilidade do turismo podem ser medidas e analisadas utilizando-se indicadores que são adotados para as realidades específicas de cada localidade e que consideram variáveis ambientais, socioeconômicas, culturais e turísticas. Assim, os indicadores de sustentabilidade aplicados ao contexto do desenvolvimento turístico constituem instrumento prático para a gestão e o controle da atividade turística em uma localidade ou região, sendo sua seleção e seu monitoramento periódico componentes fundamentais para o planejamento e o desenvolvimento local.

O PROCESSO DE SELEÇÃO E DEFINIÇÃO DE INDICADORES DE SUSTENTABILIDADE DO TURISMO

Observa-se, atualmente, que o estabelecimento de indicadores é considerado uma prioridade máxima para o planejamento e a organização do turismo, pois "sem indicadores o termo sustentável fica sem sentido" (Twining-Ward e Butler, 2002, p. 365).

O sistema de indicadores constitui uma importante base referencial para monitoramento e controle da eficiência de ações executadas, de estratégias e planos de desenvolvimento turístico, visando concretizar o verdadeiro significado de desenvolvimento sustentável.

Um sistema de indicadores deve ser formulado com foco na identificação prática e na definição clara de seus objetivos, e deve ser elaborada uma estrutura flexível e efetiva de implementação desse sistema para converter os resultados obtidos dos indicadores em ações de gestão e manejo (Twining-Ward e Butler, 2002).

A OMT (2003) produziu um conjunto de indicadores ambientais do turismo sustentável que permite a obtenção de informações sobre os impactos do turismo em uma área. Entretanto, ainda não há consenso e acordo na aplicação desse sistema de indicadores pelos gestores e técnicos locais, que algumas vezes têm encontrado dificuldades para mensurar e monitorar a sustentabilidade do turismo.

Os indicadores de sustentabilidade do turismo precisam ser mais efetivos e melhores em termos de utilidade e confiabilidade. Há necessidade de um maior grau de elaboração técnico-científica dos indicadores para aumentar a sua coerência, a sua representatividade, o seu poder de comparação e, finalmente, a sua aceitação política e social (Vera Rebollo e Ivars Baidal, 2003).

A maioria das pesquisas atuais sobre indicadores tem se concentrado apenas na aplicação dos indicadores, e não em sua reflexão (Frausto Martínez et al., 2005). Alguns trabalhos têm se dedicado às grandes escalas, e são praticamente inexistentes aqueles que se preocupam com indicadores de aplicação local e regional. Isso mostra a necessidade de se construir metodologias direcionadas a selecionar indicadores para as pequenas escalas, com características específicas de âmbito local e regional (Cintra, 2004).

A pertinência dos indicadores varia de acordo com as regiões e seu contexto. Os indicadores devem ser estabelecidos pelas autoridades locais com base nos objetivos de desenvolvimento turístico local. Devem ser remanejados e interpretados dentro do contexto apropriado, levando-se em conta as características ecológicas, geográficas, sociais, econômicas e institucionais de cada região (OECD, 2002).

Entre as características desejáveis e mais importantes dos indicadores destacam-se: confiáveis; de baixo custo de coleta e análise; simples; limitados em número; significativos; relevantes; eficientes; reativos; pertinentes; fáceis de entender; exequíveis; práticos; aceitos politicamente, mensuráveis e controláveis pela gestão; precisos, exatos; consistentes; sensíveis a alterações do ambiente; conceitualmente bem fundamentados; dependentes apenas nos dados prontamente disponíveis; hábeis para mostrar tendências ao longo do tempo (em longo prazo); e comparáveis ao longo do tempo e entre jurisdições e regiões (Stankey et al., 1985; Gallopín, 1997; Bossel, 1999; Rome, 1999; Twining-Ward e Butler, 2002; Hardi e Zdan, 1997; Meadows, 1998; OMT, 2003 e 2005; Valentin e Spangenberg, 2000; Reed et al., 2006).

Atualmente o estabelecimento do sistema de indicadores de turismo tem enfrentado uma série de problemas (Vera Rebollo e Ivars Baidal, 2004):

- Carência de uma visão estratégica orientada para a sustentabilidade que promova a criação de novos sistemas de informação territorial e turística.
- Limitações de informações estatísticas de âmbito local, tanto quantitativas como qualitativas.
- Falta de integração e coordenação dos distintos setores de gestão municipal (meio ambiente, desenvolvimento, turismo).
- Subutilização das possibilidades de obter sinergias mediante a disponibilidade de informações de atos e processos administrativos.
- Escasso aproveitamento das possibilidades de tecnologia da informação para sistematizar dados com valor estatístico.

No planejamento e desenvolvimento sustentável do turismo, a seleção e definição dos indicadores devem ser resultado de ampla participação e envolvimento dos atores sociais, dos segmentos representativos e da comunidade local, buscando garantir os princípios da sustentabilidade do turismo.

A IMPORTÂNCIA DA PARTICIPAÇÃO DA SOCIEDADE LOCAL

As metodologias de planejamento visando o turismo sustentável atualmente preocupam-se com sustentabilidade local, inserindo abordagens de participação, envolvimento e bem-estar da comunidade.

A busca e a eficácia da sustentabilidade local devem enfatizar precisamente propostas que permitam a verdadeira inclusão dos atores na comunidade, envolvidos num mesmo processo, com a determinação e a capacidade para realizá-las (Martínez e Hirabayashi, 2003). "A participação dos vários atores sociais da comunidade é um dos elementos mais importantes para a realização do desenvolvimento do turismo sustentável" (KO, 2005, p. 439).

Projetos bem-sucedidos de desenvolvimento turístico estão, em geral, associados às condições primordiais de participação da sociedade local na elaboração e implementação de planos, programas e ações inovadoras com enfoque local no processo de desenvolvimento.

INDICADORES DE SUSTENTABILIDADE PARA DESENVOLVIMENTO TURÍSTICO | 301

A efetiva participação das comunidades locais no processo de planejamento e gestão da atividade turística é essencial, pois a população local é conhecedora e vivencia a sua realidade imediata, sendo capaz de identificar problemas e necessidades, avaliar alternativas, desenvolver estratégias para proteção e/ou valorização de patrimônios naturais e culturais, buscando soluções para os problemas identificados e sugerindo caminhos que levem à melhoria da qualidade de vida, ao fortalecimento da cultura local e ao bem-estar social (Irving et al., 2005). Assim, os indicadores de sustentabilidade precisam e devem ser desenvolvidos por meio de ampla participação da comunidade, estabelecendo um quadro de consulta multidisciplinar, a fim de também assegurar a capacidade institucional de medi-los (Twining-Ward e Butler, 2002).

Um estudo de caso na região de Bueno Brandão foi realizado contemplando diversas ações de desenvolvimento turístico, entre elas, a de seleção e definição de indicadores de sustentabilidade envolvendo a participação da sociedade local. Esse estudo de caso relata a experiência adquirida durante o processo de seleção e definição de indicadores de sustentabilidade aplicados ao contexto do desenvolvimento turístico da região de Bueno Brandão, localizado no sul do estado de Minas Gerais, baseando-se no enfoque participativo da sociedade local.

O estudo apresentado é parte de uma pesquisa científica de pós-graduação (nível doutorado) realizada na Escola de Engenharia de São Carlos (EESC) da Universidade de São Paulo (USP), que envolveu a elaboração de um sistema de indicadores, consistindo num importante instrumento de auxílio à gestão do turismo, a fim de permitir o monitoramento das condições de sustentabilidade do desenvolvimento turístico (Hanai, 2009).

O MUNICÍPIO DE BUENO BRANDÃO

O município de Bueno Brandão possui uma população estimada de 10.892 habitantes (IBGE, 2010), e está localizado no sul do estado de Minas Gerais, a 460 km da cidade do Rio de Janeiro, 458 km de Belo Horizonte e a 175 km da cidade de São Paulo. O município está inserido na bacia hidrográfica de montante do rio Mogi-Guaçu, ocupando uma área de 355 km² (Figura 10.1).

As características geográficas, paisagísticas e climáticas da região, aliadas à receptividade da população local, fazem de Bueno Brandão um destino cada vez mais procurado pelos turistas. O crescimento da atividade turística tem sido impulsionado pelo destaque nos atributos naturais existentes, tais como: serras, picos, rios, cachoeiras e paisagens de vales e montanhas.

Figura 10.1 – Localização do município de Bueno Brandão no sul do estado de Minas Gerais.

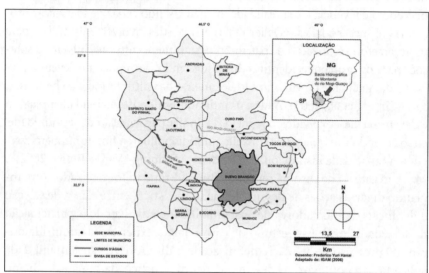

O turismo intensificou-se como atividade econômica relevante desde o ano de 2000, com a promoção e a viabilização de visitação aos diversos atrativos da região, principalmente às quedas-d'água existentes, tornando o município conhecido pelos visitantes como a "Cidade das Cachoeiras".

A experiência em turismo do município de Bueno Brandão foi motivada por meio de ações pontuais e independentes promovidas por propriedades rurais e empreendimentos locais, situados principalmente nas cachoeiras. Desde então, o município começou a divulgar os seus atrativos, iniciando-se um processo progressivo de estruturação turística, envolvendo a gestão pública local, por meio do Departamento de Turismo, o Conselho Municipal e Turismo, uma organização não governamental (ONG), guias de turismo, proprietários e empreendedores locais.

Bueno Brandão atualmente é integrante do Circuito Serras Verdes do Sul de Minas Gerais. Já existem agências receptivas, com guias treinados, que fornecem passeios e atividades organizados aos atrativos da região. Além disso, o município conta com propriedades típicas rurais para desenvolvimento de atividades associadas ao turismo rural, tais como restaurantes típicos rurais, produções tradicionais de bebidas, vinhos, doces, geleias, cachaça etc. A produção de artesanato acontece e complementa a oferta turística no município, destacando-se obras esculpidas em madeira, bebidas produzidas tradicionalmente, pinturas e trabalhos manuais com matérias-primas locais, entre outros.

As belezas naturais, paisagísticas e os moradores locais, bastante receptivos, promovem o movimento turístico no município, fazendo com que este receba muitos turistas. Entretanto, nos últimos tempos, em virtude da ampla divulgação de turismo no município, os problemas e impactos decorrentes da visitação desordenada e não planejada começaram a aparecer na região.

Verifica-se grande fluxo de visitantes, principalmente nos feriados e finais de semana, que superlotam os estabelecimentos de hospedagem (pousadas e hotéis), assim como os *campings* oficiais e os não oficiais, uma vez que há um grande número de terrenos e espaços em propriedades rurais sendo utilizados precariamente para acomodação de visitantes nos períodos de alta temporada. Essa forma de turismo ocasiona diversos impactos negativos nos locais naturais de visitação, principalmente em cachoeiras e rios, comprometendo a proteção dos atrativos e a qualidade da experiência de visitação, gerando a insatisfação dos visitantes e dos moradores. Os impactos negativos ocorrem principalmente por causa: da inexistência de estrutura de recepção nos locais naturais de visitação; do baixo controle e planejamento inadequado das atividades turísticas; da falta de gestão integrada do turismo; e da inexistência de uma política bem definida de desenvolvimento turístico local.

Assim, tornaram-se imperativo e urgente o planejamento e a organização do turismo em Bueno Brandão, convergindo com as opiniões concordantes e com os interesses expressados pelos envolvidos com a atividade turística, preocupados com o futuro do turismo no município, que configurou um quadro favorável para a realização das ações e estudos desenvolvidos nesta localidade.

Durante os anos de 2005, 2006 e 2007 foram realizadas diversas ações de desenvolvimento turístico nos municípios do sul do estado de Minas Gerais, envolvendo entre eles, o município de Bueno Brandão. As ações foram realizadas pelo Núcleo de Turismo do Projeto Mogi-Guaçu, com o financiamento do Programa Petrobras Ambiental, e visaram promover a inserção e o desenvolvimento do turismo sustentável na região, orientando e assessorando a sociedade local para a organização e o planejamento responsável de suas atividades. A execução dessas ações exigiu e, ao mesmo tempo, possibilitou a consecução do processo de seleção e definição de indicadores aplicados ao contexto de desenvolvimento turístico nessa região.

PROCEDIMENTOS METODOLÓGICOS ADOTADOS NO ESTUDO DE CASO PARA SELEÇÃO E DEFINIÇÃO DE INDICADORES

Os procedimentos metodológicos aplicados basearam-se no enfoque participativo de atores relevantes, envolvendo gestores públicos, autoridades, empreendedores, guias de turismo, artesãos, proprietários de agência receptiva e de meios de hospedagem, para a discussão de dificuldades e necessidades na definição de indicadores e de procedimentos para monitoramento do desenvolvimento turístico.

Para esse estudo, foram adotados diversos procedimento metodológicos, apresentados esquematicamente na Figura 10.2.

Figura 10.2 – Esquema do procedimento metodológico adotado.

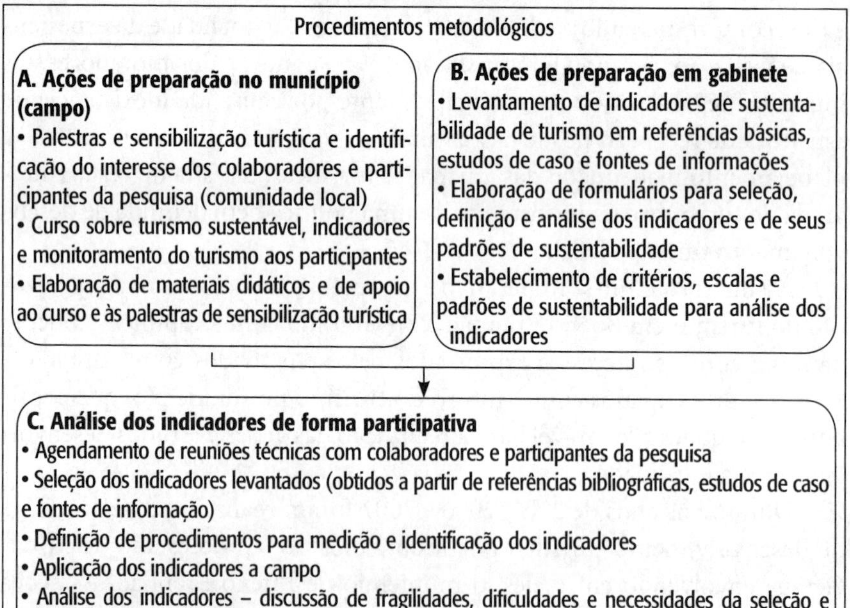

Procedimentos metodológicos

A. Ações de preparação no município (campo)
• Palestras e sensibilização turística e identificação do interesse dos colaboradores e participantes da pesquisa (comunidade local)
• Curso sobre turismo sustentável, indicadores e monitoramento do turismo aos participantes
• Elaboração de materiais didáticos e de apoio ao curso e às palestras de sensibilização turística

B. Ações de preparação em gabinete
• Levantamento de indicadores de sustentabilidade de turismo em referências básicas, estudos de caso e fontes de informações
• Elaboração de formulários para seleção, definição e análise dos indicadores e de seus padrões de sustentabilidade
• Estabelecimento de critérios, escalas e padrões de sustentabilidade para análise dos indicadores

C. Análise dos indicadores de forma participativa
• Agendamento de reuniões técnicas com colaboradores e participantes da pesquisa
• Seleção dos indicadores levantados (obtidos a partir de referências bibliográficas, estudos de caso e fontes de informação)
• Definição de procedimentos para medição e identificação dos indicadores
• Aplicação dos indicadores a campo
• Análise dos indicadores – discussão de fragilidades, dificuldades e necessidades da seleção e definição dos indicadores
• Estabelecimento de padrões aceitáveis dos indicadores selecionados

Definição do sistema de indicadores de sustentabilidade do desenvolvimento turístico (SISDTur)

Monitoramento do desenvolvimento sustentável do turismo

A) Ações de preparação no município (atividades de campo):
- Palestras de sensibilização turística e identificação do interesse dos colaboradores e participantes da pesquisa (comunidade local).
- Curso sobre turismo sustentável, indicadores e monitoramento do turismo aos participantes.
- Elaboração de materiais didáticos e de apoio ao curso e às palestras de sensibilização turística.

B) Ações de preparação em gabinete:
- Levantamento de indicadores de sustentabilidade de turismo em referências básicas, estudos de caso e fontes de informações.
- Elaboração de formulários para seleção, definição e análise dos indicadores e de seus padrões de sustentabilidade.
- Estabelecimento de critérios, escalas e padrões de sustentabilidade para análise dos indicadores.

C) Análise dos indicadores de forma participativa:
- Agendamento de reuniões técnicas com colaboradores e participantes da pesquisa.
- Seleção dos indicadores levantados (obtidos a partir de referências bibliográficas, estudos de caso e fontes de informação).
- Definição de procedimentos para medição e identificação dos indicadores.
- Aplicação dos indicadores em campo.
- Análise dos indicadores – discussão de fragilidades, dificuldades e necessidades da seleção e definição dos indicadores.
- Estabelecimento de padrões aceitáveis dos indicadores selecionados.
- Definição do Sistema de Indicadores de Sustentabilidade do Desenvolvimento do Turismo (SISDTur).

As palestras de sensibilização turística e identificação do interesse dos colaboradores e participantes da pesquisa (comunidade local)

Por meio de palestras expositivas, programadas no município, foram apresentadas as intenções e a metodologia do trabalho, convidando a comunidade local à participação nas reuniões técnicas, justificando-se a importância do seu envolvimento tanto para o aprimoramento pessoal quanto para a melhoria do desenvolvimento turístico da região.

Nas palestras realizadas foram abordados: os conceitos básicos de turismo, ecoturismo, turismo rural; princípios do turismo sustentável; a elaboração de um produto turístico; a importância da diversidade de produtos turísticos; a importância da satisfação do turista e a imagem de um local turístico; a divulgação de um destino turístico; exigências de um produto turístico; os impactos do turismo; o "ciclo de vida" de um destino turístico; o planejamento e a organização do turismo sustentável; organização, envolvimento e participação turística e a formação do Conselho de Turismo e sua representatividade.

A população local foi convidada a participar espontaneamente das reuniões técnicas, agendadas periodicamente, para discussão e definição dos aspectos relacionados ao processo de desenvolvimento da pesquisa. Houve interesse, disposição e motivação de um grupo multidisciplinar de colaboradores, que se comprometeram voluntariamente à participação nas reuniões técnicas e à execução do estudo, formado por: guias de turismo; empreendedores de meios de hospedagem; gestores de circuito turístico; secretário de turismo; administrador de atrativo turístico; gestor público da secretaria de turismo; proprietários de agência receptiva; representante de artesãos; gestor ambiental; e proprietário rural.

Curso sobre turismo sustentável, indicadores e monitoramento do turismo aos participantes

Para os participantes do estudo de indicadores foi elaborado e realizado um curso básico, conceitual e preparatório para as atividades de seleção, definição e análise dos indicadores. O curso compreendeu conteúdos sobre desenvolvimento sustentável, sustentabilidade do turismo, conceito de indicadores, bem como a importância de seu uso, características desejáveis, recomendações para definição, sistema de indicadores e noções de monitoramento da atividade turística. A realização do curso permitiu melhorar a preparação dos participantes, colaboradores da pesquisa, favorecendo discussões mais conscientes, aprofundadas e enriquecedoras sobre o assunto.

Elaboração de materiais didáticos e de apoio ao curso e às palestras de sensibilização turística

Materiais didáticos (cartilha e apostilas) foram preparados e disponibilizados para apoio nas palestras de sensibilização sobre a questão da sustentabilidade e turismo e no curso de turismo sustentável, constituindo-se em meios alternativos e adicionais de comunicação, que auxiliaram, reforçaram e complementaram a aprendizagem dos conceitos e conhecimentos abordados.

Levantamento de indicadores de sustentabilidade e de impactos do turismo em referências básicas, estudos de caso e fontes de informações

Inicialmente foram levantados, na literatura específica, os indicadores utilizados em trabalhos, estudos de caso e pesquisas científicas realizados anteriormente, analisando a aplicabilidade e os resultados alcançados de seu uso. Essa consulta bibliográfica obteve um conjunto referencial de indicadores que serviu como ponto de partida para o procedimento de seleção e definição dos indicadores de sustentabilidade e de impactos do desenvolvimento turístico local.

O levantamento bibliográfico de um número grande de indicadores possíveis de serem utilizados no presente estudo teve o intuito de levá-los para discussão nas reuniões técnicas com a comunidade local.

Elaboração de formulários para seleção, definição e análise dos indicadores e de seus padrões de sustentabilidade

Os formulários para utilização nas reuniões técnicas durante a seleção, definição e análise dos indicadores foram elaborados na forma de tabelas, listando todos os indicadores obtidos pelo levantamento bibliográfico e agrupando-os nas dimensões de sustentabilidade (ambiental, cultural, social, econômica e institucional). Para facilitar a análise dos indicadores,

INDICADORES DE SUSTENTABILIDADE E GESTÃO AMBIENTAL

reservaram-se colunas para estabelecimento dos padrões de sustentabilidade e pontuação dos indicadores, com adoção de valores baseados em escalas predefinidas, cujo procedimento é descrito a seguir.

Estabelecimento de critérios e escalas para análise dos indicadores

As reflexões e as discussões para a análise dos indicadores basearam-se nas seguintes características e critérios de seleção:

- Facilidade de medição, compreensão e uso pelos usuários (não exige técnicas complicadas para obtenção dos dados).
- Potencial de informação associada ao indicador (representativo, significativo).
- Capacidade de prever mudanças significativas e advertir previamente os problemas.
- Limitação de tempo para medição (rapidez para obtenção da informação).
- Limitação financeira para medição (custo baixo para levantamento).
- Abrangência (aplicabilidade em diversas situações).
- Objetividade (menos subjetivo possível).
- Relevância para o desenvolvimento local e regional.
- Pertinência para tomada de decisões estratégicas regionais.
- Possibilidade de uso para as decisões políticas, antes de implementação de planos, programas e projetos.

A partir das considerações mencionadas sobre as características e propriedades desejáveis dos indicadores, foi possível agrupá-las em três condições básicas principais, que englobam o conjunto de critérios para a seleção dos indicadores: sua relevância; sua facilidade de medição e obtenção de dados; e sua aplicabilidade e utilidade ao contexto local.

Para facilitar a análise de cada indicador, foi procedida a atribuição de conceito baseado numa escala numérica ordinal categorizada (muito, razoável, pouca e nenhuma), referindo-se às condições básicas previamente adotadas para seleção dos indicadores (grau de importância, facilidade de medição e aplicabilidade do indicador). Para a análise de cada indicador foi utilizada uma adaptação dos itens da escala de Likert, estabelecendo-se uma escala ordinal definida no intervalo de 0 a 3:

- Conceito 0 – se o indicador possui nenhuma importância, facilidade de medição e aplicabilidade.
- Conceito 1 – se o indicador possui pouca importância, facilidade de medição e aplicabilidade.
- Conceito 2 – se o indicador possui razoável importância, facilidade de medição e aplicabilidade do indicador.
- Conceito 3 – se o indicador possui muita importância, facilidade de medição e aplicabilidade.

Agendamento de reuniões técnicas com colaboradores e participantes da pesquisa

As reuniões técnicas foram agendadas periodicamente para discussão de assuntos relacionados ao processo de desenvolvimento do turismo sustentável na região, envolvendo a participação do grupo de atores locais na seleção, definição, proposição e estabelecimento dos seguintes procedimentos metodológicos do trabalho:

- Seleção, adaptação e definição de indicadores de sustentabilidade.
- Definição de critérios e estabelecimento de padrões aceitáveis de sustentabilidade almejados pelo desenvolvimento do turismo.
- Sugestão de instrumentos e métodos para coleta de dados e levantamento das informações dos indicadores.
- Discussão de procedimentos para o monitoramento do processo de desenvolvimento turístico.

Seleção, adaptação e definição dos indicadores

Nas reuniões técnicas com os participantes e colaboradores foram analisados e selecionados os indicadores (obtidos a partir de referências bibliográficas, estudos de caso e fontes de informação) mais importantes e adequados para o monitoramento do desenvolvimento turístico, averiguando-os quanto à eficiência, significância e suas técnicas de medição e determinação.

A discussão conjunta e as análises individuais dos indicadores quanto ao grau de sua relevância e importância produziram valores médios baseados na escala previamente definida (intervalo de 0 a 3). Nesse estudo foram considerados os indicadores com nota média acima de 2,0 (ou seja, os indicadores de importância, relevância razoável e os indicadores muito importantes e relevantes).

Concomitantemente, nas reuniões técnicas com o grupo de colaboradores e participantes da pesquisa, além da desejável e necessária readequação dos indicadores, foram recomendados e definidos novos indicadores apropriados à realidade local para a composição e aplicação do sistema de indicadores de sustentabilidade do desenvolvimento turístico.

Definição e aplicação de procedimentos para medição e identificação dos indicadores em campo

Durante o processo de seleção e definição de indicadores, verificou-se a necessidade de estabelecer meios e métodos padronizados para medição e obtenção da informação dos indicadores, a fim de validar e confirmar a sua aplicação e praticidade.

Os métodos para coleta, interpretação e disponibilidade dos dados de indicadores devem ser facilmente manejados por não especialistas e pela sociedade local. Assim, procedimentos de medição dos indicadores foram definidos previamente nas reuniões técnicas e empregados em trabalhos de campo (medição *in loco*, entrevistas, aplicação de questionários).

Observou-se que alguns indicadores necessitam de métodos e instrumentos específicos para a coleta de informações, como, por exemplo, a aplicação de questionários. A coleta de informações de turistas e moradores locais (índice de satisfação dos turistas, interesse pelo turismo da população local) configura-se num importante componente do sistema de monitoramento (realizada por meio de pesquisas atualizadas e entrevistas). Essas informações, obtidas por meio de indicadores, servem de base para avaliar a qualidade do desenvolvimento turístico, proporcionando bases para o planejamento estratégico do desenvolvimento do turismo.

A aplicação dos instrumentos de pesquisa, a coleta de informações e a medição dos indicadores foram realizadas por pesquisadores e entrevistadores treinados e orientados previamente, compondo uma equipe preparada de investigação em campo. A equipe de campo observou e comprovou que muitos indicadores possuem dificuldade de medição e aplicação prática, e essa constatação auxiliou no processo de revisão e readequação dos indicadores anteriormente selecionados e definidos.

O estabelecimento de procedimentos padronizados para medição e operacionalização dos indicadores deve ser preocupação constante durante o processo de sua seleção e definição, para torná-los exequíveis e adequados à realidade local.

Estabelecimento de padrões aceitáveis dos indicadores selecionados

Nas reuniões técnicas com a população local, além da seleção e definição dos indicadores, foram discutidos e estabelecidos também os padrões mínimos aceitáveis de cada indicador, visando estabelecer as referências para o alcance da sustentabilidade do desenvolvimento turístico.

De forma análoga à análise dos indicadores e para facilitar a atribuição de padrões aos indicadores, foi proposta a adoção de uma adaptação da escala de Likert, em que para cada padrão de sustentabilidade (condições de aceitação) se correlacionou um valor numérico referido:

- Conceito 3 – Aceitação da existência em condição mínima Boa (100%) do indicador.
- Conceito 2 – Aceitação da existência em condição mínima Regular (75%) do indicador.
- Conceito 1 – Aceitação da existência em condição mínima Ruim (25%) do indicador.
- Conceito 0 – Aceitação da não existência de condição mínima do indicador.

O estabelecimento de padrões aos indicadores é útil porque define condições mínimas e permite que os gestores observem o processo de desenvolvimento local do turismo. Os padrões potencializam o compromisso dos esforços no planejamento turístico e fornecem meios para que os gestores avaliem o êxito que vêm obtendo no processo de gestão.

As seguintes características mais importantes, desejadas para o estabelecimento dos padrões de indicadores, são: devem ser atingíveis, realizáveis e devem focalizar o nível de sustentabilidade aceitável. A definição dos padrões não pode se fundamentar exclusivamente em critérios técnico-científicos (apesar de que alguns valores de referência estão regulamentados em normas ambientais ou são resultados de medições técnicas objetivas), mas devem contemplar a percepção da população local e também do processo tangível de desenvolvimento turístico.

A dificuldade de estabelecer os padrões de alguns indicadores levou à necessidade de readequar e definir novos indicadores, em função da constatação de caráter subjetivo intrínseco e da divergência na atribuição dos padrões.

OS INDICADORES DE SUSTENTABILIDADE DO DESENVOLVIMENTO DO TURISMO SELECIONADOS E DEFINIDOS NO ESTUDO DE CASO

Pelos resultados obtidos, conclui-se que muitos dos indicadores inicialmente levados à discussão necessitaram de adaptação e adequação às condições e realidades locais para sua utilização e aplicação.

A seguir apresenta-se a lista resumida do conjunto de indicadores e descritores[1] selecionados e definidos pelo estudo e pela análise dos indicadores de sustentabilidade do turismo. Os indicadores listados a seguir foram agrupados segundo suas funções e características (indicadores de sustentabilidade em locais de visitação e estabelecimentos turísticos, e indicadores de gestão turística municipal), distribuídos nas dimensões de

---

[1] A seguinte distinção terminológica foi adotada neste capítulo: *descritor* é um indexador que engloba todos os registros e dados referentes ao mesmo assunto, identificando e revelando os seus indicadores e parâmetros; *indicador* é uma variável (de valor ou de qualidade) derivada a partir de parâmetros (isolados ou combinados), que sinaliza informações sintéticas sobre um fenômeno e revela, por meio da representação operacional, o atributo de um sistema (qualidade, característica ou propriedade); e *parâmetro* é uma propriedade específica ou grandeza mensurável variável (característica ou dado), cuja medida é indicativa de uma quantidade ou função de um sistema, à qual se atribui um valor e por seu intermédio se definem outros valores ou funções (Hanai, 2009).

sustentabilidade (ambiental, cultural, social, econômica, turística e institucional). Assim, o sistema abrange dois grupos de indicadores de sustentabilidade:

- Os indicadores de sustentabilidade nos estabelecimentos turísticos e espaços de visitação, que identificam ações e procedimentos de sustentabilidade e fornecem dados e informações sobre o desenvolvimento das atividades de turismo nos locais e empreendimentos turísticos.
- Os indicadores de sustentabilidade de gestão municipal do turismo, que identificam ações, propostas e procedimentos adotados pela gestão municipal que apontam para a promoção da sustentabilidade do desenvolvimento turístico na região.

Tabela 10.1 – Indicadores de sustentabilidade em estabelecimentos turísticos e espaços de visitação – Escala de aplicação local (estabelecimentos turísticos e espaços de visitação).

	Descritores	Indicadores
DIMENSÃO AMBIENTAL	Consumo e qualidade da água	Quantidade de água consumida por turistas num período
		Programas de redução de consumo, desperdício e reúso de água
		Quantidade de água economizada pelo programa de redução de consumo e reúso de água
		Monitoramento da qualidade da água
	Geração e manejo dos resíduos sólidos	Resíduos sólidos gerados por turistas num período
		Programas de redução da quantidade de resíduos sólidos
		Coleta seletiva de resíduos sólidos e processos de reciclagem
		Resíduos sólidos reciclados

(continua)

Tabela 10.1 – Indicadores de sustentabilidade em estabelecimentos turísticos e espaços de visitação – Escala de aplicação local (estabelecimentos turísticos e espaços de visitação). *(continuação)*

	Descritores	Indicadores
DIMENSÃO AMBIENTAL	Consumo de energia	Energia consumida por turistas num período
		Programas de redução de consumo de energia
	Tratamento de esgotos	Processos de tratamento de esgotos
	Áreas naturais preservadas	Áreas preservadas, recuperadas ou em processo de recuperação
	Melhoria da qualidade do ar	Programas ou instalações para melhoria da qualidade do ar
	Iniciativas de educação ambiental e cultural	Programas orientados de interpretação e educação ambiental e/ou cultural
	Minimização dos impactos da produção rural	Processos tecnológicos de minimização dos impactos da produção rural
	Certificação ambiental e/ou turística	Processo de certificação ambiental e/ou turística
DIMENSÃO CULTURAL	Produtos típicos culturais locais	Produtos típicos locais ofertados (artesanato, produtos alimentícios, souvenires)
	Preservação de patrimônios culturais	Bens patrimoniais, arquitetônicos, arqueológicos e históricos existentes
	Manifestações culturais típicas	Eventos e festividades populares tradicionais de manifestações culturais típicas realizados
DIMENSÃO SOCIAL	Inserção de residentes locais (origem local) no setor turístico	Residentes locais empregados no estabelecimento turístico
		Iniciativas de capacitação e treinamento profissional aos funcionários residentes locais num período
		Funcionários residentes locais com capacitação em turismo
	Nível de empregabilidade em turismo	Empregos fixos e temporários de turismo

(continua)

INDICADORES DE SUSTENTABILIDADE PARA DESENVOLVIMENTO TURÍSTICO | **315**

Tabela 10.1 – Indicadores de sustentabilidade em estabelecimentos turísticos e espaços de visitação – Escala de aplicação local (estabelecimentos turísticos e espaços de visitação). *(continuação)*

	Descritores	Indicadores
DIMENSÃO ECONÔMICA	Rentabilidade	Renda gerada pelo turismo
	Longevidade do estabelecimento turístico	Longevidade do estabelecimento turístico
	Disponibilidade de funcionamento	Funcionamento do estabelecimento turístico
	Gastos do turista	Gasto médio diário de turistas
	Investimentos em turismo	Investimentos anuais em turismo
	Sazonalidade turística	Iniciativas de minimização da sazonalidade turística
DIMENSÃO TURÍSTICA	Capacidade total de alojamento	Oferta de hospedagem
	Acessibilidade	Facilidades para mobilidade de pessoas com dificuldades de locomoção e/ou outras necessidades especiais
	Registro e controle de visitação	Registro e controle da visitação
	Programas de interpretação ambiental e cultural	Programação de visitas orientadas com interpretação ambiental e/ou cultural
	Intensidade de uso / capacidade de carga	Quantidade de turistas/visitantes num local atrativo durante um período
		Proporção entre número de guias e número de turistas durante a visitação aos atrativos
		Tamanho dos grupos de turistas
	Segurança	Incidentes e acidentes envolvendo turistas/visitantes num período
	Satisfação e assiduidade (repetição) do turista	Grau de satisfação e assiduidade (quantidade de repetições) do turista

(continua)

316 | INDICADORES DE SUSTENTABILIDADE E GESTÃO AMBIENTAL

Tabela 10.1 – Indicadores de sustentabilidade em estabelecimentos turísticos e espaços de visitação – Escala de aplicação local (estabelecimentos turísticos e espaços de visitação). *(continuação)*

	Descritores	Indicadores
DIMENSÃO TURÍSTICA	Perfil e avaliação dos turistas	Perfil e avaliação turística dos visitantes
	Instalações e facilidades turísticas	Facilidades turísticas e de instalações e estruturas de minimização dos impactos do turismo
DIMENSÃO INSTITUCIONAL	Capacitação e apoio técnico em turismo	Capacitação e apoio técnico específico em turismo
	Envolvimento de administradores e empreendedores com o setor turístico	Participação dos empreendedores e/ou gestores administrativos no setor turístico local
	Promoção e comercialização de produtos turísticos	Estratégias de promoção e comercialização dos produtos turísticos

Tabela 10.2 – Indicadores de sustentabilidade da gestão turística municipal – Escala de aplicação municipal.

	Descritores	Indicadores
DIMENSÃO AMBIENTAL	Consumo e qualidade da água	Quantidade de água consumida por turistas num período
		Programas de redução de consumo, desperdício e reúso de água
		Políticas, planos ou programas específicos de redução do consumo de água
		Monitoramento da qualidade da água (abastecimento e lazer aquático)

(continua)

Tabela 10.2 – Indicadores de sustentabilidade da gestão turística municipal – Escala de aplicação municipal. *(continuação)*

Descritores	Indicadores
Geração e manejo dos resíduos sólidos	Resíduos sólidos gerados por turistas
	Resíduos sólidos com destinação adequada (aterros sanitários)
	Programas específicos de redução da quantidade de resíduos sólidos
	Coleta seletiva de resíduos sólidos e processos de reciclagem
	Resíduos sólidos reciclados
	Programas de manejo de resíduos perigosos no município
Consumo de energia elétrica	Energia consumida por turistas num período
	Programas específicos de redução de consumo de energia elétrica
Tratamento de esgotos	Processos de tratamento e sistema de coleta de esgotos
	Quantidade de esgotos tratados
Áreas naturais preservadas	Áreas preservadas, recuperadas ou em processo de recuperação
Melhoria da qualidade do ar	Melhoria e monitoramento da qualidade do ar
Iniciativas de educação e interpretação ambiental e cultural	Iniciativas e programas desenvolvidos para interpretação e educação ambiental e/ou cultural num período
Implementação da Agenda 21 ou de Plano de Desenvolvimento Sustentável	Iniciativas de implementação da Agenda 21 e plano de desenvolvimento sustentável
Certificação Ambiental e/ou Turística	Certificação ambiental e/ou turística

(Os descritores acima pertencem à DIMENSÃO AMBIENTAL)

(continua)

Tabela 10.2 – Indicadores de sustentabilidade da gestão turística municipal – Escala de aplicação municipal. *(continuação)*

	Descritores	Indicadores
DIMENSÃO AMBIENTAL	Capacidade administrativa de gestão ambiental	Organismos, instituições e entidades atuantes nos processos decisórios sobre questões ambientais
		Existência de estruturas organizacionais e administrativas específicas em meio ambiente
DIMENSÃO CULTURAL	Valorização de produtos típicos locais	Oferta de produtos típicos locais
	Conservação de bens patrimoniais históricos e culturais	Bens patrimoniais, arquitetônicos, arqueológicos e históricos conservados
	Valorização da cultura tradicional local	Eventos e festividades populares tradicionais de manifestações culturais típicas realizados num período
		Organismos, instituições, entidades de resgate, promoção e manutenção da cultura tradicional local
		Iniciativas de resgate, promoção e manutenção da cultura tradicional local
DIMENSÃO SOCIAL	Inserção socioeconômica de residentes locais (origem local)	Residentes locais empregados no estabelecimento turístico
		Proprietários e empresários de estabelecimentos turísticos de origem local
		Iniciativas de programas de capacitação e treinamento profissional aos residentes locais
		Funcionários residentes locais com capacitação em turismo
	Empregabilidade no setor turístico	Empregos fixos e temporários no setor turístico
	Satisfação dos residentes locais	Proporção entre turistas e residentes em alta e baixa temporada
		Nível de satisfação/aceitação dos residentes em relação ao turismo
		Programas e projetos sociais envolvendo residentes locais e articulados com o desenvolvimento turístico

(continua)

INDICADORES DE SUSTENTABILIDADE PARA DESENVOLVIMENTO TURÍSTICO | 319

Tabela 10.2 – Indicadores de sustentabilidade da gestão turística municipal – Escala de aplicação municipal. *(continuação)*

	Descritores	Indicadores
DIMENSÃO ECONÔMICA	Renda gerada pelo setor turístico	Renda gerada pelo turismo
	Longevidade dos estabelecimentos turísticos	Longevidade média dos estabelecimentos turísticos
	Disponibilidade de funcionamento de estabelecimentos turísticos	Funcionamento nos finais de semana e feriados dos estabelecimentos turísticos locais
	Novos estabelecimentos turísticos	Novos estabelecimentos, empreendimentos e produtos turísticos num período
	Investimentos públicos no setor turístico	Investimentos públicos em turismo
	Gastos do turista	Gasto médio dos turistas num período
DIMENSÃO TURÍSTICA	Capacidade total de alojamento	Oferta de meios de hospedagem
	Capacidade de restauração	Oferta de estabelecimentos de alimentação
	Capacidade dos meios de transportes	Oferta de serviços de transportes
	Recursos turísticos existentes e potenciais	Recursos turísticos existentes
	Capacidade de oferta de serviços turísticos receptivos	Oferta de agências e serviços de turismo receptivo
	Investimentos em turismo	Linhas de crédito disponíveis específicas de turismo para investimentos
	Sazonalidade turística	Programas estratégicos que lidem com a sazonalidade turística

(continua)

Tabela 10.2 – Indicadores de sustentabilidade da gestão turística municipal – Escala de aplicação municipal. *(continuação)*

	Descritores	Indicadores
DIMENSÃO TURÍSTICA	Acessibilidade	Facilidades para mobilidade de pessoas com dificuldades de locomoção e/ou outras necessidades especiais
	Registro e controle de visitação	Sistemas de registro e controle da visitação
	Visitas orientadas com programas de interpretação ambiental e cultural	Programas de visitação orientada de interpretação ambiental e/ou cultural
	Quantidade de turistas	Quantidade de turistas numa temporada específica
	Segurança turística	Incidentes (roubo, furto, violência) e acidentes envolvendo turistas/visitantes num período
	Fidelização, satisfação e repetição do turista	Grau de satisfação e quantidade de repetições do turista
	Demanda turística	Perfil dos turistas e avaliação dos turistas
	Zoneamento paisagístico e normas de edificações turísticas	Regulamentações e normas para ocupação e uso do solo em áreas turísticas
DIMENSÃO INSTITUCIONAL	Participação social no processo de desenvolvimento turístico	Participação social no processo de desenvolvimento turístico
	Comunicação social de decisões e resultados do setor turístico	Mecanismos de comunicação dos resultados de decisões sobre o desenvolvimento turístico e dos relatórios de avaliação turística obtidos pela aplicação do sistema de indicadores
	Planejamento do turismo no município	Plano Municipal de Turismo
	Sensibilização do turismo sustentável	Programas de educação e sensibilização sobre turismo sustentável

(continua)

INDICADORES DE SUSTENTABILIDADE PARA DESENVOLVIMENTO TURÍSTICO | 321

Tabela 10.2 – Indicadores de sustentabilidade da gestão turística municipal – Escala de aplicação municipal. *(continuação)*

	Descritores	Indicadores
DIMENSÃO INSTITUCIONAL	Articulação e integração do planejamento turístico a outros setores municipais	Integração do planejamento territorial e dos planos de gestão ambiental com o desenvolvimento turístico
	Planejamento do turismo regional	Integração entre a planificação do desenvolvimento turístico com o processo de planejamento regional de turismo
	Organização social do desenvolvimento turístico	Organismos sociais, associações e entidades de classe de turismo (guias, hotéis, restaurantes, agências) atuantes nos processos decisórios de desenvolvimento turístico
	Capacidade de gestão turística municipal	Estruturas organizacionais e administrativas específicas em turismo
	Capacidade de monitoramento do turismo sustentável	Equipe de aplicação do sistema de indicadores

De acordo como foi concebido, o SISDTur não é apenas uma coletânea de indicadores selecionados, mas um sistema operacional que compreende os objetivos de cada descritor e indicador, os parâmetros a serem medidos, as orientações e os procedimentos técnicos para obtenção dos dados (forma e frequência de medição), assim como os tipos e as unidades de medida dos parâmetros e indicadores (Hanai, 2009). O sistema consiste numa síntese de diversas considerações, reflexões, raciocínios e idealizações sobre indicadores de sustentabilidade, que estão compilados para uso e aplicação prática na região do município de Bueno Brandão, MG. O SISDTur pode ser reproduzível e aplicável às realidades de outras localidades, principalmente se as condições forem semelhantes, desde que haja uma adaptação do sistema às especificidades locais.

CONSIDERAÇÕES E RECOMENDAÇÕES METODOLÓGICAS SOBRE OS INDICADORES ADVINDAS DO ESTUDO DE CASO

Ao longo do desenvolvimento das ações do trabalho, observou-se que a participação e o envolvimento da população local foram imprescindíveis para a consecução das etapas e dos procedimentos metodológicos, principalmente relacionados à análise dos indicadores, à elaboração de instrumentos e aos procedimentos para medição dos indicadores.

As palestras de sensibilização turística constituíram-se numa valiosa forma de sensibilização da população local sobre a sustentabilidade do turismo, e foram importantes para incentivar o seu envolvimento e a sua participação ativa nas ações realizadas.

O envolvimento da população permitiu: aumentar a capacidade de participação e de organização, adquirindo novas habilidades; fortalecer a capacidade de argumentação ante a outros interlocutores; e potencializar a atuação de forma conjunta e integrada para o desenvolvimento turístico local.

O trabalho em grupo, com perfis heterogêneos dos participantes da sociedade local, foi essencial para enriquecer as discussões e reflexões de forma integrada e abrangente sobre o sistema de indicadores. As experiências individuais, interpretações, percepções pessoais dos integrantes do grupo, contribuíram de forma especial para a execução dos trabalhos e exerceram influência nas definições dos indicadores e de seus padrões de sustentabilidade, refletindo uma visão própria de sustentabilidade e de prioridades locais.

A participação da população local no processo de seleção e definição de indicadores produziu procedimentos e diretrizes metodológicas: aplicáveis, direcionando a sustentabilidade a aspectos tangíveis e prioritários; adequados e coerentes com a realidade local; e condizentes com as condições e recursos locais disponíveis.

Além da participação dos atores locais da comunidade, é conveniente o envolvimento de especialistas em indicadores, em gestão ambiental e de turismólogos no processo de seleção e definição de indicadores de sustentabilidade do desenvolvimento do turismo. O diálogo entre especialistas e comunidades deve ser promovido, contemplando concepções distintas das realidades locais e valorizando as diversidades para encontrar convergências, por meio da interação desejável entre os diferentes envolvidos no processo de definição de indicadores.

Os indicadores devem ser definidos para cada realidade local, contemplando as características, prioridades e interesses específicos, para sua melhor aplicação efetiva, confiabilidade e aceitação política e social, considerando, ao mesmo tempo, os aspectos integradores e multidimensionais regionais.

CONSIDERAÇÕES FINAIS

Pelo exposto, buscou-se, ao longo da descrição dessa experiência, apresentar subsídios metodológicos para o estabelecimento e a definição de sistemas de indicadores de sustentabilidade do desenvolvimento turístico. Esses procedimentos devem ser aplicáveis (direcionando a sustentabilidade a aspectos tangíveis e prioritários), adequados (coerentes com a realidade local) e condizentes com as condições e recursos locais disponíveis, incorporando os princípios sustentáveis e os valores éticos nos propósitos de planejamento da atividade turística.

Para o alcance do turismo sustentável (objetivo), o desenvolvimento de forma sustentável do turismo (processo) deve ser operacionalizado. Assim, o monitoramento de turismo não deve se constituir apenas como um processo de verificação final de condições anteriormente planificadas, mas um instrumento útil para definições preliminares de metas e ações prioritárias no processo de planejamento turístico, incluindo a integração de indicadores de sustentabilidade do turismo em instrumentos de planejamento.

Os indicadores constituem-se como valiosos e úteis instrumentos para subsidiar o processo de tomada de decisão na gestão e no desenvolvimento de projetos e políticas de desenvolvimento sustentável do turismo. O reconhecimento da complexidade que alcançam os problemas de medição de indicadores constitui-se em um importante desafio motivador para a idealização e o estabelecimento de um conjunto de indicadores, de forma a contribuir com informação significativa sobre as distintas dimensões da sustentabilidade.

Assim, torna-se imprescindível fomentar as discussões de estudos mais aprofundados sobre indicadores e a necessidade de proporcionar a continuidade de investigações que forneçam instrumentos e procedimentos aplicáveis, adequados e coerentes para a análise da sustentabilidade e do monitoramento do desenvolvimento sustentável do turismo.

REFERÊNCIAS

BOSSEL, H. *Indicators for sustainable development: theory, methods, applications: a report to Balaton Group.* Winnipeg, Manitoba, Canada: IISD, 1999.

CINTRA, H.B. Indicadores de sustentabilidade para o ecoturismo e o turismo rural. In: CONGRESSO ACADÊMICO SOBRE MEIO AMBIENTE E DESENVOLVIMENTO DO RIO DE JANEIRO, 1., 2004, Rio de Janeiro. *Anais...* Rio de Janeiro: Fundação Getúlio Vargas, 2004.

FRAUSTO MARTÍNEZ, O.; CHALÉ CAAMAL, G.G.; ROJAS LÓPEZ, J. Herramientas y técnicas para la aplicación y evaluación de indicadores de desarrollo sustentable para localidades o municípios. In: PALAFOZ MUÑOZ, A. *Turismo: teoría y praxis.* Quintana: Universidad de Quintana Roo/ Cuerpo Académico de Turismo/ Plaza y Valdés, 2005. p. 85-91.

GALLOPÍN, G.C. Environmental and sustainability indicators and the concept of situational indicators: a system approach. *Environmental Modeling & Assessment,* Berlim, v. 1, n. 3, p. 101-17, set. 1996.

_____. Indicators and their use: information for decision making. In: MOLDAN, B.; BILHARZ, S.; MATRAVERS, R. *Sustainability indicators: a report on the project on indicators of sustainable development.* Chichester, GB: Wiley and Sons, 1997. Cap.1, p. 13-27.

HANAI, F.Y. *Sistema de indicadores de sustentabilidade: uma aplicação ao contexto de desenvolvimento do turismo na região de Bueno Brandão, estado de Minas Gerais, Brasil.* São Carlos, 2009. Tese (Doutorado em Ciências da Engenharia Ambiental) – Escola de Engenharia de São Carlos, Universidade de São Paulo.

HARDI, P.; ZDAN, T. *Assessing sustainable development: principles in practice.* Winnipeg, Canadá: International Institute for Sustainable Development, 1997.

[IBGE] INSTITUTO BRASILEIRO DE GEOGRAFIA E ESTATÍSTICA. *Banco de dados – Cidades@.* Primeiros resultados do censo 2010. Disponível em: http://www.ibge.gov.br/cidadesatcidadesat. Acessado em: 5 mar. 2011.

IRVING, M.A.; BURSZTYN, I.; SANCHO, A.P. et al. Revisitando significados em sustentabilidade no planejamento turístico. *Caderno Virtual de Turismo,* Instituto Virtual de Turismo, Rio de Janeiro, n.18, p. 1-7, dez. 2005.

KO, T.G. Development of a tourism sustainability assessment procedure: a conceptual approach. *Tourism Management,* Elsevier, London, n. 26, p. 431-45, 2005.

MARTÍNEZ, A.J.J.; HIRABAYASHI, Y. De la teoría a la práctica em la sustentabilidad y la participación comunitaria: na propuesta metodológica. In: NIEVES, S.G. *Desarrollo turístico y sustentabilidad.* Zapopan, Jalisco: Universidad de Guadalajara, 2003. p. 37-56.

MEADOWS, D. *Indicators and information systems for sustainable development: a report to the Balaton Group.* Hartland: The Sustainability Institute, 1998.

[OCDE] ORGANIZATION FOR ECONOMIC CO-OPERATION AND DEVE-LOPMENT. *Rumo ao desenvolvimento sustentável: indicadores ambientais.* Trad. Ana Maria S. F. Teles. Salvador: Centro de Recursos Ambientais, 2002.

[OMT] ORGANIZAÇÃO MUNDIAL DE TURISMO. *Guia de desenvolvimento do turismo sustentável.* Trad. Sandra Netz. Porto Alegre: Bookman, 2003.

_____. *Indicadores de desarrollo sostenible para los destinos turísticos: guía práctica.* Madrid: OMT, 2005.

REED, J.S.; FRASER, E.D.G.; DOUGILL, A.J. An adaptative learning process for developing and applying sustainability indicators with local communities. *Ecological Economics*, Elsevier, Amsterdam, v. 59, p. 406-18, out. 2006.

ROME, A. *Ecotourism impact monitoring: a review of methodologies and recommendations for developing monitoring programs in Latin America.* Arlington: Nature Conservancy, 1999. (Ecotourism Technical Report Series, n. 1).

STANKEY, G.H.; COLE, D.N.; LUCAS, R.C. et al. *The Limits of Acceptable Change (LAC) system for wilderness planning.* Ogden, UT: U. S. Department of Agriculture, Forest Service/ Intermountain Forest and Range Experiment Station, 1985. (General Technical Report INT-176).

TWINING-WARD, L.; BUTLER, R. Implementing STD on a Small Island: development and use of sustainable tourism development indicators in Samoa. *Journal of Sustainable Tourism*, Clevedon, v. 10, n. 5, p. 363-87, 2002.

[UNEP] UNITED NATIONS ENVIRONMENT PROGRAME. *Tourism and local Agenda 21: the role of authorities in sustainable tourism.* Paris: Unep/ Division of Technology, Industry and Economics Production and Consumption Branch/ International Council for Local Environmental Initiatives, 2003.

[UNEP/WTO] UNITED NATIONS ENVIRONMENT PROGRAMME. WORLD TOURISM ORGANIZATION. *Making tourism more sustainable: a guide for policy makers.* Paris/Madrid: Unep/WTO, 2005.

VALENTIN, A.; SPANGENBERG, J.H. A guide to community sustainability indicators. *Environmental Impact Assessment Review*, Elsevier Science, New York, v. 20, p. 381-92, 2000.

VERA REBOLLO, J.F.; IVARS BAIDAL, J.A. *Indicadores de sostenibilidad para destinos maduros: balance y propuestas de aplicación. Conferência creando estructuras para la investigación e la educación en la política turística y gestión de destinos.* Madrid: Organización Mundial de Turismo, 2004.

_____. Measuring sustainability in a mass tourist destination: pressures, perceptions and policy responses in Torrevieja, Spain. *Journal of Sustainable Tourism*, Clevedon, v. 11, n. 2-3, p. 181-202, 2003.

WATSON, A.; COLE, D. LAC Indicators: an evaluation of progress and list of proposed indicators. In: MERIGLIANO, L. (org.). *Ideas for limits of acceptable change process.* v. 2. Washington, DC: U. S. Department of Agriculture, Forest Service/ Recreation, Cultural Resources, and Wilderness Management Staff, 1992. p. 65-84.

Indicadores de sustentabilidade no planejamento de arranjos produtivos locais

11

Gilda Collet Bruna
Arquiteta e urbanista, Universidade Presbiteriana Mackenzie

Angélica Aparecida Tanus Benatti Alvim
Arquiteta e urbanista, Universidade Presbiteriana Mackenzie

Roberto Righi
Arquiteto e urbanista, Universidade Presbiteriana Mackenzie

Volia Regina Costa Kato
Cientista social, Universidade Presbiteriana Mackenzie

Luiz Guilherme Rivera de Castro
Arquiteto e urbanista, Universidade Presbiteriana Mackenzie

Os efeitos da globalização, de diferentes maneiras, impactam os ambientes natural e construído. Esses impactos estão interligados e afetam tanto as cidades como a sociedade em seus usos e costumes, influindo também na capacidade de decisão dos governos.

Nas últimas décadas do século XX, as transformações decorrentes de alterações no cenário econômico mundial produziram profundas modificações nos processos industriais através de remodelações e incorporação de tecnologias, operando impactos nas cidades, tanto em termos socioeconômicos e culturais como na ocupação físico-territorial. Como uma das expressões desses impactos, as grandes empresas industriais reduziram significativamente a contratação formal de mão de obra ao se apoiarem em novas tecnologias de automação, e esses procedimentos, conhecidos como *spin-off*, conduziram, em contraponto, ao estabelecimento de muitas empresas médias e pequenas (National Government Association, 2002; Paladino, 2005).

Com efeito, as alterações, ocorridas principalmente a partir da década de 1970, incidiram, entre outros aspectos, na remodelação dos paradigmas produtivos e na organização econômica das sociedades ocidentais do pós-guerra. Usualmente conhecidos como fabris ou fordistas, as características desses paradigmas se assentavam nos setores industriais, formando grandes oligopólios de produção. A gestão macroeconômica era baseada na proeminência do papel do Estado na regulação das políticas de distribuição de renda, demandas, assistência e previdência social (Beynon, 1999).

Como aponta Sennett (1999), as reduções drásticas de emprego industrial nos países centrais trouxeram os primeiros indícios da intensidade e velocidade das mudanças que levaram a um novo conceito de produção, o modelo de "especialização flexível". Simultaneamente a essas mudanças, iniciou-se um processo de sensibilização da necessidade de controle da poluição, que cada vez mais impacta a qualidade de vida numa sociedade cada vez mais urbanizada – o grau de urbanização no Brasil, segundo dados censitários do Instituto de Geografia e Estatística (IBGE) para o ano de 2000, é de 81,23%. Reuniões internacionais promovidas pela Organização das Nações Unidas (ONU) deram maior impulso ao conhecimento das precárias condições sociais nas cidades, reforçadas pelas fragmentações e segregações que se formaram no território, convocando os poderes públicos nacionais a intentarem esforços em prol da sustentabilidade, através de ações inovadoras que considerassem as condições e possibilidades específicas de cada lugar. Dessa forma, legislações nacionais, estaduais e locais passam a focar a poluição do ar, água e solo.

Nas concentrações urbanas destacam-se os esforços para obter maior sustentabilidade, com a aprovação de legislações específicas buscando o controle dos impactos cujos efeitos diferenciados se projetam nas próprias aglomerações urbanas. Esses impactos negativos foram sendo vencidos em alguns países, pela transformação produtiva, levando assim à reabilitação de áreas deterioradas e a um desenvolvimento urbano mais eficiente para a coletividade.

As modificações ocorridas nas relações de trabalho afetaram empregadores, empregados e fornecedores, descentralizando as decisões e privilegiando investidores acionistas desvinculados do espaço físico-territorial,

INDICADORES DE SUSTENTABILIDADE NO PLANEJAMENTO DE ARRANJOS PRODUTIVOS LOCAIS | **329**

(Bauman, 1999, p. 15). Nesse panorama destacam-se "múltiplos níveis de sustentabilidade", ligados a "características de pessoas, comunidades e organizações", em seus ecossistemas (Bellen, 2007, p. 20-31). Nesse contexto surge a questão: como avaliar esses impactos e tomar decisões estratégicas de desenvolvimento e controle de qualidade do ambiente construído?

Examinando as mudanças na ocupação do território, verifica-se, primeiramente, que este antes concentrava indústrias tradicionais típicas da produção fordista verticalizada, em que as partes do produto eram feitas na mesma empresa. Atualmente a indústria se desloca do centro metropolitano, procurando se instalar em áreas fora da aglomeração, embora próximas ao mercado consumidor, servidas por infraestrutura adequada de transporte. Várias regiões do mundo passam por esse fenômeno, como, por exemplo, a Cidade do México (Parnreiter, 2002) e Vancouver (Hutton, 2006).

Nesse cenário, destacam-se a emergência de novas firmas com características flexíveis, inovadoras e ágeis diante da sociedade globalizada (Galvão, 2000), como a região da Emilia Romana – Veneto, Toscana e Piemonte –, conhecida por Terceira Itália, por seus *clusters* industriais formados por empresas pequenas e médias que interagem entre si.

No Brasil, essas concentrações comumente conhecidas como arranjos produtivos locais (APL) (Caporalli e Volker, 2004) produzem-se a partir de uma identidade coletiva entre empresas de um mesmo setor, que se reúnem pela capacidade de estabelecer parcerias e compromissos. São áreas reconhecidas pela concentração geográfica de firmas e instituições que podem trabalhar de forma integrada, relacionando consumidores e fornecedores, utilizando tecnologia e habilidades profissionais, investindo no território e estimulando uma integração econômica e social.

Para o efetivo sucesso, contam em suas parcerias com programas de governo, universidades, centros de pesquisa, associações, centros de treinamento e suporte técnico. O Serviço Brasileiro de Apoio à Micro e Média Empresa (Sebrae) e a atuação voluntária de organizações não governamentais (ONGs) têm papel importante nessa nova forma de produzir e de ocupar a cidade. Essas entidades dão apoio à formação de APLs e procuram inserir a população de baixa renda na atual "sociedade do conhecimento" que desponta.

Nesse cenário de transformações econômicas, este capítulo se propõe a discutir as mudanças sociais e territoriais decorrentes de impacto urbano e ambiental, produzido pela implantação de APLs, tomando como casos o estudo das cidades de porte médio, de Franca e Limeira, no interior do estado

NOVAS CONFIGURAÇÕES PRODUTIVAS

de São Paulo, com destaque para um sistema de indicadores capazes de acompanhar e avaliar a sustentabilidade dessas novas configurações urbanas.

NOVAS CONFIGURAÇÕES PRODUTIVAS

No cenário recente das remodelações produtivas mundiais, o potencial das novas parcerias e cooperação entre unidades produtivas e instituições governamentais tem sido enfatizado por experiências internacionais, suscitando investigações mais amplas no contexto das realidades locais.

Em anos recentes, tornou-se conhecido na literatura de economia regional e geografia econômica o sucesso das experiências americanas e europeias, associado às aglomerações produtivas especializadas. Em diversas referências encontram-se definições sobre essas novas configurações produtivas. Analisando essas experiências, Alvim e Marques (2006) enfatizam que pesquisadores atribuíram categorias e nomenclaturas para representar fenômenos, como: *cluster*, distrito industrial, ambiente inovador, habitat de inovação, APLs. Esses termos nascidos em outras realidades estão sendo transpostos à realidade brasileira, que apresenta naturalmente sua própria cultura, história e política. Pode-se dizer que há uma interdependência entre sistemas produtivos locais e o desenvolvimento regional, quando, em cada cenário, o desempenho econômico muda e, também, a configuração urbana que influi nessas atividades produtivas.

Conceitualmente, embora não haja consenso, essas definições pressupõem estruturas produtivas associadas à existência de relacionamentos entre empresas que geram sinergia, por meio de cooperação com universidades e centros de pesquisa voltados para o treinamento, financiamento e gestão, gerando um ambiente inovador típico da flexibilidade empresarial (Igliori, 2001).

Para Igliori (2001), os *clusters* são entendidos como uma concentração espacial de empresas do mesmo setor, pertencentes às diversas etapas da produção, onde se pressupõe a existência de relacionamentos que gerem sinergia. Para Bruna et al. (2006), o apoio do governo local, aliado ao princípio de parceria, inovação e difusão tecnológica, é fundamental para a geração de estratégias sustentáveis. Essas parcerias, ao envolverem os setores público e privado, e estimularem a concentração de empresas desencadeiam processos de inovação tecnológica.

Como decorrência desse processo, essas novas formas de organização das atividades produtivas influem na estrutura urbana de diversas formas:

INDICADORES DE SUSTENTABILIDADE NO PLANEJAMENTO DE ARRANJOS PRODUTIVOS LOCAIS | **331**

em loteamentos industriais, distritos ou parques industriais (nos Estados Unidos), ou conglomerados industriais (na Grã-Bretanha), ou mesmo como zonas industriais (na Itália), ou ainda dispersas em determinado setor da cidade. Muitas dessas áreas são associadas ao planejamento feito pelo poder público. Nesse sentido, Lunardi (1997, p. 15-9) destaca os parques tecnológicos ou tecnopolos. Afirma que eles se apresentam segundo quatro níveis hierárquicos: tecnopolos; polos tecnológicos; parques tecnológicos; e incubadoras tecnológicas. Essas categorias estão relacionadas com pesquisa universitária de tecnologia de ponta e incubadoras, que apresentam qualidades de oferta de instalações físicas, serviços técnicos e administrativos, por determinado período, para permitir a geração de novos empreendimentos.

Em termos conceituais, o APL é uma denominação recente utilizada por diversos especialistas no Brasil, entre eles o Sebrae e a Rede de Pesquisa em Sistemas e Arranjos Produtivos e Inovativos Locais (RedeSist), podendo ser definido como:

> um tipo particular de *cluster*, formado por pequenas e médias empresas, agrupadas em torno de uma profissão ou de um negócio, onde se enfatiza o papel desempenhado pelos relacionamentos – formais e informais – entre empresas e demais instituições envolvidas. As firmas compartilham uma cultura comum e interagem, como um grupo, com o ambiente sociocultural local. (Caporalli e Volker, 2004, p. 9)

Geralmente os APLs envolvem a participação e a interação de empresas e suas variadas formas de representação e associação, podendo ser desde produtoras de bens e serviços finais até fornecedores de insumos e equipamentos, prestadoras de consultoria, e serviços e comércio. Incluem também diversas outras instituições públicas e privadas voltadas para a formação e capacitação de recursos humanos, como escolas técnicas e universidades; pesquisa, desenvolvimento e engenharia; política, promoção e financiamento.

O APL traz em si uma perspectiva inovadora e não pode ser entendido apenas como uma aglomeração espacial de empresas. Como afirma Igliori (2001, p. 66), é parte dos sistemas de inovação que ocorrem mundialmente, de forma interativa, nas aglomerações urbanas ou mesmo em distritos industriais planejados. Pode atuar como fator de desenvolvimento direcionado por políticas públicas. Nesse caso, os distritos industriais possibilitam que as indústrias invistam inicialmente apenas em seus maquinários e funções produtivas, podendo alugar ou arrendar o terreno ou a edificação, ou mesmo comprar, recebendo incentivos diretos do poder público e, indiretos, na forma de subsídios nos financiamentos.

Na realidade, esse conceito contemporâneo foi antecedido por outras formas de organização da indústria mais intervencionistas. Nesse sentido, o distrito industrial possui um papel preponderante. Após a Segunda Guerra Mundial, os distritos industriais foram utilizados nas cidades europeias como estratégia de desenvolvimento e descongestionamento dos grandes centros urbanos, direcionando a reconstrução das cidades arrasadas. No Brasil, quando os distritos industriais foram planejados, associavam-se às políticas de descentralização econômica promovidas pelo Estado, a partir do final da década de 1960. Nos anos 1980, essa estratégia muda com exemplos de minidistritos industriais integrados a uma política habitacional, incluindo comércio e serviços[1] (Cymbalista, 2001). Neles o sistema viário era o principal estruturador de sua área interna com a área urbana, apresentando uma hierarquização de vias articuladas aos serviços e à topografia local.

Atualmente, o conceito de distrito industrial foi aperfeiçoado, segundo Igliori (2001, p. 84), pois se apresenta como uma estrutura enxuta, adequada às novas demandas do mercado globalizado:

> uma pequena área em que existem de mil a três mil firmas e trabalham de dez a vinte mil trabalhadores (empregados ou independentes), sendo que na média as firmas possuem menos de 20 empregados [...]. O que marca este tipo de organização [...] é a existência de um produto central que unifica o distrito e a grande intensidade de relações, de diversas naturezas, entre firmas.

Para Igliori (2001, p. 84),

> os distritos industriais se aproximam da ideia de *cluster*: um grupo de firmas, com uma produção homogênea de alguma forma, posicionando-se diferentemente no mercado. Assim, o distrito poderia ser definido como sendo um *cluster* (agrupamento) com uma relação peculiar entre firmas.

Independentemente da nomenclatura, as novas configurações produtivas são fenômenos identificados como um conjunto de agentes que inte-

---

[1] Muitos foram considerados parte de loteamentos populares, como em São José do Rio Preto (SP), que desde 1982 contou com um programa de minidistritos industriais aliado ao programa habitacional (Cymbalista, 2001).

INDICADORES DE SUSTENTABILIDADE NO PLANEJAMENTO DE ARRANJOS PRODUTIVOS LOCAIS | **333**

ragem entre si segundo padrões de comportamento que se reproduzem no território, influenciando as inter-relações entre aspectos econômicos e sociais, que podem promover um desenvolvimento sustentável (Bellen, 2007, p. 49). Permitem também avaliar a sustentabilidade em seus níveis de percepção pela população, levando a uma reorientação da comunidade em direção à meta proposta (Bellen, 2007, p. 46).

Mas como relacionar e avaliar a ocupação do território e suas atividades produtivas com a sustentabilidade do ambiente construído? Para responder a essa pergunta é preciso considerar os aspectos regionais e locais relativos à ocupação do território. Nele ocorre o crescimento e a inovação. Assim, na análise das novas estruturas produtivas, são relevantes os vínculos econômicos e sociais, e também suas interfaces com o meio urbano, com respectivos impactos ambientais.

Por isso, para se avaliar esses arranjos produtivos é preciso definir um conjunto de indicadores que relacionem os impactos negativos e os benéficos sentidos no uso e na ocupação do solo urbano. Dessa forma, pode-se avaliar e acompanhar o nível de sustentabilidade dos APLs, num período, identificando as melhorias de qualidade urbana e ambiental. A participação da comunidade nessa avaliação contribui para a sensibilização e responsabilidade no sucesso das políticas públicas que incentivam esses novos modos de produção.

Pode-se afirmar que, após a Segunda Guerra Mundial, a estrutura econômica ocidental e capitalista era fundamentada por alguns objetivos políticos gerais: "pleno emprego, contenção do comunismo, modernização das economias atrasadas ou em declínio, justificando a presença de um estado forte" (Hobsbawm, 1995, p. 268).

Entre 1950 e 1970, o crescimento da economia mundial foi bastante favorável para os países desenvolvidos, permitindo a reestruturação da economia capitalista e um avanço da internacionalização do capital. Nos países de terceiro mundo a expansão do capitalismo propunha atingir o patamar ideal de desenvolvimento por meio da industrialização. As inovações econômicas e sociais foram enormes, pois se associaram à revolução demográfica, ao êxodo rural e à integração do território através dos transportes e comunicações (Antonucci, 2008). Assim, o aparente equilíbrio econômico de diversos países, segundo Hobsbawn (1995) começa a ser questionado à medida que os gastos com a seguridade social passam a representar grande parte dos gastos públicos. O desenvolvimento da indústria se intensifica, demonstrando que os avanços tecnológicos ampliam a necessidade de investimento em pesquisa. A partir do final da década de 1980, como define Hobsbawm (1995, p. 272), passa a existir uma "economia mundial que não tem base ou fronteira determinável, e que estabelece, ou antes, impõe limites mesmo às economias de Estados muito grandes e poderosos".

As novas formas de organização da estrutura produtiva são na verdade uma resposta ante a essa mudança global, gerando consequências na conformação do espaço urbano. A reestruturação da atividade industrial acabou por determinar o massivo fechamento de antigas fábricas nos principais centros metropolitanos do mundo, deslocando o emprego para outros setores da economia e racionalizando a força de trabalho. Desse modo, no final do século XX, as mudanças econômicas levaram à revisão do conceito de desenvolvimento, que passou a ser aliado ao conceito de sustentabilidade, ganhando novos *insights*. O processo de industrialização flexível foi acompanhado de desemprego estrutural, afetando a sustentabilidade social, criando: trabalhadores em tempo parcial, empregos temporários ou subcontratos (Harvey, 1989, p. 150). A produção industrial torna-se geograficamente móvel. A necessidade de sustentabilidade levou as empresas tradicionais a superarem o medo desse novo dinamismo urbano e a se reorganizarem para se tornarem competitivas no mercado (Harvey, 1989, p. 155), buscando novas localizações.

Em alguns países essas novas localizações produtivas estão associadas ao incentivo à casa própria no subúrbio, como nos Estados Unidos (Duany et al., 2000). Nesse caso a sociedade se trasladou atrás dos novos mercados, buscando zonas residenciais unifamiliares que atraíram áreas comerciais e de serviços. Produziu-se assim o padrão do subúrbio espraiado da classe média e alta. Esse processo é complexo e urbanisticamente desastroso, pois, segundo Burchell et al. (2005, p. 5),

> a terra vem sendo consumida numa taxa três vezes maior que a da formação de domicílios; o uso de carros cresce duas vezes mais rápido que a população e as terras para agricultura, florestas e solos mais frágeis, abrangendo habitats naturais estão decrescendo a taxas reciprocamente comparáveis.

Privilegiou-se o desenvolvimento suburbano espraiado ou disperso (que também vem ocorrendo em cidades brasileiras, de forma tardia). Consequentemente, as áreas centrais foram se degradando, num processo significativo de esvaziamento demográfico e de atividades produtivas.

No Brasil, o processo de desconcentração das plantas industriais ocorreu nas duas últimas décadas do século XX, determinando situações distintas, tanto nos grandes centros urbanos como nos centros de porte médio. No estado de São Paulo, o processo produtivo, em modificação desde os anos 1970, levou ao abandono de áreas centrais, à substituição de antigas unidades produtivas por empresas de estocagem e à criação de espaços terciários, desarticulados do tecido urbano. No interior do estado, desde 1980, novas áreas industriais foram se instalando na reprodução impensada do padrão de espraiamento suburbano norte-americano, cujos custos de desenvolvimento são muito altos e inadequados. Inicialmente esses custos eram compartilhados pelos municípios e pelos proprietários, porém depois os municípios viram sua parcela de custo crescer demais, pois, além de arcar com a construção das novas infraestruturas, também precisavam arcar com a manutenção e o reparo das antigas áreas urbanas, que acabaram concentrando população pobre.

Esse "espraiamento urbano" formado por empreendimentos residenciais e não residenciais foi se espalhando ao longo de vias arteriais e rodovias, reorganizando o tecido urbano e até áreas rurais. Em contraposição, existem movimentos contrários ao crescimento urbano espraiado que propõem o *crescimento mais inteligente*, que prioriza um adensamento junto ao centro histórico e expandido, promovendo a cidade compacta.

Duany et al. (2000, p. IX) mostram que, nos Estados Unidos, o espraiamento urbano em áreas "extraurbanas" é atrativo à população que busca sua casa própria. Porém, o efeito é desastroso, pois onde havia florestas e fazendas, agora há habitações unifamiliares, embora sejam planejadas, numa visão limitada. Empreendimentos como esses estão nascendo nas periferias brasileiras, formando condomínios horizontais.

No campo econômico, particularmente no Brasil, novas alianças empresariais com formas inovadoras de produção e de relacionamento vêm sendo uma importante alternativa no desenvolvimento local. O Sebrae, desde o final da década de 1990, vem estimulando municípios onde as concentrações produtivas de determinado setor são visivelmente promissoras, tornando os APLs uma ferramenta da estratégia de desenvolvimento local. Entretanto, para serem sustentáveis, essas estratégias devem ser alvo de iniciativas econômicas articuladas com políticas urbanas e ambientais. Mas como avaliar os padrões de sustentabilidade de tais iniciativas? Os indicadores vêm sendo considerados uma das ferramentas recomendadas para essas avaliações: indicador pode significar apontar, anunciar; mas pode também significar uma "medida que resume informações relevantes de um fenômeno" (Bellen, 2007, p. 41). Devem oferecer informações que mostram o estado de um fenômeno urbano, importante como apoio aos processos de tomada de decisão. Portanto, devem estar à mão do poder público e de suas políticas de desenvolvimento e sustentabilidade, podendo ser associados às transformações urbanas.

Do ponto de vista urbanístico, o modelo de APL, difuso no tecido urbano consolidado, nas cidades brasileiras, é um desafio às políticas urbanas que necessitam avaliar os impactos e ganhos reais do local, o que deveria ser feito com o uso de indicadores. Estes mostrariam determinados níveis de qualidade, permitindo comparações entre os locais. Tais ocupações territoriais podem ser representadas por indicadores relacionados às densidades de população, emprego industrial e espaços ocupados por usos industriais e comerciais; bem como níveis de congestionamentos viários e de concentração ou dispersão das atividades no território. Esses indicadores devem tratar da qualidade de uma área urbana, permitindo avaliar quantitativamente o fenômeno estudado e qualitativamente as perdas ou os ganhos imateriais – cultural, por exemplo –, associados aos impactos dos APLs. Em termos ambientais, a localização de APLs no meio urbano vincula-se geralmente a impactos negativos, tendo em vista que pode contribuir para a poluição do ar, água e solo, demandando, portanto, acompanhamento e medidas de controle.

Nesse sentido, os indicadores são ferramentas de avaliação de impactos e podem sugerir alternativas à organização de atividades produtivas, ou seu deslocamento para outras áreas. Desse modo, para avaliar o desenvolvimento sustentável, os indicadores podem apontar caminhos de articulação do planejamento urbano com o APL, sem desconsiderar seus impactos.[2] São, portanto, ferramentas associadas às políticas urbanas, articulando metas a serem atingidas em determinados planos ou programas. Podem ainda ser associados a restrições das legislações e normas ambientais e urbanísticas, pois estas desenham a comunidade no território, aliando planos diretores municipais a zoneamentos econômicos ambientais. Permitem também avaliar a sustentabilidade em seus níveis de percepção pela população, levando a uma reorientação da comunidade em direção à meta proposta (Bellen, 2007, p. 46).

---

[2] Os dados do IBGE e do Seade são importantes para organizar indicadores; mapas municipais com usos e ocupação do solo e outras legislações locais também permitem uma visualização das políticas urbanas adotadas.

No Brasil, desde 1960, as políticas públicas se dirigiram para a implantação de áreas industriais. O governo federal coordenou a implantação das grandes instalações: do setor de siderurgia, em Volta Redonda, Rio de Janeiro; ou as chamadas zonas, núcleos e cidades industriais, como a cidade industrial de Contagem, em Minas Gerais; ou a cidade industrial de Curitiba, no Paraná, que foi incluída no plano diretor como zona industrial (1973), com a criação de um parque de *software* (Lunardi, 1997, p. 68-81) distante 10 km do centro. Naquela época, outros distritos industriais foram criados pelo setor privado, como o Núcleo de Indústrias do Jaguaré, em São Paulo, cujo "projeto urbanístico" foi lançado pelo setor imobiliário. De modo geral, esses distritos industriais foram importantes para o desenvolvimento regional e local, pois criaram emprego e renda, e estruturaram territorialmente determinadas áreas da cidade.

Uma das formas de avaliar as mudanças econômicas territoriais produzidas por essas políticas é considerar o indicador de participação na produção total do país, por exemplo. A industrialização no interior do estado de São Paulo levou ao aumento da participação da indústria em relação total do país, que saltou de 14,7 para 25,1%, entre 1970 e 1995, enquanto a participação da Região Metropolitana de São Paulo no estado de São Paulo caiu de 43,5 para 24,4% no mesmo período (Seade, 1996), mostrando uma contrastante mudança de estruturação e polarização. A formação de APLs em várias cidades do estado de São Paulo, a partir de 1990, também contribuiu para esse desenvolvimento assimétrico e complexo. Nesse processo destacam-se os polos: editorial e gráfico em Ribeirão Preto; calçadistas em Franca, Birigui e Jaú; moveleiros em São José do Rio Preto e Votuporanga; têxtil em Americana; e de joias e bijuterias em Limeira (Bruna et al., 2006). Nesse contexto, o poder público se responsabilizou pelo estímulo às pequenas e médias empresas; e no setor privado, essa responsabilidade foi assumida por organismos como a Federação das Indústrias do Estado de São Paulo (Fiesp) e o Centro das Indústrias do Estado de São Paulo (Ciesp). Ainda pode ser apontada a parceria público-privada realizada entre o Sebrae e o Conselho Estadual da Micro e Pequena Empresa (Cempe), sob a orientação da Fiesp. Nesses programas, a requalificação da mão de obra foi estimulada, principalmente, pela criação de agências regionais de desenvolvimento, com a participação de entidades como a Organização da Sociedade Civil de Interesse Público em Franca, incentivando o comércio exterior de calçados.

Destaca-se que as indústrias geraram recursos para os municípios e o estado de São Paulo com efeitos multiplicadores no desenvolvimento, principalmente em relação à oferta de trabalho. Por isso é importante planejar esse desenvolvimento, tanto no âmbito local como regional. Nas décadas de 1980 e 1990 muitas das reabilitações de áreas urbanas deterioradas ocorreram pelo estímulo aos APLs, favorecendo a economia local, aliando trabalho qualificado com acesso à informação e conhecimento; trabalho semiqualificado com acesso interativo entre pessoas, valorizando o fluxo de conhecimento adquirido em discussões formais (seminários) e informais (rotinas de organização). Também os APLs estavam presentes no mecanismo de "interiorização da indústria paulista", ocorrido através da desconcentração industrial, estimulado por fatores como: regulamentações urbanísticas restritivas, elevados custos da terra, ocupação consolidada do entorno, dificuldades de circulação de carga, legislações trabalhistas e restrições ambientais.

Nesse contexto, os desafios às municipalidades são complexos, tanto por causa dos efeitos dos avanços tecnológicos que precisam ser assimilados, como da necessidade de mudança cultural da máquina pública, em geral lenta e burocrática. É preciso haver adaptação às condições ambientais, acompanhada do enfrentamento do trabalho informal e do desemprego crescente. Por isso, necessita-se de planejamento e gestão, pois a dispersão de pequenas indústrias no interior do tecido urbano ocorre livremente, sem controle de planejamento, tornando-se fator de poluição. Nesse sentido as indústrias caseiras, por exemplo, acabam dispondo seus resíduos poluidores diretamente na rede de esgoto, ou no solo, nas guias e sarjetas, como foi constatado no APL de Joias e Bijuterias de Limeira.

Os indicadores gerais de avaliação podem ser importantes elementos para mostrar uma retomada de desenvolvimento em certos pontos do território. Além disso, os indicadores mais particularizados podem mostrar nuanças delicadas. Dessa forma, os empreendimentos privados podem também contar com indicadores de avaliação similares, procurando acompanhar as metas de desenvolvimento e os níveis de sustentabilidade propostos para as empresas. Assim, a gestão ambiental, que é uma atividade essencialmente de responsabilidade da gestão pública, precisa contar com a participação dos setores privados, por meio de suas organizações de classe, como demonstram os estudos de caso de Franca e Limeira.

ANÁLISE DOS CASOS DE FRANCA E LIMEIRA

Nos casos de Franca e Limeira, municípios localizados no estado de São Paulo, definem-se indicadores de impactos urbanos e ambientais examinando nestes a ação ou a não ação de políticas públicas envolvendo a rede de relações sociais, a dimensão econômica e a cultura que caracteriza o desenvolvimento local e suas possibilidades de sustentabilidade.

Desse modo, avalia-se em Franca e Limeira como variaram os marcos relativos à concentração de população e renda, ao Produto Interno Bruto (PIB), à existência de produção industrial, bem como aos equipamentos regionais atuantes na rede de cidades, tais como as universidades e o transporte multimodal, no qual se destacam ferrovias, rodovias, portos e aeroportos. Nesse desenvolvimento foi importante a decisão da política federal de concentrar investimentos na Região Metropolitana de São Paulo, que, posteriormente, passou por um processo de desconcentração industrial, tornando suas atividades predominantemente terciárias. Nesse processo novas áreas industriais se instalaram no interior do estado de São Paulo e na periferia metropolitana, configurando uma macrometrópole (Righi, 1998). A partir dos anos 1990, segundo Suzigan (2000), o melhor desempenho do interior paulista se deve às bem-sucedidas aglomerações industriais que lá se fixaram com o benefício de economias externas e incentivos locais. Foram identificados no estado de São Paulo, catorze municípios com concentrações produtivas, como mostra o Quadro 11.1.

Nessas concentrações produtivas destacam-se os municípios de Franca e Limeira, com o desenvolvimento dos APLs de calçados e de joias e bijuterias, respectivamente. Essa observação levou à escolha dos dois como referência para o estudo. Neles há participação significativa do Sebrae, que prioriza a visão socioeconômica dos APLs em relação ao desenvolvimento local e regional. Isso produz efeitos positivos, gerando externalidades econômicas e sociais que privilegiam os municípios e os ambientes construídos, apoiados por políticas urbanas e ambientais locais que são fundamentais para a sustentabilidade.

340 | INDICADORES DE SUSTENTABILIDADE E GESTÃO AMBIENTAL

Quadro 11.1 – APLs no estado de São Paulo.

Setor	Municípios ou localidades
Ourivesaria (ourivesaria e lapidação de pedras semipreciosas)	Limeira
Ourivesaria (joias)	São José do Rio Preto
Confecções (confecção de bichos de pelúcia e artigos para récem-nascidos)	Tabatinga
Confecções (artigos de cama, mesa e banho)	Ibitinga
Madeira e móveis (móveis)	Mirassol
Construção civil (cerâmica vermelha)	Vargem Grande do Sul
Calçados (calçados femininos)	Jaú
Confecções	Cerquilho
Confecções	Conchas
Calçados (masculinos)	Franca
Calçados (Infantis)	Birigui
Automotivo (autopeças e plástico)	Santo André
Madeira e móveis (móveis em madeira)	São Bernardo do Campo
Petróleo e gás	Paulínia

Fonte: Sebrae (2004).

Aspectos locais e regionais dos APLs

O município de Franca localiza-se ao norte do estado de São Paulo, na divisa com o estado de Minas Gerais, na rota do Gasoduto Brasil-Bolívia e na área de influência da Hidrovia Tietê-Paraná, sendo servido pela malha ferroviária paulista.[3] O município de Limeira insere-se na região de

---

[3] A região corresponde aos municípios de: Aramina, Batatais, Buritizal, Cristais Paulista, Franca, Guará, Igarapava, Itirapuã, Ituverava, Jeriquara, Miguelópolis, Patrocínio Paulista, Pedregulho, Restinga, Ribeirão Corrente, Rifaina e São José da Bela Vista e, ainda,

Campinas,[4] faz parte da chamada macrometrópole paulista, localizando-se no entroncamento rodoferroviário das principais rodovias do estado a noroeste e da estrada de ferro,[5] além de ser atendida pelo aeroporto internacional de Viracopos em Campinas.

A dinâmica econômica e o perfil industrial nos dois municípios apresentam características muito diferenciadas. No caso de Franca, o setor secundário encontra-se praticamente concentrado na cadeia produtiva de calçados masculinos,[6] e em Limeira predomina uma indústria diversificada, com a presença de alguns empreendimentos de grande porte; só muito recentemente o setor de joias e bijuterias ganhou impulso através da proliferação de médias e pequenas empresas, destacando-se no conjunto sobretudo por sua capacidade de geração de trabalho.

Os indicadores de crescimento mostram as tendências da dinâmica demográfica dos municípios em face das perspectivas de desenvolvimento. Hoje, Franca[7] é uma cidade de porte médio, com aproximadamente 287.162 habitantes (IBGE, 2000), cuja participação no total da população da região de governo é crescente (Seade, 2005), destacando Franca em relação à média do crescimento demográfico do estado de São Paulo.[8] A população e a taxa de urbanização crescente são, de algu-

---

municípios mineiros limítrofes. É uma região servida pela malha ferroviária paulista (antigas estradas de ferro Fepasa e Mogiana) e pelos eixos viários de acesso à capital, como a rodovia Anhanguera (SP-330), que passa a cerca de 50 km a oeste do município, a rodovia Cândido Portinari (SP-334), que se estende no sentido norte-sul, paralela à rodovia Anhanguera, ligando Franca a Ribeirão Preto; estas se constituem nas principais vias de escoamento da produção regional. Ainda, a SP-345 se estende de Barretos, passando por Franca e Patrocínio Paulista, até a divisa do estado de Minas Gerais, constituindo-se numa ligação regional oeste-leste, como também a SP-351, rodovia Comendador Pedro Monte Leone, ligando Bebedouro a Catanduva.

[4] A Região Administrativa de Campinas é composta por noventa municípios, sendo 21 pertencentes à Região Metropolitana de Campinas, divididos em regiões de governo. São elas: Campinas (22 municípios), Bragança Paulista (dezesseis municípios); Jundiaí (nove municípios), Limeira (oito municípios), Piracicaba (onze municípios), Rio Claro (oito municípios) e São João da Boa Vista (dezesseis municípios).

[5] Vias Anhanguera, Washington Luiz, Limeira-Piracicaba, Limeira-Mogi Mirim e Estrada de Ferro Paulista, antiga Fepasa.

[6] Total de estabelecimentos empresarias no estado de São Paulo em 2000 – 580.053; Total de estabelecimentos empresariais na região de Franca em 2000 – 8.536, representando 1,47% do estado de São Paulo, destacando-se: comércio – 41,71%; indústria – 28,92%; serviços – 29,37% (Seade, 2005).

[7] Ao se falar em Franca, está se referindo à Região de Governo de Franca.

[8] População (em 2000) – 287.162 hab. Dinâmica demográfica – Participação no esta-

ma forma, indicadores da vitalidade do setor produtivo, que conta com o dinamismo trazido pelo APL calçadista. Após 1991, a urbanização de Franca supera a do estado de São Paulo e, igualmente, seu Índice de Desenvolvimento Humano (IDH) se mantém superior ao longo do tempo.

A região de Limeira[9] vem mantendo participação estável no decorrer das últimas duas décadas. Situa-se em área de considerável concentração demográfica, alcançando, em 2000, uma população de 248.618 habitantes[10] e concentrando 44,61% da população regional. Nesse contexto sua urbanização é crescente, mostrando que Limeira[11] teve crescimento significativo da população urbana em 1991 e em 2000, ultrapassando a média da região e do estado de São Paulo em 2000.[12]

Ao mesmo tempo, os indicadores da dinâmica econômica dos municípios mostram um desenvolvimento constante dos seus diversos setores, tal como pode ser observado a seguir.

Limeira destaca-se por seu peso econômico significativo no dinamismo urbano e industrial, como mostram dados recentes do PIB na Tabela 11.1, em grande parte produzido pelo setor secundário.

Em relação a Franca, conforme dados publicados pela Fundação Seade (2005), o município possuía 1,47% do total de estabelecimentos empresariais do estado de São Paulo em 2000, contando com 41,71% de estabelecimentos de comércio, 28,92% de indústria e 29,37% de serviços. O setor industrial ainda mantém uma participação importante no total da produção do estado, embora já se registre declínio no número de empregos regionais, passando de

---

do de São Paulo: 1980 – 1,27%; 1991 – 1,36%; 2000 – 1.38%. Taxa anual de crescimento populacional: 1970-80: 5,2% Franca, 3,5% estado; 1980-90: 4,2% Franca, 2,00% estado; 1990-2000: 2,1% Franca, 1,55% estado. Taxa de urbanização: 1970-80: 83,50% Franca, 88,64% estado; 1980-91: 90,34% Franca, 92,77% estado; 1991-2000: 93,82% Franca, 93,41% estado. IDH: 1980: 0,752 Franca, 0,728 estado; 1991: 0,803 Franca, 0,773 estado; 2000: 0,821 Franca, 0,814 estado.

[9] Ao se falar em Limeira, está se referindo à Região de Governo de Limeira.

[10] Enquanto sua região alcançava um total de 557.281 habitantes.

[11] Dinâmica demográfica – Participação no estado de São Paulo: 1970 – 1,36%; 1980 – 1.48%; 1990 – 1,51%. Concentração de população em Limeira – 44,61% do total do estado de São Paulo, com proeminência de Limeira na região, seguida de Araras (18,61%) e Leme (14,46%). Região de Limeira em 2004 – 557.281 habitantes. População estimada de Limeira em 2004 – 270.223 habitantes. Taxa média de crescimento demográfico: Limeira 1980 – 2,96%; 1990 – 2,09%; Araras 1980 – 2,72%; 1990 – 2,01%; Leme – 1990 – 2,09%.

[12] Na região, outros três municípios também tiveram, em 2000, taxas de urbanização superiores a 90%: Leme, Iracemópolis e Cordeirópolis. Os demais tiveram taxa de urbanização na faixa de 80%, exceção feita à Santa Cruz da Conceição, com 54,78%.

INDICADORES DE SUSTENTABILIDADE NO PLANEJAMENTO DE ARRANJOS PRODUTIVOS LOCAIS | **343**

51% em 1991 para 42% em 2000. No comércio e nos serviços houve crescimento de 13 e 30% (em 1991), para 17 e 31%, (em 2000), respectivamente. Franca se destaca pela especialização na produção de artefatos de couro e calçados, como o principal polo calçadista do estado, respondendo por quase 30% do total dessa produção, gerando mais de 40% do valor agregado regional e empregando quase 60% dos trabalhadores da indústria local. Esses dados indicam uma dinâmica urbana fortemente vinculada à indústria calçadista, com participação relevante na economia estadual (Seade, 2005).

Tabela 11.1 – Distribuição do valor adicionado por setores do município de Limeira, 2004.

Descrição	Valor (em R$ 1.000,00)	Porcentagem (%)
Valor adicionado na agropecuária	240.687.969	7,16
Valor adicionado na indústria	1.826.592.495	54,37
Valor adicionado no serviço	1.292.010.167	38,46
Total	3.359.290.631	100%

O segmento de joias e bijuterias de Limeira reflete a dinâmica econômica recente, embora possua vínculos históricos em sua localização territorial. Sua industrialização coincide com a ampliação da estrada de ferro e a chegada de mão de obra imigrante europeia, incentivando o desenvolvimento industrial[13]. Posteriormente, outras indústrias intensificaram a concentração próxima à estação ferroviária (Limeira, 1997 e 1998)[14]. Com a pavimentação

---

[13] Diversas empresas se estabeleceram próximas à estação ou ao longo da ferrovia, como a Indústria de Máquinas D'Andrea e a Cia. União de Refinadores. Eram empresas "atraídas" pela ferrovia, que atuaram no processo de expansão urbana, tendo a facilidade de acesso como fator determinante. A fábrica de chapéus (1906), atual Cia. Prada Indústria e Comércio, foi a primeira grande indústria instalada no município. Nos primórdios do século XX, a empresa mais importante era a indústria mecânica Machina São Paulo (1914).

[14] A indústria cítrica de Limeira se desenvolveu desde o cultivo até a embalagem, entre os anos 1920 e 1940, tornando-se a maior exportadora do estado entre 1932 e 1936. Posteriormente, outras variedades de cítrus foram introduzidas, levando à expansão do mercado interno e à industrialização de óleos e sucos concentrados. Na década de 1940, nova expansão industrial é estimulada pelo processo de substituição de importações, no contexto da Segunda Guerra Mundial.

da Rodovia Anhanguera até Campinas (1953), o eixo rodoviário tornou-se a rota das matérias-primas e produtos acabados, atraindo a localização industrial ao longo da rodovia.[15] Até 1960, Limeira foi a Capital da Laranja, mas a partir da década de 1970, tornou-se a cidade do Programa Nacional do Álcool (Pró-Álcool), em virtude da crise do petróleo (Limeira, 1997)[16].

A análise do impacto do emprego industrial no desenvolvimento (Figura 11.1) mostra que Limeira contava com mil indústrias, empregando 24 mil funcionários registrados (50% dos empregos do município). Comparativamente, os dados de 2004 mostram crescimento industrial em número de estabelecimentos e mão de obra[17].

A estrutura do APL de calçados em Franca se destaca pela especialização em artefatos de couro. A história da indústria confunde-se com a dos calçados e congêneres[18], que existe desde a formação da cidade, há duzentos anos[19]. A utilização de maquinaria moderna levou à nova divisão do trabalho, ao aumento de produtividade e à oferta de produtos a preços menores e competitivos. O mercado de couro e calçados se ampliou de São Paulo e seu interior até Aracaju (SE), Recife (PE), Planaltina (GO) e outros. Antes da Segunda Guerra Mundial, Franca fabricava um "sapatão" feito à mão e prego, que não era competitivo. As restrições à importação nesse período

---

[15] Nesse mesmo período, destaca-se a concentração de indústrias de papel e papelão na periferia de Limeira.

[16] As décadas de 1960 e 1970 corresponderam a novos saltos de crescimento industrial, recebendo o estímulo do processo de desconcentração da indústria da Região Metropolitana de São Paulo e do milagre econômico. Evidencia-se a importância do emprego no setor secundário, em relação aos demais setores de atividades, verificando-se uma inflexão da curva entre os anos 1992 e 1994 (vide Figura 11.1).

[17] As indústrias de transformação são referenciadas por 1.593 empreendimentos, com 26.405 pessoas ocupadas. Desse montante, 23.964 são considerados assalariados, verificando-se que 2.441 trabalhadores são enquadrados em outras modalidades de remuneração. (Cf. http://www.ibge.gov.br/cidadesat, acessado em: maio 2004).

[18] Diversos autores trataram dessa história, destacando-se Antonio Carlos Coutinho e Agnaldo de Souza Barbosa.

[19] Na primeira etapa, as sandálias, os chinelos e as botinas rústicas ou "sapatões" eram realizados pelos sapateiros. Os utensílios para montarias e carros de boi eram encargo dos seleiros. Esse artesanato de subsistência não diferia muito do que era feito pelo Brasil afora. No início do século XX, os estrangeiros que se instalaram em Franca agregaram novas técnicas às tradicionais. Em 1912, metade da mão de obra da indústria calçadista era europeia, embora a matéria-prima e o consumo fossem locais. No século XX destacam-se outras etapas da indústria calçadista francana. A segunda etapa se iniciou em 1910 com a indústria Carlos Pacheco & Cia., que comprou também o Curtume Progresso, em 1918. O curtume revelou-se um excelente negócio, dada a crescente demanda de couro.

Figura 11.1 – Evolução do emprego formal segundo setores de atividades – 1985 a 1998.

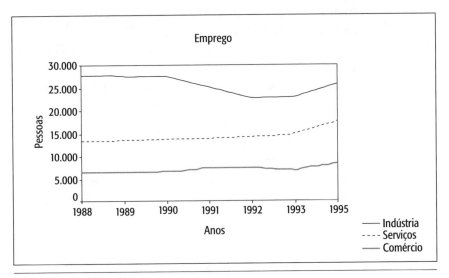

Fonte: Limeira (1998).

permitiram a formação de um novo ciclo de produção (Coutinho, 2006). A partir de 1945, houve aumento da produção, da mecanização e do suprimento de novos mercados, com ofertas de mais modelos substituindo os calçados rústicos, introduzindo o "mocassim" masculino vindo dos Estados Unidos e também saltos e solados de borracha[20]. A produção aumentou com a entrada no mercado externo, levando à modernização da maquinaria e do processo de produção e à maior qualidade dos produtos (Coutinho, 2006). Franca tornou-se um polo econômico exportador de calçados, e no começo do século 21 vem enfrentando grande concorrência da China[21].

A atração de indústrias correlatas se deve à melhoria de acesso e redução dos custos de insumos e serviços da produção. Há um vasto contingen-

---

[20] Outras melhorias produtivas ocorreram posteriormente, como o uso de esteira transportadora na produção dos calçados na década de 1960.

[21] Destaca-se, em junho de 2005, o Projeto de Extensão Industrial Exportadora (PEIEx), que objetiva o aumento da competitividade de microempresas e empresas de pequeno porte nos APLs, com o apoio do Sebrae e da Agência de Promoção a Exportações do Brasil (Apex-Brasil). Também a Associação Nacional de Entidades Promotoras de Empreendimentos Inovadores (Anprotec) apoiou com incentivos, além da liberação de créditos do Imposto sobre Operações relativas à Circulação de Mercadorias e sobre Prestações de Serviços de Transporte Interestadual e Intermunicipal e de Comunicação (ICMS) (Bruna et al., 2006).

te de pequenas, médias e microempresas que vende produtos padronizados do APL calçadista. Tarefa difícil é determinar quantas firmas formam esse APL, pois o Sindicato da Indústria de Calçados de Franca (Sindifranca) afirma existirem de 400 a 600 estabelecimentos, mas o cadastro da Cetesb registra um total 3.233 firmas[22], das quais 1.865 são microempresas ou empresas de pequeno porte[23]. Nesse cenário, as políticas públicas feitas pela prefeitura para o setor calçadista dirigiram-se à regulamentação e ao controle do uso do solo. No entanto, sente-se a ausência de uma política de desenvolvimento urbano que integre as potencialidades do setor[24], levando a um novo patamar de competitividade.

O APL de Joias e Bijuterias de Limeira teve início com a oficina de Consertos de Joias da família Cardozo, em 1938, núcleo inicial da ourivesaria. Mas, desde 1980, com a crise econômica nacional, aliada à crise do ouro, foi introduzida a produção de semijoias e bijuterias[25]. Para atender à redução do poder aquisitivo do brasileiro, introduziram o latão na fabricação de semijoias e de bijuterias, gerando novo *boom* de crescimento do setor, que aumentou 280% entre 1985 e 1998[26]. Atualmente essa cadeia produtiva se localiza no perímetro urbano do município, produzindo semijoias folheadas, peças brutas, máquinas e equipamentos, prestando serviços de galvanoplastia, montagem, solda, usinagem, e trabalhando com

---

[22] Os levantamentos vêm sendo periodicamente registrados nesse cadastro desde 1984.

[23] Classificação da Receita Federal porque escolheram o Sistema Simples para recolhimento de impostos e contribuições. É provável que a imprecisão nesses totais seja devida à inclusão de empresas de diferentes estruturas nessa relação: aquelas que causam incômodos ou poluição; aquelas que solicitaram licenciamento ambiental; aquelas que solicitaram dispensa de licenciamento ambiental; e outras que podem ter sido desativadas, embora não tenham solicitado encerramento legal. Destas, no entanto, cerca de 2.340 pertencem à cadeia produtiva calçadista.

[24] O Escritório Regional do Sebrae tem feito esforços para institucionalizar o APL.

[25] Sampaio (2002) destaca duas empresas mais antigas da cidade, Cardozo Joias e Gullo (esta última criada por ex-funcionários da Cardozo).

[26] Para muitos pesquisadores não existe uma explicação convincente da razão pela qual a indústria de joias e bijuterias se concentrou em Limeira. Inicialmente, a concentração de empresas desse setor, em relação ao território nacional, se deu em São José do Rio Preto (SP), Guaporé (RS) e Caxias do Sul (RS). Com o passar do tempo, sete empresas sediadas em Guaporé, cidade que até então recebia o título de "capital do folheado", deslocaram-se para Limeira, juntamente com outras que estavam originalmente localizadas no estado de Minas Gerais. Mais tarde, a divulgação de Limeira como polo produtor do setor atraiu mais dezessete empresas com sedes em outros estados, tirando o título de Guaporé (Suzigan et al., 2001a).

insumos químicos para os banhos galvânicos, com canais de comercialização para o mercado nacional e internacional. Pode-se observar essa estrutura que forma a cadeia produtiva no organograma da Figura 11.2, realizado por Sampaio (2002).

Figura 11.2 – Estrutura do APL de joias e bijuterias em Limeira.

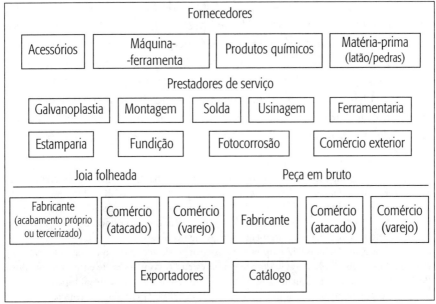

Fonte: Sampaio (2002).

Nessa organização destaca-se um elevado nível de especialização na lapidação de pedras preciosas e na fabricação de joias utilizando metal ferroso, metal não ferroso, embalagens, gemas, papelaria, informática, metais preciosos, produtos químicos, energia elétrica, água, máquinas e equipamentos. Também são muito relevantes os serviços auxiliares de metalurgia, marketing, hotelaria, segurança, correio, designer, ferramentaria, viagens, transportes, cursos profissionalizantes, gráficos, consultorias, alimentação, recursos humanos, bem como os cursos de capacitação. Nessa produção enfrentam-se os riscos ambientais graves pelo uso de substâncias tóxicas, apesar da ação controladora de diversos órgãos do governo[27].

Essa situação é agravada pelo elevado índice de informalidade (Sampaio, 2002). Nas empresas de bijuterias, que, por sua poluição, foram cadastradas pelo Sistema de Fontes de Poluição (Sipol) da Cetesb, procura-se gerenciar os resíduos sólidos, efluentes líquidos e emissão atmosférica[28]. A prefeitura de Limeira considera a existência de trezentas empresas formais, estimativa baixa para o Sindicato da Indústria de Joalheria, Ourivesaria, Bijuteria e Lapidação de Gemas do Estado de São Paulo (Sindijoias). O sindicato considera que existam 450 empresas legalmente formadas[29], num setor constituído por 90% de empresas de pequeno porte[30], com dez a trinta funcionários[31]. Nestas há um grande número de firmas informais que vendem sua produção para outras formais, responsáveis pelo acabamento da peça[32]. Os primeiros processos de cooperação das indústrias ocorreram recentemente para enfrentar a penetração de produtos chineses e frear as cópias de peças produzidas por designers[33]. Mas ainda não há um grau

---

[27] Como Companhia de Tecnologia e Saneamento Básico (Cetesb) da Secretaria de Meio Ambiente; a Polícia Civil; o Conselho Regional de Química (CRQ); a Receita Federal; a Polícia Federal; o Instituto Brasileiro do Meio Ambiente e dos Recursos Naturais Renováveis (Ibama); o Exército; a Receita Estadual – Junta Comercial do Estado de São Paulo (Jucesp); a Prefeitura Municipal; e também o Corpo de Bombeiros.

[28] Foram catalogadas 257 empresas e classificadas de acordo com as seguintes categorias: Alta Fusão, com doze empreendimentos; Baixa Fusão, com dezessete empreendimentos; Banho, com 142 empreendimentos; Estamparia, com 55 empreendimentos; Empreendimentos que não possuíam classificação até 30 de março de 2005, 31 empreendimentos.

[29] Sindijoias, 2005, entrevista da equipe. Para Sampaio (2002), o número de empresas de Limeira ocupa cerca de um terço da população economicamente ativa de Limeira. Mas a Fiesp aponta a existência de quinhentas empresas de pequeno porte relacionadas ao setor de joias e bijuterias, das quais trezentas são responsáveis pela produção da peça bruta e as duzentas restantes produzem o tratamento da superfície da peça com banhos de ouro, prata ou ródio. Foram criados consórcios para exportação que representou US$3 milhões de pedras e joias destinadas principalmente para os Estados Unidos (Miami), para países da Europa, da África e do Mercosul (Venezuela, Peru e Colômbia).

[30] Segundo Gava Jr. (presidente do Sindijoias), apenas uma empresa de médio porte emprega cerca de 180 empregados.

[31] Entrevista concedida aos autores em junho de 2005.

[32] Em grande parte dos casos, possuem, no mesmo estabelecimento, espaços de produção e comercialização de produtos.

[33] Destacam-se as iniciativas das entidades locais e regionais, em especial da seção regional do Sindijoias, da Associação Limeirense de Joias (ALJ), do Sindicato dos Trabalhadores da Indústria de Joias (Sintrajoias), do Instituto de Desenvolvimento de Limeira (Ideli) e da Associação Comercial e Industrial de Limeira (Acil), que foram fundamentais para a constituição inicial do APL de Joias e Bijuterias de Limeira.

muito significativo de cooperativismo. Para melhorar essa cooperação a Fiesp e o Ciesp propuseram às lideranças locais a criação de um programa de planejamento e capacitação[34]. Entre as novas formas de cooperativismo existentes está a criação dos shoppings que vendem a produção de forma associativa[35] e também a Feira Internacional de Joias Folheadas, Brutos, Máquinas, Insumos e Serviços (ALJoias), organizada pela primeira vez em 2002[36]. Outra inovação muito importante e recente foi a formação do Núcleo de Inovação e Design de Limeira (NID)[37].

Franca é muito distinta de Limeira. Territorialmente, Franca expandiu-se entre regiões onde predominavam dois tipos diversos de solo e de ocupação: as terras do cerrado, consideradas boas para a pecuária, e as mais férteis, com predominância de matas e possibilidades para a agricultura, que posteriormente acolheu a plantação de café. Destacam-se as estradas que ligam a cidade à rede urbana regional e às áreas rurais, e a expansão urbana feita pelo arruamento e divisão em lotes, de áreas rurais contíguas à área urbanizada, formando novos bairros que se articulam aos principais eixos de ligação, sem um plano urbano preestabelecido (Ferreira, 1983, p. 34-8). Esses bairros se estendem ao longo dos principais eixos

---

[34] Parceria entre Fiesp/Ciesp, Sebrae-SP e o Banco Bradesco resultou no programa "Aumento da Competitividade das Micro e Pequenas Indústrias Localizadas em Arranjos Produtivos Locais (APLs) do Estado de São Paulo"; o APL de Limeira foi selecionado como uma das aglomerações paulistas para se aplicar a metodologia de incentivo, visando o aumento da produtividade e os procedimentos de autossustentação desse aumento. Esses cursos e treinamento para os trabalhadores são de suma importância, uma vez que parte substancial do trabalho (solda e montagem) é desenvolvida em casa. A abertura ao mercado externo se deve à ação da Agência de Promoção de Exportações do Brasil (Apex).

[35] São considerados resultados e exemplos desses arranjos entre empresários as seguintes iniciativas: Aliança – Shopping de Brutos; Limebra Center – Shopping de Brutos; Big Brutos Shopping; Associação dos Logistas da Galeria Bijoux; Feira Internacional de Joias Folheadas, Brutos, Máquinas, Insumos e Serviços (ALJoias); Incubadora do setor de joias e bijuterias (com apoio do Sebrae).

[36] A ALJoias contou em 2002 com 96 expositores, dos quais 94 eram microempresas (Sampaio, 2002). Também o Senai vem atuando na capacitação de mão de obra, bem como a Escola Técnica Estadual Trajano Camargo (ETE), que é especializada em galvanoplastia, e a Faculdade de Administração de Limeira (Faal), que oferece cursos de design.

[37] Ainda atuam em Limeira: o Senai; o Instituto Superior de Ciências Aplicadas de Limeira-SP (Isca); o Serviço Social da Indústria (Sesi); a Organização Einstein de Ensino; o Colégio Técnico de Limeira (Cotil), vinculado à Universidade Estadual de Campinas (Unicamp); a Universidade Federal de São Carlos (UFSCar), com o Núcleo de Informação Tecnológica em Materiais (NIT) e o Centro de Caracterização e Desenvolvimento de Materiais (CCDM).

viários, formando vazios urbanos em claras e destacadas descontinuidades com o traçado principal. Assim, "a área urbana se configura como uma 'colcha de retalhos', resultante da justaposição de loteamentos e grandes setores que aparecem desprovidos de condições de circulação adequadas" (Feldman, 2005, p. 10). Mas 35% dos lotes e loteamentos aprovados não se encontram ocupados (Chiquito, 2006).

Nesse cenário urbano, a localização industrial em Franca é difusa, destacando-se as concentrações do setor calçadista: no Distrito Industrial, a leste, e no Jardim Panorama, a oeste. Desde 1972, a política do município foi planejar e implantar o Distrito Industrial (120,71 hectares) ao sul da área urbanizada (nas proximidades das estradas para São Joaquim e para São José da Bela Vista), apoiando-se numa lei de expropriação amigável. Desse modo as concentrações industriais foram direcionadas pelos eixos viários da cidade[38]. A Figura 11.3 mostra uma localização urbana industrial que não é explicada pelo zoneamento de uso do solo, nem por um modelo que associe localização industrial a terrenos de baixo preço em áreas periféricas. O setor calçadista se localiza de forma segregada no Distrito Industrial (a leste) e no Jardim Panorama (a oeste).

É importante destacar que Distrito Industrial definido no Plano Diretor Integrado de Franca (1972) abriga as maiores indústrias, enquanto existe outro distrito industrial, criado sem legislação específica, que se situa no Jardim Paulistano, e concentra firmas de pequeno e médio porte. Também tem significado muito especial o fato de as indústrias calçadistas estarem difusas na mancha urbana, conforme mostra a Figura 11.3 (Bruna et al., 2006), porém sempre em área de ocupação consolidada. Isso ocorre mesmo em zonas urbanas de uso misto, que não contam com serviços de apoio, de acessos, de carga, coleta de lixo ou mesmo áreas verdes. Esse desenvolvimento espontâneo de indústrias tende a causar crescentes problemas de poluição, incompatibilidade de usos do solo, congestionamentos nas vias estruturais por transporte de carga e passageiros, além de demandarem a necessária infraestrutura de saneamento (Alvim e Castro, 2005).

---

[38] O eixo da Avenida Brasil, principal ligação do Jardim Panorama ao Centro, onde se encontra uma concentração industrial significativa, assim como no bairro Jardim Antonio Petraglia, junto à Avenida Dom Pedro I, que se liga à Avenida Presidente Vargas e à Rodovia Tancredo Neves em direção ao município de Claraval, em Minas Gerais. Também há outra concentração industrial nas proximidades da Avenida Santa Cruz, no bairro de Vila Scarabucci, que leva à estrada que alcança a cidade de Ibiraci, em Minas.

INDICADORES DE SUSTENTABILIDADE NO PLANEJAMENTO DE ARRANJOS PRODUTIVOS LOCAIS | 351

Figura 11.3 – Concentração industrial em Franca, relacionado ao APL de calçados.

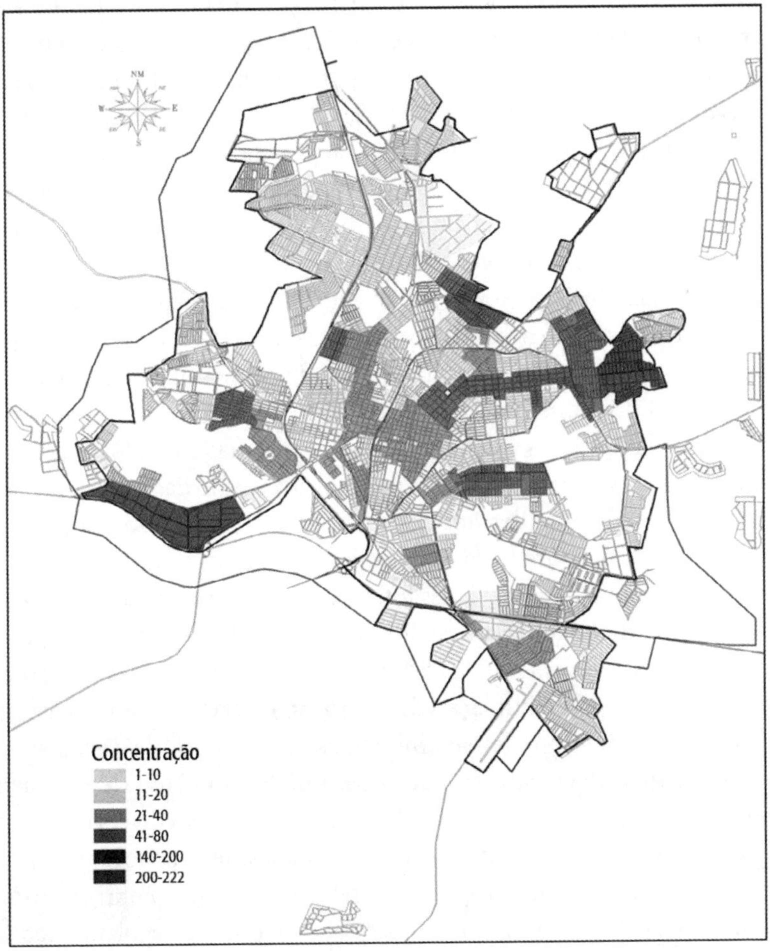

Fonte: Bruna et al. (2006).

Deve-se acentuar que os problemas ambientais originados pela localização do setor calçadista são derivados dos processos de tratamento de peles dos animais nos curtumes, que implicam operações sucessivas e complexas que demandam grande quantidade de água, com emissão de efluentes nas sucessivas lavagens das peles, que contêm resíduos químicos e orgânicos. Os lodos gerados nas estações de tratamento de efluentes podem ter níveis significativos de concentração de cromo, altamente poluidor, utilizado no tratamento do couro, podendo contaminar o solo e as águas superficiais e subterrâneas. O beneficiamento do couro também produz resíduos sólidos na forma de pó, com a utilização de lixas no processo de rebaixamento das peles, além de aparas e retalhos de seu recorte. Os odores provocados pela emissão de H_2S, sulfeto de hidrogênio (gás sulfídrico) e os resíduos sólidos dos curtumes são desagradáveis e muito poluidores (Pacheco, 2005). Cabe nesse caso usar indicadores que avaliem essa poluição, de forma que se possa ir medindo ano a ano, para determinar a melhoria da qualidade ambiental.

As características urbanísticas do estabelecimento industrial possuem forte relação com as do desenvolvimento da cidade de Franca. A sua expansão urbana ocorreu com o crescimento de loteamentos habitacionais para trabalhadores da indústria, localizados perto de voçorocas, em virtude do baixo preço da terra. Essas voçorocas[39] são o resultado de erosão acelerada, quando em seus sulcos profundos combinam-se a ação das águas superficiais com a ação das águas subterrâneas, provocando o colapso do solo, com desbarrancamentos das paredes laterais e alargamento contínuo da erosão (IPT, 1998, apud Chiquito, 2006). Esses loteamentos encontram-se quase sempre em áreas sem infraestrutura adequada ao controle do escoamento superficial das águas e à conservação do solo. Em geral, são formados pela abertura de ruas, responsável pela eliminação de vegetação e pela posterior marcação de lotes, que agravam os problemas ambientais e que, conforme o geógrafo Aziz Ab'Saber (1968), deveriam ter sido incorporados ao Plano de Desenvolvimento e Integração de Fronteira (PDIF) de 1972. Embora diversas ações preventivas e corretivas tenham sido recomendadas, poucas foram efetivadas como condição para a aprovação dos loteamentos, como a obrigação do loteador de providenciar infraestruturas[40], que precedeu a regulamentação do parcelamento do solo pela Lei Federal n. 6.766/79 (Chiquito, 2006, p. 123). Em casos similares, ainda que mais difícil de sistematizar, poder-se-ia associar os indicadores às localizações previstas no plano diretor e nas respectivas normas urbanísticas e ambientais.

---

[39] Desde o século XIX, esse fenômeno é conhecido, sendo o resultado de ações de desmatamento e de tratamento inadequado do solo para cultivo; adquiriu particular importância quando o processo de expansão urbana se acelerou a partir de 1950, com o aumento populacional decorrente do crescimento industrial.

[40] O não cumprimento de responsabilidades pelos loteadores e o repasse dessas obrigações para o poder público ou para os compradores e moradores foi outro fator limitante naquele período.

INDICADORES DE SUSTENTABILIDADE NO PLANEJAMENTO DE ARRANJOS PRODUTIVOS LOCAIS | **353**

Por outro lado, em Limeira, as empresas do setor de joias e bijuterias estão localizadas tanto nas proximidades do centro da cidade como nos bairros periféricos. Essa distribuição espacial, segundo Sampaio (2002), é decorrente de três fatores fundamentais: os processos de *spin-offs* que propiciaram o aparecimento de novas empresas patrocinadas por ex-funcionários de empresas pioneiras, possibilitando que as novas firmas se instalassem próximas das empresas de origem; o baixo custo dos terrenos das áreas naquele momento; a permissão por parte da legislação urbana, que não restringia instalação de indústrias em áreas centrais.

Do ponto de vista social, essas pequenas e médias unidades produtivas, algumas de caráter domiciliar, representam a incorporação de novas modalidades de trabalho. A pulverização de empreendimentos da cadeia produtiva de joias e bijuterias no interior da cidade acaba difundindo e generalizando impactos ambientais negativos. É que nessa cadeia produtiva os empreendimentos mais impactantes são os responsáveis pela galvanoplastia, ou seja, a transformação do latão em joia folheada. Esse processo[41] se caracteriza por intensas lavagens, que ocorrem sem controle específico, ocasionando forte impacto nos recursos hídricos do município, tanto pelo volume de água que consomem quanto pela toxidade de seus efluentes (cobre, prata, níquel, cádmio e ouro)[42]. O agravante ambiental é

---

[41] Segundo Requena (2006), o processo inicia-se com um banho de limpeza desengraxante e, em seguida, a peça é lavada em água corrente neutralizada com solução à base de ácido sulfúrico; posteriormente, é lavada novamente em água corrente para receber o banho de cobre alcalino, que proporciona uma cor uniforme e torna a peça aderente. Depois de novamente lavada em água corrente, a peça recebe o banho de ouro, que antecede o banho de folheação, que dá cor à peça. Ainda na etapa de banho de cobre alcalino, há a possibilidade de a peça receber uma camada de níquel antes da douração que finaliza o processo, o que diferencia a durabilidade e o preço final do produto. Na conclusão do processo a peça passa por um último banho, dessa vez em água destilada, seguindo para o processo de secagem.

[42] Limeira é abastecida de água pelo rio Jaguari, que em parte já se encontra comprometido. O Ribeirão Pinhal é o único manancial alternativo para captação de água que ainda não se encontra poluído. Contudo, o crescimento da cidade, a ocupação inadequada do solo e a urbanização das cabeceiras dos mananciais que alimentam esse ribeirão poderão comprometê-lo brevemente. O abastecimento de água potável em Limeira atinge 100% do município (Limeira, 1998). Quanto à coleta de esgoto, Limeira possui 99% dos bairros atendidos, contando com três tipos de estação de tratamento, embora o percentual de esgoto tratado não se encontre dimensionado. A Estação de Tratamento de Esgoto (ETE) do bairro da Graminha e dos Lopes funciona através de lagoas de estabilização. A ETE Nova Limeira será desativada e seu esgoto bombeado para a ETE Tatu, que utiliza processos de tratamento mais modernos. Apesar das estações, o trecho do Ribeirão Tatu que atravessa a área urbana da cidade tornou-se um esgoto a céu aberto, em decorrência da carga de rejeitos industriais

que as empresas informais integram o processo produtivo em etapas terceirizadas, principalmente na galvanoplastia, com ausência de controle da poluição. Isso coloca em risco a própria família que realiza o trabalho e também a vizinhança, uma vez que se localizam em "fundos de quintais" das moradias. Essa situação é agravada pela intensa dinâmica econômica, marcada pela constante abertura e fechamento de firmas, que acaba dificultando o registro preciso e gerando informações divergentes (Requena, 2006).

Por essas razões ocorreram iniciativas para localizar essa produção em distritos industriais, cujos atrativos oferecidos são: localização privilegiada em relação à acessibilidade (rodovias); infraestrutura social com mão de obra especializada; atendimento pelo setor de saúde (hospital e centros de saúde); parcerias com o setor educacional, como a Universidade Estadual de Campinas (Unicamp), para a qualificação de mão de obra; disposição de serviços de informação (inclusão digital); incubadoras para o agronegócio e indústrias diversificadas; áreas de comércio e serviços (PID, 2004). Nessa dinâmica, até 2005, nove distritos industriais já haviam sido previstos, seis da iniciativa privada e três municipais, conforme mostra a Tabela 11.2.

Houve iniciativas do poder público para levar o setor de joias e bijuterias para o Distrito Industrial 1 (Minidistrito Municipal) e para o Centro Industrial Limeira (CIL), de iniciativa de um grupo de empresários, mas essas tentativas não resultaram na ocupação desses distritos industriais. Embora esses distritos industriais fossem concebidos para minimizar os impactos ambientais, em função do tratamento dos resíduos industriais, não houve adesão dos empresários para transferir suas firmas para essas novas áreas. Talvez essa resistência se deva ao custo da mudança, pois já estão instalados em suas áreas de origem. De fato, até o inicio de 2006, o minidistrito permanecia desocupado e, em função do pouco sucesso junto aos empresários, o CIL buscou atrair outros segmentos industriais.

Para avaliar essa situação específica de poluição por resíduos industriais, seria importante aferir a diminuição desse impacto negativo nos efluentes. Desse modo também se avaliaria a adesão dos empresários, mesmo aqueles em situação informal, em prol de maior sustentabilidade ambiental. Simultaneamente, poder-se-ia operar a capacitação daquela

---

e residenciais. Dados do Plano Diretor de Limeira de 1998 mostravam, naquela ocasião, a existência de um interceptor na margem esquerda do ribeirão, levando os esgotos até a ETE Tatu, onde recebem tratamento biológico antes do fluxo ser devolvido ao ribeirão; encontrava-se em implantação o interceptor na margem direita. (Limeira, 1998).

INDICADORES DE SUSTENTABILIDADE NO PLANEJAMENTO DE ARRANJOS PRODUTIVOS LOCAIS | **355**

Tabela 11.2 – Características dos distritos industriais de Limeira.

Nome	Iniciativa	Área (m²)	Número de lotes	Tamanho do lote (m²)
Distrito Industrial 1	Público	90.967,24	90	500
Distrito Industrial Luiz Varga	Privado	221.967,50		10.000
Distrito Industrial	Público	240.865,50	192	700
Jottapar Participações S/C Ltda	Privado		30	
Construaço Incorporadora Ltda	Privado	20.000		
CIL – Centro Industrial de Limeira	Privado	168.081,88	175	500
Distrito Industrial	Público	1.281.192,70		
Industrial Aliança	Privado	76.330	74	500
Distrito Industrial Anhanguera	Privado	222.672,61	101	1100

Fonte: Elaborada a partir dos dados do PID (2004).

população que trabalha de modo informal. A Figura 11.4 mostra a localização industrial efetiva no contexto da mancha urbana, bem como a localização dos distritos industriais, pouco eficazes.

Apesar do impacto negativo que o setor ocasiona nos recursos hídricos do município, a localização de parte da cadeia produtiva no meio urbano apresenta benefícios para a dinâmica urbana, com localização das unidades de comercialização dos produtos industrializados com valor agregado na área central ou em bairros estratégicos. Os shoppings – pequenas instalações comerciais que conjugam diversos fornecedores expondo e comercializando os produtos de seus associados – são considerados bons resultados dos acordos entre empresários, que vêm impulsionando o desenvolvimento local, ao atraírem potenciais compradores de produtos de todo o país em busca de ofertas. Entre eles destacam-se os centros comerciais: Aliança – Shopping de Brutos; Limeira Center – Shopping de Brutos; Big Brutos Shopping; Associação dos Lojistas da Galeria Bijoux[43]. A feira internacional ALJoias é um even-

---

[43] O shopping Aliança localiza-se em prédio próprio de 750 m², sendo 600 m² somente para exposição dos produtos. As empresas envolvidas nesse empreendimento são: PS Bi-

Figura 11.4 – Concentração produtiva dos empreendimentos de joias e bijuterias por bairro e por distritos industriais.

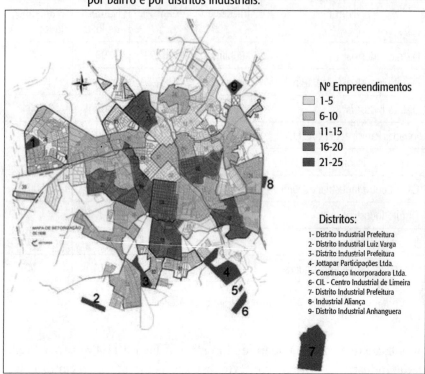

Fonte: Bruna et al. (2006).

to que também contribui para a dinâmica urbana, pois demanda outros serviços essenciais para sua realização, ampliando inclusive a possibilidade de trabalho para a população. Outro ponto fundamental a ser destacado é a articulação entre a unidade de venda do produto bruto (lojas e shoppings) e a unidade responsável pelo acabamento final da peça (banhos) no mesmo espaço urbano. A venda do produto bruto impõe ao comprador a necessidade de procurar uma empresa para fazer o acabamento final na peça e, posterior-

---

jouterias, Silmara, Iarte, Corbini, TT Bijouterias, Conel, Ramos e Ramos, Dijaime, Art Sul, Lajoy, Ello Sul, Cyl Casyoli, Ferrari, Uninox, KR Bijouterias, AV Orientae. Funcionam como uma espécie de supermercado, cuja concepção se baseou no alto preço dos produtos vendidos no varejo para o consumidor final, contando com diminuição do sistema de estoque de produção; busca oferecer vantagens nas vendas através da divisão de custos de administração e manutenção do empreendimento, com lucros, porém, individualizados.

mente, a comercialização. Nessa estratégia de comercialização, é imprescindível que as empresas de galvanoplastia se localizem nas proximidades das unidades de comercialização, sujeitas ao controle ambiental.

CONSIDERAÇÕES FINAIS

As análises efetuadas permitem concluir que as políticas urbanas ainda são tímidas no controle da localização e dos impactos urbanos dos APLs e, em muitos casos, as possibilidades de ações integradas de controle ambiental com outras instâncias de governo se defrontam com instrumentos difusos de gestão. Pode-se afirmar que são insuficientes diante dos desafios postos pelos crescentes problemas urbano-ambientais, que, por sua natureza, exigem integração setorial e intergovernamental, e mesmo pela insipiência do envolvimento participativo e responsável da população e dos diversos atores econômicos nas questões do desenvolvimento urbano local. Nesse sentido, é possível constatar a fragilidade dos planos diretores municipais como instrumento de proteção ambiental, em virtude da dificuldade dos municípios de implantarem as legislações municipais, estaduais e federais, ao mesmo tempo que, paradoxalmente, a institucionalização recente de políticas públicas urbanas confere ao município uma proeminência de gestão sobre o território.

Assim, qual órgão empreenderá a gestão urbana ambiental local? A quem caberá selecionar e aplicar os indicadores de avaliação da sustentabilidade, e estimular a criação de áreas urbanas mais sustentáveis?

Verifica-se que os municípios de Franca e Limeira estão entre os mais desenvolvidos do estado de São Paulo, como apontam os respectivos IDHs, que sinalizam bons níveis de qualidade de vida, principalmente quanto à educação, saúde e saneamento básico. Porém faltam especificidades que apontem para as situações de risco ambiental, como "não localizar habitações dos trabalhadores da indústria junto a voçorocas", em áreas de proteção ambiental permanente ou em áreas ambientalmente frágeis. Daí a importância de contar com o uso de indicadores que permitam avaliar especificamente a sustentabilidade naqueles pontos frágeis, que possam ser examinados de forma constante. Mas quem tomará conta dessa gestão ambiental urbana em prol de sustentabilidade? A prefeitura? Ou sua atuação em conjunto com o Conselho de Desenvolvimento Metropolitano? Ou com o Comitê de Bacia Hidrográfica? E como compatibilizar essas situações?

As políticas públicas realizadas pelas prefeituras, no caso de Franca, levaram ao deslocamento dos curtumes poluentes das proximidades do rio Cubatão[44] para o Distrito Industrial, com sistema de tratamento das águas residuais, feito pela prefeitura, diminuindo os odores e afastando a indústria da cidade e do sistema fluvial de Cubatão, Bagres, Sapucaí Mirim, que estão em recuperação pela Cetesb desde 2006. Também, em 2003, Franca conseguiu estabelecer um Programa de Gestão Integrada do Polo Econômico do Município, embora ainda falte aprovar a lei de uso do solo. Vale lembrar que, já em 1972, foi implantado um Distrito Industrial, e que, em 1978, foi aprovada a Lei do Plano de Desenvolvimento Industrial de Franca, criando uma comissão diretora para implantar um Distrito Industrial com diversificado Parque Industrial. Destaca-se, portanto, que o poder público local está preocupado com o desenvolvimento industrial, sua localização e poluição na área urbana[45]. Para os resíduos sólidos, conta-se, desde 2006, com um novo aterro misto para indústrias, com trinta anos de vida útil, paracontrolar os efeitos nocivos da indústria calçadista. Também é importante salientar que conjuntamente, município (prefeitura), estado (Cetesb) e indústria calçadista trabalham na ativação do Programa de Produção Mais Limpa da Cetesb[46] (Pacheco, 2005).

Nessa direção, a política pública em Franca providenciou ainda um Código de Meio Ambiente, que indicou a necessidade de um Plano de Drenagem para a cidade, enquadrando loteamentos e condomínios que deveriam passar por Estudo Prévio de Impacto Ambiental e Relatório de Impacto so-

---

[44] Essas políticas tiveram como marcos o licenciamento do Distrito Industrial em 1983 e a instalação de agência da Cetesb em 1984, com a imediata proibição de incineração de pó, aparas e retalhos em caldeiras.

[45] Em 1983 o município formulou uma lei que autorizou a criação de uma sociedade de economia mista, a Dinfra Ltda., voltada para obras e serviços do parque fabril; vale dizer, do Distrito Industrial e Núcleos Industriais que podiam usufruir de incentivos que variavam desde a redução no preço dos lotes até a isenção de impostos municipais, por doze anos. Em 1984 foi aprovada uma lei sobre isenção de impostos, como o Imposto Territorial Urbano (IPTU), também por doze anos, viabilizando a implantação do Distrito Industrial.

[46] Produção mais Limpa (P+L) é a aplicação contínua de uma estratégia ambiental preventiva integrada aos processos, produtos e serviços para aumentar a ecoeficiência e evitar ou reduzir os danos ao homem e ao ambiente. Aplica-se a: processos produtivos para a conservação de matérias-primas e energia, eliminação de matérias tóxicas e redução da quantidade e toxicidade dos resíduos e emissões; produtos para a redução dos impactos negativos ao longo do ciclo de vida de um produto, desde a extração das matérias-primas até sua disposição final; serviços no sentido de incorporar preocupações ambientais no planejamento e entrega dos serviços. Disponível em: http://www.mesaproducaomaislimpa.sp.gov.br/.

bre o Meio Ambiente (Lei municipal complementar n. 9 de 26 de novembro de 2006). Para tanto, o IPT fez o Mapa de Risco Potencial de Erosão, apontando medidas para a mitigação desses riscos. Esse mapa serviu de base para a elaboração das diretrizes ambientais e de ocupação urbana do Plano Diretor de 2003 (Lei complementar n. 50 de 17 de novembro de 2003), sendo que parte dos custos desses riscos vem sendo assumida pela prefeitura, em caráter emergencial.

Ora, se o município de Franca conta com política pública urbana e ambiental, por que não instituir e sistematizar um conjunto de indicadores de avaliação da sustentabilidade de suas áreas produtivas? Estes poderiam ser associados a metas do plano diretor, em relação à qualidade das áreas urbanas e a metas de qualidade da água, por exemplo, tornando-o um plano efetivo, com resultados.

No caso do município de Limeira destaca-se também uma ativa atuação do poder público. Por que então não há controle do desenvolvimento e não se alcança maior sustentabilidade? Talvez pela baixa capacidade de gestão desse sistema, menos pelo fato de o APL de joias estar disperso pela cidade, e mais pelo fato da dificuldade de se controlar as empresas informais, que continuam poluindo e impedindo assim a obtenção de sustentabilidade.

O Plano Diretor do Município de Limeira de 1998[47] incorporou o processo participativo, mas não procurou equacionar, naquela ocasião, os conflitos de localização do setor produtivo. Contudo, esse plano conta com um zoneamento de uso e ocupação do solo e propõe um adensamento compatível com a infraestrutura viária[48] e, ainda, adota uma política de Distritos Industriais em áreas periféricas. Mas essa política não foi capaz de atrair as pequenas e médias empresas da área consolidada para esses distritos industriais. O que está faltando para conseguir implantar essas políticas?

Ocorre que a situação do APL de Joias e Bijuterias dispersa na área urbana, sem se apoiar em políticas específicas, acabou formalizando uma

---

[47] Esse plano diretor de Limeira foi formulado em uma situação de transição, entre a Constituição Federal de 1988 e a regulamentação pelo Estatuto da Cidade, em 2001 (Lei n. 10.257 de 10 de julho de 2001).

[48] Para as zonas centrais consolidadas (zonas 1, 2 e 3), a ideia é diversificar e adensar, respeitando as especificidades do sistema viário. Nas zonas 5 e 6 definem-se áreas com usos restritivos, induzindo uma segregação, seja residencial de baixa densidade e alto padrão (Z5) ou industrial e atacadista (Z6).

dissociação entre a cidade desejada (plano diretor) e a cidade real[49]. Como, então, buscar uma sustentabilidade medida por indicadores de avaliação, selecionados especificamente?

As questões ambientais de Limeira são estratégicas para seu plano diretor, pois está previsto um sistema municipal de gerenciamento de recursos hídricos com participação do Comitê de Bacia dos rios Piracicaba, Capivari e Jundiaí, sublinhando a necessidade de gestão ambiental local e regional, e destacando o valor da inserção do APL de joias e bijuterias na economia municipal[50]. Também em Limeira há um Projeto-Piloto do Programa de Produção Mais Limpa, desenvolvido pela Cetesb em parceria com as empresas, de prevenção à poluição, que conta com a participação voluntária de cinco firmas de bijuterias. Esse plano procura reduzir o consumo de água da rede pública e o uso de compostos à base de cianeto de sódio[51], prevendo, assim, a sustentabilidade do APL no meio urbano[52].

Os indicadores de avaliação da sustentabilidade serão tão mais importantes se forem associados às políticas públicas, pois poderão evidenciar uma

---

[49] Ressalta-se que a lei de parcelamento e de uso e ocupação do solo do município de Limeira, Lei complementar n. 212 de 1999, tem sido alterada frequentemente, na tentativa de adaptá-la a uma maior realidade da cidade ou mesmo de ceder a pressões de grupos que apresentam grande força política e maior poder de negociação.

[50] Importante ressaltar que os principais instrumentos urbanísticos, principalmente os tributários (Fundo Municipal de Gestão Urbana e os Fundos Urbanísticos – Operação Interligada, Operação Interligada para Habitação de Interesse Social, Operação Urbana e Transferência de Potencial Construtivo) foram deixados para posteriores legislações específicas, que nunca foram elaboradas.

[51] Em 2002, foi assinado um protocolo de cooperação técnica entre a Secretaria de Estado do Meio Ambiente, por meio da Cetesb, da ALJ, do Ciesp Regional de Limeira e do Sindijoias, visando à ampliação do Programa de Produção Mais Limpa junto às indústrias desse APL em Limeira. Um dos principais objetivos desse protocolo é envolver e repassar as vantagens e ganhos ambientais obtidos ao maior número possível de indústrias da ALJ, Ciesp e Sindijoias, que na ocasião tinham cerca de duzentos associados.

[52] A partir de uma metodologia de diagnóstico participativo, cuja primeira etapa foi denominada "Leitura Comunitária", tem se buscado definir os reais problemas e potenciais da cidade. Esse procedimento foi realizado em 2006 através de oficinas que envolveram a comunidade de cada bairro e o envio de questionários para as várias organizações da sociedade civil do município, levantando opiniões sobre os assuntos relacionados à área urbana e à área rural: a principal atividade econômica do município; os problemas do desenvolvimento econômico; as principais atividades econômicas que degradam o meio ambiente; as principais fontes de poluição do ar, solo e água. Quanto à infraestrutura sanitária, enquete efetuada apontou que 79% se referem ao despejo irregular de detritos das fábricas, ausência de coleta seletiva e despejo de entulhos em áreas de preservação.

atuação conjunta de gestão pública urbana ambiental (governo) com empre-endedores (setor privado), mostrando que os resultados são importantes para a coletividade. Destaca-se então que é preciso haver uma gestão comum, com a participação do poder público e do poder privado, para que haja compro-metimento e responsabilidade a fim de cumprir as determinações acordadas.

Ora, se o planejamento urbano e ambiental do município contar com um sistema de gestão, então há condições para a formulação de um progra-ma de sustentabilidade que possa formular indicadores de avaliação espe-cíficos para cada caso e que sejam periodicamente monitorados.

Desse modo, planos e programas virão a ser implantados se contarem com uma gestão pública compartilhada com o poder privado. É que cada vez mais o setor empresarial precisa estar consciente da importância da sustenta-bilidade para a qualidade de vida e desenvolvimento futuro, inclusive de suas próprias atividades. Ele pode agir na implantação de uma gestão ambiental em suas empresas (ISO 14.001), mas pode também ter seus empreendimen-tos certificados, além de contar com seus Estudos de Impacto Ambiental e Relatórios de Impacto Ambiental (EIA-Rima) e com os seus Estudos de Im-pacto de Vizinhança e Relatórios de Impacto de Vizinhança (EIV-RIV), atendendo conjuntamente às questões urbanas e ambientais do estado e do município (Estatuto da Cidade, Lei n. 10.257 de 10 de julho de 2001).

Ao poder público cabe regular e monitorar de forma descentralizada, mas precisa contar com a atuação conjunta do poder privado, valorizando sua atuação. Por isso esta pode ser considerada uma empreitada em parce-ria, na busca de maior sustentabilidade, estabelecendo necessariamente um relacionamento sistemático vital entre empresas e governo, incluindo ou-tras instâncias, como órgãos não governamentais, associações de classe e associações de indústrias voltadas para uma gestão guiada por indicadores de avaliação de sustentabilidade.

Nessas condições, as políticas públicas e o setor produtivo em geral, e os APLs especificamente, poderão configurar uma estrutura urbana capaz de contribuir efetivamente para um desenvolvimento local com qualidade ambiental e sustentabilidade.

REFERÊNCIAS

AB'SABER, Aziz N. As boçorocas de Franca-SP. *Revista da Faculdade de Filosofia, Ciências e Letras de Franca,* ano I, n. 2, 1968.

ALVIM, A.A.T.B.; CASTRO, L.G.R. Arranjos produtivos locais e a recuperação de áreas urbanas: os casos de Porto Alegre e Recife, Brasil. In: XI SEMINÁRIO LATINOAMERICANO DE ARQUITETURA (XI SAL), 2005, México. *Anais...* México: [s.n.], 2005.

ALVIM, A.A.T.B.; KATO, V.R.C.; BRUNA, G.C. A influência dos princípios modernos nos planos urbanísticos recentes: o caso de Limeira no estado de São Paulo. In: III SEMINÁRIO DOCOMOMO ESTADO DE SÃO PAULO, 2005, São Paulo. *Anais...* São Paulo: [s.n.], 2005.

ALVIM, A.A.T.B; MARQUES, J.D.I.C.M. Parques tecnológicos como uma estratégia de projeto. In: I SEMINÁRIO PROJETOS URBANOS CONTEMPORÂNEOS NO BRASIL, 2006, São Paulo. *Anais...* São Paulo: [s.n.], 2006.

ANTONUCCI, D.C. *30 anos de habitat e as transformações da urbanização.* Relatório de pesquisa. São Paulo: Universidade Presbiteriana Mackenzie/ Mackpesquisa, 2008.

BAUMAN, Z. *Globalização: as consequências humanas.* Trad. Marcus Penchel. Rio de Janeiro: Jorge Zahar, 1999.

BELLEN, H.M. van. *Indicadores de sustentabilidade: uma análise comparativa.* 2. ed. Rio de Janeiro: Ed. FGV, 2007.

BEYNON, H. Protesto ambiental e mudança social no Reino Unido. *Mana,* Rio de Janeiro, v. 5, n. 1, abr. 1999.

BRASIL. Agência Brasil – Presidência da República. Disponível em: http://www.radiobras.gov.br. Acessado em: jan. 2006.

BRINDLEY, T.; RYDIN, Y.; STOKER, G. *Remaking planning.* The politics of urban changes in the thatcher years. London: Unwin Hyman, 1989.

BRUNA, G.C.; RIGHI, R.; ALVIM, A.A.T.B.; CASTRO, L.G.R.; KATO, V.C.R. *Estruturação urbana e arranjos produtivos locais. Análise das relações entre processos sociais, efeitos espaciais e políticas urbanas. Os casos de Franca e Limeira no estado de São Paulo.* São Paulo: Universidade Presbiteriana Mackenzie/Mackepesquisa, 2006.

BRUNA, G.C.; ALVIM, A.A.T.B.; KATO, V. R.C. et al. Arranjos produtivos locais no estado de São Paulo e sua articulação com o desenvolvimento urbano e regional urbano: identificação e caracterização. In: XXI CONGRESSO CLEFA, 2005, Equador. *Anais...* Equador: Universidade Técnica Particular de Loja, 2005. p. 345-50.

BURCHELL, R.W.; DOWNS, A.; MCCANN, B. et al. *Sprawl costs. Economic impacts of unchecked development.* Washington, DC: Island Press, 2005.

CAPORALLI, R.; VOLKER, P. (orgs.). *Metodologia de desenvolvimento de arranjos produtivos locais.* São Paulo: Ed. Sebrae, 2004. Disponível em: http://www. sebrae. com.br. Acessado em: 6 maio 2004.

INDICADORES DE SUSTENTABILIDADE NO PLANEJAMENTO DE ARRANJOS PRODUTIVOS LOCAIS | **363**

CHIQUITO, E.A. *Expansão urbana e meio ambiente nas cidades não metropolitanas: o caso de Franca-SP*. São Paulo, 2006. Dissertação (Mestrado em Teoria e História da Arquitetura e do Urbanismo) – Escola de Engenharia de São Carlos, Universidade de São Paulo.

COUTINHO, A.C. *Histórico. Resumo da origem e evolução da indústria calçadista francana*, 2006. Disponível em: http://www.sindifranca.org.br. Acessado em: jan. 2006.

CYMBALISTA, R. *Minidistritos industriais e de serviços*, 2001. Disponível em: http://www.polis.org.br/publicacoes/dicas/dicas_interna.asp?codigo=54. Acessado em: 19 jan. 2006.

DUANY, A.; PLATER-ZYBERK, E.; SPECK, J. *Suburban nation. The rise of sprawl and the decline of the American dream*. New York: North Point Press, 2000.

FELDMAN, S. *O crescimento das cidades não metropolitanas: a indústria do lote legal em Franca*, 2005. Disponível em: http://www.worldbank.org/urban/symposium 2005/papers/feldman.pdf. Acessado em: 8 maio 2005.

FERREIRA, M. *Franca, itinerário urbano*. Franca, SP: Laboratório das Artes de Franca, 1983.

FRANCA. Prefeitura Municipal. Disponível em: http://www.franca.sp.gov.br. Acessado em: 28 fev. 2005.

GALVÃO, O.J. de A. Clusters e distritos industriais: estudos de casos em países selecionados e implicações de política. in *Planejamento e Políticas Públicas*, n. 21, 2000. Disponível em: http://www.ipea.gov.br. Acessado em: 8 mar. 2005.

HARVEY, D. *The condition of postmodernity*. Cambridge, Massachusetts: Basil Backwell, 1989.

HOBSBAWM, E. *A era dos extremos: o breve século XX – 1914-1991*. São Paulo: Companhia das Letras, 1995.

HUTTON, T.A. *Post-industrialization, post-modernism, and the reproduction of Vancouver's central area re-theorizing the 21st century. Dialogues in Urban and Regional Planning*. Flórida: Florida State University, 2006.

[IBGE] INSTITUTO BRASILEIRO DE GEOGRAFIA E ESTATÍSTICA, 2000. Disponível em: http://www.ibge.gov.br. Acessado em: 12 maio 2007.

IGLIORI, D.C. *Economia dos clusters industriais e desenvolvimento*. São Paulo: Iglu/ Fapesp, 2001.

INSTITUTO POLIS. Estatuto da Cidade. *Guia para implementação pelos municípios e pelos cidadãos*. São Paulo: Polis; Brasília, DF: Câmara dos Deputados, Centro de Documentação e Informação, 2002.

LIMEIRA. Prefeitura Municipal. *Diagnóstico. Limeira*, 1997. Disponível em: http://www.limeiraonline, 2005.

_____. *Plano diretor: município Limeira*, 1998. Estado de São Paulo, Disponível em: http://www.limeira.sp.gov.br. Acessado em: 2005.

LUNARDI, M.E. *Parques tecnológicos estratégias de localização em Porto Alegre, Florianópolis e Curitiba*. Curitiba: Editora do Autor, 1997.

NATIONAL GOVERNMENT ASSOCIATION. *A governor's guide to cluster-based economic development*. Washington, DC: NGA, 2002.

PACHECO, J.W.F. *Curtumes*. São Paulo: Cetesb, 2005. Disponível em: http://www.cetesb.sp.gov.br. Acessado em: 14 maio 2007.

PALADINO, G.G.; MEDEIROS, L.A. (orgs.). *Parques tecnológicos e meio urbano: artigos e debates*. Brasília, DF: Anprotec, 1996.

PALADINO, G.G. *Parques tecnológicos brasileiros: o desafio de sempre*. Disponível em: http://www.parqueseincubadoras.com.br. Acessado em: nov. 2005.

PARNREITER, C. *A caminho de uma cidade global*. *Eure*, Santiago, v. 28, n. 85, 2002.

[PEIEx] PROJETO EXTENSÃO INDUSTRIAL EXPORTADORA. Ministério do Desenvolvimento, Indústria e Comércio Exterior. Disponível em: www.desenvolvimento.gov.br/sitio/sdp/proAcao/PEIEx/PEIEx.php. Acessado em: dez. 2005.

[PID] PROGRAMA DE INCENTIVO AO DESENVOLVIMENTO. Prefeitura Municipal de Limeira, SP. Secretaria Executiva de Governo e Desenvolvimento. *Mover as peças com sucesso nos negócios é escolher um local adequado para sua instalação*. Limeira, SP: Prefeitura Municipal, 2004.

REQUENA, W.P. *O papel do APL de joias e bijuterias no desenvolvimento urbano de Limeira-SP*. São Paulo: Universidade Presbiteriana Mackenzie/ Mackpesquisa, 2006.

RIGHI, R. *A estratégia dos polos industriais como instrumento para o desenvolvimento regional e a sua aplicabilidade no estado de São Paulo*. São Paulo, 1998. Tese (Doutorado em Arquitetura e Urbanismo) – Faculdade de Arquitetura e Urbanismo, Universidade de São Paulo.

SAMPAIO, S.E.K. *Sistemas locais de produção: estudo de caso da industria de joias e bijuterias de Limeira (SP)*. Campinas, 2002. Trabalho de Iniciação Científica – Instituto de Economia, Universidade Estadual de Campinas.

SANTOS, B.S. *Pela mão de Alice: o social e o político na pós-modernidade*. 2. ed. São Paulo: Cortez, 1996.

[SCTDE] SECRETARIA DE CIÊNCIA E TECNOLOGIA E DESENVOLVIMENTO ECONÔMICO DO ESTADO DE SÃO PAULO, 2006. Disponível em: http://www.ciencia.sp.gov.br. Acessado em: jan. 2006.

[SEADE] FUNDAÇÃO SISTEMA ESTADUAL DE ANÁLISE DE DADOS. *Anuário estatístico*, 1996. Disponível em: http://www.seade.gov.br. Acessado em: 2005.

_____. *Cadernos do Fórum São Paulo Século XXI*. Caderno 11: Indústria. São Paulo: Seade, 1999.

_____. *Informações dos Municípios Paulistas – IMP*. Disponível em: http://www.seade.gov.br. Acessado em: 2005.

_____. *Metodologia de desenvolvimento de Arranjos Produtivos Locais*. Projeto Promos /Sebrae /BID Versão 2.0, 2004. Disponível em: http://www.sebrae.com.br. Acessado em: 6 maio 2004.

_____. Disponível em: http://www.sebrae.com.br/br/cooperecrescer/aplssebrae-atua_1713.asp. Acesso em: 12 mar. 2004.

SENNETT, R. *A corrosão do caráter: consequências pessoais do trabalho no novo capitalismo*. Rio de Janeiro: Record, 1999.

SILVA, L.O. As tendências da gestão urbana contemporânea e a promoção do desenvolvimento local. In: COMIN, A.; NOMEKH, N. *Caminhos para o centro: estratégias de desenvolvimento para a região central de São Paulo*. São Paulo: Emurb, 2004.

[SINDIFRANCA] SINDICATO DA INDÚSTRIA DE CALÇADOS DE FRANCA. Disponível em: http://www.sindifranca.org.br. Acessado em: 2006.

SISTEMA DE ENGENHARIA AVANÇADA, 5 de maio de 2004. Disponível em: http://www.seacam.com.br/asp/news_dest.asp?id=55. Acessado em: nov. 2005.

STIFTEL, B.; WATSON, V.; ACSELRAD, H. *Dialogues in urban and regional planning 2*. London/ New York: Routledge, 2007.

STOCKOLMS STADOBYGGNADSKONTOR, 1973, mester plan. *The complete guide to architecture in stockholm. 400 buildings from 800 years. A guide to all of the important buildings in Stockholm and its surroundings*. Estocolmo: Arkitektur Förlag AB, updated and revised edition, 2004.

SUZIGAN, W. *Indústria brasileira: origem e desenvolvimento*. São Paulo: Hucitec, 2000.

SUZIGAN, W.; FURTADO, J.; GARCIA, R. et al. Aglomerações industriais no estado de São Paulo. *Economia Aplicada*, v. 5, n. 4, p. 695-717, out.-dez. 2001.

_____. Sistemas locais de produção no estado de São Paulo: o caso da indústria de calçados de Franca. In: TIRONI, L.F. (org.) *Industrialização descentralizada: sistemas industriais locais*. Brasília, DF: Ipea, 2001a.

THONRNLEY, A. *Urban planning under thatcherism. The challenge of the Market*. London: Routledge, 1991.

Construção de indicadores territoriais socioambientais em comunidades

12

Christian Eduardo Henríquez Zuñiga
Administrador, Universidade Regional de Blumenau

Carlos Alberto Cioce Sampaio
Administrador, Universidade Federal do Paraná

Oscar Dalfovo
Ciências da computação, Fundação Universidade Regional de Blumenau

Valdir Fernandes
Cientista social, Universidade Positivo

O que entendemos por desenvolvimento sustentável? Por que tantas definições para esse conceito? Se complexarmos um pouco mais e inserirmos a variável território, o que seria desenvolvimento territorial sustentável? É possível medir esse desenvolvimento territorial sustentável? Se sim, como medi-lo? Essas e outras interrogações foram as que motivaram as primeiras reflexões e o surgimento de uma pesquisa-ação participativa em curso nas comunidades do entorno da sub-bacia de Rio Sagrado, zona rural de Morretes-PR, Área de Preservação Ambiental (APA) de Guaratuba, Reserva da Biosfera (ReBIO) de Floresta Atlântica.

Atualmente, não é difícil perceber um olhar crítico da sociedade para o modelo atual de desenvolvimento, sobretudo quando se analisa o percurso das últimas décadas e se prospecta as próximas, baseando-se no relatório do *Intergovernmental panel of climate change* (IPCC), divulgado em 2007, formulado pela World Meteorological Organization (WMO), no âmbito do United Nations Environmental Programme (Unep). Mesmo os mais céticos economistas não conseguem mais ficar indiferentes a tais prognósticos (Keller Alves, 2008; Sampaio et al., 2008).

A última versão do *Relatório do Planeta Vivo* (2008) alerta, como também versões anteriores, que nos últimos 35 anos temos perdido quase um terço da vida silvestre do planeta e que a nossa pegada ecológica global (entendida como impacto) excede em quase 30% a capacidade do planeta de se regenerar. Esse cenário pessimista aponta que se as nossas demandas continuarem nesse ritmo, para meados da década de 2030, precisaremos do equivalente a dois planetas Terra.

Os atuais indicadores para a sustentabilidade nos permitem avaliar os avanços e retrocessos quando problematizamos desenvolvimento *versus* crescimento econômico. Nesse contexto, não se têm dúvidas de que o século XX foi testemunho de significativas transformações em todas as dimensões da existência humana (Hobsbawm apud Van Bellen, 2006). Tais transformações são resultados de um modelo de desenvolvimento hegemônico imposto pelos países do hemisfério norte, chamados de desenvolvidos ou países do centro, sobre os países do hemisfério sul, chamados em desenvolvimento ou países periféricos[1].

Nesse modelo de desenvolvimento baseado na produção industrial e no consumo, cerca de 1/4 da população concentra 3/4 do Produto Interno Bruto (PIB) mundial (PNUD, 2007). Ou seja, é notadamente excludente dos benefícios econômicos, embora os prejuízos socioambientais sejam socializados em médio e longo prazo (Sampaio, 2005). Ao mesmo tempo, como preconizou Weber (1996), o desenvolvimento ocidental, baseado no industrialismo, foi fortemente influenciado pelo desenvolvimento das possibilidades técnicas, e a sua racionalidade decorre de maneira direta da "calculabilidade precisa de seus fatores técnicos mais importantes" (Weber, 1996, p. 9). "Implica dizer, portanto, que dependeu em grande parte do igual desenvolvimento da ciência ocidental, impulsionando e sendo impulsionado por ela" (Fernandes, 2008, p. 6). Essa ciência, entretanto, foi conduzida prioritariamente por visão monodisciplinar da ciência e tecnologia, e é considerada por muitos como tábua rasa de salvação para a crise contemporânea.

---

[1] Para um maior aprofundamento na discussão sobre centro e periferia, ver Furtado (2000, Capítulos I a III, e IV; 1983, Capítulos 1 a 4, e 8), Fernandes (1975) e Lipietz (1988, p. 15-31; 1988a, Capítulo 3).

Entretanto, de um lado, prospecta-se melhorar a vida das pessoas e aumentar a expectativa de vida das populações e, inversamente, por outro, remete-se à sua autodestruição, resultado também da sobreutilização dos recursos naturais (biodiversidade), quando se chega ao ponto extremo de perder a capacidade de resiliência, ou seja, deixar de ser não renovável. Tem-se, então, o que Sampaio (2005) aponta como "beco sem saída", em que reina uma grande disparidade dos padrões de vida e de consumo da população, paralelamente ao aumento dos níveis de desigualdade entre centro e periferia.

Segundo Henríquez et al. (2008a) existem esforços na tentativa de reverter ou, pelo menos, minimizar os efeitos perversos desse modelo de desenvolvimento. Um deles é o que se conhece por ecodesenvolvimento (Sachs, 1986), que, aliás, surge como precursor do conceito de desenvolvimento sustentável, hoje amplamente difundido e aceito mundialmente pela comunidade internacional, inclusive dentro de entidades de grande influência como o Banco Mundial e a Organização as Nações Unidas (ONU). Outros conjuntos de esforços surgem, como os que apontam para outra economia ou para outro desenvolvimento. Ou, ainda, o que o economista chileno Manfred Max-Neef chama de desenvolvimento na escala humana, que, além de apresentar uma crítica, sugere uma metodologia para construir indicadores que medem um desenvolvimento mais sustentável.

Um desdobramento das terminologias desenvolvimento sustentável, ecodesenvolvimento e desenvolvimento na escala humana é o de ecossocioeconomia, que tenta dar respostas a problemas cotidianos e que se caracteriza por privilegiar os estudos práticos. Estes possibilitam a viabilidade macro (interorganizacional) e microeconômica (organizacional) de grupos organizados ou quase organizados articulados, chamados de socioempreendimentos compartilhados, de modo que possam não só ampliar oportunidades de trabalho e renda de populações tradicionais, mas também de assegurar que seus modos de vida e de produção, distintos do padrão ocidentalizado (industrial, urbano e consumista), continuem a existir, inserindo-se na economia de mercado, sem, no entanto, perderem sua dinâmica própria (Sampaio, 2009).

Nesse contexto, o objetivo deste capítulo é apresentar e discutir a experiência participativa de construção de indicadores socioambientais territoriais nas comunidades do entorno da sub-bacia hidrográfica do Rio Sagrado, zona rural de Morretes-PR, APA de Guaratuba, ReBIO de Floresta Atlântica, no contexto de uma zona de educação para o ecodesenvolvimento, estabelecida desde 2006.

NOTAS SOBRE O TERRITÓRIO DO RIO SAGRADO

A área de estudo onde está sendo construída a metodologia participativa de indicadores socioambientais situa-se na sub-bacia hidrográfica do Rio Sagrado, composta pelas comunidades do Rio Sagrado de Cima, Canhembora, Brejamirim e Candonga (zona rural do município de Morretes), pertencente à APA de Guaratuba e à ReBIO de Floresta Atlântica, sendo uma das áreas contínuas da floresta atlântica mais preservadas do Brasil (Henríquez et al., 2008; Zechner et al., 2008).

O município de Morretes (Figuras 12.1 e 12.2) situa-se aproximadamente a 65 km de Curitiba (PR), a 45 km do Porto de Paranaguá (PR) e a 190 km de Blumenau (SC). A APA de Guaratuba é uma unidade de conservação estadual de uso sustentável, instituída pelo Decreto estadual n. 1.234 de 27 de março de 1992 (Oliveira e Sarney, 2000).

A APA de Guaratuba (Figura 12.3) possui uma área de aproximadamente 200 mil hectares que engloba todo o município de Guaratuba e ainda parte dos municípios de Matinhos, Tijucas do Sul, São José dos Pinhais e Morretes. Inclui ainda águas interiores, ilhas situadas na baía de Guaratuba, ilhas fluviais e a ilha do Saí-Guaçu (Zechner et al., 2008). Não se deve esquecer que uma APA é uma unidade de conservação e, como tal, a Lei n. 9.985, que trata especificamente do Sistema Nacional de Unidades de Conservação da Natureza (SNUC), define-a como:

> espaço territorial e seus recursos ambientais, incluindo as águas jurisdicionais, com características naturais relevantes, legalmente instituídas pelo poder público, com objetivos de conservação e limites definidos, sob regime especial de administração, ao qual se aplicam garantias adequadas de proteção. (Oliveira e Sarney, 2000)

Na Figura 12.3 identifica-se a sub-bacia hidrográfica do Rio Sagrado.[2]

O território denominado Rio Sagrado, assim como a APA de Guaratuba e grande parte do litoral brasileiro, hospeda grande parte da floresta atlântica brasileira. Segundo Alvarez (2008), ao falar de diversidade da Ma-

---

[2] Cabe apontar que está em curso a identificação cartográfica da sub-bacia hidrográfica do Rio Sagrado, coordenada pela profa. dra. Cristiane Mansur, com financiamento do Programa de Extensão da Furb em parceria com a Universidade Federal do Paraná (UFPR) e o Instituto Paranaense de Desenvolvimento Econômico e Social (Ipardes).

Figura 12.1 – Mapa do estado do Paraná.

Fonte: Ipardes (2009).

ta Atlântica, surge a denominação "Floresta Ombrófila" (ombro = sombra; fila = amiga) densa.

> Estamos falando de 1938, aqui tudo era mato e o caminho estava totalmente fechado por ele, dificilmente havia moradores. Os moradores eram tão poucos que dava para contar com a mão [...] havia oitos habitantes desde aqui até a escola [...] quando a mãe veio para morar aqui, ela diz que havia índios no alto da serra [...] eles eram mansos. (Amália Maria Radke apud Alvarez, 2008)

A sub-bacia do Rio Sagrado é protegida pela Serra do Mar, que separa a costa do primeiro planalto do Paraná. Muitos rios nascem e desembocam

Figura 12.2 – Mapa do município de Morretes, PR.

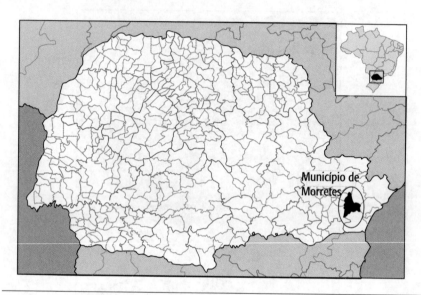

Fonte: Ipardes (2009).

nesse território, as temperaturas são altas (com uma media de 25ºC) e apresentam um alto número de precipitações, tendo uma umidade relativa do ar superior a 80% em todos os meses do ano, sendo fevereiro o mês mais chuvoso (Alvarez, 2008). "A gente chegou numa época em que chovia muito, oito meses: havia dois dias de sol e o resto da semana era só chuva" (Maria da Conceição apud Alvarez, 2008).

Com relação aos aspectos socioculturais e socioétnicos, como se aponta na etnografia de Alvarez (2008), o território propiciou no passado a possibilidade de modos de vida de comunidades indígenas (Tupis, Guaranis e Carijós, entre outros), africanos e europeus (colonizadores alemães e italianos). "A raiz disso, o lugar chamado Rio Sagrado, era a sede da nação indígena [...] aqui viviam de 6 a 8 mil índios carijós" (Marris apud Alvarez, 2008).

De acordo com relato dos moradores mais antigos da localidade, entrevistados por Henríquez Zuñiga e Tomaselli (2006), os primeiros moradores chegaram ao Rio Sagrado em 1870, motivados pela necessidade de residirem próximos às linhas de telégrafo. Eles prestavam serviços de ma-

Figura 12.3 – Mapa do estado do Paraná com destaque para a área de drenagem da sub-bacia do Rio Sagrado.

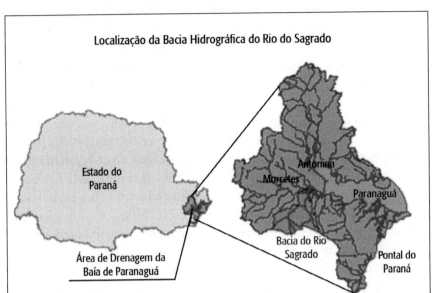

Fonte: Nowatzki et al. (2007).

nutenção nas linhas, como, por exemplo, poda da mata para não danificar os fios, e não utilizavam a biodiversidade com a intenção de comercializar os produtos extraídos da natureza, ficando restrita à subsistência dos trabalhadores e de suas famílias. Esses primeiros moradores aproveitavam-se da abundância de nascentes e cursos d'águas, bem como cultivavam mandioca, batata, milho, cará e banana, entre outros itens, e obtinham carne da caça de antas, quatis, tatus, cutias e muitos tipos de aves.

Posteriormente, algumas famílias de origem alemã migraram para a localidade, com o intuito de colonizar o Rio Sagrado. Essas famílias exploravam as terras através da prática da agricultura para fins de comercialização do excedente. Foi nesse período que se iniciou o que hoje se conhece por dano ambiental no local, provocado, sobretudo, pela prática da agricultura em uma floresta tropical, como o desmatamento e o uso de agrotóxicos. Mais marcos socioambientais podem ser apontados: após a agricultura, iniciou-se a extração de madeira, abrindo-se estradas para a retirada das árvores. As principais árvores extraídas eram peroba, imbuia, canela-branca e canela-preta, arariba, ipê, cedro, garapuvu e embaguaçu. Outras de menor valor eram queimadas; nos anos 1950, com a criação de búfalos, animais territoriais de grande porte que necessitam de grande espaço para sobreviver, acabou-se invadindo florestas (pois o pasto não era suficiente e afugentava outros animais) e brejos (atrás de lama para se proteger dos insetos); e por fim a construção da rodovia BR 277 (Henríquez e Tomaselli, 2006).

Em relação aos aspectos socioeconômicos, Keller Alves (2008) aponta que no local concentra-se uma povoação de 520 famílias, das quais aproximadamente 270 são consideradas residentes – predominantemente pequenos proprietários rurais – e 250 famílias não residentes, isto é, proprietários de chácaras ou sítios para o lazer. Trata-se de uma comunidade que busca mecanismos de adaptação na tentativa de superação de crises econômicas, baseando-se principalmente em atividades econômicas apoiadas na agricultura familiar, sobretudo na pluriatividade, como agroindustrialização, artesanato com fibras naturais (bananeira e cipó-imbé) e turismo solidário, constituindo atualmente um arranjo socioprodutivo de base comunitária.

A renda familiar varia de um a dois salários mínimos (Zechner, 2007; Keller Alves, 2008). Cabe a observação de que o feitio de artesanato é considerado usualmente uma atividade complementar, isto é, muitas vezes a atividade não é vista como trabalho em si. Em relação à sociedade do Rio Sagrado, destaca-se que 26% é composta por estudantes, seguido de 19% por pessoas que exercem atividades diversas (agente de saúde, assalariados urbanos, auxiliar de enfermagem, soldador, tratorista, entre outros). Tem-se a informação de que 11% das pessoas dedicam-se à ocupação "do Lar" (donas de casa), e 10% são aposentadas. Das atividades relacionadas ao mundo rural, cerca de 3% têm como ocupação o trabalho de caseiro ou chacareiro, próximo de 0,5% o de artesão. Finalmente, aproximadamente 13% trabalha como agricultor (Keller Alves, 2008; Zechner, 2007; Henríquez et al., 2008).

ENTENDENDO OS INDICADORES E A PROBLEMÁTICA SOCIOAMBIENTAL

Rojas (2005) aponta que o bem-estar subjetivo[3], entendido como felicidade, provê um critério de convalidação empírica, o que pode corroborar ou não com indicadores objetivos que medem o bem-estar. Por sua vez, Fonseca (2002) considera que a relação entre indicadores objetivos e subjetivos de bem-estar está longe de obedecer a um mero padrão científico.

São muitas as dificuldades encontradas na hora de discutir o tema sobre o que vem sendo chamado bem-estar subjetivo. Discussões recentes[4] afirmam que se não bastasse a dificuldade de aferição dos indicadores da dimensão subjetiva, há ainda o problema real de não ser fácil para o ser humano verbalizar o que se passa no seu íntimo. Fonseca (2002) complementa, afirmando as reais dificuldades de ordem cognitiva e de linguagem para mensurá-la.

Atualmente, os indicadores de qualidade de vida mais utilizados são os de dimensões econômicas (objetivos), pois apresentam relativa facilidade de mensuração em virtude de serem elaborados com base em dados quantitativos. Os indicadores sociais e ambientais de qualidade de vida se mostram mais complexos e, portanto, com maior dificuldade de mensuração[5].

Nem sempre o crescimento econômico pode ser traduzido ou comparado por meio de indicadores de qualidade de vida de determinada população. Nesse ponto, cabe destacar alguns exemplos apontados por Fonseca (2002), quando diz que a partir da segunda metade do século XX houve forte crescimento econômico na Europa e Japão. Contudo, esse crescimento quase nada contribuiu para a alteração dos padrões de qualidade de vida das populações em seus respectivos países. Outro exemplo é o dado por Max--Neef (2007), quando diz que, apesar de o poder aquisitivo dos norte-ame-

---

[3] Para Fonseca (2002, p. 61), o bem-estar humano abarca dois componentes básicos: uma dimensão objetiva, considerada aquela facilmente observável, associada a indicadores numéricos; e uma dimensão subjetiva, que se refere à experiência interna do indivíduo. O mesmo autor afirma que nas confluências das duas dimensões encontra-se a felicidade.

[4] Reflexão sobre indicadores objetivos e subjetivos de bem-estar, baseado em Fonseca (2002), apresentada pela mestranda Raquel Reis no contexto da disciplina "Processos de desenvolvimento do mestrado em desenvolvimento regional" (2008).

[5] Apontamentos de sala de aula no contexto da disciplina "Sustentabilidade socioambiental", a cargo do prof. dr. Luciano Florit, disciplina do terceiro semestre do curso de mestrado em desenvolvimento regional, cursada entre agosto e outubro de 2008.

ricanos mais que duplicar entre os anos 1950 e 2000, o número de pessoas que se autodefinem como felizes tem permanecido quase invariável.

Para complexar a discussão, parece pertinente incorporar a variável socioambiental no conjunto de elementos que compõem indicadores que permitem repensar um outro desenvolvimento ou um desenvolvimento na escala humana. É bom que se entenda que o termo socioambiental refere-se à relação sociedade-natureza, entendendo que sistemas sociais são eminentemente ambientais (Fernandes e Sampaio, 2008).

Antes de mais nada, o termo indicador tem origem no latim *indicare*, que significa revelar e apontar (Garcia e Guerrero, 2006). Os indicadores podem ser definidos como variáveis dotadas de significados, derivados de uma configuração científica e que refletem de forma sintética, no caso da vertente socioambiental, um interesse social pelo ambiente, podendo substanciar processos de tomada de decisão (Rueda, 1999). O objetivo dos indicadores é agregar e quantificar informações de modo que sua significância fique mais evidente. Os indicadores procuram simplificar as informações existentes sobre fenômenos, hoje em dia considerados complexos, tentando melhorar com isso o processo de tomada de decisão e, por sua vez, a comunicação (Van Bellen, 2006).

Para Martino (2006), um indicador social é uma medida geralmente quantitativa, dotada de significado social substantivo, usado para substituir, quantificar ou operacionalizar um conceito social abstrato, de interesse teórico (para pesquisa acadêmica) ou pragmático (para formulação de políticas). É um recurso metodológico, empiricamente referido, que informa algo sobre um aspecto da realidade social ou sobre mudanças que estão se processando nela.

Por sua vez, os indicadores para sustentabilidade são ferramentas capazes de avaliar progressos na direção do desenvolvimento sustentável. O processo de elaboração dos indicadores socioambientais é lento e complexo, requerendo uma abordagem de trabalho específico, em que os pesquisadores trabalham com visão global, mas atuando de forma local (Wautiez e Reyes, 2000). Para tanto, é imprescindível que haja interação e integração das diferentes áreas do conhecimento (científico e não científico), isto é, valorizar o conhecimento local e sua interação com as diferentes disciplinas científicas (Seixas, 2005; Max-Neef, 2007; Failing et al., 2007; Henríquez Zuñiga, 2007; Sampaio, 2009; Zechner et al., 2008).

Segundo Sérgio Besserman (2003), há um vazio de informações socioambientais nos contextos locais, regionais e globais: a produção de estatísticas e indicadores sobre a sustentabilidade do desenvolvimento é insuficiente e precária; as deficiências superam em muito a oferta de informações. Isso se deve à própria emergência da problemática socioambiental, tanto no que diz respeito ao despertar da consciência ecológica em escala global, quanto à evolução acelerada das agressões ao meio ambiente nas últimas décadas e sua maior divulgação pela mídia.

Existe na atualidade um sistema de indicadores denominado *Relatório do Planeta Vivo* que, desde o 2006, vem alertando ainda mais o que outros indicadores socioambientais como a Pegada Ecológica já o fizeram. Fazer uma leitura desses relatórios permite evidenciar a atual crise socioambiental, que nem tem comparação em sua dimensão e significado com a crise financeira. A seguir apresenta-se uma breve leitura dos *Relatórios do Planeta Vivo* 2006 e 2008.

Uma breve leitura sobre os *Relatórios do Planeta Vivo* (2006 e 2008)

The living Planet Report ou *Relatório do Planeta Vivo* é uma rede de esforços de equipes multidisciplinares que trabalham para descrever o estado atual da biodiversidade em níveis globais, medindo a pressão que nós, seres humanos, colocamos sobre os ecossistemas. O relatório foi criado em 1998 pela World Wildlife Found (WWF), e suas projeções desde então são pessimistas quanto ao estado do nosso planeta (WWF, 2006).

O *Relatório do Planeta Vivo* é calculado com base em dois índices, o Índice do Planeta Vivo e a Pegada Ecológica.[6] O primeiro aponta para o estado atual dos ecossistemas do planeta e é medido pelo estudo e o monitoramento de 1.686 espécies emblemáticas de vertebrados em todas as regiões do mundo. O segundo índice mostra o alcance e o tipo de demanda que a humanidade está impondo nos ditos ecossistemas estudados pelo *Relatório Planeta Vivo* (WWF, 2008).

Segundo o *Relatório do Planeta Vivo* (WWF, 2006), as notícias não são boas e confirmam que estamos, como sociedade, consumindo os recursos naturais, ou seja, a biodiversidade, em um ritmo superior à sua capacidade de renovação, isto é, a capacidade de resiliência. Esse mesmo relatório nos mostra que a Pegada Ecológica mais que triplicou desde 1961.

---

[6] Para maior aprofundamento do conceito sobre Pegada Ecológica, ver: Wackernagel e Rees (2001), Van Bellen (2006) e Dias (2002).

A recente depressão financeira da economia mundial é uma amostra do que acontece quando gastamos mais do que temos. Contudo, não se compara com a eminência dos problemas mais graves do aquecimento global ocasionados pela *sobrecarga ecológica*. Da mesma maneira que o gasto desmedido gerou uma recessão mundial, o consumo ou sua panaceia, o "consumismo", está acabando com o capital natural do planeta (WWF, 2008).

A nossa pegada ecológica global excede atualmente 30% a capacidade de carga do planeta de se regenerar. Se o *Relatório do Planeta Vivo* de 2006 já apontava que para o ano 2050 precisaríamos de dois planetas Terra, o relatório de 2008, mais pessimista, antecipa o caos para meados da década de 2030 (WWF, 2006 e 2008). O grande desafio dessas projeções é que não basta conhecermos os problemas, na verdade, precisamos realmente compreender que temos apenas um planeta. Embora negligentemente pareça que sua capacidade de carga é grande, ela é limitada (WWF, 2008).

As Figuras 12.4 e 12.5 ilustram as condições em que nos encontramos atualmente.

Ao analisar as Figuras 12.4 e 12.5, percebe-se que a demanda da humanidade sobre o planeta mais que duplicou no decorrer dos últimos 45 anos, resultado do crescimento populacional e, sobretudo, de seu apelo consumista. Também é possível destacar que, na década de 1960, quase todos os países do mundo tinham uma capacidade mais do que suficiente para sa-

Figura 12.4 – Índice do Planeta Vivo, 1970-2005.

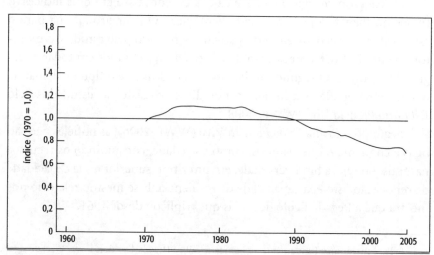

Fonte: WWF (2008).

Figura 12.5 – Pegada Ecológica da humanidade, 1961-2005.

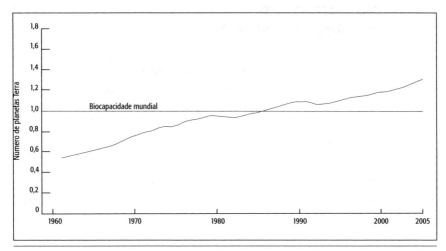

Fonte: WWF (2008).

tisfazer suas próprias demandas ecológicas. Já em 2005, os países industrializados, ou desenvolvidos, que apresentaram dívida ecológica – Pegada Ecológica alta –, já deveriam importar recursos de países com excedente de capacidade ecológica, ou seja, países em desenvolvimento – Pegada Ecológica baixa (WWF, 2008).

O *Relatório do Planeta Vivo* (WWF, 2008) alerta que mais de 3/4 da população mundial vive em nações que possuem dívida ecológica, proveniente de um estilo de vida baseado na produção e no consumo muito além das necessidades humanas fundamentais, o que quer dizer que estariam necessariamente extraindo capital natural de outras partes do mundo. A pergunta que se pode fazer é: de que parte do mundo?

Na procura de alternativas para outro desenvolvimento, ganha destaque internacional a visão que traz o economista chileno Manfred Max-Neef. No seu livro *Desarrollo a escala humana*, o Nobel alternativo de economia, além de fazer uma crítica ao modelo de desenvolvimento, faz uma reformulação do conceito de necessidades, que ele denomina necessidades humanas fundamentais. Essas necessidades humanas fundamentais podem ser interpretadas como indicadores socioambientais de desenvolvimento na escala humana. Para uma melhor compreensão desse pensamento, discute-se a seguir o pensamento de Max-Neef.

Indicadores para um desenvolvimento na escala humana: o pensamento transdisciplinar de Max-Neef

O trabalho de Max-Neef (2001) propõe uma perspectiva para pensar outro desenvolvimento ou, como o autor chama, para pensar o desenvolvimento na escala humana. O autor entende que os pilares fundamentais do desenvolvimento na escala humana são as satisfações das necessidades humanas, a geração de níveis crescentes de autodependência e as articulações orgânicas dos seres humanos com a natureza, intermediado pela tecnologia.

Esses pilares do desenvolvimento se constroem a partir do protagonismo real das pessoas, como sujeitos emancipados. O autor aponta a necessidade de melhor qualificação dos processos democráticos para que o desenvolvimento na escala humana seja possível, plausível e exequível.

Max-Neef (2001) aponta que, para isso, há que se reinterpretar os conceitos de necessidades e de satisfação dessas necessidades e, por sua vez, os de pobreza e de exclusão. O que determina a qualidade de vida das pessoas é a satisfação das necessidades humanas fundamentais. Para Assis (2006), o bem-estar é alcançado com o atendimento de necessidades que não se limitam ao poder de compra como consumidor. Necessidades essas que devem

Figura 12.6 – Pilares do desenvolvimento na escala humana.

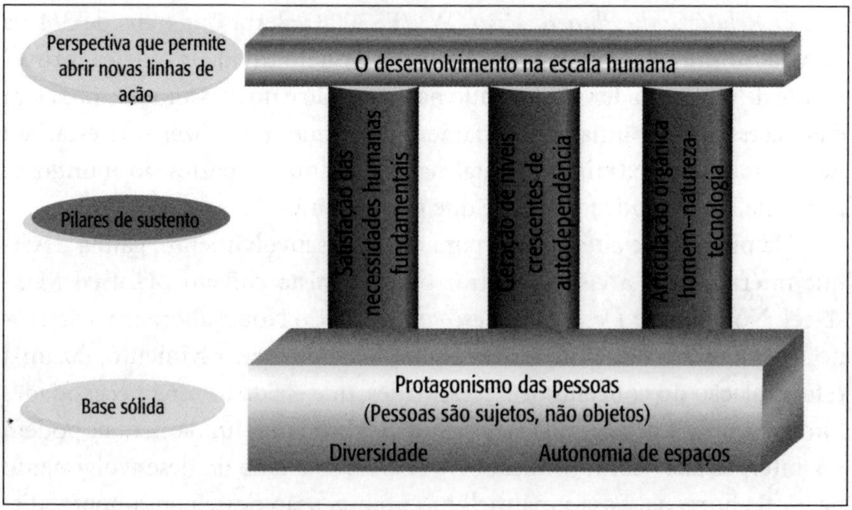

Fonte: Adaptado de Max-Neef (2001).

ser consideradas a partir de um diagnóstico participativo para pensar o desenvolvimento. Tanto riqueza como pobreza ou inclusão e exclusão podem se referir não necessariamente à dimensão econômica, e sim às dimensões moral ou afetiva.

Sob a ótica econômica neoclássica, o desenvolvimento pressupõe a potencialização da produção, associada à industrialização, e a acumulação do capital produtivo. Este pode ser medido a partir de indicadores de nível de renda per capita; volume da poupança por habitante; taxa de desemprego; distribuição interna da renda; existência de infraestrutura básica, entre outros. Todos esses indicadores são, de fato, representativos de condições para o atendimento de algumas necessidades que definem o bem-estar. Entretanto, dizem respeito a apenas uma parte das necessidades, e definem uma parte do bem-estar, ou seja, medem apenas a dimensão material das necessidades (Assis, 2006).

Pensar as necessidades humanas como infinitas constitui um equívoco conceitual. Há que diferenciar necessidade de *satisfator*.[7] O consumo não é uma necessidade, e sim um *satisfator*. As necessidades humanas fundamentais são as mesmas em todas as culturas, em todos os lugares e em todos os períodos históricos, afirma Max-Neef (2001).[8] Essas necessidades humanas passam pelas dimensões existenciais ou ontológicas, como: ser, ter,[9] fazer e estar, e as necessidades axiológicas como: subsistência, proteção, afeto, entendimento, participação, ócio, criação, identidade e liberdade.[10] O que muda através dos tempos e das culturas são as maneiras e os meios utilizados para "satisfazer" essas necessidades (Max-Neef, 2001). Apresenta-se no Quadro 12.1 uma proposta de matriz de necessidades humanas fundamentais.

Essa discussão e reinterpretação do conceito de necessidades e satisfatores permite primeiramente, segundo o autor, reinterpretar o conceito de pobreza, isto é, não existe o conceito de pobreza e sim o de "pobrezas", pois

---

[7] As formas de satisfação das necessidades são os *satisfatores*, e estes são os que se moldam às dinâmicas econômicas, políticas ou sociais, estando culturalmente determinados (Max-Neef, 2001 e 2007).

[8] Apontamentos de sala de aula no contexto da disciplina "Introducción a la conservación biológica, desde una perspectiva crítica y multidisciplinaria" do curso do Programa de Honor da Universidade Austral do Chile. A disciplina foi coordenada pelo prof. dr. Iñaki Ceverio durante o primeiro semestre de 2007.

[9] Cabe apontar que Max-Neef (2007) é enfático quando afirma que o "ter" não se refere a bens ou coisas materiais.

[10] Max-Neef ainda se refere a uma décima necessidade, a de transcendência.

Quadro 12.1 – Matriz de necessidades humanas fundamentais.

	Ser	Ter	Fazer	Estar
Subsistência	1- Saúde física, saúde mental, equilíbrio, solidariedade, senso de humor, adaptabilidade	2- Alimento, abrigo, trabalho	3- Alimentar, procriar, descansar, trabalhar	4- Meio ambiente, meio social
Proteção	5- Cuidado, adaptabilidade, autonomia, equilíbrio, solidariedade	6- Sistema de seguro, poupança, seguro social, sistema de saúde, família, direitos	7- Cooperar, prevenir, planejar, cuidar, curar, defender	8- Espaço onde se mora, ambiente social, habitação
Afeto	9- Autoestima, solidariedade, respeito, tolerância, generosidade, receptividade, paixão, determinação, sensualidade, senso de humor	10- Legislação, amizades, família, parcerias, animais domésticos, plantas, jardins, relações com a natureza	11- Fazer amor, acariciar, expressar emoções, compartilhar, cuidar, cultivar, apreciar	12- Privacidade, intimidade, lar, espaço de encontro
Entendimento	13- Consciência, crítica, receptividade, curiosidade, espanto, disciplina, intuição, racionalidade	14- Literatura, professores, métodos, políticas educacionais, políticas de comunicação	15- Investigar, estudar, experimentar, educar, analisar, meditar, interpretar	16- Ambientes de interação formativa, escolas, universidades, academias, grupos de comunidades, família

(continua)

CONSTRUÇÃO DE INDICADORES TERRITORIAIS SOCIOAMBIENTAIS EM COMUNIDADES | **383**

Quadro 12.1 – Matriz de necessidades humanas fundamentais. *(continuação)*

	Ser	Ter	Fazer	Estar
Participação	17- Adaptabilidade, receptividade, solidariedade, vontade, determinação, dedicação, respeito, paixão, senso de humor	18- Direitos, responsabilidades, obrigações, privilégios, trabalho	19- Filiar-se, cooperar, propor, compartilhar, divergir, acatar, interagir, concordar, expressar opiniões	20- Ambientes de interação participativa, festas, comunidades, vizinhança, família
Ociosidade	21- Curiosidade, receptividade, imaginação, despreocupação, senso de humor, tranquilidade, sensualidade	22- Jogos, espetáculos, clubes, festas, paz de espírito	23- Divagar, sonhar, lembrar dos velhos tempos, mergulhar em fantasias, relembrar, relaxar, divertir-se, brincar	24- Privacidade, intimidade, espaços de encontro, tempo livre, espaço que nos rodeia, paisagens
Criação	25- Paixão, determinação, intuição, imaginação, ousadia, racionalidade, autonomia, inventividade, curiosidade	26- Destrezas, habilidades, métodos, trabalho	27- Trabalhar, inventar, construir, desenhar, compor, interpretar	28- Ambientes de produção e informação, *workshops*, grupos culturais, audiências, espaços para expressão, liberdade temporal

(continua)

Quadro 12.1 – Matriz de necessidades humanas fundamentais. *(continuação)*

	Ser	Ter	Fazer	Estar
Identidade	29- Sensação de pertencer, consistência, diferenciação, autoestima, assertividade	30- Símbolos, linguagem, religião, hábitos, costumes, grupos de referência, sexualidade, valores, normas, memória histórica, trabalho	31- Comprometer-se, integrar-se, confrontar-se, conhecer a si próprio, reconhecer-se, realizar-se, crescer	32- Ritmos sociais, ambientes do cotidiano, ambientes aos quais pertencemos, estágios de amadurecimento
Liberdade	33- Autonomia, autoestima, determinação, paixão, assertividade, abertura de mente, ousadia, rebeldia, tolerância	34- Igualdade de direitos	35- Discordar, escolher, diferenciar-se, arriscar, desenvolver a consciência, comprometer-se, desobedecer, meditar	36- Plasticidade espaço-temporal

Fonte: Max-Neef (1986).

qualquer uma das necessidades humanas fundamentais que não esteja satisfeita representa um tipo de pobreza. A construção da matriz de necessidades pode também ser interpretada como a base para a construção de indicadores socioambientais de dado território que privilegie a perspectiva do desenvolvimento na escala humana.

Quando se fala da perspectiva do desenvolvimento na escala humana, e mais ainda da construção participativa de indicadores socioambientais, é preciso retomar a discussão sobre os diferentes tipos de conhecimento e como estes dialogam e se complementam entre si. A seguir, uma breve discussão sobre os tipos de conhecimento e novas metodologias de abordagem que privilegiam outro olhar da gestão participativa de um território.

CONHECIMENTOS, PESQUISA PARTICIPANTE E ECOPEDAGOGIA: SUAS RELAÇÕES COM OUTRO DESENVOLVIMENTO

O conhecimento tradicional traz consigo complexidades históricas, sociais, ambientais, culturais e econômicas de dado território que, muitas vezes, são renegadas ou, então, desconsideradas, como se não existissem. São invisíveis quando se pensa o desenvolvimento (Freire et al., 2005; Max--Neef, 1986). Não há como relevar as comunidades que vivem no entorno, bem como seus conhecimentos, quando se prospectam políticas públicas ou tomadas de decisões que afetarão essas populações, tanto para o bem quanto para o mal, sobretudo na ocasião que trata da gestão de recursos naturais de uso comum (Freire et al., 2005).

Autores como Failing et al. (2007) discutem quais são os atores sociais que deveriam estar envolvidos em processos de tomada de decisão no tocante à gestão de riscos socioambientais, compreendendo que sistemas sociais são eminentemente ambientais e ainda destacando a necessidade de superar a falsa dicotomia entre conhecimento científico e conhecimento tradicional ou local. A crítica que o conhecimento tradicional geralmente recebe é de sua componente tácita, pouco visível; no entanto, todo tipo de conhecimento, inclusive o científico, possui tal dimensão, podendo inclusive remeter ao questionamento: racional para quem?

Aliás, as tomadas de decisões que incorporam conhecimentos científicos e locais possuem chances de serem mais eficientes e adequadas para lidar com a complexidade dos problemas socioambientais (Faling et al., 2007).

Parece oportuno evitar dicotomizações entre conhecimento científico e conhecimento tradicional, ou mesmo propor hierarquizações que objetivem qualificá-los. Trata-se apenas de conhecimentos diferentes, tendo ambos sua relevância e pertinência. Falcão (2008) afirma que o conhecimento local é qualificado territorialmente e costuma ser transmitido oralmente e, em geral, não está documentado. Caracteriza-se também por ser dinâmico, adaptativo, e ter como base o senso comum comunitário, usualmente relacionado com os modos de vida das pessoas. Dessa maneira, observa-se que o conhecimento local emerge da participação comunitária, sobretudo quando as comunidades estão interessadas em satisfazer suas necessidades concretas e diárias no território onde vivem.

A participação autêntica está conectada à ação efetiva da comunidade nas decisões que lhe dizem respeito, o que faz do planejamento participativo uma forma de intervir na realidade. Esse processo passa por dois momentos cruciais: pela autocrítica; e pelo diálogo aberto entre os interessados. A participação direta das lideranças comunitárias em todas as etapas do planejamento, gestão e avaliação privilegia o conhecimento tradicional e complementa o conhecimento dos especialistas que o conduzem (o planejamento) nas identificações de problemas, bem como de suas soluções (Henríquez, 2007; Fernandes e Sampaio, 2006).

A participação e a gestão comunitárias que privilegiam o conhecimento local tornam-se legítimas para qualquer espacialidade, municipal, estadual ou federal, independente de suas preferências partidárias, muito embora não seja tarefa fácil explicar aos novos mandatários eleitos a desvinculação partidária de um planejamento comunitário (Sampaio et al., 2006).

Há que pontuar que significativos esforços têm sido feitos por novas perspectivas científicas no sentido de incluir ou relevar o conhecimento tradicional em abordagens de intervenção, como diagnósticos participativos. A exemplo, na década de 1990, surge a pesquisa participativa, que, segundo Seixas (2005), tornou-se uma ferramenta muito útil para o envolvimento comunitário no desenvolvimento e na gestão de recursos naturais. Brandão (2006) aponta que é preciso reconhecer que há mais perguntas do que respostas, e que há mais experiências em curso do que exemplos consagrados.

A pesquisa participativa sobre o tema socioambiental possui como norte o empoderamento das populações menos favorecidas, dando voz e valorizando o uso do conhecimento local, mesmo porque não se compreenderia os problemas nem suas soluções (Chambers apud Seixas, 2005, p. 75).

Pode-se dizer que a pesquisa participativa encontra-se interconectada com um processo de ecopedagogia. Os próprios membros comunitários são os educandos e educados em um processo de ensino-aprendizagem colaborativo na solução de problemas comuns que dizem respeito ao território (McArthur apud Seixas, 2005).

A partir da pesquisa participativa, surge um desdobramento, a pesquisa-ação participativa (*participatory action research*), que é definida como um processo de questionamento sistêmico, no qual aqueles que estão experimentando uma situação problemática participam, em colaboração com pesquisadores, do delineamento e da execução da pesquisa e dos processos de tomada de decisão sobre como utilizar o conhecimento gerado para lidar com a situação que enfrentam (Desler e Ewert apud Seixas, 2005, p. 80).

Esse tipo de participação privilegia a cidadania nos seus direitos e deveres comunitários, muitas vezes esquecidos, quanto às questões socioambientais. Justifica-se no fato de que modos de vida tradicionais – povos originários, pescadores artesanais, agricultores familiares, faxinalenses –, mesmo quando pressionados pela luta da sobrevivência diária, vêm conseguindo conservar a biodiversidade territorial. Essas populações se encontram, em sua grande maioria, inseridas em Unidades de Consevação (UC) de uso sustentável (admitindo a presença humana), e se mostram ainda mais efetivas quando possuem controle do uso e dos acessos da biodiversidade; inclusive em zonas de amortecimento de UC de uso indireto (não admitindo a residência humana). Os modos de vida tradicionais vêm demonstrando, a partir de um fazer pedagógico, a conjugação entre aprendizagem e convivência territorial (Gutiérrez e Prado, 1999).

Como apontam Gutiérrez e Prado (1999, p. 64), a cidadania ambiental e a cultura da sustentabilidade levam a uma sociedade planetária, que se caracteriza pela abertura, dinamismo, interatividade e complexidade, e que requer processos pedagógicos igualmente abertos, dinâmicos e criativos, nos quais os protagonistas estejam em estágio de aprendizagem permanente e, portanto, participem, se expressem e se relacionem, tal como se concebe a mediação ecopedagógica.

Discutir teoricamente novas metodologias de abordagem e não levá-las à prática dificulta a melhor compreensão sobre o tema aqui apresentado. É por isso que este capítulo transita da crítica para as ideias, e das ideias para a prática. Apresenta-se, na sequência, a concepção sobre zona de educação para o ecodesenvolvimento, que possibilita uma interação mais concreta na abordagem entre teoria e prática.

A ZONA DE EDUCAÇÃO PARA O ECODESENVOLVIMENTO

Desde janeiro de 2006 está em curso o projeto-piloto Montanha Beija-Flor Dourado, considerado uma proposta concreta de um projeto mais ambicioso, chamado projeto guarda-chuva, denominado Zona Laboratório de Educação para o Ecodesenvolvimento (ZonLab), cujo objetivo é conservar modos de vida de comunidades tradicionais e preservar a biodiversidade na sub-bacia do Rio Sagrado. A iniciativa é do Laboratório de Gestão de Organizações que Promovem o Ecodesenvolvimento (Instituto

LaGOE), sediado em Curitiba, e da Universidade Regional de Blumenau (Furb), juntamente com a Associação Comunitária Candonga e a Associação de Moradores do Rio Sagrado (Amorisa), que vêm articulando uma rede de esforços de organizações que pensam sistemicamente e atuam comunitariamente (Sampaio et al., 2006).

Desdobrando o objetivo principal do projeto ZonLab, surgem objetivos específicos:

- Construir um diagnóstico participativo local ecossocioeconômico da microbacia do Rio Sagrado, conjugando conhecimento científico e sabedoria tradicional na identificação de problemas, bem como de suas soluções.

- Fomentar um conjunto de iniciativas que podem ser compreendidas como um processo de ensino e aprendizagem emancipatório de homens e mulheres, que complementa a educação formal para promover um desenvolvimento territorial sustentável.

- Reconstruir uma memória social e cultural sobre antigas e novas formas de intercâmbio e de tecnologias apropriadas que permitam viabilizar modos de vida mais tradicionais, gerando e potencializando espaços territoriais que possibilitem, com base em critérios e valores éticos, a satisfação de necessidades humanas fundamentais.

- Fomentar a criação de um arranjo socioprodutivo e político de base comunitária, com responsabilidade socioambiental, a partir da extração, produção, distribuição e comercialização de bens (artesanato, ervas naturais, adubo e produtos orgânicos, derivados de produtos *in natura* – banana, aipim, cana-de-açúcar e maracujá –, bem como da agroindustrialização – compotas, salgados, sorvetes e sucos) e da oferta de serviços de turismo comunitário, sustentável e solidário (Sampaio et al, 2006; Zechner et al., 2009).

O projeto combina pesquisa-ação participativa comunitária e gestão ecossistêmica. A pesquisa-ação comunitária tem como princípio básico o envolvimento da população diretamente beneficiada no design da pesquisa, na coleta de dados e no desenvolvimento do projeto (Freire et al., 2005). A gestão ecossistêmica combina princípios da saúde do ecossistema, perspectiva biorregional, gestão transescalar, pesquisa transdisciplinar, gestão adaptativa e processos com múltiplos atores sociais envolvidos:

CONSTRUÇÃO DE INDICADORES TERRITORIAIS SOCIOAMBIENTAIS EM COMUNIDADES | **389**

- Princípio da saúde do ecossistema: consiste na descrição de estados desejados ou ideais do meio ambiente.
- Perspectiva biorregional: considera tanto características naturais da área quanto o senso do lugar e os padrões de uso da terra das populações locais na definição das unidades de gestão.
- Gestão transescalar: reconhece que os ecossistemas funcionam em diferentes escalas temporárias e geográficas.
- Pesquisa transdisciplinar: combina a coordenação de todos os campos de saberes disciplinares e interdisciplinares.
- Gestão adaptativa: reconhece a imprevisibilidade das interações entre as pessoas e os ecossistemas, na sua dinâmica coevolutiva, iterativa, envolvendo retroalimentações entre os níveis da pesquisa e da gestão.
- Processos com múltiplos atores sociais envolvidos: promovem tomadas de decisões consensuais, fomentando, além disso, a aprendizagem social e encorajando os diferentes parceiros a melhor apreciar os valores e as necessidades alheias e a trabalhar juntos pela concretização de um objetivo comum (Gadgil, 2000; Johnson et al., 2003).

Na atualidade, após vários momentos de reflexões críticas, sobretudo do olhar feminino e antropológico, o nome original do projeto guarda-chuva reduziu-se para Zona de Educação para o Ecodesenvolvimento. Questionavam-se as contradições inerentes ao termo laboratório quanto à perspectiva de território vivo que se adota.

Apresentamos, na continuação, uma breve descrição da metodologia de trabalho proposta nesse processo de construção participativa de indicadores socioambientais territoriais.

Metodologia de pesquisa na construção participativa de indicadores territoriais

Embora existam controvérsias quanto aos benefícios e malefícios da cientificidade, tem-se como ponto de partida que a pesquisa transdisciplinar venha a corrigir muitas das distorções monodisciplinares,[11] sobretudo

---

[11] Max-Neef (1986) desconfia se a mesma racionalidade científica, predominantemente monodisciplinar, será capaz de encontrar as respostas e as alternativas necessárias para a crise que ela mesmo criou.

quando esta releva formas de conhecimento sob a designação de saberes locais. Para isso, há que se valer da pesquisa-ação participativa, que tem como princípio o envolvimento da população diretamente beneficiada no design da pesquisa, na coleta de dados e no desenvolvimento do projeto.

A primeira etapa do projeto, caracteristicamente exploratória, aproximou-se da temática indicadores de sustentabilidade e da problemática socioambiental, como visto. A segunda etapa, denominada diagnóstico profundo intergeracional,[12] desenvolveu oficinas[13] com crianças da primeira a quarta série do ensino fundamental para conhecer a leitura da espacialidade territorial. O resultado final foi a construção de uma maquete (de 4,5 m²) do território percebido, construído de maneira coletiva entre os estudantes e os pesquisadores envolvidos nessa fase. Outra atividade ainda nessa segunda etapa foi a construção da primeira cartografia básica do território, delimitando a microbacia do Rio Sagrado, baseando-se em dados secundários disponibilizados pelo Instituto Brasileiro de Geografia e Estatística (IBGE), Instituto Ambiental do Paraná (IAP) e Instituto Paranaende de Desenvolvimento Econômico e Social (Ipardes).

O trabalho de cartografia vem sendo desenvolvido por uma equipe multidisciplinar de pesquisadores da Furb.[14] Espera-se desenvolver ainda uma cartografia mais específica do território, isto é, mapas temáticos do meio físico e antrópico, incluindo um mapa temático de geologia. A geologia da área é fundamental para a caracterização e avaliação do meio físico da microbacia em estudo.[15] A informação geológica possibilita interpretar e reconstruir a história da evolução da paisagem, assim como seu comportamento atual, identificando as áreas de risco (Mansur e Martins, 2008). Espera-se, ainda, contar com um mapa síntese que dê conta das principais atividades produtivas desenvolvidas no território, a partir da percepção de

---

[12] Cabe apontar que essa fase do diagnóstico ainda está em processo de desenvolvimento.

[13] Trabalho desenvolvido por uma estudante chilena de arquitetura e pelo autor do artigo no período de estágio entre fevereiro e março de 2009.

[14] Ressalta-se que até então não existia uma cartografia básica específica do território da microbacia hidrográfica do Rio Sagrado. Ela vem sendo construída por uma equipe transdisciplinar da Furb, trabalho liderado e coordenado pela profa. dra. Cristiane Mansur e financiado pelo Programa de Extensão da Furb.

[15] Apontamentos de sala de aula no contexto da disciplina "Organização do Espaço", a cargo da profa. dra. Cristiane Mansur. Disciplina do primeiro semestre do curso de mestrado em desenvolvimento regional, 2008.

jovens da quinta à oitava série do ensino fundamental e da primeira à terceira série do ensino médio.

Para finalizar a fase do diagnóstico profundo intergeracional, há ainda o desenvolvimento de três oficinas que permitirão o preenchimento da matriz de necessidades humanas fundamentais do economista chileno Manfred Max-Neef, apresentada anteriormente, com o intuito de conhecer as necessidades reais dos moradores da microbacia do Rio Sagrado. Pretende-se trabalhar com aproximadamente vinte famílias que representam as duas associações existentes na comunidade, estratificadas em quatro grupos, respeitando a igualdade de gênero: crianças, jovens, meia-idade e terceira idade.

As etapas posteriores de construção dos indicadores estão inspiradas no livro do ambientalista e professor chileno Bernardo Reyes, em coautoria com Françoise Wautiez, *Indicadores locales para la sustentabilidad*, em que ambos propõem uma metodologia de construção de indicadores locais para a sustentabilidade. Especificamente essas fases são:

- Organizar, estimular, educar e qualificar os membros dos grupos escolhidos na construção participativa de indicadores. Aproveitar-se-ão os resultados das oficinas que delineiam a matriz de necessidades de Max-Neef.

- Fixar metas e objetivos comunitários. Para viabilizar essa fase, cria-se uma definição de território sustentável, identificando e priorizando problemas relevantes, e estabelecendo conexões com a sustentabilidade (valendo-se do diagnóstico profundo intergeracional). Por último, determinar o que a comunidade pode fazer para resolver os problemas identificados, contando ainda com o governo municipal e demais instituições e com um diagnóstico microrregional propositivo desenvolvido por Falk (2009).

- Escolher um conjunto de indicadores mais apropriados a partir da análise de critérios de seleção.

- Coletar dados necessários para cada indicador, determinando suas fontes e algoritmo de cálculo.

- Comunicar os resultados à comunidade. Nessa fase, será preciso identificar os resultados mais significativos, procurar maneiras inovadoras de comunicá-los e elaborar uma campanha de difusão à comunidade.

- Criar uma estratégia de comunicação social que alcance os demais espaços, sobretudo o município de Morretes, a APA de Guaratuba, o litoral do Paraná e o estado do Paraná, com vistas à criação de políticas públicas que sejam implementadas de maneira a intervir na realidade auferida na microbacia do Rio Sagrado.

CONSIDERAÇÕES FINAIS

Ao longo deste capítulo houve um esforço para responder algumas perguntas de partida, como esta: O que entendemos por desenvolvimento e como medi-lo? Embora se reconheça que há um esforço de organismos internacionais, governos, instituições acadêmicas e pesquisadores para respondê-las, esta não tem se mostrado uma tarefa simples.

A construção de indicadores tem sido uma ferramenta utilizada por aqueles que objetivam mensurar o atual estágio de desenvolvimento territorial: sejam países, regiões ou comunidades. Fica claro a importância e emergência de novos indicadores que permitam oxigenar os processos de desenvolvimento.

Os indicadores socioambientais apresentados deixam claro que, ao olhar para outras dimensões do desenvolvimento, o modelo atual pode ser mais bem compreendido como um mau desenvolvimento, corroborando as afirmações de Morin (1995), quando afirma que o modelo baseado nos indicadores econômicos jamais poderia ser chamado de desenvolvimento, por vários motivos, a começar pela dizimação das culturas locais, ocasionada pelo movimento de homogeneização das conquistas europeias, passando pela priorização de valores de consumo na mesma Europa e na América do Norte – que se estendeu para todo o planeta – e pela exploração desmedida dos recursos naturais renováveis e não renováveis em nível global.

Contudo, ainda hoje, muitas vezes se obtém apenas índices de crescimento por meio de variáveis econômicas, isto é, com a utilização de indicadores objetivos, pressupondo-os como base para a elaboração de políticas públicas. Contudo, há questionamento se essa pressuposição é válida, além da perspectiva científica monodisciplinar.

Embora discordando da dualidade entre urbano e rural, para efeitos didáticos, pode-se afirmar que o espaço urbano, mais condicionado à racionalidade econômica, acaba influenciando o espaço rural, geralmente onde há ainda predominância de modos de vida tradicionais. Isso porque sempre se expande mais a noção de que as condições objetivas de posição socioeconômica urbanas são melhores. Inclusive essa noção é reforçada pelos próprios indicadores objetivos econômicos urbanos, sendo melhores do que os rurais. O que pode levar a um efeito demonstrativo de que quem anda de cavalo, charrete, a pé ou de bicicleta, seja menos feliz que os que andam de carro, metrô ou de ônibus. No entanto, observa-se e fica claro que o bem-estar subjetivo não reflete o que se convencionou ser chamado como qualidade de vida objetiva. Isto é, satisfazer necessidades materialmente não implica satisfazer necessidades afetivas. Subjetivamente as pessoas pensam uma coisa e objetivamente os indicadores convencionais apresentam outras.

Acompanhando as discussões emergentes em torno da sustentabilidade, questiona-se atualmente a possibilidade de criação de indicadores mais abrangentes, capazes de contemplar variáveis econômicas, sociais e ambientais e, ao mesmo tempo, serem validados pelos grupos de influência. No entanto, com a crescente "publicização" da problemática socioambiental, ganha força a necessidade de pensar alternativas, o que socialmente chamamos de desenvolvimento.

Diante desse cenário, a construção de indicadores requer abordagens que abandonem a perspectiva monodisciplinar e o raciocínio cartesiano. O ambiente complexo, incerto e instável exige abordagens ecossociossistêmicas integradas, transdisciplinares, que reconheçam novos campos de pesquisa, capazes de indicar caminhos alternativos para os desafios que se apresentam.

Nessa direção, há que se revitalizar conceitos e construir novos construtos teórico-empíricos. Emerge, assim, o conceito de Ecossocioeconomia e de Zona de Educação para o Ecodesenvolvimento, os quais se coadunam com a perspectiva transdiciplinar, propondo bases filosóficas que repensem a ética e a epistemologia, podendo subsidiar assim um novo conceito de desenvolvimento. Para isso, está em curso a experimentação na sub-bacia do Rio Sagrado, onde o diagnóstico, bem como as ações propositivas territoriais – entendendo território como espaço biofísico apropriado por comunidades –são construídos participativamente, relevando o grau de complementaridade entre conhecimento científico e tradicional.

Há que se pensar que outro desenvolvimento, que privilegia modos de vida (incluindo os modos de produção) de comunidades tradicionais, que vêm conservando a biodiversidade e que misturam conhecimento científico e tradicional, pode ser entendido como espaços de aprendizagem socioambiental transformadores, nas esferas locais, regionais e, por que não, globais.

Como resultado parcial da experiência ainda em curso de construção participativa de indicadores socioambientais territoriais nas comunidades do entorno da microbacia do Rio Sagrado, observou-se que a partir da etapa de diagnóstico profundo intergeracional, num primeiro momento realizado com as crianças do Rio Sagrado, a leitura do cotidiano foi marcada mais pelos simbolismos que representam a natureza que pelos retratos das questões materiais. Por sua vez, no diagnóstico realizado com os jovens, tal tendência não se verificou, no entanto, não se pode afirmar que questões materiais sobrepuseram as da natureza. O que sugere que no decorrer do tempo a dinâmica cultural, talvez mais bem representada pelo sistema de educação formal, reforça a ideologia materialista.

Isso implica a importância de se considerar diferentes grupos etários, de gênero, classes sociais, escolarização, entre outros, nos grupos que irão compor todas as etapas da construção participativa de indicadores socioambientais. Na esfera da educação, torna-se importante também considerar, em vez de uma educação ambiental, na qual o ambiental é adjetivo da educação, a ambientalização da educação tal como sugere Luzzi (2003), como resultado do diálogo de saberes. A educação como processo que comporta a dinâmica complexa do ambiente em todas as suas manifestações (natural, sociais, política, econômica e cultural etc.), ou seja, a educação orientada por uma pedagogia da complexidade (Luzzi, 2003), cujo resultado é o sujeito político, emancipado, com capacidade de reflexão, o que Ramos (1989) define como racionalidade substantiva.

Há alguns desdobramentos na importância da criação de estratégias de comunicação social que divulgam o conjunto de indicadores socioambientais construídos e auferidos na sub-bacia do Rio Sagrado. O primeiro deles, claro, é sua capacidade de replicação para demais espacialidades concretas, isto é, para os demais territórios, mesmo porque potencializaria os indicadores a serem capazes de se transformar em uma referência comparativa. Segundo, divulgar os parâmetros que possibilitaram aferir o conjunto de indicadores, mesmo que haja limites. O que demonstra maturidade por parte da equipe proponente e ainda reforça o caráter construtivo da metodologia, sendo possível aperfeiçoá-la e acompanhar a dinamicidade do conceito de desenvolvimento. Terceiro, servir como fonte de informações para criar um selo de certificação socioambiental, baseado numa metodologia que privilegia a base comunitária. Por último, como já destacado, que sirva de inspiração para a elaboração, implementação e avaliação de políticas públicas fomentadas no âmbito do município de Morretes, APA de Guaratuba e litoral do Paraná, com o apoio do estado do Paraná e do governo federal, como as de educação para o protagonismo, tendo como exemplo a atuação institucional da Universidade Federal do Paraná (UFPR), setor do litoral, o Programa de Honra de Estudos e Práticas em Ecossocioeconomia da Furb, fomentado pelo Edital Interveniência Universitária/CNPq/Ministério da Ciência e Tecnologia, em parceria com o Programa de Honra de Estudos Ambientais e Desenvolvimento Humano e Sustentável da Universidade Austral do Chile, financiado pelo Programa para o Melhoramento da Qualidade do Ensino Superior (Mecesup) do Ministério de Educação do Chile. Esse conjunto de esforços vem diagnosticando demandas territoriais e ofertando ações propositivas com o objetivo de promover o desenvolvimento territorial sustentável, fazendo parte do Sistema de Informações do Observatório de Educação, projeto coordenado pela Furb e financiado pelo Edital Observatório de Educação/Coordenação de Aperfeiçoamento de Pessoal de Nível Superior (Capes)/Inep/Ministério da Educação.

REFERÊNCIAS

ALVAREZ, E. *Feria de Trueque y agrosistemas tradicionales: organización y generación de antecedentes para un diagnóstico participativo de las comunidades de Rio Sagrado.* [S.l.]: Instituto Lagoe, 2008.

ASSIS. W.P. *Estudo sobre desenvolvimento, bem-estar e necessidades humanas para uma econômica da complexidade.* Curitiba, 2006. 191f. Tese (Doutorado em Meio Ambiente e Desenvolvimento) – Universidade Federal do Paraná.

BESSERMAN, S. Indicadores: a lacuna das informações ambientais. In: TRIGUEIRO, A. (coord). *Meio ambiente no século 21: 21 especialistas falam da questão ambiental nas suas áreas de conhecimento.* Rio de Janeiro: Sextante, 2003, p. 90-105.

BRANDÃO, C. *Pesquisa participante.* São Paulo: Brasiliense, 2006.

DIAS, G.F. *Pegada Ecológica e sustentabilidade humana: as dimensões humanas das alterações ambientais globais – um estudo de caso brasileiro (como o metabolismo ecossistêmico urbano contribui para as alterações ambientais globais).* São Paulo: Gaia, 2002.

ECOLOGICAL FOOTPRINT. *Redefining progress.* Disponível em: http://www.myfootprint.org. Acessado em: 19 maio 2008.

FAILING, L.; GREGORY, R.; HARSTONE, M. Integrating science and local knowledge in environmental risk management: a decision-focused approach. *Ecological Economics*, v. 64, p. 41-60, 2007.

FALCÃO, M. P. *Conhecimento local para o desenvolvimento rural*, 2008. Disponível em: http://www.ruralmoc.gov.mz/SeminarioCapacitacao-BPL/Apresentações/6.12.2007/ IK%. Acessado em: 17 nov. 2008.

FALK, C. V. V. *Arranjos institucionais e suas políticas públicas e/ou ações para o desenvolvimento sustentável: as possibilidades para as comunidades do entorno da Microbacia do Rio Sagrado (Morretes-PR)*. Blumenau, 2009. Dissertação (Mestrado em Desenvolvimento Regional) – Centro de Ciências Humanas e da Comunicação. Universidade Regional de Blumenau.

FERNANDES, F. *Sociedade de classes e subdesenvolvimento*. Rio de Janeiro: Zahar, 1975.

FERNANDES, V. A racionalização da vida como processo histórico: crítica à racionalidade econômica e ao industrialismo. *Cadernos Ebape. BR*, v. 6, p. 1-20, 2008.

FERNANDES, V.; SAMPAIO, C.A.C. Problemática ambiental ou problemática socioambiental? A natureza da relação sociedade/meio ambiente. *Desenvolvimento e Meio Ambiente*, v. 18, p. 87-94, 2008.

_____. Formulating local knowledge-based development strategies. *RAE Eletrônica*, v. 5, p. 1-24, 2006.

FREIRE, P.; BERKES, F.; SEIXAS, C. *Gestão integrada e participativa de recursos naturais: conceitos, métodos e experiências*. Florianópolis: Secco/Aped, 2005.

FONSECA, E. G. *Felicidade: diálogos sobre o bem-estar na civilização*. São Paulo: Companhia das Letras, 2002.

FURTADO, C. *Introdução ao desenvolvimento. Enfoque histórico-estrutural*. 3. ed. Rio de Janeiro: Paz e Terra, 2000.

_____. *Teoria e política do desenvolvimento econômico*. São Paulo: Abril Cultural, 1983. (Coleção os Economistas).

GADGIL, M. *Participatory local level assessment of life support systems: a methodology manual*. [S.l.]: Centre for Ecological Sciences/ Indian Institute of Science, 2000. (Technical Report, n. 78).

GARCIA, S.; GUERRERO, M. Indicadores de sustentabilidad ambiental en la gestión de espacios verdes: Parque urbano Monte Calvário, Tandil, Argentina. *Revista de Geografia Norte Grande*, n. 35, p. 45-57, jul. 2006.

GUTIÉRREZ, F.; PRADO, C. *Ecopedagogia e cidadania planetária*. São Paulo: Cortez/Instituto Paulo Freire, 1999

HENRÍQUEZ ZUÑIGA, C. *Turismo de base comunitaria y avistamiento de flora y fauna marina, una propuesta de ecodesarrollo ambientalmente correcta, socialmente más justa y económicamente viable*. 2007. Trabalho de Conclusão de Curso (Graduação em Administración de Empresas Turisticas) – Universidad Austral de Chile.

CONSTRUÇÃO DE INDICADORES TERRITORIAIS SOCIOAMBIENTAIS EM COMUNIDADES | **397**

HENRÍQUEZ ZUÑIGA, C.E.; SAMPAIO, C.A.C.; DALLABRIDA, I.S. et al. A utilização de indicadores socioambientais no processo de tomada de decisão para o desenvolvimento sustentável da microbacia do Rio Sagrado: relevância da interdisciplinaridade e transdisciplinaridade nas abordagens socioambientais. In: II WORKSHOP INTERNACIONAL DE PESQUISA EM INDICADORES DE SUSTENTABILIDADE, 2008, São Carlos. *Anais...* São Carlos, SP: USP, 2008.

HENRÍQUEZ ZUÑIGA, C.E.; GOMES, G.; SAMPAIO, C.A. Cioce. Repensando o atual modelo de desenvolvimento: relevância dos indicadores socioambientais para um desenvolvimento na escala humana. In: ENCONTRO NACIONAL DE GESTÃO EMPRESARIAL E MEIO AMBIENTE, 2008a, Porto Alegre. *Anais...* Porto Alegre: Engema, 2008a.

HENRÍQUEZ ZUÑIGA, C.; TOMASELLI, T. História oral de Candondongas. Trabalho de conclusão da disciplina do sexto semestre Análise Ambiental de Empresas Turísticas do curso de Turismo e Lazer da Universidade Regional de Blumenau. Docente responsável: Professor doutor Carlos Alberto Sampaio, 2006. mimeo.

[IAP] INSTITUTO AMBIENTAL DO PARANÁ. Disponível em: http://www.iap. pr.gov.br/ Acessado em: 2 de maio de 2008.

JOHNSON, M. C.; POULIN, M.; GRAHAM, M. Towards an integfrated approach to the conservation and sustainable use of biodiversity: lessons learned from the Rideau River biodiversity project. *Human Ecology Review*, v. 10, n. 1, 2003.

KELLER ALVES, F. *Arranjo socioprodutivo de base comunitária: um projeto piloto na comunidade do entorno da microbacia do Rio Sagrado Morretes, Paraná*. Blumenau, 2008. Dissertação (Mestrado em Administração) – Universidade Regional de Blumenau.

LIPIETZ, A. *O capital e seu espaço*. São Paulo: Novel, 1988. p. 15-31

_____. *Miragens e milagres. Problemas da industrialização no terceiro mundo*. São Paulo: Novel, 1988a.

LUZZI, D. La "ambientalización" de la educación formal. Un diálogo abierto en la complejidad del campo educativo. In: LEFF, E. (org.). *Complexidade ambiental*. São Paulo: Cortez/Furb/PNUMA. 2003.

MARTINO, P. J. *Indicadores sociais no Brasil: conceitos, fontes de dados e aplicações*. Campinas: Alínea, 2006.

MANSUR de M. S, C. ; MARTINS, L. H. A Gestão participativa como base sustentável para o desenvolvimento territorial. In: 7 COLÓQUIO DE TRANSFORMAÇÕES TERRITORIAIS, 2008, Curitiba. *Anais...* Curitiba : UFPR, 2008. v. 1.

MAX-NEEF, M. *Economia descalza: señales el mundo invisible*. Estocolmo/ Buenos Aires/Montevideo: Nordan Comunidad, 1986.

_____. *Desarrollo a escala humana*. Montevideo: Nordan Comunidad, 2001.

_____. In: Seminário "El proceso descentralizador y las reformas regionales a la luz de la creación de la Nueva Región de los Ríos". Universidad Austral de Chile, out. 2007.

MORIN, E. Da necessidade de um pensamento complexo. La Relación Antropobiocósmica, *Gazeta de Antropología*, Granada, n. 11, p. 1995.

NOWATZKI, A.; DE PAULA, E.; CORDEIRO, L. Delimitação das áreas de preservação permanente e avaliação do seu grau de conservação na bacia hidrográfica do Rio Sagrado Morretes. PR. XIII SIMPÓSIO BRASILEIRO DE GEOGRAFIA FÍSICA APLICADA. Universidade Federal de Viçosa, 2007.

OLIVEIRA, M.M.A.; SARNEY FILHO, J. Sistema nacional de unidades de conservação. Lei n. 9.985, 2, Capítulo 1. *Diário Oficial da União*, Brasília, DF, 19 jul. 2000.

[PNUD] PROGRAMA DAS NAÇÕES UNIDAS PARA O DESENVOLVIMENTO. *Informe sobre desarrollo humano, 2005*. Madrid: Mundi-Prensa, 2007.

_____. *Informe sobre desarrollo humano*. Disponível em: http://hdr.undp.org/es/desarrollohumano/origenes/. Acessado em: 3 maio 2009.

[PRÓ-ATLÂNTICA] INSTITUTO AMBIENTAL DO PARANÁ. Disponível em: http://www.guaratuba.com/apa.asp. Acessado em: 15 ago. 2008.

RAMOS, A. G. *A nova ciência das organizações: uma reconceituação da riqueza das nações*. Rio de Janeiro: Ed. FGV, 1989.

ROJAS, M. *El bienestar subjetivo en México y su relación con los indicadores objetivos. Consideraciones para la política pública*, 2005. Disponível em: http://www.flasco.or.cr/publicaciones.dialogos.0.html. Acessado em: 15 ago. 2008.

RUEDA, S.P. *Modelos e indicadores para ciudades más sostenibles: taller sobre indicadores de huella e calidad ambiental*. Barcelona: Fundación Forum Ambiental/Departament de Medi Ambient de la Generalitat de Catalunya, 1999.

SACHS, I. *Desenvolvimento includente, sustentável sustentado*. Rio de Janeiro: Garamond, 2004.

_____. *Ecodesenvolvimento: crescer sem destruir*. São Paulo: Vértice, 1986.

SAMPAIO, Carlos. A. *Ecossocioeconomia das organizações*. Blumenau: Edifurb, 2009.

_____. *Turismo como fenômeno humano: princípios para se pensar a socioeconomia*. Santa Cruz do Sul: Edunisc, 2005.

SAMPAIO, C. A. C.; CARVALHO, M. B.; MICKOSZ, M. B. et al. Zona laboratório de educação para o ecodesenvolvimento: conservando as populações tradicionais em Candonga (Morretes, PR) e preservando a microbacia do Rio Sagrado (APA de Guaratuba, ReBio de Floresta Atlântica: projeto piloto de turismo comunitário Montanha Beija-Flor Dourado. In: VI CONGRESSO OIUDSMA: ORGANIZAÇÃO INTERNACIONAL DE UNIVERSIDADES PARA O DESENVOLVIMENTO SUS-

TENTÁVEL E MEIO AMBIENTE, 2006, Curitiba. *Anais...*, Curitiba: UFPR, 2006.

SAMPAIO, C. C. A.; ZECHNER, T. C.; HENRÍQUEZ, Z. C. E. Pensando o conceito de turismo comunitário a partir de experiências brasileiras e chilenas vividas. In: II SEMINÁRIO INTERNACIONAL DE TURISMO SUSTENTÁVEL, Fortaleza, 2008.

SEIXAS, C. Abordagens e técnicas de pesquisa participativa em gestão de recursos naturais. In: FREIRE, P.; FIKRET, B.; SEIXAS, C. *Gestão integrada e participativa de recursos naturais: conceitos, métodos e experiências.* Florianópolis: Secco/Aped, 2005.

VAN BELLEN, H.M. *Indicadores de sustentabilidade: uma análise comparativa.* Rio de Janeiro: Ed. FGV, 2006.

WACKERNAGEL, M.; REES, W. *Nuestra huella ecológica.* Buenos Aires: LOM Ediciones, 2001. (Colección Ecologia & Médio Ambiente)

WAUTIEZ, F.; REYES, B. *Indicadores locales para la sustentabilidad.* Santiago: Instituto de Ecologia Política, 2000.

WEBER, M. *A ética protestante e o espírito do capitalismo.* São Paulo: Pioneira, 1996.

[WMO/UNEP] WORLD METEOROLOGICAL ORGANIZATION/UNITED NATIONS ENVIRONMENTAL PROGRAMME. *Intergovernmental panel of climate change.* Paris, fev. 2007.

[WWF] WORD WILDLIFE FOUND. *Relatório do Planeta Vivo.* [S.l.]: WWF, 2006.

_____. *Relatório do Planeta Vivo.* [S.l.]: WWF, 2008.

ZECHNER, T. C. *Arranjo socioproduitvo de base comunitária, com ênfase no turismo comunitário: o caso da microbacia do Rio Sagrado (Morretes, PR).* Blumenau, 2007. 65 f. Relatório final de Estágio Supervisionado II (Curso de Graduação em Turismo e Lazer) – Centro de Ciências Sociais Aplicadas, Universidade Regional de Blumenau.

ZECHNER, T. C.; HENRÍQUEZ Z., C. E.; SAMPAIO, C. C. A. Micro-cuenca hidrográfica como unidad de planeamento transdisciplinar para la gestión territorial sustentable: una alternativa para la Micro-cuenca de Río Sagrado (Morretes-PR). In: COLÓQUIO DE TRANSFORMAÇÕES TERRITORIAIS (ASSOCIAÇÃO DAS UNIVERSIDADES DO GRUPO DE MONTEVIDEO, AUGM), 2008, Curitiba. *Anais...* Curitiba: UFPR, 2008.

ZECHNER, T. C.; GOMES, C. M.; ZAMIGNAN, G. et al. *Encontros comunitários de trocas, resgate de antigas formas de escambos para enfrentar os novos desafios ecossocioeconômicos do século XXI.* Relatório Parcial do Edital PROEXT/ MEC-MinC. Blumenau: Furb, 2009.

Sites consultados

http://upload.wikimedia.org/wikipedia/commons/thumb/7/73/Parana_Municip_ Morretes.svg/800px-Parana_Municip_Morretes.svg.png. Acessado em: 28 abr. 2009.

http://www.ipardes.gov.br/modules/conteudo/conteudo.php?conteudo=86. Acessado em: 28 abr. 2009.

Indicadores de sustentabilidade em cultivos de algas vermelhas[1]

13

Laudemira Silva Rabelo
Química industrial, Universidade Federal do Ceará

Patrícia Verônica Pinheiro Sales Lima
Engenheira-agrônoma, Universidade Federal do Ceará

Indicadores são utilizados há bastante tempo para comunicar tendências, informando e orientando indivíduos, empresas ou grupos a reconhecerem que o comportamento e a escolha de cada um tem efeitos sobre o estado da sustentabilidade que se busca, afinal os indicadores surgem de valores e geram valores (Siena, 2002).

Dinâmicos, os indicadores de sustentabilidade variam de acordo com a natureza do objeto de estudo, e embora existam sugestões de indicadores que contemplem as dimensões da sustentabilidade (social, econômica, ambiental e institucional), não se pode adotá-las sem que estejam contextualizadas na análise a ser realizada. Portanto, não existem indicadores de sustentabilidade definitivos, o que justifica, de certo modo, os diversos sistemas de indicadores existentes e a constante necessidade de estudos e pesquisa nessa temática.

---

[1] Este texto é parte da dissertação de mestrado em Desenvolvimento e Meio Ambiente pela Universidade Federal do Ceará.

A clareza do que se quer estudar é determinante para o delineamento do sistema de indicadores a ser definido, pois o que se pretende avaliar precisa estar contextualizado, havendo a necessidade de um conhecimento do sistema no qual estão inseridos, dos subsistemas que o mantêm e são mantidos. Essa escolha dos melhores indicadores – que estejam o mais próximo da realidade que se pretende avaliar – surge a partir das percepções do grupo envolvido na construção dos indicadores, e são únicas para cada objeto de aplicação. Isso pode ser considerado uma limitação, pois essa percepção pode ser falha, caso não se faça um diagnóstico mais próximo da realidade – o que pode ocultar pontos importantes da análise. Por esse motivo, é importante ter clareza do conceito trabalhado de desenvolvimento sustentável, bem como dos subsistemas analisados. Esse é um dos pontos mais importantes para a viabilidade dos indicadores de sustentabilidade: definir o que vai ser medido, como e o que se espera da medida.

A aplicação de indicadores de sustentabilidade em uma comunidade de pescadores localizadas no município de Fleicheiras, no estado do Ceará, se deu para avaliar a sustentabilidade do Projeto Cultivo de Algas Vermelhas (PCAV), desenvolvido inicialmente para inserir as mulheres de pescadores em alguma atividade que proporcionasse elevação da renda familiar, bem como da autoestima delas. Antes do projeto, as algas coletadas eram vendidas a um valor máximo de R$ 0,50; após o projeto, com a qualidade adquirida por meio da técnica de produção, o preço poderia chegar a R$ 5,00 o quilo. A construção dos indicadores pretendeu apresentar a necessidade de interação entre o social, o econômico, o ambiental e o institucional de forma sistêmica, pois esse projeto, nascido com ideias econômicas, tinha na verdade como base o ambiental – se a técnica desenvolvida influenciasse negativamente na continuidade das algas, o projeto não teria sustentabilidade em longo prazo –, e a utilização dos indicadores conseguiu apresentar esse quadro.

Este capítulo traz, então, como estudo de caso, um modelo de sequência metodológica de indicadores de sustentabilidade e sua aplicação prática no PCAV, no litoral do Ceará.

SEQUÊNCIA METODOLÓGICA DE INDICADORES DE SUSTENTABILIDADE (SMIS)

Vale ressaltar que ao trabalhar com indicadores de sustentabilidade também está se aplicando estratégia ambiental. Afinal, ao fazer a avaliação de um projeto rumo ao desenvolvimento sustentável, para se ter uma noção mais clara da relação sociedade-natureza dentro do objeto estudado, é preciso conhecer o seu objetivo, sua missão – quando houver –, as interações formadas e os processos gerados, para produzir, então, o seu grau de sustentabilidade. Somente após esses passos será possível o seu monitoramento na busca da sustentabilidade – seja pela intercalação entre a busca por uma qualidade de vida no subsistema meio ambiente humano, seja pela continuidade dos serviços prestados pelo subsistema ecossistema.

A estratégia ambiental está centrada na combinação, por um lado, do conhecimento das pressões – impactos ambientais – que a comunidade gera no ecossistema e, por outro, da obtenção de resultados socioeconômicos que assegurem a sobrevivência dessa comunidade (Tachizawa, 2002). O estudo dessa "contabilidade socioambiental" não é tão simples sob o prisma da visão sistêmica, em que os impactos são gerados e revertidos para os seus locais de origem. Essa intensidade da pressão da comunidade sobre os ecossistemas também reflete nos resultados econômicos, principalmente em longo prazo. Desse modo, quanto mais se impacta em curto prazo o ecossistema, menos resultados econômicos, em longo prazo, se terá.

Para englobar a estratégia ambiental, foram seguidos oito passos que, de forma didática, demonstram o raciocínio a ser utilizado na formação de um sistema de indicadores de sustentabilidade:

Passo 1:	Definição e caracterização do objeto de estudo.
Passo 2:	Contextualização da relação sociedade-natureza – identificação dos fatores específicos necessários para a promoção do desenvolvimento sustentável da atividade ou comunidade em questão, a partir de entrevistas com especialistas e atores envolvidos (empresários, produtores, empregados, moradores etc.), e ampla revisão bibliográfica. Esta fase teve por objetivo evitar a seleção de indicadores de baixa relevância e a omissão de indicadores importantes que pudessem levar à subestimação dos resultados.
Passo 3:	Definição dos indicadores de sustentabilidade para o estudo a partir dos critérios: possibilidade de obtenção, confiabilidade das informações, possibilidade de quantificação, baixa complexidade, reconhecimento científico, de tal forma que se aproximem o máximo possível da realidade local. É importante ressaltar que, por envolver uma análise de uma atividade específica ou pequena comunidade, o sistema de indicadores em foco foi formado a partir de dados primários.

(continua)

(continuação)

Passo 4:	Classificação dos indicadores selecionados segundo o escopo – social, econômico, ambiental e institucional –, o porte e a situação em que se encontrava o projeto.
Passo 5:	Elaboração e aplicação de um pré-questionário para coleta dos dados que permitiram a identificação dos indicadores. Foram atribuídos escores às respostas do questionário para tornar a mensuração possível. A aplicação do pré-questionário também apoiou a identificação de novos itens relevantes ao estudo ou à exclusão de outros, conforme realidade observada na comunidade.
Passo 6:	Elaboração e aplicação do questionário final. No questionário, além dos aspectos relativos à análise da sustentabilidade, haviam formulações que permitiram analisar qualitativamente o nível de desenvolvimento sustentável existente no objeto de estudo.
Passo 7:	Cálculo do índice de sustentabilidade e conhecimento do seu grau de sustentabilidade para possibilitar a geração de um cenário que inclua os impactos gerados sobre e para o subsistema meio ambiente humano, isto é, conhecimento dos limites do desenvolvimento sustentável.
Passo 8:	Sugestões de "opções respostas" que pudessem permitir a busca da sustentabilidade.

A sequência metodológica apresentada teve como base bibliográfica os documentos da Comission on Sustainable Development (CSD, 2005), do International Institute for Sustainable Development (IISD, 2006) e de van Bellen (2005), resgatando os Princípios de Bellagio (IISD, 2006) e fazendo adaptações necessárias que agregassem características já existentes, porém diferenciando-as, por voltar-se para estudos sobre a sustentabilidade de atividades econômicas em pequenas comunidades, isto é, utilizando a escala local.

Desse modo, caberá aos grupos que estejam desenvolvendo indicadores para as suas realidades empreender esforços nas adaptações necessárias, conforme a necessidade e o projeto avaliado, já que dependerão do porte e da situação na qual se encontra o projeto. Essas adaptações servem sempre para que os indicadores cumpram o seu propósito: registrar o mais próximo da realidade descrita.

O subsistema meio ambiente humano, dependendo de suas atividades – impactos gerados –, altera a condição dos ecossistemas ao prestarem os seus serviços, e algumas vezes de forma irreversível (Millennium Ecosystem Assessment, 2005). Desse modo, quando as decisões a serem seguidas para minimizar esses impactos estão pautadas em uma visão sistêmica, visualizam-se os possíveis efeitos dominós, positivos ou negativos, de um subsistema em outro, já que se inter-relacionam.

O conhecimento das reais necessidades para se fazer a avaliação e o posterior monitoramento precisa estar relacionado com o próprio conceito escolhido de desenvolvimento sustentável, em que não se deve ponderar somente um dos escopos por trazer benefícios mais rentáveis em curto prazo, mas sim o que se busca em longo prazo – a sustentabilidade.

A PONDERAÇÃO DOS INDICADORES

Um dos itens mais discutidos na formulação de indicadores diz respeito aos pesos dados a cada um dos indicadores de sustentabilidade. Nessa fase, a participação dos diferentes atores sociais no modelo poderá ser uma mistura de enfoque do tipo *top-down* e/ou *bottom-up*, de acordo com as necessidades próprias de cada objeto a ser avaliado (Van Bellen, 2005).

O *top-down* é utilizado quando determinado indicador, por ser tão específico e técnico, precisa que os pesos sejam dados por especialistas e pesquisadores, e não pela comunidade na qual está inserido o projeto avaliado. Enquanto o *bottom-up* utiliza o peso – opinião – da comunidade para pontuá-los.

A sequência metodológica dos indicadores de sustentabilidade, aqui apresentada, assume que a ponderação em cada escopo ou dimensão deve ocorrer a partir de entrevistas com especialistas na atividade e/ou membros da comunidade, utilizando, assim, tanto o *top-down* quanto o *bottom-up*. Abaixo, seguem os critérios utilizados nos pesos dados aos indicadores:

- Social:
    - Educação – *top-down*.
    - Habitação – *top-down*.
    - Saúde – *top-down*.
    - Lazer – *top-down*.
- Ambiental:
    - Água – *top-down*.
    - Biodiversidade – *bottom-up*.

- Cumprimento da legislação – *top-down*.
- Saneamento ambiental – *top-down*.
- Poluição do ar – *top-down*.
- Econômico:
  - Energia – *top-down*.
  - Trabalho e renda – *bottom-up*.
  - Consumo – *top-down*.
  - Atividades complementares a renda – *bottom-up*.
- Institucional:
  - Associação – *bottom-up*.
  - Gênero – *bottom-up*.
  - Tecnologia utilizada – *top-down*.

MENSURAÇÃO DOS ÍNDICES DE SUSTENTABILIDADE

O desenvolvimento sustentável, ao contemplar aspectos tão diversos, cria uma série de divergências conceituais e metodológicas quanto à sua mensuração (Barreto, 2004; Souza, 2003; Pereira, 2001; Fernandes et al., 1997) e avaliação, sendo muitos os instrumentos propostos e diferentes os níveis de complexidade numérica adotados. Van Bellen (2005) relaciona dezoito ferramentas diferentes sendo desenvolvidas e aplicadas na avaliação da sustentabilidade. Desse modo, a SMIS proposta consta de duas etapas: cálculo dos índices individuais para as dimensões social, econômica, ambiental e institucional da sustentabilidade, e cálculo do índice de sustentabilidade.

A expressão 1 permite realizar o cálculo dos índices de desenvolvimento sustentável para cada escopo considerado no estudo.

$$I_w = \frac{1}{n}\sum_{j=1}^{n}\left[\frac{\sum_{i=1}^{m}E_{ij}}{\sum_{i=1}^{m}E_{max\,i}}\right] \qquad [1]$$

Sendo:

I_w = Índices que comporão o índice de sustentabilidade: econômico, social, ambiental e institucional.

E_{ij} = escore do *i-ésimo* indicador do I_w obtido no *j-ésimo* questionário.

E_{maxi} = escore máximo da *i-ésimo* indicador do I_w.

i = 1,..., m, número de indicadores.

j = 1, ..., n, número de questionários aplicados.

w = 1, ..., 4, número de índices que comporão o índice de sustentabilidade.

Quanto mais próximo de 1 o valor do Índice I_w, melhor o desempenho do objeto de estudo, comunidade ou atividade econômica no aspecto em questão.

Esse procedimento atribui importância *igual* a todos os indicadores dentro do mesmo escopo. No entanto, dada a realidade do que se está estudando, é possível que um ou outro indicador contribua de maneira diferente para o desenvolvimento sustentável. Quando isso ocorre, a literatura sugere a adoção da expressão 2, a qual atribui pesos diferentes aos indicadores que compõem o índice mensurado:

$$I_w = \frac{1}{n} \sum_{j=1}^{n} \left[\frac{\displaystyle\sum_{i=1}^{m} E_{ij}.P_{ij}}{\displaystyle\sum E_{maxi} . P_{maxi}} \right] \qquad [2]$$

P_{ij} = peso do *i-ésimo* indicador alcançado pelo *j-ésimo* questionário.

P_{maxi} = peso máximo do *i-ésimo* indicador.

E_{ij} = escore do *i-ésimo* indicador obtido pelo *j-ésimo* questionário.

E_{maxi} = escore máximo da *i-ésimo* indicador.

$$P_{ij} = \frac{b_i}{S_n} \qquad [3]$$

b_I = Valor da adoção do indicador.

$$S_n = \max \sum_{i=y}^{f} b_i \qquad [4]$$

I = 1,..., n (número de indicadores).

J = 1,..., m (número de questionários).

Cálculo do índice de sustentabilidade

O índice de sustentabilidade deve incorporar todas as dimensões ou escopos considerados. Assim, uma das formas de mensurá-lo é por meio da expressão (5).

$$IS = \frac{1}{k} \sum_{w=1}^{k} I_w \qquad [5]$$

Sendo:
IS = Índice de sustentabilidade.
I_w = valor do *w-ésimo* índice; w = 1,..., k

A expressão (5) atribui pesos iguais a cada dimensão analisada. Caso, de acordo com a recomendação de especialista ou bibliografia consultada, se deseje a atribuição de uma importância maior a um dado índice, sugere-se usar a expressão (6).

$$IS = \frac{\sum_{w=1}^{k} I_w P_w}{\sum_{w=1}^{k} P_w} \qquad [6]$$

Sendo:
P_w = peso atribuído ao *w-ésimo* índice; w = 1,..., k

GRAU DE SUSTENTABILIDADE

O índice de sustentabilidade tem como principal função permitir o conhecimento do grau de sustentabilidade no qual se encontra o que se avalia, percebendo, assim, os demais índices que o compõem e em quais indicadores poderão ser tomadas ações que façam melhorar o seu grau ou continuar no ritmo de sustentabilidade que se busca.

Desse modo, a fase final da SMIS apresentada possibilita conhecer o atual estágio de sustentabilidade e visualizar sua tendência ao longo do tempo, avaliando as atividades humanas – subsistema meio ambiente humano – que afetam e podem inviabilizar os processos ambientais – subsistema recursos naturais – e por consequência modificar permanentemente o sistema – natureza. Isso tudo permite uma melhor visualização e gestão do subsistema meio ambiente humano perante os limites do subsistema recursos naturais, possibilitando um melhor planejamento e monitoramento das ações humanas.

A construção de índices nada mais é do que transformar o valor dos indicadores num *quantum* que varia entre 0 e 1, de forma que o valor 1 significa a melhor condição de sustentabilidade alcançada – dentro do conceito de desenvolvimento sustentável escolhido e do tipo de sustentabilidade que se busca alcançar, isto é, sustentabilidade sensata –, e o 0, o desempenho mais desfavorável – sustentabilidade não alcançada.

Nessa concepção, o índice de sustentabilidade poderá atingir cinco graus, segundo o PNUD (1998), indicados no Quadro 13.1.

Quadro 13.1 – Graus de sustentabilidade.

Nível de sustentabilidade	Legenda	Intervalo
Sustentabilidade excelente	(VERDE) ∴	$1 \leq IS \leq 0,800$
Sustentabilidade boa	(AZUL) ∴	$0,799 \leq IS \leq 0,650$
Sustentabilidade média	(AMARELO) ∴	$0,649 \leq IS \leq 0,500$
Sustentabilidade ruim	(ROSA) ∴	$0,499 \leq IS \leq 0,300$
Sustentabilidade crítica	(VERMELHO) ∴	$0,299 \leq IS \leq 0,000$

Fonte: Adaptado do PNUD (1998).

A possibilidade de se colorir o grau de sustentabilidade encontrado tem um objetivo didático, tornando o resultado o mais claro possível para os tomadores de decisões e para as novas ações de estratégia ambiental dos gestores diante dos resultados obtidos (Rabelo, 2008).

DEFINIÇÃO E CARACTERIZAÇÃO DO PCAV

A zona costeira cearense, por ser um espaço de transição entre os ambientes aéreo, aquático e terrestre, possui uma diversificação de paisagens, como dunas, falésias, lagoas costeiras, mangues, entre outros. Mais de 3 milhões de pessoas habitam essa estreita faixa de terra, que possui uma extensão aproximada de 573 km (Aquasis, 2003). Essa convivência sociedade-natureza tem gerado impactos irreversíveis nos ecossistemas, uma acelerada descaracterização dessas paisagens, além de consequências ambientais, sociais, econômicas e culturais negativas (Aquasis, 2003).

São 21 municípios e cerca de 110 comunidades inseridas no litoral cearense, que refletem anos de exploração de seus recursos por meio de um processo de ocupação danoso. Hoje, a realidade desses locais é apenas um reflexo de tudo isso: reduzido nível de renda; difícil acesso à educação; urbanização desordenada; industrialização que não absorve as necessidades socioculturais das comunidades locais; e desordenado crescimento turístico, que expulsa seus moradores nativos[2] para inserirem grandes hotéis. Poluição hídrica, disposição inadequada de resíduos sólidos, construções irregulares (casas, cercas e muros), desmatamento de mata ciliar, são outras problemáticas diárias de comunidades que vivem na zona costeira cearense (Aquasis, 2003).

De origem indígena, as comunidades de pescadores do litoral cearense sofreram miscigenação e aperfeiçoaram suas técnicas de pesca para dar conta de uma demanda cada vez mais crescente de peixes. A partir de 1970, as políticas públicas possibilitaram as intervenções privadas no litoral, através da liberação de construções de hotéis, pousadas, restaurantes, barracas, arranha-céus e locais restritos ao lazer e ao turismo. Nessa mesma época, o país buscava a todo custo o progresso, incentivava os seus cursos tecnológicos e começavam os primeiros passos rumo a um consumismo exagerado (Aquasis, 2003).

A cidade de Fortaleza, capital do Ceará, não fugiu a essas ações e teve como consequência praias poluídas e atores sociais indesejáveis aos veranistas, o que os fez construir segundas residências nas diversas zonas de praias de outros municípios cearenses. Prática que persiste nos dias atuais com o aumento de empreendimentos de estrangeiros com seus suntuosos *resorts*. Essa corrida turística de apropriação do litoral cearense tem gerado conflitos de terra entre os nativos e os empreendedores.

Hoje, são poucos os que podem morar na zona costeira, pois essa estreita faixa de terra tem se tornado algo cobiçado, e os nativos têm sido retirados de suas terras mais próximas ao mar e postos em locais periféricos

---

[2] Originária de determinada região ou que, há muito tempo, nela habita (Ferreira, 1999).

(Aquasis, 2003). A exploração da zona costeira como mercadoria turística modificou intensamente as comunidades litorâneas, tornando-as espaços supervalorizados e gerando uma ocupação desordenada em todo o litoral cearense. Além disso, a superexploração dos recursos dispensou uma visão sustentável, almejando apenas benefícios em curto prazo e esquecendo a necessidade de renovação desses mesmos recursos em longo prazo.

Diante de todas essas problemáticas, surgiram tentativas, por parte das comunidades litorâneas, de buscar novas lógicas de sustentabilidade, através de processos de planejamento mais participativos, pautados numa nova ética e no respeito aos recursos naturais, procurando continuar a poder viver exclusivamente da pesca; pesca essa que se modificou nos últimos anos em consequência da dualidade dos processos produtivos, dividindo--os em pesca industrial e pesca artesanal.

Como um efeito dominó, ao diminuir a quantidade de recursos marítimos, afeta-se a qualidade de vida dos pescadores, pois a renda torna-se insuficiente, surgindo a necessidade de complementá-la por meio de outra atividade econômica.

Dessa forma, a ideia por detrás dos indicadores de sustentabilidade favorece perceber que as agressões aos ecossistemas são, em todos os aspectos, de caráter socioambiental (Siena, 2002). Não atingem somente o meio ambiente, mas, e principalmente, o meio social, representado por populações humanas que dependem diretamente dos recursos.

A revitalização de uma atividade econômica mais alinhada aos princípios do desenvolvimento sustentável, como é o caso do cultivo de algas vermelhas em Flecheiras, anteriormente tratado como extrativismo desenfreado, que por mais de trinta anos conseguiu reduzir em 70% o número de algas de Flecheiras (Kiss, 2006), realizado basicamente pelas mulheres catadoras de algas, trouxe novas visões de sensibilização ambiental, necessidades e mudanças de atitude. A comunidade de Flecheiras, conhecedora do declínio da pesca e das algas, investiu nessa atividade econômica, agora pautada numa tecnologia que tenta minimizar os impactos ambientais, transformando-se em "fazendeiros de algas".

Em 1997, uma equipe de pesquisadores de diversas instituições de ensino,[3] juntamente com o Instituto Terramar, iniciaram pesquisas que

---

[3] Laboratório de Recursos Aquáticos da Universidade Federal do Ceará, Departamento de Taxonomia e Ecologia da Universidade Federal da Paraíba e Departamento de Oceanografia e Limnologia da Universidade Federal do Rio Grande do Norte.

possibilitariam o cultivo de algas no litoral cearense. Desse modo, foi implementado em 2000 um projeto com cunho socioambiental, que teve como objetivo a busca da sustentabilidade socioambiental e econômica, o fortalecimento como grupo social na sensibilização e efetivação de seus direitos e deveres ante os novos desafios do século XXI, isto é, a busca de um desenvolvimento sustentável local.

A escolha dessa comunidade na aplicação dos indicadores de sustentabilidade deveu-se ao projeto em si – Cultivo de Algas Vermelhas –, que está inicialmente focado na busca do desenvolvimento sustentável, para, posteriormente, ter os seus primeiros resultados.

A comunidade de pescadores está localizada no distrito de Flecheiras, a 12 km do município de Trairi, do qual faz parte. Em 2003, a população estimada era de 3.070 habitantes, com um total de 416 famílias formadas por sete pessoas em média (Nogueira, 2003). A pesca artesanal é uma atividade econômica dividida entre os empregos temporários no setor de turismo e o extrativismo de algas (Viana, 2006; Nunes, 2006).

O grupo de pessoas, foco desse caso de estudo, era formado por cinco famílias que participavam do PCAV e inicialmente tinham atividades econômicas temporárias – pesca, turismo, extração de algas –, em que a pesca, para os homens, e o extrativismo de algas, para as mulheres, se destacavam.

A técnica do cultivo de algas

Em termos de técnica são utilizadas estruturas conhecidas como *long--lines* flutuantes – um módulo formado por doze cordas, com cada uma com 50 metros – fixadas por âncoras produzidas na comunidade e colocadas no mar em ocasiões de marés baixas (Figura 13.1). A técnica consiste na escolha de algas – retiradas do banco de algas – que servirão como mudas e serão amarradas nas doze cordas (Nunes, 2006). Esse processo pode levar até três dias (Cruz, 2006). Após serem colocadas no mar, as cordas necessitam de manutenção, no mínimo duas vezes por semana para cada corda. E são retiradas – colheita – após dois meses, nas noites de lua cheia ou nova (Viana, 2006). Para melhor se situar quanto à técnica, as etapas do processo são:

- Seleção e extração das algas dos bancos de algas.
- Plantio.
- Manutenção das cordas.

- Colheita – retirada das cordas.
- Lavagem.
- Secagem das algas.
- Pesagem e ensacamento.

Figura 13.1 – Modelo de estrutura de cultivo de macroalgas.

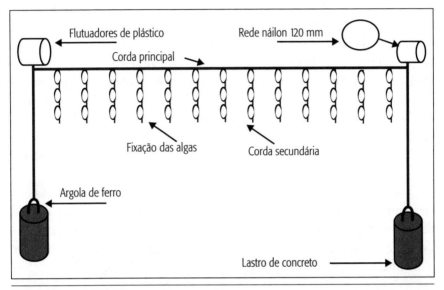

Fonte: Terramar (2006).

É importante ressaltar que a técnica adotada é iniciada com coletas de mudas de algas que estejam em processo de esporulação – retiradas dos bancos de algas – para fixação na estrutura de cultivo.

Importância da matéria-prima

As macroalgas são comuns ao longo de toda a costa brasileira, e em especial o gênero *Gracilaria birdiae* é bastante abundante no litoral dos estados do Ceará – distritos de Flecheiras e Guajirú principalmente –, o que levou a se pensar em uma exploração comercial, que é feita desde 1973 (Joventino-Pinheiro e Bezerra, 1980; Joventino-Pinheiro e Dantas, 2000).

Anteriormente, como o extrativismo não era intenso, a regeneração natural permitia a preservação dos bancos de algas. Porém, agora, tanto a intensidade quanto o fator tempo são bem superiores à possibilidade de regeneração dos bancos, o que tem provocado um grande impacto ambiental.

Como a *Gracilaria* é uma das que mais produz ágar-ágar, hoje existem diversas técnicas de cultivos – cordas, tanques ou viveiros –, além do extrativismo gerenciado (Santos et al., 2006), que permitem fazer do cultivo de algas uma excelente atividade econômica – fator que motivou o surgimento do PCAV no distrito de Flecheiras.

Como o recurso alga permite a renovação, às vezes a população esquece que é finito, e qualquer atividade que vise produtividade precisa utilizar técnicas que respeitem a base ambiental. O cultivo de algas por esporulação ou por cultura de tecidos, utilizados no Chile e Japão, são técnicas que minimizam os impactos causados diretamente pela retirada de algas de seus bancos naturais, além de melhorar a produtividade (FAO, 1990), gerando, assim, influências diretas nos quatro escopos – ambiental, social, econômico e institucional.

Para se entender melhor a importância da utilidade das duas substâncias químicas – ágar-ágar e carragena – obtidas a partir das algas, Agargel (2006) explica que o ágar-ágar é largamente utilizado na indústria alimentícia e farmacêutica, enquanto a carragena é utilizada apenas na indústria alimentícia.

DEFINIÇÃO DOS INDICADORES DE SUSTENTABILIDADE

Buscando indicadores mais próximos da realidade, um primeiro sistema foi montado a partir de uma primeira visita ao distrito e depois de entrevistas com os assessores do projeto e os fazendeiros de algas. Aplicaram-se questionários a cinco famílias no distrito de Flecheiras, que fazem parte da Associação de Produtores de Algas das comunidades de Flecheiras e Guajirú (APAFG). Foram feitas ainda entrevistas com o ex e o atual presidente da APAFG, para um maior esclarecimento do foco sistêmico do projeto, bem como com especialistas de instituições de pesquisa (Universidade Federal do Ceará).

Desse modo, os dados foram levantados junto à população da comunidade de Flecheira assistidas pelo PCAV, bem como junto ao Instituto

Terramar, ao Banco Nacional de Desenvolvimento Econômico e Social (BNDES), ao Ministério do Meio Ambiente (MMA), ao Instituto de Pesquisa e Estratégia Econômica do Ceará (Ipece), ao Instituto Brasileiro de Geografia e Estatística (IBGE), à Associação de Pesquisas e Preservação de Ecossistemas Aquáticos (Aquasis) e à Comissão para o Desenvolvimento Sustentável das Nações Unidas (CDS). Todos os indicadores utilizados receberam escores pelo grau de importância da ação efetuada e, posteriormente, formaram o índice de sustentabilidade.

Pelas análises iniciais, o PCAV, para estar inserido na busca do desenvolvimento sustentável, precisaria manter primeiramente o escopo ambiental, já que o recurso alga encontra-se no subsistema ecossistema, sendo a base para a continuidade do projeto. Desse modo, os demais escopos – social, econômico e institucional – se transformam em consequências diretas da sustentabilidade do projeto.

A Figura 13.2 demonstra os pontos importantes detectados em cada escopo, após a primeira visita de campo, e que precisaram ser identificados pelos indicadores.

Figura 13.2 – Pontos importantes a serem detectados nos indicadores.

Depois de definido o que se buscava em cada escopo, foram selecionados dezoito indicadores que poderiam refletir essa realidade (Figura 13.3), sendo esclarecidos os aspectos considerados, além da importância de cada um deles. No questionário aplicado também constou a identificação do produtor de algas – como nome, origem do produtor, local de residência,

INDICADORES DE SUSTENTABILIDADE E GESTÃO AMBIENTAL

gênero e estado civil –, a definição do que seria desenvolvimento sustentável para cada entrevistado e as maiores dificuldades encontradas pelos beneficiados para a continuidade do PCAV. Isso permitiu contextualizar alguns dados qualitativos, necessários para a análise e montagem do relatório final.

Figura 13.3 – Escopos e seus indicadores contextualizados para o PCAV.

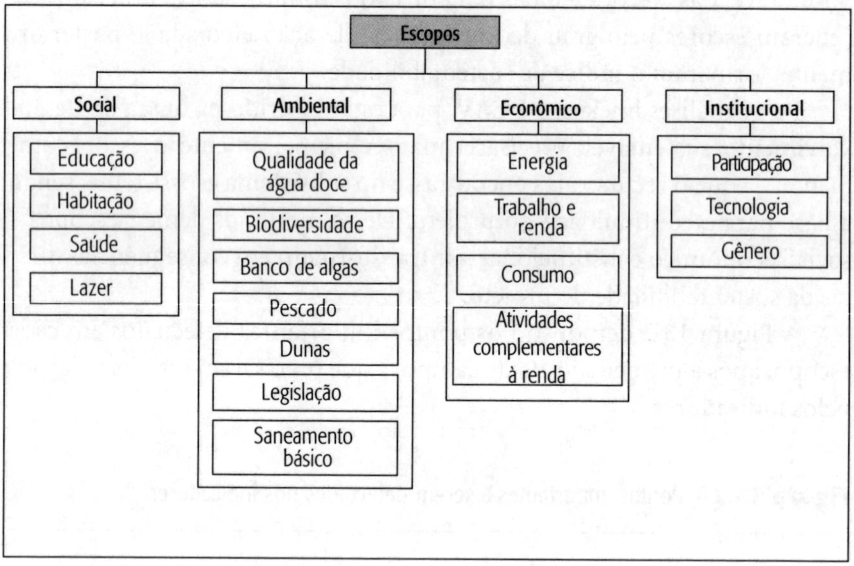

Índice social

O índice social (INS) surgiu a partir do escopo social, que é formado pelos indicadores educação, habitação, saúde e lazer (Quadro 13.2), itens diretamente ligados à satisfação das necessidades humanas mencionadas no subsistema bem-estar humano.

Quadro 13.2 – Quadro do índice social e os indicadores utilizados.

Índice de sustentabilidade (IS)		
Índice social (INS)		
Escopo	Indicadores	Aspectos considerados e escores atribuídos
Social	Acesso à educação	Escolaridade: a) sem instrução 0 b) ensino fundamental incompleto 0,5 c) ensino fundamental completo 1 d) ensino médio incompleto 1,5 e) ensino médio 2 Fez parte de algum curso de educação ambiental: Antes do projeto a) não 0 b) sim 1 Depois do projeto a) não 0 b) sim 1 Deu alguma palestra sobre educação ambiental para a escola: Antes do projeto a) não 0 b) sim 1 Depois do projeto a) não 0 b) sim 1
	Habitação (infraestrutura)	Tipos de moradia (antes do projeto) a) casa de taipa 0 b) casa de tijolo, sem reboco e piso 1 c) casa de tijolo, com reboco e piso 2 Tipos de moradia (depois do projeto) a) casa de taipa 0 b) casa de tijolo, sem reboco e piso 1 c) casa de tijolo, com reboco e piso 2 O que ganhou de dinheiro no projeto permitiu melhorias na casa? a) não 0 b) sim 1

(continua)

Quadro 13.2 – Quadro do índice social e os indicadores utilizados. *(continuação)*

Índice de sutentabilidade (IS)		
Índice social (INS)		
Escopo	**Indicadores**	**Aspectos considerados e escores atribuídos**
Social	Acesso à saúde	Frequência do agente de saúde (antes do projeto) a) não existe 0 b) a cada dois meses 1 c) uma vez por mês 2 d) a cada 15 dias 3 Frequência do agente de saúde (depois do projeto) a) não existe 0 b) a cada dois meses 1 c) uma vez por mês 2 d) a cada 15 dias 3 Existência de posto de saúde (antes do projeto) a) não 0 b) sim 1 Existência de posto de saúde (depois do projeto) a) não 0 b) sim 1 O projeto lhe incentivou a buscar melhorias na saúde? a) não 0 b) sim 1
	Acesso ao lazer	Existe acesso a lazer (antes do projeto) a) não 0 b) campo de futebol 1 c) praças 2 d) campo de futebol e praças 3 Existe acesso a lazer (depois do projeto) a) não 0 b) campo de futebol 1 c) praças 2 d) campo de futebol e praças 3 O projeto lhe incentivou a buscar melhorias pelo lazer? a) não 0 b) sim 1

Indicador educação

A educação, segundo o IBGE (2004), é prioridade para se promover o desenvolvimento sustentável, pois capacita cidadãos para enfrentar questões de aquisição de valores, habilidades e conhecimentos relacionados com a temática. Por ser, então, uma ferramenta estratégica para mudanças, a educação traz alternativas para uma melhor convivência sociedade-natureza. E a educação ambiental – quando trabalhada em todo o seu processo: informação, reflexão e sensibilização (Dias, 2004; Sato, 2004) – é geradora de mudanças no comportamento e nas atitudes, principalmente quando repassada pelos próprios participantes dos cursos, tornando-os multiplicadores. Por esse motivo, foi questionada (Quadro 13.2) a participação dos produtores de algas em algum curso de educação ambiental e o seu papel como multiplicadores na comunidade.

Indicador habitação

Esse indicador pretende mostrar as condições de moradia, isto é, infraestrutura, por ser a habitação necessidade básica ao ser humano e determinante no bem-estar humano. Para o IBGE (2004) um domicílio é considerado satisfatório quando apresenta um mínimo de aceitabilidade dos serviços de infraestrutura básica, estando assim outros indicadores, como saúde e ambiental, diretamente relacionados. Como o PCAV tem um objetivo socioambiental e uma das consequências diretas é o possível aumento de renda, a melhoria da moradia precisa ser visualizada antes e após o projeto.

Indicador saúde

A disponibilidade de serviços de saúde e o seu acesso permitem ao produtor de algas manter o bem-estar humano e, assim, aumentar a sua expectativa de vida, sendo um dos pré-requisitos para o desenvolvimento sustentável, constando no Capítulo 6 da Agenda 21 Global. Embora o PCAV não tenha influência direta na melhoria da saúde, a verificação do indicador de saúde foi feita para se observar se outros indicadores poderiam influenciar em sua melhoria, antes e após o projeto.

Indicador lazer

No indicador lazer foi verificada a existência de, no mínimo, um local para essa atividade e, de novo, esse indicador não está diretamente relacionado com o PCAV, mas indiretamente. Verificou-se se o espaço poderia ser dividido em mais de uma atividade, além de gêneros e idades diferentes, nesse indicador.

Índice ambiental

O índice ambiental (INA) surge a partir do escopo ambiental, que é formado pelos indicadores qualidade da água doce, biodiversidade, banco de algas, pesca predatória, dunas, zona costeira e saneamento básico. Esses pontos estão diretamente ligados ao bem-estar do subsistema ecossistema, e podem ser vistos no Quadro 13.3.

Quadro 13.3 – Quadro do índice ambiental e os indicadores utilizados.

Índice ambiental (INA)		
Escopo	Indicadores	Aspectos considerados e escores atribuídos
Ambiental	Qualidade da água doce	Tipo de tratamento dado à água para o consumo humano (antes do projeto) a) não existe 0 b) fervida 1 c) filtrada 2 d) utilização do hipoclorito de sódio 3 Tipo de tratamento dado à água para o consumo humano (depois do projeto) a) não existe 0 b) fervida 1 c) filtrada 2 d) utilização do hipoclorito de sódio 3

(continua)

INDICADORES DE SUSTENTABILIDADE EM CULTIVOS DE ALGAS VERMELHAS | **421**

Quadro 13.3 – Quadro do índice ambiental e os indicadores utilizados. *(continuação)*

Índice ambiental (INA)		
Escopo	**Indicadores**	**Aspectos considerados e escores atribuídos**
Ambiental	Biodiversidade	Houve aumento no número de moluscos, crustáceos e pequenos peixes que utilizam as algas como habitat? a) não 0 b) sim 1
	Banco de algas	De onde vêm as algas a serem fixadas na estrutura? a) do banco de algas 0 b) cultura de tecidos 1 c) esporulação 2 Continua a retirar algas dos bancos de algas como extrativismo? a) sim 0 b) não 1 Utiliza as algas para algum fim pessoal? a) não 0 a) sim 1
	Pescado	Houve aumento de espécies ameaçadas de extinção? a) não sabe informar 0 b) sim 0 c) não 1 Porcentagem de produção de pescado a) diminuiu 50% 0 b) diminuiu 30% 1 c) continua a mesma 2 d) aumentou 3
	Dunas	Houve aumento de construções nos campos de dunas? a) sim 0 b) não 1
	Legislação sobre algas	Conhece alguma legislação sobre algas? a) não 0 b) sim 1

(continua)

Quadro 13.3 – Quadro do índice ambiental e os indicadores utilizados. *(continuação)*

Índice ambiental (INA)		
Escopo	Indicadores	Aspectos considerados e escores atribuídos
Ambiental	Saneamento básico	Acesso à água potável a) não existe .... 0 b) através de poço .... 1 c) através de rede de distribuição .... 2 Acesso ao esgotamento sanitário a) não .... 0 b) sim .... 1 Acesso a serviço de coleta de lixo a) não .... 0 b) sim .... 1 Destinação final do lixo a) deixado a céu aberto .... 0 b) queimado .... 0 c) enterrado .... 0 d) recolhido pela coleta de lixo 1

Indicador qualidade da água doce

De valor inestimável, a água é vital para a manutenção dos ciclos biológicos, geológicos e químicos de qualquer ecossistema (WWF, 2006; PNUD, 2006). Em pleno século XXI, nem sempre se tem a garantia da qualidade de água potável, e substâncias tóxicas ou bactérias e vírus podem causar uma diversidade de efeitos à saúde humana e ao ecossistema (Corson, 2002). Desse modo, a qualidade da água doce que se bebe deve ser no mínimo suficientemente boa para impedir que ela seja portadora de agentes infecciosos. Mesmo o projeto não tratando diretamente dessa questão, indiretamente poderia influenciar na sua sustentabilidade. Por esse motivo foi verificado esse indicador antes e após o projeto.

Indicador biodiversidade

A biodiversidade é responsável pelo equilíbrio e pela estabilidade dos ecossistemas, além de fonte de imenso potencial de uso econômico, pois é base para atividades agrícolas, pecuárias, pesqueiras e florestais, além de ser a base para a estratégica indústria da biotecnologia. Possui também valor ecológico, genético, social, econômico, científico, educacional, cultural, recreativo e estético, sendo imprescindível evitar sua perda (Brasil, 2006; Camargo et al., 2004). As algas possuem um papel importante no ecossistema aquático, pois são as produtoras de oxigênio – produtores primários na cadeia alimentar. E as macroalgas, como a *Gracilaria birdiae* – utilizada no PCAV –, também servem como colonizadoras de grandes porções de substrato, oferecendo refúgio e alimento a uma grande variedade de organismo, tornando-se assim um micro-habitat específico (Santos et al., 2006; Nunes, 2006; Viana, 2006).

Indicador banco de algas

O PCAV tem como um dos objetivos minimizar os impactos causados pelo extrativismo excessivo, que estava pondo em risco a sobrevivência ou continuidade dos bancos de algas e de outras espécies. Por esse motivo, o indicador banco de algas tem como finalidade verificar até que ponto os bancos de algas estão sendo preservados pelo PCAV, tentando assim observar os objetivos dos Capítulos 15 (Conservação da diversidade biológica) e 16 (Proteção do meio ambiente marinho) da Agenda 21 Global e do próprio projeto.

Indicador pescado

Os bancos de algas, mesmo se estiverem sendo preservados, não são suficientemente bons para permitirem a continuidade de outras espécies, como lagostas e peixes, pois, caso ocorra a pesca predatória, continuam em risco de extinção. Desse modo, o indicador pesca pode verificar essa ação dentro dos objetivos do Capítulo 17 da Agenda 21 Global.

Indicador dunas

Um dos fatores alegados pelos produtos de algas como preocupantes era a construção de imóveis, em dunas móveis, por parte de pessoas externas à comunidade (Terramar, 2006). Isso porque essas construções impedem a continuidade da dinâmica dos ventos sob as dunas móveis e, consequentemente, modificam o ecossistema da zona costeira, dificultando o cumprimento do Capítulo 17 da Agenda 21 Global. O projeto também não influencia diretamente nesse indicador, mas poderia fazer isso de forma indireta.

Indicador saneamento básico

Somente os grandes centros urbanos são melhores assistidos quanto ao saneamento básico no Brasil (WHO, 2006; IBGE, 2004). Sua falta é o principal vetor de doenças, contaminando o meio ambiente e, por sua vez, o ser humano. Conceitua-se saneamento básico como um conjunto de serviços: abastecimento de água, coleta e tratamento de esgoto, e serviço de limpeza pública. Para o IBGE (2004), o indicador saneamento básico proporciona a melhoria da saúde pública, bem como da proteção ambiental. Fato necessário e objetivo do Capítulo 21 (Manejo ambientalmente saudável dos resíduos sólidos e questões relacionadas com esgotos) da Agenda 21 Global.

Índice econômico

O índice econômico (INE) surge a partir do escopo econômico, formado pelos indicadores energia, trabalho e renda, consumo e atividades complementares à renda (Quadro 13.4).

Quadro 13.4 – Quadro do índice econômico e os indicadores utilizados.

Índice econômico (INE)		
Escopo	**Indicadores**	**Aspectos considerados e escores atribuídos**
Econômico	Energia	Tipo de energia utilizada a) lampião a querosene ou gás ou velas 0 b) elétrica 1 c) solar 2
	Trabalho e renda	Qual sua principal ocupação Antes do projeto a) desempregado 0 b) retirada de algas 0 c) outro 1 d) pesca 2

(continua)

INDICADORES DE SUSTENTABILIDADE EM CULTIVOS DE ALGAS VERMELHAS | **425**

Quadro 13.4 – Quadro do índice econômico e os indicadores utilizados. *(continuação)*

Índice econômico (INE)		
Escopo	**Indicadores**	**Aspectos considerados e escores atribuídos**
Econômico	Trabalho e renda	Qual sua principal ocupação Depois do projeto a) desempregado 0 b) retirada de algas 0 c) outro 1 d) pesca 2 e) plantação de algas 3 Rendimento adquirido a cada plantação a) menos de um salário mínimo 0 b) até um salário mínimo 1 c) mais de um salário mínimo 2 Houve melhoria no preço do quilo de algas com o projeto? a) não 0 a) sim 1 Sabe informar quanto gasta para produzir um quilo de algas? a) não 0 a) sim 1
	Consumo	Existência de filtro de água a) não 0 b) sim 1 Existência de geladeira a) não 0 b) sim 1 Existência de celular a) não 0 b) sim 1 Existência de telefone fixo a) não 0 b) sim 1 Existência de moto e/ou bicicleta a) não 0 b) sim 1

(continua)

426 | INDICADORES DE SUSTENTABILIDADE E GESTÃO AMBIENTAL

Quadro 13.4 – Quadro do índice econômico e os indicadores utilizados. *(continuação)*

Índice econômico (INE)		
Escopo	Indicadores	Aspectos considerados e escores atribuídos
Econômico	Atividades complementares à renda	Possui outra atividade econômica além do cultivo de algas a) sim 0 Qual? b) não 1

Indicador energia

O consumo de energia exerce pressão sobre os recursos, e a utilização de fonte renovável minimiza os impactos. Até a década de 1980 o crescimento econômico estava atrelado à expansão da oferta de energia. Entretanto, com o aumento da consciência ecológica, dos preços da energia e dos problemas ambientais gerados pela queima de combustíveis fósseis, a sustentabilidade energética passou a ser um fator de preocupação constante (IBGE, 2004; CEBDS, 2005).

Indicador trabalho e renda

Outro importante fator para o PCAV foi de que pudesse melhorar a renda dos pescadores, transformando-os em produtores de algas, além de estabelecer o cultivo de alga como sua principal atividade. Isso porque, segundo Nunes (2006) e Viana (2006), para que exista rentabilidade na produção, o projeto não pode vir a ser complementador de renda, mas a principal fonte. Assim, foi avaliado o rendimento por plantação que cada família poderia receber.

Indicador consumo

Ganhando mais, o produtor pode, assim, ter maior poder de consumo. Esse indicador busca verificar se houve um aumento de consumo após a inserção na atividade de algas, como produtores.

Indicador atividades complementares à renda

Caso a atividade produtiva de algas tenha melhorado a renda, ela poderia ser a principal atividade ou mesmo a atividade complementar. Esse indicador busca responder quais são as atividades complementares à atividade econômica principal e onde estaria situado o cultivo de algas.

Índice institucional

O índice econômico (INI) surge a partir do escopo institucional, que é formado pelo indicador associação, gênero e tecnologia utilizada (Quadro 13.5).

Quadro 13.5 – Quadro do índice institucional e os indicadores utilizados.

Índice institucional (INI)		
Escopo	Indicadores	Aspectos considerados e escores atribuídos
Institucional	Associação	Quando entrou para a associação? a) após a implementação do projeto 0 b) durante a implementação do projeto 1 Participou da elaboração do projeto a) não 0 b) sim 1 É informado sobre as reuniões a) não 0 b) sim 1 Participa das reuniões a) não 0 b) sim 1 Após a associação o seu relacionamento com os vizinhos melhorou? a) indiferente 0 b) não 0 c) sim 1 É informado sobre a prestação de contas da associação a) não 0 b) sim 1

(continua)

Quadro 13.5 – Quadro do índice institucional e os indicadores utilizados. *(continuação)*

Índice institucional (INI)		
Escopo	**Indicadores**	**Aspectos considerados e escores atribuídos**
Institucional	Associação	A associação facilita a obtenção de recursos financeiros a) não sabe informar 0 b) não 0 c) sim 1 Como conseguem os recursos para bancar o projeto a) não sabe informar 0 b) por meio do assessor 0 c) pela associação 1 Como é feita a gestão na associação? a) não sabe informar 0 b) somente pela ONG 0 c) somente pelos associados 1 d) pela ONG e pelos associados 2 Quais as práticas de gestão? a) não sabe informar 0 b) livro-caixa 0 c) computador 1 Nível de satisfação com a associação a) não estou satisfeito 0 b) estou satisfeito 1
	Gênero	Fortalecimento do gênero a) não houve 0 b) sim, melhorou 1
	Tecnologia utilizada	A tecnologia utilizada na produção de algas é adequada? a) não 0 b) sim 1 Receberam algum tipo de assistência técnica para iniciar o projeto a) não 0 b) sim 1

(continua)

Quadro 13.5 – Quadro do índice institucional e os indicadores utilizados. *(continuação)*

Índice institucional (INI)		
Escopo	Indicadores	Aspectos considerados e escores atribuídos
Institucional	Tecnologia utilizada	Como aprendeu a técnica a) com os próprios plantadores 0 b) curso de qualificação 1 Considera difícil plantar algas a) sim 0 b) não 1

Indicador associação

O PCAV deu origem à APAFG, na qual estão inseridas vinte famílias, embora apenas onze façam parte do projeto (Terramar, 2006). Como para barganhar preço, prazos e melhoria da produção é necessário um trabalho em equipe, quanto melhor o relacionamento do grupo, melhor é para a continuidade do projeto e, por consequência, da associação. O indicador associação procura verificar o nível do associativismo.

Indicador gênero

Anteriormente ao projeto das algas, o público que praticava o extrativismo era composto, em sua maioria, por mulheres, e costumava chamar as algas de lodo. O indicador gênero pretende verificar se as mulheres continuam a participar dessa atividade no projeto e quais são suas funções agora. Homens e mulheres devem ter condições iguais de acesso a emprego e renda.

Indicador tecnologia utilizada

Um dos pontos mais importantes na viabilidade do PCAV é a correta tecnologia utilizada, pois, assim, será capaz de viabilizar a proteção dos bancos de algas e gerar uma renda média satisfatória aos produtores. O indicador tecnologia tem a função de fazer essa observação.

INDICADORES DE SUSTENTABILIDADE E GESTÃO AMBIENTAL

Um fator importante, contemplado no questionário, foi o conhecimento e a possível definição, por parte dos produtores de algas, do conceito de desenvolvimento sustentável para se confrontar com o conceito escolhido – "[...] o desenvolvimento que propicia ou permite o alcance ou a manutenção do bem-estar do sistema, este último entendido como compostos pelo subsistema humano e ecossistema, considerados igualmente importantes" (Siena, 2002, p. 42) – na montagem dessa sequência metodológica e com os teóricos apresentados na fundamentação, procurando avaliar o nível de conhecimento da comunidade quanto aos aspectos ambientais.

Mensuração dos índices de sustentabilidade e do grau de sustentabilidade

Foi utilizada a expressão (1) para o cálculo de cada índice – social, ambiental, econômico e institucional separadamente. Essa opção atribui importância *igual a todos os indicadores dentro do mesmo escopo*. A escolha ocorreu por considerar todos os escores igualmente importantes na fase de amadurecimento em que se encontrava o projeto – fato discutido com especialistas após o diagnóstico do PCAV. Foram pontuados, na fórmula, todos os escores dados, como *top-down* (especialistas e pesquisador) e *bottom-up* (público-alvo), e previamente estabelecidos.

As análises estatísticas foram efetuadas por meio dos softwares Statistical Package for Social Sciences (SPSS) e Excel. Desse modo, os valores encontrados para os índices podem ser vistos na Tabela 13.1:

Tabela 13.1 – Valores dos índices de sustentabilidade.

Índice	Valor calculado
Índice Social (INS)	0,410
Índice Ambiental (INA)	0,357
Índice Econômico (INE)	0,253
Índice Institucional (INI)	0,740

Quanto mais próximo de 1 o valor de cada índice, melhor o desempenho do PCAV. Pode-se notar que o melhor desempenho do projeto ocor-

INDICADORES DE SUSTENTABILIDADE EM CULTIVOS DE ALGAS VERMELHAS | **431**

reu no aspecto institucional. Por outro lado, percebe-se uma maior fragilidade nos aspectos relativos à economia e ao ambiente. A caracterização do PCAV, quanto aos aspectos citados, possibilita melhor compreensão desses resultados:

- 33,3% nasceram em Flecheiras, 66,7% são do sexo feminino, 33,3% do masculino, com faixa etária variando entre 33 e 61 anos, dos quais 83,3% são casados.

- O nível de escolaridade varia entre ensino fundamental incompleto (50%) e completo (50%), sendo que 50% do grupo participou de algum curso de educação ambiental. Os que participaram também foram multiplicadores em algumas escolas da região.

- Um dos pontos importantes foi a confirmação de que a renda recebida pelo PCAV, até o momento, não permitiu nenhuma melhoria nas residências, isso porque trata-se de uma renda baixa e leva-se, em média, dois meses para se ter a próxima plantação e algum retorno econômico.

- O quesito saúde demonstra que existe posto de saúde e agentes, que somente visitam as residências quando chamados. E embora o projeto não tenha como objetivo a melhoria no quesito saúde, não houve nenhum incentivo para que o grupo pudesse reivindicar melhorias nesse aspecto.

- Quanto ao lazer, existia um campo de futebol na praia, e atualmente está sendo finalizada uma praça vizinha à igreja do distrito, porém nenhum dos dois teve qualquer influência do projeto.

- A água potável é algo preocupante no distrito, uma vez que muitas das construções localizam-se em campo de dunas – sendo fácil a obtenção de água, mesmo que numa mínima perfuração. Porém, por não existir esgotamento sanitário, os poços escavados podem facilmente se contaminar. Como 100% da água consumida vem de poços, nem sempre é tratada, o que pode ser percebido na Tabela 13.2.

Contudo, existe coleta de lixo, mesmo não sendo diária. O destino do lixo é para um "lixão", e nenhum dos entrevistados tem a prática de enterrar ou queimar o seu lixo.

O principal objetivo do PCAV era melhorar a renda familiar, sem depredar os bancos de algas, porém, a técnica utilizada, ao retirar algas dos bancos para serem as mudas das estruturas, continua impactando os bancos naturais. E mesmo com o aparecimento de espécies de peixes e crustá-

Tabela 13.2 – Frequência relativa do PCAV segundo o tipo de tratamento dado à água para consumo humano.

Tipo	Porcentagem
Não existe	16,7
Fervida	30,0
Filtrada	20,0
Uso do hipoclorito de sódio	33,3

ceos, anteriormente desaparecidos, isso ocorre no local das estruturas, e não nos bancos naturais. Entre os entrevistados, 16,7% continuam a retirar algas dos bancos como extrativismo, por afirmar que o grupo retira na "hora da plantação" para fixarem nas estruturas. E nenhum dos entrevistados utiliza as algas do cultivo para fim pessoal. Toda a produção de Flecheiras é vendida.

Também não existe conhecimento por parte do grupo de nenhum instrumento normativo sobre a exploração e comercialização de algas. Mesmo não sendo uma lei, existe um Instrumento Normativo n. 89, de 2 de fevereiro de 2006, que consiste em uma recomendação dada pelo Instituto Brasileiro do Meio Ambiente e dos Recursos Naturais Renováveis (Ibama), tendo aplicação nacional e já prevendo a possibilidade da atividade de cultivo ou extrativismo de algas.

A principal atividade antes e depois do projeto deve ser verificada para situar a importância do PCAV, como renda complementar ou atividade principal. E isso pode ser visto nas Tabelas 13.3 e 13.4.

Tabela 13.3 – Frequência relativa dos participantes do PCAV, segundo a principal atividade antes do projeto.

Atividades	Porcentagem
Retirada de algas	33,3
Outros	50,0
Pesca	16,7
Total	100,0

Tabela 13.4 – Frequência relativa dos participantes do PCAV, segundo a principal atividade depois do projeto.

Atividades	Porcentagem
Retirada de algas	0,0
Outros	83,3
Pesca	16,7
Total	100,0

Se anteriormente ao projeto outras atividades temporárias[4] (50%) foram a renda principal das famílias, atualmente acrescenta-se a elas o trabalho obtido pelo turismo, que tem se confirmado como principal atividade, permanecendo a pesca na mesma porcentagem. As algas – seja extrativismo ou cultivo – são fontes de renda secundárias, isso ocorrendo, segundo os entrevistados, por não renderem mensalmente, só em cada plantação, o que varia, em geral, dois meses. Além disso, o rendimento proporcionado é menos de um salário mínimo.

O cultivo melhorou a qualidade da alga a ser vendida, aumentando seu preço de R$ 0,50 para R$ 5,00 o quilo, e toda a produção tem comprador certo. Porém, a produtividade continua baixa, e cada família recebe pela participação no cultivo em todas as etapas. Em algumas fases nota-se o mínimo de participação das mulheres, ou do grupo como um todo. A etapa de manutenção foi confirmada por todos como a mais difícil e que, nas últimas plantações, por não ter sido realizada corretamente, teve perda de produção.

Saber calcular quanto se gasta para produzir um quilo de alga é fator preocupante, pois a associação busca, atualmente, aumentar a produção e participar melhor do gerenciamento do projeto como um todo. O assessor do projeto – membro da ONG Terramar – fazia boa parte da gestão financeira e prestação de contas com o antigo presidente da associação, que por sua vez repassava ao grupo. Recentemente essa tarefa foi direcionada para a associação, sendo a contabilidade e a utilização do dinheiro em caixa uma responsabilidade dos próprios participantes do projeto. Quanto aos bens

---

[4] Doméstica, garçom.

de consumo dos integrantes do PCAV (Tabela 13.5), percebe-se a ausência destes em boa parte das famílias, o que diminui a qualidade de vida.

Tabela 13.5 – Frequência relativa dos participantes do PCAV segundo o acesso a bens de consumo.

Bens de consumo	Sim
Filtro de água	83,3%
Geladeira	50,0%
Celular	33,3%
Telefone fixo	0,0%
Moto e/ou bicicleta	16,7%

Entre os entrevistados, 66,7% dos que entraram durante a implementação do projeto receberam curso de qualificação, e o restante aprendeu a técnica com os demais associados. Todos são informados das reuniões e participam, e um total de 83,3% acredita que o projeto melhorou o relacionamento com os vizinhos. Apenas 50% conhecem as práticas de gestão, acreditam que melhorou a questão de gênero e estão satisfeitos com a associação.

No quesito gênero é importante frisar que, como algumas etapas do processo exigem mais força física, as atividades dentro do cultivo estão separadas entre as praticadas por homens e mulheres, e este é um dos pontos que dificulta a manutenção – etapa que está sendo considerada praticada por poucas pessoas.

A técnica utilizada retira todas as algas das cordas, necessitando de novas mudas a serem retiradas dos bancos naturais. Nunes (2006) e Viana (2006) afirmaram terem tentado a técnica de poda, na qual se cortaria uma parte das algas e deixaria "o tronco" para germinar novamente na corda – não necessitando, assim, da busca por novas mudas por um tempo maior. Porém, para eles, como não houve manutenção adequada, a produção foi pequena, assim não se tentou mais a técnica.

O mais impressionante foi a noção de desenvolvimento sustentável abordada pelos entrevistados. Os que haviam entrado no projeto desde a sua implementação abordaram que desenvolvimento sustentável seria *ganhar melhor mesmo preservando os bancos de algas*. Enquanto os que entraram após a implementação do projeto diziam entender, mas não sabiam conceituar.

Fazendo o confronto do que seria desenvolvimento sustentável para os entrevistados com o trabalhado na sequência metodológica, "desenvolvimento que propicia ou permite o alcance ou a manutenção do bem-estar do sistema, este último entendido como compostos pelo subsistema humano e ecossistema, considerados igualmente importantes" (Siena, 2002, p. 42), percebe-se que os objetivos se assemelham e o grupo tem a noção dessa importante relação.

Cálculo do índice de sustentabilidade

O índice de sustentabilidade, conforme já abordado, deve incorporar todas as dimensões ou escopos considerados. Assim, o índice de sustentabilidade do PCAV foi obtido a partir da equação (5), e pode ser observado na Tabela 13.6.

Tabela 13.6 – Valores do índice de sustentabilidade do PCAV.

Índice	Valor calculado
Índice Social (INS)	0,410
Índice Ambiental (INA)	0,357
Índice Econômico (INE)	0,253
Índice Institucional (INI)	0,740
Índice de sustentabilidade	**0,440**

Os valores obtidos permitiram a classificação do projeto nos diferentes níveis de sustentabilidade, como pode ser observado a seguir.

Conhecimento do grau de sustentabilidade

Pode-se notar por meio da Tabela 13.7 que a sustentabilidade do PCAV é ruim, sendo críticas as condições verificadas nos escopos econômico e ambiental.

INDICADORES DE SUSTENTABILIDADE E GESTÃO AMBIENTAL

Tabela 13.7 – Quadro do grau de sustentabilidade do PCAV.

Índice	Valor calculado	Grau de sustentabilidade
Índice Social (INS)	0,410	Ruim
Índice Ambiental (INA)	0,357	Crítica
Índice Econômico (INE)	0,253	Crítica
Índice Institucional (INI)	0,740	Boa
Índice de sustentabilidade	**0,440**	**Ruim**

Assim, retornando às indagações do Quadro 13.2, que pontuava os quesitos que os indicadores deveriam verificar dentro do projeto, agora, depois do cálculo do índice, elas podem ser respondidas:

* *Indicador ambiental – aspectos que minimizam o impacto?* A técnica utilizada é menos impactante do que o extrativismo, porém continua danosa por fazer a retirada, mesmo que a cada dois meses, de algas de seus bancos. E caso a produção venha a aumentar, sendo mensal, o impacto será ainda maior em seus bancos.

* *Indicador social – aspectos que melhoram a qualidade de vida?* Muito pouco, pois a qualidade de vida está atrelada a políticas públicas, e não houve por parte do projeto nenhum incentivo ao grupo para buscar melhorias na comunidade.

* *Indicador econômico – possibilidade de melhoria de renda?* Esse que se dizia o principal objetivo do projeto não foi alcançado pelo grupo. Embora o preço tenha tido um saldo quantitativo, não houve uma distribuição equitativa para as famílias, pois o valor recebido ainda é muito baixo para transformar a atividade em principal fonte de renda. Todos reclamaram que o trabalho é intenso para o valor que se ganha, por ainda não existir um ritmo de trabalho e muito menos uma boa distribuição de tarefas, e, principalmente, seu cumprimento. Alguns trabalham mais que outros, embora se ganhe pelo que se produz; algumas tarefas precisam ser feitas em conjunto para surtir maior produtividade.

- *Indicador institucional – qual o nível de organização? A técnica é de fácil acesso?* Esse foi considerado o melhor indicador, verificando-se que o grupo está alcançando uma maturidade como grupo em si. Com a troca de presidente, o grupo entra numa fase de novas perspectivas – produtividade, atividades consorciadas e novos mercados, além de buscar, agora, pessoas mais dispostas a cumprir as tarefas de produção.

Sugestões e "opções respostas"

O PCAV não está sozinho na busca de sua sustentabilidade, pois encontra-se com objetivos socioambientais pautados em uma realidade econômica e institucional que pode impedir ou viabilizar a busca pela sustentabilidade.

Isso pode ser visto pela rede que se formou a partir do PCAV (Figura 13.4), e que será explicitada para se ter um entendimento de suas ações e reações – isto é, limites do desenvolvimento sustentável local.

Algas vermelhas – as macroalgas são transformadas em recursos ao serem retiradas, pelo extrativismo, de seus bancos naturais e vendidas como

Figura 13.4 – Rede das relações do PCAV.

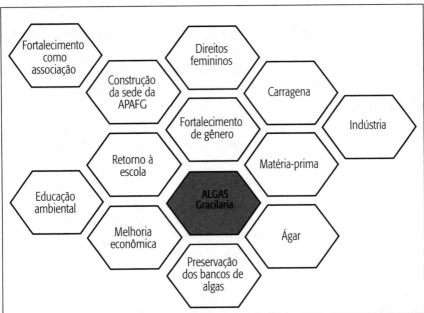

mercadorias *in natura*, inicialmente. Essa prática, realizada há vários anos, não previa a sua importância num momento de escassez, o que tem ocorrido em virtude da demanda de indústrias nacionais e, agora, internacionais, demonstrando a fragilidade do ecossistema. A atividade cultivo de algas depende diretamente da existência de algas, necessitando de novas técnicas, gerenciamento do ecossistema local e a continuidade de programas de educação ambiental – não somente para os nativos, mas também para os turistas.

Matéria-prima – para as indústrias de alimentos e cosméticos, as macroalgas *Gracilaria* são matéria-prima (ágar-ágar e carragena), e o aumento da produção depende diretamente do aumento da produtividade também das algas. O grande desafio é a necessidade de técnicas menos impactantes – como as de esporulação *in vitro* ou cultura de tecidos – e um gerenciamento local que de fato poderia preservar os bancos de algas.

Fortalecimento como associação – a vinda de uma tecnologia fez com que um grupo de pescadores se organizasse e surgisse uma associação para fortificar o seu trabalho coletivo, tanto para uma melhor produtividade como para um melhor rendimento econômico.

Construção da APAFG – como consequência dessa fortificação, uma sede foi construída e, hoje, conta com o apoio da comunidade, que a tem como referência não somente para os associados, mas também para outras atividades de Flecheiras, como a utilização de seus computadores pelos jovens e o espaço para eventos sociais.

Fortificação do gênero – na atividade extrativista as mulheres sempre foram a maioria. Ao fortificar o grupo como associação, as mulheres também continuaram como maioria. Mas, embora tenham tido o conhecimento de uma técnica e a consciência da necessidade da preservação, ganham pelo que podem produzir, e a não participação em algumas etapas do processo da atividade, por motivos diversos, diminui o valor a ser recebido – não sendo exatamente igual ao dos homens; isso tem comprometido até mesmo a produção.

Direitos femininos – a fortificação do gênero, dentro dos associados, permitiu também o conhecimento dos direitos femininos.

Retorno à escola – o projeto de algas ocorreu paralelamente a outro projeto do Terramar, a Rede de Educadores Ambientais do Litoral Cearense (Realce), o que possibilitou levar à comunidade, por meio da escola, a importância da preservação da lagosta e dos bancos de algas. Alguns associados retornaram à escola para repassarem esse conhecimento vivo e serem multiplicadores da educação ambiental em sala de aula.

Educação ambiental – a educação ambiental está presente na comunidade. Muitos são os cartazes na associação ou nas escolas, mas, embora presente, não é ainda efetiva. A coleta de algas é praticada abertamente pela comunidade, que alega o lado econômico como principal motivador, e a própria técnica que exige a coleta de algas reflete, para a comunidade, que se pode, sim, retirar algas de seus bancos naturais. Não é vista pela comunidade a real consequência, caso acabem com os bancos de algas, e nem pelos associados, já que não questionam o motivo de ainda se retirarem algas dos bancos. É necessário um trabalho mais intenso e objetivo, que trabalhe todo o ciclo da educação ambiental – informativo, reflexivo e conscientizador – e que faça não somente dos plantadores de algas multiplicadores, mas a comunidade mais atenta aos seus recursos.

Preservação dos bancos de algas – como abordado anteriormente, a preservação dos bancos de algas ainda não ocorre de forma satisfatória, e o cultivo não evitou totalmente a retirada das algas – seja pela comunidade ou pelo projeto. O que ainda impede a sua regeneração de forma a preservar os bancos. Como o projeto não abarca, atualmente, tantas pessoas da comunidade como seria necessário, pelo menos a proposta de complementar o projeto com um sistema de extrativismo gerenciado ajudaria a minimizar os impactos nos bancos de algas até possibilitar o maior número de inclusões de pessoas. Não esquecendo que todas as atividades econômicas causam algum tipo de impacto, principalmente em larga escala. Assim o monitoramento é algo imprescindível desde o planejamento.

Melhoria econômica – o retorno financeiro do projeto está diretamente ligado a dois pontos: disponibilidade de matéria-prima a ser retirada para o plantio, em decorrência da técnica, e produtividade, que depende, hoje, da manutenção e do nível de organização dos associados. Mesmo com um melhor preço no mercado, R$ 5,00 o quilo, o projeto ainda não trouxe melhorias econômicas. Segundo, Nunes (2006) e Viana (2006) – ex-presidente e atual presidente da APAFG –, a produção é pequena, o que permite, no máximo, um ganho de R$ 400,00 por plantação. Esse valor posteriormente é dividido com as famílias que participaram da produção, chegando a apenas R$ 50,00 por família a cada plantação, não existindo uma renda mensal fixa. Foi sugerido, pelo atual presidente, que o cultivo de algas, por levar dois meses para a colheita, pudesse também ser feito em conjunto com outras atividades econômicas, como criação de ostra, lagosta e sirigado. Pode ser elaborado um cronograma ou calendário com cultivos iniciando em épocas diferentes para garantir a colheita mensal, permitindo-se, assim, atividades mais bem estruturadas.

As relações discutidas até aqui implicam decifrar as interações da rede e como umas influenciam e são influenciadas pelas demais dentro do PCAV. Aumentando a escala desse subsistema, percebe-se que as políticas públicas, vindas do governo, precisam dar mais apoio à associação existente e oferecer cursos e treinamento à população, de modo geral, sobre a extração das algas. Por já existir uma legislação sobre a extração de algas e nenhum dos associados conhecer a Instrução Normativa n. 89, de 2 de fevereiro de 2006, faz-se necessário que os órgãos de fiscalização façam o seu trabalho e informem primeiro, para, posteriormente, fiscalizar. Afinal, a instrução não tem a intenção de punir, mas de preservar, pois permite a coleta, especificando os locais para isso.

O projeto tem um excelente objetivo, embora precise de ajustes – e principalmente monitoramento – para se inserir na busca do desenvolvimento sustentável. Esses ajustes precisam ser vistos de forma sistêmica – mesmo acreditando que, inicialmente, não são funções do projeto, afinal todos os indicadores influenciam e são influenciados entre si.

O grau de sustentabilidade encontrado no projeto revela que a sustentabilidade absoluta e plena talvez nunca será alcançada, mas o progresso, a busca pela sustentabilidade, é contínuo. Isso porque a própria aplicação da sequência metodológica dessa pesquisa revela a dificuldade de se ter um equilíbrio em todos os escopos adotados, demonstrando a eterna influência de um escopo sobre os demais, progressivamente.

A continuidade do PCAV está ameaçada, a associação ou nível de organização de seis integrantes não é suficiente para garantir a sua existência em longo prazo. Ações quanto à adoção de tecnologias menos agressivas ao ambiente, qualificação de mão de obra, agregação de valor ao produto e diversificação do produto, entre outras, devem ser adotadas para melhorar as condições ambientais e econômicas dos envolvidos e potencializar a sustentabilidade da atividade.

Todo projeto socioambiental tem uma inércia com relação a seus impactos, principalmente pela necessidade de amadurecimento e aprendizado da comunidade e do próprio assessor do projeto. Isso porque, embora uma "ideia socioambiental" seja boa, ela precisa ser moldada à realidade local, que traz ajustes de caráter ambiental, social, institucional ou econômico ao longo da busca pela sua sustentabilidade.

Assim, a gestão e o monitoramento de qualquer projeto que vise à sustentabilidade precisam estar atentos ao grau de cada escopo durante a busca pelo conceito adotado de desenvolvimento sustentável. É preciso ex-

Figura 13.5 – Visão sistêmica da sustentabilidade do PCAV em Flecheiras.

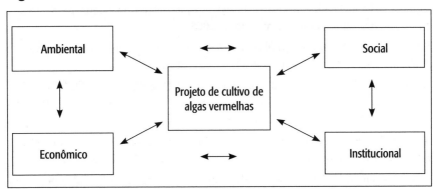

plicitar que alguns dos indicadores poderão ser mais bem trabalhados em uma questão em curto prazo e outros em longo prazo, bem como a alimentação dos dados, que, por ser um monitoramento, necessita ter uma escala de tempo previamente estabelecida, para que os dados sempre possam representar o mais próximo possível a realidade.

CONSIDERAÇÕES FINAIS

A SMIS mostrou-se capaz de apresentar, de forma sistêmica, as fragilidades do projeto e os resultados positivos obtidos; contudo, expôs de forma clara as dificuldades em monitorar o próprio desenvolvimento sustentável, visto que não pode ser atingido em plenitude, visto que as partes que o compõem são dinâmicas e, ao inter-relacionarem-se, também sofrem pressões ora da comunidade, ora do ecossistema.

No entanto, é exatamente para isso que servem os indicadores de sustentabilidade – para monitorar e retroalimentar o planejamento inicial do projeto, configurando uma nova estratégia ambiental a ser seguida e indicando os pontos que podem ser avançados e os que necessitam de intervenções nessa contabilidade socioambiental.

REFERÊNCIAS

AGARGEL, C. *Especificações técnicas*, 2006. Disponível em: http://www.agargel.com.br/carragena-tec.html. Acessado em: 7 jun. 2006

INDICADORES DE SUSTENTABILIDADE E GESTÃO AMBIENTAL

AQUASIS. *Zona costeira do Ceará: diagnóstico para a gestão integrada.* Fortaleza: Aquasis, 2003. Disponível em: http://www.aquasis.org/downloads_publicacoes_zona_costeira.asp. Acessado em: 17 maio 2006.

BARRETO, R.C.S. *Políticas públicas e o desenvolvimento rural sustentável no estado do Ceará: estudo de caso.* Fortaleza: UFC/CCA/DEA, 2004.

[BNDES] BANCO NACIONAL DE DESENVOLVIMENTO ECONÔMICO E SOCIAL. *Municípios em dados: Trairí, Ce.* Disponível em: http://www.federativo.bndes.gov.br/f_bdg.htm. Acessado em: 16 maio 2006.

BRASIL. Ministério do Meio Ambiente. *Biodiversidade brasileira.* Disponível em: http://www.mma.gov.br/biodiversidade/. Acessado em: 22 nov. 2006.

_____. *Agenda 21 Global.* Disponível em: http://www.mma.gov.br/index.php?ido= conteudo.monta&idEstrutura=18&idConteudo=575. Acessado em: 22 nov. 2006.

CAMARGO, A.; CAPOBIANCO, J.P.R.; OLIVEIRA, J.A.P. Os desafios da sustentabilidade no período pós-Rio-92: uma avaliação da situação brasileira. In: _____. *Meio ambiente no Brasil: avanços e obstáculos pós-Rio-92.* 2. ed. São Paulo: Estação Liberdade/ Instituto Socioambiental; Rio de Janeiro: Ed. FGV, 2004. p. 28-56.

[CSD] COMMISSION ON SUSTAINABLE DEVELOPMENT. INDICATORS OF SUSTAINABLE DEVELOPMENT, 2005. Disponível em: http://www.un.org/esa/ sustdev/natlinfo/indicators/isdms2001/table_4.htm. Acessado em: 6 ago. 2006.

[CEBDS] CONSELHO EMPRESARIAL BRASILEIRO PARA O DESENVOLVIMENTO SUSTENTÁVEL. Fatos e tendências para 2050 – energia e mudanças climáticas. Disponível em: http://www.cebds.org.br/cebds/pub-docs/pub-mc-fatos--tendencias-2050.pdf. Acessado em: 2 ago. 2005

CORSON, Walter H. *Manual global de ecologia: o que você pode fazer a respeito da crise do meio ambiente.* 4. ed. São Paulo: Augustus, 2002.

CRUZ, M. J. M. da. Entrevista realizada em 7 de dezembro de 2006. Flecheira, Ceará.

DIAS, Genebaldo F. *Educação ambiental: princípios e práticas.* 9. ed. São Paulo: Gaia, 2004.

[FAO] FOOD AND AGRICULTURE ORGANIZATION OF THE UNITED NATIONS. *Training manual on Gracilaria Culture and Seaweed Processing in China,* 1990. Disponível em: http://www.fao.org/docrep/field/003/ab730e/ab730e00.htm. Acessado em: 22 ago. 2006.

FERNANDES, A.V.; SILVA, L.M.R. *Qualidade de vida rural com sustentabilidade na Amazônia: o caso da reserva extrativista do rio Cajari no estado do Amapá.* fortaleza, 1997, 93 f. Dissertação (Mestrado em Economia Rural) – Centro de Economia Rural, Universidade Federal do Ceará.

FERREIRA, A.B.H.F. *Dicionário Aurélio eletrônico século XXI*. Versão 3.0. MGB Informática, 1999.

[IBGE] INSTITUTO BRASILEIRO DE GEOGRAFIA E ESTATÍSTICA. *As fundações privadas e associações sem fins lucrativos no Brasil* (Fasfil), 2004. Disponível em: http://www.ibge.gov.br/home/estatistica/economia/fasfil/fasfil.pdf. Acessado em: 12 set. 2005.

[IPECE] INSTITUTO DE PESQUISA E ESTRATÉGIA ECONÔMICA DO CEARÁ. Disponível em: http://www.ipece.ce.gov.br. Acessado em: 18 maio 2006.

[IISD] INTERNATIONAL INSTITUTE FOR SUSTAINABLE DEVELOPMENT. *Bellagio principles*. Disponível em: http://www.iisd.org/measure/principles/bp.asp. Acessado em: 12 set. 2006.

JOVENTINO-PINHEIRO, F.; BEZERRA, C.L.F. Estudo de fenologia e regeneração de Gracilaria domingensis Sonder (Rhodophyta-Gracilariaceae) do Ceará. *Arquivos de Ciências do Mar*, Fortaleza, v. 20, n. 1-2, p. 33-41, dez. 1980.

JOVENTINO-PINHEIRO, F.; DANTAS, N.P. Colonização de algas em substratos artificiais na praia de Guajirú, Estado do Ceará, Brasil. *Arquivos de Ciências do Mar*, Fortaleza, v. 33, p. 133-78, 2000.

KISS, J. Catadores de algas. *Globo Rural*, Rio de Janeiro, n. 267, p. 60-3, 2006.

MILLENNIUM ECOSYSTEM ASSESSMENT. *Ecossistemas e bem-estar humano: relatório do grupo de trabalho da estrutura conceitual da avaliação ecossistêmica do Milênio*. Trad. Renata L. Bottini. São Paulo: Senac, 2005.

NOGUEIRA, S.K.P. *No ritmo das marés: as catadoras de algas de Flecheiras, Trairi, CE*. Fortaleza, 2003. 119 f. Dissertação (Mestrado em Geografia) – Departamento de Geografia, Universidade Federal do Ceará.

NUNES, R.N. Entrevista realizada em 7 de dezembro de 2006. Flecheira, Ceará.

PEREIRA, N.L. *Análise da sustentabilidade da produção do algodão orgânico: o caso do município de Tauá*. Fortaleza, 2001. 152 f. Dissertação (Mestrado em Economia Rural) – Departamento de Economia Agrícola do Centro de Ciências Agrárias, Universidade Federal do Ceará.

[PNUD] PROGRAMA DAS NAÇÕES UNIDAS PARA O DESENVOLVIMENTO. *Atlas do desenvolvimento humano no Brasil*. Edição em CD-Rom. Brasília, DF: PNUD, 1998.

_____. *Relatório do desenvolvimento humano*, 2006. Disponível em: http://www.pnud.org.br/rdh/. Acessado em: 9 nov. 2006.

RABELO, L.S. *Indicadores de sustentabilidade: a possibilidade do desenvolvimento sustentável*. Fortaleza: Prodema/ UFC, 2008.

SANTOS, C. H. A. et al. *Aspectos do cultivo de algas marinhas com vistas a sustentabilidade da atividade*, 2006. Disponível em: http://www.prex.ufc.br/formularios/

meio_ambiente_2006/cultivo%20de% 20algas%20marinhas.pdf. Acessado em: 21 nov. 2006.

SATO, M. *Educação ambiental*. São Carlos: Rima, 2004.

SIENA, O. *Método para avaliar progresso em direção ao desenvolvimento sustentável*. Florianópolis, 2002. 234 f. Tese (Doutorado em Engenharia de Produção) – Centro Tecnológico, Universidade Federal de Santa Catarina.

SOUZA, M. C. *Estudo da sustentabilidade da agricultura familiar em assentamento de reforma agrária no município de Mossoró-RN*. Mossoró, 2003. 120 f. Dissertação (Mestrado em Desenvolvimento e Meio Ambiente) – Universidade do Estado do Rio Grande do Norte.

[SPSS] STATISTICAL PACKAGE FOR SOCIAL SCIENCES. Versão 10.0.7, 1989-1999.

TACHIZAWA, T. *Gestão ambiental e responsabilidade social corporativa: estratégias de negócios focadas na realidade brasileira*. São Paulo: Atlas, 2002.

TERRAMAR. Disponível em: http://www.terramar.org.br. Acessado em: 2 maio 2006.

VAN BELLEN, H. M. *Indicadores de sustentabilidade: uma análise comparativa*. Rio de Janeiro: Ed. FGV, 2005.

VIANA, F. E. S. Entrevista realizada em 7 de dezembro de 2006. Flecheira, Ceará.

[WHO] WORLD HEALTH ORGANIZATION. Disponível em: http://www.who. int.en. Acessado em: 18 set. 2006.

WWF. *Richcountries, poorwater, 2006*. Disponível em: http://www.wwf.org.uk/file-library/pdf/richcountriespoorwater.pdf. Acessado em: 16 ago. 2006.

Aplicação do modelo FPSEEA na construção de indicadores de saúde ambiental

14

Mara Lúcia Barbosa Carneiro Oliveira
Engenheira civil, Organização Pan-Americana da Saúde no Brasil

Sueli Corrêa de Faria
*Arquiteta e urbanista, Urbenviron Associação Internacional
de Planejamento e Gestão Ambiental*

A saúde humana encontra-se em relação direta com as condições ambientais. Como parte do ecossistema, o ser humano impacta os fatores naturais e é impactado por eles, na convivência permanente com situações de risco, tanto naturais quanto provocadas pela forma predatória como se relaciona com o meio que o abriga. Segundo Gomes (1995), essa causalidade é detectada mais claramente no caso de doenças infecciosas, geralmente qualificadas como o resultado da interação entre o indivíduo (hospedeiro), o agente biológico causador (agente etiológico) e o ambiente (onde o hospedeiro e o agente etiológico são capazes de viver).

Situações de risco originadas no crescimento urbano desordenado e em um desenvolvimento tecnológico, industrial e agrícola pouco comprometido com responsabilidade social e conservação da natureza geram os determinantes ambientais de diversas doenças, como cólera, dengue e tuberculose, consideradas doenças transmissíveis reemergentes, ou malária e hepatite, que permanecem há muitos anos como as maiores causadoras de morte, em diversas partes do mundo. Novas doenças relacionadas com o ambiente continuam a surgir, com taxas sem precedentes, e outras reaparecem, em regiões onde estavam em declínio ou, supostamente, erradicadas. Sobretudo nos países em desenvolvimento, são marcantes os reflexos dos desequilíbrios ecológicos e das desigualdades sociais nos perfis epidemiológicos.

O pensamento hegemônico de que a natureza é infinitamente pródiga em recursos materiais e energéticos, com capacidade reparadora ilimitada, fez com que as sociedades humanas alterassem o seu próprio habitat, a ponto de muitas vezes inviabilizar o desempenho das funções ecológicas que dão sustentabilidade ao desenvolvimento humano (Augusto, 2003). Essas alterações vêm propiciando, há séculos, a proliferação de vetores de doenças, que afetam profundamente a qualidade de vida das populações. Além disso, a exposição a poluentes ambientais, ao ruído e à radiação, tem colocado os seres humanos diante de novos problemas de saúde, como mutações genéticas, estresse, cânceres associados a agentes ambientais ou desvios durante o desenvolvimento pré-natal (WHO, 1972).

A solução dos problemas de saúde pública relacionados com questões ambientais tem como pré-requisito a implementação de políticas públicas que criem e garantam a manutenção de ambientes saudáveis, a partir de processos participativos de gestão. É o acordo das ações de todos os atores interessados em solucionar esses problemas que dá sustentabilidade às políticas públicas. Todavia, para que os inevitáveis conflitos de interesse entre atores possam permanecer dentro de limites gerenciáveis, é imprescindível que todos eles tenham acesso a uma mesma base de conhecimento, que lhes possibilite compreender a relação saúde-meio ambiente, em toda a sua complexidade.

Uma maneira eficiente de se disponibilizar informação e embasar processos de tomada de decisão é dada pelo uso de indicadores de saúde ambiental. Isso porque indicadores podem comunicar ou informar sobre o progresso em direção a determinada meta, além de constituir um recurso que facilita a percepção de uma tendência ou de um fenômeno que não possa ser observado diretamente.

Assim, este capítulo apresenta um modelo que permite a construção de um conjunto de indicadores de saúde ambiental, que sirva de instrumento de apoio à tomada de decisão, no que diz respeito à identificação e ao monitoramento dos riscos, presentes no ambiente, que podem interferir na saúde da população. Nessa construção, é utilizado o modelo Força motriz – Pressão – Situação – Exposição – Efeito – Ação (FPSEEA), da Organização Mundial de Saúde (OMS), que possibilita a compreensão e a mensuração dos determinantes ambientais da saúde, contribuindo assim para a transparência dos processos de tomada de decisão voltados para o controle de riscos, usando como exemplo o caso da dengue, uma doença transmitida por um vetor cujo criadouro está diretamente relacionado com condições inadequadas de saneamento.

O CONCEITO DE INDICADOR

A palavra "indicador", originada do latim *indicare*, significa "apontar para, desvendar, estimar, colocar preço ou trazer a conhecimento público". Indicadores também são definidos como os valores medidos ou derivados de mensurações quantitativas e/ou qualitativas, passíveis de padronização e comparáveis entre si, quando expressos na forma numérica. No entanto, a principal característica de um indicador é a de possibilitar a seleção das informações significativas, simplificando os fenômenos complexos e facilitando a comunicação da informação entre coletores e usuários (Bidone et al., 1998 apud Domingues, 2000).

Indicadores de saúde, por exemplo, de acordo com a definição da Rede Interagencial de Informações para a Saúde (Ripsa), são medidas-síntese que contêm informação relevante sobre as dimensões do estado de saúde, bem como do desempenho do sistema de saúde. Vistos em conjunto, refletem a situação sanitária de uma população e servem para a vigilância das condições de saúde (Opas e Ripsa, 2002).

Os indicadores desempenham um papel útil na identificação de tendências, no destaque de problemas e na formação de bases para o estabelecimento de prioridades, bem como na formulação e avaliação de políticas e programas. Outro fator da maior importância é que os indicadores podem ajudar a simplificar um conjunto complexo de informações a respeito de aspectos de saúde e de ambiente e, assim, contribuir para a melhoria da comunicação entre o público e os gestores ou tomadores de decisão.

Segundo Domingues (2000), com a crescente demanda por informações que retratem os problemas ambientais e, ainda, com a preocupação com questões médico-sanitárias, especialmente nas áreas urbanas, tem-se buscado identificar interfaces de problemas que se originam em diferentes setores, para a elaboração de novos tipos de informação que demonstrem, de maneira explícita, a relação entre o desenvolvimento econômico e as condições de saúde insatisfatórias, devidas à degradação do meio ambiente.

CONSTRUÇÃO DE INDICADORES DE SAÚDE AMBIENTAL – O MODELO PER DA OCDE

A OCDE é formada por trinta países desenvolvidos e industrializados e teve um papel pioneiro ao iniciar, em 1979, o desenvolvimento de uma proposta de avaliação do estado do meio ambiente, com base em indicadores ambientais. O marco conceitual adotado na construção desses indicadores, que ficou mundialmente conhecido como modelo Pressão-Estado-Resposta (PER), abordava os problemas ambientais a partir de relações de causa-efeito, onde, segundo Hacon et al. (2005), a informação ambiental se organiza a partir de uma cadeia causal de interações entre sociedade e meio ambiente, que contempla as causas dos problemas ambientais e as respostas que a sociedade deve implementar (Figura 14.1).

Para a Organização para a Cooperação e o Desenvolvimento Econômico (OCDE) (1993), um indicador deve ser entendido como um parâmetro ou valor derivado de parâmetros que apontam e fornecem informações sobre o estado de um fenômeno, com uma extensão significativa. Um indicador ambiental, portanto, é um parâmetro que aponta para o estado de um ambiente ou área, oferecendo informação sobre esse estado ou descrevendo-o.

Philippi Jr et al. (2005, p. 773) afirmam que a ideia central do modelo PER, que foi desenvolvido pelo estatístico canadense Anthony Friends, na década de 1970, consiste em "avaliar um sistema a partir de três aspectos: o estado da situação atual; as forças e atividades que estão mantendo ou causando o estado atual; e as medidas que estão sendo tomadas para melhoria, manutenção ou reversão do quadro encontrado".

O modelo Pressão-Estado-Impacto-Resposta

Com base na experiência do uso do marco conceitual do modelo PER, algumas organizações internacionais, como o Instituto de Recursos Mundiais (WRI), o Banco Mundial (BID), o Pnuma e a OMS, no início da década de 1990, articularam-se com a OCDE no intuito de construir indicadores que pudessem monitorar as tendências do ambiente, em função do desenvolvimento das atividades humanas. Incorporou-se, então, a dimen-

Figura 14.1 – Modelo PER.

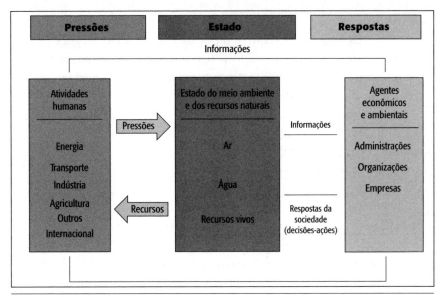

Fonte: Oliveira (2007, p. 15).

são "Impacto" ao modelo PER, para criar o modelo PEIR, no qual o impacto refere-se à maneira como as alterações no estado do meio ambiente afetam o bem-estar humano e/ou o ecossistema (Figura 14.2).

Segundo o Pnuma (2006, p. 26), a inovação introduzida tornou o modelo mais completo, por permitir uma avaliação do cenário presente do meio ambiente, com as alterações provocadas pela ação antrópica, e uma proposição de ações prioritárias para promover ou evitar essas alterações. O modelo também oferece elementos técnicos e políticos, que orientam a tomada de decisão.

O modelo PEIR tem sido empregado pelo Pnuma no projeto "Global Environment Outlook" (GEO), que promove avaliações integradas – globais e temáticas – dos efeitos causados pelas atividades antrópicas no meio ambiente. "A interferência antrópica no meio ambiente afeta o estado de seus componentes e gera uma resposta, imediata ou não, na sua qualidade. Como todo sistema complexo, o impacto da alteração de um componente fomenta mudanças, de acordo com a pressão que foi exercida sobre ele" (Pnuma, 2002, p. 9).

No modelo PEIR, os indicadores de Pressão (P) descrevem as variáveis que causam diretamente (ou podem causar) problemas ambientais. Exemplos: emissões tóxicas; emissões de CO_2; ruídos causados pelo tráfego; o espaço de estacionamento requerido por carros. Para Domingues (2000), esses indicadores caracterizam-se pela necessidade de ser responsivos, funcionando como um incentivo à apresentação de soluções que demonstrem a efetividade da ação política, de forma rápida.

Os indicadores de Estado (E) mostram a atual condição do ambiente e, segundo Domingues (2000), são ferramentas apropriadas, por exemplo, ao planejamento da recomposição do habitat. Exemplos: a concentração de chumbo no ar, em áreas urbanas; os níveis de ruído nas proximidades das principais estradas; a temperatura global.

Os indicadores de Impacto (I) descrevem os efeitos das mudanças de Estado (E) e demonstram os padrões do modelo econômico, em particular a cadeia de causa-efeito. Têm a função de facilitar as discussões sobre ações que evitem o advento de novos impactos negativos no futuro. O estabelecimento de correlações estatísticas sólidas entre Pressões e Impactos ainda é muito recente, em virtude da dificuldade em se medir as influências das variáveis

Figura 14.2 – Modelo PEIR.

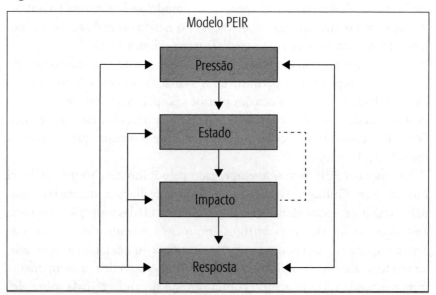

Fonte: Sei (2006).

APLICAÇÃO DO MODELO FPSEEA NA CONSTRUÇÃO DE INDICADORES DE SAÚDE AMBIENTAL | **451**

ambientais. Exemplos: a porcentagem de crianças que sofrem de problemas de saúde; a mortalidade por ataques de coração; o número de pessoas que sofrem com a fome e perdas de colheita causadas por mudanças no clima.

Os indicadores de Resposta (R) demonstram os esforços da sociedade para resolver seus problemas. Exemplos: a porcentagem de carros com conversor catalítico; o estabelecimento de níveis máximos de ruído para carros; os limites ao preço da gasolina; a renda que vem de multas aplicadas aos responsáveis pela poluição; o orçamento gasto na pesquisa de energias alternativas.

Em 2002, o Brasil promoveu uma aplicação do modelo PEIR, ao elaborar o *GEO Brasil 2002. Relatório Perspectivas do Meio Ambiente do Brasil* (Pnuma, 2002), sob a coordenação do Instituto Brasileiro do Meio Ambiente e dos Recursos Naturais Renováveis (Ibama). Esse documento representou um esforço de coleta, sistematização, análise e avaliação integrada de dados. Mesmo assim, a indisponibilidade de séries temporais de dados ambientais dificultou a aplicação plena do modelo, no tocante às atividades antrópicas que afetam o ambiente. Assim, a construção do relatório contribuiu para evidenciar as lacunas de dados secundários que ainda dificultam a aplicação do modelo PEIR no país (Pnuma, 2002).

INDICADORES DE SAÚDE AMBIENTAL

Compreender as inter-relações da saúde humana com o meio ambiente, a partir do reconhecimento dos efeitos da ação antrópica e dos reflexos das condições ambientais na saúde da população, é indispensável para subsidiar a definição de políticas e estratégias de diversos setores. A área da saúde tem contribuído com a tradução, em forma de indicadores de saúde ambiental, dos resultados de estudos epidemiológicos que demonstram os efeitos de condições ambientais inadequadas na saúde humana, bem como com a identificação de estratégias de promoção da saúde e de prevenção e controle de riscos.

O conceito de saúde ambiental, que foi adotado pela OMS a partir de uma reunião do seu escritório regional para a Europa, realizada em 1993, na Bulgária, é expresso da seguinte forma:

> Saúde ambiental compreende os aspectos da saúde humana, incluindo a qualidade de vida, que são determinados por fatores físicos, químicos, biológicos, sociais e psicológicos no meio ambiente. Também se refere à teoria e a

prática de valorar, corrigir, controlar e evitar aqueles fatores do meio ambiente que potencialmente podem prejudicar a saúde das gerações atuais e futuras. (Opas, 2001, p. 2)

Para Corvalán et al. (1996), o indicador de saúde ambiental pode ser entendido como expressão das relações entre o meio ambiente e a saúde. O conceito representa tanto um modo de se enfrentar a necessidade de compreensão da saúde quanto uma medida que resume, em termos relevantes e que podem ser facilmente entendidos, alguns aspectos dessas relações. É entendido, também, como um modo de se expressar o conhecimento científico a respeito de um elo entre saúde e ambiente. Voltados para aspectos específicos de políticas ou de gerenciamento, os indicadores de saúde ambiental devem ser apresentados de modo que facilitem a tomada de decisão.

Para atender a necessidade de definição de indicadores de saúde ambiental, a OMS desenvolveu e vem apoiando a aplicação de um modelo que permite a sua construção, a partir de uma matriz de análise de determinado problema de saúde, em suas relações com o meio ambiente. Esse modelo apoiou-se na estruturas dos modelos PER e PEIR, utilizados respectivamente por OCDE e Pnuma.

O modelo da OMS, conhecido como FPSEEA, permite uma compreensão integrada e abrangente de como "forças motrizes", geradas por processos de desenvolvimento, resultam em "pressões" associadas ao uso intensivo de determinados recursos naturais, que contribuem para a geração de "situações/estados" (ambiente contaminado ou deteriorado) que, caso ocorra "exposição" humana, podem causar "efeitos" na saúde. Para cada uma dessas categorias e situação local específica, são construídos indicadores e propostas ações, em um procedimento que favorece a compreensão do problema e a visualização das decisões a tomar, em cada nível de complexidade do modelo (Maciel Filho et al., 1999).

Com o modelo FPSEEA, a OMS introduz a questão das forças motrizes relacionadas aos processos de desenvolvimento, na análise da relação saúde-meio ambiente, e correlaciona a questão do impacto à identificação da exposição humana a fatores ambientais de risco e aos efeitos dessa exposição na saúde. A indicação de ações favorece um entendimento integral do problema e das relações causais que a embasaram, garantindo transparência aos processos de tomada de decisão.

O MODELO FPSEEA DE CONSTRUÇÃO DE INDICADORES DE SAÚDE AMBIENTAL

O modelo FPSEEA (Figura 14.3) baseia-se na estruturação de uma matriz, em seis estágios, correspondentes à identificação de: Força Motriz, Pressão, Situação, Exposição, Efeito e Ação. Tomando-se como exemplo a ocorrência de doenças diarreicas, o procedimento é iniciado pelas "forças motrizes", como o crescimento desordenado na periferia dos centros urbanos e/ou uma política de saneamento básico que não atenda as áreas críticas. Essas forças geram as "pressões" associadas ao uso intensivo de determinados recursos naturais, falta de abastecimento de água em quantidade suficiente e qualidade, a intermitência dos serviços de abastecimento e inexistência de coleta e tratamento dos esgotos e dos resíduos sólidos.

Essas pressões contribuem para gerar uma "situação" em que os recursos hídricos tornam-se contaminados ou deteriorados, facilitando a "exposi-

Figura 14.3 – Modelo FPSEEA de construção de indicadores de saúde ambiental.

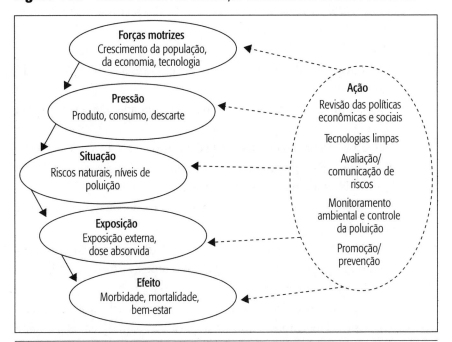

Fonte: Corvalán et al. (1996).

ção" humana a fatores ambientais de risco, como, por exemplo, ao consumir água e alimentos contaminados, ou viver em locais próximos a criadouros de mosquitos vetores. A exposição pode gerar "efeitos" na saúde, no caso, a mortalidade ou morbidade por diarreias, dengue, malária etc. Para cada uma das categorias analisadas são construídos indicadores e propostas "ações" de promoção da saúde, bem como de controle e prevenção de riscos.

Para o estabelecimento de indicadores de saúde ambiental, definidos como "uma expressão da conexão entre saúde e ambiente, focalizada em uma questão de gerenciamento ou de política específica, apresentada de forma a facilitar a interpretação para a tomada de decisão efetiva e eficaz", Briggs et al. (1996) sugerem os seguintes critérios:

- Aplicabilidade geral:
  - Os indicadores devem estar diretamente relacionados a uma questão específica de interesse da saúde ambiental.
  - Devem estar baseados em uma associação conhecida entre ambiente e saúde.
  - Relacionados às condições ambientais e/ou de saúde que são passíveis de controle, ou que podem ser modificadas com o desenvolvimento de ações específicas.
- Solidez:
  - Os indicadores devem ser imparciais e representativos das condições de interesse.
  - Cientificamente confiáveis para que sua validade não seja posta em dúvida.
  - Baseados em dados de qualidade conhecida e aceitável.
  - Resistentes e não vulneráveis a pequenas mudanças na metodologia/escala usada para sua construção.
  - Consistentes e comparáveis, independentemente de tempo e espaço.
- Aplicabilidade prática:
  - Os indicadores devem ser baseados em dados que estejam disponíveis, ou que sejam construídos há um tempo e custo-benefício aceitáveis pelos interessados.
  - Facilmente compreensíveis e aplicáveis por usuários potenciais.
  - Disponíveis logo após o evento ou período ao qual está relacionado (para não atrasar as decisões).

Segundo Carneiro et al. (2005) os *Indicadores de Forças Motrizes (F)* representam atividades humanas que imprimem processos e padrões ao desenvolvimento sustentável, e são necessárias para auxiliar os tomadores de decisão na definição de ações (respostas) que previnam problemas futuros (pressões). Por exemplo, a abertura de novas estradas ou a construção de usinas hidrelétricas em regiões endêmicas de malária, ou a implantação de novos assentamentos urbanos em áreas com alta infestação de mosquitos transmissores da dengue.

Indicadores de Pressão (P) apontam diretamente as causas dos problemas. Uma característica específica do indicador de pressão é permitir uma resposta ou uma ação contrária imediata. Esses indicadores são as resultantes das forças motrizes. Como as pressões se expressam, normalmente, pelas atividades humanas ou pela exploração dos recursos naturais, são geradas por diversos setores das atividades econômicas. Por exemplo, volume de resíduos sólidos depositados em aterros, sem tratamento, quantidade de embalagens e pneus descartados, emissões tóxicas, emissões de CO_2.

Indicadores de Situação (S) mostram a atual condição do ambiente e permitem, por exemplo, planejar a restauração de habitat e a eliminação de fontes de contaminação. No modelo FPSEEA (Corvalán et al., 1996), a situação é considerada em constante mudança, podendo ser complexa e de longo alcance, afetando quase todos os aspectos do meio ambiente. Essas mudanças podem ocorrer com diferentes frequências, magnitudes e escalas geográficas. Algumas das mudanças podem ser localizadas e frequentemente concentradas muito próximas às fontes de pressão, como é o caso da contaminação de um reservatório de abastecimento de água; o percentual de áreas desmatadas, os índices de infestação de mosquitos, o número de terrenos baldios com resíduos, outras mudanças são mais abrangentes, contribuindo para mudanças regionais ou globais (ex: desertificação, poluição marinha).

Indicadores de Exposição (E) tratam da exposição das pessoas aos riscos ambientais e são considerados apenas para situações nas quais as populações estão envolvidas em alguma situação de risco, sendo, portanto, um conceito bem desenvolvido para questões de poluição. O risco pode estar relacionado a diferentes tipos de exposição à poluição – inalação, ingestão, contato ou absorção dérmica –, podendo envolver um largo espectro de organismos e substâncias. Como indicadores de exposição podem ser utilizados: a quantidade de pessoas expostas à determinada fonte de água contaminada, expostas às emissões de material particulado (MP_{10}) ou a dose absorvida pelo organismo humano de determinado agente tóxico; o número de habitantes em domicílios com intermitência na distribuição de água, percentual da população vivendo em áreas próximas aos lixões.

Indicadores de Efeito (E) permitem demonstrar os resultados, em termos de situação de saúde, do modelo de desenvolvimento existente e facilitar discussões sobre ações para evitar efeitos negativos no futuro. É muito recente o estabelecimento de correlações estatísticas sólidas entre pressões e impactos, por causa das enormes demoras e da influência de variáveis não ambientais. As informações em que se baseiam esses indicadores são fornecidas pelo setor saúde e permitem conhecer, a qualquer momento, o comportamento ou história natural das doenças, bem como detectar ou prever alterações de seus fatores condicionantes (Opas e Ripsa, 2002).

Na análise realizada por Corvalán et al. (1996), indicadores de efeitos são resultantes da exposição aos riscos ambientais. Eles podem variar segundo o tipo, a intensidade e a magnitude, conforme a situação de risco a que a população estiver submetida. Os primeiros e menos intensos são os efeitos subclínicos, que envolvem apenas a redução de alguma função ou alguma perda de bem-estar. Efeitos mais intensos podem revelar formas de doenças ou morbidade. Em condições extremas, o resultado pode ser a morte. Por exemplo, a porcentagem de crianças que apresentam problemas de infecção respiratória ou o número de casos de diarreias, a mortalidade por doenças cardíacas, número ou incidência de casos de dengue etc.

Indicadores de Ação (A) ou de *Resposta* monitoraram as medidas que fazem o movimento do sistema socioeconômico, Por exemplo, o volume de dinheiro gasto por órgãos públicos e indústria, em proteção ambiental ou o percentual de recursos aplicados para ampliação dos serviços de saneamento, podem servir como uma indicação rápida de que foram tomadas ações apropriadas. Para as instituições de saúde, as ações podem tomar diferentes formas e podem ser focadas a partir de diferentes pontos dentro da cadeia ambiente-saúde. Podem ser ações de curto prazo, isto é, primárias, de remediação, ou de longo prazo, caracterizadas como de proteção.

Aplicação piloto do modelo FPSEEA na Europa

De acordo com a OMS (WHO, 2004), a utilização do modelo FPSEEA na Europa teve início em 2000, entre os países que compõem a região europeia da organização, a partir de uma reunião das áreas de saúde e am-

APLICAÇÃO DO MODELO FPSEEA NA CONSTRUÇÃO DE INDICADORES DE SAÚDE AMBIENTAL | **457**

biente, cujo objetivo principal era identificar aspectos relevantes do ambiente e suas relações e efeitos na saúde, prioritariamente na saúde infantil. O foco principal da reunião foi a seleção de dados e a construção de indicadores que pudessem fornecer informações sobre fatores de exposição e seus efeitos, bem como as ações que deveriam ser desenvolvidas pelo setor saúde para saná-los. Foi selecionado um conjunto de indicadores passíveis de uso, tanto em uma avaliação internacional quanto em análises nacionais e regionais (Quadro 14.1).

Os indicadores europeus continuam a ser aprimorados, a exemplo da cobertura de serviços de abastecimento de água, que está sendo associada a informações sobre a qualidade da água distribuída, o tratamento dos dejetos e a qualidade dos alimentos. Atualmente, a região europeia da OMS monitora os seguintes grupos temáticos: qualidade do ar; habitação; acidentes de trânsito; ruído; resíduos e contaminação do solo; radiação; saneamento (água e esgoto); alimentos seguros; emergências químicas; locais do trabalho (WHO, 2004).

A utilização do modelo FPSEEA no Brasil

No Brasil, a necessidade de se integrar o conhecimento disponível, de modo a tornar as decisões do setor saúde mais eficientes, no que se refere ao controle e à prevenção de impactos na saúde humana, fez com que o Ministério da Saúde e a Organização Pan-Americana da Saúde (Opas) iniciassem, em 1998, a implementação de uma agenda conjunta de definição de indicadores de saúde ambiental, em apoio à estruturação de uma área de vigilância em saúde ambiental que, articulada com as ações de vigilância epidemiológica e sanitária, viesse a compor a vigilância em saúde, no âmbito do Sistema Único de Saúde (SUS).

O trabalho de construção desses indicadores, com aplicação do modelo FPSEEA, forneceu as bases para que fossem implantados o Programa de Vigilância da Qualidade da Água para Consumo Humano (Vigiágua) e o Sistema de Informação para a Vigilância da Qualidade da Água para Consumo Humano (Siságua), na Secretaria de Vigilância em Saúde, do Ministério da Saúde, a partir de 1999[1]. Esse sistema realiza coleta e análise de

---

[1] Disponível em: http://portal.saude.gov.br/portal/saude/profissional/area.cfm?id_area=1255.

Quadro 14.1 – Indicadores de saúde ambiental para a região europeia da OMS.

Tema	Força motriz	Pressão	Estado	Exposição	Efeito	Ação
Reduzir a contaminação da água (de recreação e de consumo humano)		- Cobertura de tratamento de esgoto sanitário	- Amostras que excedem aos padrões de qualidade de águas de recreação - Amostras que excedem aos padrões microbiológicos e químicos determinados pelas guias da OMS para água de consumo humano	- Percentual de população com acesso aos serviços de abastecimento de água do município - Percentual de população com acesso ao sistema de esgotamento sanitário do município - Mortalidade por diarreia em menores de cinco anos	- Incidências de doenças gastrointestinais - Número de surtos de doenças gastrointestinais e número de pessoas envolvidas - Mortalidade por diarreia em menores de cinco anos	- Sistemas de vigilância da qualidade da água implantados na região
Qualidade do ar no interior e exterior	- Número anual de passageiros por modo de transporte - Consumo anual de combustível por tipo de transporte viário	- Emissões anuais de SO_2, PM_{10}, NOx, VOC		- Número de pessoas vivendo em áreas onde a qualidade do ar monitorado esteve acima dos limites de SO_2, PM_{10} e outros	- Mortalidade por IRA em menores de um ano - Mortalidade por doenças do aparelho respiratório em todas as faixas etárias - Mortalidade por doenças do aparelho circulatório em menores de um ano	- Capacidade de implementação de políticas relacionadas à exposição ao tabaco

(continua)

Quadro 14.1 – Indicadores de saúde ambiental para a região europeia da OMS. *(continuação)*

Tema	Força motriz	Pressão	Estado	Exposição	Efeito	Ação
Condições do domicílio			- Área média de habitação por pessoa	- Porcentagem de população vivendo em habitações adequadas	Mortalidade por causas externas (acidentes domésticos, intoxicações) em crianças menores de cinco anos	- Aplicação de normas adequadas de construção de habitações - Aplicação de normas sobre uso do solo
Acidentes de trânsito					- Mortalidade por acidentes de trânsito - Número anual de acidentes de trânsito	
Ruído					- Porcentagem da população com problemas de sono associados aos ruídos - Porcentagem da população com problemas de audição associados às fontes de ruído	- Implementação de normas e regulamentos sobre ruído
Resíduos e contaminação do solo		- Porcentagem anual de resíduos perigosos gerados e importados	- Número de sítios contaminados			- Implementação de normas e regulamentos sobre sítios contaminados

(continua)

Quadro 14.1 – Indicadores de saúde ambiental para a região europeia da OMS. *(continuação)*

Tema	Força motriz	Pressão	Estado	Exposição	Efeito	Ação
Radiação					Incidência anual de câncer de pele.	- Existência de efetivo monitoramento de atividades de radiação
Alimentos seguros				- Exposição aos potenciais riscos químicos monitorados em alimentos	- Total de surtos relacionados com alimentos e número de pessoas envolvidas - Incidência de doenças relacionadas aos alimentos	- Políticas de alimentos seguros - Efetiva vigilância de alimentos

Fonte: WHO (2004).

APLICAÇÃO DO MODELO FPSEEA NA CONSTRUÇÃO DE INDICADORES DE SAÚDE AMBIENTAL

dados, que constituem subsídios importantes para a formulação e avaliação de políticas públicas de saneamento ambiental.

O modelo FPSEEA foi aplicado também na construção de indicadores de saúde ambiental referentes à qualidade do ar. Os indicadores selecionados para o Programa de Vigilância da Qualidade do Ar (Vigiar) concentraram-se em diferentes poluentes de origem antropogênica, cujo transporte, em plumas de contaminação, submete grupos populacionais a riscos de adoecer. Para os demais fatores do ambiente, quer sejam eles físicos, químicos ou biológicos, na água, ar e solo, o Ministério da Saúde continua aplicando a metodologia da OMS na construção de indicadores e definição de bases de dados e sistemas de informação. Recentemente, o modelo foi aplicado na construção de indicadores para a vigilância da população exposta ao amianto. A partir de reuniões com a comunidade diretamente envolvida, foi possível desenhar uma matriz inicial para compor a vigilância do amianto/asbesto no Brasil (Carneiro et al., 2005).

Em 2006, o Ministério da Saúde iniciou a divulgação anual de um folder contendo dados e indicadores de saúde ambiental selecionados[2], que é organizado em conformidade com a metodologia FPSEEA, muito embora se enfrentem dificuldades na obtenção de dados para compor os indicadores de exposição. Essa deficiência fez com que as prioridades atuais, na Vigilância em Saúde, fossem definidas em: vigilância da exposição humana à contaminação ambiental por substâncias químicas e seus efeitos na saúde; e a vigilância dos efeitos na saúde relacionados a desastres de origem natural e antrópica.

Um exemplo da aplicação do modelo FPSEEA para entender a dengue

A dengue, assim como outras doenças transmitidas por vetores, pode ser vista como uma questão eminentemente ambiental. O mosquito *Aedes aegypti*, vetor silvestre original da doença, passou por uma mudança de comportamento ao encontrar condições ideais de sobrevivência em áreas urbanas com saneamento deficiente, especialmente no que diz respeito ao armazenamento de água e à destinação final de resíduos sólidos. Surgiu,

---

[2] Disponível em: http://portal.saude.gov.br/portal/arquivos/pdf/indicadores_vig_ambiental_2007.pdf. Acessado em: set. 2012.

então, a linhagem domiciliada do mosquito, e o ciclo de transmissão do vírus da dengue começou a ocorrer fora dos ambientes silvestres. As transformações dos ambientes naturais decorrentes das ações antrópicas concorreram para que se consolidasse uma nova relação homem/vírus/vetor, que tem favorecido a sobrevivência do vírus (Pignatti, 2003).

Segundo a Secretaria de Vigilância em Saúde, do Ministério da Saúde (Brasil, 2007), o ciclo de transmissão da dengue começa quando uma fêmea do mosquito deposita seus ovos em recipientes com água. Ao saírem dos ovos, as larvas vivem na água por cerca de uma semana. Após esse período, transformam-se em mosquitos adultos, prontos para picar as pessoas. O *Aedes aegypti* procria em velocidade prodigiosa, e o mosquito adulto vive em média 45 dias. A fêmea do *Aedes* voa até mil metros de distância de seus ovos.

A dengue é uma doença febril aguda, ou seja, de início súbito e sintomas nítidos, causada por um vírus e transmitida pela picada do mosquito *Aedes aegypti*, que se desenvolve em áreas tropicais e subtropicais. Existem duas formas de dengue: a clássica e a hemorrágica. A dengue clássica apresenta-se geralmente com febre, dor de cabeça, no corpo, nas articulações e por trás dos olhos, podendo afetar crianças e adultos, mas raramente mata. A dengue hemorrágica é a forma mais severa da doença, pois, além dos sintomas citados, é possível ocorrer sangramento e, ocasionalmente, choque e, até mesmo, morte. O vírus causador da doença possui quatro sorotipos: DEN-1, DEN-2, DEN-3 e DEN-4, que só podem ser identificados em laboratório. A infecção por um deles dá proteção permanente contra o mesmo sorotipo e imunidade parcial e temporária contra os outros três.

A transmissão da doença raramente ocorre em temperaturas abaixo de 16°C, sendo que a mais propícia gira em torno de 30°C a 32°C. A fêmea coloca os ovos em condições adequadas (lugar quente e úmido) e em 48 horas o embrião se desenvolve. Os ovos que carregam o embrião podem suportar um ambiente seco por até um ano e ser transportados por longas distâncias, grudados em bordas de recipientes. Essa é uma das razões para a difícil erradicação do mosquito.

O mosquito *Aedes Aegypti* mede menos de um centímetro, tem aparência inofensiva, cor café ou preta, com listras brancas no corpo e nas pernas. Costuma picar nas primeiras horas da manhã e nas últimas da tarde, evitando o sol forte; mas, mesmo nas horas quentes, ele pode atacar à sombra, dentro ou fora de casa (Brasil, 2007).

Aproximadamente, 2,5 bilhões de pessoas estão expostas ao risco de infecção pelo mosquito, em cerca de cem países. Pela taxa de morbimorta-

APLICAÇÃO DO MODELO FPSEEA NA CONSTRUÇÃO DE INDICADORES DE SAÚDE AMBIENTAL | 463

lidade, a doença é atualmente uma das viroses mais preocupantes entre aquelas transmitidas por vetores.

A dengue, no Brasil, ocorre principalmente nos meses de janeiro a maio. Em 2007, 79% dos casos suspeitos de dengue foram notificados nesse período. A Secretaria de Vigilância em Saúde do Ministério da Saúde registrou, naquele ano, 559.954 casos suspeitos de dengue, 1.541 casos confirmados de Febre Hemorrágica da Dengue (FHD) e 158 óbitos por FHD, com uma taxa de letalidade para FHD de 10,2%.

Fatores de risco, que podem facilitar a disseminação da dengue, são: a intensificação das trocas comerciais entre as regiões; os movimentos migratórios; a alta densidade populacional nas áreas metropolitanas; o crescimento desordenado das cidades, sob precárias condições sanitárias, principalmente, a falta de coleta de lixo e o armazenamento de água, em reservatórios domiciliares desprotegidos. A negligência da população, ao usar reservatórios precários de água e descartar resíduos sólidos no ambiente, bem como do poder público na coleta e destinação final insuficiente e inadequada dos resíduos sólidos, não tem sido considerada pelo Ministério da Saúde, ao se definirem medidas para o enfrentamento da doença. Desde o início, priorizou-se o combate ao mosquito por meio de borrifação de inseticida.

Para uma melhor compreensão do modelo FPSEEA e visualização da relação saúde-ambiente, no caso da dengue, apresenta-se uma matriz (Figura 14.4), em que estão descritas as etapas do modelo (Forças motrizes, Pressões, Situações, Exposições e Efeitos) para a situação específica do Distrito Federal, onde ocorreram 2.291 casos durante o ano de 2007 (Oliveira, 2007).

A matriz de dengue apresenta os fatores de Exposição mais comuns encontrados no Distrito Federal, que são representados pelos criadouros de *Aedes aegypti*, gerados nas seguintes Situações: reservatórios de água inadequados ou sem proteção, piscinas sem manutenção e cloro, pneus abandonados ao relento, vasos de plantas, calhas de chuva entupidas e embalagens descartáveis, tampinhas de garrafa, casca de ovo, latinhas e embalagens de plástico e de vidro, também abandonados nos quintais e terrenos baldios.

As Forças motrizes (crescimento urbano desordenado, saneamento excludente e inadequado e o consumo excessivo de matérias descartáveis) e as Pressões (áreas invadidas, acúmulo de lixo e entulho, intermitência no abastecimento de água), que resultam das Situações anteriormente citadas, caracterizam a expansão descontrolada da área urbana, que se acentuou a partir dos anos 1990, com o surgimento de condomínios irregulares e de assentamentos urbanos, sem atender ao Plano de Desenvolvimento e Ordenamento Territorial (PDOT), reconhecido como principal Força motriz a gerar Pressões no ambiente.

A partir da construção da matriz, é possível identificar os indicadores que caracterizam cada uma das situações e as principais ações que devem ser desenvolvidas em cada um dos estágios de enfrentamento do problema (Quadro 14.2). Algumas das principais ações identificadas referem-se à vigilância e ao controle dos fatores de risco relacionados a vetores, como o *Aedes aegypti*, que tem como finalidade o mapeamento de áreas de risco nos territórios, utilizando a vigilância entomológica (características, presença, índices de infestação etc.), a vigilância epidemiológica (incidência e prevalência da doença) e a vigilância ambiental, na identificação e mapeamento dos principais criadouros.

No entanto, são ações de promoção da saúde e de educação ambiental que, quando somadas à integração de políticas setoriais de saneamento, ambiente, desenvolvimento urbano, com gestões junto às pressões e forças motrizes, apresentam possibilidades mais concretas de reverter a situação. Garantir a formulação de políticas integradas para eliminar os principais criadouros implica basicamente a adoção de uma política de saneamento ambiental, com programas adequados de limpeza urbana, que incluam um trabalho intenso de redução do uso de embalagens e eliminação dos depósitos de lixo nas proximidades de habitações.

APLICAÇÃO DO MODELO FPSEEA NA CONSTRUÇÃO DE INDICADORES DE SAÚDE AMBIENTAL | **465**

Figura 14.4 – Aplicação da matriz FPSEEA na construção de indicadores para a dengue.

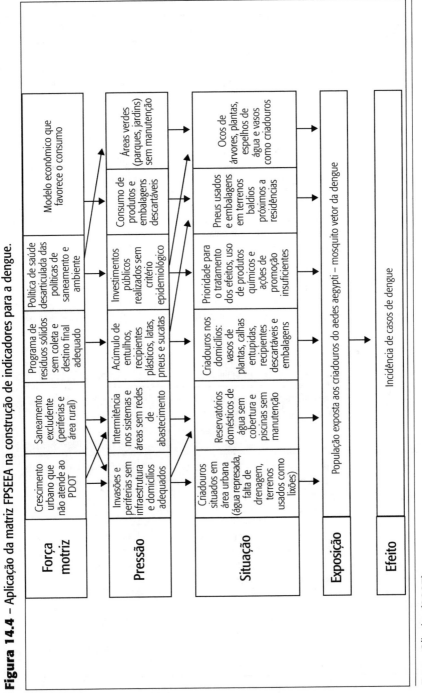

Fonte: Oliveira (2007).

Quadro 14.2 – Indicadores de saúde ambiental e ações propostas – dengue.

	Causa	Indicador	Ação
Força motriz	Crescimento urbano desordenado	Número de invasões e loteamento clandestinos Densidade demográfica	Promover a gestão participativa para avaliação dos planos diretores ou de desenvolvimento local
	Saneamento excludente (periferias e área rural)	Porcentagem de investimentos em drenagem e limpeza urbana	Promover a integração de políticas públicas Formulação de políticas para população de periferias e área rural
	Programa de resíduos sólidos sem coleta e destino final adequados	Porcentagem de tratamento do lixo Porcentagem de lixo disposto em aterro sanitário	Priorizar aplicação de recursos em tratamento e destino final
	Política de saúde desarticulada das políticas de saneamento e ambiente	Porcentagem de investimentos em saneamento em áreas endêmicas Carga de doenças atribuídas ao ambiente Mortalidade infantil	Implementar programas integrados entre órgãos de governo e a sociedade Integrar demais políticas públicas para a redução da carga de doenças atribuídas ao ambiente
	Modelo econômico que favorece o consumo	Taxa de crescimento econômico Grau de consumo	Desenvolver políticas de controle do consumo Redução dos resíduos e de uso de embalagens recicláveis
Pressão	Invasões e periferias sem infraestrutura e domicílios adequados	Porcentagem de domicílios em condições inadequadas de saneamento	Desenvolver programas de melhoria da habitação
	Intermitência nos sistemas e áreas sem redes de abastecimento	Porcentagem de domicílios com intermitência nos serviços de água	Ampliar a captação de água, realizar manutenção na rede e evitar o desperdício
	Acúmulo de entulhos, recipientes plásticos, garrafas, latas e sucatas	Porcentagem de cobertura de serviços de coleta de lixo Volumes de resíduos per capita	Fiscalizar e punir os responsáveis por depósitos de resíduos Fortalecer a rede de coleta de resíduos descartáveis

(continua)

APLICAÇÃO DO MODELO FPSEEA NA CONSTRUÇÃO DE INDICADORES DE SAÚDE AMBIENTAL | **467**

Quadro 14.2 – Indicadores de saúde ambiental e ações propostas – dengue. *(continuação)*

	Causa	Indicador	Ação
Pressão	Investimentos públicos realizados sem critério epidemiológico	Porcentagem de recursos aplicados em áreas endêmicas	Integrar demais políticas públicas para a redução da carga de doenças atribuídas ao ambiente
	Consumo de produtos e embalagens descartáveis	Volume de embalagens produzidas Volume de embalagens recicladas	Desenvolver programas para redução do consumo e reciclagem de embalagens
	Áreas verdes (parques, jardins) sem manutenção	Porcentagem de gastos em manutenção de parques e áreas verdes	Promover a gestão participativa para avaliação dos planos de desenvolvimento Investir na manutenção de áreas verdes Fortalecer a vigilância ambiental
Situação	Criadouros situados em área urbana (água represada, falta de drenagem, terrenos usados como lixões)	Número de criadouros por tipo Número de depósitos de lixo	Desenvolver programas de eliminação dos criadouros Desenvolver programa de comunicação dos riscos Fiscalizar o cumprimento de normas sobre descarte de pneus
	Reservatórios domésticos de água desprotegidos	Índice de infestação predial Porcentagem de criadouros/tipo	
	Criadouros nos domicílios (vasos de plantas, calhas entupidas, recipientes descartáveis e embalagens)		
	Pneus usados e embalagens em terrenos baldios próximos a residências		

(continua)

468 | INDICADORES DE SUSTENTABILIDADE E GESTÃO AMBIENTAL

Quadro 14.2 – Indicadores de saúde ambiental e ações propostas – dengue. *(continuação)*

	Causa	Indicador	Ação
Situação	Ocos de árvores, plantas, espelhos d'água e vasos de plantas como criadouros		
	Prioridade para o tratamento dos efeitos e uso de produtos químicos	Porcentagem de gastos com inseticidas Porcentagem de gastos com internações	Desenvolver ações de controle do vetor da doença, mediante ações integradas de vigilância ambiental, entomológica e epidemiológica
Exposição	População exposta aos criadouros do *Aedes aegypti* – mosquito vetor da dengue	Porcentagem de população vivendo em áreas de risco	Desenvolver ações para eliminar os criadouros do mosquito transmissor
Efeito	Incidência de casos de dengue	Taxa de incidência de doenças transmissíveis – dengue Mortalidade proporcional por causa – dengue Porcentagem de internação – dengue	Tratamento dos casos

Fonte: Oliveira (2007).

CONSIDERAÇÕES FINAIS

O modelo FPSEEA, desenvolvido pela OMS, em apoio à construção de indicadores de saúde ambiental, possibilita o entendimento das relações abrangentes e integradas entre saúde e meio ambiente, auxiliando na escolha do conjunto de ações de promoção e prevenção de riscos à saúde humana, a ser adotado em cada realidade específica, seja em âmbito global, nacional, regional ou local. Outra característica importante do modelo é a apresentação da informação de forma facilmente compreensível, tanto para tomadores de decisão quanto para a sociedade, de um modo geral.

Ao construir indicadores para os estágios de forças motrizes, estabelecem-se ações e distribuem-se responsabilidades entre os diferentes setores governamentais e não governamentais, universidades, pesquisadores e representantes da sociedade, integrados em um novo projeto de sustentabilidade. Essa forma participativa de enfrentamento dos problemas de saúde e ambiente requer uma nova agenda de produção do conhecimento, de desenvolvimento de políticas públicas, de decisões sobre investimentos econômicos e de ações concretas dos diversos atores sociais.

Embora as experiências de aplicação do modelo sejam promissoras, são muitos os desafios a enfrentar, até que sistemas de indicadores de saúde ambiental possam ser utilizados, rotineiramente, em todas as fases de um processo de gestão pública, desde a formulação até o acompanhamento e avaliação das políticas implementadas.

Todavia, uma nova realidade vem emergindo dessas experiências, no caminho de uma gestão integrada das questões afetas a meio ambiente-saúde-desenvolvimento. Informações sobre os efeitos do ambiente na saúde são indispensáveis, nesse novo contexto, por permitir o conhecimento dos agravos que afetam uma população, conhecimento esse imprescindível tanto para a definição de ações efetivas de atenção, promoção, prevenção e controle no campo da saúde, quanto de ações voltadas para prevenir, reverter ou minimizar os danos ambientais que causam esses agravos, a partir dos diversos usos que o ser humano faz do ambiente.

Segundo a Opas (2006), é impossível pensar em promoção da saúde sem incorporar ações que busquem o bem-estar e a qualidade de vida; o acesso aos serviços dos ecossistemas que dão suporte à vida; um modelo de crescimento ordenado dos centros urbanos; a distribuição de riquezas e renda; e a eliminação das desigualdades socioambientais, processos de degradação ambiental e seus impactos na saúde da população, em especial, dos seus grupos mais vulneráveis.

REFERÊNCIAS

AUGUSTO, L.G.S. Saúde e vigilância ambiental: um tema em construção. *Epidemiologia e Serviços de Saúde*, v. 12, n. 4, p. 177-87, dez. 2003.

BRASIL. Ministério da Saúde. Secretaria de Vigilância em Saúde. *Dengue: Informações gerais sobre a doença*. Disponível em: http://portal.saude.gov.br/portal/saude/visualizar_texto.cfm?idtxt=27629. Acessado em: 14 fev. 2008.

_____. Ministério da Saúde. Organização Pan-Americana da Saúde. Representação da OMS no Brasil. *Avaliação de impacto na saúde das ações de saneamento: marco conceitual e estratégia metodológica.* Brasília, DF: Opas/ OMS/ MS, 2004.

_____. Ministério da Saúde. Secretaria de Vigilância em Saúde. *Informe epidemiológico da dengue,* janeiro a dezembro de 2007. Disponível em: http://portal.saude. gov.br/portal/arquivos/pdf/boletim_dengue_010208.pdf. Acessado em: 14 fev. 2008.

BRIGGS, D.; CORVALAN, C.; NURMINEN, M. *Linkage methods for environment and health analysis. General guidelines.* Genebra: Unep/Usepa/WHO, 1996.

CARNEIRO, F. et al. A experiência da construção de indicadores para a gestão integrada em saúde ambiental no Brasil e em alguns países das Américas. *Cadernos de Saúde Coletiva,* v. 13, n. 1, p. 281-94, 2005.

CORVALÁN, C.; BRIGGS, D.; KJELLSTROM, T. Development of environmental health indicators. In: BRIGGS, D.; CORVALAN, C.; NURMINEN, M. (orgs.). *Linkage methods for environment and health analysis. General guidelines.* Genebra: Unep/Usepa/WHO, 1996. p.19-53.

DOMINGUES, E. *Indicadores de sustentabilidade para gestão dos recursos hídricos no Brasil.* Relatório de consultoria ao Centro Internacional de Desenvolvimento Sustentável, Fundação Getúlio Vargas e Escola Brasileira de Administração Pública. Rio de Janeiro: FGV/Cids/Ebap, 2000.

GOMES, S.L. *Engenharia ambiental e saúde coletiva.* Salvador: Edufba, 1995.

HACON, S; SCHUTZ, G.; BERMEJO, P.M. Indicadores de saúde ambiental: uma ferramenta para a gestão integrada de saúde e ambiente. *Cadernos de Saúde Pública,* Rio de Janeiro, v. 13, n. 1, p. 45-66, 2005.

MACIEL FILHO, A.A.; GÓES JUNIOR, C.D.; CANCIO, J.A.; OLIVEIRA, M.L.C. et al. Indicadores de vigilância ambiental em saúde. *Informe Epidemiológico do SUS,* v. 8, n. 3, p. 59-66,1999.

OLIVEIRA, M.L.C. *Possibilidade de aplicação do modelo FPSEEA na construção de indicadores de saúde ambiental.* Brasília, DF, 2007. 153 f. Dissertação (Mestrado em Planejamento e Gestão Ambiental) – Universidade Católica de Brasília.

[OECD] ORGANIZATION FOR ECONOMIC CO-OPERATION AND DEVELOPMENT. Core set of indicators for environmental performance review. *Environmental monography,* n. 83, Paris: OECD, 1993.

[OPAS] ORGANIZAÇÃO PAN-AMERICANA DA SAÚDE. *Indicadores básicos de salud ambiental para la región de la frontera México – Estados Unidos.* Documento conceptual. Washington, DC: Opas, 2001. Disponível em: http://63.84.215.216/spanish/env/Indicadores/IndSA.htm. Acessado em: 1º out. 2006.

_____. *Promoção da saúde: avanços e lições aprendidas, de Ottawa a Bangkok e perspectivas futuras.* Relatório da 138ª Sessão do Comitê Executivo, Washington,

DC: Opas, 19-23 jun. 2006. Disponível em: http://www.paho.org/Portuguese/GOV/CE/ce138-16-p.pdf. Acessado em: 15 nov. 2006.

[OPAS/RIPSA]. ORGANIZAÇÃO PAN-AMERICANA DA SAÚDE. REDE INTE-RAGENCIAL DE INFORMAÇÕES PARA A SAÚDE. *Indicadores básicos para a saúde no Brasil: conceitos e aplicações.* Brasília, DF: Opas/Ripsa, 2002.

PHILIPPI JR., A.; MALHEIROS, T.F.; AGUIAR, A. Indicadores de desenvolvimento sustentável. In: PHILIPPI JR., A. (org.). *Saneamento, saúde e desenvolvimento: fundamentos para um desenvolvimento sustentável.* Barueri: Manole, 2005. p. 761-808.

PIGNATTI, M. Saúde e ambiente – as doenças emergentes no Brasil. *Ambiente & Sociedade,* v. VII, n. 1, p. 134-43, jan.-jun. 2003.

[PNUMA] PROGRAMA DAS NAÇÕES UNIDAS PARA O MEIO AMBIENTE. *GEO Brasil 2002. Perspectivas do meio ambiente no Brasil.* Organizado por Thereza Christina Carvalho Santos e João Batista Drummond Câmara. Brasília, DF: Ibama, 2002.

_____. Geo Salud. En busquedo de herramientas y soluciones integrales a los problemas de medio ambiente y salud en America Latina y el Caribe. Proyecto Geo Salud. Rio de Janeiro: Pnuma; Fiocruz; OPS, 2006. 31p.

[SEI] SUPERINTENDÊNCIA DE ESTUDOS ECONÔMICOS E SOCIAIS DA BAHIA. *Indicadores de sustentabilidade ambiental.* SEI e UFBA. (Série estudos e pesquisas, 75). Salvador: SEI, 2006.

[WHO] WORLD HEALTH ORGANIZATION. *Health hazards of the human environment.* Document Nr. 724670. Geneva: WHO, 1972.

_____. *Environmental health indicators for Europe – a pilot indicator-based report.* Denmark: WHO Regional Office for Europe, 2004. Disponível em: http://www.euro.who.int/document/E82938.pdf. Acessado em: 15 nov. 2007.

Método da Pegada Ecológica na avaliação da gestão do desenvolvimento territorial | 15

Hans Michael van Bellen
Engenheiro mecânico e civil, Universidade Federal de Santa Catarina

Beatriz Bittencourt Andrade
Administradora, Universidade Federal de Santa Catarina

O espaço territorial caracterizado como um ecossistema urbano dinâmico, que apreende a interação e interdependência entre os seres humanos, suas atividades e o meio ambiente natural, requer uma gestão pública capaz de promover uma dinâmica equilibrada entre seus atores, a fim de garantir a manutenção da qualidade desse espaço para a população presente e futura. A busca pela construção de uma região econômica, social e ambientalmente sustentável é um dos grandes desafios das administrações públicas.

O aumento ou decréscimo populacional, os diferentes tipos de atividades hoje desenvolvidas, as tecnologias e suas inovações constantes, a necessidade premente de infraestrutura, a exaustão dos recursos naturais e a poluição são alguns dos fatores que influenciam o grau de sustentabilidade local. Isso torna a gestão pública ainda mais complexa, requerendo decisões que integrem os campos ecológico, social e econômico.

Nesse contexto, as cidades constituem um conjunto interdependente de sistemas culturais, sociais, econômicos e ambientais, em que os recursos naturais são as fontes vitais para manutenção desses sistemas e estão presentes direta ou indiretamente em todas as relações da dinâmica local. Boyden et al. (1981) consideram as cidades como ecossistemas urbanos altamente dependentes dos recursos naturais, apresentando elevado índice metabólico em razão da dinâmica exercida nas ações e relações humanas. Os autores afirmam que "as regiões urbanas estão longe de serem autossuficientes e não conseguem sobreviver mais do que dois ou três dias sem a entrada massiva de recursos naturais renováveis ou não renováveis oriundos das áreas naturais" (Boyden et al., 1981, p. 18, tradução livre dos autores).

Essa dependência intensiva tem se agravado à medida que as cidades se desenvolvem. Segundo Santos (1997), as grandes cidades são objetos modernos que contribuem para a aceleração das relações predatórias entre o homem e o meio ambiente, impondo mudanças radicais à natureza. A expansão desordenada da população e a manutenção de uma cultura, caracterizada pelo elevado consumo de bens e pela intensa geração de resíduos, têm provocado vários problemas, entre eles, a injustiça social, a poluição, a diminuição e, muitas vezes, a exaustão de recursos naturais. O processo de industrialização agrava ainda mais essa situação, por ter a indústria um intenso metabolismo, relacionado ao alto consumo de recursos naturais e à fabricação de produtos altamente poluentes, gerando muitas vezes resíduos poluentes. Além disso, o processo de crescimento econômico das cidades em muitos casos não foi e não está pautado por uma política que promova o uso adequado dos recursos naturais, o que torna o sistema econômico atual frágil e pouco sólido (Corson, 1993).

Diversas atividades são desenvolvidas para atender às necessidades de determinada população, por exemplo: agricultura, pecuária, pesca, indústrias de papel, madeira ou bens duráveis, construção civil, comércio de bens e serviços, educação e turismo, entre outras. Todas as atividades necessárias para atender o que se denomina metabolismo das cidades requerem matéria e energia para sua realização e promovem, constantemente, impactos negativos que o ambiente natural já não consegue mais assimilar por completo (Dias, 2002). Essa relação deficiente não é privilégio de nenhuma região ou país específico. As consequências decorrentes já foram percebidas há algum tempo, e, desde então, procura-se desenvolver ferramentas que auxiliem a averiguar, mensurar e analisar os impactos positivos e negativos sobre o meio ambiente natural e sobre a qualidade de vida da população, decorrentes da dinâmica dos ecossistemas urbanos.

Os indicadores de sustentabilidade surgem como ferramenta para operacionalizar o conceito de desenvolvimento sustentável, transformando uma abordagem teórica em uma ferramenta que pode ser aplicada à gestão. Os indicadores possuem diversas funções, como a de revelar a situação atual de determinado contexto, muitas vezes apontando problemas não observados, e comunicar informações sobre o progresso no alcance de metas e objetivos estabelecidos. Eles podem estar relacionados às diversas dimensões do desenvolvimento: indicadores econômicos, sociais e ambientais, entre outros.

Diversos países, como Canadá, Suécia e Nova Zelândia, têm utilizado indicadores ambientais para otimizar suas administrações e evitar danos ao meio ambiente e à própria população. No entanto, essa prática no Brasil é relativamente nova. O Instituto Brasileiro de Geografia e Estatística (IBGE) apresentou pela primeira vez, em 2004, o relatório "Indicadores de desenvolvimento sustentável do Brasil", incorporando indicadores relacionados às dimensões ambiental, econômica, social e institucional, com dados nacionais comparativos de 1992 até 2003.

Nas esferas estadual e municipal, observam-se poucas experiências de utilização de indicadores para monitoramento da sustentabilidade que identifiquem os impactos ambientais que possam causar ou que estejam causando danos à saúde da população e garantam a manutenção do ecossistema para as futuras gerações. Em Santa Catarina, por exemplo, os índices normalmente apresentados nos relatório de gestão são o Índice de Desenvolvimento Humano (IDH) e o Índice de Desenvolvimento Social (IDS), os quais incorporam apenas três indicadores ambientais: qualidade da água, saneamento e coleta de resíduos.

Observa-se que mesmo sendo uma iniciativa promissora, as iniciativas mostram-se incapazes de promover uma boa medida do grau de sustentabilidade, muitas vezes em função do número reduzido de indicadores ou o baixo grau de aderência ao conceito de desenvolvimento sustentável.

A baixa taxa de utilização de indicadores ambientais na administração pública brasileira, que sirvam de ferramentas no monitoramento do desenvolvimento local, pode estar relacionada a várias questões como a falta de conhecimento sobre o tema, a baixa valoração do potencial que a ferramenta apresenta como instrumento de auxílio na formulação de políticas públicas, a deficiência orçamentária dos órgãos públicos, entre outras. Desse modo, a disseminação do tema e a sensibilização de agentes públicos, ambientalistas, pesquisadores e da população em geral sobre a aplicabilidade dos indicadores ambientais, sua facilidade de compreensão, sua integração direta com outras dimensões da sustentabilidade – econômica e social – são importantes passos para que se alcancem patamares mais adequados no planejamento da gestão pública.

Em função da emergência das questões ambientais nas últimas décadas, diversos indicadores ambientais foram desenvolvidos e, com o tempo, passaram a ser reconhecidos como importantes ferramentas para incrementar o processo de gestão. Com base em seus resultados são possíveis o monitoramento e a avaliação das políticas executadas. A aplicação de sistemas de avaliação relacionados à qualidade do ar, solo e saneamento é exemplo de indicadores que progressivamente foram incorporados nas administrações públicas.

Existem vários sistemas de indicadores que incorporam, de alguma forma, as dimensões ambiental, social e econômica. Alguns sistemas mais conhecidos são: Pressure-State-Response (Pressão-Estado-Resposta); Driving-State-Response (Direção-Estado-Resposta); Índice de Desenvolvimento Humano (IDH); os sistemas de indicadores do Banco Mundial; Environmental Space (Espaço Ambiental); Life Cycle Analysis (Análise do Ciclo de Vida); Material Accounts: Mips and Regional Metabolisms (Contabilidade Material); Energy and Emergy Analysis (Emergia) e Ecological Footprint (Pegada Ecológica); Genuine Progress Indicator (Indicador de Progresso Genuíno); Dashboard of Sustainability (Painel da Sustentabilidade) e Barometer of Sustainability (Barômetro da Sustentabilidade) (Van Bellen, 2005). Os sistemas de indicadores descritos apresentam metodologias diferenciadas, e estão associados a critérios de sustentabilidade variados. Contudo, possuem em comum a função básica de simplificar ou resumir informações relevantes sobre fenômenos complexos, facilitando a compreensão destes.

Isso faz dos indicadores peças-chave para tomadas de decisões e formulação de políticas públicas. Entre as diversas possibilidades encontradas na literatura, a Pegada Ecológica (PE) apresenta-se como um indicador de sustentabilidade voltado para a dimensão ambiental do desenvolvimento, com larga aceitação entre pesquisadores, organizações públicas e organizações não governamentais, e que traduz a pressão humana sobre o ecossistema, de maneira clara e objetiva.

A PEGADA ECOLÓGICA COMO INDICADOR DE SUSTENTABILIDADE AMBIENTAL

A PE, também conhecida como Ecological Footprint Method, é uma ferramenta desenvolvida para medir a sustentabilidade ecológica de determinado sistema. Essa metodologia contabiliza os fluxos de matéria e energia existentes em determinado sistema econômico, convertendo-os, de maneira correspondente, em área de terra ou água produtiva (Wackernagel e Rees, 1998). A PE permite estabelecer, de forma clara e simples, as relações de dependência entre o ser humano, suas atividades e os recursos naturais necessários para a sua realização e para a absorção dos resíduos gerados, permitindo estimar as áreas de terras ou água produtivas necessárias para sustentar a manutenção do sistema (Dias, 2002).

A PE baseia-se no conceito de capacidade de carga, ideia advinda da biologia, que trata do nível de capacidade de um sistema ecológico sustentar um conjunto de espécies, mas utiliza o conceito de maneira inversa ao conceito usual. Nessa ferramenta a principal questão é determinar a área de terra necessária para suprir as necessidades de dada população, sem prejuízo ao ecossistema, e não a quantidade de pessoas que determinada área admite sem prejudicar o meio ambiente natural.

A definição da área necessária para atender a determinado sistema populacional urbano implica considerar não apenas o número de indivíduos presentes, mas a dinâmica existente naquele sistema, isto é, o nível de consumo, o desenvolvimento de tecnologias, a importação e exportação de produtos, a eliminação de espécies concorrentes, a eficiência da produção e a administração dos recursos naturais. Essa ferramenta tem sido utilizada por pesquisadores e ambientalistas como um indicador de sustentabilidade ecológica de cidades ou países. A metodologia pode ser aplicada em várias escalas – organizacional, individual, familiar, regional, nacional ou mundial –, desde que se façam os ajustes necessários.

O cálculo da área apropriada por determinada população varia de acordo com o número de itens escolhidos e a disponibilidade de dados sobre o consumo destes. De maneira geral, o cálculo da PE resume-se em quatro etapas, conforme descreve Van Bellen (2005):

- Calcular a média anual de itens de consumo de dados agregados, por exemplo, consumo de energia e de alimentos, dividindo o consumo total pelo tamanho da população.

- Determinar ou estimar a área apropriada per capita para cada um dos principais itens de consumo, dividindo o consumo anual per capita pela produtividade média anual.

- Calcular a área da PE média por pessoa, somando as áreas do ecossistema apropriadas por cada item de consumo de bens ou serviços.

- Calcular a área total apropriada multiplicando o resultado da etapa anterior pelo tamanho da população.

De acordo com Wackernagel e Rees (1998) os itens de consumo podem ser definidos pelos pesquisadores responsáveis por calcular a pegada ecológica. Cabe a eles escolher aqueles com maior demanda, isto é, os que exercem maior pressão sobre o meio ambiente, e aqueles que possuem disponibilidade de dados suficientes para a realização dos cálculos. Wackernagel e Rees (1998) agruparam os itens de consumo em cinco categorias principais, a saber:

O cálculo para a transformação do montante consumido de cada item em unidades de áreas varia conforme o tipo de item. Com base em Wackernagel e Rees (1998) pode-se usar a sequência geral apresentada no Quadro 15.1.

Quadro 15.1 – Etapas do cálculo da PE referente a determinado item de consumo.

Etapa 1:	$\dfrac{\text{Quantidade consumida pela população (GJ/ano)}}{\text{População total}}$ = Consumo *per capita* anual
Etapa 2:	$\dfrac{\text{Consumo } \textit{per capita} \text{ (GJ/}\textit{per capita}\text{/ano)}}{\substack{\text{Fator de conversão ou produtividade} \\ \text{média anual (GJ/ha/ano)}}}$ = Total de hectares necessários *per capita*/ano

Fonte: Adaptado de Wackernagel e Rees (1998).

A contrapartida da PE de determinado sistema é a capacidade bioprodutiva que este possui. Wackernagel e Rees (1998, p. 158) conceituam área biologicamente produtiva como "a área de solo que é suficientemente fértil para a plantação de florestas ou agricultura". Segundo Wackernagel et al. (2005), as terras bioprodutivas são aquelas que provêm os recursos naturais de maneira útil à economia.

Quando se considera a superfície da Terra, de aproximadamente 51 bilhões de hectares, apenas 11,2 bilhões são áreas bioprodutivas, das quais 8,8 bilhões são áreas de terra e 2,3 bilhões são áreas marítimas. As áreas de terras abrangem aquelas utilizáveis para atender a produção econômica, bem como aquelas áreas naturais, sem valor econômico aparente, mas necessárias ao equilíbrio vital do planeta. Segundo Chambers et al. (2000) e Wackernagel e Rees (1998), as áreas de terra estão agrupadas em cinco territórios:

- *Território de disponibilidade limitada*: são as áreas não contabilizadas no cálculo da PE. Elas são consideradas terras que estão destinadas à preservação e conservação ambiental ou dispõem de recursos não destinados à extração. Os dois tipos de áreas são:
  - Áreas de biodiversidade: compreendem as florestas virgens com função de proteger a biodiversidade (espécies animais e vegetais) e assimilar as emissões de gás carbônico.
  - Áreas não produtivas: são áreas que não possuem capacidade produtiva para atender a demanda humana, por exemplo, os desertos, geleiras, rios, lagos e montanhas. As características naturais dessas áreas são para a manutenção do equilíbrio ecológico local ou global e não para extração.
- *Território construído*: são áreas com ambientes construídos para habitação, comércio, indústria, infraestrutura e jardins. Significa o consumo de terras por construções, existindo, simultaneamente, uma perda de território bioprodutivo naquela área. Essa área poderia ser usada para pastoreio, agricultura ou geração de energia, caso estivesse disponível.
- *Território de energia*: território apropriado pela utilização de energia fóssil. Essa área corresponde ao montante de área necessário para a absorção de gás carbônico (CO_2) emitido pelo consumo de energia fóssil (petróleo ou carvão). Esse território é flexível para classificar também as áreas de terra que são utilizadas para a geração de energia por hidroelétricas ou por biocombustíveis.
- *Território terrestre bioprodutivo*:
  - Terras cultiváveis para agricultura.
  - Áreas de pastagens. As áreas de pasto são menos produtivas que as terras para cultivo.
  - Florestas para corte de madeira. As áreas de floresta para atender a demanda de madeira também previnem a erosão do solo, colaboram para a estabilidade climática e a manutenção dos ciclos hidrológicos, e podem ajudar na proteção da biodiversidade.
- *Área marítima bioprodutiva*: ainda que os oceanos cubram mais de 36 bilhões de hectares da superfície da Terra, a pesca comercial intensiva estende-se a partir da costa em um raio de apenas 300 km, evidenciando que na costa marítima existe maior bioprodutividade.

Na Figura 15.1 estão representados os tipos de terras bioprodutivas descritos. De acordo com o montante consumido de cada item por determinado sistema e o tamanho da PE resultante, as áreas requeridas terão tamanhos diferentes. Os diversos tipos de terras apresentam capacidade bioprodutiva variada em função da região onde estão situados, em virtude das diferentes condições climáticas e geológicas e das tecnologias de produção utilizadas. A biocapacidade total de uma região se dá pela soma de todas as suas áreas bioprodutivas.

Figura 15.1 – Tipos de áreas bioprodutivas.

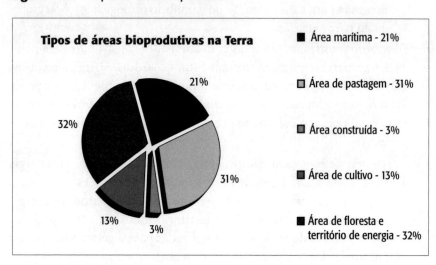

Fonte: Adaptado de Wackernagel e Rees (1998) e Chambers et al. (2000).

A comparação entre a PE de uma região e a biocapacidade presente no local revela o quanto o consumo humano exige dos recursos naturais e demonstra a extensão em que o meio ambiente natural é utilizado. Dessa maneira determina-se o saldo ecológico, de acordo com a fórmula expressa no Quadro 15.2.

Quadro 15.2 – Fórmula do saldo ecológico.

Saldo ecológico (ha) = Pegada ecológica (ha) – Biocapacidade (ha)

Fonte: Wackernagel et al. (2005).

Quando a PE é maior que a biocapacidade, existe um déficit ecológico na região. Ao contrário, quando a biocapacidade é maior que a PE, verifica-se a existência de uma reserva ecológica (*ecological reserve*), isto é, os recursos não são utilizados além da capacidade do meio ambiente natural em renová-los.

A PE apresenta diversas vantagens e limitações. Segundo Hardi e Barg (1997), a realização do cálculo da PE não é de fácil entendimento, pois demanda uma série de dados de consumo e produtividade, além de requerer cálculos para a padronização dos resultados. Outras limitações são descritas pelos próprios autores da metodologia, Wackernagel e Rees (1998), quando afirmam que o modelo subestima a área necessária para sustentar determinado sistema. Ou seja, as áreas requeridas para a manutenção das atividades resultam menores do que realmente são. Alguns críticos afirmam que a PE não considera a tecnologia como instrumento que poderia substituir certos recursos e melhorar a eficiência do sistema. No entanto, Wackernagel e Rees (1998) argumentam que o método permite comparar justamente os impactos, em termos de área requerida dos ecossistemas naturais, em função da adoção de diferentes tecnologias. Outros autores apontam a deficiência do método em mostrar a dinâmica das condições de mudança, uma vez que a ferramenta retrata o estado atual de um sistema. Contudo, Wackernagel e Rees (1998) afirmam que através do uso de séries temporais a PE pode revelar a dinâmica das mudanças presentes no sistema. Exemplos disso são os relatórios *Living Planet Report 2004 e Living Planet Report 2008*, que apresentam a PE de mais de cem países e demonstram a variação que o consumo de recursos naturais sofreu desde a década de 1960, a diferença na apropriação de terras bioprodutivas entre as nações e quais os recursos mais demandados pelas atividades humanas ao longo dos anos (WWF, 2004 e 2008).

A PE é um indicador que tem sido bastante utilizado nos últimos anos. Ele permite o cálculo da dependência de determinado sistema em relação ao meio ambiente natural, em função do montante de recursos naturais consumidos e dos resíduos liberados, revelando o grau de sustentabilidade ambiental existente.

Estudos revelam que as atividades humanas na Terra consomem 30% a mais de recursos naturais do que a sua capacidade biológica em renová-los (WWF, 2008). Esse nível de insustentabilidade ambiental pode ser observado, segundo sugerem alguns cientistas, em certos fenômenos recentes, por exemplo, as mudanças climáticas, a acidificação dos oceanos e a exaustão dos recursos naturais.

Diversos países e algumas cidades do mundo têm utilizado indicadores ambientais como instrumento para o planejamento e a formulação de políticas públicas na gestão do desenvolvimento territorial. A PE do Brasil já foi calculada (WWF, 2004), bem como a de alguns municípios brasileiros: Fortaleza, no Ceará (Leite e Viana, 2003); Taguatinga, Ceilândia e Samambaia, no Distrito Federal (Dias, 2002); Fazenda Nova, Monte Carmelo e Cruzeiro do Sul, em Minas Gerais; e Florianópolis, em Santa Catarina (Andrade e Van Bellen, 2006).

APLICAÇÃO DA PE NO MUNICÍPIO DE FLORIANÓPOLIS

Um estudo realizado com dados de 2004 indicou que a dinâmica urbana do município de Florianópolis, em 2004, requeria 496.551,72 ha de terras bioprodutivas para sua manutenção, o que corresponde a aproximadamente vinte vezes o território bioprodutivo desse município. A cidade possui apenas 20.214,60 ha de área bioprodutiva, ao considerarmos a área que está disponível para absorção de CO_2 (Andrade e Van Bellen, 2006). Esse déficit ecológico sugere a promoção de alguns impactos negativos no nível local e até mesmo no global. Por exemplo, a exaustão dos recursos naturais com a diminuição de áreas de preservação, a contribuição para o aumento do efeito estufa, decorrente do aumento das emissões dos gases causadores do efeito estufa, e a apropriação de áreas bioprodutivas além das fronteiras da cidade para suprir o déficit local (Andrade e Van Bellen, 2006).

A constatação do nível de insustentabilidade ecológica da população da cidade, em 2004, fomentou alguns questionamentos, entre eles:

- A insustentabilidade ecológica ocorreu apenas durante o ano de 2004 ou esse comportamento se repetiu nos outros anos?

- Qual o grau de sustentabilidade da cidade de Florianópolis nos anos anteriores?

- Existe alguma relação entre o crescimento populacional da cidade e a insustentabilidade ambiental encontrada no ano de 2004?

- O que os resultados podem revelar sobre o desenvolvimento das atividades e a demanda de recursos naturais para o planejamento público do município?

Por exemplo, a partir desses questionamentos, é possível considerar a PE como uma técnica tanto analítica quanto educacional, que surge como uma ferramenta para análise da sustentabilidade e como um instrumento de auxílio na sensibilização pública diante dos problemas ambientais (van Bellen, 2005).

Para o cálculo da PE no município, foram definidos os itens que apresentavam maior pressão sobre o meio ambiente e que possuíam dados registrados disponíveis. Os itens escolhidos foram: consumo de gasolina automotiva, consumo de energia elétrica, consumo de água, e a geração de resíduos sólidos. Desse modo, calculou-se a PE anual desses itens. A seguir, são exemplificados os cálculos da PE referente ao consumo de cada item, no ano de 2005, em Florianópolis.

- PE do consumo de gasolina automotiva: o cálculo é dividido em duas etapas, na primeira transforma-se o consumo anual de gasolina (em litros), em emissão de gás carbônico (em toneladas). Isso é possível, sabendo-se que um litro de gasolina queimada libera 22 libras de CO_2, o que corresponde à emissão de 2,63 kg de CO_2 na atmosfera (Dias, 2002). Posteriormente, calcula-se a área de terra necessária para absorver o montante de CO_2 emitido. De acordo com o *International Panel Climate Change* (IPCC) sabe-se que 1 hectare de floresta absorve 1 tonelada de CO_2 anualmente.

Primeira etapa:
$$\frac{157.153.207,00 \text{ L} \times 2,63 \text{ kg}}{1.000 \text{ kg}} = 413.312,934 \text{ t de } CO_2 \text{ emitidos}$$

Segunda etapa:
$$\frac{413.312,934 \text{ t} \times 1 \text{ ha}}{1 \text{ t}} = 413.312,934 \text{ ha de terras requeridos}$$

- PE do consumo de energia elétrica: o cálculo consiste em transformar o consumo em kilowatts (kw) para gigajaules (Gj), pois segundo Wackernagel e Rees (1998), um hectare de terra consome 100 Gj por ano.

Primeira etapa:
$$889.476.000,00 \text{ kw} ----- \text{conversão}^* = 3.203.085,60 \text{ Gj}$$

* Foi utilizado o site www.onlineconversion.com/energy.htm para o cálculo da conversão.

Segunda etapa:

$$\frac{3.203.085,60 \text{ Gj} \times 1 \text{ ha}}{100 \text{ Gj}} = 32.030,856 \text{ ha de terras requeridos}$$

- PE do consumo de água: primeiramente transforma-se o consumo anual em metros cúbicos para kilolitros, pois, segundo Chambers et al. (2000), o consumo de 1 kilolitro de água emite 0,37 toneladas de CO_2, em seguida relaciona-se emissão de CO_2 e a área de terra necessária para absorção.

Primeira etapa:

$$\frac{22.188.446 \text{ m}^3}{1.000} = 22.188,45 \text{ kilolitros}$$

Segunda etapa:

$$22.188,45 \text{ kilolitros} \times 0,37 \text{ t} = 8.209,73 \text{ t de } CO_2 \text{ emitidos}$$

Terceira etapa:

$$\frac{8.209,73 \text{ t} \times 1 \text{ ha}}{1 \text{ t}} = 8.209,73 \text{ ha de terras requeridos}$$

- PE da geração de resíduos sólidos: esse cálculo consiste em transformar o montante de resíduos gerados de toneladas para kg, pois 1,35 kg de resíduos sólidos emite 0,45 kg de CO_2 (De Cicco, 1991 apud Dias, 2002). Em seguida, transforma-se novamente o total de CO_2 emitido de kg para toneladas para usar a relação de que 1 ha de terra absorve 1 t de CO_2.

Primeira etapa:

$$117.993 \text{ t} \times 1.000 \text{ kg} = 17.992.975 \text{ kg}$$

Segunda etapa:

$$\frac{117.992.975 \times 0,45 \text{ kg}}{1,35 \text{ kg}} = 39.330.991,67 \text{ kg de } CO_2 \text{ emitidos}$$

Terceira etapa:

$$\frac{39.330.991,67 \text{ t}}{1.000 \text{ kg}} = 39.330,99 \text{ t de } CO_2 \text{ emitidos}$$

Quarta etapa:

$$\frac{39.330,99 \text{ t} \times 1 \text{ ha}}{1 \text{ t}} = 39.330,99 \text{ ha de terras requeridos}$$

Após o cálculo da PE anual de cada item escolhido, calculou-se a PE anual total, pelo somatório das PE por item, como se pode observar na Tabela 15.1. Os resultados obtidos demonstraram variação na pegada ecológica do município de Florianópolis ao longo de onze anos. Porém, ao confrontarmos a população total anual e o resultado da PE total anual obtido não se verifica uma relação direta de crescimento entre ambos. Não se pode afirmar com 100% de certeza que a pegada ecológica aumenta em função do aumento da população. No ano de 2002 Florianópolis contou com uma população de 731.228 habitantes, e demandou 533.733,12 ha de terra; já em 2004, a população era de 968.355 habitantes, porém o consumo desse sistema apropriou-se de 496.551,72 ha de terra.

Tabela 15.1 – PE anual total.

Ano	Pop. total	PE geração de resíduos (ha)	PE gasolina automotiva (ha)	PE energia elétrica (ha)	PE água* (ha)	PE total (ha)
1995	532.884,00	48.681,56	209.157,21	20.003,62	0	277.842,39
1996	571.931,00	61.436,22	257.928,13	21.794,33	0	341.158,68
1997	700.019,00	66.110,21	282.553,42	23.937,73	6.331,24	378.932,60
1998	637.034,00	70.426,14	282.553,42	25.499,02	6.458,59	384.937,17
1999	717.418,00	74.670,35	342.316,79	26.914,07	6.609,14	450.510,34
2000	791.522,00	78.766,98	338.849,45	28.495,98	6.982,70	453.095,11
2001	905.289,00	82.533,66	362.071,65	28.975,82	7.188,19	480.769,33
2002	731.228,00	82.173,93	414.379,43	29.426,80	7.752,97	533.733,12
2003	677.296,00	79.431,83	364.995,89	30.328,27	7.578,06	482.334,06
2004	968.355,00	80.621,13	377.238,11	30.735,58	7.956,91	496.551,72
2005	970.876,00	78.661,98	413.313,20	32.030,86	8.209,73	532.215,76

* Não foi calculado o consumo de água no período de 1995 e 1996 em função da falta de dados. Assim, a PE total nesses anos está subestimada.

O crescimento diferenciado entre população e PE sugere a verificação do grau de correlação entre essas duas variáveis. Assim, determinou-se o índice de correlação da PE de cada item, anualmente, com a população do município. A população total de Florianópolis é constituída pelo somatório da população residente, segundo os dados do IBGE (2005), com a população turística que esteve em Florianópolis durante os meses de janeiro e fevereiro, de acordo com a Santur (2005).

O índice de correlação utilizado foi o "Coeficiente de Correlação Linear de Pearson", calculado através do software estatístico Statistical Package for the Social Sciences (SPSS). Embora o índice de correlação não revele uma relação de causa e efeito, o conceito aponta o grau de associação entre duas varáveis. Isto é, quanto mais próximo o coeficiente ficar do número 1, mais forte a associação entre a população e a PE – à medida que uma cresce, a outra também cresce. Assim, calcularam-se as correlações entre a população e a PE anual por item, bem como entre a população e a PE anual total.

Os resultados obtidos com a PE por item de consumo e a PE total, bem como as correlações realizadas, foram analisados quantitativa e qualitativamente e podem ser observados no item a seguir.

Apresentação e análise dos resultados

O município de Florianópolis, capital do estado de Santa Catarina, é formado por uma parte insular, denominada Ilha de Santa Catarina, e uma parte continental, compreendendo uma área de 442,43 km^2 ou 44.243,00 ha. Dados demonstram que desde 1995 a população residente sofre um incremento significativo que vem alterando os contextos social, econômico e ambiental da cidade. De acordo com o IBGE (2005), a população residente em 1995 era de 277.156 habitantes; em 2002 registraram-se 360.601 habitantes e, em 2005, já eram 396.778 habitantes.

O turismo, atividade fortemente promovida na ilha, ganhou expressão ao longo dos anos, contribuindo para o aumento populacional em determinadas épocas do ano, especialmente na temporada de verão. A atividade turística, segundo dados da Santur (2005), trouxe aproximadamente 255.728 pessoas à Florianópolis em 1995 nos meses de janeiro e fevereiro, ao passo que em 2005 esse número foi de 574.098 turistas.

A base da PE é o consumo de recursos naturais pelo sistema. Por isso, pressupõe-se que a alteração na demografia da cidade pode ser uma das causas do incremento no consumo de recursos naturais e na geração de resíduos. Os limites dessa pesquisa não permitem afirmar a existência dessa relação de causa e efeito. Entretanto, com o uso do método estatístico de correlação, identificou-se a forte associação entre o aumento demográfico e o aumento no consumo de recursos naturais. O coeficiente de correlação encontrado de +0,789 indica um alto grau de correlação existente entre as variáveis "população" e "consumo de recursos naturais". Essa associação pode ser visualizada na Figura 15.2, na qual estão representadas a dinâmica demográfica e a variação da Pegada PE, do município de Florianópolis, ao longo de onze anos.

Figura 15.2 – Variação da população total e da PE total em Florianópolis.

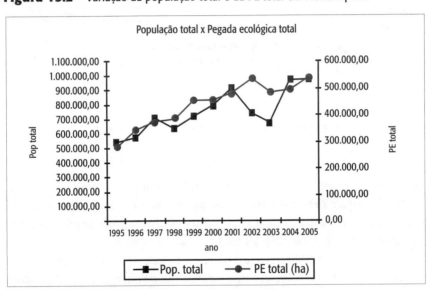

Fonte: Adaptado de Andrade e van Bellen (2006).

A PE Total anual é composta pelo somatório das PE anuais referentes ao consumo de gasolina automotiva, energia elétrica e água, e à geração de resíduos sólidos. Analisando a dinâmica de cada item separadamente, ao longo dos anos, verifica-se que eles apresentam graus de associação diferentes da população total. A variação no consumo de recursos naturais pode ser observada na Figura 15.3.

Observa-se que o item "consumo de gasolina automotiva" apresentou a maior variação ao longo do período e acompanhou, em grande parte do período analisado, os incrementos e as reduções na população total. Os outros itens, apesar de sofrerem alterações, parecem apresentar variações

Figura 15.3 – Variação anual da população total e da PE por item.

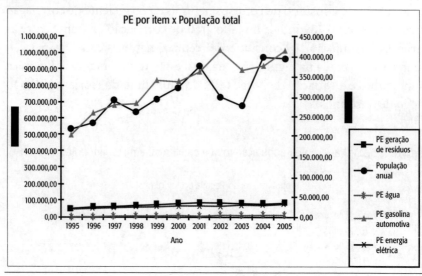

Fonte: Adaptado de Andrade e van Bellen (2006).

menos abruptas, ainda que ocorram grandes oscilações anuais na população total. Apesar dessas diferenças de variações, os índices de correlação obtidos para cada um dos itens permitiram confirmar o forte grau de associação entre as variáveis "população total" e "PE" por item.

Na Tabela 15.2 estão descritos os valores das correlações, demonstrando que o aumento da PE referente ao consumo de energia elétrica é o item com maior grau de associação ao aumento da população total. O índice obtido para o aumento no consumo de água demonstra a menor correlação entre as variáveis, porém vale salientar que a não disponibilidade de dados referentes ao consumo de água de 1995 e 1996 pode ter influenciado o resultado final.

Entre os itens pesquisados, aquele que apresenta maior demanda pelo ecossistema urbano de Florianópolis é a gasolina automotiva, seguida pelo item "geração de resíduos". A energia elétrica é o terceiro item mais requerido e, por último, tem-se o consumo de água. Essa alta demanda por combustível fóssil pode estar associada ao incremento na frota de veículos ao longo dos anos. Contudo, a água, um recurso natural vital ao ser humano, teve sua demanda relativamente equilibrada ao longo do período. Esse resultado pode estar ligado à uma relativa eficiência do sistema

Tabela 15.2 – Índices de correlação por item.

Variável	Variável	Índice de correlação
População total	PE referente ao consumo de água	0,621
População total	PE referente ao consumo de energia	0,828
População total	PE referente ao consumo de gasolina automotiva	0,780
População total	PE referente à geração de resíduos	0,754

de captação e distribuição de água, ou seja, melhor controle de perdas, ou ao fato de algumas regiões da cidade não serem atendidas pela empresa responsável.

Assim, ainda para este exemplo do consumo de água observado entre 1995 e 2005, é preciso certa reflexão por parte dos gestores. A baixa variação no consumo de água, mesmo com o significativo aumento populacional, pode indicar que a população esteja sofrendo com falta de água. Houve aumento na demanda e o problema pode estar relacionado à oferta, tanto para aqueles que já são atendidos como para aqueles que não possuem acesso à água tratada. O indicador, nesse caso, sinaliza um comportamento do sistema de certa forma fora dos padrões. Ou seja, aumento da população e manutenção dos níveis totais de consumo. Alerta, assim, para a necessidade de melhor investigação sobre as causas, sejam elas experiências positivas ou problemas ainda não percebidos.

Os valores da PE obtidos apontam, então, quais atividades promoveram maior impacto ambiental na última década. Eles revelam que talvez o consumo de gasolina automotiva e a geração de resíduos mereçam maior urgência na formulação de políticas públicas para a cidade. A melhoria do transporte público e a promoção do seu uso, a divulgação de automóveis híbridos ou a gás natural, o estímulo à redução de embalagens pelas empresas e a sensibilização pela reutilização e reciclagem de materiais são exemplos de questões a serem trabalhadas no planejamento municipal.

O município de Florianópolis, tão conceituado por suas belezas naturais e pela qualidade de vida, possui uma dinâmica urbana impactante ao meio ambiente natural. A insustentabilidade ecológica encontrada por Andrade e van Bellen (2006) verifica-se em todos os anos, atingindo seu ponto máximo em 2003. A PE da cidade neste ano foi de 533.733,12 ha, isto é, nesse ano a dinâmica do sistema requereu 26 vezes mais terras bioprodutivas do que a biocapacidade disponível do município, considerando a capacidade bioprodutiva de 20.214,60 ha, calculada em 2004.

A PE é um indicador de sustentabilidade ambiental que revela de maneira simples e objetiva a dependência das atividades humanas em relação aos recursos naturais. Ela não aponta os impactos pontuais e negativos no curto prazo que estejam acontecendo numa região – por exemplo, a poluição de um rio ou o desmatamento local. O uso do indicador no município de Florianópolis retratou que a demanda excede a oferta existente, provendo uma relação negativa junto aos ecossistemas. Esse déficit pode estar contribuindo para a degradação de áreas naturais e para a exaustão dos recursos locais e além das fronteiras do sistema, a médio e longo prazo. O montante emitido de gás carbônico que não é suprido pelas áreas de floresta presentes na cidade contribui para o acúmulo do gás na atmosfera, influindo no efeito estufa, ou demanda assistência de outras localidades para atender ao excesso emitido.

CONSIDERAÇÕES FINAIS

Não se pode afirmar que o aumento da PE em Florianópolis é consequência do aumento da população da cidade. As informações disponíveis são limitadas para revelar que a causa dos impactos ambientais é proveniente, exclusivamente, do crescimento demográfico. No entanto, a análise dos resultados da PE total ao longo dos últimos onze anos e o aumento populacional na cidade proporcionam uma perspectiva adicional na gestão do desenvolvimento territorial.

Os resultados apresentados revelaram que o aumento da PE e o aumento da população estão fortemente associados. A constatação da possível relação entre as duas variáveis sugere aos gestores que o desenvolvimento territorial sustentável pode basear-se em um controle do crescimento populacional do município, bem como numa efetiva e consistente campanha para o consumo consciente.

Enquanto os resultados da PE retratam que o consumo de gasolina é o item que mais impacta o meio ambiente natural, o cálculo da correlação mostrou que o aumento no consumo de energia elétrica apresenta maior associação com o aumento da população. Esses resultados revelam a necessidade de desenvolvimento de políticas públicas pautadas na análise de quais atividades promovem mais impacto nos ecossistemas, e quais delas estão associadas ao crescimento demográfico.

O incentivo ao desenvolvimento de novas tecnologias, o uso de tecnologias alternativas para a geração de energia e a promoção de novas formas de consumo (reduzir, reutilizar e reciclar) podem ser caminhos que auxiliem o decréscimo da PE ou pelo menos a sua estabilização, ainda que a população aumente.

A PE é uma ferramenta simples e de fácil compreensão. Ela revela o contexto atual e indica o nível de dependência do sistema em relação aos recursos naturais. É um indicador focado na dimensão ambiental do desenvolvimento que, juntamente com outros indicadores sociais e econômicos, pode ser utilizado na formulação de políticas públicas para um desenvolvimento territorial equilibrado. Isso porque, sem os ecossistemas sadios e sem os recursos naturais disponíveis, há perda da qualidade de vida para a sociedade, bem como a redução ou extinção do estoque de matéria-prima para a fabricação de produtos e oferta de serviços. Toda e qualquer atividade humana depende em maior ou em menor grau do meio ambiente natural.

Indicadores de sustentabilidade ambiental são um dos pilares para o planejamento de políticas públicas e gestão territorial. Eles devem estar associados a outros indicadores que revelem informações sociais, econômicas e culturais da região. Espera-se que a geração de sistemas de avaliação das diferentes esferas do desenvolvimento torne a administração pública capaz de lidar de maneira mais efetiva com os impactos decorrentes desse processo. Trata-se não só de avaliar o desenvolvimento, mas, também, de orientá-lo numa direção mais segura para toda a sociedade. Nesse sentido é necessário que as informações obtidas no processo de avaliação do desenvolvimento sejam utilizadas pelos diferentes setores da sociedade civil.

Além disso, é necessário enfatizar a importância de outros métodos de avaliação que incorporem as dimensões econômica e social do desenvolvimento. Somente a melhoria constante dos seus indicadores, nas diferentes dimensões do desenvolvimento, é que permitirá afirmar que uma sociedade está mais sustentável. A principal tarefa dos indicadores consiste em subsidiar os tomadores de decisão na formulação e implementação de políticas públicas que conduzam à melhoria da qualidade de vida da população sem prejuízo excessivo dos recursos naturais. A reunião das informações fornecidas por esses sistemas pode auxiliar em uma gestão territorial mais equilibrada e sustentável.

REFERÊNCIAS

ANDRADE, B.B.; VAN BELLEN, H.M. Turismo e sustentabilidade no município de Florianópolis: uma avaliação a partir do método da Pegada Ecológica. In: ENCONTRO DA ASSOCIAÇÃO NACIONAL DE PÓS-GRADUAÇÃO E PESQUISA EM ADMINISTRAÇÃO, 30., Salvador, 2006. *Anais...* Salvador: Enanpad, 2006.

BOYDEN, S. et al. *The ecology of a city and its people: the case of Hong Kong.* Canberra: Australian National University Press, 1981.

CERVO, A.L.; BERVIAN, P.A. *Metodologia científica.* 4. ed. São Paulo: Makron Books, 1996.

CHAMBERS, N et al. *Sharing nature's interest: ecological footprint as an indicator of sustainability.* London: Earthscan Publications, 2000.

CORSON, W.H. (org.). *Manual global de ecologia: o que você pode fazer a respeito da crise do meio ambiente.* São Paulo: Augustus, 1993.

DIAS, G.F. *Pegada ecológica e sustentabilidade humana.* São Paulo: Gaia, 2002.

HARDI, P.; BARG, S. *Measuring sustainable development: review of current practice.* Winnipeg: IISD, 1997.

[IBGE] INSTITUTO BRASILEIRO DE GEOGRAFIA E ESTATÍSTICA. *População estimada de Florianópolis.* Disponível em: http://www.ibge.gov.br. Acessado em: 14 ago. 2005.

LEITE, A.M.F.; VIANA, M. Osório de L. Pegada ecológica: instrumento de análise do metabolismo do sócio-ecossistema urbano. In: ENCONTRO ECO-ECO, 5., 2003, Caxias do Sul, RS. *Anais...* Caxias do Sul, RS: Sociedade Brasileira de Economia Ecológica, 2003.

MACHADO, J.A. Desenvolvimento sustentável: a busca de unidade para seu entendimento e operacionalização. In: ALTVATER, E. et al. *Terra incógnita: reflexões sobre globalização e desenvolvimento.* Pará: UFPA/Naea, 1999. p. 203-48.

SANTOS, M. *A natureza do espaço.* 2. ed. São Paulo: Hucitec, 1997.

SANTUR. *Estatísticas.* Disponível em: http://www.sol.sc.gov.br/santur/default. asp. Acessado em: 14 ago. 2005.

VAN BELLEN, Hans M. *Indicadores de sustentabilidade: uma análise comparativa.* São Paulo: Ed. FGV, 2005.

MÉTODO DA PEGADA ECOLÓGICA NA AVALIAÇÃO DA GESTÃO DO DESENVOLVIMENTO TERRITORIAL | **493**

WACKERNAGEL, Mathis; REES, William. *Our ecological footprint: reducing human impact on the earth.* 6. ed. Canadá: NSP, 1998.

WACKERNAGEL, Mathis; MONFREDA, Chad; MORAN, Dan et al. *National footprint and biocapacity accounts 2005: the underlying calculation method,* maio 2005. Disponível em: http://www.footprintnetwork.org. Acessado em: 3 nov. 2005.

[WWF] WORLD WIDE FUND FOR NATURE. *Living Planet Report.* Suíça: WWF, 2008.

_____. *Living Planet Report.* Suíça: WWF, 2004.

Aplicabilidade da Pegada Ecológica em contextos universitários

16

Renata Amaral
Engenheira ambiental, Escola de Engenharia de São Carlos da USP

Dora Blanco Heras
Física, Universidade Santiago de Compostela

Patrícia Cristina Silva Leme
Bióloga, Superintendência de Gestão Ambiental da USP

Tadeu Fabrício Malheiros
Engenheiro civil, Escola de Engenharia de São Carlos da USP

O *modus operandi* do modelo de desenvolvimento econômico dominante nos últimos séculos, principalmente durante o século XX, vem exercendo significativa pressão sobre os recursos naturais. Muitas são as consequências desse modelo e decorrem, em especial, da necessidade crescente e incessante desses recursos, as quais podem ser facilmente notadas: uso e ocupação de áreas ecologicamente protegidas, poluição das águas, solo e ar, construção de grandes empreendimentos de alto impacto, como usinas para geração de energia elétrica, mineração, perda de biodiversidade, entre outros. Como afirma Zerbini (2006), as evidências mundo afora comprovam que a modernidade não teve condições de cumprir suas promessas iniciais de abundância, felicidade, paz e justiça social.

De acordo com o *Relatório Estado do Mundo* do WorldWatch Institute (2004), entre as principais causas dessa pressão e, consequentemente, dos atuais problemas, destaca-se o consumo não responsável de recursos. O consumismo desenfreado representa uma ameaça real à humanidade, pois, além de esgotar recursos, piora a qualidade de vida da população, inclusive aumentando a desigualdade social.

É certo que os padrões e níveis de consumo atuais são insustentáveis, o que leva à urgente necessidade de mudança do estilo de vida, de modo a evitar cenários futuros cada vez mais críticos, já que o consumo de recursos e serviços ambientais já está além da capacidade de reposição do planeta, como têm demonstrado os relatórios *Planeta Vivo* do WWF.

Nesse contexto, amplia-se a importância de mensurar a sustentabilidade ou a insustentabilidade como maneira de verificar qual rumo e destino a sociedade está seguindo, visando sensibilizar os atores governamentais e não governamentais e orientar políticas condizentes com as metas estabelecidas na Agenda 21 Global.

Existe um número diversificado de ferramentas qualitativas e quantitativas que foram desenvolvidas com o objetivo de mensurar a (in)sustentabilidade ambiental, sendo uma delas o uso de indicadores, ou seja, um sistema de sinais que facilita a visualização e a comunicação dos resultados e a avaliação do progresso em determinado parâmetro ambiental (Quiroga, 2001). Um indicador que tem recebido grande atenção nos últimos anos, em função do seu potencial político-pedagógico, é a Pegada Ecológica (PE).

As universidades, como centros de produção de conhecimento e protagonistas de ações em educação, vêm sendo convocadas a ampliar pesquisas na área de sustentabilidade, bem como a adotar diretrizes mais sustentáveis na gestão de seus campi universitários. Essa preocupação com o impacto provocado dentro e fora dos limites de suas cidades universitárias, resultantes de suas decisões e atividades, cria, então, um momento propício para o convite à ação. Nesse contexto, a Universidade de São Paulo (USP), da mesma forma que tem buscado excelência no ensino, pesquisa e extensão, também vem investindo em processos de gestão ambiental, de forma a contribuir com a construção de campi sustentáveis.

Sustentabilidade é entendida nesse trabalho como uma postura capaz de responder aos problemas sociais e ambientais por meio de ações de gestão e de educação ambiental em sua comunidade universitária, com eficiência econômica. A primeira, como um conjunto de ações para prevenir, diminuir ou corrigir impactos causados pelas atividades humanas na universidade; e a segunda, em medidas para incorporar a dimensão ecológica, social, política e econômica na formação da comunidade universitária (Alba, 2006).

Dessa maneira, instituições de educação superior já não são vistas somente como fonte única de conhecimento e formação de profissionais que integrarão a sociedade e contribuirão para seu progresso econômico, mas também como importantes candidatas para oferecer exemplos de projetos sustentáveis, tendo como fator-chave a educação como ferramenta indutora de mudanças positivas de caráter coletivo (Otero, 2010).

Como exemplo, a Universidade de Santiago de Compostela, na Espanha, utiliza a ferramenta PE para o dimensionamento e o cálculo do impacto ambiental da instituição, desde 2005, dentro do eixo planificação, gestão e avaliação ambiental de seu plano de desenvolvimento sustentável (Rodríguez et al., 2008; Alvarez e Heras, 2008 e 2009). Dessa maneira, possui uma metodologia interessante, consolidada e embasada no indicador, o que desencadeou uma parceria para cálculo e comparação da PE nas duas instituições, como apresentado neste capítulo.

UNIVERSIDADE DE SÃO PAULO (USP)

A USP, fundada em 1934, conta atualmente com uma comunidade acadêmica de mais de 100 mil pessoas entre alunos, funcionários e docentes distribuídos em sete campi universitários, além das unidades de ensino, museus e centros de pesquisa situados em diferentes municípios (USP, 2007), como mostra a Figura 16.1.

Nesse contexto, este capítulo tem como objetivo apresentar e discutir o indicador PE como ferramenta para mensurar o impacto de instituições de educação superior, a partir de um estudo aplicado no campus de São Carlos da USP entre 2008 e 2009.

USP SÃO CARLOS

O campus da USP na cidade de São Carlos, implantado na década de 1970, está dividido em quatro unidades de ensino: Escola de Engenharia de São Carlos (EESC), Instituto de Física de São Carlos (IFSC), Instituto de Ciências Matemáticas e de Computação (ICMC) e Instituto de Quími-

Figura 16.1 – Distribuição geográfica da USP no estado de São Paulo com destaque para as cidades que possuem campus da universidade.

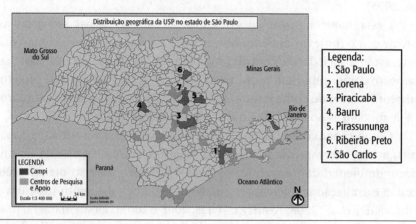

Fonte: USP (2007).

ca de São Carlos (IQSC). Atualmente, essas quatro unidades de ensino, somadas à Coordenadoria do Campus de São Carlos (CCSC), ao Centro de Informática de São Carlos (CISC), ao Centro de Divulgação Científica e Cultural (CDCC), ao Centro de Recursos Hídricos e Ecologia Aplicada (CHREA) e a outros órgãos, formam a USP São Carlos (USP, 2008).

A população do campus de São Carlos constitui-se em 4.256 alunos de graduação, 2.266 alunos de pós-graduação, 481 docentes e 1.020 funcionários, totalizando 8.023 pessoas. O campus está dividido em três áreas: área 1, área 2 e CHREA, localizados, respectivamente, no centro da cidade, a 4 km da área 1 e a 14 km da área 1. Para facilitar o transporte entre a área 1 e as demais são disponibilizados ônibus gratuitos, da própria universidade, que realizam o trajeto de ida e volta em determinados horários (Figura 16.2).

O transporte entre as áreas 1 e 2 é realizado com mais frequência, pois na área 2 estão sediados diversos cursos de graduação, como engenharia ambiental, de computação, aeronáutica, entre outros, com estrutura de salas de aula, departamentos e laboratórios de alguns cursos oferecidos pela universidade, enquanto o CHREA, que é uma unidade de pesquisa, abriga somente alunos de pós-graduação e docentes pesquisadores.

Dessa maneira, o campus de São Carlos da USP é um espaço propício para o início do debate de questões ambientais que envolvam seus padrões de ensino, pesquisa e extensão.

Figura 16.2 – Distância entre área 1 e 2 do campus de São Carlos.

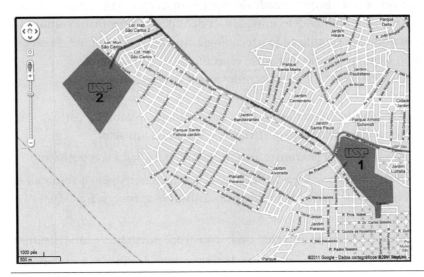

Fonte: http://www.maps.google.com.

FUNDAMENTAÇÃO TEÓRICA

Pegada ecológica (PE)

A PE é citada na literatura como um indicador de sustentabilidade que tem como proposta a quantificação da área necessária para produzir os recursos e assimilar os resíduos gerados por certa comunidade (Wackernagel e Rees, 1996).

Se as demandas humanas forem representadas como PE, elas podem então ser comparadas com a capacidade biológica de uma região do mundo. Quando as demandas humanas excedem os recursos, diminui o capital natural do qual dependem as gerações futuras e atuais. A essa situação se nomeia sobrecarga ou déficit ecológico mundial (Redifining Progress, 2004[1]). Para que determinada população, grupo ou indivíduo seja ambientalmente sustentável, a PE terá de ser inferior à capacidade de carga do planeta ou região, dependendo da escala utilizada.

---

[1] Redefining Progress: organização não governamental que se dedica ao desenvolvimento de políticas e ferramentas que ajudem na reorientação da economia para a inclusão das pessoas e do meio ambiente.

O indicador PE é expresso em hectares ou em hectares por pessoa, a partir do cálculo da quantidade de área biologicamente produtiva necessária para proporcionar determinados serviços para determinada comunidade (ou indivíduo), utilizando a tecnologia atualmente disponível. Essa conversão é feita por meio de fatores específicos.

Os serviços referidos, de acordo com a WWF (2007) são:

- *Área territorial produtiva*: terra para colheita, pastoreio, corte de madeira/silvicultura e para atividades de grande impacto.
- *Área marítima produtiva*: área necessária para pesca e extrativismo.
- *Terra de energia*: área de florestas e mar necessária para a absorção de emissões de carbono emitido pelo consumo de energia fóssil (petróleo ou carvão).
- *Áreas construídas*: área para casas, construções, estradas e infraestrutura.
- *Terra de biodiversidade*: áreas de terra e água destinadas à preservação da biodiversidade (florestas nativas) e à assimilação das emissões de gás carbônico e terras não produtivas (geleiras e desertos).

Além disso, é preciso incluir as áreas utilizadas para receber os detritos e os resíduos gerados. O método também não integra a questão social e econômica, visando somente os aspectos ecológicos. E, mesmo nos aspectos ecológicos, não são contabilizados alguns impactos de caráter qualitativo, como a contaminação do solo, da água e do ar, erosão, perda de biodiversidade e impacto na paisagem (Pon, 2007).

Dessa forma, Wackernagel e Rees (1996) utilizam uma abordagem simplificada do mundo real. Alguns exemplos disso são: o cálculo pressupõe que a agroindústria utiliza métodos sustentáveis; considera-se sempre o uso das melhores tecnologias e de alta taxa de produtividade, que, em ambos os casos, não correspondem necessariamente à realidade. Outra limitação do método descrita pelos autores, em 1998, é que o modelo subestima a área necessária para sustentar determinado sistema, isto é, as áreas requeridas para a manutenção das atividades resultam menores do que o são.

Para esses autores, apesar das limitações, a virtude do método reside em sua simplicidade e síntese, que permite sua compreensão e aplicação. Sobretudo por causa da mensagem simples e facilmente perceptível que o indicador PE transmite, tem um potencial muito elevado de sensibilização e educação ambiental.

Além disso, a PE proporciona algumas características/vantagens que podem ser muito úteis para os tomadores de decisão, porque é um indicador (Wackernagel e Rees, 1996; van Bellen, 2005; Gössling et al., 2002 apud Andrade, 2006; Redefining Progress, 2004):

- *Geral*: inclui uma ampla variedade de impactos humanos e uso de recursos naturais, conectando várias questões ou temas da sustentabilidade.

- *Confiável*: são utilizados dados oficiais, podendo ser usado como instrumento revelador de tendências e para avaliação de riscos.

- *Conciso e detalhado*: mensagem final clara e objetiva, apresentando os resultados em um número simples, com a possibilidade de dividir o resultado total entre seus componentes. Além de ser um número facilmente desmembrado nos dados que o compõe.

- *Conservador*: exclui os dados especulativos e incertos com a finalidade de não exagerar na situação ecológica presente.

- *Flexível*: permite analisar pegadas em âmbito individual até mundial, para aplicações econômicas, políticas e sociais. Além disso, permite a construção de cenários, avaliando o que poderia acontecer se determinadas ações fossem tomadas.

- *Compreensível*: resultados de fácil comunicação auxiliando na tomada de decisão e na formulação de políticas públicas para o planejamento local.

- *Educador*: instrumento excelente para a educação ambiental, já que fornece dados para discussão e multiplicação da informação sobre os limites atuais e possíveis atuações diante desse cenário.

A PE tem sido constantemente usada por pesquisadores e ambientalistas como indicador de sustentabilidade de cidades ou países e como grandes campanhas de organizações, como Redefining Progress e Living Planet Reports da WWF. Segundo Wackernagel e Rees (1996). A análise da PE pode ser aplicada em várias escalas, organizacional, individual, familiar, regional, nacional e mundial.

No que se refere ao tema em campi universitários, as iniciativas de tal cálculo surgiram inicialmente, como afirma Olalla-Tarraga (2003), nas universidades americanas e de países de língua anglo-saxônica, entre as quais a Universidade de Redland, na Califórnia, e a Universidade do Texas.

Outras iniciativas existem na Austrália e na Espanha, destacando o cálculo na Universidade Politécnica de Catalunha, na Universidade Autônoma de Madri e na Universidade de Santiago de Compostela. Este trabalho baseia--se na experiência da Universidade de Santiago de Compostela (Rodríguez et al., 2008).

METODOLOGIA

Para a realização desse estudo foram utilizadas as equações para o cálculo da PE, levando em consideração fatores de conversão presentes na literatura e os resultados obtidos pelas coletas de dados no campus com os diferentes atores envolvidos: docentes, funcionários e alunos, como detalhado a seguir.

Bases de cálculo

O cálculo da PE não representa fielmente a realidade vivida, assim como não apresenta em seu resultado a totalidade de parâmetros ambientais que influem no impacto gerado pelo campus universitário. É uma abordagem simplificada do mundo real, na qual alguns parâmetros são selecionados por alguns critérios. Como sugerem Wackernagel e Rees (1996), o estudo utilizou os principais itens de consumo no contexto estudado: a universidade.

Portanto, nesse estudo foram utilizados os parâmetros: *consumo de água, consumo de energia elétrica, consumo de papel, áreas construídas e transporte*. Desconsideraram-se outros parâmetros, tais como: fontes de energia (gás natural, diesel, nuclear e fontes alternativas) utilizadas em pesquisas, geração de resíduos (perigosos e não perigosos), alimentação (procedência e tipos de alimentos consumidos na universidade), vestuário e outros produtos e serviços consumidos. No entanto, em comparação com estudos de outras universidades (Universidade Autônoma de Madri e Universidade de Santiago de Compostela), acredita-se que os parâmetros usados nesse estudo são os mais significativos.

Em estudos posteriores, com disponibilização de bancos de dados mais completos, será possível inserir mais parâmetros no cálculo. A USP vem empreendendo esforços no sentido de melhorar seu sistema de informações, a fim de possibilitar a construção de indicadores mais robustos.

Para o cálculo, foram obtidos os valores totais do consumo de cada segmento, convertidos em quantidade correspondente de massa de gás carbônico liberado (CO_2), como mostra a Equação 1, e novamente em área verde (quilômetros, hectares) necessária para absorção do CO_2, como mostra a Equação 2.

Equação 1 – Conversão consumo em emissão de CO_2

Emissão (kgCO_2) = Consumo (unidade) • Fator emissão (kgCO_2/unidade)

Equação 2 – Conversão emissão CO_2 em área necessária

Pegada ecológica (ha) = Emissão (kgCO_2)/Taxa absorção carbono (kgCO_2/ha/ano)

Como indicador, a PE necessita de um período de análise e coleta de dados, por isso esse estudo tem como ano base 2008, ou seja, todos os dados aqui mostrados e analisados são referentes ao período de janeiro a dezembro de 2008.

Coleta de dados

Foram utilizadas duas fontes de dados complementares: cálculo direto e indireto.

Cálculo direto

Os dados de consumo são obtidos nos setores responsáveis dentro da universidade e as emissões são calculadas pela multiplicação da quantidade consumida pelo fator de conversão. Utilizou-se esse tipo de fonte para os seguintes insumos: água, energia elétrica, consumos associados à construção dos edifícios, consumo de papel por parte dos departamentos e demais órgãos.

Cálculo indireto

Os dados de consumo foram obtidos por meio de questionários aplicados a uma amostra de usuários do campus (alunos, docentes e funcionários). Esse método foi utilizado para dados de mobilidade dos usuários referente ao deslocamento residência-universidade e para o consumo de papel por parte dos estudantes e docentes.

Para o cálculo dos itens transporte e consumo de papel foi considerado um período de duzentos dias para alunos de graduação, dentro do período letivo, e onze meses para docentes, funcionários e alunos de pós-graduação, considerando que tais categorias possuem um mês de férias por ano.

A amostra atingida pelos questionários está representada na Tabela 16.1.

Tabela 16.1 – População USP São Carlos e amostra participante do questionário.

Categoria	Número total	Amostra participante do questionário	Porcentagem correspondente (%)
Alunos graduação	4.256	233	5,5
Alunos pós-graduação	2.266	79	3,5
Docentes	481	29	6,0
Funcionários	1.020	53	5,2

Fonte de emissão e taxas de absorção

Cada recurso consumido possui um fator de emissão de CO_2 associado que inclui a quantidade de carbono emitida em seu ciclo de vida (extração, produção, consumo, destinação, reúso etc). Na Tabela 16.2 são apresentados os fatores de emissão de CO_2 utilizados nessa pesquisa para cada insumo.

APLICABILIDADE DA PEGADA ECOLÓGICA EM CONTEXTOS UNIVERSITÁRIOS | 505

Tabela 16.2 – Fatores de emissão utilizados na pesquisa para cada insumo.

		Fator emissão	Unidades	Fonte
Água		0,50	$kgCO_2/m^3$	Governo Municipal de Santiago de Compostela, Espanha, apud Álvarez e Heras (2008)
Construção dos edifícios		520*	$kgCO_2/m^2$	Informe MIES (1999), apud Álvarez e Heras (2008)
Energia elétrica		0,57	$kgCO_2/kWh$	Instituto Energético de Galícia (2007), apud Álvarez e Heras (2008)
Papel	Reciclado	0,61	$kgCO_2/kg$ papel	Projeto Cálculo PE (USC)
	Virgem	1,84		Projeto Cálculo PE (USC)

* O fator de conversão considera o tempo de vida útil de um edifício de 50 anos, por isso o valor final de kg CO_2 deve ser dividido por cinquenta, já que estamos calculando para o período de um ano.

Para os meios de transporte, foram utilizados os seguintes fatores de conversão (Tabelas 16.3, 16.4 e 16.5):

Tabela 16.3 – Fatores de conversão para alguns meios de transporte.

Meio de transporte	Fator de conversão	Ementa
Moto	0,07	$kgCO_2/km$
Ônibus	0,04	$kgCO_2/km$
Avião	0,11	$kgCO_2/km$

Tabela 16.4 – Fator de emissão associado ao transporte em automóveis por passageiro.

Automóvel ($kg\ CO_2/km$)	Nível de ocupação (%)			
	25	50	75	100
	0,20	0,10	0,07	0,05

Tabela 16.5 – Níveis de ocupação nos automóveis.

Nível de ocupação	Pessoas
100%	5
75%	4
50%	3
25%	1 ou 2

Com relação à taxa de absorção média de carbono por florestas plantadas, há uma grande discrepância entre os valores encontrados. Segundo Coelho (2001) e Melo (2007), os valores variam entre 1,6 e 6,5 t CO_2/ha/ano, dependendo do bioma, da fertilidade do solo, da temperatura etc. Segundo Wackernagel e Rees (1996), florestas tropicais e boreais absorvem, em média, 1,8 t CO_2/ha/ano. No presente trabalho, adotou-se o valor de absorção de 6,27 t CO_2/ha/ano, valor idêntico ao utilizado nos estudos da USC (Rodríguez et al., 2008). Segundo Vieira (2009), o valor adotado corresponderia a florestas que serão implantadas e não para aquelas já plantadas, pois, florestas estabelecidas são estáveis na absorção de carbono. Para comparar, complementa Vieira (2009), as florestas da Amazônia, por exemplo, conseguem uma taxa de absorção de no máximo 1 t/ha/ano apenas, porque estão equilibradas.

RESULTADOS

Os resultados obtidos estão apresentados na seguinte sequência: consumo de papel; consumo de água; consumo de energia elétrica; áreas construídas; e mobilidade e transporte.

Consumo de papel

O total consumido pela USP São Carlos em 2008 foi 9.082.000 folhas de papel de fibra virgem, já que não houve, nesse período, a compra oficial de papel reciclado.

Com base nos questionários aplicados a uma amostra de usuários do campus USP São Carlos foi possível estimar a quantidade total de CO_2 consumida por ano por esses usuários, relacionadas ao consumo de papel, assim como a área de território necessário para fabricação, uso e descarte, conforme Tabela 16.6.

Tabela 16.6 – Consumo total de papel por docentes e alunos, e sua respectiva área necessária.

Categoria	População total	tCO_2 total consumidas/ano	ha necessários (ha/ano) total
Alunos graduação	4.256	24,13	3,85
Alunos pós-graduação	2.266	11,39	1,82
Docentes	481	1,57	0,25
Total	7.003	37,09	5,92

Ainda com os questionários, foi possível verificar que a frequência de uso de papel reciclado entre docentes e alunos é relativamente baixa (39% entre docentes, 74% entre alunos de pós graduação e 56% entre alunos de graduação).

Resumindo, o campus de São Carlos consumiu oficialmente, em 2008, 18.164 resmas de papel A4, utilizados para atividades administrativas (ofícios, memorandos, relatórios etc.) e educacionais (elaboração de provas, ementas, listas de exercícios etc.), o que corresponde a 9.082.000 folhas.

De acordo com a pesquisa realizada, os alunos e docentes consumiram, além do papel oficial, 267.406 folhas, o que corresponde a 37,09 t de CO_2 liberados e 5,92 ha. Sendo assim, cada membro da comunidade universitária consumiu aproximadamente 1.165 folhas por ano para uso em trabalhos, cadernos, funções administrativas etc.

Dessa maneira, considerando os hectares necessários para: consumo direto/oficial e consumo indireto/questionários e somando-se os dois, obtivemos uma PE de 18,39 ha referentes ao consumo de papel pelo campus USP São Carlos.

Consumo de água

Por meio dos dados fornecidos pela Coordenadoria do Campus de São Carlos (CCSC), nos quinze hidrômetros distribuídos pelo campus a quantidade de água total consumida no ano de 2008 foi de 161.541 m^3 e a média mensal de 13.462 m^3. A quantidade de gás carbônico liberado pela USP São Carlos é de 80.700,5 kg, correspondentes a 80,77 t.

Sendo assim, o campus de São Carlos, em 2008, consumiu 161.541 m^3 de água utilizados para consumo dos funcionários, docentes e alunos, atividades laboratoriais, de limpeza, consumo, preparação de alimentos etc. A PE correspondente é de 12,88 ha.

Consumo de energia

Por meio dos dados fornecidos pela CCSC, nos onze medidores do campus o consumo total acumulado de energia no ano de 2008 foi de 11.302.346 kWh, sendo 1.052.266 kWh consumidos na ponta (horários de pico considerados pela concessionária de energia) e 10.250.080 kWh fora de ponta.

Com base no consumo total de kWh pelo campus em 2008, calculou-se que a quantidade de gás carbônico emitida era de 6.442,34 t de CO_2.

Dessa forma, considerando somente o consumo de energia elétrica no campus, a PE é de 1.027,5 ha, utilizados para iluminação pública, suprimento de luz para salas de aulas, salas de docentes, laboratórios, manutenção de aparelhos laboratoriais, entre outros.

Áreas construídas

O campus possui um total de 173.731,80 m^2 de áreas construídas, correspondente a 11% do total (1.556.450,28 m^2).

Assim, a PE, considerando somente as áreas construídas e os recursos necessários para sua construção (matéria-prima, gastos energéticos etc.), é de 288,17 hectares.

Mobilidade e transporte

Foram percorridos 955.175 km pelos veículos oficiais (veículos da própria universidade) e 281.900 km pelos veículos locados. A partir desses dados foi possível calcular a emissão de CO_2. Considerou-se, quando não especificado, que todos os veículos são automóveis (carro) e transportam duas pessoas/viagem.

Com isso, transformou-se o total percorrido em massa de carbono, obtendo um valor de 191,03 tCO_2 (veículos oficiais) e 56,38 tCO_2 (locações). Sendo assim, a área necessária é de 30,47 ha e 8,99 ha, respectivamente.

Para os usuários do campus foi possível estimar a quantidade total de CO_2 consumida por ano por meio dos questionários aplicados. A Tabela 16.7 apresenta os dados finais obtidos.

Tabela 16.7 – Toneladas de CO_2 emitidas no transporte dos usuários do campus e seus respectivos hectares.

Categoria	População total	tCO_2 total consumidas/ano	ha necessários (ha/ano)
Alunos graduação	4.256	197,91	31,56
Alunos pós-graduação	2.266	231,43	36,91
Docentes	481	319,89	51,02
Funcionários	1.020	240,69	38,39
Total		989,92	157,88

Além desse dado, foi possível verificar pelo questionário que, entre docentes e funcionários, o meio de transporte mais utilizado para se locomover até a universidade é o carro, com 68 e 63%, respectivamente. Entre os discentes, 56% dos alunos de pós-graduação e 55% de graduação se locomovem a pé, enquanto 26 e 24%, respectivamente, utilizam o carro. A porcentagem de usuários que utilizam a bicicleta em todas as categorias está próxima de 6%.

Entre os entrevistados que diziam utilizar o carro como meio de transporte até a universidade, 71% dos docentes, 78% dos funcionários, 64% dos alunos de pós-graduação e 33% dos alunos de graduação vão sozinhos à universidade, ou seja, não dividem o carro com outras pessoas.

Considerou-se 20 minutos como tempo razoável para um deslocamento a pé e de bicicleta, e sabendo que a velocidade média para deslocamentos a pé é de 5 km/h e de bicicleta 20 km/h (Instituto de Energia e Meio Ambiente, 2009), obtém-se uma distância de 1,7 km e 6,7 km razoável para um trajeto a pé e de bicicleta, respectivamente. No questionário realizado, foi perguntado aos respondentes qual a distância, em km, de sua residência até a universidade. Com esses dados, foi possível fazer relações entre as respostas, nas quais encontrou-se que aproximadamente 10% dos docentes respondentes que utilizam carro poderiam deslocar-se a pé, enquanto 13% poderiam utilizar a bicicleta como meio de transporte até a universidade. Entre os funcionários que utilizam carro, 5% poderiam ir a pé e 38% de bicicleta. Na categoria alunos, 11% dos alunos de pós e 14% dos alunos de graduação entrevistados poderiam ir a pé, e 11% dos alunos de pós-graduação e 40% dos alunos de graduação poderiam ir de bicicleta; sendo assim, a categoria alunos representaria uma mudança significativa no modo de locomoção e, consequentemente, na PE, caso se optasse por locomover-se a pé ou de bicicleta.

Assim, a partir dos dados obtidos de km rodados, o total de hectares necessários para o transporte oficial da comunidade se dá pela soma dos valores obtidos acima: veículos oficiais, locações feitas e transporte da população até a universidade em 2008. Portanto, somando-se os valores, tem-se que a PE referente ao transporte é de 197,34 ha.

SÍNTESE GERAL SOBRE A PE DO CAMPUS USP SÃO CARLOS

A Tabela 16.8 apresenta os dados da PE do campus USP São Carlos.

Na Figura 16.3, são mostradas as porcentagens de cada categoria, ou seja, a contribuição de cada parâmetro com a PE do campus.

Considerando que o campus da USP São Carlos possui 8.023 usuários diretos entre alunos, docentes e funcionários, a PE foi calculada *per capita*, resultando um valor de 0,19 ha/pessoa/ano. Comparativamente, a PE da Universidade de Santiago de Compostela é de 0,16 ha/pessoa/ano calculada para toda a universidade, considerando os seus quatro campi, de acordo com estudo publicado por Álvarez e Heras (2009).

Tabela 16.8 – PE: resultados por categoria.

Categoria	Emissões CO_2 (tCO_2/ano)	PE (ha/ano)
Consumo de papel	198,17	18,39
Consumo de água	80,77	12,88
Consumo de eletricidade	6.442,34	1.027,49
Áreas construídas	1.806,81	288,17
Mobilidade e transporte	1.237,33	197,34
Total	9.765,42	1.544,27

Figura 16.3 – Percentual de cada parâmetro na PE do campus USP São Carlos.

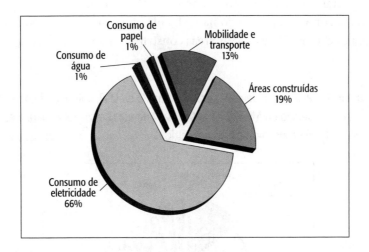

Resultados

PE: observa-se que o fator que mais contribui para a PE do campus da USP São Carlos é o consumo de energia elétrica, representando 66% do total. Resultado esse atribuído ao fator de conversão utilizado (0,57 tCO_2/

mWh), que, de acordo com a matriz energética espanhola, possui 50% da energia provinda de fontes nucleares; 14,2% de carvão; 28,8% de renováveis; 6,5% hidráulica e 0,4% de petróleo (Espanha, 2008), que distingue-se bastante da brasileira, a qual possui 37,9% em petróleo e derivados, 32% em biomassa (lenha, cana-de-açúcar e outros), 15,2% em hidráulica e eletricidade (Brasil, 2009).

Por esse motivo, se fôssemos considerar a matriz energética brasileira, de acordo com os fatores de emissão de CO_2 do Ministério da Ciência e Tecnologia (Brasil, 2008), de 0,0484 tCO_2/mWh, teríamos uma redução de 91% de contribuição desse parâmetro (de 1.027,48 ha para 87,25 ha) e de 58% no total da PE (0,19 ha/pessoa para 0,08 ha/pessoa). Nesse cenário, o maior contribuinte de emissões de CO_2 seriam as áreas construídas e, em seguida, o transporte e a mobilidade, como pode ser observado na Figura 16.4.

Apenas com essa modificação do fator de conversão utilizado para a categoria energia elétrica, reduzimos drasticamente o valor total da PE da USP São Carlos, necessitando, nesse cenário, de 35 vezes sua área construída e quatro vezes a sua área total. Nesse caso, em comparação com a Universidade Santiago de Compostela (USC), pode-se considerar a USP menos impactante que a USC nos parâmetros observados.

Nesse contexto, pensando na realidade brasileira e levando em consideração que a PE em relação às áreas construídas não é um dado que pode

Figura 16.4 – Percentual de cada parâmetro na PE da USP, utilizando fator de conversão do Ministério de Minas e Energia (Brasil, 2008) para a categoria consumo de energia elétrica.

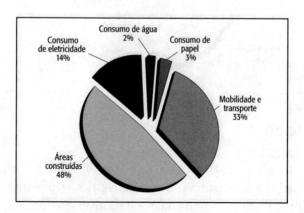

APLICABILIDADE DA PEGADA ECOLÓGICA EM CONTEXTOS UNIVERSITÁRIOS | 513

ser alterado em curto prazo, e sim um fator para ser considerado no planejamento de futuros edifícios e nas reformas a serem feitas nos existentes.

Mobilidade e transporte: esse estudo aponta que o maior problema é o transporte e a mobilidade da comunidade até o campus. Muitos deslocamentos pequenos (menos de 1,8 km a pé e 6,8 km para bicicletas) são feitos em veículos. Na USC, o problema é similar, 60% do impacto ambiental dos centros estudados é em razão da mobilidade, decorrente do elevado número de deslocamentos realizados, especialmente em carros.

Dessa maneira, esse tema deve ser um grande foco de atuação para diminuir a PE das universidades. No que concerne à USP, deve-se priorizar ações de incentivo a uma mobilidade diferente da atual, utilizando bicicletas, transporte público, a pé, ou até carona solidária, uma vez que 68% dos docentes e 63% dos funcionários utilizam o carro como principal meio de transporte para ir até a universidade.

De acordo com o Instituto de Energia e Meio Ambiente (2009), atualmente, pode-se identificar duas vertentes opostas nos modelos de planejamento urbano. A primeira promove um estilo de vida cada vez mais individualizado, que prioriza o uso dos transportes particulares e no qual, gradualmente, a vida pública vai desaparecendo.

A segunda vertente se baseia no incentivo dos meios não motorizados de transporte, na construção de passeios públicos, na incorporação da bicicleta e na garantia da acessibilidade às oportunidades que a cidade oferece. Este último conjunto de medidas, que já são realidade em várias cidades do mundo, melhora enormemente as condições de convívio urbano e traz benefícios diretos para a qualidade do meio ambiente local e global. No caso da USP, sendo considerada uma microcidade, é a segunda vertente que deve ser priorizada.

A bicicleta é um eixo fundamental nessa mudança. Ao se deslocarem, as pessoas ocupam uma média diferente de espaço público, conforme o meio de transporte que utilizam. Nesse sentido, o automóvel ocupa dez vezes mais espaço público que a bicicleta e trinta vezes mais que um pedestre para transportar o mesmo número de pessoas (Banister e Button, 1993 apud Instituto de Energia e Meio Ambiente, 2009). Sendo assim, a bicicleta pode ser um veículo muito eficiente para deslocamentos pequenos, por possuir flexibilidade e maior velocidade, em alguns casos, equiparável à de um automóvel, especialmente em uma cidade universitária, como é o caso de São Carlos. No caso da USP, muitos estudantes, funcionários e docentes moram perto da universidade, o que poderia ser um incentivo para seu uso. Claro que qualquer incentivo deve vir concomitante com infraestrutura necessária (bicicletários, estacionamentos de bicicletas, chuveiros etc.) e agregação da bicicleta (ciclovias) ao tráfego dentro do campus. Só assim o usuário se sentirá seguro e motivado para mudar seu meio de transporte.

Em paralelo ao incentivo ao uso da bicicleta e aos deslocamentos a pé, deve-se priorizar campanhas de carona solidária, visto que, entre docentes, funcionários e alunos de pós-graduação, a maioria vai sozinho ao trabalho, como pode-se verificar pelos resultados da pesquisa realizada.

Consumo de água: em comparação com os demais parâmetros, o consumo de água não foi um fator de grande contribuição para a PE da USP, porém, se observada individualmente, nota-se seu peso, já que houve um consumo subestimado de 161.541 m³ de água, e algumas unidades, como o CHREA e Campus 2, não estavam com seus hidrômetros funcionando em 2008.

Outro detalhe é que o fator de conversão utilizado reflete a emissão de CO_2 associada ao tratamento e potabilização da água para consumo em Santiago de Compostela-Espanha, o que provavelmente deve ser diferente quando refeito para São Carlos, município do estudo. Porém, esse fator, mesmo não sendo real para a área de estudo, exerce sua função de dimensionar o tamanho do impacto desse parâmetro no contexto pretendido.

De qualquer maneira, deve-se incentivar continuamente a diminuição do seu uso, por meio de campanhas de combate ao desperdício, instalação de equipamentos ecoeficientes e monitoramento de toda a rede para evitar vazamentos. Além disso, como medida efetiva de controle, a segmentação do abastecimento de água por departamentos ou órgãos ajudaria no controle e nas medidas a serem tomadas para a diminuição de possíveis vazamentos, perdas de água etc., com a ajuda de metas de diminuição de consumo.

Consumo de papel: medidas simples como impressão frente e verso obrigatório e compra de papel reciclado em todos os setores da instituição já ajudariam na diminuição do seu consumo e índices de reutilização, já que os números desse trabalho apontam que apenas 39% dos docentes utilizam, em diferentes frequências, papel reciclado. O índice é maior em alunos de pós-graduação (74%) e graduação (56%), mesmo assim, ainda é baixo.

Outro fator a ser pensando pelos gestores das instituições de ensino superior é na informatização de processos que, atualmente, acontecem em papel, como processos, pedidos, ofícios etc. E também nas relações de ensino e pesquisa (disponibilização de arquivos, entrega de trabalhos etc. de modo *on-line* e digital). Esses tipos de iniciativas diminuiriam efetivamente o consumo de papel.

Consumo de energia: independente do fator de conversão considerado, é um parâmetro que merece destaque, pois contribui de forma efetiva com a PE da USP. Nesse contexto, algumas ações podem ser feitas, tais como o fortalecimento dentro do campus do Programa para o Uso Eficiente de Energia na USP (Pure) e maior sensibilização da comunidade em relação ao desperdício.

Outro foco poderia ser na utilização de fontes alternativas (solar e eólica) para geração de energia, aproveitando, de maneira experimental, o campus 2.

Taxa de absorção de CO_2: deve-se observar que todos os dados obtidos de PE foram devidos à taxa de absorção utilizada (6,27 tCO_2/ha/ano) para florestas ainda não consolidadas, que pode não ser coerente com a realidade brasileira ou da região de estudo, visto que os valores podem variar de 1,6 a 6,5 tCO_2/ha/ano (Coelho, 2001; Melo, 2007). Dessa maneira, os valores obtidos de PE nesse estudo podem ser menores do que o real, o que corrobora a real necessidade de mudanças de padrões de consumo dentro do contexto universitário.

Indicador PE: a população global atual é de 6.476 bilhões de habitantes, possuindo uma PE de 2,7 hectares globais por pessoa. O Brasil, com 186,4 milhões de habitantes, possui uma PE de 2,4 ha/pessoa (WWF, 2008). Na USP São Carlos cada pessoa da comunidade universitária necessita de 0,19 ha/ano, enquanto na Universidade de Santiago de Compostela, de 0,16 ha/ano (Álvarez e Heras, 2009) e na Universidade Autônoma de Madri, de 0,14 ha/ano (Ollala-Tarraga, 2003). Número aparentemente baixo se comparado com a média nacional e mundial, mas significativa se comparada com o espaço de tempo que uma pessoa permanece na universidade (8 horas para funcionários e docentes, e tempo variável para alunos) e os tipos de atividades realizadas (ensino, pesquisa e extensão). Dessa maneira, para cálculo de todo o impacto de uma pessoa, deve-se somar o impacto também das demais atividades ao longo do ano.

Nesse contexto, a tentativa de detalhar todos os itens de consumo e resíduos e todas as funções dos ecossistemas no cálculo da PE pode tornar esse método bastante complexo por ser necessária a utilização de dados de difícil levantamento, em decorrência da falta de informações disponíveis. Somente alguns parâmetros, como os selecionados na pesquisa, permitem uma compreensão da magnitude do impacto ambiental de uma instituição de ensino superior, mostrando que suas atividades não estão dentro dos limites permitidos, já que, em termos globais, pelo estudo, a PE da USP é noventa vezes sua área territorial construída e dez vezes sua área total.

Nota-se, então, que a PE pode ser utilizada para conhecer o impacto ambiental de uma instituição em relação às suas atividades. A formação pessoal e profissional e a pesquisa devem ser as principais missões dentro da universidade, de modo que estimulem uma transformação da sociedade. Dessa maneira, um modo de representação pode ser comparar o total de emissões de CO_2 da universidade com o número de formandos a cada ano. A USC, de acordo com Álvarez e Heras (2009), encontrou um valor de 9,20 tCO_2/formado/ano. Um valor alto, porém que poderia incentivar o cálculo do impacto positivo que os formados podem exercer por meio de suas profissões, se pensadas responsavelmente, e que seria capaz de cancelar o valor encontrado. Essa reflexão, portanto, poderia também incentivar melhores processos de formação para os estudantes.

Sendo assim, a partir dos resultados encontrados, espera-se que o indicador seja subsídio para a criação de políticas e metas dentro da universidade. A PE, no contexto universitário, é um indicador de estado, que exige respostas de seus governantes sobre as pressões sofridas. Além disso, por ser um indicador geral, conciso, flexível e confiável (Redifinig Progress, 2004) cumpre seu papel de avaliador, permitindo o estabelecimento de metas e objetivos a cumprir de acordo com o pretendido e esperado de uma instituição de ensino superior. O ideal seria comparar ao longo dos anos a evolução dos parâmetros, propondo e monitorando as ações a serem tomadas. Atuando com critérios de prioridade nos parâmetros mais críticos.

O importante, de acordo com Wackernagel e Rees (1996), é ressaltar que a PE não deve estimular a sociedade a viver no limite da capacidade de carga, mas sim mostrar o quão próximo a sociedade se encontra de seus limites. Sendo assim, a resiliência ecológica e o bem-estar social serão assegurados se a carga humana sobre o meio ambiente localizar-se abaixo da capacidade limite.

A PE possui uma função gerenciadora e não estritamente comparável, assim, em casos de comparação com outras universidades, é necessário um grande conhecimento e entendimento técnico da realidade. Por isso, qualquer tentativa de comparação entre dois diferentes contextos, no caso, duas universidades, como a USP e a USC, pode ficar prejudicada se não houver uma compreensão completa de suas diferenças culturais, espaciais, geográficas, demográficas etc.

Acredita-se que a troca de experiências ocorrida com a USC, como foi nesse caso, é um caminho para atingir práticas ambientalmente corretas em contextos universitários, e que o compartilhar de experiências pode

APLICABILIDADE DA PEGADA ECOLÓGICA EM CONTEXTOS UNIVERSITÁRIOS | **517**

ajudar as instituições rumo à sustentabilidade, mas sempre atentando-se aos riscos das comparações de resultados, devendo-se antes conhecer a metodologia utilizada e o contexto que se está trabalhando.

Finalmente, há que se ressaltar que, ao longo do estudo, foram encontradas diversas dificuldades, entre elas, destacam-se:

- A falta de um sistema único de informações de âmbito ambiental (consumo de água, energia, produção de resíduos, consumo de descartáveis etc.) que facilitasse o levantamento de dados, como agora está sendo construído pela USP, o Sistema Terra.

- A falta de dados de consumo setorizados por instituto/departamento, já que alguns dados foram obtidos setorizados de maneira não padronizada, não permitindo uma análise mais específica e individual.

- A dificuldade da participação dos membros da comunidade no levantamento de dados e resposta aos questionários.

- A falta de uma metodologia de cálculo transparente (fatores de conversão utilizados etc.) nos trabalhos sobre cálculo de PE.

- A falta de fatores de emissão e conversão, e métodos aplicados à realidade brasileira.

CONSIDERAÇÕES FINAIS

Um dos mais importantes resultados dessa pesquisa é o fornecimento de dados que incentivem mudanças na gestão ambiental do campus USP São Carlos, visando o uso sustentável de recursos e provocando, dessa maneira, o reconhecimento e a divulgação dos impactos gerados, e de um desafio: criar iniciativas mais efetivas para alcançar a sustentabilidade.

Além disso, esse indicador pode ser utilizado no processo decisório e no planejamento e desenho do campus (gestão), uma vez que ele permite o monitoramento do progresso e avalia as estratégias de desenvolvimento (Van Bellen, 2005). O indicador surge para repensar as questões de desenvolvimento da instituição em direção a mudanças, relacionando-se com o futuro e com as estruturas e paradigmas existentes, inclusive com o desenvolvimento de novas tecnologias.

Torna-se fundamental aproveitar o espaço de pesquisa e ensino da universidade para discussões de cunho ambiental. Porém, é necessário e de grande importância o fortalecimento das bases de dados existentes na instituição, incentivando a construção e o uso dos indicadores para que eles sejam utilizados de forma plena.

Outro aspecto importante a ser observado é que a pesquisa corresponde a uma primeira etapa de cálculo da PE do campus universitário, que adota como base de cálculo as emissões de CO_2, sugerindo que, em etapas subsequentes, esforços sejam empreendidos na discussão e ampliação dos demais componentes da pegada, tais como consumo de outros materiais, alimentação e áreas de lazer etc. E também na integração e no diálogo com outras instituições, sejam de pesquisa ou administrativas, a exemplo da prefeitura municipal, que muito tem a ver com as políticas de mobilidade refletidas dentro da universidade, e com outras universidades no desenvolvimento de pesquisas conjuntas para cálculo, aplicação, comparação e realização de ações posteriores que modifiquem o cenário atual.

Apesar de suas limitações e da necessidade de alguns dados de difícil obtenção, tais como os obtidos por meio de questionário, o indicador PE mostrou-se: *sintético*, ao conseguir incluir um amplo espectro de dimensões e traduzi-lo em apenas um valor; *sistêmico*, ao ser capaz de integrar-se a um sistema passível de monitoramento; *participativo*, permitindo um número crescente de atores envolvidos em sua definição, coleta, análise e interpretação; *visionário*, permitindo estabelecer uma relação direta com o que se está medindo e propor uma visão compartilhada sobre um futuro possível (Guimarães, 2007); e *educativo*, auxiliando o entendimento dos limites da biosfera e reorientando o modo de vida atual para uma direção mais sustentável. Sendo assim, a PE é um indicador estratégico para ser utilizado na instituição.

Por esses motivos, destaca-se a importância de inserir a PE nos programas de educação ambiental da USP, como ferramenta de sensibilização e incentivadora da ação, reforçando seu uso nas demais áreas da instituição: ensino, pesquisa e extensão, como incentivadora do debate, reflexão e novas pesquisas no tema. Entretanto, é necessária a compreensão das limitações do tema. Dessa maneira, a informação deve ser complementada com outros dados específicos e indicadores da própria instituição para que haja mais coerência no processo decisório e no planejamento de ações.

Por fim, tendo em vista a aplicação da metodologia de acordo com o modelo empregado na USC, espera-se o estreitamento das relações institucionais entre USP-USC, destacando a importância da colaboração entre universidades como maneira de aprendizado e troca de experiências que visem o fortalecimento das instituições em direção à sustentabilidade.

REFERÊNCIAS

ALBA, D. *Análisis de los procesos de gestión y educación para la sostenibilidad en las universidades públicas españolas.* Madrid, 2006. Tese (Doutorado Interuniversitário em Educação Ambiental – Diploma de Estudos Avançados) – Universidad Autónoma de Madrid. Disponível em: http://www.magrama.gob.es/es/ceneam/grupos-de-trabajo-y-seminarios/inv-ed-amb/tendencias_paginas197_215_tcm7-13593.pdf. Acessado em: 26 jun. 2012.

ÁLVAREZ, N.L.; HERAS, D.B. *Impacto ambiental da universidade de Santiago de Compostela.* [S.l.]: Vicerreitoría de Calidade e Planificación, 2009. Disponível em: http://www.usc.es/plands/seccions/datos_plan/eixe2/pegada_ecoloxica/estudo/estudo_PE.htm. Acessado em: jan. 2011.

_____. Metodología para el cálculo de huella ecológica en universidades. In: CONGRESO NACIONAL DE MEDIO AMBIENTE, 2008, Madrid. *Anais...* Madrid: [s.n.], 2008.

ANDRADE, B.B. Turismo e sustentabilidade no município de Florianópolis: uma aplicação do método da Pegada Ecológica. Florianópolis, 2006. Dissertação (Mestrado em Administração) – Universidade Federal de Santa Catarina.

BRASIL. Ministério de Ciência e Tecnologia. *Fatores de emissão de CO_2 para utilizações que necessitam do fator médio de emissão do Sistema Interligado Nacional do Brasil, como, por exemplo, inventários corporativos,* 2008. Disponível em: http://www.mct.gov.br/index.php/content/view/321144.html#ancora. Acessado em: 15 set. 2010.

_____. Ministério do Meio Ambiente. *Agenda 21.* Disponível em: http://www.mma.gov.br. Acessado em: 1º set. 2010.

_____. Ministério de Minas e Energia. *Matrizes energéticas Brasil 2009.* Disponível em: http://www.mme.gov.br. Acessado em: 20 set. 2010.

COELHO, S. *Uso da terra determina emissão de CO_2 na Amazônia: desmatamento pode comprometer sustento biológico, químico e físico da floresta.* Rio de Janeiro: Instituto Ciência Hoje, dez 2001. Disponível em: http://cienciahoje.uol.com.br/controlPanel/materia/view/243. Acessado em: 17 jul. 2008.

CUCHÍ, A.; LÓPEZ, I. *Informe MIES. Una aproximació a l'impacte ambiental de l'Escola d'Arquitectura del Vallès. Bases per a una política ambiental a l'ETSAV.* Cataluña: Universidad Politécnica de Cataluña/Departamento de Medio Ambiente de la Generalitat de Cataluña, 1999.

ESPANHA. Ministério de Indústria, Turismo e Comércio. *La energía en España, 2008.* Disponível em: http://www.mityc.es/energia/balances/Balances/LibrosEnergia/ENERGIA_2008.pdf. Acessado em: 20 abr. 2010.

GÖSSLING, S.; HNASON, C. B.; HÖRSTMEIER, O. et al. Ecological Footprint analysis as tool to assess tourism sustainability. *Ecological Economics*, n. 43, p. 199-211, 2002. Disponível em: http://www.elsevier.com. Acessado em: ago. 2004.

GUIMARÃES, R.P. Indicadores territoriais de sustentabilidade. In: JUNIOR, L.F. (org.). *Encontros e caminhos: formação de educadoras(es) ambientais e coletivos educadores*. v. 2. Brasília, DF: MMA/Departamento de Educação Ambiental, 2007.

INSTITUTO DE ENERGIA E MEIO AMBIENTE. *A bicicleta e as cidades: como inserir a bicicleta na política de mobilidade urbana*. [S.l.]: Instituto de Energia e Meio Ambiente, 2009.

MELO, A.C.G. *Os reflorestamentos com espécies nativas e a fixação de carbono*. Opiniões sobre o setor de florestas plantadas. Ribeirão Preto, mar.-maio 2007. Disponível em: http://www.revistaopinioes.com.br/cp/materia.php?id=307. Acessado em: 5 nov. 2010.

OLALLA-TARRAGA, M.A. Indicadores de sostenibilidad y huella ecológica: aplicación a la UAM. Proyecto de fin de carrera de la licenciatura de Ciencias Ambientales, 2003. Disponível em: http://www.uam.es/servicios/ecocampus/especifica/descargas/investigacion/Resumen_PFC_Indicadores.pdf. Acessado em: 20 set. 2010.

OTERO, G.G.P. *Gestão ambiental em instituições de ensino superior: práticas dos campi da Universidade de São Paulo*. São Paulo, 2010. 180 f. Dissertação (Mestrado em Ciência Ambiental) – Instituto de Eletrotécnica e Energia, Universidade de São Paulo.

PON, D. et al (orgs.). *Analisis preliminar de la huella ecológica en España*. Informe de Síntesis. Espanha: Ministerio de Medio Ambiente, 2007.

QUIROGA, R.M. *Indicadores de sostenibilidad ambiental y de desarollo sostenible: estado del arte y perspectivas*. Santiago de Chile: ONU, 2001. (Serie Manuales n. 16).

REDEFINING PROGRESS. *La huella ecológica: sustentabilidad del concepto a hechos concretos*, 2004. Disponível em: http://tsocial.ulagos.cl/apuntes/doc_2_huella_ecologica.pdf. Acessado em: 15 set. 2010.

RODRÍGUEZ, R.L.; IGLESIAS, J.L.T; ÁLVAREZ, N.L. *Impacto ambiental en Centros da Universidade de Santiago de Compostela*. [S.l.]: Vicereitoría de Calidade e Planificación, 2008.

[USP] UNIVERSIDADE DE SÃO PAULO. *Anuário estatístico-base de dados 2007*. Disponível em: http://www.usp.br. Acessado em: 4 ago. 2008.

_____. *Números da USP – São Carlos*. Base de dados 2008. Disponível em: http://www.sc.usp.br. Acessado em: 4 ago. 2008.

VAN BELLEN, H.M. *Indicadores de sustentabilidade: uma análise comparativa*. Rio de Janeiro: Ed. FGV, 2005.

VIEIRA, S.A. Consulta [por telefone] em outubro de 2009.

WACKERNAGEL, M.; REES,W. *Our ecological footprint: reducing human impact o the Earth.* Gabriola Island: New Society Publisher, 1996.

WACKERNAGEL, M. et al. *National footprint and biocapacity accounts 2005: the underlying calculation method.* [S.l.]: Global Footprint Network, 2005.

WORLDWATCH INSTITUTE. *Relatório estado do mundo 2004: estado do consumo e o consumo sustentável.* Disponível em: http://www.wwiuma.org.br/. Acessado em: 4 ago. 2010.

[WWF] WORLD WILDLIFE FUND. *Living Planet Report 2008.* Disponível em: http://assets.wwfbr.panda.org/downloads/living_planet_report_2008.pdf. Acessado em: 6 ago. 2010.

_____. *Relatório Planeta Vivo 2006.* Disponível em: http://assets.wwfbr.panda.org/downloads/wwf_brasil_planeta_vivo_2006.pdf. Acessado em: 20 set. 2010.

_____. *Relatório Planeta Vivo 2010.* Disponível em: http://assets.wwfbr.panda.org/downloads/08out10_planetavivo_relatorio2010_completo_n9.pdf. Acessado em: 19 out. 2010.

_____. *Pegada ecológica: que marcas queremos deixar no planeta?* Texto de Mônica Pilz Borba. Coordenação de Larissa Costa e Mariana Valente. Supervisão de Anderson Falcão. Brasília, DF: WWF, 2007. Disponível em: http://assets.wwfbr.panda.org/downloads/19mai08_wwf_pegada.pdf. Acessado em: 8 ago. 2010.

ZERBINI, F.M. Modernidade e crise socioambiental. In: CINQUETTI, H.; LOGAREZZI, A. (orgs.). *Consumo e resíduo: fundamentos para o trabalho educativo.* São Carlos, SP: Ed. UFSCar, 2006. Cap. 2, p. 43-58.

Pegada Ecológica aplicada à Universidad del Valle, Colômbia

17

Leydy Viviana Agredo González
Economista, Universidad del Valle, Colômbia

Mario Alejandro Pérez Rincón
Economista, Facultad de Ingeniería, Instituto Cinara,
Universidad del Valle, Colômbia

O interesse pela sustentabilidade ambiental do desenvolvimento se tornou, a partir dos anos 1970, uma das principais questões que preocupam a sociedade atual. Conforme mostrado no livro *Os limites do crescimento* (Meadows et al., 1972), era impossível, desde aquele tempo, continuar a crescer de forma constante por causa das restrições na disponibilidade dos recursos naturais e da capacidade da Terra para assimilar a poluição proveniente das atividades econômicas.

Essa preocupação tem levado a se discutir amplamente como equilibrar a relação entre sociedade e natureza por meio de um conceito estruturado que foi definido, pela primeira vez, no famoso Relatório Brundtland de 1987, como desenvolvimento sustentável (WCED, 1987). A meta para alcançar a sustentabilidade tem comprometido quase todos os atores sociais envolvidos nas atividades econômicas. Nesse contexto, as universidades, como instituições geradoras de conhecimento, têm uma parte importante na responsabilidade ambiental e, portanto, devem contribuir no esforço de desenvolver, estudar e adotar novos padrões de comportamento que contribuam para alcançar a desejada meta da sustentabilidade.

Talvez o mais difícil seja mudar os padrões de comportamento de uma sociedade que tem enraizado um modelo de crescimento e consumo pouco amigável com o meio ambiente. Nesse contexto, a educação como fator sociocultural pode e deve desempenhar um papel fundamental como meio de transferência de conhecimento, o que permitirá à sociedade propor novas formas de ver e viver o mundo ao seu redor. As instituições educacionais não devem estar afastadas do objetivo de alcançar a sustentabilidade, pelo contrário, devem desenvolver sua capacidade de mitigar os efeitos do atual modelo de crescimento e começar a reorientar os padrões de desenvolvimento que afetam o seu entorno.

Assim, as universidades, entendidas como atores na sociedade, devem ser exemplos locais de como estudar e adotar padrões de comportamento que considerem em cada uma das suas missões (ensino, pesquisa e extensão) o impacto gerado no ambiente, já que, como qualquer atividade antrópica, são subsistemas abertos com entrada e saída de materiais e energia.

Nesse sentido, cada vez mais as universidades se comprometem em incorporar as questões ambientais no seu desenvolvimento; contexto que não é estranho para a Universidade do Valle (Univalle), que tem desenvolvido uma série de atividades para a gestão ambiental do seu campus, por meio da formulação do Plano Universitário do Meio Ambiente (Puma), o qual começa reconhecendo que a Univalle é:

> um campus universitário de mais de 25 mil pessoas (representado pela população de estudantes, trabalhadores e empregados, professores e diretivos) em uma área de 100 hectares, na qual se produzem múltiplas atividades em escritórios institucionais, salas de aula, biblioteca, centro de esportes universitário, lanchonetes, restaurantes e empresas variadas, que fornecem a oferta de bens e serviços próprios de um campus universitário. Tal como uma população de similares proporções, é pertinente identificar e resolver de forma integral os problemas ambientais que ocasionam no seu ambiente imediato. (Escobar, 2008, p. 7)

Assim, levando em conta que o impacto das universidades vai além das fronteiras dos seus campi, desenvolver iniciativas na procura de desenvolvimento sustentável no interior delas implica que os custos do seu próprio impacto devem ser internalizados. Para tanto, é necessário identificar previamente os processos e as atividades associadas com o impacto gerado, bem como uma estimativa desses custos. Avaliar esse tipo de impacto permite construir uma cultura ambiental na comunidade universitária que contribua com a gestão do campus, não apenas no discurso, mas em ações concretas e eficazes.

Para avaliar o impacto ambiental gerado pelas atividades associadas ao funcionamento das unidades econômicas, tais como universidades, tem-se desenvolvido, desde os anos 1990, metodologias como a Pegada Ecológica (PE).[1] Funciona, nesse sentido, como um indicador que permite mostrar uma imagem da relação existente entre a população universitária e seu entorno, o consumo de recursos e a alteração de suas condições, bem como avaliar a sustentabilidade ambiental do campus universitário.

Neste capítulo, a metodologia da PE foi adaptada para as condições próprias da Univalle, campus Meléndez, dadas as peculiaridades físicas e naturais do entorno.[2] O estudo de caso proposto utiliza a linha de pensamento da Economia Ecológica, que pressupõe uma relação inseparável entre os ecossistemas e as atividades econômicas dos seres humanos; portanto, a sustentabilidade é concebida como uma sustentabilidade ecológica do desenvolvimento, em que as atividades econômicas são limitadas pela capacidade de suporte dos ecossistemas, não sendo possível a substituição entre capital natural e capital humano.

Nesse contexto, então, o objetivo principal deste capítulo é apresentar um estudo de caso do cálculo da PE do Campus Universitário de Meléndez, Univalle, referente ao ano de 2009.

---

[1] O conceito PE foi introduzido pela primeira vez em 1990 por Mathis Wackernagel e William Rees (1996, p. 9), como "a área do território ecologicamente produtiva (lavouras, pastagens, florestas e ecossistemas aquáticos) necessária para produzir indefinidamente os recursos utilizados e para assimilar os resíduos produzidos por uma população definida [...] onde quer que esteja essa área".

[2] "O campus da Universidade do Valle, com uma extensão de 100 hectares, é o lar de mais de uma centena de espécies de aves, dezessete espécies de mamíferos, seis espécies de anfíbios, nove espécies de répteis e vinte espécies de peixes. [...] não há dúvida de que [...] é de vital importância a manutenção de espaços que preservam áreas para a vida silvestre e que funcionem como áreas de conexão com as matrizes de floresta ao redor da cidade. No sul da cidade, o campus da Universidade do Valle é uma das principais áreas para cumprir esse papel, pois alberga uma grande diversidade de flora e fauna" (Universidad del Valle, 2010, p. 7-15).

METODOLOGIA APLICADA NO INDICADOR DA PEGADA ECOLÓGICA DA UNIVERSIDADE DO VALLE

Foram desenvolvidas três metodologias que permitem calcular a PE em diferentes cenários, no entanto, as orientações gerais propostas por Wackernagel e Rees (1996) não são as mais adequadas para se aplicar, na íntegra, no contexto de um campus universitário. Segundo Jorge e Busquets (2002), para aplicar a PE em uma escala reduzida, é muito útil ter informações mais precisas sobre as variáveis de análise; portanto, a metodologia deve ser modificada de acordo com a disponibilidade de informação, conservando, naturalmente, a base metodológica inicial. Assim, neste capítulo, refere-se a uma *aproximação* da PE da Univalle, pois se utiliza uma metodologia modificada de acordo com o contexto; ela não observa todos os potenciais impactos considerados na metodologia original.

São poucos os estudos realizados no mundo sobre a PE em campus universitários. Entre os mais relevantes estão aqueles feitos na Universidade Politécnica da Catalunha, Escola Universitária Politécnica de Manresa e na Universidade de Santiago de Compostela. No caso da Colômbia, é importante ressaltar que não havia registros de estudo até 2009.

METODOLOGIA DE CÁLCULO[3]

A PE de um campus universitário, de acordo com Jorge e Busquets (2002), é definida a partir das emissões de CO_2 associadas ao consumo de recursos naturais e geração de resíduos. Conservando a base da metodologia geral, descrita no Capítulo 4 deste livro, "Indicador da Pegada Ecológica: aspectos teóricos e conceituais para aplicação no âmbito de universidades", essas emissões de CO_2 devem traduzir-se em hectares de floresta necessária para absorvê-las, obtendo-se assim uma aproximação da PE, que é definida como:

$$PE\left(\frac{he}{ano}\right) = \frac{Emissões\,(ton\,CO_2)}{C.Fixação\left(\frac{ton\,CO_2}{\frac{he}{ano}}\right)} \quad [1]$$

---

[3] Parte da metodologia é emprestada de Rodríguez et al. (2008).

O primeiro passo para calcular a PE em um campus universitário corresponde à estimativa das emissões de CO_2 associadas a diferentes variáveis a serem consideradas. Depois da consecução da informação necessária, é possível calcular as emissões associadas a cada consumo, como mostrado na equação 2:

$$Emissões\ (ton\ CO_2) = Consumo\ (un) \times Fator\ de\ Emissão\ \left(^{Ton\ CO_2}\!/_{un}\right) \qquad [2]$$

Em que:
un indica as unidades em que se calcula cada um dos consumos.

Para o cálculo das emissões de CO_2, é importante ressaltar que Wackernagel e Rees (1996) recomendam que, embora os fatores de emissão que são mencionados na equação (2) possam ser estimados a partir da informação local, regional ou global, é necessário, para esse tipo de estudo, dar prioridade aos fatores de emissão local. Por isso é mais conveniente ter em conta a realidade do entorno do local de estudo. No entanto, para esse estudo de caso, em virtude da falta de informação sobre os fatores de emissão local, foram adotados alguns já estabelecidos por pesquisas anteriores, a fim de fazer uma aproximação do cálculo que permitisse analisar os potenciais impactos associados.

Depois de calcular todas as emissões de CO_2 associadas ao consumo do campus universitário, é necessário conhecer a capacidade de fixação do CO_2 em sua floresta. Na maioria dos casos estudados, os dados sobre a capacidade de fixação de CO_2 utilizados correspondem às médias das florestas da região em que cada universidade está localizada. Para o caso específico da Universidade do Valle foi feita uma aproximação dessa fixação especificamente para a floresta do campus. Com essa informação disponível pode-se calcular a PE.

Finalmente, segundo a metodologia de cálculo proposta por Wackernagel e Rees (1996), para comparar resultados da PE obtidos em áreas com características de produção diferentes, é necessário homogeneizar os diferentes tipos de solo, multiplicando as pegadas obtidas por um fator de equivalência que representa a produtividade média global da área bioprodutiva em relação à produtividade média global em todas as áreas. Nesse sentido, um fator de 3,2 significa que essa categoria de terra é 3,2 vezes mais produtiva do que a média mundial de terra bioprodutiva. Conforme a Global Footprint Network:

A utilização de uma unidade comum [...] permite que diferentes tipos de terreno sejam comparados utilizando um denominador comum. Os fatores de equivalência são empregados para converter hectares físicos dos diferentes tipos de terreno, tais como plantações e pastagens à unidade comum de hectares globais (gha) (www.footprintnetwork.org).

A Tabela 17.1 apresenta os fatores de equivalência referenciados por Wackernagel e Rees (1996), extraídos do *Relatório Planeta Vivo 2006*.

Tabela 17.1 – Fatores de equivalência.

Tipo de área	Fator de equivalência (hag/ha)
Agricultura (terras principais)	2,21
Agricultura (terras marginais)	1,79
Floresta (bosques)	1,34
Pecuária	0,49
Pesca (águas marinhas)	0,36
Pesca (águas continentais)	0,36
Artificializado	2,21

Fonte: WWF (2006).

INFORMAÇÃO DISPONÍVEL E FONTES ESTATÍSTICAS

Para essa pesquisa foram consideradas nove variáveis a partir das categorias clássicas de recursos definidas por Wackernagel e Rees (1996). Vale ressaltar que nesse estudo não foram consideradas todas as "hipotéticas" atuações da Universidade do Valle (Univalle) que impactam o meio ambiente, pois algumas são difíceis de avaliar, como o impacto da paisagem ou o das telecomunicações. Assim, foram analisadas apenas as variáveis que têm informações precisas para o campus. O Quadro 17.1 apresenta as categorias de recursos que foram consideradas na PE da Univalle.

Quadro 17.1 – Variáveis de PE do campus universitário Univalle.

Energia
Eletricidade
Mobilidade
Automóveis
Serviços de transporte público (Sistema Integrado de Transporte Massivo – MIO, ônibus, coletivos)
Motocicleta
Bens e serviços
Resíduos sólidos
Água potável e depuração de água
Consumo de papel
Superfície construída
Materiais para construção
Alimentação
Consumo de alimentos

Em contrapartida, todos os dados disponíveis para o cálculo do impacto associado com a operação da Universidade do Valle foram obtidos diretamente da fonte. A Tabela 17.2 mostra a disponibilidade da informação de acordo com as variáveis e os atores envolvidos na investigação.

Os consumos de água e energia foram obtidos diretamente das notas fiscais das empresas prestadoras do serviço, informação que é fornecida pela Seção de Serviços Diversos da Universidade. No que diz respeito à alimentação, foi possível acessar as informações dos inventários do restaurante universitário. Importante notar que o acesso à informação dos restaurantes privados é dispendioso e, na maioria dos casos, não está completa, portanto, é necessário processar e organizar as informações disponíveis. Assim, nesse estudo considerou-se apenas os alimentos consumidos no restaurante central.

Tabela 17.2 – Disponibilidade de informação: variáveis e atores envolvidos.

Atores	Informação primária						
	Consumo de água	Consumo de energia	Alimentos	Espaço disponível ou construído	Mobilidade	Consumo de papel	Resíduos sólidos
Estudantes	✓	✓	✓	✓	✓	✓	Não disponível
Docentes	✓	✓	✓	✓	✓	✓	Não disponível
Pessoal administrativo	✓	✓	✓	✓	✓	✓	Não disponível
Vigilantes	✓	✓	✓	✓	✓	✓	Não disponível
Faxineiros Jardineiros	Não disponível	Não disponível	Não disponível	Não disponível	Não disponível	Não disponível	Não disponível

Com relação à mobilidade e ao consumo de papel, foi necessário elaborar e implementar uma pesquisa entre os diferentes atores envolvidos a fim de acessar a informação. No caso dos resíduos sólidos, apesar de ser uma variável considerada nos objetivos iniciais da pesquisa, a falta de informações concretas na seção de Serviços Diversos da Universidade impediu cumprir o rigor exigido pela metodologia, o que impossibilitou o cálculo.

Finalmente, vale ressaltar que, de todos os atores que interagem na Univalle, apenas os faxineiros e jardineiros ficaram fora do estudo, visto que não foi possível obter a aprovação da Seção Serviços Diversos para proceder a pesquisa com esse grupo de funcionários. Sem essa autorização, os trabalhadores se recusaram a responder ao questionário, portanto, a pesquisa não inclui as informações desse grupo de atores.

CÁLCULO DAS EMISSÕES DE CO_2

Levando-se em consideração a informação disponível e os atores envolvidos para cada variável (Tabela 17.2), foi desenvolvida a metodologia para o cálculo das emissões de CO_2 associadas a cada uma dessas variáveis, como segue.

Consumo de energia

O consumo de energia é um dos fatores decisivos para o cálculo da PE do campus universitário, já que boa parte das atividades desenvolvidas no campus envolve um considerável consumo de energia elétrica.

Para estimar o fator de emissão associado ao consumo de energia foi necessário, primeiro, ter as informações mais atuais sobre o consumo de energia no momento da realização do estudo de caso e, segundo, ter informações sobre as emissões de CO_2 associadas à produção de energia, que, no caso da Colômbia, estão disponíveis no Inventário Nacional de Gases de Efeito Estufa de 2004.

Nesse sentido, tendo como base o Relatório de Estatísticas Energéticas do ano 2007, o consumo total de energia na Colômbia foi: 53,06 TWh, e as emissões de CO_2 associadas à geração e transformação de energia (IGTE) para 2004 foram 15.249,84 gigagramas de CO_2. Vale ressaltar que, na ausência de informações atualizadas nessa área, assumiu-se um desempenho constante nas emissões de CO_2 para o período do estudo.

Com essa informação foi possível calcular o fator de emissão de CO_2 associado ao consumo de energia no país, que é definido como segue:

$$\text{Fator de Emissão } \frac{\text{Ton } CO_2}{kWh} = \frac{\text{Emissões IGTE } (\text{Ton } CO_2)}{\text{Consumo de Energia } (kWh)} \qquad [3]$$

$$\boxed{0,000287 \text{ t } CO_2/kWh} \Rightarrow \text{Fator de emissão associado ao consumo de energia}$$

Uma vez calculado o fator de emissão foi possível calcular as emissões de CO_2 associadas ao consumo de energia da Univalle. Foi analisado o período de janeiro a dezembro de 2009, contabilizando-se um consumo anual total de 5.174.865 kWh. Assim, as emissões de CO_2 associadas ao consumo de energia na Univalle equivalem a:

Emissões de CO_2 associadas ao consumo de energia elétrica na Univalle, 2009.

$$1.485,19 \text{ t } CO_2$$

Consumo de água

O consumo de água no campus também gera emissões de CO_2 associadas principalmente ao consumo de energia, que ocorre tanto no processo de purificação quanto no processo de tratamento de águas residuárias. Com base nestes, calcula-se a PE decorrente do consumo de água. Vale ressaltar que esse cálculo não se aproxima ao verdadeiro valor da água como bem natural, no entanto, gera uma medida objetiva do impacto gerado.

Requisitos de acesso à informação de empresas prestadoras de serviços de Energia, Água e Esgoto de Santiago de Cali foram uma tarefa infrutífera, pois o acesso à informação é limitado ou não existe a informação. Assim, foi necessário adotar o consumo energético utilizado na pesquisa da Universidade de Santiago de Compostela, dada a semelhança nos processos de tratamento de água empregados nas duas universidades.

O consumo de energia no processo de tratamento de água e esgoto adotados nessa pesquisa foram:

- Depuração (kWh/m^3): 0,25
- Purificação (kWh/m^3): 0,09

Retornando o fator de emissão associado ao consumo de energia anteriormente calculado $(0.000287 \ CO_2/kWh/t)$, é possível estimar as emissões de CO_2 associadas ao consumo de água na Univalle. Da mesma forma que as informações sobre o consumo de energia, os dados de consumo de água no campus foram fornecidos pela Seção de Serviços Diversos da Universidade por meio das notas fiscais da empresa prestadora do serviço. O período analisado foi janeiro a dezembro de 2009. O consumo total anual foi de $71.443 \ m^3$. Assim, as emissões de CO_2 associadas ao consumo de água na Univalle equivalem a:

$$1,84 \text{ t } CO_2 \text{ Esgoto}$$
$$5,12 \text{ t } CO_2 \text{ Água Potável}$$

Emissões de CO_2 associadas ao consumo de água na Univalle, 2009.

Espaço construído

Neste item, consideraram-se as emissões de CO_2 associadas também à construção de edifícios que fazem parte do campus universitário de Meléndez.

Com a assessoria de um engenheiro civil, foi calculada a quantidade total de materiais necessários para a construção de todos os prédios da universidade. É preciso mencionar que nesse estudo não foram considerados os materiais empregados na construção de estradas e calçadas. Vale ressaltar também que nem todos os materiais requeridos para a construção de edifícios foram calculados, apenas os mais importantes, como: agregados (areia, cascalho e brita), tijolo, madeira, cimento, vidro, tintas, aço e PVC. Depois de ter estimado os materiais requisitados, assumiu-se que, na média, todos os edifícios usaram a mesma quantidade de material por m².

O próximo passo foi calcular o fator de emissão de CO_2 associado à construção dos edifícios na sede Meléndez da universidade. Para isso é preciso ter os dados de energia requisitada na produção dos materiais. No caso da Colômbia, obter essas informações é um trabalho que requer muito tempo, razão pela qual foram adotados os dados estimados no informe do Ministério de Inclusão Econômica e Social (MIES) (Cuchí e López, 1999) para o campus universitário da Comunidade Autônoma da Catalunha.

A partir dos dados de quantidade de materiais por m², exigências de energia para a produção deles e o fator de emissão de CO_2 (0,000287 t/CO_2/ kWh) acima mencionado, pode-se calcular o fator de emissão de CO_2 para as construções do campus foi de 0,208 tCo_2/m²:

O fator assim obtido foi aplicado às áreas construídas de cada prédio para estimar as emissões de CO_2 associadas à construção. Nesse sentido, as emissões de CO_2 associadas à construção inicial dos edifícios da Univalle equivalem a:

Emissões de CO_2 associadas à construção de edifícios na Univalle (2009)

655,26 t CO_2

Alimentação

Há duas metodologias para estimar a PE associada ao consumo alimentar. A primeira é a metodologia original definida por Wackernagel e Rees (1996), que propõe calcular diretamente a área de terra necessária para atender às necessidades dos consumidores. A segunda opção é uma aproximação do impacto das emissões de CO_2 associadas ao consumo de alimentos. Para aplicar esta última é necessário conhecer, entre outros, dados da porcentagem de alimentos de origem animal na dieta dos indivíduos, a quantidade de calorias consumidas e o fator de emissão de CO_2 para os alimentos de origem animal. Essa metodologia é bastante complexa, razão pela qual, nesse estudo, a abordagem foi realizada pela metodologia original.

Nesse sentido, a seção restaurante da Univalle forneceu informação sobre o estoque de comida que entrou no campus no período de janeiro a dezembro de 2009, incluindo informações sobre o número de pessoas atendidas. Os dados sob produtos consumidos são divididos pela respectiva produtividade da terra para obter a PE. Vale ressaltar que nem todos os produtos consumidos no restaurante do campus central foram considerados no cálculo, foram considerados apenas legumes, laticínios, carnes, aves e peixes. Buscou-se então a produtividade da terra associada a cada um dos produtos e a PE parcial de cada um desses consumos. Assim a PE associada ao consumo de alimentos foi de 496.85 ha.

Resíduos sólidos

Como mencionado, embora essa fosse uma variável considerada a partir do início da pesquisa, a falta de informação concreta na seção de Serviços Diversos impossibilitou a estimativa. Além disso, o cálculo das emissões de CO_2 associadas à geração de resíduos sólidos exige, entre outros itens, a quantidade de resíduos sólidos produzida por dia (kg), o conteúdo de matéria orgânica por kg dos resíduos gerados e do fator de emissão de CO_2 da matéria orgânica dos resíduos gerados no campus.

A seção de Serviços Diversos não tem informação sequer da quantidade total de resíduos gerados na universidade. As notas fiscais emitidas pela prestadora desse serviço não estavam disponíveis para todos os meses e não especificavam o volume de resíduos coletados. Ou seja, não foi possível conhecer o volume total de resíduos gerados no campus universitário. Além disso, não havia estudos específicos que revelassem a composição orgânica dos resíduos gerados, outro aspecto que limita o cálculo das PE neste item.

Entende-se, portanto, que a ausência dessa informação afetou os resultados obtidos na aproximação da PE do campus universitário de Meléndez.

Cálculos a partir dos questionários

Para obter os dados relacionados aos padrões de mobilidade e consumo de papel dos estudantes, professores e trabalhadores em geral, foi projetado e implementado um questionário para conhecer mais sobre esses hábitos, uma vez que a universidade não dispõe de informações específicas para essas atividades. Assim, definiu-se uma amostra representativa da população estudantil com base em informações fornecidas pelas seguintes unidades da universidade:

- Recursos humanos: pessoal docente e administrativo associado com a Univalle, em 2009.
- Segurança e proteção: pessoal de segurança associados com a Univalle, em 2009.
- Serviços diversos: pessoal de jardinagem e faxina vinculados à Univalle em 2009.
- Planejamento e desenvolvimento institucional: alunos matriculados na Univalle em 2009.

Definição da amostra

Por meio de uma amostragem aleatória simples foi definido o tamanho da amostra da pesquisa a implementar, com um nível de confiança de 95% e erro de estimativa de 5%. As Tabelas 17.3 e 17.4 indicam, de acordo com informações fornecidas por cada uma das unidades da universidade, as amostras obtidas para estudantes, professores e funcionários administrativos, e para os guardas e pessoal de serviços diversos (jardineiros e faxineiros), respectivamente.

Tabela 17.3 – Amostragem estudantes, docentes e pessoal administrativo, sede Meléndez.

Faculdade	Estudantes		Docentes		Pessoal administrativo	
	População	Amostra	População	Amostra	População	Amostra
Faculdade de Ciências Naturais e Exatas	1.344	31	112	29	65	14
Faculdade de Humanidades	2.207	51	109	28	43	10
Faculdade de Ciências Sociais e Econômicas	687	16	32	8	15	3
Instituto de Educação e Pedagogia	1.573	36	38	10	28	6
Instituto de Psicologia	343	8	23	6	8	2
Faculdade de Artes Integradas	1.530	35	94	24	47	10
Faculdade de Engenharia	5.290	122	170	44	95	21
Reitoria					82	18
Pró-Reitoria de Bem-Estar Universitário					172	38
Pró-Reitoria de Pesquisas					13	3
Pró-Reitoria Acadêmica					163	36
Pró-Reitoria Administrativa					390	87
Total	12.974	300	578	150	1.121	250

Fonte: Elaboração própria a partir de informação fornecida pela Seção de Recursos Humanos, Serviços Vários e Desenvolvimento Institucional.

PEGADA ECOLÓGICA APLICADA À UNIVERSIDADE DEL VALLE, COLÔMBIA | 537

Tabela 17.4 – Amostragem guardas e faxineiros e jardineiros.

Outros trabalhadores	População	Amostra
Guardas	180	45
Faxineiros e jardineiros	102	25

Fonte: Elaboração própria a partir de informação fornecida pela Seção de Recursos Humanos, Serviços Vários e Desenvolvimento Institucional.

Elaboração do questionário

Conforme indicado, os questionários foram elaborados para obter informações sobre os hábitos de mobilidade e consumo de papel entre os diferentes atores da universidade.

Foram concebidos questionários segundo as características dos funcionários entrevistados, ou seja, aplicar uma ferramenta diferenciada para alunos, docentes, funcionários e guardas. Em geral, os questionários foram estruturados em três blocos principais:

- Informações gerais: informações sobre a faculdade ou unidade acadêmica a que pertence. No caso dos alunos, foram questionados sobre o semestre que cursam.

- Hábitos de mobilidade: tipo de transporte utilizado para mover-se da faculdade para casa e vice-versa, e o número de viagens por semana e o bairro onde mora.

- Consumo de papel: para os estudantes, perguntas sobre a quantidade de papel usada para anotações diferentes, documentos e dinheiro gasto com fotocópias, e o percentual de uso de papel reutilizado. O restante dos atores foi investigado pelo total de papel consumido e o número de cópias tiradas.

Mobilidade

Foi aplicado um questionário estratificado em diferentes componentes, tais como faculdade ou unidade a que pertence e seu *status* como estudante, professor, funcionário e/ou supervisor, para estimar as emissões de CO_2 associadas com os hábitos de mobilidade de toda a comunidade universitária. Da mesma forma, o questionário pergunta sobre os meios de transporte utilizados, o número de viagens por semana e o bairro onde a pessoa mora. Uma vez tabulada essa informação, foi possível estimar a emissão de CO_2 emitido por tipo de transporte e por tipo de ator.

O primeiro passo para conhecer as emissões de CO_2 causadas por cada um dos modos de transporte é identificar a quilometragem em cada uma das jornadas.[4] Vale ressaltar que as distâncias calculadas são médias estimadas e que os valores apresentados são aproximados da realidade, através da medição das ruas no software ArcGIS 9.2,[5] a partir de diversos bairros da cidade até a Univalle.[6]

Para estimar as distâncias percorridas, foram estabelecidas as ruas de maior acesso segundo os meios de transporte e conforme a hierarquia viária. As rotas do Sistema Integrado de Transporte Massivo (MIO) e dos ônibus de transporte público já estão predefinidas. Assim o programa ArcGIS fornece informações sobre as distâncias entre cada uma das estações até a Univalle, no caso do MIO, e a distância entre os diferentes bairros percorridos pelos ônibus até a universidade. Já para o transporte individual (automóveis, motocicletas, táxis) foi assumido o uso de ruas principais, levando em conta que são as de maior tráfego. No caso dos distritos, as distâncias foram estimadas a partir dos centros das localidades até o campus universitário.

Posteriormente, foi estimada a quantidade de combustível (gasolina, diesel e gás natural de petróleo – GNP) requerida para realizar os deslocamentos. Segundo o relatório de Transmetro do ano 2006, "Cálculo da redução estimada de emissões de CO_2 – Barranquilla", o consumo de combustível pode ser calculado por meio da seguinte equação:

Consumo de combustível = Km percorridos * Eficiência de combustível

Para o transporte público, táxi e para o MIO, foram utilizados rendimentos do relatório anteriormente mencionado. Para o caso dos automó-

---

[4] Para calcular a quilometragem percorrida por tipo de transporte para todo o ano, é necessário observar que em um semestre há em média dezoito semanas de aulas.

[5] ArcGIS é um software para a área de Sistemas de Informação Geográfica; permite capturar, editar e analisar a informação geográfica. Para o caso específico dessa pesquisa, o software permite estimar as distâncias entre os diferentes bairros da cidade de Cali e o campus universitário de Meléndez.

[6] As aproximações foram realizadas por Juan Manuel Aristizabal, estudante de Geografia da Univalle.

veis e das motocicletas foi calculado um rendimento médio segundo o motor do veículo. Assim, os rendimentos dos combustíveis utilizados na pesquisa são:

Serviço de transporte público, MIO e táxi:

- Gasolina: 0.53 L/km
- Diesel: 0.33 L/km
- GNP: 0.25 m³/km

Automóvel particular, segundo o motor:

- > 1.400 cm³: 0.064 L/km
- 1.400 cm³ - 2.000 cm³: 0.087 L/km
- < 2.000 cm³: 0.063 L/km
-

Motocicleta, segundo o motor:

- > 100 cm³: 0.026 L/km
- < 100 cm³: 0.032 L/km

Com o consumo estimado de combustível para cada um dos meios de transporte utilizados, foi possível calcular as emissões de CO_2 associadas à mobilidade da Univalle. No relatório da Transmetro (2006), as emissões de CO_2 são dadas pela seguinte equação:

Emissões de CO_2 = Consumo de Combustível * Fator de emissão de CO_2

É necessário mencionar que os fatores de emissão utilizados pelo relatório da Transmetro (2006) e empregados nessa pesquisa foram feitos a partir do cálculo apresentado pelo Painel Intergovernamental sobre Mudança do Clima (IPCC).

- Gasolina: 0.002114 t CO_2/L
- Diesel: 0.003 t CO_2/L
- GNP: 0.002006 t CO_2/m³

Por fim, há que se notar que as emissões de CO_2 também são determinadas pela taxa de ocupação de cada um dos meios de transporte. No caso de veículos particulares e motocicletas, a concepção do questionário permitiu obter tais informações. Já para o caso do transporte público, segundo Hernández et al. (2009), é possível supor uma taxa de ocupação de 70%; para o MIO, assume-se uma taxa de ocupação de 100%, o equivalente a 160 pessoas, uma vez que se considera que a mobilidade de e para a universidade acontece nas horas de maior trânsito, nas quais os ônibus transitam com as vagas completas.

Nesse sentido, as emissões de CO_2 associadas à mobilidade equivalem a:

Emissões de CO_2 associadas
à mobilidade na Univalle
(2009).

$$2.877,46 \text{ t } CO_2$$

Consumo de papel

O primeiro passo para conhecer as emissões de CO_2 causadas pelo consumo de papel na Univalle é saber a quantidade de papel consumida pelos diferentes atores envolvidos. O questionário permitiu conhecer a quantidade de papel utilizada (em toneladas) em notas, fotocópias e trabalhos apresentados. Assim, a quantidade total de papel consumida no campus foi de 274,29 t de papel.

Cabe mencionar que o consumo de papel foi um dado subestimado no presente estudo. Normalmente, os atores não registram de modo formal o uso do papel e, portanto, as informações fornecidas nas pesquisas são estimativas do que provavelmente é usado por semestre. Da mesma forma, quando questionada a quantidade de papel consumido, os atores tendem a distorcer as informações e fornecer dados abaixo do consumo real, talvez porque de alguma forma sintam vergonha pelo uso excessivo e inadequado desse material. Ambos os cenários limitaram a coleta de informações reais e, portanto, as estimativas são subestimadas.

Seguindo a metodologia, uma vez que se tem informações sobre o consumo de papel, é necessário conhecer o consumo de energia para a produção de uma tonelada de papel e assim calcular o fator de emissão de CO_2 associado a esse consumo. Ainda nesse sentido, o relatório "Determinação da eficiência energética industrial sub-setor polpa e papel", de 2001, indica que a energia elétrica necessária para produzir uma tonelada de papel é de 0,9 MWh/t. Voltando ao fator de emissão associado ao consumo de energia calculada (0,000287 CO_2/kWh/t), é possível estimar o fator de emissão de CO_2 associado à produção de papel em 0,2583 t CO_2/t papel.

Com o fator de emissão, é possível calcular as emissões de CO_2 associadas ao consumo de papel na Univalle, aplicando-lhe a quantidade total de papel consumido. Assim as emissões de CO_2 associadas ao consumo de papel são:

| 70,51 t CO_2 | Emissões de CO_2 associadas ao consumo de papel na Univalle. |

FIXAÇÃO DE CO_2 DA FLORESTA DA UNIVALLE

Para estimar a fixação de CO_2 da floresta da universidade, utilizou-se uma metodologia baseada em dois dados principais: o número total de árvores existentes no campus e a fixação de CO_2 de uma árvore média. Segundo dados publicados pelo Grupo de Estudo sobre Botânica "Semillero Ecológico" na Univalle, sede Meléndez, há cerca de 5.100 árvores, e conforme o Programa das Nações Unidas para o Meio Ambiente (PNUMA), uma árvore fixa em média 12 kg de CO_2 por ano, independentemente da espécie, do clima, do ecossistema e da idade da árvore (Pnuma, 2010).

Finalmente, conforme a seção de Planejamento, dos 100 ha que compõem o campus, 86,72 ha são espaço onde estão localizadas as 5.100 árvores. Com esses dados foi calculada a fixação de CO_2/ha no campus, da seguinte forma:

$$\boxed{\text{Área livre: 86,72 ha}} \, / \, \boxed{\text{\# de árvores: 5.100}} = \boxed{\text{\# de árvores/ha: 59}}$$

$$\boxed{\text{\# de árvores/ha: 59}} \times \boxed{\text{fixação kg } CO_2/\text{ano} = 12} =$$

$$\boxed{\text{fixação kg } CO_2/\text{ha/ano} = 708}$$

542 | INDICADORES DE SUSTENTABILIDADE E GESTÃO AMBIENTAL

Com essa informação foi possível calcular a PE para cada uma das variáveis previamente consideradas.

Resultados e discussão

Emissões de CO_2

As emissões de CO_2 no ano 2009 na Univalle, sede Meléndez, estão listadas na Tabela 17.5.

Tabela 17.5 – Resumo das emissões de CO_2.

Categoria	Emissões CO_2 (t CO_2/ano)
Consumo de energia elétrica	1.485,19
Consumo de água	6,96
Espaço construído	655,26
Mobilidade	2.877,46
Consumo de papel	70,51
Total	5.095,38

As emissões totais de CO_2 na Univalle equivalem a 5.095,38 t de CO_2 em 2009. Da mesma forma, pode-se observar que as emissões não estão uniformemente distribuídas entre cada uma das variáveis. Em ordem de importância, os padrões de mobilidade são os principais contribuintes para as emissões de CO_2 da Univalle, com 56% das emissões totais, seguidos pelo consumo de energia elétrica em 29% e as emissões de CO_2 resultantes da construção de edifícios, com 13%. Pode-se observar claramente que os fatores que estão contribuindo em menor proporção são os consumos de água e de papel.

Considerando que em 2009 a população total da Univalle foi de aproximadamente 14.955 pessoas, podemos dizer que as emissões de CO_2 *per capita* nesse campus equivalem a 0,32 toneladas por pessoa.

Figura 17.1 – Distribuição das emissões de CO_2.

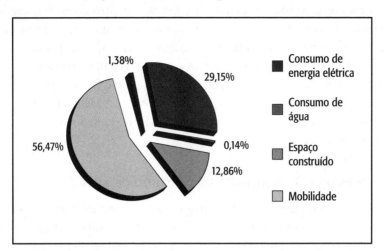

Emissões de CO_2 associadas ao consumo de energia elétrica

Como esperado, o consumo de energia foi um dos fatores mais importantes que contribuíram para as emissões de CO_2, já que grande parte das atividades que acontecem no campus da universidade traz consigo um gasto energético considerável. Alguns dos indicadores específicos desse componente estão apresentados na Tabela 17.6.

Tabela 17.6 – Outros indicadores derivados do consumo de energia.

Campus universitário	Consumo elétrico 2009 (kWh)	Consumo elétrico (kWh/pessoa/ano)	Emissão CO_2 (Kg CO_2/pessoa/ano)
Univalle, sede Meléndez	5.174.865	346,03[7]	99.31

---

[7] Para obter esse cálculo é válido recordar que a população total estimada para o ano de 2009 na Univalle corresponde a 14.955 pessoas.

INDICADORES DE SUSTENTABILIDADE E GESTÃO AMBIENTAL

Teria sido interessante analisar o consumo de energia por faculdade ou por estabelecimentos comerciais que operam dentro da universidade, no entanto, a informação disponível não permitiu aprofundar esse tipo de análise. Ao examinar as notas fiscais emitidas pelas empresas prestadoras dos serviços foi possível identificar oito inscritos, mas não foi possível distinguir quem era quem. Assim o indicador de emissão de CO_2 *per capita* associado ao consumo de energia elétrica é incompleto e não inclui consumo de comerciantes (xeroxcopiadoras e restaurantes) ou vendedores informais que utilizam energia.

Emissões de CO_2 associadas ao consumo de água

Para o caso específico da Univalle, o consumo de água é aquele que contribui com menos emissões de CO_2 no campus universitário. No entanto, vale ressaltar que esses resultados não refletem adequadamente a realidade do contexto analisado, já que os custos da energia adotados não são locais, o que pode levar, em alguns casos, a uma subestimação ou sobrevaloração dos impactos gerados. É preciso mencionar que se recorreu a fontes de informação nacionais como o Sistema Único de Informação de Serviços Públicos (SUI), a fim de obter informações que reflitam a realidade do contexto. No entanto, as informações disponíveis giram em torno de indicadores comerciais e financeiros das empresas fornecedoras de serviços. As informações específicas sobre o consumo de energia para o seu funcionamento não estão disponíveis.

Seria importante rever o comportamento de alguns indicadores, como o consumo de água e as emissões de CO_2 per capita, que são apresentados na Tabela 17.7.

Da mesma forma, para esse item só é possível analisar o consumo e as emissões de maneira geral, dada a pouca disponibilidade de informação. Importante notar que no momento da coleta da informação o campus uni-

Tabela 17.7 – Outros indicadores derivados do consumo de água.

Campus universitário	Consumo de água 2009 (m³)	Consumo de água (m³/pessoa/ano)	Emissão CO_2 (kg CO_2/pessoa/ano)
Univalle, sede Meléndez	71.433	4,77	0,46

PEGADA ECOLÓGICA APLICADA À UNIVERSIDADE DEL VALLE, COLÔMBIA | **545**

versitário só contava com um aparelho medidor de consumo de água que para os meses de janeiro a junho de 2009 mostrou um consumo médio constante de 10.589 m^3 por mês. O consumo ficou significativamente reduzido a partir de julho do mesmo ano. É possível que esses consumos sejam um reflexo de uma falha no aparelho ou de um consumo médio fixado para a universidade. Mas o que realmente se espera é que nos meses das férias de verão aconteça um consumo muito menor. Como na variável anterior (energia), para as emissões de CO_2 *per capita* associadas ao consumo de água também seria importante conhecer o consumo conforme os diferentes usuários, faculdades e/ou seções, bem como os estabelecimentos comerciais que operam no âmbito da universidade.

Emissões de CO_2 associadas ao espaço construído

As emissões de CO_2 associadas às construções foram calculadas a partir da quantidade e tipo de materiais utilizados na construção dos edifícios que fazem parte do campus. Uma vez estimada a quantidade de materiais, de acordo com a área do campus, foi possível aproximar as emissões de CO_2 associadas com a construção inicial dos edifícios.

Desse modo, o cálculo das emissões associadas à construção do campus da universidade (até 2009, e não inclui as construções de ruas e calçadas) foi de 32.762,75 toneladas de CO_2 para a atmosfera. Assumindo um tempo de vida dos edifícios de 50 anos, estima-se que as emissões de CO_2 em 2009 foram equivalentes a 655,26 t.

No que se relaciona com o total das emissões provenientes do funcionamento da universidade, o ambiente construído contribui com 13% das emissões. Destaca-se que essa aproximação não considera todos os possíveis materiais necessários para construção, nem considera as vias e calçadas, e é por isso que se pode dizer que as emissões de CO_2 associadas ao ambiente construído representam na realidade um valor maior. Esses resultados indicam a necessidade de considerar, por um lado, padrões de construção amigáveis com o ambiente nas futuras construções na universidade e, por outro lado, reformas que visem reduzir consumo de energia e água nos prédios existentes, cujos impactos são maiores.

Emissões de CO_2 associadas à mobilidade

Conforme mencionado antes na metodologia, para encontrar emissões de CO_2 associadas à mobilidade da comunidade universitária foi elaborado um questionário que possibilitou conhecer os meios de transporte utilizados, o número de viagens e a distância média percorrida. O levantamento da informação, na sua maioria, foi feito de forma personalizada (no caso de professores, pessoal administrativo e guardas) e, em grupo, em menor medida, no caso dos estudantes.

Nesse sentido, apesar de contar com uma amostragem estratificada para a aplicação do questionário, teve-se em conta vários fatores para completar todas as pesquisas. No total, deveriam ter sido aplicados 770 questionários, no entanto, nem todos os atores estiveram dispostos a responder. Dos 150 professores que deveriam ser entrevistados, só foi possível entrevistar 100; dos 250 trabalhadores administrativos inicialmente previstos para responder ao questionário, só foram entrevistados 136. Com relação aos estudantes e guardas, foi entrevistada toda a amostra. O grupo de jardineiros e faxineiros não participou da pesquisa.

Para obter as emissões de toda a população universitária a partir de dados obtidos por meio do questionário, deve-se fazer uma extrapolação dos resultados para toda a população; para isso os dados obtidos na pesquisa foram multiplicados pelo respectivo fator de extrapolação antes calculado (número total de membros/número de entrevistados). As emissões de CO_2 associadas com a mobilidade, por tipo de transporte, são mostradas na Tabela 17.8.

Tabela 17.8 – Emissões de CO_2 totais por tipo de transporte.

Tipo de transporte	Emissões totais/%
Ônibus	1.990,03/69%
MIO	53,83/2%
Automóvel	456,56/16%
Moto	311,45/11%
Táxi	65,59/2%
Total	2.877,46

Pode-se observar que o total de emissões de CO_2 associadas com a mobilidade equivale a 2.877,46 t de CO_2 em 2009. Além disso, as emissões não estão uniformemente distribuídas nos diferentes modos de transporte utilizados. Pode-se concluir que, em ordem de importância, as emissões de CO_2 emitidas pelos ônibus de serviço público representam 69% do total de emissões associadas à mobilidade, seguidas pelas emissões de CO_2 dos automóveis com 16% e as emissões de CO_2 geradas pelo uso de motocicletas com 11%. Os meios de transporte que menos contribuem são o MIO e os táxis.

O valor apresentado para os táxis não significa menor poluição comparado a outros meios de transporte. Além disso, a carga de poluição por pessoa é muito maior, porque geralmente só se transporta o motorista do táxi e a pessoa a ser mobilizada. No entanto, é baixa a utilização desse meio, o que faz com que a sua contribuição para as emissões seja menor. No caso do MIO, não apenas o pouco uso do meio de transporte faz a sua contribuição menor, mas a carga de poluição por pessoa é muito menor devido ao aumento da capacidade para transportar passageiros.

Em todos os modos de transporte são os alunos que mais contribuem para as emissões de CO_2, com exceção dos automóveis, em que as emissões são distribuídas uniformemente entre os estudantes, professores e funcionários.

Embora a mobilidade seja uma das variáveis que mais contribui para as emissões de CO_2, é uma variável pouco governável na Univalle. No entanto, é necessário que a política ambiental do campus da universidade que está em construção considere nos seus lineamentos ações focadas na sensibilização de todos os atores vinculados com a problemática ambiental e social gerada pelos automóveis, incentivando o uso compartilhado dos meios de transporte privado. O uso da bicicleta e caminhar até a universidade também são ferramentas muito importantes para neutralizar o impacto causado pela mobilidade.

Emissões de CO_2 associadas ao consumo de papel

Por causa das atividades principalmente acadêmicas que ocorrem no campus universitário, é de suma importância conhecer o comportamento nos hábitos de consumo de papel da comunidade universitária. Tal como na mobilidade, para estimar as emissões de toda a população universitária a partir dos dados obtidos na pesquisa, procedeu-se uma extrapolação dos resultados para toda a população. Os fatores de extrapolação utilizados no parágrafo anterior também se aplicam a essa variável. A Tabela 17.9 apresenta o total de emissões de CO_2 associadas ao consumo de papel.

INDICADORES DE SUSTENTABILIDADE E GESTÃO AMBIENTAL

Tabela 17.9 – Emissões de CO_2 totais por tipo de consumo de papel.

Tipo de consumo	Emissões totais/%
Notas	12,71/18%
Fotocópias	50,18/71%
Trabalhos	7,62/11%
Total	70,51

Na Tabela 17.10 podemos observar que as emissões totais de CO_2 associadas ao consumo de papel equivalem a 70,51 t de CO_2 em 2009. Similarmente, podemos ver que as emissões não estão distribuídas de modo uniforme segundo os diferentes tipos de consumo de papel. Note-se que, em ordem de importância, as emissões de CO_2 provenientes do consumo de papel de fotocópia representam 71% do total, seguidas pelas emissões de CO_2 geradas pelo consumo de papel para tomar notas, com 18%, e as emissões de CO_2 geradas pelo consumo de papel para trabalhos escritos, com 11%.

Em média, um aluno consome 3.912 folhas de papel por ano, um professor 1.314 folhas por ano, os funcionários 7.355 folhas por ano e um guarda consome em média 209 folhas por ano. Esses consumos foram equivalentes a 274,29 mil toneladas de papel em 2009. No momento do trabalho de campo foi possível identificar que há ainda professores que não permitem que documentos sejam apresentados em papel reutilizado nem que os trabalhos sejam escritos em ambos os lados do papel. Essa situação indica a importância de ter uma política focada na utilização racional de papel dentro do campus da universidade, pois um trabalho escrito pode ser muito bem desenvolvido e apresentado em papel reutilizado ou impresso frente e verso. Finalmente, o que deve prevalecer nos trabalhos escritos é o conteúdo e não o tipo de papel utilizado.

Contudo, por causa das atividades acadêmicas do campus, a maioria do consumo de papel vem dos alunos, sendo o principal o consumo de fotocópias. O papel consumido pelos guardas é mínimo, por causa do trabalho que desenvolvem dentro da instituição. Finalmente, vale ressaltar que a constatação do impacto do consumo de papel pode se tornar maior se os fatores de emissão utilizados fossem mais atualizados.

PEGADA ECOLÓGICA DA UNIVALLE, 2009

Após ter todos os dados anteriores sobre as emissões de CO_2, o próximo passo foi determinar a área necessária para fixar as emissões associadas a cada consumo. Voltando à fixação de CO_2 da floresta da Univalle calculada anteriormente (0,708 t CO_2/ha), foi possível calcular a PE associada às emissões de CO_2 do consumo na Univalle utilizando a fórmula 1 (p.526).

Os resultados apresentados na Figura 17.2 indicam que a Univalle, sede Meléndez, precisa de uma extensão de 7.693,68 ha de floresta para absorver as emissões de CO_2 geradas em 2009. Recordando a população total do campus para o ano de 2009 (14.955 pessoas), a PE mostra um valor de 0,5 ha/*per capita*, o que indica que para cobrir as necessidades do consumo é necessário aproximadamente 77 vezes o espaço da universidade. Destaca-se ainda que esse dado é um indicador subestimado em virtude das dificuldades na obtenção da informação. No entanto, permite uma visão objetiva dos impactos associados.

Consistentemente, com os dados da emissão de CO_2, o principal componente da PE é a área necessária para absorver as emissões de CO_2 associadas à mobilidade. Essa área abrange 4.064 hectares, representando 53% do total da PE. Nesse item é necessário mencionar que, dada a inclusão da PE dos alimentos, a área de floresta necessária para absorver as emissões de CO_2 não é a única categoria afetada, por isso suprir as necessidades de alimentação envolve impacto em terra cultivável, mar produtivo e pecuária.

Além disso, se comparado o resultado total da PE *versus* o espaço disponível no campus da Univalle, é evidente que a superfície atual é insuficiente para fixar as emissões de CO_2 causadas por sua operação. A comparação desses dados, segundo a metodologia da PE, é conhecida como "Capacidade Biológica de Carga" ou "Biocapacidade", que se refere ao máximo consumo *per capita* possível de sustentar de acordo com o terreno disponível e sem alterar permanentemente a sua produtividade (Hernández. et al., 2009). No caso da Univalle, capacidade biológica de carga *per capita* equivale a 0.006 ha/*per capita*.

Para ir um passo além nos cálculos acima, é útil analisar alguns resultados no contexto nacional junto aos resultados de diferentes campi em todo o mundo. No entanto, de acordo com a metodologia proposta deve ser lembrado que a única maneira de comparar os resultados de PE obtidos a partir de áreas com características de produção diferentes é homogeneizar os diferentes tipos de solo, multiplicando as pegadas obtidas por um fator de equivalência que representa a produtividade média global de todas as áreas. As-

Figura 17.2 – Pegada Ecológica por categoria de consumo, 2009.

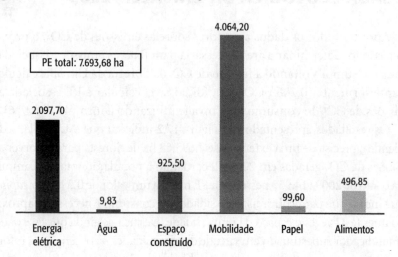

sim, a Tabela 17.10 demonstra a aplicação dos fatores de equivalência dos resultados obtidos na Pegada Ecológica do campus da Univalle.

Tabela 17.10 – Aplicação dos fatores de equivalência aos resultados PE (ha) da Univalle, 2009.

Categoria	Superfície de solo impactada	HE (ha)	Fator de equivalência	PE (Hag)
Consumo de energia elétrica	Florestas	2.097,7	1,34	2.810,1
Consumo de água	Florestas	9,83	1,34	13,2
Espaço construído	Florestas	925,5	1,34	1.240,2
Mobilidade	Florestas	4.064,2	1,34	5.446,02
Consumo de papel	Bosques	99,6	1,34	133,5
Alimentação	Agricultura	57,56	2,21	127,2
	Pecuária	427,63	0,49	209,5
	Mar produtivo	11,66	0,36	4,2
Total	-/-	7.693,68	-/-	8.743,7
HE (*per capita*)	-/-	0,5	-/-	0,6

Segundo o *Relatório Planeta Vivo 2006* (WWF, 2006), na Colômbia, a PE *per capita* para o ano 2005 foi de 1,8 ha/*per capita*, e a biocapacidade do país naquele ano foi de 3,9 ha/*per capita*. Comparando o dado da PE do campus universitário da Univalle com os valores mencionados, pode-se dizer que o impacto ambiental devido às atividades desse campus universitário corresponde a 27,7% do impacto devido ao modelo de vida dos colombianos. No que se refere à capacidade biológica de carga, a Colômbia é um dos países no mundo com maior capacidade de carga por pessoa, mas comparar esse dado com a capacidade da Univalle não é relevante, dada a diferença nas áreas de terra e sua produtividade. Dessa forma, a comparação pode ser enganosa e não necessariamente permite observar se realmente a biocapacidade da Univalle é muito baixa para atender suas necessidades de consumo.

Comparar os resultados considerando as características da área estudada é mais relevante se é feito entre diferentes campi universitários. Assim, nos últimos anos, diversas universidades ao redor do mundo têm feito várias pesquisas para saber o valor aproximado da PE. A Tabela 17.11 mostra os resultados de diferentes estudos e as categorias de recursos considerados.

Embora o valor per capita da PE do campus da Univalle (0,6 ha/per capita) não seja um dos mais altos, é próximo do valor calculado para diversas universidades. Apenas a Universidade Autônoma de Madri e a Universidade de Newcastle têm valor significativamente mais baixo. O contrário acontece com universidades como Ohio ou Colorado College, que têm as maiores pegadas per capita de todos os campi pesquisados e publicados.

CONSIDERAÇÕES FINAIS

Assim como os ciclos econômicos que, a partir da perspectiva da PE, são considerados como um subsistema da biosfera, as universidades também podem ser consideradas um sistema integrado em seu ambiente, aberto à entrada e saída de energia e materiais, que estende seu impacto para outros territórios. A Figura 17.3 mostra essa abordagem na Univalle como um subsistema da biosfera, aberto à entrada e saída de energia e materiais, onde ocorre a interação entre diferentes atores: estudantes, professores e trabalhadores.

A universidade, como espaço de formação e de opinião, deve estar ciente de que sua operação pode gerar impactos ambientais significativos se sua gestão não for adequada, o que significa ter uma grande responsabilidade ambiental, estudando e adotando novos padrões de comportamento e gestão em cada uma de suas atuações. Sem dúvida a universidade deixa a sua marca em cada uma das pessoas que interage no seu interior, no entanto, ela também tem uma PE associada à sua operação normal.

Dadas essas premissas, segue uma série de conclusões e recomendações baseadas nos resultados obtidos na aproximação da PE da Univalle, sede Meléndez, em 2009:

- Do ponto de vista pedagógico a PE é um indicador ambiental que permite estimar a pressão de dada população sobre o meio ambiente. A clareza e a simplicidade dos resultados permitem que a Univalle identifique as variáveis críticas sobre as quais trabalhar, e as possíveis soluções individuais e/ou coletivas que possam contribuir para a gestão dos problemas ambientais causados pelo seu funcionamento.

- Conhecer os resultados da PE de campus permite à comunidade universitária compreender que os impactos das atividades que se desenvolvem no interior do campus ultrapassam os limites da sua extensão e, portanto, os impactos negativos gerados estão sendo assumidos e transferidos para outros territórios. O conhecimento dos resultados permite também à comunidade tomar consciência da responsabilidade ambiental que tem como indivíduos dentro do campus, tal como a responsabilidade da universidade como um ator social em um contexto mais amplo, como o municipal.

- Para a Univalle o indicador ambiental é uma ferramenta importante para a tomada de decisões; até é possível dizer que no país e na América Latina é a primeira universidade a desenvolver essa estimativa, o que torna esse trabalho pioneiro nesse campo. Embora essa seja uma aproximação, além de ter algumas limitações metodológicas, é uma ferramenta útil para entender os hábitos de consumo do campus, mas especialmente a pressão sobre a oferta ambiental disponível exercida por todos os atores que habitam o campus universitário. Reconhece-se que essa primeira aproximação é passível de correções que irão produzir dados melhores e mais extensos, o que pode ser objeto de futuras pesquisas promovidas pelas autoridades universitárias.

- Nessa pesquisa aplicou-se a metodologia proposta para o cálculo da PE nos campi universitários. Foi analisado o ano 2009 e os principais

Tabela 17.11 – PE em diferentes universidades *versus* PE da Univalle.

Universidade	Ano	Categorias estimadas	HE *per capita* (Hag)	HE total (Hag)
Universidade Autônoma de Madrid (Espanha)	2003	Energia, mobilidade, papel	0,14	4.740,4
Universidade de Newcastle (Austrália)	1999	Alimentação, energia, transporte, construção	0,19	Sem dado
Universidade de Santiago de Compostella (Espanha)	2008	Energia, transporte, papel, água, construção	0,21	6.990,88
Universidade de León (Espanha)	2006	Energia, mobilidade, bens e serviços, construção	0,46	6.646,04
Universidade de Holme (Inglaterra)	2001	Alimentação, energia, transporte, resíduos, água	0,56	Sem dado
Universidade do Valle (Colômbia)	2009	Energia, água, mobilidade, espaço construído, papel e alimentação	0,6	8.743,7
Universidade de Redlands (USA)	1998	Energia, transporte, resíduos, água	0,85	2.300
Universidade de Toronto (Canadá)	2005	Alimentação, energia, transporte, resíduos, água, construção	1,04	7.827,3
Colorado College (USA)	2001	Alimentação, energia, transporte, resíduos, água, construção	2,24	5.602, 6
Universidade Estatal de Ohio (USA)	2007	Energia, mobilidade, resíduos	8,66	650.665,7

Fonte: Elaboração própria a partir da informação de Hernández et al. (2009).

INDICADORES DE SUSTENTABILIDADE E GESTÃO AMBIENTAL

Figura 17.3 – Universidade do Valle como subsistema da biosfera.

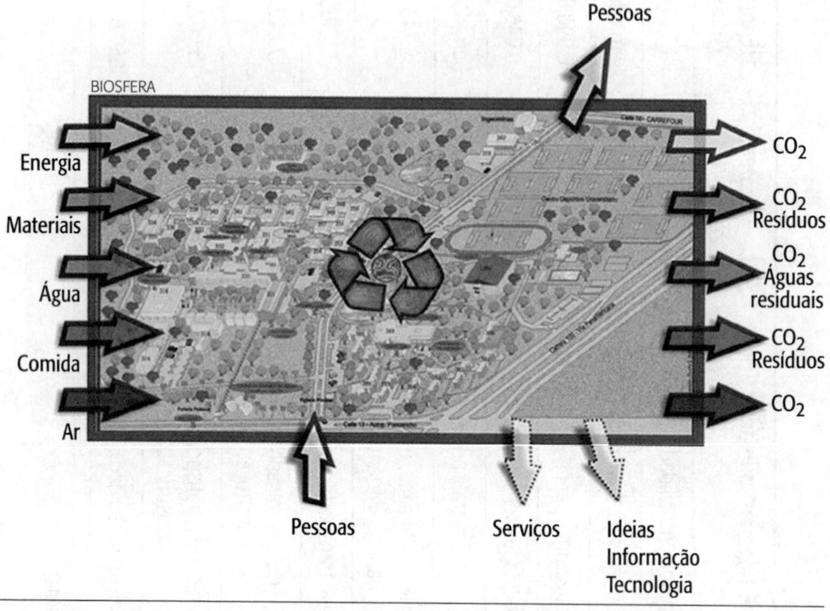

Fonte: Elaboração própria. Imagem tirada de http://www.univalle.edu.co

resultados da investigação mostram que a Univalle, sede Meléndez, precisa de uma extensão de 7.693,68 ha de floresta para assimilar as emissões de CO_2 geradas e para satisfazer as necessidades de alimentação da comunidade universitária, o que equivale a 77 vezes sua área ocupada.

- A PE per capita na Univalle, sede Meléndez, é de 0,5 ha/per capita, o que corresponde a um percentual aproximado de 27,7% do impacto causado pelos padrões de consumo dos colombianos. Valeria comparar esse resultado com as unidades administrativas locais, como o departamento ou a cidade, no entanto, a falta de dados impediu essas comparações.

- Comparar os resultados obtidos, considerando as características da área estudada, é mais relevante quando se confronta diferentes campi universitários. Nesse sentido, em comparação com outras universidades, a PE Univalle (7693,68 ha), embora não seja uma das de maior valor, está muito perto de outros campi universitários. No entanto, é necessário ter em conta que as características do contexto são instrumentos fundamentais para analisar as comparações entre os resultados, portanto, se esse indicador fosse calculado para outras universidades na Colômbia e na América Latina, é de esperar que as comparações fossem mais reveladoras.

- O principal impacto ambiental identificado está associado à mobilidade dos diversos atores que interagem dentro da universidade, seguido pelo consumo de energia, pelo ambiente construído e pela alimentação. Em menor proporção estão os impactos associados com o consumo de água e papel. A variável mobilidade é pouco governável na política ambiental da universidade. Além disso, esses resultados são apenas o reflexo da inadequada política de transporte público nacional e local, que não promove o uso do transporte público e de bicicleta, incentivando o transporte privado. Segundo o relatório "Cali como vamos (Cámara de Comercio, 2009)", é possível observar que no período de 2002-2008 o número de veículos particulares passou de 223.811 para 314.263. O mesmo acontece com as motocicletas, um dos meios de transporte que mais contribui para as emissões totais de CO_2 associadas à mobilidade.

- É claro que a redução das emissões de CO_2 geradas pela mobilidade é uma questão difícil de se abordar, dada a dependência da sociedade moderna do automóvel e a pouca governabilidade que um campus universitário tem sobre essa variável. Isso não significa que a política ambiental, que está em construção na Univalle, não considere adiantar ações diretas para mitigar esse impacto. Muito pelo contrário, poderiam se adiantar ações para promover o ciclismo e a mobilidade a pé para a universidade como estratégias saudáveis não só para o ambiente, mas para a saúde do indivíduo. Vale ressaltar que a promoção do uso da bicicleta deve estar acompanhada de medidas eficazes que garantam a segurança do transporte individual e a disponibilidade de ruas.

- O impacto ambiental associado ao consumo de energia não é surpreendente se considerarmos que grande parte das atividades desenvolvidas na universidade tem consumo de energia considerável. Boa parte das ações destinadas a reduzir o consumo de energia deve centrar-se principalmente em duas direções: continuar as melhorias nos sistemas de iluminação e aquisição de novos equipamentos eficientes, não só do ponto de vista técnico, mas de economia de energia. A sensibilização de toda a comunidade universitária é talvez a ferramenta mais útil para obter resultados rápidos para o uso racional desse recurso. A implementação dessas medidas significa que os novos edifícios construídos no campus devem ser "amigáveis" com o ambiente, tanto nos seus padrões de construção quanto no seu funcionamento. A concepção dos novos edifícios deverá considerar a iluminação natural e espaços frescos para evitar o uso de condicionadores de ar. Vale ressaltar que implementar essas ações implica um forte compromisso dos tomadores de decisão a fim de orientar a política ambiental para ações concretas de poupança de energia. Os impactos associados à construção são, sem dúvida, uns dos itens mais subestimados na presente pesquisa, porque não são consideradas as calçadas nem as ruas, bem como todos os possíveis materiais necessários na construção pela falta de informação. É possível que o impacto seja um pouco maior, no entanto, as construções já existem e as ações em curso devem ser destinadas às construções novas, algumas delas podem ser:

- Materiais de construção, cuja produção gere impacto menor sobre o meio ambiente.

- Baixa geração de resíduos nos processos construtivos. Por exemplo, o uso de pré-fabricados e painéis de gesso reduzem os impactos.

- A concepção arquitetônica dos edifícios novos deve ser bioclimática, ou seja, um projeto que considere as condições climáticas e aproveite os recursos disponíveis no local da construção. Considerar esses padrões no projeto arquitetônico inclui a substituição do ar-condicionado por grandes janelas que permitem a circulação de ar, paredes isolantes para manter os edifícios frescos, reduzir o consumo de energia para iluminação através do uso de cores claras nas paredes e nos tetos, a fim de fazer melhor uso da iluminação natural.

É claro que a adoção dessas normas de construção amigável aumenta significativamente os custos iniciais do projeto, mas, em longo prazo, o investimento é recuperado, principalmente por causa da redução do gasto energético associado com a operação dos edifícios.

No caso dos edifícios já construídos, algumas das recomendações que levam a um menor impacto por seu funcionamento poderão ser:

- Instalar paredes isolantes para conforto térmico.

- Substituir as janelas existentes por grandes janelas que permitam a circulação do ar e assim evitar o uso de ar-condicionado.

* Instalar equipamentos sanitários de baixo consumo de água.
* Instalar aparelhos redutores de fluxo de água nas torneiras.
* Implementar o uso da água da chuva para banheiros.

Os resultados dessa investigação permitem identificar as linhas de trabalho que devem ser consideradas na política ambiental da Univalle, implementando ações principalmente em variáveis como energia e mobilidade.

* É necessário continuar com a formação sobre questões ambientais em todos os currículos acadêmicos, isso vai a contribuir com a formação de profissionais mais comprometidos com o ambiente e conscientes da necessidade de desenvolver comportamentos mais sustentáveis, não só dentro da universidade. Os alunos não só aprendem as habilidades ensinadas na universidade, mas também podem aprender e adotar alguns comportamentos mais amigáveis com o ambiente, para o seu padrão de comportamento fora do campus.
* É também necessário planejar as ações a serem tomadas, socializar e difundir a informação, bem como sensibilizar a comunidade universitária sobre os impactos gerados pelas suas atividades. Sem dúvida, a questão ambiental é uma iniciativa para envolver todos os programas acadêmicos e autoridades universitárias. As questões ambientais devem ser um compromisso de toda a universidade.
* A Univalle tem uma responsabilidade iniludível com a sociedade para alcançar a sustentabilidade. Essa responsabilidade envolve a formação integral de novos profissionais conscientes da sua responsabilidade ambiental, a investigação dos impactos ambientais gerados por sua operação, bem como a definição de sua política ambiental. Mas o verdadeiro desafio será implementar as diretrizes definidas nessa política e focar a gestão ambiental em ações concretas para diminuir os impactos sobre o meio ambiente. Assim, os processos de ensino, pesquisa e extensão devem ser coerentes com o objetivo de alcançar a sustentabilidade.

Finalmente, recomenda-se que a Univalle desenvolva um conjunto de indicadores para avaliar de forma dinâmica, ao longo do tempo, a sua sustentabilidade ambiental. Ferramentas como essa permitirão monitorar a evolução dos diferentes impactos causados, bem como adotar medidas corretivas para os impactos que não têm evoluído positivamente. Esse conjunto de indicadores é uma ferramenta que deve ser construída participativamente com toda a comunidade universitária e, no final, os indicadores serão um reflexo dos hábitos da comunidade da Univalle. Da mesma forma, é necessário que a gestão ambiental da universidade seja trabalhada em rede entre as diferentes universidades, unindo esforços para se alcançar a sustentabilidade ambiental.

Embora a PE não seja um indicador perfeito por suas fraquezas na subestimação de alguns impactos e pela sobrevalorização de outros, é recomendável como um dos indicadores que deve fazer parte da bateria de indicadores ambientais da universidade. A facilidade da metodologia e da pedagogia dos resultados faz com que esse indicador seja uma ferramenta útil para as universidades. Além disso, adotar a PE como um propósito na universidade, onde cada um dos programas acadêmicos e unidades administrativas aportem os seus conhecimentos e informações para uma avaliação mais precisa, permitirá um melhor desenvolvimento da agenda ambiental da Univalle, em particular, e das universidades de maneira geral.

REFERÊNCIAS

CÁMARA DE COMERCIO. Cáli cómo vamos 2009. Encusta y estudio de percepción ciudadana para Cali. Cali, 2009.

CUCHÍ, A.; LÓPEZ, I. *Informe MIES. Una aproximació a l'impacte ambiental de l'Escola d'Arquitectura del Vallès. Bases per a una política ambiental a l'ETSAV*. Cataluña: Universidad Politécnica de Cataluña/ Departamento de Medio Ambiente de la Generalitat de Cataluña, 1999.

ESCOBAR, L. *Propuesta para la formulación del Plan Universitario de Medio Ambiente (Puma) de la Universidade do Valle*. Cali, Colômbia: Universidade del Valle, 2008.

FERGUSON, A.R.B. Comments on eco-footprinting. *Ecological Economics*, v. 37, n. 1, p. 1-2, 2001.

GLOBAL FOOTPRINT NETWORK. Disponível em: http://www.footprintnetwork. org. Acessado em: out. 2009.

HERNANDEZ, P.; ALVAREZ, J.; FERNADEZ, J. *et al*. Huella Ecologica del Campus de Vengazana, Universidad de Leon. *Seguridad y Medio Ambiente*, N° 113, 2009.

JORGE, J.; BUSQUETS, P. *Aproximación a la huella ecológica de la Escuela Universitaria Politécnica de Manresa (UPC)*. A: XI Congreso Universitario de Innovación Educativa en las Enseñanzas Técnicas. "XI Congreso Universitario de Innovación Educativa en Enseñanzas Técnicas". Escola Universitària Politècnica de Vilanova i la Geltrú, 2002.

MEADOWS, D.H.; MEDAOWS, D.L.; RANDERS, J. *Los límites del crecimiento*. México: Fondo de Cultura Económica, 1972.

RODRIGUEZ, R., TABOADA, J., LÓPEZ, N. *Impacto Ambiental en Centros Da USC. Universidade de Santiago de Compostela*. Galixia, 2008.

[PNUMA] PROGRAMA DE NACIONES UNIDAS PARA EL MEDIO AMBIENTE. Disponível em: http://www.plant-for-the-planet-billiontreecampaign.org/billiontreecampaign/spanish/. Acessado em: nov. 2009.

_____. *Avances y progresos científicos en mestro cambiante medio ambiente*. Nairoby, 2010.

TRANSMETRO. *Cálculo de la reducción estimada de emisiones de CO_2 – Barranquilla*. Disponível em: http://www.transmetro.gov.co/contralicita/Anexo2Metodologia%20reduccionEmisionesBquilla-Mayo8-2006.pdf. Acessado em: set. 2009.

UNIVERSIDAD DEL VALLE. *Vida Silvestre en el Campus de la Universidad del Valle*, Programa Editorial Universidad del Valle, Cali – Colombia, 2010.

[UPME] UNIDAD DE PLANEACIÓN MINERO ENERGÉTICA. *Determinación de la Eficiencia Energética del Subsector Indsutrial de Pulpa y Papel*. Ministerio de Minas y Energia, Colombia, 2001. Disponível em: http://www.si3ea.gov.co/si3ea/documentos/documentacion/ure/estudios/EstudiosEficiencia_PapelPulpa.pdf. Acessado em: jan. 2010.

WACKERNAGEL, M; REES, W. *Our ecological footprint: reduction the impact on the earth*. Gabriola Island: New sociaty Publishing, 1996.

[WCED] WORLD COMISSION ON ENVIRONMENT AND DEVELOPMENT. *Our common future*. Oxford: Oxford University Press, 1987.

[WWF] WORLD WILDLIFE FUND. *Relatório Planeta Vivo 2006*. Disponível em: http://assets.wwfbr.panda.org/downloads/wwf_brasil_planeta_vivo_2006.pdf. Acessado em: 20 set. 2010.

Sistema de informações ambientais para o setor industrial têxtil

18

Maria Luiza de Moraes Leonel Padilha
Agrônoma, Faculdade de Saúde Pública da USP

Arlindo Philippi Jr
Engenheiro civil e sanitarista, Faculdade de Saúde Pública da USP

Tadeu Fabrício Malheiros
Engenheiro civil e ambiental, Escola de Engenharia de São Carlos da USP

O setor industrial é considerado uma atividade econômica que gera empregos, renda e divisas para o país, e está inserido na história como um dos fatores impulsionadores do desenvolvimento e crescimento brasileiro.

No entanto, a questão ambiental ainda tem sido tratada, por parte desse setor, como empecilho ao crescimento industrial, ou seja, ainda há uma tendência a se considerar a necessidade de crescimento econômico independentemente de uma preocupação efetiva e coerente com as questões de responsabilidade social e ambiental. Isso acontece apesar de o *Mapa Estratégico da Indústria* para 2007-2015, elaborado pela Confederação Nacional das Indústrias (CNI), evidenciar que o crescimento econômico deve ser atingido levando-se em consideração o desenvolvimento sustentável (CNI, 2002, p. 115; 2007, p. 6).

Quando se analisa o *Mapa* mais detidamente, verifica-se que é uma proposta de empresários apenas. Nele, o desenvolvimento sustentável é visto como algo a ser atingido no futuro, e as propostas a respeito desse ponto aparecem, de modo compartimentado, como a "base do desenvolvimento" no tópico ambiente institucional e regulatório. Neste tópico, há questionamento sobre a legislação ambiental, que traz para as indústrias incerteza em relação a futuros investimentos (licenciamento, compensação ambiental) por elevar o custo e trazer riscos financeiros, de modo que a aplicação da legislação pode ocasionar diminuição nos investimentos das empresas (CNI, 2005, p. 17).

Fica evidenciada no *Mapa* a vontade de se expandir a estrutura vigente ou manter um dado *status quo*, em detrimento de uma mudança de estrutura que efetivamente poderia trazer, como é abordado, o desenvolvimento sustentado, incluindo a justiça social e a preservação ambiental.

Nesse documento, no segundo tópico do desmembramento "atividades e processos", encontra-se o posicionamento da Confederação sobre assuntos como a promoção da gestão ambiental na indústria, por meio dos incentivos econômicos que devem estar inclusos nas legislações para a implantação de tecnologias limpas.

Na agenda para o crescimento, a CNI inclui, como proposta, incentivos à pesquisa na área de tecnologias mais limpas e também aponta a necessidade de "estimular o desenvolvimento de tecnologias inovadoras em produtos e processos voltados à gestão ambiental", estipulando como indicador o número de certificações de indústrias como a norma de Sistema de Gestão Ambiental – ABNT NBR ISO 14001 –, cuja implantação é voluntária e não impositiva (CNI, 2002, p. 120; 2005, p. 57).

Porém, cada setor industrial tem políticas ambientais próprias, como é o caso do setor químico que se autorregulamenta tendo em vista atingir os objetivos definidos no Protocolo de Montreal. Tal diversidade de visão acontece pelo fato de os setores industriais serem complexos, como explica Erber (2002, p.2):

> A operação de um setor é um processo coletivo, em que o resultado final difere da soma das partes. Além disso, anteriormente, as indústrias tinham um enfoque micro e, posteriormente, um enfoque macro, com a atividade econômica posta como um todo, faltando incluir um ponto de vista intermediário que é o de um determinado setor com suas características próprias.

É justamente a necessidade de se focalizar setores industriais específicos que leva a se propor, neste capítulo, o estudo de caso do setor têxtil relativamente ao problema ambiental. Para o desenvolvimento desse estudo de caso, coloca-se, de imediato, a pergunta: como conhecer esse setor no que se refere à questão ambiental?

Uma investigação do problema aponta que os indicadores de desempenho ambiental podem ser uma ferramenta para fornecer informações para aos *stakeholders* e *shareholders* sobre a questão ambiental do setor têxtil (Berkhout et al., 2001, p. i).

Nessa perspectiva, o objetivo deste capítulo é apresentar, por meio de breve histórico, o setor têxtil; estabelecer a atuação da Associação Brasileira da Indústria Têxtil e Confecção (Abit) em relação à questão ambiental e identificar propostas de indicadores para esse setor industrial. Cabe ainda levantar a precariedade das informações sobre a situação atual das indústrias têxteis no que se refere à questão do ambiente, pois ainda não há dados ambientais sistematizados disponíveis sobre o setor no Brasil. Sendo assim, indicadores podem ser uma ferramenta importante para auxiliar a tomada de decisão do setor relativamente a políticas para a área ambiental.

O setor têxtil apresenta diferentes questões problemáticas nessa área, as quais serão abordadas no desenvolvimento neste capítulo. No entanto, a escolha do setor têxtil, além da falta de dados, se deve a uma dada particularidade: as empresas, ao introduzirem inovações no processo produtivo como uma simples máquina que consome menor quantidade de água, trazem resultados ambientais positivos e imediatos à preservação dos recursos naturais, o que as aproxima de alguns outros setores industriais (Napoli Júnior, 2000, p. 85).

BREVE HISTÓRICO E DESAFIOS DO SETOR TÊXTIL NO BRASIL

A atividade de fiar e tecer sempre esteve presente na cultura brasileira, visto que nossos índios já teciam suas vestimentas. Em 1750, houve uma tentativa de instalação da indústria têxtil no Brasil. Entretanto, não foi possível sua continuidade, uma vez que foi proibida pela coroa portuguesa, com a justificativa de que as indústrias retiravam a mão de obra das lavouras e das minas. Todavia, permitia-se a tecelagem de tecidos rústicos para as vestes dos escravos.

Apesar de, em 1808, ter sido obtida autorização para a instalação da indústria têxtil no país, essa atividade somente se iniciou na segunda metade do século XIX, coincidindo com o movimento de libertação dos escravos, a Guerra do Paraguai, a Guerra Civil Americana e, consequentemente, com a existência de novos consumidores. Em 1844, a taxa alfandegária de 30% para os produtos importados incentivou a indústria nacional (Monteiro Filha e Corrêa, 2002, p. 1).

No interior do estado de São Paulo, foram instaladas algumas indústrias: São Martinho, em 1881, em Tatuí; Votorantin, em Sorocaba; Crespi, na cidade de São Paulo; Carioba, em Americana. Eram indústrias que pagavam baixos salários, mas, em contrapartida, ofereciam boa infraestrutura para as famílias dos operários (Costa et al., 2000, p. 108; Americana, 2007).

O crescimento das indústrias, com os teares elétricos, confunde-se com o incremento da produção de energia, tendo grande importância para o desenvolvimento de determinadas regiões distantes dos principais centros urbanos da época.

O setor industrial, porém, está sempre em contínuo aperfeiçoamento tecnológico, o que cria a necessidade de constante atualização dos equipamentos e maquinários, da qualificação da mão de obra e da organização continuada da produção. Um marco do setor têxtil foi o desenvolvimento das fibras artificiais, bem como das sintéticas derivadas de petróleo, que permitiram a diversificação da produção.

Com isso, houve a possibilidade do uso de tecidos para outras finalidades, como na área de geomembranas, e a mistura de fios, dando maior resistência ao tecido e, consequentemente, agilizando o processo de produção.

O aumento da produção da indústria têxtil depende não só das inovações tecnológicas, mas, entre outros fatores, depende também de um maior consumo de tecido por habitante, questão intrinsecamente ligada à criação de moda, de sua sazonalidade e de um design específico para diferentes nichos de mercado, assim como de uma população com poder aquisitivo suficiente para consumir seus produtos.

Além da atualização da produção e do mercado consumidor, o desenvolvimento da indústria têxtil depende também de educação, de canais de distribuição, de estradas, de portos, do aperfeiçoamento das indústrias de equipamentos e máquinas, de empresas de manutenção, de peças de reposição, além de uma infraestrutura adequada.

No Brasil, a indústria têxtil passou por diferentes fases de crescimento, e um dos períodos de bonança foi durante a Segunda Guerra Mundial, em que houve um aumento de 15% em suas exportações, ocupando o segundo lugar, em termos de produção comparada, com o restante do mundo (Costa et al., 2000, p. 54).

Quando terminou a guerra, o Brasil, não tendo para quem exportar, voltou-se para os países vizinhos. Esse nicho, contudo, não era suficiente para a satisfação dos empresários do setor. Houve, então, um movimento de reivindicação ao Estado, buscando-se um modo de aumentar o consumo interno, por meio da elevação do poder de compra da população; propunham-se, ainda, facilidades tarifárias para a exportação e a criação de financiamentos, a fim de modernizar e de reequipar as fábricas para que pudessem concorrer externamente. No entanto, o governo resolveu proibir as exportações nesse período, visto que havia uma avaliação de que as empresas brasileiras estavam com problemas, entre os quais obsolescência técnica e problemas organizacionais (Costa et al., 2000, p. 64).

Essa obsolescência pode ser retratada pelo percentual de teares em atividade com menos de dez anos que, na década de 1960, representavam apenas 17% do total. Para solucionar a questão, em 1964, criou-se o Grupo Executivo da Indústria Têxtil (Geitex), que definiu a criação de subsídios para a importação de máquinas e programas de incentivo para a compra de equipamentos nacionais, estando entre as prioridades estabelecidas: elevar os níveis de produtividade e da capacidade de exportação da indústria nacional e estimular a descentralização regional. Durante as décadas seguintes, houve contínuos investimentos com esse propósito, variando, porém, o montante destinado ao setor.

O governo definiu medidas incentivadoras para o setor que alcançou, em 1970, a isenção de 100% na importação de equipamentos para as indústrias de fiação e tecelagem, mas com o objetivo de modernização e não de aumento da capacidade de produção. Nos anos seguintes, houve novos incentivos e consequente aumento da capacidade de produção em 40%.

O que corroborou com esse percentual foi a não destruição dos teares obsoletos e a sua venda para funcionários; a instalação de indústrias japonesas como a Nishimbo, em Itapetininga; e a transferência da fiação e tecelagem obsoleta da Kanebo do Japão para Jundiaí, com uma imensa capacidade produtiva – ambas as cidades localizam-se no estado de São Paulo (Monteiro Filha e Corrêa, 2002, pp. 4-5).

Na década de 1970, passou-se a utilizar equipamentos têxteis nacionais e houve, nessa e em outras décadas, instalações de fábricas têxteis no Nordeste, com subsídios do Banco Nacional de Desenvolvimento Econômico e Social (BNDES) e da Superintendência do Desenvolvimento do Nordeste (Sudene), entre outras instituições, além dos incentivos fiscais governamentais em diferentes âmbitos e o baixo custo da mão de obra.

No período de 1990 a 1997, ocorreu significativo aumento de produtividade no setor e, em 1995, houve o maior investimento, até então, em máquinas têxteis (Monteiro Filha e Corrêa, 2002, p. 14; Prado e Prado, 2006).

Atualmente, a indústria têxtil brasileira é o sexto parque têxtil do mundo; hoje, busca atingir uma meta de 1% de exportações em relação ao mercado internacional (Prado e Prado, 2004; Abit, [s.d.]a).

Entretanto, com a finalidade de se diferenciar de outros países, pela crescente competitividade, o setor têxtil brasileiro ganharia muito em mostrar os seus resultados em termos sociais e ambientais. Nesse sentido, o BNDES investiu para a conservação do meio ambiente, no setor têxtil, no ano de 1998, US$ 130,4 milhões; em 1999, US$ 29,8 milhões e, em 2001, US$ 9,8 milhões, totalizando o montante de US$ 170,0 milhões (Monteiro Filha e Corrêa, 2002, p. 20).

Embora possa-se dizer que "A cadeia têxtil-confecções é importante pela capacidade de gerar empregos e promover o desenvolvimento regional" (Monteiro Filha e Corrêa 2002, p. 24), os problemas sociais na cadeia produtiva do setor têxtil brasileiro são graves e conhecidos, destacando-se, principalmente, a utilização de agrotóxicos na produção agrícola, com aplicação sem proteção; trabalho infantil na colheita e trabalho forçado ou análogo ao trabalho escravo, especialmente de estrangeiros, nas confecções da cidade de São Paulo e na cultura do algodão.

Por essa razão, a Abit faz parcerias com organizações não governamentais (ONGs) para trabalhos de responsabilidade social e atua para coibir situações que transgridam as leis. O estudo realizado para o BNDES por Monteiro Filha e Corrêa (2002, p. 24) mostra as questões que dificultam o desenvolvimento do setor, como a necessidade de tecnologia e inovação; de gestão adequada de processos; de resposta rápida ao cliente, como, por exemplo, quando do lançamento de coleções com diferentes tipos de mescla de fibras naturais e sintéticas, ou mesmo o desenvolvimento de novas fibras químicas que necessitam de novos processos produtivos; de resposta célere à renovação da moda e à diminuição o espaço temporal entre os lançamentos. Deve-se levar em conta, ainda, que todas essas providências devem ser acompanhadas da manutenção e/ou da melhoria da qualidade e produtividade.

O grande desafio, no momento, é a produção asiática, que é competitiva pelo baixo custo de produção, além de ser um elemento muito importante para o consumidor nacional e internacional. Ademais, na China, há avanços tecnológicos com produtos nanotecnológicos com os quais o Brasil começa timidamente sua atuação. Para a exportação, o Brasil busca diferenciar-se, mostrando suas empresas preocupadas com o meio ambiente. Para tanto, a atuação das entidades representativas do setor tem papel relevante.

Já no que se refere aos problemas ambientais, destaca-se o uso prolongado ou excessivo de recursos naturais, como a água para irrigação do algodão ou em processos como o tingimento; a questão da contaminação dos efluentes líquidos por corantes, como os produtos azoicos (alguns considerados cancerígenos); o alto custo para disposição final, principalmente por conta da dificuldade de áreas para disposição final do lodo das estações de tratamento de efluentes, dentre outros. Essas são questões pontuais e problemáticas que precisam ser equacionadas, pois há normas e regulamentos que as empresas devem cumprir. Além disso, são fatores que podem prejudicar a saúde pública.

A par da verificação da complexidade do setor no que se refere ao ambiente, cabe examinar suas ações em busca de conhecer e resolver determinados problemas.

QUESTÕES AMBIENTAIS E O SETOR TÊXTIL

A Abit é a entidade que congrega as empresas da cadeia têxtil no Brasil, tendo como associados pequenos a grandes produtores têxteis e de confecções, além de fornecedores para a cadeia de produção.

A Abit, preocupada em melhorar a exportação, que, em 2003, era de 1% do mercado mundial, precisa abrir novos mercados, entre os quais há mercados exigentes com as questões ambientais e sociais. Portanto, a Abit, com o apoio financeiro da antiga Agência de Exportação do Governo Federal (Apex), hoje Agência de Promoção de Exportações e Investimentos do Brasil (Apex-Brasil), e com o apoio técnico da Câmara Ambiental Têxtil da Companhia de Tecnologia Saneamento Ambiental do Estado de São Paulo (Cetesb), elaborou e implantou um Inventário Ambiental (que se detalhará adiante), com o objetivo de melhor conhecer a situação das indústrias têxteis brasileiras. O resultado desse inventário teria significativa importância para o setor têxtil, por retratar a realidade das empresas brasileiras em um determinado momento, além de apresentar dados pioneiros na área ambiental e no setor industrial. Porém, não houve a adesão esperada das empresas (San Martin, 2003).

Observa-se que havia outras atividades ambientais da Abit, que eram especialmente a divulgação das melhores técnicas ambientais, por meio de palestras para os associados; discussões junto aos órgãos ambientais e outras instituições sobre controle da toxicidade e mutagenicidade em efluentes líquidos e nos lodos de sistemas de tratamento; incentivo à produção mais limpa; reciclagem de resíduos e reutilização da água (Abit, [s.d.]). No fórum de discussão do setor têxtil, verifica-se também o incentivo ao uso do gás natural ou GLP. Esse fato pode ser ilustrado pela verificação das fontes de energia que foram substituídas (Tabela 18.1). Observa-se que o incentivo resultou na substituição do consumo de óleo combustível, fonte mais poluente, por outra menos poluente.

Tabela 18.1 – Energia: setor têxtil no estado de São Paulo, Unidade: 109 kcal.

Energéticos	1992	2002	2005
Carvão vapor	0	0	0
Gás natural	178	771	1.338
Lenha	300	201	190
Óleo diesel	17	9	9
Óleo combustível	1.459	725	477
GLP	43	79	49
Querosene	8	0	0
Gás canalizado	8	0	0
Eletricidade	3.055	2.484	2.952
Carvão vegetal	128	92	90
Total	5.196	4.361	5.105

Fonte: Baseada em São Paulo (2006, p. 67).

As atividades que a Abit oferece aos associados da entidade são apontadas por outras pesquisadoras:

Orientação aos associados nos aspectos técnicos de controle ambiental; discussão de projetos que objetivem introduzir novas exigências ambientais; participação da Câmara Ambiental da Cetesb para indústria têxtil, objetivan-

SISTEMA DE INFORMAÇÕES AMBIENTAIS PARA O SETOR INDUSTRIAL TÊXTIL | **569**

do a elaboração de normas técnicas, manuais e guias para o setor; implantação de Programa de produção mais limpa; elaboração do inventário ambiental do setor têxtil; coordenação do Prêmio Abit de Meio Ambiente; atuação no Conselho de Meio Ambiente da Confederação Nacional das Indústrias e Câmara Ambiental da Fiesp. (Frank e Grothe-Senf, 2006, p. 99)

Constata-se, pois, que havia ações da Abit em parceria com o órgão fiscalizador do estado de São Paulo. A instituição responsável pelas questões ambientais no estado de São Paulo, a Cetesb, foi criada com o nome de Centro Tecnológico de Saneamento Básico, em 1968, e atualmente denomina-se Companhia de Tecnologia de Saneamento Ambiental (anterior à Secretaria Especial do Meio Ambiente (Sema) de âmbito nacional). A atuação da Cetesb está ligada a controle, fiscalização, monitoramento e licenciamento de atividades geradoras de poluição, porém, ainda precisa de maior atuação em relação ao monitoramento dessas atividades. Hoje, a Cetesb faz parte do Sistema Nacional do Meio Ambiente (Sisnama) como órgão seccional, sendo os órgãos estaduais os "responsáveis pela execução de programas, projetos e pelo controle e fiscalização de atividades capazes de provocar a degradação ambiental" (Brasil, [s.d.]).

A Cesteb, com o objetivo de obter integração com os setores industriais, criou as Câmaras Ambientais da Atividade Produtiva, visando obter uma participação na busca do desenvolvimento sustentável. A Câmara Ambiental Têxtil tem atuado de modo positivo, com a elaboração pelos grupos de trabalho dos seguintes documentos: "Manual de licenciamento para a indústria", "Guia orientativo para uso de solventes de lavagem a seco", minuta de "Norma de avaliação da exposição humana à vibração, visando o conforto da comunidade", "Proposta de pesquisa científica do Centro de Energia Nuclear na Agricultura (Cena)/Piracicaba para aplicação de resíduos sólidos para uso agrícola" (Ferrari et al., 2004).

Após acompanhamento de uma reunião da Câmara Ambiental Têxtil, em 2003, Ferrari et al. (2004, pp. 24-5) mostram que há necessidade de a Cetesb não apenas criar a oportunidade para discussão e interação com as atividades produtivas, mas de responder às demandas advindas dessas Câmaras.

Nessa reunião, os autores constataram que, do resultado de cinco grupos de trabalho criados pelas atividades da Câmara, quatro dependiam da intervenção da Cetesb para aprovação dos documentos produzidos e relataram que desconheciam se a Cetesb dispunha da relação de produtos químicos banidos pela Environmental Protection Agency (EPA), bem como desconheciam os produtos que poderiam estar (ou não) em processo de banimento.

Além dessas dificuldades, cabe lembrar que as indústrias brasileiras, de um modo geral, são reativas assim como o setor têxtil. Um exemplo desse modo de visão e ação é o inventário ambiental. Contando com poucas adesões, os dados representativos do setor não foram significativos, descartando-se, assim, a publicação do inventário com os resultados (San Martin, 2003).

Observa-se ainda que, nesse setor, o número de empresas exportadoras é pequeno em relação ao total de empresas do setor, especialmente se for considerado o volume de exportação de algumas indústrias em relação ao total.

A indústria têxtil brasileira está voltada ao mercado interno (a sua participação no mercado internacional é inferior a 0,3%), embora tenha havido, na última década, uma ação estratégica das empresas têxteis (exceto das confecções) voltada para a abertura de escritórios comerciais, especialmente nos Estados Unidos e na Argentina, por serem os principais importadores de produtos têxteis brasileiros (Prado e Prado, 2008, p. 29; Fleury et al., 2007, p. 142).

Além disso, há no estado de São Paulo pequenas indústrias encerrando suas atividades, o que acarreta um problema ambiental mencionado por prefeituras, que foi contatado por Padilha et al. (2007), pois as empresas fecharam e deixaram em sua área embalagens de produtos químicos abandonados à mercê da chuva, contaminando o solo, além da invasão de pessoas para coletar essas embalagens contaminadas para uso ou para comercialização.

Outra questão que se salienta em relação às indústrias têxteis, é que há um número significativo de pequenas empresas e de empresas informais, como é o caso das lavanderias de tingimento ou, em uma terminologia recente, enobrecimento de tecidos ou roupas. Um exemplo que pode ser citado é o caso do município de Caruaru no estado de Pernambuco, onde há mais de cem empresas que foram autuadas pelo órgão ambiental estadual Agência Estadual de Meio Ambiente e Recursos Hídricos (CPRH), por não possuírem licenciamento para funcionar e estarem poluindo as águas da região (CPRH, 2007). Outro problema enfrentado é que o uso de tecnologias antigas ocasiona um consumo de água extremamente alto, chegando ao índice de 200 a 400 L de água por kg de tecido, como relatado por Silva (2006).

Vale também lembrar que o setor emprega um grande contingente de mão de obra de baixa qualificação, apesar de precisar de qualificação e capacitação para acompanhar a evolução e a concorrência do setor no mundo. Isso ocorre porque o fator ponderado é o menor custo de produção. Nesse contexto de luta pela sobrevivência, as questões ambientais deixam de ser prioridade sobretudo para os médios e pequenos empresários que não exportam. Além disso, a fiscalização ocorre em grandes empresas, nas quais os problemas ambientais podem ter maior proporção e podem vir a ocasionar impactos mais expressivos.

Portanto, não adiantam apenas as diferentes ações ambientais da Abit, pois bons resultados ambientais do setor não dependem exclusivamente da entidade, mas de uma mudança de paradigma dos empresários do setor e da visão dos consumidores que podem exigir que a empresa mostre-se ambientalmente responsável. Para que o objetivo de obtenção desse tipo de responsabilidade seja alcançado, é útil para o setor o uso de indicadores.

INDICADORES DE DESEMPENHO AMBIENTAL NA INDÚSTRIA

Para refletir sobre os indicadores, é interessante lembrar o que foi exposto por Trzesniak (1998), quando de sua contribuição no Seminário sobre Avaliação da Produção Científica, realizado em São Paulo pelo Projeto SciELO, de 4 a 6 de março de 1998, sobre a natureza dos indicadores que, além de poderem ser verbais, matemáticos, gráficos, fotográficos entre outros, podem ser caracterizados pelas seguintes categorias:

> *Determinísticas* aquelas em que causa e efeito estão ligadas *diretamente*: a presença (ou uma variação) da primeira *necessariamente* implica o surgimento (ou uma alteração) no último [...] *estocásticas*, a vinculação entre causa e efeito torna-se *indireta*, a presença (ou uma variação) da primeira reflete-se *não* no efeito, mas na *probabilidade* dele surgir (ou se modificar). (Trzesniak, 1998, p. 160).

Ao longo do tempo, houve o desenvolvimento dos indicadores, especialmente os de natureza determinística, como os matemáticos, enquanto os de natureza estocástica, como os das ciências sociais, requerem maior observação e, por isso, um tempo considerável de definição.

INDICADORES DE SUSTENTABILIDADE E GESTÃO AMBIENTAL

Já quanto aos indicadores ambientais, Hans van Bellen explica:

> Devido às incertezas naturais [...] os sistemas são apenas parcialmente ratificados pela ciência e também pelo processo político. Desta maneira, as ferramentas de avaliação são resultantes de um compromisso entre a exatidão científica e a necessidade de tomada de decisão, em função do caráter urgente da ação. Esta limitação pode ser facilmente observável no campo social, onde muitas variáveis não são quantificáveis e não podem ser definidas em termos físicos. [...] Já os indicadores de performance são ferramentas para comparação, que incorporam indicadores descritivos e referências a um objetivo político específico. Eles fornecem aos tomadores de decisão informações sobre o grau de sucesso na realização de metas locais, regionais, nacionais ou internacionais. Estes indicadores são utilizados dentro de diversas escalas, no campo da avaliação política e no processo decisório. (Van Bellen, 2007, p. 48)

No Brasil, os indicadores industriais vêm se desenvolvendo ao longo dos anos. A relevância atribuída à competitividade das empresas, especialmente com a abertura do país ao mercado internacional, ocasionou a busca de indicadores que demonstrassem como a empresa se posiciona em relação a suas concorrentes. Naquele momento de abertura do mercado, com as principais preocupações voltadas à qualidade total, focavam-se, entre outros fatores: o prazo de entrega, a qualidade do produto, o custo e a produtividade.

Na área ambiental, com o advento da norma ABNT NBR ISO 14001:1996 – Sistema de gestão ambiental, sua atualização em 2004–, e a norma ABNT NBR ISO 14031:2004 Gestão Ambiental – Avaliação de Desempenho Ambiental –, há diretrizes que trazem uma ferramenta para auxiliar as empresas na busca de indicadores pelos quais possam demonstrar como estão suas atividades, identificar seus pontos de melhoria e, por fim, referir uma sistemática de melhoria contínua e de evolução em termos de desempenho ambiental.

A norma ABNT NBR ISO 14031 enfatiza o aspecto ambiental, o que a diferencia da proposta dos indicadores do Sustainability Performance Benchmarking (Perform) e do Global Reportting Initiative (GRI), que incorporam, além da dimensão ambiental, as dimensões social e econômica.

Para a aplicação dessa norma, a Federação das Indústrias do Estado de São Paulo (Fiesp) e o Centro das Indústrias do Estado de São Paulo (Ciesp) criaram um grupo de trabalho sobre indicadores de desempenho ambiental na indústria, visando à elaboração de uma cartilha com a finalidade de

SISTEMA DE INFORMAÇÕES AMBIENTAIS PARA O SETOR INDUSTRIAL TÊXTIL | **573**

auxiliar as indústrias na sua implantação. Essa cartilha, elaborada, portanto, com o apoio de representantes da indústria e de centros de desenvolvimento tecnológico, auxilia efetivamente as indústrias que desejam iniciar a verificação de seu desempenho ambiental.

A cartilha elaborada pela Fiesp/ Ciesp é um instrumento de gestão ambiental para as indústrias com base na norma mencionada que orienta as organizações na escolha de critérios de desempenho ambiental; aborda a possibilidade de um dado setor industrial poder avaliar seu desempenho comparando seus próprios dados; sugere formas de pesquisa com as partes interessadas, identificando quem são elas; propõe que não apenas se coletem os dados, mas que se analisem, avaliem e comuniquem os dados às partes interessadas, de modo que elas possam interagir entre si.

Essa proposta aponta uma iniciativa inovadora como um primeiro passo no sentido de sensibilizar e auxiliar as indústrias paulistas e de outros estados a começarem a medir o próprio desempenho. Trata-se do resultado de um trabalho elaborado por um grupo de especialistas no assunto, o que, *a priori*, deve significar uma ferramenta adequada de mensuração da gestão ambiental por parte das empresas que a adotarem.

A cartilha fornece exemplos de indicadores a partir de dados coletados pelas indústrias brasileiras que elaboram as suas avaliações de desempenho ambiental, como Mahle Metal Leve e Natura. Cita, também, os estudos de custos ambientais e indicadores de ecoeficiência elaborado por Moraes (2000) e sobre ecoeficiência para papel e celulose de Piotto (2003), além do GEO Cidades-São Paulo. No âmbito internacional, a referência é o trabalho Measuring the Environmental Performance of Industry (Mepi) (Berkhout et al., 2001) e o Global Reporting Initiative (GRI, 2006) em aspectos ambientais (Figura 18.1).

O Mepi (Berkhout et al., 2001) foi um dos conjuntos de indicadores utilizados na elaboração do *Sustainability Performance Benchmarking* pela Universidade de Sussex – Science & Technology Policy Research (SPRU) (Perform, [200-]). Para tanto, contou com a parceria de diversas instituições: Departamento de Indústria e Comércio do Reino Unido; Universidade de Brighton – Centre for Research in Innovation Management (Centrim); Faversham House Group; Edie (empresa de divulgação/publicação); Biffaward (empresa de serviços de resíduos); Engineering and Physical Sciences Research Council (EPSRC); Departamento de Indústria e Comércio da Grã-Bretanha; Federação da Associação de Engenheiros Empregados (organizações ligadas à manufatura); Associações Nacionais de vidro,

574 | INDICADORES DE SUSTENTABILIDADE E GESTÃO AMBIENTAL

Quadro 18.1 – Exemplo dos indicadores de gestão de desempenho desenvolvido pela Fiesp/Ciesp.

Aspecto ambiental	Indicador de desempenho de gestão	Unidade(*)	Fonte
Emissões atmosféricas	Quantidade de CO_2 equivalentes	t/valor agregado da produção	MEPI
	Quantidade de CFC-11	t/valor agregado da produção	MEPI
	Quantidade de CO_2 equivalentes	t/lucratividade da empresa	MEPI
	Quantidade de CFC-11	t/lucratividade da empresa	MEPI

Este aspecto ambiental considera a emissão de substâncias relacionadas com o efeito estufa, a chuva ácida, a destruição da camada de ozônio; recomenda-se a busca de indicadores que expressem a relação da emissão de outros gases e partículas inaláveis com a produção, em um dado período de tempo, tendo em vista a questão de saúde pública e ocupacional.

Fonte: Fiesp/Ciesp (2004, p. 29).

cimento, plástico, construção, motores, madeira, gráficas, entre outros setores (Frank e Grothe-Senf, 2006; Perform, 2006).

Segundo os pesquisadores Hertin e Berkhout (2003), o objetivo do Perform é medir, analisar e comparar os desempenhos ambientais, sociais e econômicos das indústrias de quatorze setores industriais do Reino Unido. A partir da comparação dos dados, as empresas poderiam verificar as melhores práticas de sustentabilidade e, depois, fazer escolhas tecnológicas e/ou de gestão adequadas, a fim de tornarem os seus produtos e processos mais sustentáveis.

Em decorrência desse objetivo, Hertin e Berkhout (2003) definiram três critérios para a escolha dos indicadores: relevância científica (literatura); relevância política (revisão dos indicadores desenvolvidos por outras organizações – governo, GRI, associações representativas das indústrias e partes interessadas) – e disponibilidade de dados (revisão dos relatórios corporativos e outras fontes de informação).

O Perform contou com um banco de dados eletrônico, *on-line*, em que a indústria podia introduzir os dados de cada planta industrial, unidade de negócio ou empresa (a empresa deveria ser cadastrada e a pessoa que reali-

SISTEMA DE INFORMAÇÕES AMBIENTAIS PARA O SETOR INDUSTRIAL TÊXTIL | **575**

zaria a atividade deveria estar autorizada a introduzir os dados). Os autores do Perform incorporaram parte do banco de dados das indústrias do Reino Unido, coletados no projeto do Mepi. O software desenvolvido contava com um guia tutorial para explicar cada indicador (como uma ficha metodológica) de forma a permitir a conversão de medidas, por exemplo. Após os dados serem inseridos *on-line* e aprovados pela empresa, contava-se com um processo eletrônico de averiguação da segurança relativa à qualidade e, depois, passavam pelo mesmo processo de averiguação, mas agora pela equipe do projeto de pesquisa. Somente então eram publicados, fazendo, assim, parte do banco de dados e, a partir desse momento, é que se gerava o relatório de comparação de determinada empresa em relação ao setor. Na realidade, o software criava um relatório de números, tabelas e gráficos comparativos com os dados da empresa, especificando sua tecnologia, com o auxílio de indicadores de outras empresas do setor, apontando os indicadores da empresa com o melhor desempenho (Hertin e Berkhout, 2003; Sorrell et al., 2005).

No projeto, havia um termo de confidencialidade, que, entre outras questões, ressaltava que, caso a empresa não quisesse se identificar, seria indicada por número, e determinados indicadores não seriam mostrados para que não houvesse possibilidade de identificação da empresa (Hertin e Berkhout, 2003, p. 4).

O Perform coletou 8.884 medidas de desempenho de 479 produtores, em catorze setores industriais (não incluindo o setor têxtil, objeto do presente estudo), ocorridas no período de 2000 a 2003 (Sorrell et al., 2005, p. 4-5).

Para tanto, o grupo de pesquisadores do Perform definiu indicadores genéricos (quatro econômicos, sete sociais e dezenove ambientais), dentre os quais, para este estudo específico, salientam-se os indicadores ambientais, elencados no Quadro 18.2.

Com base nos indicadores genéricos, foram criados outros indicadores que variaram de acordo com a especificidade de cada setor industrial estudado. Isto permitiu a comparação entre localidades, entre empresas e entre setores industriais como o automotivo, o de alumínio, vidro, água, agregados, aço, cerâmica, eletricidade, plástico, construção, motores, papel, madeira, gráficas (Sorrell et al., 2005, pp. 38-41).

Os autores do Perform observaram diferenças em relação aos setores anteriormente discriminados, levantando possíveis razões para os diferentes desempenhos ambientais: nível de gerenciamento ambiental, uso de

Quadro 18.2 – Indicadores ambientais genéricos do Perform.

Indicador ambiental	Unidade/modo de medição
1. Emissão CO_2 (direto)	Toneladas/produto produzido
2. Emissão NOx	Toneladas/produto produzido
3. Emissão SOx	Toneladas/produto produzido
4. Reclamações por incômodos	Número de reclamações/produto produzido
5. Sistema de gestão ambiental	Sistema gestão ambiental, não certificados ISO 14001, sem SGA
6. Número de processos sem decisão final (a espera de decisão)	Número de processos/produto produzido
7. Consumo de energia	Megawatt horas/produto produzido
8. Consumo de combustível fóssil	Megawatt horas/produto produzido
9. Consumo de eletricidade renovável	Porcentagem
10. Consumo de combustível alternativo e renovável	Porcentagem
11. Consumo total de energia convencional	Megawatt horas/produto produzido
12. Consumo de energia alternativa	Megawatt horas/produto produzido
13. Reciclagem e reúso de água	Porcentagem
14. Consumo de água	Metro cúbico/produto produzido
15. Destinação de resíduos perigosos	Quilograma/produto produzido
16. Destinação de resíduos não perigosos	Quilograma/produto produzido
17. Total de resíduos	Quilograma/produto produzido
18. Resíduos recicláveis	Quilograma/produto produzido
19. Taxa de reciclagem	Porcentagem

Fonte: Adaptado para a realidade brasileira com base em Sorrell et al. (2005, p. 38).

diferentes tecnologias, mix de produção dos produtores, rentabilidade da empresa, tamanho e subsetor.

Houve indicadores com dados que revelaram diferença significativa em torno de 70%, enquanto outros não chegaram a 0,2 %. Outro comentário dos autores do Perform é que os indicadores sociais ainda estão na infância, ou seja, não há sistemática de coleta desses dados.

No caso dos indicadores econômicos, os dados foram considerados apenas quando podiam ser cruzados com os indicadores sociais e ambientais. O fato de os dados econômicos serem estabelecidos por empresa e não por localidade ou por unidades empresariais como são os ambientais dificultou tal cruzamento. Todavia, no caso dos indicadores ambientais, observa-se uma porcentagem significativa de empresas (78,7%) com dados sobre emissão de CO_2. Em relação aos dados econômicos, sociais e ambientais de reciclagem, porém, há poucos dados, considerando-se que 83% deles são oriundos de indústrias de países da União Europeia.

A proposta de desempenho sustentável de *benchmarking* do Perform foi realizada no período de 2000 a 2003 com variações na coleta de dados, e os autores mostram que, no geral, ocorreu uma evolução nos indicadores, exceto no caso dos sociais.

A Figura 18.1 traz um exemplo de resultados do Perform em que se comparam emissões de SO_2 entre diferentes empresas de energia. Para tanto, os autores especificaram as fontes de produção de energia de cada empresa por meio da legenda: [C] carvão, [G] gás, [R] renovável, [N] nuclear, [+] outras. Valendo-se da média de emissão de SO_2 de todas as empresas, pode se observar a situação de cada uma delas.

O indicador considerado foi a emissão de SO_2 por unidade de produto produzido e a unidade de medida quilograma/produto produzido. A partir do gráfico da Figura 18.1, observa-se que as empresas Scottish Power (PacificCorp) com as fontes de energia CGR; RWE Innogy com CGR+; Eletr. de Portugal (Hydrocantabrico) com RCGN; Scottish Power (UK Division) com CGRN e Eletr. de Portugal (EDP Portugal) com RG+ ultrapassam a média de emissão de SO_2 que é de 1, 317.90762 kg/produto produzido.

Por meio do exemplo genericamente apresentado nesta parte, o Cetrim, instituição parceira no projeto do Perform, especializado na área de administração e produção, propõe às empresas que emitem SO_2 acima da média (não se menciona aqui os padrões de emissão) a sua *expertise* para levantar, identificar e dar diagnóstico sobre os aspectos em que poderiam melhorar sua *performance*, desde a questão organizacional até o próprio processo produtivo.

Figura 18.1 – Ilustração dos resultados do Perform, comparando as emissões de SO_2 entre empresas de energia.

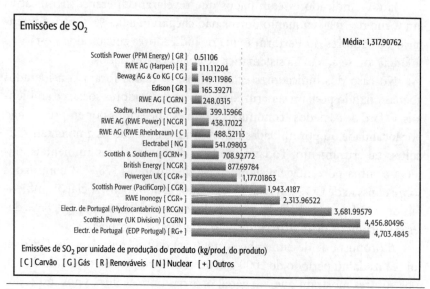

Fonte: Perform (2006).

Na Figura 18.2 são mostrados outros resultados do Perform, em que se comparam as emissões de SO_2 da empresa Edison em relação à média de emissão de SO_2 das empresas de energia pesquisadas nos anos de 2000 a 2002; verifica-se uma tendência de redução, em oposição à média de emissões de SO_2 das empresas de energia. No caso dessa empresa, para se chegar às razões que levaram à redução das emissões, seria necessário saber se houve uma ação de alteração do processo ou substituição de fonte de energia da empresa ou não no período considerado.

No Brasil, um exemplo de empresa que utiliza indicadores ambientais é a Natura – setor de cosméticos –, que vem expandindo as atividades no mercado global, tem transparência quanto aos dados ambientais, além de elaborar um relatório de sustentabilidade de modo a mostrar melhoria contínua. Desde 2000 edita o relatório anual de responsabilidade corporativa e, a cada ano, agrega novos indicadores.

O GRI é uma proposta de indicadores abrangente em termos de responsabilidade social e para situar a organização nas dimensões social, econômica e ambiental. Diferentemente do Perform, não analisa os relatórios

Figura 18.2 – Ilustração dos resultados do Perform das emissões de SO_2, no período de 2000 a 2002, da empresa Edison em comparação com a média de emissão das empresas pesquisadas.

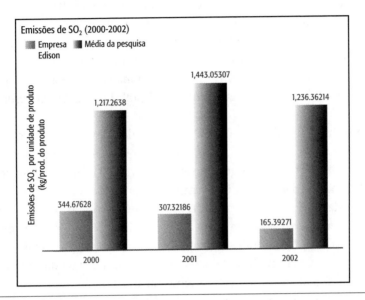

Fonte: Perform (2006).

comparando-os com os resultados de outras unidades e localidades; porém, permite à organização fazer *benchmarking* em relação

> A leis, normas, códigos, padrões de desempenho e iniciativas voluntárias; demonstração de como a organização influencia e é influenciada por expectativas de desenvolvimento sustentável e comparação de desempenho dentro da organização e entre organizações diferentes ao longo do tempo [por intermédio dos dados publicados no site]. (GRI, 2006, p. 5)

Os indicadores foram construídos com a participação das partes interessadas como empresas, ONGs, trabalhadores, investidores, consumidores de diferentes partes do mundo. A proposta do GRI é centrada no desenvolvimento sustentável como princípio definido no Relatório Nosso Futuro Comum e seu objetivo é que as empresas mostrem os impactos na sustentabilidade global por meio da elaboração de relatórios com visão abrangente nas áreas econômica, social e ambiental, que tenham "ampla credibilidade junto aos grupos de partes interessadas". A aplicação do GRI pode ser realizada em qualquer setor e empresa que tenham condições para isso (GRI, 2006, p. 5-6).

Um outro conjunto de indicadores que pode ser citado, como tendo possível utilidade para o setor têxtil, é o Dow Jones Sustainability Group Index (DJSI), elaborado pela Sustainable Asset Management (SAM). O DJSI aponta em torno de trezentas empresas sustentáveis num conjunto de 2.500 empresas, demonstrando como estão posicionadas em relação às questões de responsabilidade social, ambiental e cultural (DJSI, 2006; Bovespa, 2005, p. 5).

No Brasil, a Bolsa de Valores de São Paulo (Bovespa) sob a coordenação da Fundação Getulio Vargas/São Paulo (FGV-SP), que conta com a participação de diversas organizações, desenvolveu o Índice de Sustentabilidade Empresarial (ISE) para as empresas com ações na bolsa.

Desde 2005, a FGV vem aprimorando o questionário com os indicadores e, em 2006, foi introduzida a possibilidade de auditoria de determinados tópicos pré-definidos, o que pode ter ocasionado a exclusão de empresas que estavam na lista de 2005. Nos índices de 2006 da Bovespa e da Dow Jones, não há empresas brasileiras na área têxtil.

O Perform é diferente de outras iniciativas por comparar setores específicos, desagregar dados e ter enfoque em indicadores de desempenho de sustentabilidade. Ela coleta, analisa e constrói um relatório padrão das companhias; além de proporcionar um *benchmarking* detalhado e desagregado, dá suporte para a melhoria de processo, por intermédio do Centrim, como apresentado anteriormente (Perform, 2006). Outro trabalho desse tipo é o das pesquisadoras Frank e Grothe-Senf (2006), cuja proposição de indicadores permite a constatação da situação atual da empresa, podendo constituir-se como um diagnóstico para empresas que nunca utilizaram os indicadores e/ou avaliar sua condição ao longo do tempo, verificando a tendência de melhoria ou não da empresa. A fim de ilustrar esses indicadores ambientais, estão reproduzidos no Quadro 18.3 alguns exemplo dos indicadores por elas propostos.

Como visto, há indicadores disponíveis para serem utilizados por diferentes setores industriais; porém, há a necessidade de adaptá-los para cada realidade em que estejam inseridos. No próximo tópico, abordam-se um estudo das pesquisadoras Frank e Grothe-Senf (2006) e um inventário ambiental que foram focados no setor têxtil.

Quadro 18.3 – Exemplo de indicadores ambientais de avaliação do desempenho ambiental ampliado.

Num.	Área/objetivo definição do indicador	Unidade	Aplicação na ADAA	Valores anuais			Avaliação (tendência)	Observação
				2000	2001	2002		
1	Uso de materiais/produtos							
1.1	Consumo de matéria-prima							
1.1.1	Rohstoff A pro Produkteinheit (PE)	kg/kg	1	1.000	958	928	54	
1.1.2	Rohstoff B pro PE	kg/kg	1	725	768	800	0	
1.2	Participação de matérias-primas provenientes de materiais renováveis							
1.2.1	Anteil n.R. pro PE	%	1	1,5	1,8	3,0	5	

Fonte: Frank e Grothe-Senf (2006).

OS INDICADORES PARA O SETOR TÊXTIL

O estudo mencionado é a Avaliação de Desempenho Ambiental Ampliado (Adaa) de Frank e Grothe-Senf (2006) que, como dito, foi aplicada no setor têxtil e o inventário é o Inventário Ambiental da Abit ([s.d.]a).

A Adaa

Frank e Grothe-Senf (2006) realizaram um estudo comparativo entre o Brasil e a Alemanha para mostrar as diferenças de atuação e os resultados entre os dois países, nas dimensões visão de futuro ambiental e social, por meio de uma ferramenta desenvolvida por elas, denominada Adaa.

Para esse trabalho, as autoras pesquisaram as indústrias têxteis e químicas. Os dados obtidos no Brasil revelam que as indústrias têxteis são conservadoras na questão ambiental. A Alemanha se antecipou à globalização, com enfoque na tecnologia têxtil, conseguindo se manter rentável, direcionando-se para as necessidades da "indústria aeroespacial, de construção, do setor médico de roupas especiais (para a proteção), além das indústrias de máquina e química" têxtil.

Em 1995, o setor têxtil alemão fez uma declaração de autocomprometimento com relação à proteção frente às mudanças climáticas e ampliou esse acordo em 2000. Ainda na Alemanha, há acordos para a questão dos corantes azoicos, compostos orgânicos clorados, para o uso de insumos têxteis auxiliares ecologicamente corretos e significativa redução de outros produtos considerados problemáticos em termos de poluição. No Brasil, não há autorregulamentação do setor, mas há os serviços oferecidos pela Abit aos associados (Frank e Grothe-Senf, 2006, p. 97-8).

Segundo as autoras que elaboraram a Adaa, a Abit considera que o setor têxtil atende à legislação, mas verificam que o enfoque está nas áreas de redução de emissões e economia de energia (Frank e Grothe-Senf, 2006, p. 99-100). Entre os resultados do questionário que elas aplicaram em três empresas têxteis no Brasil, destacou-se a Hering que, a partir de objetivos globais, nacionais e locais, buscou indicadores para demonstrar a sua atuação, incluindo as dimensões de qualidade, de entrega, de custos, de moral, de segurança e de ambiente. A Hering tem comunicação com as partes interessadas em seus resultados, ou seja, há efetivamente uma ação integrada por parte da organização.

SISTEMA DE INFORMAÇÕES AMBIENTAIS PARA O SETOR INDUSTRIAL TÊXTIL | **583**

Em termos comparativos com a Alemanha, o Brasil necessita melhorar nas seguintes áreas: resíduos, reciclagem, energia e emissões, apesar da ênfase dada pela entidade representativa do setor nesses aspectos (Frank e Grothe-Senf, 2006, p. 124-5).

Inventário ambiental[1]

O Inventário Ambiental proposto pela Abit[2] foi preparado com requisitos de seguridade necessários para garantir às empresas segurança no acesso, evitando violação das informações. Teoricamente, a segurança deveria ser um estímulo para que as empresas entrassem na homepage da Abit e fornecessem seus dados. Afinal, é um setor que precisa mostrar sua situação ambiental internacionalmente. Contudo, a adesão não foi considerada significativa (Abit, [s.d.]a; Cetesb, 2003).

O Inventário Ambiental é basicamente elaborado para a coleta de dados das indústrias, visando à constatação da situação ambiental das indústrias em relação a diferentes fatores, conforme se expõe a seguir.

No que se refere aos insumos, que são matérias-primas, substâncias químicas utilizadas pelas indústrias, a questão que se apresenta é: quais as fontes de energia e combustíveis? A identificação dessas fontes permite verificar se é uma fonte mais ou menos poluente. Constata-se, porém, no Inventário, a falta de perguntas sobre o uso de combustível sólido como a lenha, sobre a qual é preciso saber se é de reflorestamento. Outro tópico é a fonte de abastecimento de água da indústria (rede pública, rio/corpo da água, poço artesiano e semiartesiano, poço freático ou outra fonte de abastecimento) e o consumo de água.

Quanto às fontes de poluição, que são as emissões atmosféricas, cabe indagar sobre as fontes fixas de material particulado (fiação, tecelagem, manufatura – caldeira – manufatura, qualquer fluído térmico). Em relação a cada fonte, se houver equipamento de controle, é necessário saber qual equipamento é utilizado: filtro manga/tecido, lavador de gases, precipitador eletrostático, ciclone, sistema venturi, coletor de fuligem ou outro equipamento. Indaga-se, também, se há automonitoramento.

---

[1] Dados provenientes do site da Abit (200[-]).
[2] A Abit pode ser acessada no endereço http://www.abit.org.br/inventarioambiental/

No que diz respeito às fontes fixas de óxido de enxofre (SOx), também se indagam sobre as possíveis fontes de poluição (tinturaria, engomagem, manufatura-caldeira-manufatura, qualquer aquecedor com fluído térmico). Para cada fonte similar às fontes fixas de material particulado, há a relação dos equipamentos de controle a serem considerados e também a necessidade de verificação de automonitoramento. A emissão de substâncias odoríferas também deve ser considerada, pois pode causar incômodo à comunidade do entorno.

No que se refere à emissão por fontes móveis, o Inventário Ambiental relaciona os seguintes tipos de fonte: veículo movido a álcool, diesel, álcool ou gasolina e gás natural. Deve ser medida a quantidade de veículos de cada tipo de fonte e a respectiva quantidade média de combustível consumida e ser verificado se há "medidas para minimizar as emissões liberadas pela frota de veículos da empresa".

Quanto ao ruído e à vibração, a pergunta do inventário busca saber se o "processo produtivo gera algum tipo de ruído ou vibração"; a partir dessa questão, procura verificar se as empresas monitoram externamente essas emissões e se houve reclamações ou mesmo se foi autuada. Para tanto, enumera os possíveis pontos de geração de ruído e vibração: "setor de tecelagem (teares), sistema exaustor de ventilação local, sistema de climatização para manutenção de umidade e temperatura ambiente, máquinas de lavagem com pedras, centrífugas, caldeiras para produção de vapor, compressores, sistema de controle de poluição do ar das caldeiras, outro local".

Nesse tópico, o inventário também pergunta se há controle por parte da indústria e, em caso afirmativo, propõe oito alternativas para solucionar o problema: substituição do maquinário por um mais moderno menos ruidoso e com menor vibração; instalação de isoladores acústicos; instalação de abafadores de ruído nas máquinas e equipamentos; construção de barreiras de som; tratamento antivibratório; manutenção e limpeza periódica de máquinas e equipamentos (rolamentos, polias, bombas, compressores, balanceamento de ventiladores etc.); remoção do equipamento para outro local, ou seja, alteração do layout da planta da fábrica; ou outra opção não elencada anteriormente. Padilha et al. (2007) mostram a importância da questão da vibração e ruído para a população do município de Americana, por exemplo, onde houve trabalhos específicos da Cetesb para avaliar o problema. Todavia, mesmo com um plano diretor, com legislação municipal, continuam as reclamações aos órgãos ambientais.

O inventário questiona também se a empresa gera resíduos sólidos, o que é bastante oportuno. Em pesquisa realizada por Padilha e Ferreira

(2005) em indústrias têxteis sobre transparência e práticas ambientais, quando do contato telefônico para explicar os objetivos da pesquisa e verificar o interesse da empresa em participar, houve empresas que responderam que não geravam resíduos sólidos em áreas produtivas nem nos escritórios, o que é difícil, se não impossível, ocorrer. Observa-se, então, a pertinência no Inventário Ambiental de uma pergunta sobre a existência de "resíduos sólidos de áreas não produtivas (provenientes das áreas de escritórios, restaurante etc.)" e a inclusão de uma questão fundamental sobre a disposição final dos resíduos: onde ocorre, se em aterro próprio, de terceiros (industrial), municipal ou se reciclam, se há reutilização dos resíduos. Ao final dessa parte do questionário, indaga, como última opção, se a empresa se considera com uma visão de produção mais limpa nos processos industriais.

Outro ponto levantado sobre resíduos sólidos é se há programa de coleta seletiva e de ambulatório. As respostas a essas questões podem demonstrar a necessidade de treinamento na área ambiental, pois os funcionários precisam estar não só conscientizados a propósito da necessidade de cuidados ambientais, mas ter atitudes positivas, como separar o lixo produzido.

O questionário levanta questões sobre o armazenamento de produtos considerados perigosos e tóxicos para verificar se estão devidamente armazenados, se são identificados em razão do potencial de periculosidade, se há estudo de análise de risco e gerenciamento de risco; se houver risco, como o produto é armazenado, como no caso do ascarel. Outra atividade sugerida são os inventários periódicos de materiais/produtos dos responsáveis pelo transporte dos resíduos.

As demais questões propostas versam sobre: conformidade legal (licenças, termo de ajustamento de conduta e cadastro para disposição de resíduo); educação ambiental interna e externa (para a comunidade); implantação (ou não) das normas NBR ISO 9001, NBR ISO 14001 ou de sistema de gestão ambiental; estratégia de marketing ambiental; uso (ou não) de técnicas de produção mais limpa e/ou de prevenção da poluição.

Para as empresas, o cerne da dificuldade para atender os requisitos relativos aos resíduos sólidos é o custo da adequação às normas e aos regulamentos ambientais, pois tal atividade é considerada como investimento, sem a consideração dos benefícios efetivos como o que é economizado ao se deixar de pagar multas; a redução do dispêndio com a entrada de água pela utilização do seu reúso; a diminuição do custo de energia pela redução de captação de água entre outros benefícios.

INDICADORES DE SUSTENTABILIDADE E GESTÃO AMBIENTAL

A aplicação do inventário efetivamente auxilia a indústria em verificar sua situação ambiental, estimulando-a a buscar e organizar dados e analisá-los se lhe convier, além de levar ao mapeamento da situação da indústria em relação ao setor como um todo.

Todavia, como não há a possibilidade de troca de informações entre as empresas ou mesmo de comparação entre elas, verificando-se onde estão localizadas entre uma posição mínima e uma máxima, a entidade do setor têxtil responsável pelo Inventário Ambiental poderia preparar buscas informatizadas para isso, pois o questionário já é informatizado, facilitando o seu uso e propiciando a comparação. Essa providência constituiria um considerável ganho para a aplicação do processo pelas empresas e poderia vir a ser um incentivo à participação delas.

Ao que tudo indica, o Inventário Ambiental não trouxe efetivamente resultados, como a possibilidade de se obter uma política pública para o setor na área ambiental, devido à baixa adesão das indústrias na inclusão dos dados.

CONSIDERAÇÕES FINAIS

No Brasil, o setor têxtil vive um momento em que para continuar a existir é fundamental que volte a crescer. Para tanto, os indicadores ambientais, como ferramenta de avaliação, poderão auxiliar na tomada de decisões e, se a dimensão ambiental for componente do "crescer têxtil", poderá resultar em opções mais alinhadas a um desenvolvimento sustentável.

Crescendo, o setor têxtil do país poderia competir com outros mercados que direcionam seus interesses de modo diferenciado: na Europa, o setor volta-se para o desenvolvimento de produtos que exigem alta tecnologia e que, ao mesmo tempo, revelem preocupação social e ambiental; na Ásia, o setor direciona-se ao mercado de produtos populares que competem diretamente com o Brasil, mas já começa a mostrar resultados de pesquisa e desenvolvimento de novos produtos, porém, sem grande preocupação ambiental.

A perspectiva que se delineia para o setor no país com a concorrência dos países asiáticos é de declínio. Não será apenas a luta pela sobrevivência que manterá o seu *status quo*, pois nem os filhos dos trabalhadores do setor querem continuar nele.

Além disso, como em outros setores, há poucas ações efetivas na busca de soluções com enfoque sobre o desenvolvimento de inovações com base tecnológica, ou seja, as empresas não investem em pesquisa, visto que, para

SISTEMA DE INFORMAÇÕES AMBIENTAIS PARA O SETOR INDUSTRIAL TÊXTIL | **587**

que isso venha a acontecer, é necessário haver parceria e interação entre o governo e a indústria.

Outra dificuldade enfrentada pelo setor é que a sua maior parte é constituída por pequenas e médias empresas, muitas familiares, sendo ínfimo o número de empresas têxteis de capital aberto no Brasil.

O setor têxtil vangloria-se de ser um dos maiores geradores de emprego para a população de menor instrução do país; no entanto, esse fator – a baixa instrução – é um elemento limitante para a ocorrência de um melhor desempenho das indústrias. A preocupação com o aumento de instrução dos empregados poderia trazer inovações para as mesmas.

As associações que representam o setor buscam concentrar as suas atividades nas questões de abertura de mercado, criação de barreiras técnicas, impostos e tarifas para a importação, entre outros pontos que afetam o setor; paralelamente e com menor intensidade, propõem ações com abordagem tecnológica e de capacitação.

Em relação às questões ambientais, o têxtil é um setor reativo. Em 2007, por exemplo, ao se verificar o número de empresas certificadas, no Brasil, pela norma ABNT NBR ISO 14001, válidas com marca de credenciamento do Instituto Nacional de Metrologia, Normalização e Qualidade Industrial (Inmetro), encontravam-se apenas nove, sendo que quatro delas são unidades operacionais de uma mesma empresa.

Para a empresa ser proativa ambientalmente, a questão ambiental deve fazer parte de sua política empresarial, proposta difícil de ser identificada nas empresas do setor. Entre os possíveis acontecimentos para que o fator ambiental passe a ser de interesse do setor têxtil brasileiro, está a necessidade premente de se vender para o mercado europeu, quando se teria a pressão da União Europeia com as "diretivas" que obrigam os fornecedores a manterem um determinado comportamento ambiental.

Porém, não se deve esperar uma modificação em curto prazo, pois o mercado brasileiro consome expressivo volume de produtos têxteis e não é exigente em relação às condições ambientais das indústrias; sua preocupação diz respeito, sobretudo, ao preço do produto. Além disso, a maior parte das exportações nacionais é para países latino-americanos, pouco sensíveis a essas questões.

Voltando-se ao Índice Dow Jones e ao ISE da Bovespa aqui discutidos, verifica-se que não pressionam para um melhor desempenho ambiental das empresas do setor, pois as empresas, em sua maioria, não têm ações comercializadas em bolsa.

Passando para o caso do Perform, que foi implantado na Europa com dificuldades, percebe-se que a dificuldade para sua implantação no Brasil é e será maior para a coleta de dados do setor têxtil, pois a exemplo do Inventário Ambiental – cujo número de dados enviados pelos associados foi ínfimo, não permitindo uma análise consistente dos resultados – aponta o desinteresse do setor.

Já os países-membros da União Europeia, diferentemente do Brasil, recebem pressão dos órgãos governamentais reguladores e da população que, informada, pressiona por uma atenção maior para com as questões ambientais, além de terem um mercado competitivo, em que os indicadores são usados como ferramenta pelos diferentes *shareholders* e *stakeholders.*

No Brasil, talvez se possa um dia contar com esse tipo de pressão, mas outra possibilidade de incentivo ao uso de indicadores são as ecotaxas, como a redução de taxas no caso de uso de tecnologias limpas pelas indústrias, para cuja aplicação exigem-se os indicadores para a comparação entre empresas. Entretanto, esse mecanismo ainda não é aplicado.

No setor, *status* diferenciado tem a Dudalina, empresa de Santa Catarina, que iniciou uma ação proativa relativamente à proteção do ambiente, divulgando entre os consumidores, por meio de seus produtos, o propósito de perseguir o desenvolvimento sustentável com base nos princípios do Pacto Global da Organização das Nações Unidas (ONU). Para tanto, iniciou a construção de indicadores para sua atividade.

No âmbito das instituições nacionais, a pressão para as indústrias implantarem indicadores é ainda incipiente, apesar da Agenda 21 preconizar o uso de indicadores. O Ministério de Meio Ambiente não possui indicadores de desenvolvimento para as indústrias. A sua elaboração pode ser um marco importante e os resultados da sua implementação, mesmo em longo prazo, certamente serão de grande relevância para as políticas públicas.

A Abit, como representante da cadeia têxtil, poderia atuar em conjunto com as diversas entidades para, efetivamente, ter um sistema de informação, a fim de auxiliar a tomada de decisão e propor, com dados concretos, políticas que facilitem o desenvolvimento sustentável do setor. Também poderia haver uma ação mais ativa de estimular os associados a apresentarem transparência em seus indicadores, como já fazem as grandes empresas como a Cedro Cachoeira, localizada no estado de Minas Gerais. Mesmo ações isoladas advindas de um setor que demonstre um maior comprometimento com a questão ambiental são importantes.

SISTEMA DE INFORMAÇÕES AMBIENTAIS PARA O SETOR INDUSTRIAL TÊXTIL | **589**

Nesse contexto há ainda a iniciativa do Sindicato das Indústrias de Fiação e Tecelagem do Estado de São Paulo (Sinditêxtil-SP), que estabeleceu parceria com o Departamento de Saúde Ambiental da Faculdade de Saúde Pública da Universidade de São Paulo para construir indicadores de desenvolvimento sustentável, cujo projeto vem se desenvolvendo e conta para isso com a participação de diferentes partes interessadas (Padilha, 2006).

Pode ser que, em um reinventar das indústrias têxteis para o século XXI, em uma ação conjunta de pesquisa e inovação que visem ao desenvolvimento tecnológico, possa o setor se reestruturar e levar em consideração as questões ambientais.

REFERÊNCIAS

[ABIT] ASSOCIAÇÃO BRASILEIRA DA INDÚSTRIA TÊXTIL E CONFECÇÃO. *Inventário ambiental*. São Paulo: Abit [s.d.]. Disponível em: http://www.abit.org. br/inventarioambiental/. Acessado em: 26 mar. 2005.

_____. *Portal Abit*. São Paulo: Abit [s.d.]a. Disponível em: http://www.abit.org. br/. Acessado em: 26 mar. 2005.

[ABNT] ASSOCIAÇÃO BRASILEIRA DE NORMAS TÉCNICAS. ABNT NBR ISO 14001:1996. *Sistemas de gestão ambiental: especificação e diretrizes para uso*. Rio de Janeiro: ABNT, 1996.

_____. ABNT NBR ISO 14004:1996. *Sistemas de gestão ambiental: diretrizes gerais sobre princípios, sistemas e técnicas de apoio*. Rio de Janeiro: ABNT, 1996.

_____. ABNT NBR ISO 14001:2004. *Sistemas de gestão ambiental: especificação e diretrizes para uso*. Rio de Janeiro: ABNT, 2004.

_____. ABNT NBR ISO 14031:2004. *Gestão ambiental: avaliação de desempenho ambiental – diretrizes*. Rio de Janeiro: ABNT, 2004.

AMERICANA. Prefeitura Municipal de Americana. *História de Americana*. Americana, [s.d]. Disponível em: http://devel.americana.sp.gov.br/americanaV5/americanaEsmv5_Index.php?it=37&a=resumoHistorico. Acessado em: 19 jul. 2007.

BERKHOUT, F. et al. *Measuring the Environmental Performance of Industry – MEPI*. [S.l.]: EU, 2001. (EC Environment and Climate Research Programme: Research Theme 4: Human Dimensions of Environmental Change).

[BOVESPA] BOLSA DE VALORES DE SÃO PAULO. *Índice de sustentabilidade empresarial*. São Paulo: Bovespa, [s.d.]. Disponível em: http://www.bovespa.com. br/Mercado/RendaVariavel/Indices/FormConsultaApresentacaoP.asp?Indice= ISE. Acessado em: 10 jun. 2007.

_____. *Índice de sustentabilidade empresarial.* São Paulo: Bovespa, 2005.

BRASIL. Ministério do Meio Ambiente. *Sisnama.* Brasília, DF: MMA, [s.d.]. Disponível em: http://www.mma.gov.br/port/conama/estr1.cfm. Acessado em: 8 maio 2007.

[CEDRO] COMPANHIA DE FIAÇÃO E TECIDOS CEDRO E CACHOEIRA. Disponível em: http://www.cedro.ind.br/br/downloads/Institucional/pesquisa_seg_textil.pdf. Acessado em: 7 dez. 2007.

[CETESB] COMPANHIA DE TECNOLOGIA DE SANEAMENTO AMBIENTAL DO ESTADO DE SÃO PAULO. Reunião da Câmara Ambiental Têxtil realizada na sede da Abit, 13 nov. 2003.

[CNI] CONFEDERAÇÃO NACIONAL DAS INDÚSTRIAS. *A indústria e o Brasil: uma agenda para o crescimento.* Brasília, DF: CNI, 2002. Disponível em: http://www.cni.org.br/f-ps-especiais.htm. Acessado em: 20 abr. 2007.

_____. *Mapa estratégico da indústria 2007-2015.* Brasília, DF: Fórum Nacional da Indústria, 2005. Disponível em: http://www.cni.org.br/mapadaindústria2/hotsite. htm. Acessado em: 20 abr. 2007.

COSTA, S.; BERMAN, D.; HABIB, R.L. *150 anos de indústria têxtil brasileira.* Rio de Janeiro: Senai/ Cetiqt, 2000.

[CPRH] AGÊNCIA ESTADUAL DE MEIO AMBIENTE E RECURSOS HÍDRICOS. *CPRH fecha lavanderias de jeans que funcionavam sem licença,* 28 de setembro de 2005. Disponível em: http://www.cprh.pe.gov.br/frme-index-secao.asp?idconteudo=1112. Acessado em: 17 mar. 2007.

[DJSI] DOW JONES SUSTAINABILITY INDEXES. *DJSI World.* Zurique, 2006. Disponível em: http://www.sustainability-indexes.com/07_htmle/indexes/djsi-world_keyfacts.html. Acessado em: 10 jun. 2007.

ERBER, F.S. Desenvolvimento econômico: o recorte setorial (apresentação). In: RIBEIRO, A.D. (org.). *BNDES 50 anos: histórias setoriais.* Rio de Janeiro; [S.l.], 2002. Disponível em: http://www.bndes.gov.br/conhecimento/livro_setorial/setorial02.pdf. Acessado em: 29 abr. 2007.

FERRARI, G.V.; PADILHA, M.L.M.L.; AMENDOLA, M.C.F.M.; GALHEGO, M.C. *Estudo em uma indústria de pequeno porte do setor têxtil sob o aspecto ambiental, de saúde ocupacional e segurança do trabalho.* 2004. Monografia (Trabalho de Conclusão de Curso em Gestão Ambiental) – Faculdade de Saúde Pública, Universidade de São Paulo, São Paulo.

[FIESP/CIESP] FEDERAÇÃO DAS INDÚSTRIAS DO ESTADO DE SÃO PAULO. CENTRO DAS INDÚSTRIAS DO ESTADO DE SÃO PAULO. *Indicadores de desempenho ambiental da indústria.* São Paulo: Fiesp/ Ciesp, 2004.

FLEURY, A.C.C.; NAKANO, D.N.; GARCIA, R.C. Uma análise da cadeia têxtil e de confecção brasileira à luz da formação de cadeias globais de produção. In: SE-NAI/ CETIQT. *Globalização da economia têxtil e de confecção brasileira: empresários, governo e academia reunidos pelo futuro do setor.* Rio de Janeiro: Senai/ Cetiqt, 2007, p. 127-46. (Série Desafios para a Competitividade: Cadeia Têxtil).

FRANK, B.; GROTHE-SENF, A. *Avaliação do desempenho ambiental ampliado: Adaa.* Blumenau, SC: Edifurb, 2006.

[GRI] GLOBAL REPORTING INITIATIVE. *Diretrizes para elaboração de relatórios de sustentabilidade.* São Paulo: Ethos, 2006.

HERTIN, J.; BERKHOUT, F. PERFORM Methodology. Version: 08 Jan. 2003. Mensagem pessoal recebida por <malupadilha@usp.br> Acessado em: 11 ago. 2007.

[INMETRO] INSTITUTO NACIONAL DE METROLOGIA, NORMALIZAÇÃO E QUALIDADE INDUSTRIAL. *ISO 14001: empresas certificadas ISO 14001, válidas com marca de credenciamento do Inmetro.* Rio Janeiro: Inmetro, 2007. Disponível em: http://www.inmetro.gov.br/gestao14001/ResultCatalogo.asp?Chamador= INMETRO14&Inicio=1. Acessado em: 20 out. 2007.

MONTEIRO FILHA, D.C.; CORRÊA, A. O complexo têxtil. In: RIBEIRO, A.D. (org.). *BNDES 50 Anos: histórias setoriais.* Rio de Janeiro: BNDES, 2002. Disponível em: http://www.bndes.gov.br/conhecimento/livro_setorial/setorial11.pdf. Acessado em: 22 ago. 2005.

MORAES, R.O. *Avaliação de desempenho ambiental: um enfoque para os custos ambientais e os indicadores de ecoeficiência.* 2000. Dissertação (Mestrado em Economia) – Faculdade de Economia e Administração, Universidade de São Paulo, São Paulo.

NATURA. *Responsabilidade corporativa: relatório anual.* São Paulo: Natura, [200-]. Disponível em: http://www2.natura.net/web/br/foryou/hotsites/RC/default.asp. Acessado em: 10 jun. 2007.

NAPOLI JÚNIOR, S.T. *Indústria brasileira de fiação de fibras curtas: aspectos tecnológicos para torná-la competitiva em tempos de globalização.* 2000. Dissertação (Mestrado em Engenharia de Produção) – Escola Politécnica, Universidade de São Paulo, São Paulo.

PADILHA, M.L.M.L. *Proposta de indicadores de desenvolvimento sustentável para indústrias do setor têxtil no estado de São Paulo, no período de 2007/ 2008.* 2006. Tese (Doutorado em Saúde Ambiental) – Faculdade de Saúde Pública, Universidade de São Paulo, São Paulo.

PADILHA, M.L.M.L.; FERREIRA, L.G. *Transparência e prática ambiental em indústrias do setor têxtil no Estado de São Paulo.* Trabalho de conclusão para disciplina Administração empresarial e meio ambiente da Faculdade de Economia e Administração da Universidade de São Paulo, 2005.

INDICADORES DE SUSTENTABILIDADE E GESTÃO AMBIENTAL

PADILHA, M.L.M.L. et al. Impact of textile industry on cities and its role in the Brazilian context. In: KENNEWEG, H.; TRÖGER, U. (orgs.). *2nd International Congress on Environmental Planning and Management: vision, implementations and results.* Berlim: Technische Universität Berlin, 2007. pp. 307- 10.

[PERFORM] SUSTAINABILITY PERFORMANCE BENCHMARKING, [200-]. Disponível em: http://www.sustainability-performance.org/. Acessado em: 30 maio 2007.

PIOTTO, Z.C. *Ecoeficiência na indústria de celulose e papel: estudo de caso.* 2003. Tese (Doutorado em Engenharia Hidráulica e Sanitária) – Escola Politécnica, Universidade de São Paulo, São Paulo.

PRADO, R.V.B.; PRADO, M.V. *Relatório setorial da cadeia têxtil brasileira.* São Paulo: Iemi/ Abit, 2004.

_____. *Relatório setorial da cadeia têxtil brasileira.* São Paulo: Iemi/ Abit, 2006.

_____. *Relatório setorial da cadeia têxtil brasileira.* São Paulo: Iemi/ Abit, 2008.

SAN MARTIN, E. *Entrevista informal sobre as questões ambientais do setor têxtil para M. L. M. L. Padilha e G. Ferrari.* Novembro de 2003, São Paulo.

SÃO PAULO. Secretaria de Energia, Recursos Hídricos e Saneamento. *Balanço energético do estado de São Paulo – Ano base 2005.* São Paulo: Secretaria de Energia, Recursos Hídrico e Saneamento, 2006.

SILVA, M.A.; Medeiros, E.B. de M.; Lima Filho, N.M. de. Modelagem cinética do processo absortivo para tratamento de efluentes têxteis In: I SIMPÓSIO NORDESTINO DE SANEAMENTO AMBIENTAL, 2006, João Pessoa. *Anais...* João Pessoa: Abes Nordestina, 2006.

SORRELL, S.; HERTIN, J.; CIRILLO, M. et al. *SPRU Science & Technology Policy Research Freeman. Falmer Brighton: SPRU.* [S.l.]: Perform, janeiro 2005.

[SVMA/ IPT] SECRETARIA DO VERDE E MEIO AMBIENTE. INSTITUTO DE PESQUISAS TECNOLÓGICAS DO ESTADO DE SÃO PAULO. *GEO cidade São Paulo: panorama do meio ambiente urbano.* São Paulo: Prefeitura do Município de São Paulo/ Secretaria do Verde e Meio Ambiente; Brasília, DF: Pnuma, 2004.

TRZESNIAK, PIOTR. Indicadores quantitativos: reflexões que antecedem seu estabelecimento. *Ciência da Informação,* v .27, n. 2 pp. 159-64, maio-ago. 1998.

VAN BELLEN, H.M. *Indicadores de sustentabilidade: análise comparativa.* Rio de Janeiro: Ed. FGV, 2007.

Indicadores de postura ambiental do setor de produção de etanol de cana-de-açúcar

19

Tiago Balieiro Cetrulo

Engenheiro-agrônomo, Escola de Engenharia de São Carlos da USP

Natália Sanchez Molina

Administradora, Escola de Engenharia de São Carlos da USP

Tadeu Fabrício Malheiros

Engenheiro civil e ambiental, Escola de Engenharia de São Carlos da USP

A crescente demanda externa por combustíveis renováveis tem contribuído para um aumento significativo da produção brasileira de etanol de cana-de-açúcar, devido, principalmente, aos acordos internacionais para a diminuição da emissão de gases de efeito estufa, como é o caso do Protocolo de Kyoto. Se comparada a produção da safra de 1996-1997, correspondente a cerca de 300 milhões de toneladas, com a produção de 425 milhões de toneladas na safra de 2006-2007, pode-se verificar um aumento de 45% em apenas dez anos (Unica, 2008).

A posição de destaque ocupada pelo Brasil, hoje o maior produtor mundial de etanol, deve-se principalmente ao histórico de mais de três décadas na implementação do Programa Nacional do Álcool (Pró-álcool)[1] visando, *a priori*, a fabricação de etanol para a indústria automobilística nacional. A

---

[1] Programa do governo brasileiro para substituição dos combustíveis veiculares de derivados de petróleo para etanol de cana-de-açúcar; teve início em 1975 devido à crise de petróleo de 1973.

INDICADORES DE SUSTENTABILIDADE E GESTÃO AMBIENTAL

consolidação da competência brasileira no cenário mundial de biocombustíveis pode ser observada quando se analisa o volume de etanol exportado do Brasil nos últimos anos, que era praticamente zero no ano 2000 e alcançou a marca de mais de 3 bilhões de litros em 2007 (Brasil, 1996-2007).

Entretanto, há significativos questionamentos da sociedade nacional e internacional – potencial consumidora do etanol – acerca dos aspectos e impactos ambientais provenientes do atual modelo brasileiro de produção (Quadro 19.1).

Deve-se levar em consideração que, direta ou indiretamente, os potenciais impactos citados (Quadro 19.1) são passíveis de serem gerenciados por atividades planejadas num contexto de uma postura ambiental adequada das unidades produtivas de etanol, e dessa maneira contribuir para que essa energia renovável seja gerada de forma condizente com a proposta de trazer melhorias ambientais.

Com a finalidade de buscar respostas para tais questionamentos acerca do desempenho ambiental da produção brasileira de etanol e subsidiar discussões de âmbito social e de formulação de políticas públicas relacionadas, este capítulo tem como objetivo propor um indicador para medir postura ambiental de produtores brasileiros de etanol de cana-de-açúcar.

POSTURA AMBIENTAL EMPRESARIAL

As organizações de um modo geral têm reagido às pressões da sociedade e do governo, no que diz respeito à adoção de uma postura ambiental mais adequada às suas práticas relacionadas com o meio ambiente, o que se

Quadro 19.1 – Principais aspectos e impactos ambientais potenciais provenientes da produção de etanol.

1. Queimadas	7. Geração de resíduos e efluentes
2. Uso de agroquímicos	8. Cogeração de energia
3. Utilização de energia	9. Sequestro de carbono
4. Monocultura	10. Erosão do solo
5. Perda de biodiversidade	11. Mudança no uso do solo (impactos diretos e indiretos).
6. Uso da água	

traduz, de forma prática, em assumir uma gestão ambiental condizente com os seus aspectos e impactos ambientais e com seus interesses em proteger o meio ambiente.

No entanto, é importante considerar que o grau de sensibilização das organizações passa por fases distintas, que envolve o controle ambiental somente nas saídas, o controle sobre as práticas e os processos e, finalmente, o controle ambiental fundamentado na gestão administrativa (Berry e Rondinelli, 1998).

Nesse sentido, o que se tem percebido é que as empresas com menor sensibilização têm como principal característica a ausência de preocupações e investimentos no gerenciamento de impactos ambientais, por entender que as questões ambientais são entraves ao crescimento e ao lucro da organização. Esse tipo de empresa pode apresentar como potenciais consequências um alto passivo ambiental; ser alvo permanente de fiscalização, normalmente punida com multas e penalidades legais; ter conflitos diretos e indiretos com seus *stakeholders*, não atraindo investimentos e financiamentos; além de correr o risco de ter seu *market share* reduzido.

Em um segundo estágio, encontram-se empresas que cumprem a lei somente quando exigido pelas autoridades, numa tentativa de postergar ao máximo os investimentos em controle e gerenciamento ambiental. Assim, essas empresas ficam vulneráveis a acidentes, com graves consequências econômicas e financeiras, expostas à concorrência, e precisam justificar-se com frequência para autoridades, investidores e principalmente para o mercado.

As empresas que são mais proativas, em um terceiro estágio, compreendem e aceitam que é melhor e economicamente mais viável inserir as questões ambientais desde as fases de planejamento, tratando essas questões como estratégia de negócio e diferencial competitivo, o que resulta na satisfação de seus acionistas, investidores e funcionários; num melhor relacionamento com os órgãos governamentais ambientais competentes, comunidade de entorno e organizações não governamentais (ONGs); e em uma maior credibilidade e participação da empresa no mercado.

À parte uma postura ambiental totalmente passiva, onde não há qualquer tipo de preocupação e investimentos para com as questões ambientais, todos os outros níveis de postura, são, na prática, representados pela adoção de diferentes níveis de gestão ou administração ambiental.

A Gestão Ambiental Empresarial é definida por Welford (1997) como um conjunto de medidas e procedimentos bem definidos e adequadamente aplicados que visam reduzir e controlar os impactos introduzidos por um empreendimento sobre o meio ambiente, cobrindo desde a concepção do projeto até a eliminação efetiva dos resíduos gerados pelo empreendimento. Deve também assegurar a melhoria contínua das condições de segurança, higiene e saúde ocupacional de todos os seus empregados e um relacionamento sadio com os segmentos da sociedade que interagem com o empreendimento e a empresa.

Dentro de um contexto organizacional, a adoção de uma postura ambiental mais proativa, representada por um modelo avançado de gestão ambiental, não é somente uma forma de fazer com que as organizações evitem problemas com inadimplência legal, mas é, também, o caminho por meio do qual a empresa poderá avançar em processo de melhoria contínua. Portanto, a gestão ambiental é considerada um investimento, ou seja, uma forma de reduzir os custos das operações e aumentar a receita, adicionando valor às organizações (Sharma e Vred, 1998). Essa agregação de valor, atualmente, é ainda mais válida, pois é verificado que nos processos de fusão e na aquisição de empresas, o passivo ambiental associado, bem como o desempenho ambiental atual, são fortes argumentos de negociação (Buysse e Verbeke, 2003).

De acordo com Schmidheiny et al. (1997), um dos tipos mais avançado de gestão ambiental é aquele que dá ênfase a todo o processo, desde os insumos utilizados, o consumo de energia, a geração e emissão de resíduos até o produto, serviço ou atividade final a ser comercializado ou fornecido. A coordenação é função da alta gerência administrativa e está inserida na estrutura organizacional, fazendo parte do planejamento estratégico ou em atividades de rotina, metas e planos de ação. Essa ideia está pautada na prevenção de poluição, na qual a organização, em todas suas atividades, denota preocupação com o ambiente.

Segundo Harrington e Knight (1999), as organizações ainda possuem uma maneira mais eficiente de administrar as questões ambientais, conhecida como sustentabilidade corporativa, em que a organização considera os aspectos ambientais de suas atividades, produtos e serviços nas três dimensões, social, ambiental e econômica com o mesmo fator de ponderação. A gestão das questões ambientais está inserida na visão, nos valores e na missão da organização. Para ela, administrar as questões ambientais é vista como responsabilidade social, moral e ética.

A sustentabilidade corporativa pode ser considerada uma mudança de paradigma que prioriza a perenidade e a perpetuidade da organização, calcada numa visão de negócios na qual o desempenho socioambiental não concorre com o desempenho econômico, não necessariamente resultando

INDICADORES DE POSTURA AMBIENTAL DO SETOR DE PRODUÇÃO DE ETANOL | 597

em maiores custos, entraves nos processos ou menores retornos financeiros (Klassen e McLaughlin, 1996; Elkingdon, 1997). A melhoria no desempenho socioambiental pode gerar ganhos financeiros de curto prazo para as organizações, mas o principal, e mais comum, é que a empresa obtenha ganhos de longo prazo, que contribuam justamente para o sucesso contínuo e perene da organização (Elkington, 1997).

Independentemente do nível em que esteja a gestão ambiental nas empresas, pode-se inferir que a mudança de postura ambiental pelas organizações é, na prática, resposta aos diversos estímulos e pressões que a circundam. Além dos fatores internos, há diversos fatores externos de pressão, que provocam uma resposta no sentido das empresas controlarem seus impactos ambientais, entre estes, estão o Estado, a comunidade local, o mercado e os fornecedores (Bansal e Roth, 2000).

Portanto, é importante que se tenha como prática estudos de postura ambiental das empresas, para que dessa forma o Estado possa desenvolver políticas públicas adequadas para o nível de desempenho ambiental do setor em questão; para que a sociedade tenha subsídios para fazer cobranças fundamentadas; e finalmente, para que as próprias empresas busquem um gerenciamento da produção de forma a tornar sustentável e sustentada sua cadeia produtiva.

PROCEDIMENTOS METODOLÓGICOS

A presente discussão foi realizada a partir dos dados de dezenove indústrias produtoras de etanol ou grupos de unidades produtivas, disponíveis na publicação Anuário da Gestão Ambiental das Principais Empresas Brasileiras (Análise, 2008). Devido à amostra contabilizar os maiores grupos brasileiros produtores de etanol, que contam com várias unidades produtivas, tal amostra abrange mais de 30% de toda a cana moída atualmente no Brasil. Portanto, o trabalho realizou a análise da postura ambiental num espaço amostral significativo, ou seja, foi analisada uma parcela dos produtores que são responsáveis por 30% da produção do etanol nacional.[2]

O primeiro passo para análise da postura ambiental da indústria brasileira de etanol foi a elaboração de uma taxonomia de postura ambiental

---

[2] Considerando que, no Brasil, 50% da cana moída foi transformada em etanol no ano de 2008.

empresarial, que conta com características e indicadores que possibilitam o enquadramento das ações das empresas em cada uma das classificações de postura ambiental proposta. Tanto a taxonomia, quanto as características e indicadores propostos foram elaborados com base nos trabalhos de Jabbour e Santos (2006), Rohrich e Cunha (2004), Hunt e Auster (1990), Kessler e Van Dorp (1998) e Berry e Rondinelli (1998), através da análise de equivalência de conteúdo dos níveis de gestão ambiental propostas pelos autores.

Posteriormente, os indicadores que eram passíveis de serem classificados na taxonomia proposta foram selecionados e as possíveis respostas, divididas nas classes de postura ambiental cabíveis. O agrupamento dos indicadores, através da elaboração de índices, foi necessário para as análises e discussões.

Para fins de comparação, alguns indicadores, dos utilizados para analisar a postura do setor canavieiro, também foram examinados para todas as empresas (649) que participaram do anuário e para todas as empresas do setor agroindustrial (70). A comparação não foi feita para todos os indicadores, pois se julgou inadequado comparar alguns indicadores que tinham naturezas muito diversas entre os grupos classificados, o que poderia interferir nos resultados de comparação.

TAXONOMIA PARA POSTURA AMBIENTAL EMPRESARIAL

O primeiro resultado do presente trabalho, e um dos principais, é a taxonomia proposta para classificação das diferentes posturas ambientais empresariais, que conta com subsídios, ou seja, características e exemplos de indicadores, a fim de facilitar na classificação das posturas ambientais (Quadro 19.2).

A taxonomia proposta permite que se obtenham níveis de gradação da evolução de postura ambiental. As classes propostas não são estanques, ou seja, as empresas ou *clusters* delas não serão classificados dentro de uma das posturas: passiva/reativa, preventiva ou proativa, mas será indicado seu posicionamento numa escala de 0 (postura mais passiva) a 1 (postura mais proativa), através de um índice gerado a partir do agrupamento dos indicadores.

INDICADORES DE POSTURA AMBIENTAL DO SETOR DE PRODUÇÃO DE ETANOL | 599

Quadro 19.2 – Taxonomia para postura ambiental.

Postura	Principais características	Exemplos de indicadores
Passiva / Reativa	Controle nas saídas (*end of pipe tecnology*). Gerador de custos operacionais extras. Entrave à expansão dos negócios da empresa. Atuação limita-se ao atendimento às exigências legais. Neutralidade estratégica.	Não há definição de responsabilização pela gestão ambiental. A administração não reconhece os impactos decorrentes das operações. Ocorrência de passivo/multas ambientais.
Preventiva	Modificação de processos e/ou produtos, alinhada às questões ambientais. Enfoque na prevenção de poluição. Grupo técnico específico. Criação de cargo, função ou departamento ambiental. Integração pontual.	Adota metas de redução para: uso de água, combustíveis e energia elétrica. Tem processo para prevenir/reduzir impacto ambiental. Adota práticas sistematizadas de política ambiental.
Proativa	Controle da gestão ambiental pela alta gerência. Oportunidade de geração de lucro. Sistema gerencial especializado. Variável ambiental introduzida nas decisões de compra e seleção de fornecedores. Dimensão estratégica. Integração matricial.	Política ambiental integrada às demais políticas. Fornecedores precisam comprovar as práticas de gestão ambiental. Influência na formulação de suas estratégias. Alta gerência participa da gestão ambiental.

Esses índices (níveis de gradação) podem ser utilizados como indicativos de:

- *Evolução temporal de postura ambiental*, quando os índices forem comparados em momentos diferentes para um mesmo objeto de estudo (individual ou em grupo).

- *Comparação de postura ambiental para* clusters, quando o objetivo é realizar a comparação de postura ambiental dentro de um mesmo objeto de estudo (somente para grupos) para diferentes agrupamentos num momento específico.

- *Comparação de postura ambiental* (benchmarking), quando o índice é gerado para mais de um objeto de estudo num momento específico.
- *Postura ambiental pontual* (snapshot), quando é analisado somente um objeto de estudo num dado momento.

POSTURA AMBIENTAL DOS PRODUTORES BRASILEIROS DE ETANOL

De acordo com a metodologia do presente trabalho é necessário que os comportamentos, as ações e/ou as atitudes, representados pelas respostas referentes a cada indicador utilizado, sejam possíveis de serem classificados na taxonomia de postura ambiental proposta. Para a análise da postura ambiental dos produtores nacionais de etanol, foram considerados indicadores utilizados pelo anuário de gestão ambiental (Análise, 2008) que apresentavam tais características.

Os indicadores foram divididos em dois grupos conforme sua natureza:

- *De organização da gestão ambiental*, que integra questões estruturais, política de informação e relacionamento com *stakeholders*.
- *De tecnologias ambientais adotadas*, abrangendo tratamento de resíduos e consumo de recursos naturais.

Todos os indicadores considerados no estudo, suas respectivas divisões e a classificação das respostas nas posturas ambientais correspondentes são apresentadas no Quadro 19.3.

A partir dos resultados foi possível realizar três tipos de análise:

- Postura ambiental pontual (*snapshot*);
- Comparação de postura ambiental (*benchmarking*);
- Comparação de postura ambiental para *clusters*.

INDICADORES DE POSTURA AMBIENTAL DO SETOR DE PRODUÇÃO DE ETANOL | 601

Quadro 19.3 – Indicadores utilizados e classificação das respostas.

Indicadores utilizados		Classificação das atitudes		
		Passiva / Reativa	Preventiva	Proativa
1*	Possui política ambiental?	Não	Sim, específica para meio ambiente/ Não, mas adota práticas sistematizadas	Sim, integrada às demais políticas
2*	Tem ISO 14001?	Não julga necessário no momento	Não, planeja implementar/ Não, mas cumpre etapas para obtenção	Sim, há até 2 anos/ Sim, de 2 a 5 anos/ Sim, há mais de 10 anos
3*	A responsabilidade pela gestão ambiental está definida?	Não	Sim, de maneira informal	Sim, declarada no organograma
4*	A administração reconhece os impactos da operação?	Não	Sim, de maneira informal	Sim, de maneira documentada
5*	Qual a amplitude dos treinamentos ambientais?	Não faz esse treinamento	Funcionários	Terceiros/ Fornecedores/ Comunidade
6*	Fornecedores precisam comprovar práticas ambientais?	Não	Sim, mas não de forma sistemática	Sim
7*	Tem programa de gestão para melhorar metas ambientais?	Não	Sim, de maneira informal	Sim, de maneira documentada
8*	Publica informações sobre sua gestão ambiental? Onde?	Não	Site da empresa	Relatório anual/ IAN/ Balanço Socioambiental/ BS/ BS Modelo GRI/ BS Modelo Ibase/ BS Modelo Ethos

(continua)

Quadro 19.3 – Indicadores utilizados e classificação das respostas. *(continuação)*

Indicadores utilizados		Classificação das atitudes		
		Passiva / Reativa	Preventiva	Proativa
9*	Como usa a água?	Não tem ação específica	Monitora com indicadores/ Adota metas de redução/ Tem ações de sensibilização dos funcionários	Reúso/ Tem programa estruturado
10**	Como usa a energia elétrica?	Não tem ação específica	Monitora com indicadores/ Adota metas de redução/ Tem ações de sensibilização dos funcionários	Tem programa estruturado
11**	Como usa os combustíveis?	Não tem ação específica	Monitora com indicadores/ Adota metas de redução	Tem programa estruturado
12**	Como trata os resíduos sólidos?	Não tem ação específica	Monitora com indicadores/ Tem metas de redução/ Faz coleta seletiva de lixo/ Processo para reduzir impacto ambiental/ Conformidade legal no manuseio, transporte, tratamento e destinação	Reúso/ Tem metas de reciclagem/ Tem processo para redução de geração/ Investe em tecnologia para redução de geração
13**	Como trata os efluentes?	Não tem ação específica	Monitora com indicadores/ Possui unidade de tratamento/ Tem garantia de conformidade legal no manuseio, transporte, tratamento e destinação	Tem metas de reúso/ Tem metas de reciclagem/ Tem processo para reduzir geração/ Investe em tecnologia para reduzir geração
14**	Como trata as emissões atmosféricas?	Não tem ação específica	Monitora com indicadores/ Processo para reduzir o impacto ambiental	Tem processo para reduzir geração/ Investe em tecnologia para reduzir geração
15**	Como trata os ruídos e as vibrações?	Não tem ação específica	Monitora com indicadores/ Processo para reduzir o impacto ambiental	Tem processo para reduzir geração/ Investe em tecnologia para reduzir geração

(continua)

INDICADORES DE POSTURA AMBIENTAL DO SETOR DE PRODUÇÃO DE ETANOL | **603**

Quadro 19.3 – Indicadores utilizados e classificação das respostas. *(continuação)*

Indicadores utilizados		Classificação das atitudes		
		Passiva / Reativa	Preventiva	Proativa
16*	Tem projetos para obter créditos de carbono?	Não tem	Está em negociação	Já fechou algum negócio
17**	Tem programas de plantio de árvores?	Compensação de impactos ambientais/ Não promove	Produção de matéria prima/ Produção de insumos para sua atividade	Neutralização de emissões de CO_2 / Contribuição espontânea
18*	Tem política corporativa para mudança climática?	Não	Planeja implantar	Sim

* Indicadores de organização da gestão ambiental.
** Indicadores de tecnologias ambientais adotadas.

Postura ambiental pontual (*snapshot*)

Para o grupo "usinas"[3] no ano 2008

Para cada indicador foi gerado um índice de postura ambiental através da seguinte fórmula:

$$I = \sum_{i=0}^{n} (i / N^* R_1) + \sum_{j=0}^{n} (j / N^* R_2) + \sum_{k=0}^{n} (k / N^* R_3)$$

Em que:

i = número de empresas com postura ambiental classificada como passivo/ reativo

---

[3] Grupo "usinas": representa as dezenove indústrias produtoras de etanol ou grupos de unidades produtivas.

j = número de empresas com postura ambiental classificada como preventivo
k = número de empresas com postura ambiental classificada como proativo
N = número total de empresas
R = constante de adaptação de escala para cada postura ($R_1=0$; $R_2=0,5$ e $R_3=1$)

A Figura 19.1 apresenta os índices encontrados para cada um dos dezoito indicadores estudados, assim como a média aritmética desses dezoito índices, representando um posicionamento geral.

O que se pode constatar é que a postura geral das empresas do setor está posicionada na intersecção das posturas preventiva e proativa, ou seja, entre uma postura em que as empresas são caracterizadas por apenas cumprir a legislação e uma em que as empresas inserem as questões ambientais desde as fases de planejamento. Outro fator importante observado é que, para grande parte dos questionamentos da sociedade, com relação aos impactos decorrentes da produção de etanol, as indústrias apresentaram boas respostas.

A utilização da água, por exemplo, representada pelo indicador 9, tem grande importância nesse leque de indagações, justificada pela utilização de cerca de 22 m³ por tonelada de cana-de-açúcar nos processos de sua transfor-

Figura 19.1 – Índices para o grupo "usinas": todos os indicadores em geral.

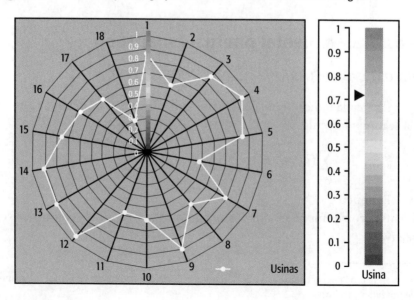

mação. No entanto, as respostas foram positivas, devido às boas práticas de reutilização e redução no consumo, utilização de circuito fechado e aproveitamento de águas residuárias para irrigação. Tal comportamento pode ser comprovado pela redução de captação de água nos últimos anos: enquanto na década de 1970 eram utilizados aproximadamente 18 m³ por tonelada de cana, hoje são utilizados em média 1,7 m³ e já existem usinas nas quais esse valor está abaixo de 0,7 m³ por tonelada de cana (Amaral et al., 2008).

Outro indicador que demonstra bom comportamento das usinas refere-se ao tratamento dos resíduos sólidos, representado pelo indicador 12. Isso se deve, principalmente, às práticas de reutilização dos principais resíduos da indústria, como é o caso da utilização da torta de filtro e cinzas de caldeiras para fertirrigação e da utilização do bagaço de cana como fonte geradora energia nas caldeiras, fato que está possibilitando, nas usinas mais modernas, a cogeração e posterior venda do excedente para companhias de energia elétrica.

Também recorrente é a preocupação com a vinhaça gerada a partir da produção de etanol, pois apresenta um alto nível de Demanda Bioquímica de Oxigênio (DBO) e, quando lançada diretamente nos corpos d'água, causa eutrofização. No entanto, por meio do indicador 13, referente ao tratamento de efluentes, é possível inferir que as usinas têm apresentado ações sistemáticas de aproveitamento e utilização controlada da vinhaça na fertirrigação dos canaviais.

No entanto, respostas positivas, como as supracitadas, não permearam todos os indicadores importantes no que se refere aos impactos do setor: é o caso do indicador 6, que aborda as cobranças de práticas ambientais para fornecedores e que apresentou desempenho bastante baixo. Isso é significante, pois grande parte da cana utilizada pelas usinas é comprada de terceiros.

Outra análise importante é a comparação entre o agrupamento de indicadores de organização da gestão ambiental e de tecnologias ambientais adotadas, apresentada na Figura 19.2. Pode-se observar que o índice da postura ambiental no primeiro grupo está menor do que no segundo, fato possível de ser explicado devido a grande parte dos indicadores de tecnologias ambientais serem processos de produção comuns no setor atualmente, como a utilização de vinhaça e torta de filtro para fertirrigação e bagaço para geração de energia. Apesar do benefício ambiental conseguido a partir da adoção de procedimentos tecnológicos, fica difícil distinguir se resulta da adoção de uma postura ambiental da empresa, ou se é apenas um procedimento tecnológico adotado por praxe do setor.

Figura 19.2 – Comparação entre categorias gestão e tecnologia para o grupo "usinas".

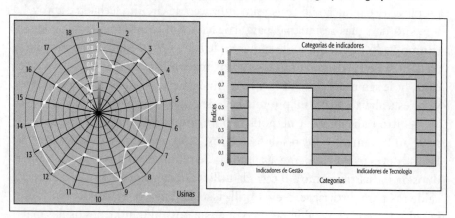

Comparação de postura ambiental (*Benchmarking*)

Entre os grupos "usinas", "agroindústria"[4] e "empresas total"[5] em 2008

Para essa comparação foram utilizados somente os indicadores de organização de gestão, pois os indicadores de adoção de tecnologia são muito específicos para cada setor e a utilização deles poderia deturpar os resultados. Os indicadores 5 e 8 não foram utilizados para essa comparação, pois possibilitam mais de uma resposta e, para serem analisados, é necessário que haja somente uma resposta possível para cada indicador. Somente no caso do grupo "usinas" foi possível analisar indicadores que permitiam mais que uma resposta, pois, nesse caso, as usinas foram analisadas uma a uma, o que proporcionou verificar a resposta com maior nível de postura.

Os índices utilizados para o grupo usinas são os mesmos dos utilizados para a postura ambiental pontual. Para o cálculo dos demais grupos foi utilizada a fórmula:

---

[4] Esse grupo representa as setenta empresas do setor agroindustrial contempladas no anuário (Análise, 2008).

[5] Esse grupo representa todas as 649 empresas contempladas no anuário (Análise, 2008).

$$I = \sum_{o=0}^{n}(o * R_1) + \sum_{p=0}^{n}(p * R_2) + \sum_{q=0}^{n}(q * R_3)$$

Em que:
o = porcentagem de empresas com postura ambiental classificada como passiva/reativa
p = porcentagem de empresas com postura ambiental classificada como preventiva.
q = porcentagem de empresas com postura ambiental classificada como proativa
R = constante de adaptação de escala para cada postura (R_1=0; R_2=0,5 e R_3=1)

O que se pode notar, com base na Figura 19.3, é que, de modo geral, o desempenho das usinas de produção de etanol está num patamar inferior quando comparado com o grupo "indústrias em geral", e quando comparado com o grupo "agroindustrial" apresenta diferença não significativa de desempenho.

Essa questão se acentua quando analisado o indicador de políticas corporativas para mudança climática – indicador 18 –, pois se esperava que na produção de etanol, considerado uma energia renovável que tem um apelo

Figura 19.3 – Índices para o grupo "usinas", "agroindústria" e "indústrias em geral": indicadores em geral.

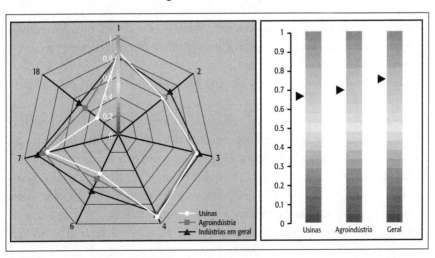

INDICADORES DE SUSTENTABILIDADE E GESTÃO AMBIENTAL

ambiental de contribuir para a redução de gases de efeito estufa (GEE), as políticas corporativas de mudanças climáticas fossem premissas básicas do setor, o que não foi verificado na prática. Portanto, infere-se que, para o setor produtivo, de um modo geral, as questões relacionadas à função do etanol contribuir na mitigação das mudanças climáticas globais ainda não foram incorporadas como estratégica de negócio.

Outro ponto que merece destaque refere-se ao indicador de cobrança de práticas ambientais para fornecedores, devido ao baixo desempenho das usinas de produção de etanol quando comparado com o grupo "empresas em geral". No entanto, quando comparado com o grupo "agroindústria", o desempenho é semelhante, o que pode caracterizar uma dificuldade de todo o setor agroindustrial na cobrança de comprovações de práticas ambientais para fornecedores.

Entre as unidades e os grupos de unidades produtores de etanol para o ano 2008

Para esse tipo de comparação foi necessário criar um índice de postura ambiental para cada usina ou grupo através da fórmula:

$$I = \sum_{r=0}^{n} (r / T * R_1) + \sum_{s=0}^{n} (s / T * R_2) + \sum_{t=0}^{n} (t / T * R_3)$$

Onde:

r = número de respostas que caracterizam atitudes/comportamentos passivos/reativos

s = número de respostas que caracterizam atitudes/comportamentos preventivos

t = número de respostas que caracterizam atitudes/comportamentos proativos

T = número total de indicadores

R = constante de adaptação de escala para cada postura ($R_1=0$; $R_2=0,5$ e $R_3=1$)

O objetivo de apresentar tal comparação foi proporcionar a visualização da homogeneidade ou heterogeneidade do setor estudado com relação à sua postura ambiental. A Figura 19.4 permite notar a nítida heterogeneidade (desvio padrão de 0,164911) encontrada a partir do índice de desempenho do setor em cada um dos indicadores considerados no trabalho. Essa variação poderia ser ainda maior se a pesquisa analisasse as empresas de pequeno porte do setor, nas quais ainda é comum o gerenciamento familiar.

Figura 19.4 – Índices de postura ambiental para as dezenove empresas estudadas.

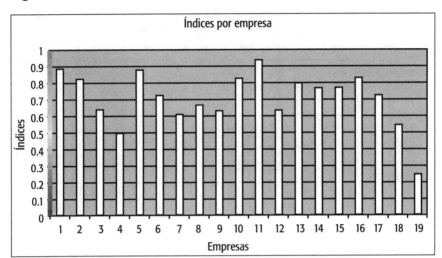

Apesar dessa grande heterogeneidade, são poucas as empresas que foram caracterizadas no primeiro estágio de postura ambiental, ou seja, no padrão "ausência de preocupações e/ou investimentos no gerenciamento de impactos ambientais". Já em maior número estão as empresas que podem ser caracterizadas no segundo estágio, "cumprir a lei somente quando exigido pelas autoridades, numa tentativa de postergar ao máximo os investimentos em controle ambiental". E a maioria das empresas estudadas pode ser caracterizada no terceiro estágio: "compreendem e aceitam que é melhor e economicamente mais viável inserir as questões ambientais desde as fases de planejamento, tratando estas questões como estratégia de negócio e diferencial competitivo".

Comparação de postura ambiental para *clusters*

Dentro do grupo "usinas" no ano 2008

Para essa comparação dividiu-se o grupo "usinas" em categorias; para cada categoria foi feita a média aritmética dos índices das usinas que tinham características comuns. Os resultados são mostrados na Figura 19.5 e permitiram algumas análises.

Figura 19.5 – Comparação de índices para diferentes categorias do grupo "usinas".

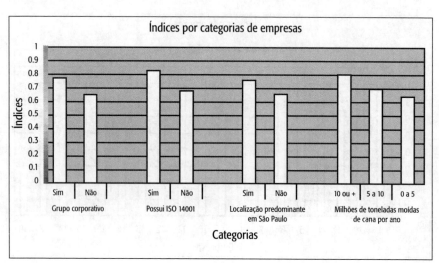

Quando comparadas às empresas que não participam de grupos corporativos, aquelas que participam obtiveram índices melhores. Algumas possíveis explicações podem ser inferidas a partir desses resultados, porém não é possível afirmar, somente com os dados da pesquisa, que elas realmente ocorrem na prática, como a possibilidade da corporação ter na matriz um setor responsável pela gestão ambiental de todas as unidades, consequentemente possibilitando a existência de uma equipe mais completa e interdisciplinar, além da economia de recursos.

Em relação à categoria possuir certificação ISO 14001 foi possível observar que as empresas certificadas apresentaram melhor desempenho em relação aos índices de postura ambiental, quando comparadas às empresas que não são certificadas. Segundo Harrington e Knight (1999), é comum o argumento de que a adoção da certificação ISO 14001 não traz consigo melhorias no desempenho ambiental, porém os resultados apresentados mostram o contrário, pelo menos para o setor produtor de etanol.

Apesar de a norma não exigir uma melhoria de desempenho ambiental da empresa, a abordagem sistemática da ISO para identificar os aspectos e impactos ambientais, tendo como resposta a proposição de objetivos e metas para controle e mitigação desses impactos, resulta, em geral, numa produção mais eficiente, onde os processos e as tecnologias são reavaliados, reduzindo a utilização de recursos naturais e diminuindo a geração de resíduos.

Existem outros motivos que levam a ISO a trazer melhorias de desempenho ambiental, entre eles, pode-se destacar a inserção da variável ambiental no processo decisório da empresa, concomitantemente com a comunicação sistemática das expectativas da alta administração a todos os funcionários; e o atendimento, como exigência para certificação, ao item "requisitos legais e outros requisitos" em países onde a legislação ambiental é bastante rígida, como no caso do Brasil.

Porém, nem a legislação ambiental, nem o aparato institucional de execução dessas leis são uniformes para todos os estados do Brasil. Nesse sentido, o estado de São Paulo é um dos mais exigentes, o que pode explicar os resultados encontrados que apontam um índice de postura ambiental mais elevado para unidades produtoras de etanol localizadas dentro do estado.

CONSIDERAÇÕES FINAIS

A principal contribuição dos resultados apresentados no presente trabalho se dá no sentido de subsidiar a sociedade no processo de tomada de decisão e formulação de políticas públicas e de responder a alguns questionamentos acerca do processo produtivo do etanol de cana-de-açúcar. Nesse sentido, a identificação do posicionamento da postura ambiental das usinas na intersecção das posturas preventiva e proativa nos leva a acreditar que grande parte do processo produtivo desse biocombustível está sendo construída sobre bases ambientais sólidas.

Contudo, um patamar superior de proatividade de postura ambiental pode ser buscado, no sentido de alcançar uma homogeneidade das empresas e das regiões produtoras de etanol. Essa etapa mais avançada esta intimamente ligada à inserção das questões ambientais no processo de tomada de decisão e, principalmente, à incorporação na estratégia de negócio da empresa.

Para tanto, é importante que o governo estimule esse comportamento, e um dos caminhos para isso seria a utilização de instrumentos governamentais de intervenção, como os instrumentos econômicos e os instrumentos de mercado. Isso não significa que os instrumentos restritivos devam ser menos utilizados, afinal grande parte dos avanços da postura ambiental adotada hoje pelo setor é resultado da utilização governamental desses instrumentos.

Ainda com base nos resultados obtidos nesse trabalho, é possível apontar que algumas das críticas acerca da sustentabilidade do etanol não condizem com as respostas encontradas, e que grande parte delas tem sido trabalhadas perante padrões de proatividade ambiental, como no caso da utilização da água e tratamento de resíduos.

Porém, é preciso lembrar que existem algumas ressalvas, principalmente na busca por indicadores mais adequados para as especificidades do setor e que abordem, de forma mais representativa, a postura ambiental com relação às suas práticas agrícolas. Outro ponto que deve ser salientado é que somente empresas de grande porte foram consideradas na amostra e, portanto, seria importante pesquisar também empresas pequenas, que nesse setor têm características peculiares, como a predominância de gerência não profissional ou familiar. Esses aspectos devem servir de ponto de partida para novas pesquisas e estudos no setor.

A contribuição da pesquisa com a proposição de uma taxonomia para classificação das diferentes posturas ambientais empresariais também é bastante relevante e com grande potencial de aplicação, principalmente, para fins de *benchmarking* e avaliação de políticas e investimentos, podendo ser utilizadas tanto por associações de produtores, empresas, governo e sociedade em geral. Esse potencial de aplicação para diversos atores é potencializado quando a forma de análise é igual à utilizada, que se mostrou bastante didática e visual, o que garante que todos tenham acesso à informação de forma assimilável.

REFERÊNCIAS

AMARAL, W.A.N. et al. Environmental sustainability of sugarcane ethenol in Brazil. In: ZUURBIER, P.; VOOREN, J.V. (orgs.). *Sugarcane ethanol: Contributions to climate change mitigation and the environment.* Netherland: Wageningen Academic Publishers, 2008.

ANÁLISE. *Análise gestão ambiental: anuário 2008.* São Paulo: Análise, 2008.

BANSAL, P.; ROTH, K. Why companies go green: a model of ecological responsiveness. *Academy of Management Journal*, v. 43, n. 4, p. 717-36, 2000.

BERRY, M.A.; RONDINELLI, D.A. Proactive corporate environmental management: a new industrial revolution. *The Academy of Management Executive*, v. 12, n. 2, p. 38-50, 1998.

BRASIL. Ministério de Desenvolvimento e Indústria e Comércio Exterior. *Exportação de etanol de cana-de-açúcar.* Rio de Janeiro: [s.n.], 1996-2007. Disponível em: http://aliceweb.mdic.gov.br. Acessado em: jun. 2008.

BUYSSE, K.; VERBEKE, A. Proactive environmental strategies: a stakeholder management perspective. *Strategic Management Journal*, v. 24, n. 5, p. 453-70, 2003.

ELKINGTON, J. *Cannibals with forks: the triple Bottom Line of 21st Century Business.* Oxford: Capstone Publishing, 1997.

HARRINGTON, H.J.; KNIGHT, A. *ISO 14000 implementation: upgrading your EMS effectively.* New York: McGraw-Hill, 1999.

HUNT, C.B.; AUSTER, E.R. Proactive environmental management: avoiding the toxic trap. *Sloan Management Review*, 1990.

JABBOUR, C.J.C.; SANTOS, F.C.A. Evolução da gestão ambiental na empresa: uma taxonomia integrada à gestão da produção e de recursos humanos. *Gestão e Produção*, São Carlos, SP, v. 13, n. 3, p. 435-48, set.-dez. 2006.

KESSLER, I.; VAN DORP, M. Structural adjustment and the environment: the need for an analytical methodology. *Ecological Economic*, v. 27, n. 3, p. 267-81, 1998.

KLASSEN, R.D.; McLAUGHLIN, C.P. The impact of environmental management on firm performance. *Management Science*, v. 72, n. 3, p. 2-7, 1996.

ROHRICH, S.S.; CUNHA, J.C. A proposição de uma taxonomia para a análise da gestão ambiental no Brasil. *Revista de Administração Contemporânea*, v. 8, n. 4, p. 86-95, 2004.

SCHMIDHEINY, S.; CHASE, R.; DE SIMONE, L. *Signal of change: business progress towards sustainable development.* Geneva: World Business Council for Sustainable Development, 1997.

SHARMA, S; VRED, H. Proactive corporate environmental strategy and the development of competitively valuable organizational capabilities. *Strategic Management Journal*, v. 19, n. 8, p. 729-53, 1998.

[UNICA] UNIÃO DA INDÚSTRIA DE CANA-DE-AÇÚCAR. *Produção de cana-de-açúcar do Brasil das safras 1990/91 a 2006/07.* Disponível em: http://www.portalunica.com.br. Acessado em: 9 abr. 2008.

WELFORD, R. *Corporate Environmental Management 2: culture and organisations.* London: Earthscan/ James & James Publishers, 1997.

Indicadores de energia, desenvolvimento e sustentabilidade

20

Lineu Belico dos Reis

Engenheiro eletricista, Escola Politécnica da USP

A energia está presente em todas as atividades humanas e, sendo obtida por meio de transformações de recursos naturais, sua utilização de forma adequada se torna uma das questões fundamentais da construção de um modelo sustentável de desenvolvimento.

No cenário complexo que envolve a energia em suas relações com a vida no planeta Terra, ressalta-se a importância dos indicadores energéticos, que, associando as diversas formas de energia com aspectos econômicos, ambientais, sociais e tecnológicos, permitem uma avaliação objetiva das diversas trajetórias do ser humano, incluindo seu encaminhamento na busca da sustentabilidade.

Nesse contexto, ao se direcionar o foco para os indicadores energéticos, devem ser ressaltados os seguintes aspectos:

- Indicadores energéticos podem ser elaborados em âmbito global, assim como em âmbitos regionais, locais e específicos, e sua utilização consistente em cada um desses casos pode (e deve) ser harmonizada com a máxima ecológica de "pensar globalmente e agir localmente".

- Indicadores energéticos, sua evolução passada e suas prospecções futuras, são informações fundamentais para o planejamento, em qualquer nível, podendo ser utilizadas para o estabelecimento de políticas mundiais e nacionais, para o planejamento estratégico de empresas e até mesmo para o planejamento familiar e pessoal, no contexto da eficiência energética residencial, por exemplo. Informações obtidas de balanços energéticos e prospecções de matrizes energéticas, quando disponíveis, são fundamentais para o planejamento energético.

- A cadeia energética completa engloba não somente a produção (oferta), como também a transferência (transporte) da energia ou energéticos e, como meta básica, os usos finais (consumo). Assim, podem ser estabelecidos indicadores energéticos com objetivos específicos para cada um desses componentes da cadeia, dependendo da aplicação visualizada. Balanços energéticos e prospecções de matrizes energéticas são fundamentais também nessa questão, uma vez que consideram detalhadamente as diversas formas de oferta e transporte, assim como os principais usos setoriais e subsetoriais da energia.

Assim, este capítulo enfoca os indicadores energéticos segundo os aspectos apontados, do global para o local, enfatizando, por meio de exemplos qualitativos e quantitativos, suas relações com matrizes energéticas e planejamento, e sua utilização como ferramenta de *benchmarking* na busca da sustentabilidade.

INDICADORES EM ÂMBITO GLOBAL

Em seu contexto mais amplo, os indicadores, não apenas os energéticos, podem ser associados a ferramentas para se medir o grau de desenvolvimento de uma sociedade e da sustentabilidade de seus sistemas produtivos. Para isso, sua utilização deve ser orientada para captar a dinâmica do processo evolutivo, permitindo a avaliação do "custo" do progresso alcançado tanto no presente quanto para as gerações futuras.

Assim, é possível identificar alguns indicadores de desenvolvimento, especificamente ligados à questão energética, que podem refletir a situação de um local, região ou país em relação à sustentabilidade energética. Indicadores energéticos em geral relacionam o consumo de energia com variáveis importantes dos processos, sistemas ou setores sob análise, de forma a permitir um monitoramento dos resultados das políticas energéticas.

Esses indicadores podem ser referidos a aspectos mais gerais ou buscarem retratar situações mais específicas, num maior nível de detalhe. É possível reconhecer, como apresentado na Figura 20.1, uma *pirâmide hierárquica de indicadores energéticos.*

Figura 20.1 – Pirâmide de indicadores energéticos.

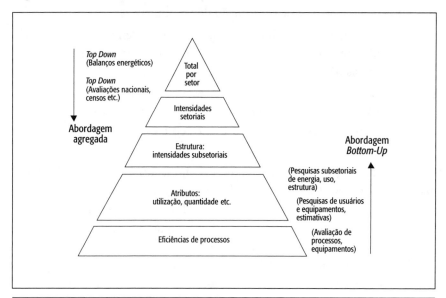

Fonte: OECD/IEA (1997).

Quando atrelados à sustentabilidade, os indicadores energéticos devem seguir as seguintes linhas de referência básica associadas às soluções energéticas aventadas ao *desenvolvimento sustentável*:

- Diminuição do uso de combustíveis fósseis (carvão, óleo, gás) e o aumento do uso de tecnologias e combustíveis renováveis, com vistas a alcançar uma matriz renovável em longo prazo.
- Aumento da eficiência do setor energético desde a produção até o consumo. O potencial aumento da demanda energética pode ser controlado por meio dessa medida, principalmente em países desenvolvidos, onde a demanda deve crescer de forma mais moderada. Nos países em desenvolvimento, tais medidas irão se refletir na diminuição das necessidades energéticas associadas à melhor distribuição do desenvolvimento.
- Mudanças no setor produtivo como um todo, voltadas ao aumento de eficiência no uso de materiais, transporte e combustíveis.
- Incentivos ao desenvolvimento tecnológico do setor energético no sentido de buscar alternativas ambientalmente benéficas. Isso inclui

também melhorias nas atividades de produção de equipamentos e materiais para o setor e de exploração de combustíveis.

- Estabelecimento de políticas energéticas favorecendo a formação de mercados para tecnologias ambientalmente benéficas e penalizando as alternativas não sustentáveis.

- Incentivo ao uso de combustíveis menos poluentes. Num período transitório, por exemplo, o gás natural tem vantagens sobre o petróleo ou carvão mineral por produzir menos emissões.

Por outro lado, a escolha dos melhores indicadores para uma determinada avaliação vai depender de cada caso. Como consequência, diversas instituições têm sugerido indicadores com diferentes objetivos, formando uma base de referência que pode ser utilizada quando for preciso estabelecer algum conjunto de indicadores específicos.

Na literatura mundial pode-se citar, por exemplo, a Comissão para o Desenvolvimento Sustentável (Commission on Sustainable Development), no âmbito da Organização das Nações Unidas (ONU), que, em 2006, sugeria um total de 96 indicadores abrangendo aspectos sociais, ambientais, econômicos e institucionais (ONU, 2007). Dentre os quais, podem ser ressaltados os seguintes indicadores associados ao setor energético:

- Relacionados à dimensão social: consumo de combustível por veículo de transporte e despesa per capita com infraestrutura.

- Relacionados à dimensão de meio ambiente: emissão de gases do efeito estufa, emissão de óxido de enxofre, emissão de óxido de nitrogênio, consumo de substâncias que destroem a camada de ozônio, concentração de poluentes ambientais em áreas urbanas, despesas com redução da poluição do ar, uso de energia na agricultura.

- Relacionados à dimensão econômica: consumo anual de energia, tempo de vida das reservas energéticas, compartilhamento de consumo de recursos energéticos renováveis.

Outro conjunto interessante de indicadores é a relação de indicadores de mobilidade sustentável, apresentado no relatório *Mobility 2030: meeting the challenges of sustainability*, do World Business Council for Sustainable Development (WBCSD), de grande importância devido ao peso considerável do transporte no consumo energético (WBCSD, 2004). Desse conjunto

INDICADORES DE ENERGIA, DESENVOLVIMENTO E SUSTENTABILIDADE | **619**

de 21 indicadores, podem ser ressaltados os seguintes, diretamente relacionados com energia, embora grande parte dos demais também o seja, de forma indireta:

* Emissão de gases de efeito estufa.
* Impactos ambientais convencionais relacionados ao transporte.
* Impactos em ecossistemas.
* Uso de recursos naturais: uso de energia relacionada ao transporte e à segurança energética.

Com base nas linhas de referência energéticas para o desenvolvimento sustentável apresentadas anteriormente, podem ser encontradas propostas de diversos conjuntos de indicadores específicos para retratar a sustentabilidade do setor energético como um todo. Um exemplo é o conjunto de oito indicadores apresentados na Tabela 20.1, dois para cada uma das quatro dimensões – meio ambiente, sociedade, economia e tecnologia –, sugeridos por um grupo internacional de especialistas na área energética, denominado Helio International Guides for Reserver Reporter, rede não governamental fundada em 1997, com sede em Paris.

Cada um desses indicadores é associado a um vetor para o qual o valor unitário (1) indica uma medida do *status quo*, ou seja, uma média global ou de dados históricos nacionais, e o valor nulo (0) é usado para indicar o alvo de sustentabilidade. Isso permite que se possa verificar o encaminhamento

Tabela 20.1 – Indicadores de sustentabilidade energética e valores vetores.

Dimensão	Indicador	Alvo de sustentabilidade (vetor = 0)	Referência para insustentabilidade (vetor = 1)
Ambiental	1. Impactos globais: emissões *per capita* de carbono no setor energético	70% de redução em relação a 1990: 339 kgC/ *capita*	Média global em 1990: 1.130 kgC/ *capita*
	2. Impactos locais: nível dos poluentes locais mais significantes relacionados à energia	10% do valor de 1990	Nível de poluentes em 1990

(continua)

620 INDICADORES DE SUSTENTABILIDADE E GESTÃO AMBIENTAL

Tabela 20.1 – Indicadores de sustentabilidade energética e valores vetores. *(continuação)*

Dimensão	Indicador	Alvo de sustentabilidade (vetor = 0)	Referência para insustentabilidade (vetor = 1)
Social	3. Domicílios com acesso à eletricidade: percentual de domicílios com acesso à eletricidade	100%	0%
	4. Investimento em energia limpa, como um incentivo à criação de empregos: investimento em energia renovável e eficiência energética em usos finais como um percentual do total de investimentos no setor energético	95%	Nível de 1990
Econômico	5. Exposição a impactos externos: Exportação: exportação de energia não renovável como um percentual do valor total de exportação Importação: importação de energia não renovável como um percentual da oferta total primária de energia	Exportações: 0% Importações: 0%	Exportações: 100% Importações: 100%
	6. Carga de investimentos em energia no setor público: investimento público em energia não renovável como percentual do Produto Interno Bruto (PIB)	0%	10%
Tecnológico	7. Intensidade energética: consumo de energia primária por unidade de PIB	10% do valor de 1990: 1,06 MJ/US$1990	Média global de 1990: 10,64 MJ/US$1990
	8. Participação de fontes renováveis na oferta primária de energia: oferta de energia renovável como um percentual da oferta total primária de energia	95%	Média global de 1990: 8,64%

Fonte: Helio International Guides for Reserver Reporter (2000).

na direção do desenvolvimento sustentável, assim como efetuar comparações entre locais, regiões ou países.

A utilização desse vetor como uma forma de medir o encaminhamento para a sustentabilidade representa um exemplo da utilização de indicadores energéticos como referências (*benchmarks*) a serem atingidas ao longo do tempo. Essa utilização dos indicadores pode ser uma ferramenta importante para o planejamento.

Esse conjunto dos oito indicadores pode também ser representado através de um diagrama de radar, tal como mostrado na Figura 20.2, no qual os indicadores representam os pontos do radar. Uma vez que o valor 0 está no centro do radar, quanto menor for sua área, mais sustentável será o sistema energético em questão.

Figura 20.2 – Exemplo de diagrama de indicadores

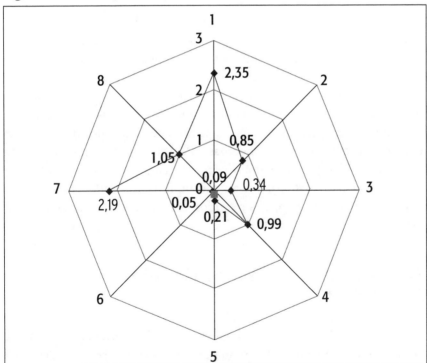

Fonte: Helio International Guidelines for Observer Reporter (2000).
Indicadores: 1.Impactos globais; 2. Impactos locais; 3. Taxa de eletrificação; 4. Investimentos em energia limpa; 5. Exposição a impactos externos; 6. Carga de investimentos em energia no setor público; 7. Intensidade energética; 8. Participação de fontes renováveis na oferta primária.

É interessante notar que esse conjunto de indicadores apresenta similaridade com o conjunto de indicadores energéticos para avaliação do grau de sustentabilidade sugeridos pela Organização Latino-Americana de Energia (Olade) em 1996, listados a seguir, para os quais o objetivo a ser buscado ao longo do tempo seria maximizar os indicadores, em vez de minimizar:

- Relacionados à dimensão social: cobertura elétrica e cobertura das necessidades energéticas básicas.

- Relacionados à dimensão do meio ambiente: pureza relativa do uso de energia; uso de energias renováveis e estoque de recursos fósseis e lenha.

- Relacionados à dimensão economica: autossuficiência energética, robustez diante das mudanças externas e produtividade energética.

Deve-se notar que o indicador de produtividade energética (PIB/energia consumida) é o inverso do indicador de intensidade energética (energia consumida/PIB), largamente utilizado para representação da evolução da eficiência energética, em termos de nações.

No contexto global, é também importante citar os diversos indicadores energéticos que são apresentados, ou mesmo possíveis de serem calculados, utilizando as informações de matrizes energéticas desenvolvidas em nível global, tais como as elaboradas pela International Energy Agency (IEA) e pela Energy Information Agency (EIA), do Department of Energy dos Estados Unidos (DOE), que também apresentam dados concernentes ao Brasil. Alguns exemplos dos referidos Indicadores são apresentados na Tabela 20.2.

INDICADORES EM ÂMBITO NACIONAL E REGIONAL

Nesse cenário, no Brasil, é importante citar os diversos indicadores energéticos que são apresentados ou mesmo possíveis de serem calculados utilizando as informações do Balanço Energético Nacional, elaborado pelo Ministério de Minas e Energia (MME) e Balanços Energéticos Estaduais, elaborados por alguns estados brasileiros que enfocam a sua trajetória energética, bem como a do país, nos últimos tempos (em geral, quinze

INDICADORES DE ENERGIA, DESENVOLVIMENTO E SUSTENTABILIDADE | **623**

Tabela 20.2 – Exemplos de indicadores energéticos (para 2005)

Região/ país	Consumo total energético Mtoe (*)	Consumo de eletricidade TWh (**)	Emissões de CO_2 Mt (***)	Consumo total per capita toe/capita	Intensidade energética (consumo/ PIB) toe/2000U\$	Emissões CO_2 consumo energético tCO_2/toe
Mundo	11.434	46.695	27.136	1,78	0,32	2,37
Países da OECD	5.548	9.800	12.910	4,74	0,20	2,33
Oriente Médio	503	558	1.238	2,69	0,64	2,46
Antiga União Soviética	980	1.119	2.303	3,44	1,87	2,35
Ásia (sem China)	1.286,00	1.343,00	2.591	0,62	0,65	2,01
América Latina	500,00	761,00	938	1,11	0,31	1,88
África	605	503	835	0,68	0,83	1,38
Brasil	209,53	375,19	329,28	1,12	0,31	1,57
China	1.735,00	2.363,00	5.101,00	1,32	0,83	2,94
Alemanha	344,75	586,41	813,48	4,18	0,18	2,36
Índia	537,31	525,93	1.147,46	0,49	0,83	2,14
Estados Unidos	2.340,29	4.046,60	5.816,96	7,89	0,21	2,49

Fonte: Key Word Energy Statistics de 2007 da IEA.
(*) Megatoneladas equivalentes de petróleo.
(**) Terawatts-hora.
(***) Megatoneladas de CO_2

anos), apresentando as seguintes importantes informações do setor energético:

- Do lado da oferta
  - Produção
  - Importação
  - Variação de estoques
  - Oferta total
  - Exportação
  - Energia não aproveitada
  - Reinjeção
  - Ofeta interna bruta
- Relativas à transformação
  - Centros de transformação
  - Outras transformações
  - Total transformações
- Relativas a perdas
  - Perdas na distribuição e armazenagem
- Relativas ao consumo final
  - Consumo final
  - Consumo final não energético
  - Consumo final energético para os setores: energético, residencial, comercial, público, agropecuário, transportes (rodoviário, ferroviário, aéreo e hidroviário) e industrial (cimento, ferrogusa e aço, ferro-ligas, mineração/pelotização e não ferrosos/outros da metalurgia, química, alimentos e bebidas, têxtil, papel e celulose, cerâmica e outros).

São consideradas fontes de energia primária (petróleo, gás natural, carvão vapor, carvão metalúrgico, urânio (U308), energia hidráulica, lenha e produtos de cana (melaço, caldo de cana, bagaço) e de energia secundária (óleo diesel, óleo combustível, gasolina, gás liquefeito de petróleo – GLP –, nafta, querosene, gás – cidade e coqueira –, coque de carvão mineral, urânio – UO_2 dos combustíveis –, eletricidade, carvão vegetal, álcool, – anidro e hidratado).

Nesse contexto, são apresentadas as seguintes informações que permitem ampla visão do setor energético, assim como a identificação e o estabelecimento de diversos indicadores:

- Oferta e demanda de energia por fonte.
- Consumo de energia por setor.
- Comércio externo de energia.
- Balanços de centros de transformação.
- Recursos e reservas energéticas.
- Energia e socioeconomia.
- Informações energéticas estaduais.

Além disso, deve-se citar o esforço atual no desenvolvimento de prospecções da matriz energética brasileira no âmbito da Empresa de Pesquisa Energética, que darão informações importantes quanto às perspectivas futuras, permitindo o estabelecimento de bases e referências para estudos de planejamento, tanto em âmbito nacional como regional e setorial.

INDICADORES DE OFERTA E CONSUMO

De forma geral, a cadeia energética é formada pela oferta, transporte e consumo. Diversos indicadores podem ser estabelecidos para cada um desses componentes, ressaltando-se aqueles relacionados com a oferta e o consumo.

Um indicador que pode ser apresentado como exemplo do lado da oferta, típico das usinas hidrelétricas, é o que relaciona a área inundada pelo reservatório da usina com a potência instalada, representando a área inundada por unidade de potência, como apresentado na Tabela 20.3, elaborada para permitir uma visão comparativa das usinas projetadas para o rio Madeira com outras usinas da região Amazônica. Quanto maior o valor, mais crítico será.

Diversos outros indicadores energéticos do lado da oferta podem ser utilizados. Os custos unitários da potência instalada (em U$ ou R$ por kW) e da fornecida (em U$ ou R$ por MWh) são indicadores econômicos clássicos no setor de energia elétrica. A emissão de poluentes por unidade de potência instalada é um indicador do lado da oferta típico das centrais termelétricas.

Tabela 20.3 – Relação área do reservatório/potência de usinas da região Amazônica.

Usina	Área do reservatório km²	Potência MW	Km²/MW
Balbina	2.360	250	9,44
Samuel	584	217	2,69
Manso	387	210	1,84
Tucuruí Etapa 1 Etapa 2	2.414	4.000 8.000	0,61 0,30
Santo Antônio	271 (110*)	3.580	0,07 (0,03*)
Jirau	258 (140*)	3.900	0,07 (0,04*)

(*) Descontando a área do rio Madeira.

Fonte: Furnas/Odebrecht (2004).

A energia consumida no processo completo de sua obtenção por unidade de combustível fóssil produzido, o número de habitantes deslocados por causa do projeto hidrelétrico, a área utilizada por uma fazenda eólica, são outros exemplos que demonstram a grandeza do cenário de indicadores energéticos possível do lado da oferta. Sua identificação e utilização vão depender dos objetivos da avaliação energética sendo efetuada.

Do ponto de vista do consumo, podem ser estabelecidos vários indicadores energéticos, como, por exemplo, os índices de consumo de energia e de intensidade energética apresentados nas Tabelas 20.4 e 20.5, respectivamente.

É importante notar que, quanto mais específica é a aplicação, mais facilmente pode-se relacionar a oferta (que, na maioria dos casos, pode ser associada à aquisição das diversas formas de energia) com o consumo (em suas diversas formas e opções). Isso pode dar mais segurança para o estabelecimento de políticas de substituição de energéticos e de eficiência energética, tanto aquelas relacionadas com utilização de novas tecnologias quanto aquelas relacionadas com educação (mudança de hábitos de consumo e combate ao desperdício).

Quadro 20.1 – Índices de consumo de energia.

Setores	Índice
Edificações	
Consumo mensal	kWh / mês - kWh / m².mês
Consumo anual	kWh / ano - kWh / m².ano
Potência instalada	W / m²
Transportes	
Automóveis	km / l
Caminhões	km / l / t
Aviões	km / l / passageiro
Produção de bens de consumo ou serviços	
Consumo de energia	MWh / mês - MWh / ano
Equipamentos em geral	kWh / mês - kWh / ano
Aparelhos de ar-condicionado	EER - Btu / h / W - kWh / m² - kWh / m³
Refrigeradores	kWh / ano / l
Lâmpadas	lm / W
Atividade humana	Gcal / ano

Fonte: Reis e Silveira (2002).

INDICADORES LOCAIS E SETORIAIS

São indicadores com menor âmbito de atuação que os globais, nacionais e regionais, mas de grande importância para o estabelecimento de políticas e estratégias mais focadas.

Nesse contexto, são apresentados a seguir alguns exemplos enfocando os setores industrial, comercial e residencial, escolhidos com o objetivo de ilustrar o processo de sua identificação e utilização, assim como de ressaltar sua importância em cenários que vão além da energia.

Quadro 20.2 – Indicadores de intensidade energética.

Setor	Indicador
Industrial	tEP/ mil US$ produzidos; GWh/ mil US$ produzidos
Comercial	tEP/ mil US$ gerados – GWh/ mil US$ gerados
Residencial	
Consumo	MWh/ hab
Taxa de atendimento	%
Índices gerais	
Consumo final de energia/ população	tEP/ hab
Consumo final de energia/ PIB	tEP/ mil US$

Fonte: Reis e Silveira (2002).

Para o setor industrial, apresenta-se um sumário de resultados de uma análise típica para uma indústria genérica.

No que se refere ao setor comercial, são apresentadas algumas considerações sobre o tratamento e estabelecimento de indicadores, tomando como base o setor de turismo.

Quanto ao setor residencial, são apresentados resultados de uma análise integrada de consumo, na qual a energia é apenas um dos componentes avaliados.

Indicadores relacionados com o setor industrial

Um plano diretor de energia de uma empresa do setor industrial pode ser elaborado através da avaliação de sua matriz energética, podendo ainda ser utilizado para estabelecer bases de dados e de metodologias para futuras avaliações de planos de expansão da referida unidade.

A identificação da matriz energética da indústria requer levantamento e compilação de dados históricos sobre o consumo de energia, e permite avaliação do cenário atual. Essa avaliação pode sugerir procedimentos para aperfeiçoar a coleta e o tratamento de dados e informações e futuras ações com vistas ao aumento da eficiência energética global ao longo do tempo, cuja evolução poderá ser monitorada por meio de indicadores energéticos a serem estabelecidos como *benchmarks*, os quais também poderão ser aperfeiçoados ao longo do tempo. Essa base também tornará possível analisar, com maior segurança, qualquer plano de expansão futura, assim como identificar algum risco de não atendimento da nova demanda pelas energias utilizadas atualmente e avaliar fontes alternativas de energia que garantam o abastecimento do complexo industrial. Tal análise pode ser complementada pela avaliação de riscos, para verificar oportunidades e necessidades de ações complementares.

É importante ressaltar que a matriz energética também permite o inventário de emissões de gases do efeito estufa, que pode orientar alterações na própria matriz e acenar com a possibilidade de atuação no mercado de créditos de carbono associado ao Protocolo de Kyoto.

Os principais objetivos de um estudo desse tipo podem ser:

- Delinear um roteiro de tratamento de dados, monitoramento de desempenho e cálculos de indicadores energéticos, que, adotados como *benchmarks*, orientem a operação da planta ao aumento da eficiência energética.
- Apresentar considerações de ordem metodológica associadas à avaliação e ao planejamento de expansões futuras do complexo industrial quanto aos possíveis cenários de consumo e ao abastecimento das diversas formas de energia necessárias.
- Elaborar um inventário de emissões de gases do efeito estufa.

Numa fase inicial de estudo, é também importante salientar que a escolha de um número pequeno de indicadores energéticos – por exemplo, apenas a intensidade energética da unidade produtiva para cada tipo de produto e forma de energia – permite o estabelecimento de *benchmarks* de simples entendimento, monitoração e cálculo para aferir a evolução da eficiência energética. Isso pode ser importante para introduzir a cultura de utilização de indicadores na empresa. Outros indicadores podem ser agregados, tanto nessa fase quanto no futuro, para refletir outros aspectos importantes do projeto. Por exemplo, indicadores que levem em conta as quantias de energia própria e adquirida poderiam ser úteis para consubstanciar estratégias de médio e longo prazo, associadas ao cenário energético do país ou da região na qual a indústria se localiza.

É importante salientar que a construção da matriz energética e a obtenção dos *benchmarks* são fatores fundamentais no desenvolvimento do estudo e na coleta de dados. Nesse sentido, os dados a serem coletados com informações históricas relacionadas ao consumo de energia mensal e ao nível de produção das diversas unidades produtivas do complexo industrial podem permitir o cálculo da intensidade energética de cada unidade produtiva (que pode ser expressa em kWh/t produzida, m^3 lenha/t produzida e t óleo combustível/t produzida). A matriz energética do complexo industrial pode ser obtida indiretamente a partir dessas informações.

A avaliação do desempenho histórico da intensidade energética de cada unidade produtiva permite identificação dos períodos de maior eficiência energética de cada processo industrial e o estabelecimento de um *benchmark* operativo de intensidade energética. Esses valores de *benchmark* poderão servir de primeira referência operativa para as diversas unidades produtivas, uma vez que novos valores poderão ser estabelecidos ao longo do tempo. Neste sentido, aperfeiçoamentos operativos e novas tecnologias, quando viáveis e implantadas, poderão permitir o estabelecimento de novos *benchmarks*, de forma a aumentar a eficiência energética da planta ao longo do tempo, assim como a competitividade econômica.

O histórico da intensidade energética das diversas unidades também pode ser utilizado para se efetuar a previsão de cenários de consumo de futuros planos de expansão. Devido às variações ocorridas durante o período de operação, pode-se, por exemplo, estimar esse consumo em três situações:

- *Consumo mínimo*: correspondente ao cálculo do consumo esperado se cada unidade mantiver a mínima intensidade energética observada durante o período histórico analisado.

- *Consumo máximo*: correspondente ao cálculo do consumo esperado se cada unidade operar com a máxima intensidade energética observada durante o período analisado.

- *Consumo intermediário*: correspondente ao cálculo do consumo esperado se cada unidade operar com a média anual das intensidades energéticas observadas durante o período.

Esses diferentes indicadores de consumo podem ser combinados adequadamente para a criação de cenários energéticos futuros, que orientarão o planejamento e plano diretor energético da empresa.

Para uma avaliação mais adequada do desempenho histórico da indústria, podem ser desenvolvidos gráficos como os da Figura 20.3, que permitem reconhecimento direto das condições de consumo acima citadas e do comportamento da intensidade energética para cada unidade industrial.

Figura 20.3 – Gráfico de consumo de energia elétrica e intensidade energética para uma unidade da indústria (exemplo para período histórico de 4 anos e meio).

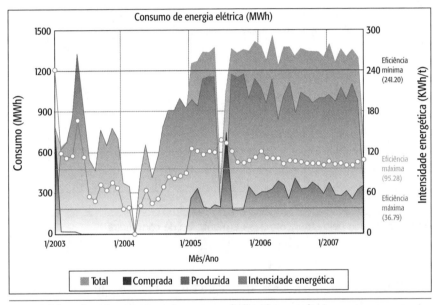

Fonte: elaborada pelo autor com base em trabalho de consultoria

A montagem da matriz energética da indústria, no período considerado, também deve ser efetuada para servir de base ao estabelecimento dos cenários futuros, o que pode ser feito facilmente se a indústria dispõe de dados energéticos específicos para cada unidade. Casos esses dados não estejam disponíveis, deve-se trabalhar com o que estiver em mãos, efetuar medições e implementar um sistema de medições. Nesse caso, há de se levar um tempo para obtenção e tratamento de dados.

A Tabela 20.4 ilustra, como exemplo, a matriz energética de uma indústria com oito unidades produtivas (UP), para um ano do período histórico.

Tabela 20.4 – Exemplo de uma matriz energética de uma indústria.

MATRIZ ENERGÉTICA: ANO X									
Consumo – Produto (unidade produtiva)									
Tipo de energia	Unidade	(*) UP1	UP2	UP3	UP4	UP5	UP6	UP7	UP8	TOTAL
Energia elétrica comprada	MWh	3.573	27.291	25.898	1.138	4.563	7.416	568	0	70.447
Energia elétrica produzida	MWh	1.290	5.688	6.661	265	1.378	3.569	61	378	19.290
Lenha produzida	t	0	0	65.000	0	0	652.800	0	0	717.800
Lenha comprada	t	0	0	0	0	0	49.028	0	0	49.028
Combustíveis fósseis	t	0	0	0	0	0	0	0	386	386

(*) UP: Unidade produtiva.

Fonte: elaborada pelo autor com base em trabalho de consultoria

Deve-se citar, finalmente, que, para quaisquer configurações de futuros planos de expansão, é necessário estabelecer um conjunto mínimo de hipóteses para a avaliação de riscos de não atendimento da demanda, relacionadas principalmente a:

- Indisponibilidade das fontes de geração: deve ser considerado o risco de perda de cada fonte ou unidade produtora de energia, para qualquer tipo de energia e fonte geradora – própria ou externa (adquirida). Deve ser efetuada análise de sensibilidade relacionada com a variação dos riscos assumidos.

- Cenários de demanda: podem ser estabelecidos três cenários correspondentes à demanda mínima, intermediária e máxima, calculadas a partir dos cenários de consumo e dos fatores de carga obtidos por meio dos dados recebidos.

INDICADORES DE ENERGIA, DESENVOLVIMENTO E SUSTENTABILIDADE | **633**

- Porcentagem da carga não alimentada: pode ser calculada como o valor porcentual da demanda disponível em cada configuração relativamente à demanda considerada (mínima ou intermediária ou média).

Indicadores relacionados com o setor comercial – exemplo para o setor turístico

Esse exemplo se baseia no capítulo "A infraestrutura básica como fundamento do turismo sustentável" (Philippi Jr e Ruschmann, 2010). Nesse sentido, é importante apresentar aqui um sumário do referido texto, enfatizando os aspectos mais diretamente relacionados com os indicadores energéticos. Ressalta-se que o texto de referência se voltou para uma análise de requisitos relacionados à infraestrutura para um turismo sustentável.

As atividades turísticas impõem requisitos fundamentais ao planejamento e ao dimensionamento dos serviços e bens da infraestrutura, em função de aspectos específicos de cada local enfocado; entre eles, destacam-se o impacto das atividades turísticas no cenário global, o tipo de turismo, a carga turística e a área física de influência das atividades turísticas.

Esses aspectos, que apresentam diversos graus de interdependência, devem ser adequadamente tratados nas avaliações energéticas voltadas ao desenvolvimento sustentável.

Impacto das atividades turísticas no cenário global sob análise

O impacto das atividades turísticas no contexto global da região enfocada é uma variável importante a ser considerada.

Há uma significativa diferença do impacto na demanda dos bens e serviços energéticos do turismo entre uma cidade na qual o turismo é uma entre outras formas de atividades econômicas e uma comunidade na qual o turismo pode ser uma das mais importantes fontes de renda e empregos.

Nos casos em que o turismo é uma entre outras formas de atividades econômicas, o impacto na demanda energética pode ser importante, mas não tão significativo a ponto de exigir grandes modificações no planejamento da infraestrutura como um todo. Nesse caso podem ser citadas cidades como Paris, Nova York, São Paulo, Rio de Janeiro, Roma, São Francisco, entre outras, grandes cidades ou megalópoles, nas quais o turismo, em suas diversas formas, se insere como um componente adicional.

No segundo caso, em que o turismo é uma das variáveis fundamentais para a busca da sustentabilidade, pode-se considerar, por exemplo, uma comunidade distante dos centros urbanos, na qual um plano de desenvolvimento sustentável inclui a visitação e a venda de produtos locais aos turistas como uma variável primordial. Como, por exemplo, um tipo de ecoturismo na região Amazônica. Nesse caso, em geral, o impacto das atividades turísticas na demanda é bastante significativo, se não prioritário.

Tipo de turismo

O impacto das atividades turísticas no planejamento energético também é influenciado pelo tipo de turismo que está sendo considerado, o que pode afetar não somente a demanda, como também a oferta (produção ou geração) de energia.

No que poderíamos chamar de turismo tradicional, dos quais cidades como Paris, São Francisco, Roma, poderiam servir de exemplo, assim como outras capitais e cidades menores no nosso país, a demanda energética associada ao turismo pode ser razoavelmente conhecida, uma vez que dados históricos de consumo de eletricidade e do setor de transporte podem estar disponíveis.

Procedimentos específicos podem ser utilizados para levantamento da demanda para outras formas de turismo, tais como: turismo ecológico, turismo de negócios, turismo educativo, turismo associado a festas e eventos de massa (carnaval, festas religiosas e atividades folclóricas, peão de boiadeiro), na maioria dos casos facilitados pela delimitação mais precisa dos logradouros turísticos.

Carga turística e indicadores energéticos

O impacto da carga turística na demanda energética é influenciado pelo fato de as atividades turísticas apresentarem algum grau de interdependência, o que resulta na ocorrência de características semelhantes em determinados aspectos.

Indicadores relacionados com a carga turística podem ser associados a indicadores energéticos e até mesmo utilizados para confirmação e/ou complementação das informações necessárias para o levantamento da demanda energética.

Diversos indicadores podem ser criados relacionando a energia com o turismo, os quais fornecerão informações sobre a sustentabilidade turística. A escolha final dos melhores indicadores dependerá de cada caso analisado, de seus objetivos e características específicas. Apenas como sugestão cita-se, a seguir, alguns indicadores interessantes na linha da intensidade energética:

- Energia elétrica consumida por unidade de carga turística, medida em kWh (ou MWh) por turista por km^2.

- Energia elétrica consumida por turista, ou por unidade da área turística, variantes do indicador anterior.

- Energia elétrica consumida no setor de hospedagem por unidade de carga turística, por turista ou por unidade de área, que são indicadores específicos para um subsetor e que poderiam ser aplicados a outros subsetores, tais como restaurantes, logradouros turísticos específicos; comércio e indústria voltados às atividades turísticas.

- Energia consumida (elétrica, no setor de transportes ou total) por unidade de gastos efetuados pelos turistas.

- Indicadores de eficiência energética, considerando separadamente os usos finais (iluminação, força motriz, condicionamento climático, equipamentos de lazer, dentre outros) nos diversos subsetores.

- Energia consumida no setor de transportes por unidade de carga turística, por turista ou por unidade de área turística.

- Participação de fontes energéticas locais na oferta de energia.

- Participação de fontes energéticas locais renováveis na oferta de energia; e tantos outros.

Área física de influência das atividades turísticas

Considera-se que a área física de influência das atividades turísticas pode ser dividida em pelo menos três espaços: o espaço urbano (englobando, para fins de análise, os espaços de comunidades de localidades remotas), o espaço municipal não urbano, no qual, muitas vezes há um grande número de logradouro de visitação turística e um espaço muito mais amplo, englobando os diversos locais de onde vêm os visitantes (por exemplo, de todas as partes do mundo, no caso de cidades como Paris, Rio, Nova York, Salvador), que será chamado de área de influência.

Deve-se considerar que o espaço da área de influência, estando muito além das possibilidades de uma análise da sustentabilidade turística local ou regional, apresenta-se como um desafio importante quanto à avaliação energética, mas tem sua grande importância principalmente quanto ao transporte de turistas e sua logística. Setores que também são consumidores de energia e deveriam ser orientados ao desenvolvimento sustentável por outras instituições, fora dos limites da área turística.

Indicadores relacionados com o setor residencial

Nesse item, apresenta-se, como ilustração de um processo de levantamento de informações residenciais que determinarão indicadores energéticos e permitirão o estabelecimento de outros indicadores, os resultados obtidos são parte da dissertação de mestrado orientada pelo autor e direcionada a uma avaliação integrada de componentes da infraestrutura: *Metodologia de tratamento integrado de energia elétrica e recursos naturais para empreendimentos dos setores residencial e comercial.* Essa avaliação, portanto, não enfocou somente a energia, mas também o balanço de materiais.

Os principais resultados obtidos para uma residência, considerando os processos de alimentação, lavagem de roupa, higiene e outros, são apresentados nas Tabelas 20.5 a 20.8, respectivamente.

Os valores apresentados nessas tabelas, por si só, já apresentam indicadores.

Indicadores energéticos importantes podem ser obtidos para os usos finais da energia numa residência, como, por exemplo:

- Consumo de energia por alimentação: 182,67 kWh/mês.
- Consumo de energia para lavagem de roupa: 60 kWh/mês.
- Consumo de energia com higiene: 329,0 kWh/mês, dos quais 320kWh/mês com banho.
- Consumo de energia com lazer: 12,4 kWh/mês.
- Consumo de energia com atividades acadêmicas (principalmente utilização de computador): 8,0 kWh/mês.
- Consumo de energia com limpeza: 11,2 kWh/mês.
- Consumo de energia com iluminação: 42,6 kWh/mês.

INDICADORES DE ENERGIA, DESENVOLVIMENTO E SUSTENTABILIDADE **637**

Tabela 20.5 – Balanço consolidado do Processo 1 – Alimentação.

		Etapa					
		Transp.	Armaz.	Pré-prep.	Prep.	Cons.	Pós-cons.	Limp.
Entradas	Prod. da oper. ant. (kg)		20,00	10,20	16,78	16,32	3,49	0,23
	Matéria-prima (kg)							
	MP perecível (kg)	12						
	MP não perecível (kg)	8						
	Detergente (kg)						1,00	
	Produto de limpeza (kg)							2,00
	Resíduo reus./rec.							
	Fluxo de entrada (kg)	**20**	**20**	**10,2**	**16,78**	**16,32**	**4,49**	**2,23**
	Total de material utilizado (kg)	**20**	–	–	–	–	1	2
	Água (L)			240,00	20,00		1.600,00	20,00
	Energia (kWh)		54,00		22,00		106,67	

		Etapa					
		Transp.	Armaz.	Pré-prep.	Prep.	Cons.	Pós-cons.	Limp.
Saídas	Prod. prox. op. (kg)	20,00	17,80	9,18	16,78	3,26		
	Produto final (kg)				13,06			
	Perda (kg)		2,20				0,10	0,30
	Resíduo orgânico (kg)			1,02			3,49	0,23
	Resíduo inorgânico (kg)						0,90	1,70
	Resíduo reus./rec.	não	sim	não	não	não	não	não
	Resíduo armaz.		embalagem					
	Fluxo de saída (kg)	**20**	**20**	**10,2**	**16,78**	**16,32**	**4,49**	**2,23**
	Total de material utilizado (kg)	–	**2,2**	**1,02**	–	**13,06**	**4,49**	**2,23**
	Água residuária (L)			240,00	20,00		1.600,00	20,00
	Energia (kWh)							

Fonte: Brunoro (2007).

INDICADORES DE SUSTENTABILIDADE E GESTÃO AMBIENTAL

Tabela 20.6 – Balanço consolidado do Processo 2 – Lavar roupa.

<table>
<thead>
<tr><th rowspan="2"></th><th rowspan="2"></th><th colspan="7">Etapa</th></tr>
<tr><th>Transp.</th><th>Armaz.</th><th>Pré-prep.</th><th>Prep.</th><th>Cons.</th><th>Pós-cons.</th><th>Limp.</th></tr>
</thead>
<tbody>
<tr><td rowspan="12">Entradas</td><td>Prod. da oper. ant. (kg)</td><td></td><td>20,00</td><td>10,20</td><td>16,78</td><td>16,32</td><td>3,49</td><td>0,23</td></tr>
<tr><td>Matéria-prima (kg)</td><td></td><td></td><td></td><td></td><td></td><td></td><td></td></tr>
<tr><td>MP perecível (kg)</td><td>12</td><td></td><td></td><td></td><td></td><td></td><td></td></tr>
<tr><td>MP não perecível (kg)</td><td>8</td><td></td><td></td><td></td><td></td><td></td><td></td></tr>
<tr><td>Detergente (kg)</td><td></td><td></td><td></td><td></td><td></td><td>1,00</td><td></td></tr>
<tr><td>Produto de limpeza (kg)</td><td></td><td></td><td></td><td></td><td></td><td></td><td>2,00</td></tr>
<tr><td></td><td></td><td></td><td></td><td></td><td></td><td></td><td></td></tr>
<tr><td>Resíduo reus./rec.</td><td></td><td></td><td></td><td></td><td></td><td></td><td></td></tr>
<tr><td>**Fluxo de entrada (kg)**</td><td>20</td><td>20</td><td>10,2</td><td>16,78</td><td>16,32</td><td>4,49</td><td>2,23</td></tr>
<tr><td>**Total de material utilizado (kg)**</td><td>20</td><td>–</td><td>–</td><td>–</td><td>–</td><td>1</td><td>2</td></tr>
<tr><td>Água (L)</td><td></td><td></td><td>240,00</td><td>20,00</td><td></td><td>1.600,00</td><td>20,00</td></tr>
<tr><td>Energia (kWh)</td><td></td><td>54,00</td><td></td><td>22,00</td><td></td><td>106,67</td><td></td></tr>
</tbody>
</table>

<table>
<thead>
<tr><th rowspan="2"></th><th rowspan="2"></th><th colspan="7">Etapa</th></tr>
<tr><th>Transp.</th><th>Armaz.</th><th>Pré-prep.</th><th>Prep.</th><th>Cons.</th><th>Pós-cons.</th><th>Limp.</th></tr>
</thead>
<tbody>
<tr><td rowspan="12">Saídas</td><td>Prod. prox. op. (kg)</td><td>20,00</td><td>17,80</td><td>9,18</td><td>16,78</td><td>3,26</td><td></td><td></td></tr>
<tr><td>Produto final (kg)</td><td></td><td></td><td></td><td></td><td>13,06</td><td></td><td></td></tr>
<tr><td>Perda (kg)</td><td></td><td>2,20</td><td></td><td></td><td></td><td>0,10</td><td>0,30</td></tr>
<tr><td>Resíduo orgânico (kg)</td><td></td><td></td><td>1,02</td><td></td><td></td><td>3,49</td><td>0,23</td></tr>
<tr><td>Resíduo inorgânico (kg)</td><td></td><td></td><td></td><td></td><td></td><td>0,90</td><td>1,70</td></tr>
<tr><td>Resíduo reus./rec.</td><td>não</td><td>sim</td><td>não</td><td>não</td><td>não</td><td>não</td><td>não</td></tr>
<tr><td>Resíduo armaz.</td><td></td><td>embalagem</td><td></td><td></td><td></td><td></td><td></td></tr>
<tr><td>**Fluxo de saída (kg)**</td><td>20</td><td>20</td><td>10,2</td><td>16,78</td><td>16,32</td><td>4,49</td><td>2,23</td></tr>
<tr><td>**Total de material utilizado (kg)**</td><td>–</td><td>2,2</td><td>1,02</td><td>–</td><td>13,06</td><td>4,49</td><td>2,23</td></tr>
<tr><td>Água residuária (L)</td><td></td><td></td><td>240,00</td><td>20,00</td><td></td><td>1.600,00</td><td>20,00</td></tr>
<tr><td>Energia (kWh)</td><td></td><td></td><td></td><td></td><td></td><td></td><td></td></tr>
</tbody>
</table>

(continua)

Tabela 20.6 – Balanço consolidado do Processo 2 – Lavar roupa. *(continuação)*

		Etapa			
		Pré-lavagem	Lavagem	Secagem	Finalização
Entradas	Prod. da oper. ant. (kg)				
	Matéria-prima (kg)				
	MP perecível (kg)				
	MP não perecível (kg)				
	Detergente (kg)				
	Produto de limpeza (kg)	0,80	2,40		
	Resíduo reus./rec.				
	Fluxo de entrada (kg)	**0,8**	**2,4**		
	Total de material utilizado (kg)	**0,8**	**2,4**		
	Água (L)	160	2.856		
	Energia (kWh)		12		48

		Etapa			
		Pré-lavagem	Lavagem	Secagem	Finalização
Saídas	Prod. prox. op. (kg)				
	Produto final (kg)				
	Perda (kg)				
	Resíduo orgânico (kg)				
	Resíduo inorgânico (kg)				
	Resíduo reus./rec.	0,80	2,40		
	Resíduo armaz.	não	não	não	não
	Fluxo de saída (kg)	**0,8**	**2,4**		
	Total de material utilizado (kg)	**0,8**	**2,4**		
	Água residuária (L)	160	2.856		
	Energia (kWh)				

Fonte: Brunoro (2007).

640 | INDICADORES DE SUSTENTABILIDADE E GESTÃO AMBIENTAL

Tabela 20.7 – Balanço consolidado do Processo 3 – Higiene.

		Etapa					
		Transp.	Armaz.	Pré-prep.	Prep.	Cons.	Pós-cons.	Limp.
Entradas	Prod. da oper. ant. (kg)		20,00	10,20	16,78	16,32	3,49	0,23
	Matéria-prima (kg)							
	MP perecível (kg)	12						
	MP não perecível (kg)	8						
	Detergente (kg)						1,00	
	Produto de limpeza (kg)							2,00
	Resíduo reus./rec.							
	Fluxo de entrada (kg)	20	20	10,2	16,78	16,32	4,49	2,23
	Total de material utilizado (kg)	20	–	–	–	–	1	2
	Água (L)			240,00	20,00		1.600,00	20,00
	Energia (kWh)		54,00		22,00		106,67	

		Etapa					
		Transp.	Armaz.	Pré-prep.	Prep.	Cons.	Pós-cons.	Limp.
Saídas	Prod. prox. op. (kg)	20,00	17,80	9,18	16,78	3,26		
	Produto final (kg)					13,06		
	Perda (kg)		2,20				0,10	0,30
	Resíduo orgânico (kg)			1,02			3,49	0,23
	Resíduo inorgânico (kg)						0,90	1,70
	Resíduo reus./rec.	não	sim	não	não	não	não	não
	Resíduo armaz.		embalagem					
	Fluxo de saída (kg)	20	20	10,2	16,78	16,32	4,49	2,23
	Total de material utilizado (kg)	–	2,2	1,02	–	13,06	4,49	2,23
	Água residuária (L)			240,00	20,00		1.600,00	20,00
	Energia (kWh)							

(continua)

INDICADORES DE ENERGIA, DESENVOLVIMENTO E SUSTENTABILIDADE | 641

Tabela 20.7 – Balanço consolidado do Processo 3 – Higiene. *(continuação)*

		Etapa		
		Escovar dente	Bacia sanitária	Banho	Secar cabelo
Entradas	Prod. da oper. ant. (kg)				
	Matéria-prima (kg)				
	MP perecível (kg)				
	MP não perecível (kg)				
	Detergente (kg)				
	Produto de limpeza (kg)	0,25	0,50	0,50	
	Resíduo reus./rec.				
	Fluxo de entrada (kg)	**0,25**	**0,5**	**0,5**	
	Total de material utilizado (kg)	**0,25**	**0,5**	**0,5**	
	Água (L)	360	600	9.000,00	
	Energia (kWh)			320,00	9,00

		Etapa		
		Pré-lavagem	Lavagem	Secagem	Finalização
Saídas	Prod. prox. op. (kg)				
	Produto final (kg)				
	Perda (kg)				
	Resíduo orgânico (kg)				
	Resíduo inorgânico (kg)	0,25	0,50	0,50	
	Resíduo reus./rec.	não	não	não	não
	Resíduo armaz.				
	Fluxo de saída (kg)	**0,25**	**0,5**	**0,5**	
	Total de material utilizado (kg)	**0,25**	**0,5**	**0,5**	
	Água residuária (L)	360,00	600,00	9.000,00	
	Energia (kWh)				

Fonte: Brunoro (2007).

642 INDICADORES DE SUSTENTABILIDADE E GESTÃO AMBIENTAL

Tabela 20.8 – Balanço consolidado dos outros processos.

		Etapa						
		Transp.	Armaz.	Pré-prep.	Prep.	Cons.	Pós-cons.	Limp.
Entradas	Prod. da oper. ant. (kg)		20,00	10,20	16,78	16,32	3,49	0,23
	Matéria-prima (kg)							
	MP perecível (kg)	12						
	MP não perecível (kg)	8						
	Detergente (kg)						1,00	
	Produto de limpeza (kg)							2,00
	Resíduo reus./rec.							
	Fluxo de entrada (kg)	**20**	**20**	**10,2**	**16,78**	**16,32**	**4,49**	**2,23**
	Total de material utilizado (kg)	**20**	–	–	–	–	**1**	**2**
	Água (L)			240,00	20,00		1.600,00	20,00
	Energia (kWh)		54,00		22,00		106,67	

		Etapa						
		Transp.	Armaz.	Pré-prep.	Prep.	Cons.	Pós-cons.	Limp.
Saídas	Prod. prox. op. (kg)	20,00	17,80	9,18	16,78	3,26		
	Produto final (kg)					13,06		
	Perda (kg)		2,20				0,10	0,30
	Resíduo orgânico (kg)			1,02			3,49	0,23
	Resíduo inorgânico (kg)						0,90	1,70
	Resíduo reus./rec.	não	sim	não	não	não	não	não
	Resíduo armaz.		embalagem					
	Fluxo de saída (kg)	**20**	**20**	**10,2**	**16,78**	**16,32**	**4,49**	**2,23**
	Total de material utilizado (kg)	–	**2,2**	**1,02**	–	**13,06**	**4,49**	**2,23**
	Água residuária (L)			240,00	20,00		1.600,00	20,00
	Energia (kWh)							

(continua)

INDICADORES DE ENERGIA, DESENVOLVIMENTO E SUSTENTABILIDADE | **643**

Tabela 20.8 – Balanço consolidado dos outros processos. *(continuação)*

		Processo			
		Lazer	Acadêmico	Limpeza	Iluminação
Entradas	Matéria-prima (kg)				
	MP perecível (kg)				
	MP não perecível (kg)				
	Detergente (kg)				
	Produto de limpeza (kg)				
	Resíduo reus./rec.				
	Fluxo de entrada (kg)	–	–	10	–
	Total de material utilizado (kg)	–	–	10	–
	Água (L)			1.440,00	
	Energia (kWh)	12,4	8,0	11,2	42,6

		Processo			
		Lazer	Acadêmico	Limpeza	Iluminação
Saídas	Produto final (kg)				
	Perda (kg)				
	Resíduo orgânico (kg)				
	Resíduo inorgânico (kg)			10,00	
	Resíduo reus./rec.	não	não	não	não
	Resíduo armaz.				
	Fluxo de saída (kg)	–	–	10	–
	Total de material utilizado (kg)			10	
	Água residuária (L)			1.440,00	
	Energia (kWh)				

Fonte: Brunoro (2007).

INDICADORES DE SUSTENTABILIDADE E GESTÃO AMBIENTAL

Deve-se notar que esses valores se referem apenas à energia elétrica. Poderiam ser levantados dados relacionados à energia térmica (gás, por exemplo) e mecânica (transporte: gastos com combustível, por exemplo).

Todos esses indicadores poderiam dar origem a outros, tais como: consumo por morador, consumo por m^2, consumo por km.

Como já mencionado, cada caso específico pode dar origem a um grande número de indicadores. O importante, sempre, é a existência de um processo adequado e confiável de levantamento de dados.

CONSIDERAÇÕES FINAIS

Entre os aspectos importantes levantados nessa incursão exploratória no universo dos indicadores energéticos ressaltam-se o papel relevante do assunto no âmbito da busca de um modelo sustentável de desenvolvimento, a complexidade do tema e a grande dimensão do desafio associado à construção de bancos de informações específicos e confiáveis dos mesmos indicadores.

Por meio da avaliação efetuada, foi possível verificar a imensidão e a complexidade do tema, o que requer cuidados especiais na escolha de um conjunto prático e objetivo de indicadores para cada caso, seja este de âmbito global ou específico.

No cenário geral apresentado, fica bem clara a preocupação mundial em estabelecer indicadores energéticos adequados para cada avaliação específica, uma vez que a energia é parte importante das grandes questões atuais da humanidade, entre elas, o aquecimento global e a busca de um modelo sustentável de desenvolvimento. Diversas instituições, principalmente em nível global, têm se preocupado cada vez mais com o tema, sugerindo indicadores, procedimentos para sua obtenção e levantando as informações associadas.

Além disso, é importante salientar as consideráveis dificuldades relacionadas com a coleta das informações, não só devido à falta de sistemas de medições apropriados, como também devido, muitas vezes, à falta de visão estratégica de longo prazo e ao descaso, que apresenta até mesmo vieses culturais, com a monitoração e o acompanhamento das medições ao longo do tempo.

Por outro lado, uma vez que a energia está presente em todas as facetas da vida no planeta, pode ser considerado surpreendente e desafiador o fato de ainda existir um número incipiente de procedimentos e informações organizadas, como métodos de coleta e tratamento de dados, e bancos de dados históricos e prospectivos.

Nesse contexto, com vistas a fornecer uma base para o estabelecimento adequado e prático de indicadores energéticos, este capítulo enfocou os seguintes tópicos principais:

- Conceituação básica associada à construção de conjuntos de indicadores energéticos, em nível global e em nível específico.
- Indicadores energéticos sugeridos para avaliações globais.
- Exemplos de indicadores energéticos associados a informações de matrizes energéticas relacionadas com a oferta e com o consumo de energia.
- Estudos de caso relacionados com três setores importantes do consumo: o industrial, o comercial e o residencial.

REFERÊNCIAS

BRUNORO, C.M. *Metodologia de tratamento integrado de energia elétrica e recursos naturais para empreendimentos dos setores residencial e comercial.* 2007. Dissertação (Mestrado em Sistemas de Potência) – Escola Politécnica, Universidade de São Paulo, São Paulo.

ENERGY INFORMATION ADMINISTRATION. Disponível em: http://www.eia. doe.gov. Acessado em: 2011.

[FURNAS/ ODEBRECHT] CENTRAIS ELÉTRICAS S.A. ODEBRECHT. *Complexo hidrelétrico do rio Madeira: apresentação para o board de consultores* (Power Point), fev. 2004.

HELIO INTERNATIONAL GUIDELINES FOR OBSERVER REPORTER, 2000. Disponível em :http//www.helio-international.org. Acessado em: 2001.

[IEA] INTERNAL ENERGY AGENCY. *Key world energy statistics, 2007.* Disponível em: http://www.iea.org. Acessado em: set. 2012.

[OECD/ IEA] ORGANIZATION FOR ECONOMIC COOPERATION AND DEVELOPMENT. INTERNAL ENERGY AGENCY T*he link between energy and human activities.* [S.l.]: OECD, 1997.

[OLADE/ CEPAL/ GTZ] ORGANIZACIÓN LATINOAMERICANA DE ENERGÍA. COMISIÓN ECONÓMICA DE LAS NACIONES UNIDADES PARA LA AMÉRICA LATINA Y CARIBE. DEUTSCHE GESELLSCHAFT FÜR TECHNISCHE ZUSAMMENARBEIT. *Energia y desarollo sustentable en America Latina y el Caribe*. Quito: [s.n.], 1996.

[ONU] ORGANIZAÇÃO DAS NAÇÕES UNIDAS. Department of Economic and Social *Affairs. Indicators of sustainable development: guidelines and methodologies*. 3. ed. Nova York: ONU, 2007. Disponível em: http://www.un.org/esa/sustdev/natlinfo/indicators/guidelines.pdf. Acessado em: 2 set. 2008.

REIS, L.B.; SILVEIRA, S. *Energia elétrica para o desenvolvimento sustentável*. São Paulo: Edusp, 2002.

REIS, L.B.; FADIGAS, E.A.; CARVALHO, C.E. *Energia, recursos naturais e a prática do desenvolvimento sustentável*. Barueri, SP: Manole, 2005.

REIS, L.B. A infraestrutura básica como fundamento do turismo sustentável. In: PHILIPPI JR., A.; RUSCHMANN, Doris V. M. (orgs.). *Gestão ambiental e sustentabilidade no turismo*. Barueri: Manole, 2010.

[WBCSD] WORLD BUSINESS COUNCIL FOR SUSTAINABLE DEVELOPMENT. *Mobility 2030: meeting the challenges of sustainability*. [S.l.]: WBCSD, 2004.

Indicadores para prestação e regulação de serviços de abastecimento de água e esgotamento sanitário

21

Alceu de Castro Galvão Jr
Engenheiro civil, Arce

Alexandre Caetano da Silva
Engenheiro sanitarista e civil, Arce

Os serviços de água e esgoto estão inseridos no contexto do saneamento ambiental e são considerados um dos mais importantes da infraestrutura urbana, responsáveis pelo abastecimento de água potável e pela coleta, afastamento e tratamento de esgotos sanitários das populações servidas. Apesar da visão setorial de que tradicionalmente os planejadores de políticas públicas tratam os serviços de água e esgoto, estes guardam relação de interdependência principalmente com recursos hídricos e saúde pública. Especificamente em relação aos impactos causados pela inadequação ou inexistência desses serviços, a literatura é ampla quanto à magnitude dos efeitos negativos associados a essas diversas áreas.

No que tange à saúde pública, a ausência de infraestrutura sanitária resulta no aumento da ocorrência de doenças de veiculação hídrica e de mortalidade infantil (Libânio et al., 2005; Mendonça e Seroa da Motta, 2005; Teixeira e Pungirum, 2005). Com relação ao meio ambiente, a poluição das águas causada por lançamento de esgotos não tratados limita a utilização do meio aquoso e se constitui em uma das principais causas da degradação ambiental (Pena e Abicalil, 1999). Destacam-se também problemas de escassez e de qualidade das águas ocasionados pela inexistência ou uso inadequado dos serviços de água e esgoto, comprometendo atividades econômicas e o próprio abastecimento público. Em função disso, o primeiro passo para a implantação de um modelo de planejamento para os serviços de água e esgoto deve identificar os possíveis impactos causados nas interfaces dessas áreas (Soares et al., 2002).

Com efeito, o grande desafio que se impõe à sociedade e ao governo é o da universalidade do acesso aos serviços de água e de esgoto, principalmente da população socioeconomicamente excluída, visto que o déficit de infraestrutura concentra-se nos assentamentos subnormais das periferias das grandes metrópoles, nas cidades de pequeno porte e nas comunidades rurais. Como forma de melhorar as condições de acesso à água em âmbito mundial, a Organização das Nações Unidas (ONU) estabeleceu como meta do milênio a redução pela metade, até 2015, da proporção da população sem acesso permanente à água potável.

No Brasil, a prioridade nos serviços de água e esgoto auferiu nova perspectiva com a promulgação, em 2007, da Lei n. 11.445, que estabelece diretrizes nacionais para o saneamento básico, entre as quais se destacam a universalidade do acesso e a articulação com as políticas de desenvolvimento urbano e regional, de habitação, de combate à pobreza, de proteção ambiental e de promoção da saúde (Brasil, 2007). Nessa lei, o uso de indicadores tem papel relevante como instrumento de consecução e de acompanhamento das políticas setoriais, visto que está prevista a elaboração de diagnóstico com utilização de sistema de indicadores sanitários, epidemiológicos e ambientais; o estabelecimento de normas de indicadores de qualidade da prestação dos serviços; a utilização de indicadores epidemiológicos e de desenvolvimento social no planejamento para implementação e avaliação das ações de saneamento básico; e a instituição do Sistema Nacional de Informações em Saneamento Básico (Sinisa), cujo objetivo é disponibilizar estatísticas, indicadores e outras informações relevantes para a caracterização da demanda e da oferta de serviços.

Desse modo, os indicadores devem mensurar os desafios e os resultados alcançados com os serviços de água e esgoto, seja no que diz respeito à sua eficácia quanto aos seus impactos nas áreas de meio ambiente, saúde pública e socioeconomia, seja na própria gestão com vistas à obtenção de maior eficiência operacional e gerencial.

Alguns sistemas de indicadores já estão funcionando no Brasil e no mundo e encontram-se, na sua maioria, em fase de amadurecimento. Nesse senti-

INDICADORES PARA PRESTAÇÃO E REGULAÇÃO DE SERVIÇOS DE ABASTECIMENTO | **649**

do, este capítulo busca identificar e analisar o estado da arte dos principais sistemas de indicadores aplicados aos serviços de água e esgoto, propondo metodologias para a construção de novos sistemas, além de formas de apropriação desses indicadores pela sociedade para o controle desses serviços.

No desenvolvimento deste capítulo, os serviços de água e esgoto são tratados sob duas abordagens que, não obstante tratarem do mesmo tema, têm aspectos diferentes quando da análise desses serviços. A primeira diz respeito à prestação dos serviços, ou seja, sua execução efetiva, realizada por um ente que não é necessariamente vinculado diretamente ao poder concedente. Discute-se, nesse caso, as características dos serviços, as formas de gestão, a legislação aplicável e, sobretudo, os indicadores relacionados a essa prestação. Na segunda abordagem, é discutida a regulação da prestação dos serviços de água e esgoto, ou seja, a competência para editar normas, fiscalizar, definir tarifas e mediar sobre assuntos relativos aos serviços prestados, realizada por um ente dotado de autonomia financeira e administrativa em relação ao poder concedente. São discutidos o conceito de regulação, seus mecanismos e instrumentos, as agências reguladoras e os indicadores aplicáveis a essa atividade.

PRESTAÇÃO DOS SERVIÇOS DE ÁGUA E ESGOTO

No que concerne à infraestrutura dos serviços de água e esgoto, a característica principal é a provisão por redes de alta capilaridade. Em aglomerações urbanas e regiões metropolitanas, essas redes encontram-se cada vez mais articuladas entre si e abrangem vários municípios (Silva e Machado, 2001), o que torna complexa sua gestão e operação.

Em comparação com outros setores da infraestrutura, como telecomunicações, o desenvolvimento tecnológico dos serviços de água e esgoto é lento, e os poucos avanços têm sido concentrados, principalmente nas áreas, por meio da prestação dos serviços.

Em relação aos aspectos econômicos, os serviços de água e esgoto apresentam ativos altamente específicos, tais como redes de distribuição, reservatórios e estações de tratamento, e de longo período de retorno, que, quando desmobilizados, oferecem baixo valor de revenda. Os custos fixos para implantação dos sistemas são bastante elevados, e sua execução visa atender projeções de demanda de 10, 20 ou 30 anos, admitindo-se ociosidade da capacidade produtiva nas fases iniciais de operação, ou seja, a ampliação gradual de uma obra de infraestrutura sanitária é de difícil viabilidade técnico-econômica. Esses serviços necessitam de mão de obra intensiva e apresentam economias de escala e de escopo. Por essas características, os serviços de água e esgoto são considerados monopólios naturais, assim, a presença de mais de uma empresa operando na mesma área de concessão é economicamente inviável.

A titularidade dos serviços, de competência do poder concedente, é objeto de controvérsia e de disputas político-jurídicas entre estados e municípios que avocam para si o direito de determinar os rumos das concessões nos sistemas integrados e metropolitanos. Esse problema é consequência da não explicitação na Constituição Federal sobre qual ente federativo é o titular dos serviços nesses sistemas. A definição da titularidade é colocada como um dos pré-requisitos para a alavancagem dos investimentos nos serviços de água e esgoto no país (Britto, 2004; Conforto, 2000; Pena e Abicalil, 1999).

Quanto às formas de gestão dos serviços, o poder concedente as executa de forma direta ou indireta. Na forma direta, o concedente assume para si a prestação dos serviços por meio de um departamento ou por uma autarquia criada para esse fim. Na forma indireta, o concedente delega a prestação dos serviços à empresa pública, ou à sociedade de economia mista, ou à concessionária privada ou a consórcio público. De acordo com o Sistema Nacional de Informações sobre Saneamento (SNIS), em 2010 os dados declarados apontavam a existência de 1.203 prestadores de serviço responsáveis pelo atendimento de 159 milhões de habitantes (Brasil, 2012). A forma mais abrangente de prestação dos serviços é por sociedade de economia mista em âmbito regional, também denominada de companhias estaduais de saneamento (Cesbs), responsáveis pela operação de 80,4% dos municípios para abastecimento de água e 58,6% dos municípios para esgotos sanitários (Brasil, 2012).

A origem da atual configuração da prestação dos serviços de água e esgoto no país remonta do Plano Nacional de Saneamento (Planasa), implantado no início dos anos 1970. O Planasa foi concebido para aumentar a cobertura dos serviços de abastecimento urbano de água e coleta de esgotos, cuja execução operacional ficou a cargo das Cesbs. De acordo com Seroa da Motta (2004), durante o plano, a cobertura de água urbana por domicílios no Brasil aumentou de 60%, em 1970, para 86%, em 1990, e a cobertura do esgoto urbano passou de 22%, em 1970, para 48%, em 1990. Entretanto, apesar dos avanços em termos de aumento de cobertura nas áreas urbanas, o plano não conseguiu universalizar os serviços no país. Diversas são as razões apontadas para o final do Planasa, ocorrido em meados

dos anos 1980: ênfase na área de construção de sistemas em detrimento do setor de operações; esgotamento das fontes de financiamento; uso político inadequado das companhias; e aumento da inflação (Turolla, 2002).

Outra característica marcante do Planasa foi a ausência de instrumentos efetivos e transparentes para a avaliação da prestação dos serviços. Apesar do ineditismo, a divulgação de indicadores técnico-operacionais e econômico-financeiros por meio do Catálogo Brasileiro de Engenharia Sanitária e Ambiental (Cabes) da Associação Brasileira de Engenharia Sanitária e Ambiental (Abes) foi insuficiente para prover incentivos adequados para melhorar a eficiência das empresas prestadoras de serviço. Com efeito, a principal contribuição do Cabes foi o estabelecimento de uma base de indicadores de desempenho, que mais tarde evoluiu para o SNIS, e atualmente consiste na base de dados mais completa sobre os serviços de saneamento básico no Brasil (Silva, 2006).

Apesar das carências existentes, o nível de atendimento urbano dos municípios que declararam informações ao SNIS (89% do total de municípios do país) é de 92,5% para abastecimento de água, 53,5% para coleta de esgotos e 37,9% para tratamento de esgotos (Brasil, 2012). O SNIS aponta ainda um grave desequilíbrio regional quanto à distribuição dos serviços, com os maiores déficits concentrados nas regiões Norte e Nordeste do país.

Diante desse quadro, o nível de investimentos realizados nas últimas décadas tem sido aquém do necessário para universalizar os serviços de água e esgoto no país. De acordo com estudos elaborados para a proposta do Plano Nacional de Saneamento Básico (Plansab), desenvolvidos a partir de revisões e atualizações de estudo realizado no âmbito do Programa de Modernização do Setor de Saneamento do Ministério das Cidades (Brasil, 2003), são necessários cerca de R$ 253 bilhões em investimentos de expansão e reposição de infraestrutura até o ano de 2030 para atingir as metas de longo prazo dos serviços de água e esgoto, respectivamente, 100% e 91% dos domicílios urbanos brasileiros atendidos (Brasil, 2012b).

Uma das principais justificativas para a insuficiência de investimentos nos serviços era a falta de uma política nacional para o saneamento básico. Nos últimos anos, diversas propostas de política nacional foram discutidas, entre as quais se destacam os Projetos de Lei n. 199/91, n. 266/96, n. 4.147/2001 e n. 5.296/2005, entretanto, somente em 2006, após amplo entendimento entre prestadores de serviço, governos e associações de classe, foi aprovada a Lei n. 11.445/2007. Apesar dessa lei não ser o único instrumento para garantir a universalização dos serviços, espera-se que sua implementação possibilite a ampliação dos investimentos e o consequente aumento dos níveis de cobertura e de atendimento dos serviços de água e esgoto. Além disso, aguarda-se maior transparência e controle social sobre a prestação dos serviços. A Lei n. 11.445 ratificou a ideia de que saneamento básico inclui os serviços de abastecimento de água potável, esgotamento sanitário, limpeza urbana e manejo de resíduos sólidos, e drenagem e manejo de águas pluviais urbanas.

Portanto, no tocante à prestação dos serviços, os indicadores de gestão serão instrumentos fundamentais no planejamento das ações e na avaliação de sua eficiência e eficácia, entendidos como melhorias na qualidade de vida das populações atendidas pelos serviços.

INDICADORES NA GESTÃO DOS SERVIÇOS

A avaliação de desempenho por meio do uso de indicadores tem alcançado maior relevância para o planejamento, a gestão e o controle de variadas atividades, entre as quais a prestação de serviços de água e esgoto. Dada a complexidade das demandas sociais, associadas principalmente às inovações tecnológicas e ao intercâmbio de informações, essa avaliação torna-se fundamental para a seleção de alternativas institucionais, econômicas e tecnológicas para consecução de maior bem-estar.

Os indicadores de desempenho são ferramentas de avaliação que expressam o nível atingido em relação a determinado objetivo. São, portanto, ferramentas apropriadas para a realização de avaliações pautadas em parâmetros de simples interpretação, diretos e objetivos, que democratizam sua aplicação e compreensão, aspecto relevante a ser considerado na análise dos serviços de água e esgoto, dada sua importância para a garantia de direitos humanos fundamentais.

É importante observar que os indicadores devem ser interpretados pelo prisma dos objetivos para os quais foram desenvolvidos. Nos serviços de água e esgoto esses objetivos podem variar de acordo com os atores atuantes, sejam, por exemplo, os operadores, os usuários dos serviços, os reguladores, o governo ou mesmo aqueles ainda sem acesso a esses serviços.

A aplicação de indicadores de desempenho pode ter múltiplas perspectivas, tais como a avaliação da evolução temporal de um aspecto da prestação dos serviços, a comparação entre diversos setores de uma mesma empresa e entre diferentes empresas no mesmo ramo de atividade. As dimensões de análise sobre indicadores podem ser classificadas como estática, dinâmica e comparativa. Na Figura 21.1 observa-se a análise dessas dimensões aplicadas à atividade de manutenção da rede coletora de esgotos mediante indicadores de duração média dos reparos de extravasamentos em dois municípios do estado do Ceará.

A avaliação pode ser *estática* mediante acompanhamento da duração média dos reparos e sua adequação a um valor constante de referência, seja uma meta de desempenho ou um padrão definido em norma ou regulamento da concessionária ou da agência reguladora, definido na Figura 21.1 como dois dias. O objetivo da avaliação também pode ser investigar tendências de melhora ou deterioração do desempenho, quando se faz uma análise da *dinâmica* da prestação dos serviços por meio da evolução dos indicadores ao longo do tempo para a definição de estratégias de gestão. Por exemplo, a leitura desse indicador demonstra que desde janeiro o sistema de Itapipoca vem aumentando gradativamente o prazo médio para reparo de extravasamento de esgoto, o que pode sugerir uma intervenção gerencial da direção da empresa na área operacional do município.

As mais recentes aplicações fazem uso da perspectiva *comparativa* de indicadores, seja entre diferentes operadores ou entre setores da mesma empresa, buscando incentivar o desenvolvimento de melhores práticas ob-

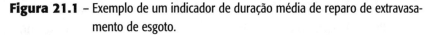

Figura 21.1 – Exemplo de um indicador de duração média de reparo de extravasamento de esgoto.

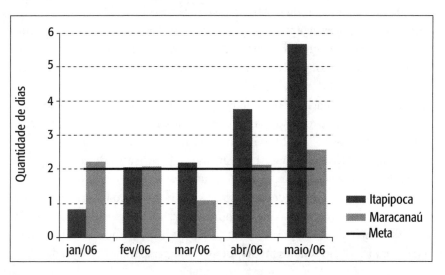

servadas nos modelos de referência. Assim como no exemplo da Figura 21.1, ao analisar os indicadores dos municípios de Maracanaú e de Itapipoca, operados pelo mesmo prestador de serviços, a direção da empresa pode prover incentivos aos sistemas que apresentarem melhores indicadores de eficiência em relação aos demais sistemas e a meta estabelecida para todas as delegações.

Construção do indicador para gestão dos serviços

A construção de indicadores para avaliação de desempenho da gestão dos serviços tem como ponto de partida e principal fundamento a determinação precisa das funções e objetivos da organização. A International Water Association (IWA), por exemplo, identifica cinco principais objetivos da gestão das empresas em relação aos serviços de água: proporcionar aos consumidores um nível de serviço apropriado, cumprindo tanto quanto possível políticas nacionais e regionais, estatutos ou outras obrigações; obter a máxima produtividade possível dos recursos humanos e proporcionar-lhes as melhores oportunidades profissionais e de carreira, de acordo com as qualidades e as aptidões de cada indivíduo; maximizar a eficiência do uso dos recursos hídricos e ambientais; garantir a aplicação mais eficiente possível dos recursos financeiros; planejar, construir e operar as estruturas físicas e fazer a sua manutenção de forma tão eficiente e eficaz quanto possível (IWA, 2000). A partir da definição desses objetivos, realiza-se um diagnóstico prévio da situação da organização em relação às suas metas, as principais ações e processos aplicados para a consecução desses fins e os fatores intervenientes relevantes, internos ou externos. A cada um desses elementos – objetivos, situação, processos e fatores intervenientes – deve-se associar uma ou mais medidas que permitam a avaliação quantitativa, seja da "distância" entre a situação e os objetivos a serem alcançados, da eficiência e eficácia das ações e processos para a consecução dos objetivos ou a avaliação dos impactos dos fatores intervenientes na alteração dos resultados.

A Figura 21.2 esquematiza um exemplo de processo de construção de indicadores para gestão de perdas de água.

O desenho dos indicadores concretiza-se por meio da aplicação de fórmulas a partir das medidas que melhor traduzem as necessidades de avaliação. As principais condições a serem buscadas no desenho de indicadores e o risco associado ao seu desenvolvimento são apresentadas no Quadro 21.1.

Figura 21.2 – Exemplo de um processo de construção de indicador para perdas de água.

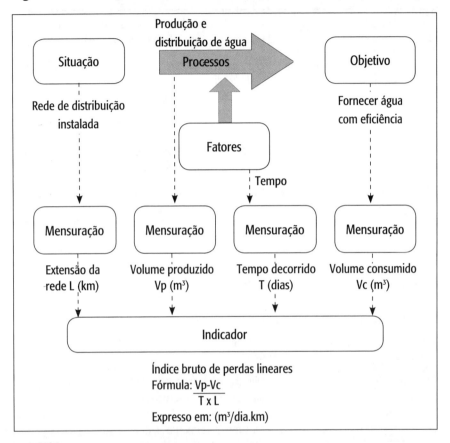

Sistemas de indicadores para gestão dos serviços

Não obstante a importância da manutenção de um registro histórico e a consolidação das definições dos indicadores para a sua aplicação, as principais experiências internacionais atualmente em desenvolvimento de programas de indicadores sobre os serviços de água e esgoto tiveram um início relativamente recente, sobretudo na última década do século XX. A IWA formou, a partir de 1997, um grupo de trabalho com o objetivo de apresentar proposta de indicadores de desempenho a ser adotada no contexto do abastecimento de água, e posteriormente também em esgotamento sanitário. Esse grupo produziu guias com vistas a uniformizar os critérios e as definições dos indicadores, o que contribuiu para disseminar e ampliar o

Quadro 21.1 – Requisitos e riscos para o desenho de indicadores.

Requisitos desejáveis dos indicadores	Riscos relativos ao desenvolvimento que devem ser evitados
Proporcionar uma visão abrangente dos aspectos relevantes da prestação dos serviços	Dificultar a interpretação em razão da multiplicidade de indicadores, dispersando a visão dos resultados em relação aos objetivos principais
Fidelidade à realidade	Possibilitar manipulações e conclusões enganosas
Claramente definidos	Permitir várias interpretações, não contribuindo para fundamentar de maneira sólida a avaliação
Não sobrepor indicadores para avaliação de um mesmo objetivo	Possibilitar divergência ou dúvidas de interpretação por incoerências nos resultados da avaliação
Exigências de coleta de informações e monitoramento compatível com as possibilidades do prestador de serviços	Incorrer riscos à continuidade da alimentação de dados ou encarecer os serviços de maneira desproporcional aos potenciais benefícios em razão de exigências excessivas de monitoramento e controle, podendo acarretar até sua inviabilização
Permitir a verificação posterior da correção e exatidão dos dados e do cálculo dos indicadores	Não permitir rastrear e auditar a informação, impossibilitando sua certificação, comprometendo a credibilidade
Serem inteligíveis	Dificultar a interpretação a todo e qualquer interessado na prestação dos serviços em razão da complexidade das definições ou fórmulas, não democratizando o acesso e utilização dos indicadores
Estarem adequadamente referidos em relação ao tempo e ao espaço	Dificultar a localização das causas de eventuais desvios em relação aos objetivos, além de dificultar a promoção de ações tempestivas de maneira a evitar ou minimizar eventuais danos ou prejuízos

Fonte: Adaptado de IWA (2000).

seu uso principalmente na perspectiva de comparação entre diferentes sistemas e operadores.

Na mesma época, em 1996, o Banco Mundial iniciou uma ação de aplicação de indicadores para os serviços de água, com a proposta não somente de prover guias de referência, mas também de instrumentalizar os profissionais da área em um processo contínuo de avaliação comparativa e de melhoria do desempenho, processo conhecido como *benchmarking*, no programa denominado The International Benchmarking Network for Water and Sanitation Utilities (Ibnet).[1] A ferramenta básica desse programa é um conjunto de indicadores de desempenho com dados reunidos em um banco que contém informações de mais de 2 mil operadores em 84 países, inclusive do Brasil.

No Brasil, o SNIS[2] é a maior referência como fonte de informações sobre os serviços de água e esgoto, e destaque entre os programas internacionais, publicando indicadores e outras informações sobre os serviços dos operadores desde 1996, com dados a partir de 1995. Totaliza informações cedidas voluntariamente pelas empresas sobre 4.936 dos 5.565 municípios brasileiros em relação aos serviços de água, e sobre 1.943 municípios em relação aos serviços de esgoto (Brasil, 2012). Além de incentivar a melhoria da gestão dos serviços públicos de água e esgoto, que sejam executados por operadores públicos ou privados, consta entre os objetivos do SNIS contribuir para o estabelecimento de políticas públicas, da regulação e do controle social.

Entre os programas brasileiros voltados para estimular boas práticas de gestão, destaca-se o Programa Nacional de Qualidade em Saneamento (PNQS), uma iniciativa da Associação Brasileira de Engenharia Sanitária (Abes), que teve início em 1997 ainda sob o nome de Programa Abes da Qualidade (Abes, 2005). Sua estrutura se assemelha a outros programas desenvolvidos no Brasil orientados para a melhora da qualidade e da produtividade de bens e serviços produzidos no país, e que concedem o reconhecimento público às organizações que se destacam pelo uso dessas práticas de excelência. Essas iniciativas, de adesão voluntária, têm se expandido em razão do crescente interesse das empresas, que buscam maior identificação com os anseios do consumidor/cidadão contemporâneo, por meio de governança dos negócios com transparência e conduta socialmente responsável, observando significativa evolução a partir de técnicas modernas de gestão empresarial e agregando intensivamente o uso de indicadores de desempenho.

O Quadro 21.2 ilustra os grupos, organizados por temas, que identificam os indicadores dos principais programas, de maneira a possibilitar uma visualização comparada entre grupos semelhantes das respectivas entidades mantenedoras. Cada grupo está pautado pela discriminação dos objetivos e funções dos operadores de serviços de água e esgoto de acordo

---

[1] A Ibnet pode ser acessada no endereço http://www.ib-net.org.
[2] O SNIS pode ser acessado no endereço http://www.snis.gov.br.

Quadro 21.2 – Grupos de indicadores dos principais programas.

IWA	Ibnet	SNIS	PNQS
Recursos hídricos	-	-	-
-	-	-	Clientes e mercado Fornecedores Sociedade
Recursos humanos	Custo e pessoal	-	Pessoas
Infraestrutura	Cobertura dos serviços Consumo e produção de água	-	-
Operacionais	Desempenho da rede Leitura e faturamento Práticas de medição	Operacionais	-
Qualidade dos serviços	Qualidade dos serviços	Qualidade	Produto
Financeiros	Desempenho financeiro Investimentos Disponibilidade dos serviços Água não faturada	Econômico-financeiros Balanço	Econômico-financeiros
Indicadores de processos	-	Apoio e organizacionais	-

com a classificação elaborada por cada entidade, e pode abranger um extenso número de indicadores, como a IWA, que formulou no seu primeiro manual (IWA, 2000) um total de 133 indicadores para auxiliar os gestores a avaliar o desempenho das empresas operadoras de serviços de água.

Nota-se uma crescente preocupação dos programas internacionais, assim como dos programas nacionais mais abrangentes, com a uniformização e consolidação das definições dos indicadores, tanto que as diferentes estruturas dos sistemas de indicadores revelam mais sobre a visão que as entidades organizadoras dos respectivos programas têm sobre sua aplicação do que diferenças entre as definições dos indicadores de cada programa. Assim, por exemplo, indicadores de níveis de atendimento de água com definição muito semelhante são classificados no sistema da IWA como do grupo qualidade, enquanto, no SNIS, como indicadores do grupo operacional ou ainda indicadores do grupo balanço do SNIS, e como retorno sobre o capital, organizados no grupo financeiro do IWA.

REGULAÇÃO DA PRESTAÇÃO DOS SERVIÇOS DE ÁGUA E ESGOTO

De acordo com a teoria econômica, em um ambiente onde prevaleça a concorrência perfeita, os consumidores são livres para escolher entre os fornecedores, e os preços se comportam de forma razoável em relação aos custos. Entretanto, esse ambiente é utópico e apresenta diversas falhas, e o monopólio natural é a principal delas. Nesse contexto, as firmas utilizam-se do poder de monopólio e maximizam seus lucros mediante a fixação de tarifas elevadas, a prestação de serviços muitas vezes possui qualidade abaixo da necessária, em detrimento dos interesses dos usuários e da sociedade. Portanto, nesse ambiente, a regulação busca corrigir ou minimizar estas falhas, de forma a elevar o bem-estar social (Pinheiro e Saddi, 2005).

Em relação aos serviços de água e esgoto, além de reduzir as falhas originadas do poder de monopólio, a regulação é também necessária para garantir a universalização desses serviços para que a sociedade não seja privada do acesso a eles (Britto, 2001). Há ainda outras falhas de mercado, características típicas dos serviços de água e esgoto, que são as externalidades e a assimetria de informações.

As externalidades são os impactos positivos e negativos causados pela atividade econômica sobre a saúde pública, recursos hídricos e meio ambiente. Por exemplo, ao distribuir água fora dos parâmetros de potabilidade, as empresas de saneamento podem causar externalidades negativas aos usuários dos serviços, como doenças de veiculação hídrica. Por outro lado, ao tratar os esgotos sanitários de acordo com a legislação vigente, essas empresas em geral acarretam externalidades positivas ao proteger a qualidade dos corpos d'água.

Já a assimetria de informações é considerada a diferença sobre o nível de conhecimento dos serviços prestados entre o operador e os demais atores como governo, usuários e reguladores. Dessa forma, o operador utiliza informações privilegiadas sobre custos, tecnologia, demanda e investimentos de maneira estratégica, com vistas a maximizar seus próprios benefícios (Jouravlev, 2003), em detrimento, no entanto, da transparência dos aspectos relativos aos serviços prestados. Além disso, informações específicas sobre a qualidade dos serviços, como as características da água distribuída, são de difícil percepção pelos usuários dos serviços, que conseguem distinguir ao máximo os parâmetros estéticos da água consumida, como sabor e cor, o que justifica a presença de um ente externo para aferir a qualidade dessa água.

Para as falhas relacionadas às externalidades e à assimetria de informações, a regulação estabelece normas e controla os padrões de qualidade, dá transparência às informações relativas à prestação dos serviços e protege os direitos dos usuários. Alguns autores denominam essa forma de intervenção como regulação social (Majone, 2006; Pacheco, 2007; Vargas, 2005).

A regulação pode ser exercida sob diversas formas. Na regulação por contratos, as regras e os papéis de cada ator são definidos de maneira clara nesse instrumento legal, e o poder concedente não é obrigado a constituir um ente independente para regular o contrato de prestação dos serviços. Já na regulação por agências, o exercício da atividade é realizado por um ente externo e independente do poder concedente, responsável por monitorar o cumprimento das obrigações contratuais; definir e aplicar o regime tarifário; e arbitrar os conflitos entre os diversos agentes setoriais (Araújo e Pires, 2000).

No Brasil, um dos primeiros marcos regulatórios para os serviços de água e esgoto foi o Código das Águas, editado nos anos 1930. Apesar de propor diretrizes modernas para a época, o Código das Águas tinha como foco o uso dos recursos hídricos para aproveitamento hidroelétrico. Outra tentativa relevante de regulação dos serviços foi durante o Planasa, concebido no final dos anos 1960. Nesse plano, os reajustes e revisões tarifários das companhias estaduais de saneamento básico eram condicionados à aprovação do Banco Nacional de Habitação (BNH), que, além de fazer o papel de regulador do sistema, era o responsável pelo financiamento dos serviços no país. Essa forma de regulação demonstrou ser inadequada, e resultou em ineficiências e elevados índices de perdas físicas, excesso de pessoal nas companhias, entre outros.

Durante os anos 1990, o governo federal empreendeu uma ampla reforma no estado brasileiro, cujo eixo central era a transferência da provisão dos serviços de infraestrutura para o setor privado. Diversas empresas de telefonia, energia e rodovias foram privatizadas durante esse período e, para regular esses serviços, foram criadas agências reguladoras. As privatizações não conseguiram atingir o setor de saneamento, intensamente influenciado pela falta de um marco regulatório e por conflitos de titularidade nos sistemas integrados e metropolitanos. Também nesse período começaram a vencer os contratos de concessão de água e esgoto assinados durante o Planasa entre as companhias estaduais e os municípios.

Nesse contexto, estados e municípios principalmente das regiões Nordeste e Centro-Oeste, por meio de suas agências reguladoras, iniciaram mesmo de forma precária a regulação dos serviços de água e esgoto. Estima-se que 41,3% das concessões do país estejam reguladas (Abar, 2012), percentual que deverá ser incrementado à medida que a Lei n. 11.445/2007 for sendo implantada.

Várias iniciativas dessas agências na regulação do saneamento já demonstraram a importância dessa atividade para a melhora da qualidade da prestação dos serviços de água e esgoto. Por exemplo, na realização de audiências e consultas públicas dos processos de revisão de tarifas, os dados econômico-financeiros dos prestadores de serviços são abertos aos usuários, o que permite que sejam identificadas ineficiências e cobradas modicidade tarifária e melhoras na qualidade dos serviços prestados. Já as ouvidorias das agências têm sido um importante canal de comunicação com a sociedade para a realização de reclamações e de denúncias sobre os serviços.

Nesse contexto, portanto, algumas agências construíram sistema de indicadores, como o da Agência Reguladora do Ceará (Arce), que permite ao usuário obter informação tempestiva sobre a qualidade da prestação dos serviços. Esse sistema, conforme apresentado na seção seguinte, ilustra que os indicadores são uma ferramenta fundamental para a regulação dos serviços de água e esgoto.

INDICADORES PARA A REGULAÇÃO DOS SERVIÇOS

As experiências internacionais em saneamento com indicadores foram no início fortemente influenciadas pela ótica dos operadores dos serviços, não sem razão, uma vez que indubitavelmente constituem a principal fonte primária de informação para construção dos indicadores. Algumas das características observadas nos principais programas de indicadores de desempenho, tais como da IWA, do Ibnet e mesmo do SNIS, que corroboram com essa tese, têm como foco especial os indicadores financeiros e de produtividade, principalmente relativos à eficiência da prestação dos serviços. Esses programas apresentam ainda escopo indefinido, ora muito abrangente, ora inexistente, quanto às principais áreas de interface da prestação dos serviços de água e esgoto, tais como meio ambiente, saúde pública e defesa do consumidor. Essa polarização é consequência natural da diferença de interesses envolvidos entre prestadores de serviço e usuários.

No período entre o final do Planasa e o início do século XXI, quando começaram a surgir no Brasil as primeiras iniciativas de regulação do setor culminando com a Lei n. 11.445/2007, a estagnação observada, ainda que comparada com a evolução de outros setores de infraestrutura no mesmo período, tais como transportes, energia ou telecomunicações, evidenciou que, além da ausência de estabilidade econômica constituir obstáculo para investimentos nos serviços, a falta de iniciativa das empresas para maximizar as externalidades positivas do saneamento pode ser explicada pela deficiência de ordenamento regulatório. Em relação aos indicadores de qualidade, por exemplo, caracterizados por representar significativas externalidades em saúde pública e meio ambiente, com impacto muito além dos objetivos imediatos dos prestadores de serviços, informações sobre a água ou os efluentes são tratadas muito superficialmente, reduzindo dezenas de parâmetros de qualidade, tanto da água quanto de esgotos, a alguns poucos indicadores com informações parciais ou com agregação de diferentes dados por meio de ponderações arbitrárias. Essa variação de enfoque constitui-se na principal razão que define as diferenças entre os indicadores para regulação dos indicadores desenhados e para a gestão dos serviços de água e esgoto.

Apesar das diferenças de concepção entre os indicadores para regulação e para a gestão dos serviços, em termos do processo de construção das formulações o desenho de indicadores para regulação dos serviços de água e esgoto segue os mesmos princípios gerais que orientam o desenho de indicadores para as mais diversas atividades, inclusive a gestão do saneamento. Em relação à metodologia aplicada para o desenho de indicadores, especificamente no atendimento à regulação dos serviços, devem ser observados alguns passos, a saber (Holt, 2005): determinar os objetivos regulatórios; ponderar os objetivos para determinar as prioridades regulatórias; definir os padrões de qualidade apropriados desejáveis para cada serviço; desenvolver medidas da qualidade dos serviços; identificar processos para desenvolver aquelas medidas; avaliar as medidas; compreender as particularidades do contexto da prestação dos serviços que possam distorcer a interpretação; determinar os incentivos apropriados para incorporação daquelas medidas pelas empresas reguladas; determinar o processo mais eficaz para monitorar e rever o sistema de indicadores de desempenho.

É recomendável que todo o sistema baseado em indicadores seja implantado por meio de estratégia em etapas, de forma incremental, partindo de informações já existentes e rotineiramente tratadas na operação dos sistemas, com a incorporação progressiva dos resultados alcançados pelos diversos atores, de forma a garantir-lhe uma posição essencial para tomadas de decisão relativas aos serviços, além de uma proposta de melhoria contínua. Em geral são passos obrigatórios, ou seja, a velocidade de implantação de programas com o uso de indicadores depende mais da intensidade de seu uso nas organizações do que em investimentos diretos com o intuito de encontrar atalhos tecnológicos ou de gestão.

Os principais objetivos a serem considerados na construção de indicadores de desempenho aplicados à regulação dos serviços são, em linhas gerais: a melhoria dos padrões de qualidade (inclusive de atendimento a solicitações e reclamações dos usuários); a universalização do acesso; a diminuição da assimetria de informações (em benefício do incremento da transparência das ações, da participação e controle social); o acompanhamento do atendimento dos contratos e demais normas legais e pactuadas; a sustentabilidade econômica e financeira da prestação dos serviços; além da eficiência e a eficácia da prestação dos serviços e da própria atividade de regulação.

Na construção de indicadores de regulação deve ser realizado diagnóstico prévio da situação, identificando os limites e as possibilidades das informações disponíveis para a formação dos indicadores. Em geral, a barreira inicial encontrada para a implantação de sistemas de gestão ou de regulação com base em indicadores está na escassez ou na falta de qualidade de controle e do monitoramento operacional dos serviços, tais como cadastro das instalações, medição de vazão e de pressão na rede, e registros de solicitações dos usuários, especialmente este último aspecto, que tem relação muito significativa com a participação dos usuários nesta gestão.

Consta ainda desse processo a avaliação da organização e do processamento dos diversos registros, no âmbito do prestador dos serviços de água e esgoto. Apenas a prática da aplicação de indicadores na gestão dos serviços da empresa é capaz de orientar aspectos como o nível adequado de detalhamento da informação a ser gerada para a avaliação, as frequências de monitoramento, a tempestividade do levantamento dos dados e o número de variáveis relevantes que devem ser constantemente acompanhadas. Esses aspectos são necessários para que os indicadores sejam incorporados no cotidiano dos membros e colaboradores da empresa, com a possibilidade de associação entre as necessidades mais imediatas dos responsáveis pela geração das informações na fonte e o zelo exigido para manutenção permanente de um banco de dados, cujos resultados são observáveis apenas em longo prazo. Por essa razão, caso decida-se aplicar os indicadores como elementos importantes para a regulação dos serviços, é importante incentivar as empresas reguladas a também adotarem práticas de gestão que façam uso de indicadores, sem as quais a incorporação das rotinas de coleta e transmissão de informações encontrará maiores resistências.

Apesar da experiência brasileira entre as agências reguladoras ser recente, as agências criadas já expressam a preocupação com a necessidade de investir no desenvolvimento de indicadores de desempenho considerando a necessidade da padronização e integração. O primeiro sistema de indicadores para regulação dos serviços foi desenvolvido pela Agência Reguladora de Serviços Públicos Delegados do Estado do Ceará (Arce) em parceria com o PMSS, denominado de Sistema de Indicadores para Regulação de Água e Esgoto (Sirae). Esse sistema apresentou como principal característica a periodicidade diferenciada de divulgação, com frequência de atualização mensal, como acontece com alguns indicadores de qualidade da água e de atendimento comercial, em distinção a outros sistemas que, em geral, divulgam informações com frequência anual. Isso oferece às pessoas interessadas, em especial usuários dos serviços de água e esgoto nas localidades abrangidas pelo sistema, a oportunidade de consultar de forma tempestiva as informações e participar ativamente do controle dos serviços de água e esgoto.

A implantação do Sirae foi prevista para ser realizada em três fases, conforme apresentado no Quadro 21.3. As maiores dificuldades para implantação foram observadas nos processos de definição de indicadores de qualidade dos efluentes, pressões e continuidade do abastecimento, por ausência de informações confiáveis nessas áreas, bem como nos indicadores econômicos e financeiros, nesse caso em razão de alterações significativas na legislação societária ocorridas em 2007, por meio da Lei n. 11.638/2007, além do novo ordenamento dos aspectos econômicos do saneamento básico nas diretrizes nacionais da Lei n. 11.445/2007. Em função de tais mudanças regulatórias, e eventualmente de outras que se seguirão, são necessárias revisões do sistema, com a participação da empresa regulada, conforme deve ser previsto na metodologia de desenvolvimento. Em 2006, as entidades reguladoras brasileiras afiliadas à Abar estabeleceram em conjunto uma proposta de indicadores com um horizonte de aplicação de até cinco anos, consistindo em uma "cesta básica" de indicadores relacionados no Quadro 21.4.

INDICADORES PARA PRESTAÇÃO E REGULAÇÃO DE SERVIÇOS DE ABASTECIMENTO | 665

Quadro 21.3 – Fases de implantação do Sirae.

Fase	Grupo de indicadores	Comentários
Primeira fase	Qualidade da água	Regulamentada pelo Ministério da Saúde e divulgada ao público por meio das faturas
	Infraestrutura	Especialmente os indicadores de cobertura e atendimento de água e esgoto, acompanhados pelos governos para o planejamento e a avaliação das políticas públicas para o setor. Esses indicadores são geralmente muito difundidos, considerando que a maioria dos usuários no Brasil é atendida por empresas estatais, que, além de exercerem o papel de prestadores de serviços públicos, cumprem um papel de executoras das políticas de saneamento
	Reclamações	As estatísticas podem ser obtidas junto aos setores de atendimento e de ouvidoria da própria empresa, havendo ainda indicadores desenvolvidos e acompanhados pelo sistema de defesa do consumidor, por meio das procuradorias de defesa do consumidor, e junto à ouvidoria da entidade reguladora
	Perdas de faturamento	Geralmente, um dos principais indicadores acompanhados pelos sistemas da gestão e monitoramento de desempenho da própria empresa regulada
	Balanço de alguns indicadores econômicos e financeiros	Em geral, os dados para a composição desses indicadores já são apurados por exigência da Comissão de Valores Mobiliários para as empresas de capital aberto e muitas vezes por exigência das instituições de fomento, como a Caixa Econômica Federal (CEF) e o Banco Mundial, nos contratos de empréstimos celebrados para realização de investimentos em infraestrutura ou melhorias na gestão
Segunda fase	Qualidade dos efluentes	A legislação ambiental brasileira é moderna, mas complexa, pois algumas vezes não há clareza em relação às atribuições entre União, estados ou Distrito Federal e municípios. A apuração de indicadores sobre esgotamento sanitário exige uma integração com os sistemas de licenciamento e controle ambiental

(continua)

Quadro 21.3 – Fases de implantação do Sirae. *(continuação)*

Fase	Grupo de indicadores	Comentários
Segunda fase	Pressões e continuidade	São indicadores fundamentais, considerando a essencialidade dos serviços de saneamento. Infelizmente as carências de monitoramento e setorização hidráulica normalmente observadas nos sistemas brasileiros dificultam o estabelecimento de indicadores para esse tema. Quando existem dados, essas informações são muitas vezes imprecisas, obtidas indiretamente, por exemplo, por meio do tempo de paralisação de elevatórias ou da leitura de níveis de reservatórios, baseados quase exclusivamente na observação direta dos operadores e com raros controles e registros automáticos
	Tempo de execução de serviços	Pode envolver tanto o acompanhamento de serviços comerciais, tais como leitura e faturamento, ou execução de ligações de água, desobstruções de esgoto e consertos de vazamentos. Em sistemas informatizados de atendimento comercial ou da gestão desenvolvidos para a empresa prestadora de serviços, o levantamento de dados para alimentação desses indicadores torna-se mais fácil, possibilitando inclusive sua implantação na primeira fase
Terceira fase	Outros indicadores	Poderão ser implantados os demais indicadores de interesse da regulação, assim como aqueles que deverão atender a pré-requisitos das fases anteriores. Citam-se, em especial, os indicadores de perdas físicas de água nos sistemas de abastecimento, cuja implantação necessita de ações como a manutenção de cadastro adequado das instalações e eventualmente a ampliação de macro e micromedição, algumas iniciativas complementares às executadas para o monitoramento e a avaliação de pressões e continuidade do abastecimento

Fonte: Silva e Basílio Sobrinho (2006).

O sucesso inicial do Sirae decorreu principalmente de sua contribuição ao desenho de estratégias para a fiscalização direta, ou seja, apoiando a regulação na identificação de deficiências de maior impacto aos usuários, base para a realização de ações de controle mais eficazes por parte da Agência Reguladora. Entretanto, o avanço lento da regulação (Abar, 2012), acompanhado pelo desconhecimento do papel da regulação pela sociedade, limitaram a aplicação do Sirae como efetivo instrumento de transpa-

INDICADORES PARA PRESTAÇÃO E REGULAÇÃO DE SERVIÇOS DE ABASTECIMENTO | 667

Quadro 21.4 – Proposta de indicadores para regulação do saneamento.

I	Título	Aplicação	Unidade	Referência
Operacionais	Perdas de faturamento	Água	%	SNIS* – I013
	Índice de atendimento urbano	Água	%	SNIS – I033
	Índice de hidrometração	Água	%	SNIS – I009
	Densidade de vazamentos	Água	Vazam./1.000 lig.	-
	Densidade de obstruções	Esgoto	Obstr./km	Aderasa** – ICC02
	Atendimento urbano	Esgoto	%	SNIS – I024
Qualidade	Descontinuidade dos serviços	Água	%	Aderasa – ICA01
	Interrupções dos serviços	Água	%	Aderasa – ICA02
	Conformidade geral das análises (coliformes totais, turbidez e cloro residual livre)	Água	%	SNIS – I075 SNIS – I076 SNIS – I084
	Cumprimento da quantidade de análises exigida pela norma (coliformes totais, turbidez e cloro residual livre)	Água	%	SNIS – I079 SNIS – I080 SNIS – I085
	Cumprimento da quantidade de análises exigida pela norma	Esgoto	%	Aderasa – ICC03
	Conformidade das análises das águas residuárias	Esgoto	%	Aderasa – ICC04
	Densidade de reclamações de água e esgoto	Água e esgoto	Reclam./1.000 lig.	-
	Quantidade de solicitações de serviços de água e esgoto por ligação	Água e esgoto	%	-
	Atendimento em tempo às reclamações	Água e esgoto	%	

(continua)

Quadro 21.4 – Proposta de indicadores para regulação do saneamento. *(continuação)*

I	Título	Aplicação	Unidade	Referência
Econômico-financeiros	Faturamento médio de água	Água	R$/m³	SNIS – I005
	Faturamento médio de esgoto	Esgoto	R$/m³	SNIS – I006
	Índice de desempenho financeiro	Água	%	SNIS – I012
	Custo médio de água faturada	Esgoto	R$/m³	SNIS – I026 SNIS – I003
	Custo médio de esgoto faturado	Água e esgoto	R$/m³	SNIS – I026 SNIS – I003
	Inadimplência	Água e esgoto	%	SNIS – I029
	Endividamento sobre o patrimônio líquido	Água e esgoto	%	-
	Rentabilidade sobre o patrimônio líquido	Água e esgoto	%	-
	Liquidez geral	Água e esgoto	%	SNIS – I062

Fonte: Ximenes (2006).
*SNIS – Sistema Nacional de Informações sobre Saneamento.
** Aderasa – Associação de Entes Reguladores de Saneamento das Américas.

rência setorial. Com base em experiências internacionais, buscando a participação social efetiva na prestação dos serviços, a partir da cultura adquirida com o Sirae e de sua estrutura de indicadores, o sistema foi descontinuado e iniciado o desenvolvimento de um novo modelo de regulação, a regulação *sunshine*, que consiste na determinação, comparação, publicação e divulgação da avaliação de desempenho de prestadores de serviços (Marques, 2005). Por meio da comparação ostensiva de desempenho, por meio de indicadores, exercida pela regulação *sunshine*, os prestadores de serviços tendem a ficar embaraçados com a divulgação do eventual desempenho inferior, o que, associado à pressão da sociedade, motiva a melhorar seu desempenho ao longo do tempo (Arce, 2011).

MODELAGEM PARA INTEGRAÇÃO DE SISTEMAS DE INDICADORES

A instituição do Sistema Nacional de Informações em Saneamento Básico (Sinisa) poderá concretizar uma aspiração de prestadores, reguladores e concedentes, que é a integração do SNIS com sistemas descentralizados de informação nos níveis estaduais e municipais, visando principalmente incluir mecanismos de incentivos e de obrigações para melhorar a responsabilidade e a precisão das informações, já que no SNIS são cedidas pelos operadores de forma voluntária. Essa novidade impõe novos desafios para a construção dos sistemas de indicadores de água e esgoto, principalmente a necessidade de estabelecer parâmetros e procedimentos uniformes para formação dos sistemas, que vão além da uniformização das definições e terminologias dos indicadores, sem os quais sua integração seria inviável, a saber:

- Coordenação dos processos de coleta, validação, processamento, transmissão e divulgação entre os sistemas, principalmente no que concerne ao cronograma de atividades.

- Procedimentos de validação, que consiste na verificação se os dados presentes no sistema correspondem exatamente às informações fornecidas pela fonte.

- Avaliação crítica da informação, consistindo na análise de sua completeza e consistência, com referência a padrões técnicos e históricos da prestação dos serviços.

- Padronização de procedimentos de auditoria e fiscalização das informações produzidas na fonte.

- Sistemática de qualificação da informação, atribuindo-lhe graus de exatidão e de confiança, permitindo a melhora da qualidade da informação ao longo do tempo e uma utilização mais criteriosa desta, principalmente na análise comparativa entre diferentes prestadores de serviços.

- Sistemática de validação do próprio indicador produzido, consistindo na avaliação do quanto a interpretação de sua grandeza corresponde à real situação em relação ao objetivo para o qual o indicador foi criado, permitindo aperfeiçoamentos no desenho do indicador.

Na Figura 21.3 é apresentada uma proposta de operacionalização dos sistemas descentralizados de informação, inspirada na experiência desenvolvida pela Arce para regulação dos serviços de água e esgoto. Nessa proposta, a coleta de dados e a transmissão de informações para a integração com outros sistemas são sinalizadas de forma aberta. Isso se deve a duas razões principais: a primeira é devida à prestação dos serviços de água e esgoto constituírem componentes do saneamento básico, conforme definido na política nacional de saneamento, que deverão integrar ainda informações dos serviços de resíduos sólidos e drenagem urbana para um sistema de informações mais abrangente de saneamento; a segunda, porque os demais sistemas relacionados ao saneamento, tais como recursos hídricos, meio ambiente e saúde pública, não atingiram um grau de maturidade capaz de atender aos requisitos mínimos de integração, como uma sistemática de qualificação da informação e práticas adequadas de validação, além da tempestividade da produção de informações.

Figura 21.3 – Diagrama de fluxo de dados de sistema de informações aplicável ao saneamento.

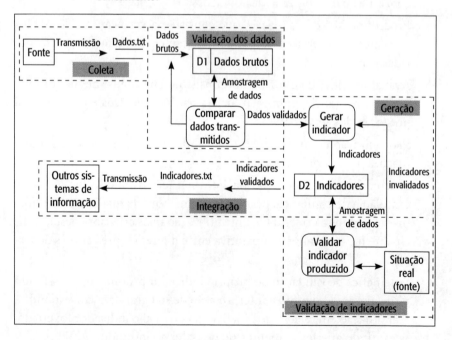

Figura 21.4 – Principais vínculos para integração do sistema de saneamento.

Ainda que não seja possível preliminarmente estabelecer os laços para integração dos sistemas pelas razões expostas, a Figura 21.4 procura apresentar os principais, mas não únicos, vínculos entre grupos de indicadores apurados para os serviços de água e esgoto com outros sistemas de informações, servindo estes de fonte de dados ou como destino de informações produzidas a partir das atividades de saneamento. Essa conformação pode ser bastante útil quando da consulta a entidades interessadas para formulação ou intercâmbio de informações.

APROPRIAÇÃO SOCIAL DOS INDICADORES

As agências reguladoras podem usar a informação, no formato de indicadores, para incentivar e instrumentalizar o controle social sobre os serviços de água e esgoto. De acordo com Serra (2004), a informação e a transparência dos processos decisórios são as formas mais básicas de se iniciar a participação social.

Para os reguladores, essa participação se constitui em uma estratégia para legitimação de sua própria atividade, bem como para incorporação dos usuários no processo regulatório. Diante da forte assimetria de informações que caracteriza a relação regulador-prestador de serviços, os usuários são uma fonte essencial de informações dos serviços de água e esgoto, principalmente no que se refere à intermitência do abastecimento de água, qualidade da água distribuída e valores cobrados na conta. Por outro lado, ao disponibilizar indicadores sobre a prestação dos serviços, já com informações primárias tratadas e aferidas, em linguagem simples e de fácil entendimento, os reguladores podem instrumentalizar os usuários para exigir seus direitos e melhorias nos serviços, fazer reclamações, propor sugestões, ou seja, realizar o controle social da concessão. Com os dados fornecidos pelos usuários, os reguladores contrabalançam as informações disponibilizadas pelos prestadores de serviço, aplicam penalidades administrativas e definem estratégias e prioridades de atuação.

Para compartilhar os indicadores, os reguladores precisam compreender o que é mais relevante e perceptível na prestação dos serviços para os usuários, e quantos desses indicadores devem ser comunicados. Por exemplo, o indicador financeiro *contas a receber* tem pouco significado prático para os usuários e não deve ser trabalhado junto à população. Entretanto, deve-se observar que para o regulador essa informação é importante e serve de medida para a avaliação do desempenho do prestador nos processos de revisão tarifária. Já o indicador de qualidade bacteriológica da água possui forte atrativo para os usuários, visto que tem relação direta com a saúde das pessoas, e cujo resultado final, conforme ou não, é de fácil compreensão.

Entretanto, ao limitar a regulação ao controle de informações, corre-se o risco de transferir a regulação aos usuários dos serviços (Reich, 2006). Para evitar esse risco, a atuação do regulador na comunicação do indicador deve ser proativa. É preciso identificar formas e estratégias de comunicação com os usuários, que não deve estar limitada apenas ao uso da internet. Esse meio de comunicação, apesar do enorme crescimento do número de usuários no país, ainda não está disponível para a população mais excluída, localizada nas periferias dos centros urbanos, onde estão situadas as extremidades das redes distribuidoras, e, portanto, mais sujeita a problemas de intermitência no abastecimento e na qualidade da água distribuída.

Algumas estratégias criativas vêm sendo postas em prática por agências reguladoras de saneamento no país para comunicação dos indicadores. A Arce realizou o projeto Regulação a Serviço da Cidadania em parceria com a Universidade de Fortaleza (Unifor), na qual alunos dos cursos de graduação foram treinados para orientar os usuários quanto à interpretação dos indicadores. Periodicamente, o *stand* móvel da agência era instalado em locais de grande circulação de pessoas, como rodoviárias, shoppings centers, fórum, faculdades, onde terminais de computação disponibilizavam on-line os indicadores sobre os serviços de água e esgoto dos municípios do estado do Ceará, e que podiam ser consultados pelos usuários com a orientação dos alunos da Unifor.

Outro projeto de grande repercussão, denominado usuário-voluntário, foi executado pela Agência Reguladora do Estado do Rio Grande do Sul (Agergs). Nesse projeto, os usuários se cadastram voluntariamente para subsidiar e apoiar a atividade reguladora na avaliação dos serviços públicos de água e esgoto. Essas pesquisas resultaram em indicadores relacionados à continuidade do abastecimento, tempestividade do atendimento às solicitações de serviços, valor da tarifa, entre outros, e são amplamente divulgadas para toda a sociedade. Como já foram realizadas algumas pesquisas, esse instrumento possibilita inclusive uma avaliação da evolução da qualidade dos serviços prestados ao longo dos períodos avaliados. Ambas as experiências demonstram o potencial do uso dos indicadores como instrumento de trabalho da parceria entre as agências e os usuários no controle social dos serviços.

CONSIDERAÇÕES FINAIS

Os serviços de água e esgoto são fundamentais para a qualidade de vida da população, principalmente pelos seus impactos causados nas áreas de meio ambiente, recursos hídricos e saúde pública. Essas características tornam essencial a universalidade desses serviços, o que deveria ser expresso em termos de prioridade de políticas públicas e de investimentos. Ao contrário, as últimas décadas têm sido marcadas por ausência de política de saneamento básico e de déficit em termos de cobertura dos serviços, notadamente em relação à coleta e ao tratamento dos esgotos sanitários.

O advento da Lei n. 11.445/2007 pode se constituir no ponto de inflexão dos serviços de água e esgoto no país em busca da tão sonhada universalização. Nesse contexto, a utilização dos indicadores como ferramenta de gestão e regulação dos serviços constitui-se uma estratégia moderna e de superação de velhas práticas gerenciais.

Entretanto, não se pode limitar o uso dos indicadores aos prestadores e reguladores dos serviços. Esses atores, por meio de formas criativas de comunicação, devem integrar e participar à população indicadores que tenham relação com o cotidiano dos usuários e em linguagem de fácil compreensão. Essa tarefa não será fácil, visto as dificuldades inerentes à institucionalidade dos serviços e a própria ausência de participação da população no exercício do controle social desses serviços. No entanto, a capacidade demonstrada aponta os bons resultados.

REFERÊNCIAS

ARAÚJO, H.C.; PIRES, J.C.L. Regulação e arbitragem nos setores de serviços públicos no Brasil: problemas e possibilidades. *Revista de Administração Pública*, Rio de Janeiro, v. 34, n. 5, p. 9-28, set.-out. 2000.

[ABAR] ASSOCIAÇÃO BRASILEIRA DE AGÊNCIAS DE REGULAÇÃO. *Saneamento básico: regulação 2012.* Fortaleza: Abar, 2012.

[ABES/PNQS] ASSOCIAÇÃO BRASILEIRA DE ENGENHARIA SANITÁRIA E AMBIENTAL. PRÊMIO NACIONAL DE QUALIDADE EM SANEAMENTO. *Guia de referência para medição do desempenho*. Rio de Janeiro: Abes, 2005.

[ARCE] AGÊNCIA REGULADORA DE SERVIÇOS PÚBLICOS DELEGADOS DO ESTADO DO CEARÁ. *Manual de Indicadores de Performance para o Setor de Saneamento*. Fortaleza, 2011.

BRASIL. Ministério das Cidades. Secretaria Nacional de Saneamento Ambiental. *Dimensionamento das necessidades de investimento para a universalização dos serviços de abastecimento de água e de coleta e tratamento de esgotos sanitários no Brasil.* Brasília, DF: Ministério das Cidades, 2003.

_____. Lei n. 11.445, de 5 de janeiro de 2007. Estabelece diretrizes nacionais para o saneamento básico; altera as Leis n. 6.766, de 19 de dezembro de 1979, n. 8.036, de 11 de maio de 1990, n. 8.666, de 21 de junho de 1993, 8.987, de 13 de fevereiro de 1995; revoga a Lei n. 6.528, de 11 de maio de 1978; e dá outras providências. Diário Oficial da União. Brasília, DF, 5 jan. 2007.

_____. Ministério das Cidades. Secretaria Nacional de Saneamento Ambiental. *Sistema Nacional de Informações sobre Saneamento: diagnóstico dos serviços de água e esgoto – 2010.* Brasília, DF: Ministério das Cidades, 2012.

_____. Ministério das Cidades. Secretaria Nacional de Saneamento Ambiental. *Plano Nacional de Saneamento Básico.* Brasília, DF: Ministério das Cidades, 2012b. Disponível em: www4.cidades.gov.br/consulta_plansab/src/sistema/índex. Acessado em: 6 ago. 2012.

BRITTO, A.L.N.P. A regulação dos serviços de saneamento no Brasil: perspectiva histórica, contexto atual e novas exigências de uma regulação pública. In: ENCONTRO NACIONAL DA ANPUR, 9., 2001, Rio de Janeiro. *Anais...* Rio de Janeiro: Anpur, 2001. p. 1080-93.

_____. Gestão de serviços de saneamento em áreas metropolitanas: as alternativas existentes diante da necessidade de universalização dos serviços e preservação da qualidade ambiental. In: ENCONTRO NACIONAL DA ANPPAS, 2., 2004, Indaiatuba, SP. *Anais...* Rio de Janeiro: Associação Nacional de Pesquisa e Pós-Graduação em Ambiente e Sociedade, 2004. Disponível em: http://www.anppas.org.br/encontro/segundo/Papers/GT/GT11/ana_britto.pdf. Acessado em: 18 ago. 2006.

CONFORTO, G. A regulação e a titularidade dos serviços de abastecimento de água e esgotamento sanitário no Brasil. *Revista de Administração Pública*, Rio de Janeiro, v. 34, n. 5, p. 165-80, set.-out. 2000.

HOLT, L. Utility service quality – telecommunications, eletricity, water. *Utilities Policy*, n. 13, p. 189-200, 2005.

[IWA] INTERNATIONAL WATER ASSOCIATION. *Performance indicators for water suplly services*. Londres: IWA Publishig, 2000.

JOURAVLEV, A. *Acceso a la información: una tarea pendiente para la regulación latinoamericana*. Santiago do Chile: Cepal, 2003. Disponível em: http://www.cra.gov.co/portal/www/resources/nxp_ajouravlev.pdf>. Acessado em: 5 set. 2006.

LIBÂNIO, P.A.C.; CHERNICHARO, C.A.L.; NASCIMENTO, N.O. A dimensão da qualidade de água: avaliação da relação entre indicadores sociais, de disponibilidade hídrica, de saneamento e de saúde pública. *Engenharia Sanitária e Ambiental*, Rio de Janeiro, v. 10, n. 2, p. 219-28, jul.-set. 2005.

MAJONE, G. Do Estado positivo ao Estado regulador: causas e consequências da mudança no modo de governança. In: MATOS, P.T.L. et al. (orgs.). *Regulação econômica e democracia: o debate europeu*. São Paulo: Singular, 2006. p. 53-85.

MARQUES, R.C. *Regulação de serviços públicos*. Lisboa: Edições Sílabo, 2005.

MENDONÇA, M.J.C.; SEROA DA MOTTA, R. *Saúde e saneamento no Brasil*. Rio de Janeiro: Ipea, 2005. Disponível em: http://www.ipea.gov.br/pub/td/2005/td_1081.pdf. Acessado em: 29 junho 2006.

PACHECO, R.S. Regulação no Brasil: desenho das agências e formas de controle. *Revista de Administração Pública*, Rio de Janeiro, v. 40, n. 4, p. 523-43, jul.-ago. 2007.

PENA, D.S.; ABICALIL, M.T. Saneamento: os desafios do setor e a política de saneamento. In: IPEA. *Infraestrutura: perspectivas de reorganização; saneamento*. Brasília, DF: Ipea, 1999, p. 107-37. Disponível em: http://www.ipea.gov.br/pub/infraestrutura/saneamento/san_parte4.pdf. Acessado em: 6 maio 2006.

PINHEIRO, A.C.; SADDI, J. *Direito, economia e mercados.* Rio de Janeiro: Elsevier, 2005.

REICH, N. A crise regulatória: ela existe e pode ser resolvida? In: MATOS, P.T.L. et al. (orgs.). *Regulação econômica e democracia: o debate europeu.* São Paulo: Singular, 2006. p. 17-52.

SEROA DA MOTTA, R. *Questões regulatórias do setor de saneamento no Brasil.* Rio de Janeiro: Ipea, 2004.

SERRA, G.C. Questão urbana e participação no processo de decisão. In: PHILIPPI JR., A. et al. (org.). *Curso de gestão ambiental.* Barueri: Manole, 2004. p. 715-35.

SILVA, A.C.; BASÍLIO SOBRINHO, G. Regulação dos serviços de água e esgoto. In: GALVÃO JUNIOR, A.C.; SILVA, A.C. (orgs.). *Regulação: indicadores para a prestação dos serviços de água e esgoto.* Fortaleza, CE: Expressão Gráfica/Arce, 2006. p. 145-59.

SILVA, R.T.; MACHADO, L. Serviços urbanos em rede e controle público do subsolo: novos desafios à gestão urbana. *São Paulo em Perspectiva,* São Paulo, v. 15, n. 1, p. 102-11, jan.-mar. 2001.

_____. Aspectos conceituais e teóricos. In: GALVÃO JUNIOR, A.C.; SILVA, A.C. (orgs.). *Regulação: indicadores para a prestação dos serviços de água e esgoto.* Fortaleza, CE: Expressão Gráfica/Arce, 2006. p. 29-53.

SOARES, S.R.A.; BERNARDES, R.S.; NETTO, O.M.C. Relações entre saneamento, saúde pública e meio ambiente: elementos para formulação de um modelo de planejamento em saneamento. *Cadernos de Saúde Pública,* Rio de Janeiro, v. 18, n. 6, p. 1713-24, nov.-dez. 2002.

TEIXEIRA, J.C.; PUNGIRUM, M.E.M.C. Análise da associação entre saneamento e saúde nos países da América Latina e do Caribe, empregando dados secundários do banco de dados da Organização Pan-Americana de Saúde (Opas). *Revista Brasileira de Epidemiologia,* São Paulo, v. 8, n. 4, p. 365-76, 2005.

TUROLLA, F.A. *Política de saneamento: avanços recentes e opções futuras de políticas públicas.* Brasília, DF: Ipea, 2002. Disponível em: http://www.ipea.gov.br/pub/td/2002/td_0922.pdf. Acessado em: 6 maio 2006.

VARGAS, M.C. *O negócio da água.* São Paulo: Annablume, 2005.

XIMENES, M.M.A.F. A Abar e a construção de instrumentos para regulação. In: GALVÃO JUNIOR, A.C.; SILVA, A.C. (orgs.). *Regulação: indicadores para a prestação dos serviços de água e esgoto.* Fortaleza, CE: Expressão Gráfica/Arce, 2006. p. 11-26.

Coleta seletiva com inclusão de catadores no Brasil: construção participativa de indicadores de sustentabilidade

22

Gina Rizpah Besen
Psicóloga, USP

Helena Ribeiro
Geógrafa, USP

Wanda Maria Risso Günther
Engenheira civil e socióloga, USP

O modelo de coleta seletiva com inclusão socioprodutiva de organizações de catadores para a gestão sustentável de resíduos sólidos foi fortalecido com a aprovação da Política Nacional de Resíduos Sólidos do Brasil (PNRS, Lei n. 12.305/2010, regulamentada pelo Decreto n. 7.404/2010). Esse modelo vem sendo disseminado no país e se tornou referência para outros países. A evolução positiva deve-se, sobretudo, ao incremento de investimentos econômicos e institucionais do governo federal na consolidação deste modelo. No entanto, apesar dos esforços e da meta de implantação da coleta seletiva na totalidade dos municípios brasileiros, esta ainda não foi integrada aos sistemas municipais de limpeza urbana. Portanto, o desenvolvimento de indicadores que apoiem o planejamento, a avaliação e o monitoramento da coleta seletiva com participação de catadores é fundamental para seu fortalecimento na perspectiva de contribuir com a sustentabilidade urbana.

A sustentabilidade urbana pode ser definida a partir de um conjunto de prioridades, tais como: superação da pobreza, promoção da equidade, melhoria das condições ambientais e prevenção de sua degradação (Urban World Forum, 2010). Inclui-se, também, o fortalecimento da vitalidade cultural, do capital social e da cidadania. Por outro lado, a sustentabilidade urbana possui inter-relações com questões de âmbito regional e global, como o efeito estufa e a emissão de gases gerados na produção, transporte e disposição final de resíduos (McGranahan e Satterthwaite, 2002; IPCC, 2007).

Nos últimos anos, observam-se expressivo crescimento da geração de resíduos, mudanças significativas em sua composição e características e aumento de sua periculosidade (OMS, 2010; EPA, 2010). Tais fatos precisam ser enfrentados de forma múltipla e complementar, e a coleta seletiva consiste em uma das mais importantes formas de minimização de resíduos que interfere em seu fluxo e destino.

A coleta seletiva é uma etapa fundamental do gerenciamento dos resíduos sólidos e contribui para a sustentabilidade ambiental, econômica e social urbana. Promove a economia dos recursos naturais e de insumos, o reúso de materiais, a ampliação do mercado da reciclagem, a educação para um consumo mais consciente e a inclusão socioprodutiva de catadores de materiais recicláveis. Nesse sentido, significativos recursos da esfera federal, dos Ministérios do Desenvolvimento Social, Meio Ambiente, Trabalho e Emprego, Cidades, Saúde – por meio da Fundação Nacional da Saúde (Funasa) –, da Ciência e Tecnologia – por meio do Conselho Nacional de Desenvolvimento Científico e Tecnológico (CNPq) –, além da Petrobras, Banco Nacional do Desenvolvimento (BNDES) e Banco do Brasil têm sido investidos em infraestrutura para a coleta seletiva com inclusão de catadores e em processos de capacitação[1] das organizações para o cooperativismo e empreendedorismo. Os cursos de capacitação já estão em desenvolvimento em vários estados. As organizações de catadores estão obtendo recursos para: aquisição de equipamentos, construção de centrais de triagem, cursos de formação e capacitação dos catadores, melhorias nas condições sanitárias e de trabalho nas centrais de triagem e fortalecimento de redes entre as organizações.

---

[1] Cerca de 10 mil catadores de papel serão capacitados e receberão apoio técnico por meio de convênio firmado entre a Fundação Banco do Brasil e o Ministério do Trabalho e Emprego.

Os marcos legais da limpeza urbana, em especial do gerenciamento dos resíduos sólidos no Brasil, nos quais a coleta seletiva se enquadra, são definidos na Política Nacional de Saneamento Básico (Lei n. 11.445/2007). Segundo esta Lei, o Plano de Resíduos Sólidos deve integrar os Planos Municipais de Saneamento, no que se refere ao seu manejo. Essa Política também modificou o inciso XXVII do *caput* do art. 24 da Lei de Licitações n. 8.666/93, permitindo às prefeituras a contratação sem licitação de organizações de catadores formadas por pessoas de baixa renda.

A PNRS, após 20 anos de tramitação no Congresso Nacional, estabeleceu um novo marco regulatório para o país. Em seus princípios e diretrizes prioriza a implantação da coleta seletiva e cria instrumentos para estimular os municípios a prestarem esse serviço com a contratação de organizações de catadores (cooperativas ou associações). No que se refere aos catadores, a lei tem como um de seus instrumentos o incentivo à criação e ao desenvolvimento de organizações de catadores de materiais recicláveis. Estabelece, também, a responsabilidade compartilhada pelo ciclo de vida dos produtos[2], ou seja, fabricantes, importadores, distribuidores e comerciantes são responsáveis pelo recolhimento e destinação ambientalmente adequada dos produtos e embalagens pós-consumo. Os sistemas de retorno dos produtos, ou logística reversa, devem ser estruturados pelas cadeias produtivas e estar em concordância com metas setoriais de reciclagem, que serão acordadas no Conselho Nacional de Meio Ambiente (Conama). O modelo de logística reversa também deve integrar as organizações de catadores em seus processos de retorno de produtos e embalagens.

Esse conjunto de iniciativas políticas, legais e econômicas mostra que existe empenho para a viabilização dessa política pública em todas as esferas de governo. No entanto, permanece o desafio, pois as administrações municipais enfrentam dificuldades técnicas e administrativas para realizar a gestão sustentável dos resíduos sólidos urbanos, inclusive da coleta seletiva. Um dos desafios é o estabelecimento e o uso de indicadores e de índices de sustentabilidade do serviço de coleta seletiva que permitam aferir sua sustentabilidade e sua comparabilidade, visando ao seu aprimoramento.

---

[2] Conjunto de atribuições individualizadas e encadeadas dos fabricantes, importadores, distribuidores e comerciantes, dos consumidores e dos titulares dos serviços públicos de limpeza urbana e manejo dos resíduos sólidos pela minimização do volume de resíduos sólidos e rejeitos gerados, bem como pela redução dos impactos causados à saúde humana e à qualidade ambiental decorrentes do ciclo de vida dos produtos.

A aplicação desses instrumentos pode apoiar as administrações municipais na tomada de decisão quanto à definição de metas e instrumentos para planejar, gerenciar e monitorar a prestação de serviços (Besen e Ribeiro; 2008; Ribeiro et al., 2009).

PANORAMA DA COLETA SELETIVA COM INCLUSÃO DE CATADORES NO BRASIL

No Brasil, a prestação de serviços da coleta seletiva formal pelos municípios é praticada em duas modalidades: administração direta ou indireta. No primeiro caso, o serviço municipal de limpeza urbana atua com infraestrutura própria e a coleta é realizada por funcionários municipais; no segundo, o serviço é terceirizado ou efetuado por meio de parceria com organizações de catadores. A parceria com catadores consiste nas atividades de coleta, triagem, beneficiamento e comercialização de recicláveis, podendo envolver atividades de educação ambiental da população; em alguns casos, excluem-se da responsabilidade das organizações as atividades de coleta e de educação ambiental.

Entretanto, nos dias atuais, os gestores municipais têm mantido a coleta seletiva como programas ambientais e sociais, não a integrando aos sistemas de limpeza urbana enquanto prestação de serviço. A maioria das organizações de catadores não é remunerada pelas prefeituras pelos serviços prestados e sobrevive unicamente da venda do material coletado. Em alguns casos, há apoio das prefeituras municipais às organizações de catadores, que pode abranger o repasse de equipamentos; a cessão de área para instalação de galpões de triagem; o pagamento de gastos como água, energia elétrica e telefone; serviço de coleta por meio de veículos coletores próprios ou contratados; programas de capacitação; e auxílio na divulgação e educação ambiental para a população envolvida. Embora este apoio seja determinante para a continuidade das organizações na operação da coleta seletiva, não possibilita a formação de capital de giro para investimentos em infraestrutura e modernização tecnológica, tão necessário para a sobrevivência das organizações.

É a coleta seletiva informal, praticada por catadores que atuam na informalidade nas ruas e em lixões, a responsável pela maior parte dos resíduos pós-consumo encaminhada para reciclagem no país. O Plano

Nacional de Resíduos Sólidos (Brasil, 2011)[3] estima a existência de 600.000 e 800.000 pessoas atuando na coleta seletiva formal e informal no país, das quais só 10% estão organizadas em associações e cooperativas. Embora milhares de pessoas estejam atuando na coleta seletiva formal e informal, estudo do Instituto de Pesquisa Econômica Aplicada (Ipea, 2010) estima que a maximização da reciclagem possa resultar em uma receita de cerca de R$ 8 bilhões a mais por ano ao país.

Por outro lado, a Pesquisa Nacional de Saneamento Básico, de 2008 (IBGE, 2010), identificou ampliação da coleta seletiva formal nos municípios brasileiros. Em 2001, 445 municípios tinham coleta seletiva. Em 2008, passaram a 994 (18% dos municípios brasileiros), sendo que 653 destes (66%) operavam em parceria com cooperativas/associações de catadores. Em 279 municípios, os catadores atuavam independentes das prefeituras municipais (IBGE, 2010). O Sistema Nacional de Informações em Saneamento, em pesquisa amostral realizada em 2008 (SNIS, 2010), identificou 199 municípios com coleta seletiva praticada com organizações de catadores, correspondendo a 54,4% dos 366 municípios que integraram a pesquisa.

Pesquisa realizada na Região Metropolitana de São Paulo, comparando dados da coleta seletiva nos anos de 2004 e 2010 (Besen, 2011; Besen et al., 2011) também corroborou esse aumento.

O período em que se registrou a ampliação de programas de coleta seletiva coincide com aquele da criação do Comitê Interministerial de Inclusão Social de Catadores (Ciisc) e com maior aporte de recursos financeiros da esfera federal, o que mostra a capacidade do estado em promover políticas públicas de inclusão social no setor.

COLETA SELETIVA E INDICADORES DE SUSTENTABILIDADE

A preocupação mundial em relação aos resíduos sólidos urbanos tem aumentado em face do crescimento de sua geração, dos impactos decorrentes de seu gerenciamento inadequado e da, cada vez mais frequente, falta de áreas para sua disposição final. Desde a Conferência Rio-92, em escala global, tanto nos países ricos quanto nos mais pobres tem sido prio-

---

[3] Versão preliminar em fase final de aprovação.

rizado o conceito de gestão integrada de resíduos sólidos pela ênfase dada à promoção da redução da produção, ao reaproveitamento e à reciclagem (Klundert e Anschitz, 2000; Gunther e Grimberg, 2006).

Vários autores (Lardinois e Klundert, 1995, 1996; Klundert e Anschitz, 2000; Grafakos et al., 2001) identificaram os principais tipos de parcerias existentes nos sistemas de gestão de resíduos sólidos e realizaram revisão qualitativa de suas contribuições nos aspectos da sustentabilidade socioeconômica e ambiental. Nesses estudos, destacaram-se seis aspectos da sustentabilidade: tecnológico, ambiental, econômico-financeiro, social, cultural e político-institucional, em uma perspectiva integrada, que permitiu a articulação de atores e o desenvolvimento de indicadores.

No Brasil, as transformações do papel do Estado, notadamente desde a década de 1980, têm provocado mudanças na forma de relacionamento entre Estado e sociedade. A sociedade civil vem desenvolvendo e multiplicando práticas que reforçam a autonomia e a legitimidade de atores sociais. O papel das instituições da sociedade civil, nas suas diversas práticas, tem se assentado na valorização das parcerias e nas propostas de ação e intervenção baseadas no tripé: cooperação, solidariedade e participação (Dagnino, 2002). A participação de organizações de catadores na coleta seletiva ilustra essa transformação. Portanto, após mais de 20 anos de evolução da coleta seletiva no país, em cerca de mil municípios, a elaboração e aplicação de indicadores de sustentabilidade da coleta seletiva é estratégica para a eficácia de seu futuro desenvolvimento.

Ao longo das últimas décadas, a elaboração e aplicação de indicadores foram consagradas enquanto ferramenta de análise e interpretação de dada realidade, nas mais diversas áreas. No entanto, vários autores (Ott, 1998; Corvalan et al., 2000; Bellen, 2005) alertam para a importância de se definir com clareza o que se quer medir, para a forma de coletar informações existentes, que auxiliem na tomada de decisão política apropriada, e sobre a dificuldade de adequar o uso de indicadores em âmbito nacional para situações locais específicas. É consenso entre os especialistas que, para a sua efetividade, os indicadores devem ser simples, alimentados com dados disponíveis e permitir uma rápida avaliação. Alguns autores vão além e consideram importante definir o problema e os indicadores relevantes em conjunto com os *stakeholders* (Corvalan et al., 2000; Guimarães et al., 2009).

Dentre as dificuldades metodológicas comuns na construção de indicadores socioambientais, destacam-se a formulação conceitual apropriada, a tradução operacional em variáveis, a obtenção de dados fidedignos e o seu tratamento estatístico adequado (Esty e Porter, 2002; ESI, 2006; Tayra e Ribeiro, 2006). Alguns autores defendem que, quando possível, um indicador deve concentrar um grande número de informações, mas isto deve ocorrer unicamente se não houver comprometimento de critérios e distorções do que se pretende medir (Warren, 1997; Meadows, 1998; Bossel, 1999).

No que se refere à validação de indicadores, Jannuzzi (2006, p. 26) afirma que "a validade de um indicador corresponde ao grau de proximidade entre o conceito e a medida, isto é, a sua capacidade de refletir, de fato, o conceito abstrato a que o indicador se propõe a 'substituir' ou 'operacionalizar'".

No Brasil são utilizados vários indicadores relacionados à coleta seletiva advindos de pesquisas: Censo Demográfico IBGE, Pesquisa Nacional de Saneamento Básico (PNSB – IBGE); Sistema Nacional de Informação em Saneamento (SNIS – Ministério das Cidades) e Compromisso Empresarial para a Reciclagem (Cempre). No entanto, essas pesquisas não desenvolveram metodologia voltada a indicadores que meçam a sustentabilidade da coleta seletiva. A pesquisa nacional de Indicadores de Desenvolvimento Sustentável (IDS –IBGE), insere a coleta seletiva na dimensão econômica da sustentabilidade e trabalha com dados nacionais. Assim, os indicadores não são adequados para medir sustentabilidade no âmbito da gestão local e das organizações de catadores.

Bringuenti (2004), a partir de ampla pesquisa de indicadores de coleta seletiva no Brasil, definiu um grupo de indicadores de referência para o planejamento e a avaliação de desempenho de programas de coleta seletiva. De um grupo de 25 indicadores selecionados, mediante testes estatísticos, aplicando a técnica Delphi, validou seis indicadores: 1) Cobertura de atendimento do programa (hab), 2) Índice de Recuperação de Materiais Recicláveis (%); 3) Quantidade mensal coletada seletivamente (t/mês), 4) Custo de triagem (R\$/t), 5) Quantidade de itens de materiais recicláveis comercializados (un); e 6) Custo total do programa (R\$).

A pesquisa Coselix (2004, apud Ribeiro et al., 2009) construiu um conjunto de indicadores de sustentabilidade, resultando em 6 indicadores para coleta seletiva municipal e 12 para organizações de catadores. Esses dois conjuntos foram sistematizados a partir de informações colhidas por meio da aplicação de questionários a grupos selecionados, constituídos por gestores da coleta seletiva em 11 municípios, dentre os 39 da Região Metropolitana de São Paulo

(RMSP), e responsáveis por 32 organizações de catadores parceiras[4]. A partir dos resultados obtidos, foi possível desenvolver e aplicar estes 18 indicadores de sustentabilidade, cada qual com sua métrica, para medir aspectos específicos de sustentabilidade. Baseou-se na ideia de que são necessárias escalas gradativas de medição. A aplicação do conjunto de indicadores a onze municípios da RMSP permitiu verificar que nenhum atingia alto grau de sustentabilidade da coleta seletiva; oito municípios (72,73%) atingiam grau médio; e três (27,27%) ficaram com baixo grau de sustentabilidade. Com relação às 32 organizações, apenas 2 (6,25%) atingiam alto grau de sustentabilidade, enquanto o grau médio foi atingido por 28 organizações (87,50%) e 2 obtiveram baixo grau de sustentabilidade (6,25%).

A pesquisa permitiu identificar as baixas taxas de atendimento da população por programas de coleta seletiva e de recuperação de materiais recicláveis, em relação ao total de resíduos urbanos coletados. Disso decorre um quadro que revela escassos benefícios ambientais. Também no aspecto social os benefícios eram reduzidos, uma vez que, apesar dos programas gerarem postos de trabalho a um custo mais baixo do que em outros setores (Besen, 2006; MNCR, 2006), esses números ainda eram reduzidos em comparação à quantidade de catadores autônomos existentes nos municípios[5]. No aspecto econômico, as prefeituras municipais, em sua maioria, não cobravam taxas ou tarifas específicas de coleta, tratamento e disposição de resíduos e as organizações não eram remuneradas pelos serviços prestados às prefeituras, às indústrias e às comunidades. A pesquisa mostrou, também, que os recursos obtidos com a venda dos materiais recicláveis eram insuficientes para possibilitar a formação de capital de giro para a modernização tecnológica e outros investimentos importantes, como a compra do material reciclável de catadores autônomos com vistas à sua integração nas cooperativas. Em relação aos aspectos sanitários, verificou-se precariedade nas condições de trabalho nas centrais de triagem, baixo

---

[4] São Paulo – 15 organizações de catadores, Diadema – 5 organizações de catadores. Santo André e São Bernardo – 2 organizações em cada município. Barueri, Carapicuíba, Embu, Itapecerica da Serra, Jandira, Osasco, Poá, Santana do Parnaíba – 1 organização de catadores cada.

[5] A título de exemplo, em São Bernardo do Campo, em 2005, segundo informação da Diretora de Meio Ambiente, enquanto eram gerados 66 postos de trabalho em duas associações, a Prefeitura, no mesmo ano, cadastrou cerca de 2.000 catadores que atuavam nas ruas. Já na cidade de São Paulo, enquanto o programa gerava 686 postos de trabalho, o Instituto Pólis estimava a existência de 20.000 catadores.

uso de equipamentos de proteção e segurança e existência de acidentes de trabalho.

A sustentabilidade de um programa, em suas várias dimensões, não é de fácil mensuração. No entanto, medições são indispensáveis para operacionalizar o conceito de desenvolvimento sustentável. Bellen (2005) e Guimarães et al. (2009) afirmam que o desafio ao construir indicadores e índices é garantir que eles sejam suficientemente padronizados para permitir comparações, e flexíveis de forma a estar comprometidos com a participação da comunidade e/ou de seus usuários. Foi com esse objetivo que se desenvolveu o projeto de construir e validar indicadores e construir um índice de sustentabilidade para programas municipais de coleta seletiva de resíduos sólidos com inclusão de catadores organizados.

MÉTODOS E TÉCNICAS DE CONSTRUÇÃO E VALIDAÇÃO DE INDICADORES DE SUSTENTABILIDADE PARA A COLETA SELETIVA MUNICIPAL COM INCLUSÃO DE CATADORES ORGANIZADOS

A pesquisa Coselix, em 2004, mostrou que a sustentabilidade do serviço de coleta seletiva, executado com integração socioprodutiva das organizações de catadores, pode ser avaliada e monitorada por meio de indicadores e índices de sustentabilidade. No entanto, tanto a literatura quanto a prática sobre o tema de indicadores, e em especial de indicadores de sustentabilidade, apontam para a importância de sua validação pelos seus diferentes públicos usuários. Tendo como ponto de partida o conjunto de indicadores desenvolvidos na pesquisa Coselix, foi desenvolvido um processo de construção e avaliação de indicadores, referendados ou validados por diferentes atores envolvidos na gestão de resíduos sólidos (Besen, 2011).

Os indicadores de sustentabilidade da coleta seletiva foram avaliados por especialistas em gestão de resíduos e coleta seletiva com inclusão de catadores e por vários atores: catadores organizados, acadêmicos, consultores, técnicos de organizações não governamentais, assessores de organizações de catadores, técnicos de várias esferas de governo e do setor empresarial. Essa avaliação ocorreu a partir de três diferentes métodos e técnicas complementares: aplicação de duas rodadas da técnica Delphi com especialistas, realização de oficinas regionais e de oficinas específicas, detalhadas a seguir.

- Validação e ponderação dos indicadores por meio da aplicação da técnica Delphi, com especialistas do país, para a validação de indicadores de sustentabilidade da coleta seletiva. Essa técnica consiste na consulta a um grupo limitado de especialistas com experiência no tema. Por meio de troca objetiva de informações procura-se consenso sobre as questões propostas. Os resultados de uma primeira rodada de consultas são analisados e a síntese destes é comunicada aos membros do grupo que, após tomarem conhecimento, respondem a nova consulta. As rodadas de consultas se sucedem até que um consenso seja obtido (Wright e Giovinazzo, 2000). A seleção de 112 especialistas se deu a partir do conhecimento e experiência das pesquisadoras, e de indicações dos especialistas contatados ou indicados[6]. Realizaram-se duas rodadas de aplicação de questionários semiestruturados, por via eletrônica, para avaliação de: conceito de sustentabilidade da coleta seletiva municipal e de organizações de catadores; indicadores e índices; tendências à sustentabilidade; cinco características dos indicadores: representatividade, comparabilidade, coleta de dados, clareza e síntese, previsão e metas; e identificação de novos indicadores e índices. A forma de avaliação dos especialistas foi a atribuição de nota de 1 a 10 aos indicadores/índices. Com relação aos conceitos de sustentabilidade e às tendências à sustentabilidade propostos, os entrevistados manifestaram concordância, concordância parcial ou discordância. Também foi enviado o relatório com os resultados da primeira rodada para todos os participantes, com a finalidade de dar subsídios às avaliações da segunda rodada.

- Realização de quatro oficinas nas cidades de São Paulo (12 participantes), Belo Horizonte (17 participantes), Rio de Janeiro (66 participantes) e Recife (35 participantes), nas quais foram apresentados os indicadores e buscou-se a obtenção de subsídios para reformulação/aprimoramento e inclusão de novos indicadores. Essas atividades, realizadas em parceria com Fórum Lixo e Cidadania, universidades e iniciativa privada, possibilitaram verificar o grau de aceitação ou rejeição da metodologia de construção dos indicadores. A metodologia adotada nas oficinas foi a de apresentação e discussão participativa sobre os indicadores propostos e suas respectivas tendências à sustentabilidade.

---

[6] Na amostra não foram incluídos representantes de catadores, com os quais foi realizada uma oficina específica.

- Realização de três oficinas presenciais específicas em Belo Horizonte. Os indicadores e o índice foram apresentados e avaliados em três oficinas específicas: com organizações de catadores (27 participantes com atuação em cinco estados, dos quais 44% eram representantes do Movimento Nacional de Catadores); técnicos da Prefeitura Municipal e da Superintendência de Limpeza Urbana (SLU) de Belo Horizonte (28 participantes); e técnicos do Instituto Nenuca de Desenvolvimento Sustentável (Insea), organização não governamental que assessora organizações de catadores no estado de Minas Gerais (12 participantes).

Cálculo do Índice de Sustentabilidade

O quesito *tendência à sustentabilidade*, que mede a distância à sustentabilidade de cada aspecto estudado (mais próximo, a distância média ou mais distante), foi decodificado nas seguintes pontuações:

- Muito favorável ou alta: símbolo + (mais) e valor de 1 ponto.
- Favorável ou média: símbolo +/- (mais ou menos) e o valor de 0,5 pontos.
- Desfavorável ou baixa: símbolo – (menos) e 0 ponto.

A partir desse conjunto de informações, foi construída uma matriz de sustentabilidade (Quadro 22.2) que permite chegar a um índice de sustentabilidade da coleta seletiva no município. O valor numérico do índice de sustentabilidade da coleta seletiva resulta da somatória da multiplicação entre o valor obtido na tendência à sustentabilidade (0, 0,5 ou 1) e o peso atribuído pelos especialistas, a cada um dos indicadores, dividido pela somatória dos pesos atribuídos. O valor final do índice obtido pode variar entre 0 e 1 ponto, cujo valor máximo indica o mais próximo da sustentabilidade e o mínimo, o mais distante.

Os valores numéricos dos índices de sustentabilidade são obtidos pela fórmula:

$$Ii = \frac{\sum v_i \times p_i}{\sum p}$$

Em que:

Ii = índice

$\sum$ = somatória

v_i = valor da tendência à sustentabilidade do indicador

p_i = peso atribuído ao indicador i (ponderação dos especialistas)

Comunicação dos índices

A construção do Radar da Sustentabilidade (Figura 22.1) inspirou-se em modelos existentes e aplicados aos indicadores de desenvolvimento e sustentabilidade, tais como o Barômetro da Sustentabilidade e o Painel da Sustentabilidade – Dashboard of Sustainability (Bellen, 2005; Veiga, 2009). O instrumento foi desenvolvido com o objetivo de facilitar a compreensão dos usuários e interessados: municípios, órgãos públicos, tomadores de decisão, organizações de catadores, mídia em geral e pesquisadores, quanto ao desempenho atual da gestão e suas possibilidades de melhoria. O estabelecimento dos graus de sustentabilidade se deu com a definição de quatro intervalos de valores para o respectivo índice, que variaram entre 0 e 1. São definidos quatro quartis, com variações de acordo com intervalos de resultados dos índices obtidos, e definem quatro condições em relação à sustentabilidade: muito desfavorável, desfavorável, favorável e muito favorável.

- Índice de 0 a 0,25: muito desfavorável.

- Índice de 0,26 a 0,50: desfavorável.

- Índice de 0,51 a 0,75: favorável.

- Índice de 0,76 a 1,00: muito favorável.

O radar foi ilustrado graficamente, conforme a Figura 22.1, e pode ser utilizado pela sociedade para monitorar a evolução da coleta seletiva. Considera-se que instrumentos de fácil assimilação e entendimento possam tornar-se meios cada vez mais relevantes para fortalecer práticas da sociedade para monitorar o desempenho das políticas públicas e, no presente caso, a evolução da coleta seletiva com inclusão de catadores.

Figura 22.1 – Radar da sustentabilidade da coleta seletiva

- **FAVORÁVEL**
  O município está investindo na sustentabilidade da coleta seletiva

- **MUITO FAVORÁVEL**
  A coleta seletiva do município está próxima da sustentabilidade, ou já é sustentável

0,51-0,75   0,76-1,00
0,26-0,50   0-0,25

- **DESFAVORÁVEL**
  O município está fazendo um pequeno investimento na sustentabilidade da coleta seletiva

- **MUITO DESFAVORÁVEL**
  O município não está investindo na sustentabilidade da coleta seletiva

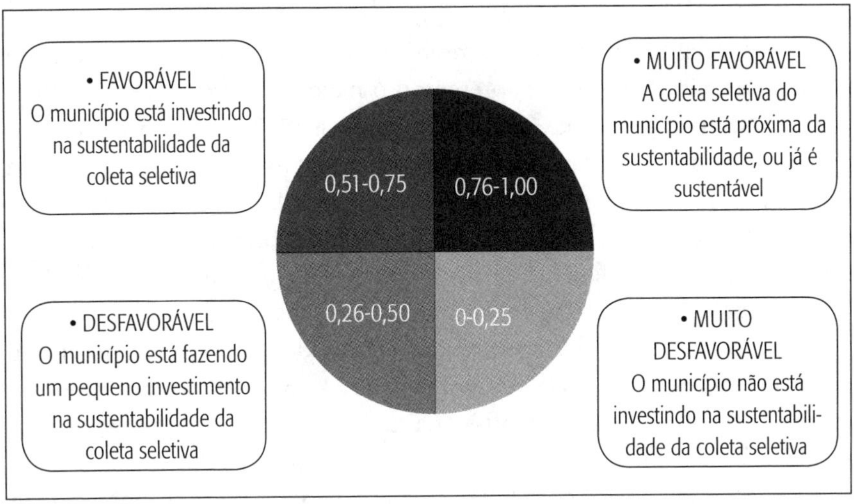

RESULTADOS E DISCUSSÃO DA VALIDAÇÃO DOS INDICADORES

A seguir, são apresentados os principais resultados do processo de validação de indicadores de sustentabilidade da coleta seletiva e sua discussão.

Aplicação de duas rodadas de questionários (técnica Delphi) com especialistas

Na 1ª rodada, dos 112 questionários enviados, 88 especialistas acusaram o recebimento da correspondência eletrônica e se dispuseram a participar da pesquisa. A taxa de retorno foi de 59 (67%) questionários.

Na 2ª rodada foram enviados 59 questionários e retornaram 43 (72,9%). Mais de 500 comentários e sugestões foram analisados e incorporados, considerando-se sua pertinência técnica e concordância com propostas das oficinas. Os percentuais de retorno de questionários obtidos são condizentes com os relatados na literatura, que segundo Wright e Giovinazzo (2000) apresentam uma abstenção de 30 a 50% na primeira rodada e de 20 a 30% na segunda.

Perfil dos especialistas que participaram da técnica Delphi

Os especialistas participantes residiam em 11 estados brasileiros, sendo o estado de São Paulo o que apresentou o maior número de respondentes (44,1%), seguido por Minas Gerais (11,9%), Distrito Federal e Rio de Janeiro (8,5% cada um), Rio Grande do Sul e Espírito Santo (5,1% cada um), Santa Catarina (3,4%), e Paraná, Ceará e Bahia (1,7% cada). Residem em 22 cidades: São Paulo (28,8%), Belo Horizonte (11,9%), Brasília (11,9%), Rio de Janeiro (11,9%), Recife, Vitória e São Carlos (5,1% cada), Florianópolis e Porto Alegre (3,4%), e 1,7% em cada uma de outras 13 cidades[7].

A amostra foi composta por 58% de respondentes do gênero feminino e 42% do masculino. A faixa etária variou de 24 a 64 anos, concentrando-se entre 45 e 49 anos. A classe profissional com maior número de respondentes foi a dos engenheiros (41,4%), seguida de biólogos (8,6%), arquitetos, professores e sociólogos com 6,9% cada um, geógrafos e assistentes sociais com 5,2% cada um, economistas (3,4%), e as demais com 1,7% cada.

Embora o segmento de atuação não tenha sido um critério na escolha dos especialistas, houve uma distribuição diversificada entre os diversos segmentos participantes, destacando-se os técnicos governamentais (federal, estaduais e municipais) que totalizaram 34% (Figura 22.2).

A maioria dos especialistas possuía curso superior e 42,3% haviam feito pós-graduação, 16,9% mestrado, 23,7% doutorado e 1,7% pós-doutorado. A experiência de trabalho variou de 1 a 29 anos, e a maioria trabalhava há mais de 5 anos com o tema.

Avaliação das definições de sustentabilidade

As definições de sustentabilidade avaliadas nas duas rodadas são apresentadas no Quadro 22.1. A primeira é a mesma definição elaborada na pesquisa Coselix (2004) e a segunda foi construída a partir das contribuições dos participantes da técnica Delphi.

---

[7] Americana, Campinas, Fortaleza, Ibiúna, Itupeva, Londrina, Salvador, Santo André, São Caetano do Sul, São Gabriel, Osnabruck e Victoria.

Figura 22.2 – Distribuição dos especialistas por segmento de atuação profissional

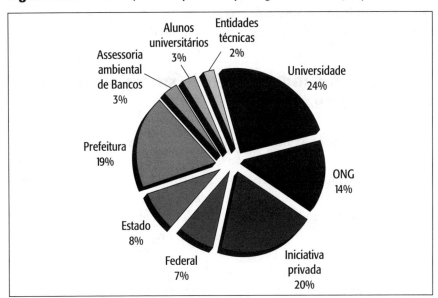

Quadro 22.1 – Definições de sustentabilidade de coleta seletiva avaliadas.

Rodadas	Definição
1ª	Capacidade do município em desenvolver a coleta seletiva com garantia legal e de recursos, e com a meta de universalização dos serviços e obtenção de resultados ambientais e sociais crescentes.
2ª	Capacidade do município em desenvolver a coleta seletiva de forma eficiente, com garantia legal e de recursos técnicos, meta de universalização dos serviços e obtenção de resultados ambientais (educação ambiental permanente e redução da disposição em lixões e aterros), sociais (inclusão social, gestão democrática e participativa) e econômicos (recursos de taxa ou do orçamento, geração de renda e ampliação das atividades de beneficiamento) crescentes.

A definição de sustentabilidade da coleta seletiva municipal, da 2ª rodada, foi aprovada e o consenso ampliado de 61%, na 1ª rodada, para 85,7%, na 2ª. Na 2ª rodada, as discordâncias dos especialistas na definição de sustentabilidade da coleta seletiva municipal relacionaram-se a um conceito específico. As sugestões foram de substituir "crescentes" por "melhores" ou "mais adequados" ou "previstos nas metas". Alguns especialistas

INDICADORES DE SUSTENTABILIDADE E GESTÃO AMBIENTAL

escolheram a primeira definição por considerá-la mais concisa. A segunda definição também foi aprovada nas três oficinas específicas realizadas na sequência, logo, esta ficou sendo a definição validada.

Avaliação dos indicadores de sustentabilidade da coleta seletiva

A partir de uma análise qualitativa das propostas e comentários dos respondentes da primeira rodada da técnica Delphi, somada às observações colhidas nas oficinas realizadas em quatro cidades, os indicadores passaram de 6, na 1ª rodada, para 14, na rodada seguinte. A Tabela 22.1 apresenta o número de indicadores mantidos, excluídos, alterados, propostos, incluídos e finalmente selecionados para serem avaliados na 2ª rodada.

Tabela 22.1 – Seleção de indicadores e índices para a 2ª rodada.

Indicadores e índices	1ª rodada	Mantidos	Excluídos	Alterados	Incluídos	2ª rodada
Coleta seleti-va municipal	6	3	1	2	9	14

Na segunda rodada, os especialistas avaliaram 14 indicadores e as respectivas fórmulas de cálculo, tendências à sustentabilidade e características.

A Matriz de Sustentabilidade da Coleta Seletiva é apresentada no Quadro 22.2. Esta matriz inclui o indicador, o peso a ele atribuído pelos especialistas, as tendências à sustentabilidade dos indicadores e o valor que varia de 0 a 1 (alta = 1 ponto, média = 0,5 ponto e baixa = 0).

Dentre os indicadores que têm maior aprovação (de 80% para mais), observam-se seis aspectos mais referidos. O primeiro relacionado com a legitimidade da coleta seletiva (adesão e atendimento), o segundo relacionado com a eficiência do serviço (índice de recuperação de recicláveis e índice de rejeito), o terceiro associado a condições de trabalho nas centrais de triagem, e o quarto contextualiza a lógica da relação entre as prefeituras e as organizações. O quinto tema é relacionado aos custos e inclui três indicadores que buscam caracterizar o ônus da prestação de serviço da coleta seletiva em relação à quantidade coletada, à relação custo-benefício em face

Quadro 22.2 – Matriz de sustentabilidade da coleta seletiva.

Indicadores de sustentabilidade de coleta seletiva					
	Modo de medição	Tendência à sustentabilidade			Peso
		Muito favorável	Favorável	Desfavorável	
1. Adesão da população	$\dfrac{\text{N. de residências que aderem à coleta seletiva}}{\text{N. total de residências atendidas pela coleta seletiva}}$ x 100	≥ 80%	40,1 - 79,9%	≤ 40%	0,91
2. Atendimento da população	$\dfrac{\text{N. de habitantes atendidos pela coleta seletiva}}{\text{N. total de habitantes do município}}$ x 100	≥ 80%	40,1 - 79,9%	≤ 40%	0,99
3. Taxa de recuperação de materiais recicláveis –TRMR	$\dfrac{\text{Q. da coleta seletiva – Q. de rejeitos}}{\text{Q. coletada seletiva + Q. coleta regular}}$ x 100	≥ 20%	10,1 - 19,9%	≤ 10%	0,89
4. Taxa de Rejeito –TR	$\dfrac{\text{Q. da coleta seletiva – Q. comercializada}}{\text{Q. da coleta seletiva}}$ x 100	≤ 10%	10,1 - 29,9%	> 30%	0,87
5. Condições de trabalho	$\dfrac{\text{N. de requisitos atendidos}}{\text{N. de requisitos desejáveis*}}$ x 100	≥ 80%	50,1 - 79,9%	≤ 50%	0,84
6. Instrumentos legais na relação com as organizações de catadores	Existência ou não	Contrato ou convênio com remuneração	Convênio sem remuneração	Não há contrato ou convênio	0,83

(continua)

Quadro 22.2 – Matriz de sustentabilidade da coleta seletiva. *(continuação)*

Indicadores de sustentabilidade de coleta seletiva					
	Modo de medição	Tendência à sustentabilidade			Peso
		Muito favorável	Favorável	Desfavorável	
7. Custo do serviço/quantidade seletiva	$\frac{\text{Custo total da coleta seletiva (R\$)}}{\text{Quantidade da coleta seletiva**}}$	≤ R\$ 175,00/t	R\$ 170, 1 - R\$ 350,00	≥ R\$ 350,00/t	0,82
8. Custo da coleta seletiva/ coleta regular e destinação final	$\frac{\text{Custo da coleta seletiva (R\$/t)}}{\text{Custo da coleta regular + destinação (R\$/t) ***}} \times 100$	≤ 50%	50,1 - 199,9%	≥ 200%	0,81
9. Autofinanciamento	$\frac{\text{Recursos do IPTU e/ou de taxa de lixo (R\$)}}{\text{Custo total da coleta seletiva (R\$)}} \times 100$	≥ 80%	50,1 - 79,9%	≤ 50%	0,80
10. Educação/divulgação	Frequência anual de atividades desenvolvidas	Permanente, quinzenal ou mensal	Bimestral ou trimestral	Anual/pontual	0,79
11. Custo da coleta/manejo de resíduos sólidos	$\frac{\text{Total de despesas da coleta seletiva (R\$)}}{\text{Total de despesas com serviços de resíduos sólidos (R\$)}} \times 100$	≤ 50%	50,1 - 74,9%	≥ 75%	0,78
12. Inclusão de catadores avulsos	$\frac{\text{N de catadores avulsos incluídos}}{\text{N. de catadores avulsos existentes}} \times 100$	80 - 100%	50,1 - 79,9%	≤ 50%	0,74

(continua)

Quadro 22.2 – Matriz de sustentabilidade da coleta seletiva. *(continuação)*

Indicadores de sustentabilidade de coleta seletiva					
	Modo de medição	Tendência à sustentabilidade			Peso
		Muito favorável	Favorável	Desfavorável	
13. Gestão compartilhada	Existência ou não de canais efetivos de participação da sociedade civil e de organizações de catadores ****	Existe e funciona	Existe, mas não funciona	Não existe	0,73
14. Parcerias	$\frac{\text{N. de parcerias efetivadas}}{\text{N. parcerias desejáveis}^{*****}} \times 100$	≥ 80%	50,1 - 79,9%	≤ 50%	0,62

Q: quantidade; N: Número

* Recomenda-se o atendimento aos requisitos do Ministério da Saúde e Trabalho: princípios de higiene e limpeza, controle de vetores de doenças, ausência de ratos, moscas e baratas, cobertura adequada, ventilação adequada, ausência de odores incômodos, sistema de prevenção de riscos de acidentes e incêndios, plano de emergência, uso de equipamentos de proteção individual (EPI), identificação de materiais perigosos e outros.

** O valor de R$175,00/t foi considerado viável e baixo para a coleta seletiva a partir dos seguintes cálculos: R$ 72,00/t é o valor médio para a coleta convencional apurado pelo SNIS 2006 (R$ 61,32/t) e reajustado em 17,5% (agosto de 2008 pelo IGPm). Considerando-se que a coleta convencional tenha um valor de R$ 72,00/t (SNIS, 2006) e a disposição em aterro sanitário de R$ 45,00/t, o valor total é de R$ 117,00/t. Considerando-se ainda que os ganhos ambientais e sociais assumam um valor de 50% deste total chega-se ao valor indicativo da coleta seletiva de R$ 175,00/t como adequado.

*** Segundo o SNIS (2008), a coleta assume um percentual médio de 36,8% do custo do manejo de resíduos sólidos municipais. Se for atribuído um valor aproximado de 15% para o aterramento, chega-se a um índice médio de 50% que se aproxima do percentual que as prefeituras gastam com coleta e aterramento. Esse cálculo não inclui as externalidades e outros ganhos de difícil mensuração.

**** Comitês Gestores, Fórum Lixo e Cidadania, Câmaras Técnicas ou grupos de trabalho (GT) de Resíduos em Conselhos de Meio Ambiente, Fóruns da Agenda 21. Efetividade: influência na formulação das políticas públicas, monitoramento da implantação, articulação de apoios e parcerias.

***** Organizações de catadores (redes) entre secretarias municipais, setor público estadual ou federal, setor privado, organizações não governamentais e entidades representativas dos catadores.

do custo da coleta domiciliar e do aterramento, uma vez que inclui a quantidade de resíduos que é desviada do aterro. Esse é um diferencial que aqui se apresenta e que se contrapõe à visão tradicional predominante (Cempre, 2009) de calcular os custos da coleta seletiva em relação aos custos da coleta domiciliar. O sexto tema é relacionado com a receita para viabilizar o sistema – o autofinanciamento –, que depende principalmente da cobrança de taxa ou tarifa, o que de fato ainda é pouco comum no Brasil, sendo, na maior parte dos municípios, unicamente cobrado junto ao Imposto sobre a Propriedade Territorial e Predial Urbano (IPTU) (SNIS, 2007).

Outros aspectos como educação, inclusão de catadores e gestão compartilhada têm aprovação acima de 70% e apenas o aspecto parcerias fica abaixo de 70%.

Observa-se que a gestão compartilhada é muito valorizada na literatura de resíduos sólidos, entretanto se verifica que entre a teoria e a prática existe uma distância que precisa ser melhor avaliada, tanto no plano conceitual quanto na situação real. Há diferentes entendimentos por parte dos distintos atores envolvidos na pesquisa, quanto ao significado dessa forma de gestão e as formas de avaliar seu funcionamento. Em virtude dessas interpretações diferenciadas, o indicador obteve uma das menores avaliações.

Cabe destacar a decisão de manter o indicador de parcerias presente, apesar de reprovado em suas características pelos especialistas. Isso se deve ao fato que, no decorrer da pesquisa, embora todos os atores participantes tenham considerado as parcerias muito importantes, não houve consenso

Quadro 22. 3 – Indicadores de coleta seletiva, processos e dimensões da sustentabilidade abrangidas.

Indicadores	Processo	Dimensões
1. Adesão	Efetividade da coleta seletiva – quantas residências participam, em relação às residências atendidas. Eficiência do processo de educação e comunicação – quanto mais eficiente é o processo de educação/comunicação feito pelas instituições, maior é a participação. Participação – a coleta seletiva é voluntária e depende essencialmente da participação dos munícipes. Resultados ambientais – quanto maior a adesão, maior a quantidade de material desviado do aterro e reciclado.	Social Econômica Institucional Ambiental

(continua)

Quadro 22. 3 – Indicadores de coleta seletiva, processos e dimensões da sustentabilidade abrangidas. *(continuação)*

Indicadores	Processo	Dimensões
2. Atendimento	Universalização do serviço Justiça social	Social Institucional Ambiental
3. Taxa de recuperação de recicláveis	Eficiência do sistema de coleta seletiva Desvio do reciclável do aterro Ganhos: ambientais, econômicos e sociais	Ambiental Social Econômica Institucional
4. Taxa de rejeito	Eficiência da separação na fonte e na triagem Eficiência do processo de educação ambiental e comunicação	Econômica Ambiental Social
5. Condições de trabalho	Saúde e segurança no ambiente de trabalho	Social Saúde do trabalhador
6. Instrumentos legais	Regularidade institucional Inclusão social Reconhecimento da prestação de serviço pelas organizações de catadores	Institucional Social Econômica
7. Custo do serviço/quantidade seletiva	Monitoramento do custo *per capita* da coleta seletiva	Econômica
8. Custo da seletiva/coleta domiciliar + aterramento	Eficiência econômica no gerenciamento Relação custo-benefício entre coleta seletiva e aterramento Ampliação do gasto com a coleta seletiva e redução do gasto com coleta domiciliar e aterramento	Ambiental Social Econômica
9. Autofinanciamento	Sustentabilidade econômica da coleta seletiva	Econômica Institucional
10. Educação/divulgação	Sensibilização para a redução na fonte, reutilização, reciclagem e consumo consciente	Ambiental Social Institucional
11. Custo da coleta/manejo de R$	Ampliação do gasto com a coleta seletiva e redução do gasto com coleta domiciliar e aterramento	Econômica Ambiental

(continua)

Quadro 22. 3 – Indicadores de coleta seletiva, processos e dimensões da sustentabilidade abrangidas. *(continuação)*

Indicadores	Processo	Dimensões
12. Inclusão de catadores avulsos	Sustentabilidade social, inclusão social	Social Ambiental
13. Gestão compartilhada	Existência de mecanismos de compartilhamento da gestão com a sociedade Controle social Transparência	Social Institucional
14. Parcerias	Efetividade da rede de apoio Efetividade de viabilização de recursos financeiros e institucionais	Social Institucional Econômica

sobre sua melhor formulação. Dada sua importância, entende-se que este possa ser substituído, no futuro, por um índice que contemple a diversidade e a qualidade das parcerias.

O resultado obtido na Matriz de Sustentabilidade possibilita ao município identificar seu posicionamento em relação à sustentabilidade e, a partir da matriz, identificar os pontos fortes e fracos e planejar suas ações para evoluir cada vez mais na direção da sustentabilidade.

No Quadro 22.3, são apresentados os catorze indicadores de coleta seletiva, os processos que pretendem medir e as dimensões da sustentabilidade abrangidas.

Observa-se que, em sua maioria, os indicadores construídos e validados abrangem várias dimensões da sustentabilidade e são complementares aos propostos na pesquisa Coselix.

O indicador de adesão (indicador 1), sugerido por consenso, tanto por especialistas participantes das rodadas Delphi quanto na maioria das oficinas, tem avaliação melhor do que o de atendimento (indicador 2), o qual é o utilizado comumente para avaliar a coleta seletiva. Embora os dois sejam complementares, cabe destacar que sem adesão a cobertura torna-se pouco significativa; uma coleta seletiva com boa adesão, mas que atenda apenas a pequena parcela da população do município, não é o ideal.

Da mesma forma, outro exemplo é a proposição do indicador custo da coleta seletiva em relação à quantidade coletada (indicador 7) em complementaridade ao custo da coleta seletiva em relação ao custo de coleta + destinação (indicador 8). O indicador proposto mostra que, embora se possa calcular o custo da coleta seletiva em relação à quantidade coletada e à coleta seletiva se mostrar cara em relação à coleta regular, outros fatores devem ser considerados nesse cálculo e que incluem os benefícios com relação à sustentabilidade urbana, tais como os custos evitados com o tratamento e a disposição final. Destaca-se ainda que não foram incluídos os ganhos ambientais em termos de sustentabilidade com a reciclagem dos materiais por não existirem estudos confiáveis que deem suporte para os cálculos de ganhos em economia de energia, água e recursos naturais com a reciclagem.

Muitas outras considerações podem ser tecidas sobre os indicadores construídos e validados, no entanto, vale destacar as considerações das organizações de catadores de que o indicador de educação ambiental e comunicação é desnecessário, uma vez que a adesão já mede se houve ou não um processo efetivo de educação ambiental e as considerações sobre a necessidade de modificar a forma de cálculo da taxa de recuperação de materiais recicláveis (TRMR), que é calculada em termos de peso, enquanto a coleta seletiva trabalha com pesos e volumes.

Isso mostra como a ampliação da validação de indicadores com os *stakeholders* abre novas perspectivas de pensar e mensurar.

Matriz, índice e radar da sustentabilidade da coleta seletiva

A matriz de sustentabilidade possibilita o cálculo do índice de sustentabilidade. A utilização de um índice da coleta seletiva permite que os municípios avaliem suas fortalezas e fragilidades em relação à sustentabilidade e possam planejar e implementar políticas e ações.

A partir deste índice também é possível acompanhar a evolução da coleta seletiva no próprio município, determinar seu desempenho em datas específicas e compará-lo com o desempenho de outros municípios ou programas, na perspectiva da sustentabilidade com diferentes municípios e estabelecer a hierarquização destes.

Embora a construção de índices por vezes seja criticada, ainda é uma das formas de estabelecer comparações e estimular o desenvolvimento na perspectiva do desenvolvimento sustentável. Porém, é necessário aprimorá-la cada vez mais para que os resultados dos indicadores se aproximem ao máximo da realidade medida.

Trabalhar com índices de sustentabilidade possibilita subsidiar políticas públicas voltadas para a coleta seletiva de resíduos sólidos, ao avaliar e comparar o grau de sustentabilidade desse tipo de coleta. Contribui também para os debates que se colocam para repensar as políticas e, principalmente, na revisão da legislação existente ou na elaboração de nova legislação. Promove, ainda, novo nível de avaliação para os investimentos públicos e privados voltados à gestão compartilhada dos resíduos e à coleta seletiva com inclusão de organizações de catadores.

No que se refere ao radar da sustentabilidade, considera-se que instrumentos de fácil assimilação e entendimento tornam-se meios cada vez mais relevantes para fortalecer práticas da sociedade, no sentido de monitorar o desempenho das políticas públicas e, no presente caso, a evolução da coleta seletiva com inclusão de catadores. Um dos grandes desafios com relação aos indicadores e índices de sustentabilidade, além de sua legitimação pelos usuários, consiste em sua comunicação para diferentes públicos. Jesinghaus (1999) afirma que a transparência do sistema e a forma de comunicação dos resultados são fundamentais para qualquer ferramenta de avaliação de sustentabilidade.

CONSIDERAÇÕES FINAIS

A consecução das metas da PNRS de implantar a coleta seletiva nos municípios, prioritariamente com inclusão de catadores de materiais recicláveis, e ainda de, a partir do ano de 2015, dispor em aterros de resíduos apenas os rejeitos, coloca novos desafios para os municípios brasileiros.

O desenvolvimento sustentável urbano pressupõe a existência de coleta seletiva e de cidades inclusivas. A participação dos atores sociais envolvidos na construção e validação dessa ferramenta de avaliação da coleta seletiva pode ser considerada um passo nesse sentido.

As oficinas realizadas em quatro importantes cidades brasileiras, a aplicação de questionários a especialistas e as oficinas específicas evidenciaram o interesse em processos participativos de construção de conhecimento e que a metodologia utilizada para a validação dos indicadores e do índice de sustentabilidade teve significativa aceitação. Consistiram em processos de negociação que caminharam para ampliação de consensos, mesmo considerando-se que sempre haverá discordâncias, reputadas como saudáveis nos processos democráticos.

Os procedimentos e técnicas utilizados na pesquisa mostraram-se adequados aos objetivos propostos e possibilitaram avançar no aprimoramento de um grupo de indicadores de gestão para a coleta seletiva municipal, considerados de referência. Os conjuntos de indicadores de sustentabilidade validados são representativos e podem ser aplicados a realidades distintas, estabelecendo parâmetros para a eficiência e a efetividade da prestação de serviços. Sua ponderação também pode ser definida de acordo com realidades locais, mesmo que sua comparabilidade com outras iniciativas possa vir a ser prejudicada. Em primeira instância, constituem instrumentos de planejamento de ações e tomada de decisão para os municípios e as organizações de catadores. No âmbito governamental, podem contribuir com o monitoramento dos recursos investidos e a avaliação e o direcionamento de políticas públicas.

O desafio atual é a disseminação desses indicadores para que possam ser aplicados e aprimorados, contribuindo para a consolidação da gestão sustentável dos resíduos sólidos urbanos com inclusão socioprodutiva de catadores.

Também se considera importante que agências governamentais de produção de estatísticas integrassem esses indicadores, total ou parcialmente, aos seus sistemas de levantamento de dados, por exemplo, o SNIS, os IDS em dimensões locais e ainda a Pesquisa de Informações Básicas Municipais (Munic), do IBGE.

REFERÊNCIAS

BELLEN, H.M. *Indicadores de sustentabilidade: uma análise comparativa.* Rio de Janeiro: FGV, 2005.

BESEN, G.R. *Programas municipais de coleta seletiva em parceria com organizações de catadores na região metropolitana de São Paulo.* São Paulo, 2006. Dissertação (Mestrado em Saúde Ambiental). Faculdade de Saúde Pública da Universidade de São Paulo.

——————. *Coleta seletiva com inclusão de catadores: construção participativa de indicadores e índices de sustentabilidade.* São Paulo, 2011. 275p. Tese (Doutorado em Saúde Ambiental). Faculdade de Saúde Pública, Universidade de São Paulo.

BESEN G.R.; RIBEIRO H. Indicadores de sustentabilidade para programas municipais de coleta seletiva – métodos e técnicas de avaliação. Governança ambiental e indicadores de sustentabilidade: resultados do II Workshop Internacional de Pesquisa em Indicadores de Sustentabilidade–WIPIS 2008: MALHEIROS T.F.; PHILIPPI A. Jr.; COUTINHO S.M.V.(Orgs). Dados eletrônicos. São Carlos: EESC/USP. p. 159-74.

BESEN G.R.; RIBEIRO H.; GUNTHER, W.R. Gestão de resíduos sólidos domiciliares na Região Metropolitana de São Paulo, nos anos 2004 e 2010: subsídios para a implementação da política Nacional. *Revista Conexão Acadêmica*, v.1, p. 19-26, 2011.

BOSSEL, H. *Indicators for sustainable development: theory, method, applications – a report to the Balaton Group*. Manitoba: Internacional Institute for Sustainable Development. 1999. Disponível em: http://www.iisd.org/pdf/balatonreport.pdf. Acessado em: 20 set. 2007.

BRASIL. Ministério do Meio Ambiente. *Plano Nacional de Resíduos Sólidos – versão preliminar para consulta pública setembro de 2011*. Brasília: Ministério do Meio Ambiente. 137 p.

BRINGHENTI J. *Coleta seletiva de resíduos sólidos urbanos: aspectos operacionais e da participação da população*. São Paulo, 2004. Tese (Doutorado). Faculdade de Saúde Pública da USP.

[CEMPRE] COMPROMISSO EMPRESARIAL PARA A RECICLAGEM. Pesquisa Ciclosoft 2009. Disponível em: http://www.cempre.org.br. Acessado em: set. 2012.

CORVALAN C.; BRIGGS D.; ZIELHUIS G. *Decision-Making in Environmental Health: From evidence to action*. WHO, 2000.

DAGNINO, E. Sociedade civil, espaços públicos e a construção democrática no Brasil: limites e possibilidades. In: DAGNINO, E. (Org.) *Sociedade civil e espaços públicos no Brasil*. São Paulo: Paz e Terra, 2002.

DIAS S. M. *Trajetórias e memórias dos fóruns lixo e cidadania no Brasil: experimentos singulares de justiça social e governança participativa*. Belo Horizonte, 2009. Tese (Doutorado). Faculdade de Filosofia e Ciências Humanas da UFMG.

[ESI] ENVIRONMENTAL SUSTAINABILITY INDEX. Disponível em: http://www.ciesin.columbia.edu/indicators/ESI/. Acessado em: 10 out. 2008.

[EPA] Environment Protection Agency. *Climate Change and Waste*. Reducing Waste Can Make a Difference. Disponível em: http://www.epa.gov/epawaste/nonhaz/ municipal/pubs/ghg/climfold.pdf. Acessado em: 3 set. 2010.

ESTY, D., PORTER, M. *National Environmental Performance: measurements and determinants. Environmental Performance Measurement: the global report 2001–2002*. Oxford: Oxford Press, 2002.

GUIMARÃES P. R.; FEICHAS S. A.; BEZERRA J.C.; Desafios na Construção de Indicadores de Sustentabilidade. *Ambiente e Sociedade*, v. 12, n. 2., p. 307-323, jul-dez. 2009.

GRAFAKOS, S., BAUD, I. , KLUNDERT, A. Alliances in Urban Environmental Management. A process analysis for indicators and contributions to sustainable development in urban SWM. Working document 14. Netherlands:University of Amsterdam, 2001.

GÜNTHER, W. M. R.; GRIMBERG, E. *Directrices para la gestión integrada y sostenible de residuos sólidos urbanos en America Latina y el Caribe.* São Paulo: Asociación Interamericana de Ingeniería Sanitária y Ambiental (Aidis), 2006.

[IBGE] INSTITUTO BRASILEIRO DE GEOGRAFIA E ESTATÍSTICA. *Indicadores de desenvolvimento sustentável: Brasil 2008.* Rio de Janeiro: IBGE, 2010.

[IPCC] INTERGOVERNMENTAL PANEL ON CLIMATE CHANGE. Climate Change 2007 – Synthesis Report. Disponível em: http://www.ipcc.ch/publications_and_data/publications_ipcc_fourth_assessment_report_synthesis_report. htm. Acessado em: 1º fev. 2011.

[IPEA] INSTITUTO DE PESQUISA ECONÔMICA APLICADA. Pesquisa sobre pagamento por serviços ambientais urbanos para gestão de resíduos sólidos. Relatório de Pesquisa. Brasília, 2010.

JANNUZZI P. M. *Indicadores Sociais no Brasil.* Campinas: Alínea, 2006.

JESINGHAUS, J. *Indicators for decision making.* European Comission. JRC/ISIS/MIA, TP 361, Ispra (VA), 1999.

KLUNDERT, A., ANSCHIITZ, J. *The sustainability of alliances between stakeholders in waste management-using the concept of integrated sustainable waste management.* Working paper. Netherlands: UWEP/CWG, 2000.

LARDINOIS, I. KLUNDERT A. *Community and private (formal and informal) sector involvement in municipal solid waste management in developing countries. Background paper for the UMP workshop in Ittingen, Switzerland.* Gouda: Waste, 1995.

Mc GRANAHAN, G.; SATTERTHWAITE, D. The environmental dimensions of sustainable development for cities. *Geography,* v.87, n.3, p.213-26, 2002.

MEADOWS, D. *Indicators and information system for sustainable development: a report to the Balaton Group.* Hartland four Corners: The Sustainable Institute. 1998.

[MNCR] MOVIMENTO NACIONAL DOS CATADORES DE MATERIAS RECICLÁVEIS. *Análise do custo de geração de postos de trabalho na economia urbana para o segmento dos catadores de materiais recicláveis. Coordenação institucional da OAF/PANGEA e coordenação técnica do Grupo de Estudos de Relações Intersetoriais da Faculdade de Ciências Econômicas da Universidade Federal da Bahia. Relatório Técnico Final.* Janeiro de 2006.

[OMS] ORGANIZAÇÃO MUNDIAL DA SAÚDE. *The World Health Report 2007* – A safer future: global public health security in the 21st. century. Disponível em: http://www.who. int/whr/2007/en/index.html. Acessado em: 3 set. 2010

OTT, W.R. *Environmental indices; theory and practice*. Michigan: Ann Arbor, 1998.

RIBEIRO, H.; JACOBI. P.R.; BESEN G.R.; GUNTHER W.M.R;DEMAJOROVIC J.;VIVEIROS M. *Coleta seletiva com inclusão social: cooperativismo e sustentabilidade*. São Paulo: Annablume, 2009.

RIBEIRO, H. et al. Programas municipais de coleta seletiva de lixo como fator de sustentabilidade dos sistemas públicos de saneamento ambiental na região metropolitana de São Paulo – Coselix. In: Fundação Nacional de Saúde (Funasa); Ministério da Saúde. (Org.). *4º Caderno de Pesquisa em Engenharia de Saúde Pública*. Brasília: Funasa, 2010, v. 1, p. 7-34.

[SNIS] SISTEMA NACIONAL DE INFORMAÇÕES SOBRE SANEAMENTO. *Programa de Modernização do Setor de Saneamento: diagnóstico da gestão e manejo de resíduos sólidos urbanos – 2005*. Brasília: MCIDADES/SNSA; 2007.

_____. *Programa de Modernização do Setor de Saneamento: diagnóstico da gestão e manejo de resíduos sólidos urbanos – 2006*. Brasília: MCIDADES/SNSA; 2008.

_____. *Programa de Modernização do Setor de Saneamento: diagnóstico da gestão e manejo de resíduos sólidos urbanos – 2008*. Brasília: MCIDADES/SNSA; 2010.

TAYRA, F.; RIBEIRO, H. Modelos de Indicadores de Sustentabilidade: síntese e avaliação crítica. *Saúde e Sociedade*. v. 15, n. 1, p. 84-95, jan-abril 2006.

URBAN WORLD FORUM. *Reports On* Dialogues – Sustainable Urbanization. Disponível em: http://www.unchs.org/uf/aii.html. Acessado em: 13 jun. 2010

VEIGA, J. E. Indicadores socioambientais: evolução e perspectivas. *Rev. Econ. Polit.* São Paulo: v.29, n. 4, out./dez.2009

WARREN, J. L. How do we know what is sustainable? A retrospective and prospective view. In: MUSCHETT, F.D. (Ed.). *Principles of sustainable development*. Flórida: St Lucie Press, 1997, p. 131-149.

WRIGHT, J.; GIOVINAZZO, R. Delphi: uma ferramenta de apoio ao planejamento prospectivo. *Caderno de Pesquisas em Administração*, v. 1, n. 12, p. 54-65. São Paulo: FIA/FEA/USP, 2000.

Indicadores de risco à saúde associados à poluição do ar por queima de biomassa para municípios brasileiros

23

Adelaide Cassia Nardocci
Física, Faculdade de Saúde Pública da USP

Helena Ribeiro
Geógrafa, Faculdade de Saúde Pública da USP

Samuel Luna de Almeida
Geógrafo, Faculdade de Saúde Pública da USP

Luiz Gustavo Faccini
Geógrafo, Faculdade de Saúde Pública da USP

Fábio Silva Lopes
Processamento de Dados, UPMackenzie

Muitos estudos recentes têm encontrado associação entre a poluição do ar e efeitos adversos à saúde humana em concentrações abaixo dos limites recomendados de qualidade do ar. Esses efeitos são maiores especialmente nos países da Ásia e da América Latina em desenvolvimento, onde os níveis de concentração de poluentes atmosféricos nas grandes áreas urbanas estão entre os maiores do mundo (HEI 2004; Cifuentes et al., 2005).

No Brasil, além dos problemas vivenciados nas grandes cidades em decorrência, sobretudo, de poluentes relacionados ao tráfego, a queima da cana-de-açúcar e de biomassa têm impactado também municípios com menor população localizados em regiões produtoras de açúcar e álcool ou em processo de desmatamento (Ribeiro e Pesquero, 2010).

A queima de floresta para agricultura e pecuária, incêndios florestais e queimadas de capoeiras, pastagens e restos de culturas têm sido responsabilizadas pela emissão de grandes quantidades de gases de efeito estufa. Elas liberam sobretudo gás carbônico (CO_2), gases-traço como metano (CH_4), monóxido de carbono (CO) e óxido nitroso (N_2O).

No senso comum, a queimada é vista como causa de doenças respiratórias sobretudo em áreas de cana-de-açúcar e de pastagens. As queimadas podem desencadear efeitos diretos e indiretos à saúde humana, entre os quais podem ser destacados:

- Efeitos diretos: doenças como as infecções do sistema respiratório superior, asma, bronquite, conjuntivite, irritação dos olhos e garganta, tosse, falta de ar, nariz entupido, vermelhidão e alergia na pele, desordens cardiovasculares (Radojevic, 1998).

- Efeitos indiretos: alterações climáticas com consequências sobre a biota, alterando o equilíbrio saúde/doença; redução da visibilidade; aumento de acidentes de tráfego; destruição da biota; diminuição da produtividade; restrição de atividades de lazer e de trabalho; efeitos psicológicos e custos econômicos.

A opção por um modelo de desenvolvimento econômico centrado no consumo intensivo dos recursos naturais resultou na degradação da qualidade do ambiente, com consequências para a saúde e a qualidade de vida das pessoas. No Brasil, a valorização do transporte rodoviário de pessoas e mercadorias, movido a combustíveis fósseis, associada à rápida expansão da urbanização a partir da década de 1970, acarretou problemas complexos de mobilidade urbana, de poluição do ar, de saúde pública e de qualidade de vida da população.

Motivado pela crise mundial do petróleo, o Brasil investiu pioneiramente no desenvolvimento de biocombustíveis. Em 1970, foi criado o Programa Pró-álcool com a finalidade inicial de reduzir a dependência externa do país, introduzindo, de 1975 a 2000, 5,6 milhões de veículos movidos a álcool hidratado produzido a partir da cana-de-açúcar (Biodieselbr.com, 2012). A produção do álcool, se por um lado reduziu o consumo dos combustíveis fósseis, por outro ampliou a monocultura da cana-de-açúcar e as queimadas de sua palha, em grande escala, nas regiões produtoras, aumentando a emissão de poluentes atmosféricos, produzindo efeitos imediatos e de longo prazo sobre a saúde da população.

A produção de cana-de-açúcar brasileira tem se ampliado sobremaneira. A área plantada subiu de 5,6 milhões de hectares, na safra 2004/2005, para 5,9 milhões de hectares na safra 2005/2006. Houve, também, a construção de mais de cem novas usinas de açúcar e álcool e ampliação do álcool na matriz energética. O estado de São Paulo produz cerca de 60% da produção brasileira, em 3,4 milhões de hectares, em 2006, dos quais 2,5 milhões de hectares sofreram processo de queima da cana na pré-colheita e em 900 mil hectares foi usada colheita mecanizada. Da produção brasileira, só 25% tem colheita mecanizada e o restante é queimado antes da colheita manual (Ribeiro e Pesquero, 2010).

A queima da cana, de pastagens e de restos de culturas e de florestas coincide com período de baixas precipitações e piores condições de dispersão dos poluentes, agravando seus efeitos na qualidade do ar e na saúde da população. Há importantes desafios aos pesquisadores e gestores responsáveis pelo gerenciamento dos riscos e pelo desenvolvimento sustentável das atividades rurais. Tais desafios incluem o desenvolvimento de sistemas de informação e indicadores de vigilância adequados para a prevenção e o controle dos impactos à saúde humana e ao ambiente (Kohlhepp, 2010).

O desenvolvimento de interfaces amigáveis e a democratização das ferramentas de geoprocessamento têm propiciado a análise espacial dos eventos de saúde e ambiente como importante subsídio à tomada de decisão em saúde pública. Segundo Waller e Gotway (2004), esses recursos constituem um instrumento poderoso e eficiente para o gestor público, formulador de políticas e tomador de decisão. No entanto, ainda são pouco utilizados nesse contexto e carecem de indicadores validados e de estudos mais aprofundados para sua utilização.

INDICADORES EM SAÚDE AMBIENTAL

Os indicadores expressam o modelo explicativo das relações entre a qualidade do ambiente e os problemas de saúde e são instrumentos fundamentais em saúde ambiental.

Os indicadores de qualidade ambiental começaram a ser desenvolvidos na década de 1970. O documento aprovado na Conferência Rio-92, a Agenda 21, reconheceu a necessidade do desenvolvimento de indicadores que fornecessem uma base para a tomada de decisão em todos os níveis, contribuindo para a gestão integrada e sustentável do desenvolvimento econômico e ambiental.

Na área de saúde, o modelo de desenvolvimento de indicadores partiu da consideração do modelo de causalidade, o qual considera que as atividades humanas exercem pressões sobre o ambiente, modificando sua qualidade e a quantidade de recursos naturais; a sociedade, por sua vez, responde a essas mudanças por intermédio de políticas ambientais, econômicas e setoriais. Em 1998, a Organização Mundial de Saúde (OMS) propôs um modelo conceitual denominado DPSEEA: Força Motriz – Pressão – Estado – Exposição – Efeitos – Ações (OMS, 1998). Esse modelo, mostrado esquematicamente na Figura 23.1, retrata um sistema de indicadores de saúde ambiental para descrever e analisar a ligação entre saúde, meio ambiente e desenvolvimento, e tem sido usado na análise da situação global, como subsídio à tomada de decisão.

Cada etapa do modelo DPSEEA demanda indicadores específicos, mas que se integram no conjunto, contribuindo para uma abordagem ampla e sistêmica dos processos. As características gerais de indicadores em saúde ambiental estão descritas no Quadro 23.1.

Quadro 23.1 – Características gerais de indicadores em saúde ambiental.

De aplicabilidade geral:
   1. Diretamente relacionados à questão específica de interesse da saúde ambiental.
   2. Baseados em associação conhecida entre saúde e ambiente.
   3. Relacionados a condições ambientais e/ou de saúde que são passíveis de controle.
   4. Sensíveis a mudanças nas condições de interesse.
Cientificamente sólidos:
   5. Imparciais e representativos das condições de interesse.
   6. Cientificamente confiáveis para que sua confiabilidade ou validade não sejam postas em dúvida.
   7. Baseados em dados de qualidade conhecida e aceitável.

(continua)

Quadro 23.1 – Características gerais de indicadores em saúde ambiental. (*continuação*)

Cientificamente sólidos:
8. Resistentes e não vulneráveis a pequenas mudanças na metodologia/escala usada para sua construção.
9. Consistentes e comparáveis, independentemente de tempo e espaço.

Aplicáveis pelos usuários:
10. Baseados em dados que estejam disponíveis a um custo-benefício aceitável.
11. Facilmente compreensíveis e aplicáveis por usuários potenciais.
12. Aceitáveis pelos interessados.
13. Disponíveis logo após o evento ou período ao qual está relacionado (para não atrasar as decisões políticas).

Fonte: OMS (1998).

Figura 23.1 – Modelo DPSEEA de indicadores.

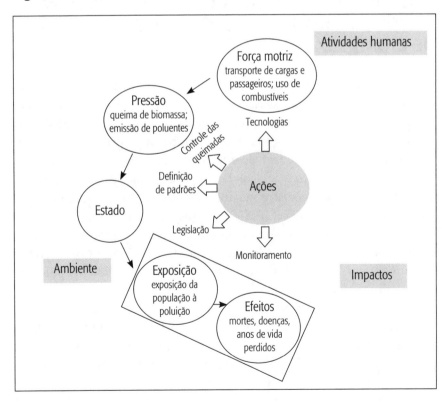

Fonte: OMS (1998).

A sociedade necessita de indicadores que possibilitem a discussão, adoção e implementação de ações corretivas e preventivas para os problemas ambientais atuais e seus efeitos à saúde humana. Essas ações devem ser tomadas com a finalidade de minimizar ou controlar os riscos, introduzindo medidas de controle e de monitoramento. A abordagem preventiva visa diminuir ou eliminar as forças motrizes e tenderá a ser mais efetiva a longo prazo.

A integração da estatística, da informática e do geoprocessamento proporciona ferramentas para o manuseio de bancos de dados, criação de Sistema de Informações Geográficas (SIG) e análise de dados espaciais. Possibilita, assim, a identificação de padrões espaciais de difícil visualização com as ferramentas tradicionais de análise.

PROPOSIÇÃO DE INDICADORES PARA EFEITOS AGUDOS E CRÔNICOS ASSOCIADOS À QUEIMA DE BIOMASSA

A proposição de indicadores de risco à saúde humana, decorrentes da exposição à poluição atmosférica emitida pela queima de biomassa, em âmbito nacional, procurou integrar informações sobre concentrações de poluentes nos municípios brasileiros, disponibilizadas pelo Sistema de Informações Ambientais (Sisam), desenvolvido pelo Ministério da Saúde, em parceria com o Instituto Nacional de Pesquisas Espaciais (Inpe-SP): concentrações mínimas, médias e máximas de monóxido de carbono (CO), material particulado inalável ($PM_{2,5}$) e ozônio (O_3).

Os poluentes primários produzidos pelas queimadas são água e dióxido de carbono (CO_2), monóxido de carbono (CO), óxidos nitrosos (NOx), hidrocarbonetos e partículas de aerossóis (Freitas et al., 2005). O poluente secundário principal é o ozônio.

Na proposição do indicador de risco buscou-se agregar às informações de concentrações de poluentes, informações adicionais sobre a possibilidade de impacto à saúde da população. O termo indicador de risco é utilizado para enfatizar que o índice proposto não é uma medida direta do risco à saúde da população, mas uma referência para subsidiar as ações de vigilância da saúde humana.

Os valores de referência utilizados na proposta foram derivados dos novos valores recomendados pela OMS, em 2005, pois, embora a Resolução n. 3 do Conama, de 28 de junho de 1990, ainda esteja vigente no Brasil, encontra-se em processo de revisão para atender às recomendações da OMS (OMS, 2005).

Monóxido de Carbono

O monóxido de carbono (CO) apresenta grande afinidade pela hemoglobina, formando o composto tóxico carboxi-hemoglobina (COHb) e inibindo a capacidade do sangue de transportar o oxigênio. A OMS considerou um nível de COHb no sangue de 2,5%, como sendo o máximo tolerável, mesmo para indivíduos envolvidos em exercícios físicos leves ou moderados. Esse valor resulta em uma concentração máxima de 10 $\mu g/m_3$ (10.000 ppb) para um período de 8 horas.

Material Particulado Inalável – PM_{10} e $PM_{2,5}$

O impacto à saúde humana da exposição aos particulados atmosféricos inaláveis é amplo mas, predominantemente, envolve doenças respiratórias e cardiovasculares, sobretudo em crianças e idosos. Estudos epidemiológicos mostram evidências sobre a não existência de um limiar abaixo do qual não seriam esperados efeitos adversos, de curto e de longo prazo, à saúde da população. As recomendações por parte das principais agências ambientais e de saúde pública são o estabelecimento de metas que visem à redução contínua das exposições.

Apesar desse fato, a OMS sugeriu valores específicos para o $PM_{2,5}$ e PM_{10}, e, ainda, que se adote a relação $PM_{2,5}/PM_{10}$ igual a 0,5. Baseando-se nos efeitos à saúde conhecidos, recomenda valores para efeitos agudos e efeitos de longo prazo. As diretrizes da OMS para material particulado inalável são:

$PM_{2,5}$: 25 $\mu g/m^3$ – média em 24 horas

PM_{10}: 50 $\mu g/m^3$ – média em 24 horas

No caso de efeitos de longo prazo, as recomendações da OMS se basearam em vários estudos que encontraram evidências de aumento de risco de mortalidade e de efeitos adversos à saúde em concentrações médias anuais da ordem de 11 a 15 $\mu g/m^3$. Assim, os valores recomendados para as exposições médias anuais de PM são:

$$PM_{2,5}: 10 \ \mu g/m^3 - \text{média anual}$$
$$PM_{10}: 20 \ \mu g/m^3 - \text{média anual}$$

Segundo a OMS (2005), estes são os valores acima dos quais a mortalidade por doenças cardiopulmonares e por câncer de pulmão e a mortalidade total têm sido observadas aumentar como respostas de longo prazo, com mais de 95% de confiança.

Ozônio (O₃)

Estudos de séries temporais apontam um aumento do número de mortes atribuíveis de 1 a 2% em dias cujas concentrações médias de ozônio ultrapassam 100 $\mu g/m^3$. Assim, a OMS (2005) considerou que abaixo de 100 $\mu g/m^3$ há proteção adequada, embora alguns efeitos adversos possam ocorrer.

Desse modo, com base nas premissas consideradas pela OMS na adoção dos limites de exposição à poluição do ar de 2005, foram propostos os indicadores de riscos.

INDICADOR DE RISCO PARA EFEITOS AGUDOS (IRA)

O indicador de risco para efeitos agudos (IRA) visa à minimização da ocorrência de efeitos imediatos, os quais dependem dos valores das concentrações dos poluentes atingidas em curtos períodos e devem evidenciar os municípios com qualidade do ar inadequada à saúde humana para orientar medidas de proteção da saúde humana de curto prazo.

As queimadas não são eventos momentâneos, podendo se prolongar por determinado período do dia. A consideração dos valores máximos diários, do ponto de vista de proteção à saúde humana, é uma abordagem mais conservadora. Uma análise preliminar dos dados de concentrações diárias de poluentes também mostrou que os valores máximos das concentrações diárias possibilitam a identificação de gradientes mais bem definidos, quando comparados aos valores mínimos e médios diários.

Assim, a definição do IRA considerou que, em concentrações máximas diárias inferiores à metade dos valores recomendados pela OMS (2005), o IRA é BAIXO. Para valores entre a metade e o máximo recomendado o IRA é MÉDIO, para valores acima dos valores de referência, o IRA é ALTO e para valores de concentração máxima maiores que duas vezes os recomendados, o IRA é MUITO ALTO. Dessa forma, o IRA pode ser classificado por qualquer um dos parâmetros de acordo com a Tabela 23.1.

Tabela 23.1 – Indicador de risco para efeitos agudos e respectivos intervalos de concentrações de poluentes

IRA	Concentrações máximas diárias em µg/m³			
	CO	O_3	$PM_{2,5}$	PM_{10}
Muito alto	> 20	> 200	> 50	> 100
Alto	11-20	101-200	26-50	51-100
Médio	5 - 10	50-100	12-25	25-50
Baixo	< 5	< 50	< 12	< 25

INDICADOR DE RISCO PARA EFEITOS CRÔNICOS (IRC)

A proposição de um indicador para efeitos crônicos tem por objetivo a minimização dos efeitos à saúde de longo prazo. Os efeitos de longo prazo da exposição aos poluentes atmosféricos também têm se mostrado relevantes, nos últimos anos, em especial, do material particulado $PM_{2,5}$ (OMS, 2005; HEI, 2010). Entre os desfechos crônicos, têm sido observadas associações entre a poluição do ar e morbimortalidade por doenças respiratórias, cardiovasculares e, possivelmente, câncer. Danaei et al. (2005) com base nos efeitos associados a material particulado, estimaram que 5% das mortes por câncer de pulmão, laringe e traqueia seriam atribuídas à poluição do ar, o que corresponderia a 64 mil mortes anuais no mundo.

Para o gerenciamento das exposições de longo prazo, a OMS recomendou como valores de referência concentrações médias anuais não superiores a 10 µg/m³ para $PM_{2,5}$ e 20µg/m³ para PM_{10}, embora tenha destacado que há estudos que mostram evidências de efeito para concentrações abaixo desses valores. Dessa forma, esse valor deve ser tomado como referência, mas as ações de gerenciamento devem visar à redução sistemática e contínua das exposições.

De forma similar ao IRA, para a definição do IRC foi considerado que em concentrações médias anuais inferiores à metade do valor recomendado pela OMS, o risco é BAIXO. Em concentrações entre a metade e o valor recomendado, o risco é MÉDIO. Em concentrações acima do recomendado, o risco é considerado ALTO e, para concentrações médias anuais superiores a duas vezes o valor recomendado pela OMS, o risco é MUITO ALTO. O IRC proposto é mostrado na Tabela 23.2.

Tabela 23.2 – Indicador de risco crônico e respectivos intervalos de concentrações de poluentes.

IRc	Concentrações médias anuais em µg/m³	
	$PM_{2,5}$	PM_{10}
Muito alto	> 20	> 40
Alto	11-20	21-40
Médio	5-10	10-20
Baixo	< 5	< 10

Para facilitar a comunicação com o público e a visualização por parte dos gestores de vigilância ambiental dos municípios, propõe-se a associação dos valores dos indicadores ao padrão de cores da Tabela 23.3.

Tabela 23.3 – Padrão de cores associado a cada categoria do indicador de riscos

IRa/IRc	COR
Muito alto	Roxo
Alto	Vermelho
Médio	Amarelo
Baixo	Verde

APLICAÇÃO DOS INDICADORES

A partir dos dados de poluentes atmosféricos disponibilizados no site do Sisam da Secretaria de Vigilância em Saúde do Ministério da Saúde (Sisam), foram construídos os mapas de IRA e IRC para o Brasil. Os mapas de IRA podem ser construídos e disponibilizados diariamente na internet para consulta por parte dos serviços de vigilância municipais. Concentrações acima dos valores recomendados pela OMS podem resultar em aumento da ocorrência de problemas respiratórios e cardiovasculares, em especial nos grupos vulneráveis, como crianças e idosos, e, dessa forma, resultar em aumento da demanda do atendimento médico-hospitalar em serviços de saúde. Mapas do Brasil, exemplificando IRA em algumas datas escolhidas aleatoriamente são mostrados na Figura 23.2.

Como se observa na Figura 23.2, as concentrações de CO e $PM_{2,5}$ atingem valores bastante elevados em grande parte do país. As datas escolhidas nos meses de maio e julho referem-se ao período que abrange a safra da cana-de-açúcar, nas regiões sudeste e centro-oeste do país e, também, à estação de menor precipitação atmosférica, na qual é frequente a ocorrência de grandes incêndios florestais e de queima de pastagens nas regiões centro-oeste e norte.

No caso de $PM_{2,5}$, os municípios com IRA muito alto concentram-se nas regiões sudeste e centro-oeste, onde a queima deliberada de cana-de-açúcar e de pastagens é frequente. No período de 2005 a 2009, houve uma redução no número de focos de incêndio no país, exceto em 2007, quando o número de focos registrados foi expressivo, como mostrado na Tabela 23.1.

Destaca-se que o IRA, como definido, permite boa diferenciação entre os municípios e é de rápida leitura e interpretação por parte dos serviços municipais de vigilância em todo Brasil.

A Figura 23.3 mostra os mapas para o IRC para os anos de 2005 a 2009, com base nas concentrações médias anuais de $PM_{2,5}$ disponibilizados no Sisam.

No mês de julho de 2009, o INPE registrou 6.607 focos de incêndio e, em maio de 2010, foram registrados 1.082 focos em todo o país (INPE, 2011).

Figura 23.2 – Mapas de IRA baseados nas concentrações máximas diárias de CO e PM$_{2,5}$ nos municípios brasileiros, segundo dados do Sisam, em datas selecionadas.

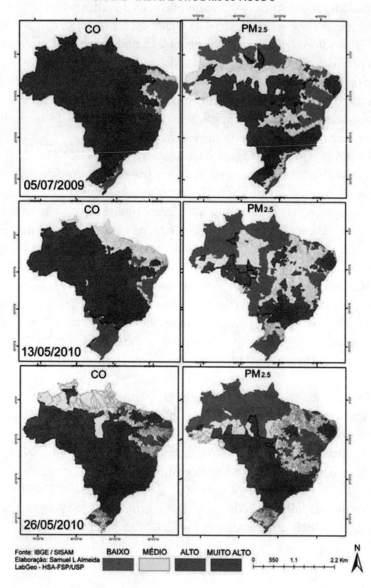

Figura 23.3 – Mapas de IRC baseados nas concentrações médias anuais de $PM_{2,5}$ nos municípios brasileiros, segundo dados do Sisam, nos anos 2005 a 2009.

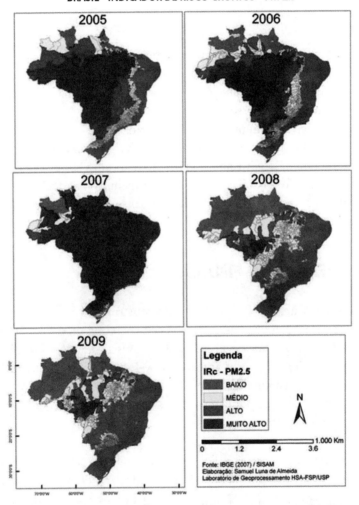

Tabela 23.4 – Número total de focos de incêndio no Brasil no período de 2005 a 2009.

Ano	2005	2006	2007	2008	2009
Número de focos	226.252	117.727	231.745	124.214	124.195

Fonte: INPE (2010).

A mudança significativa no número de focos de incêndios e, portanto, nas concentrações médias anuais, especialmente após 2008, pode estar associada à implementação de ações mais severas de fiscalização e controle das queimadas a partir desse período. O ano de 2007 foi considerado realmente um ano crítico em número de queimadas.

Estudo de Prado e Ribeiro (2011), no Acre, indicou que, após 2007, o Ibama aumentou a fiscalização e a aplicação de multas aos que queimavam pastos e floresta. Com isso, a qualidade do ar melhorou naquela região. Deve ser enfatizado que os mapas de IRC, de 2008 e 2009, destacam efetivamente a área chamada arco do desmatamento, como a mais crítica do país.

CONSIDERAÇÕES FINAIS

Ambos os mapas de IRA e IRC foram construídos com dados apresentados no Sisam, referentes às concentrações máxima diária de CO como $PM_{2,5}$ e concentração média anual de $PM_{2,5}$. Os resultados mostram que muitos municípios brasileiros apresentam valores de concentrações de poluentes acima do recomendado pela OMS, podendo resultar em impactos significativos à saúde da população.

No entanto, algumas questões devem ser observadas:

1. As concentrações de CO e $PM_{2,5}$ apresentadas são calculadas para uma altura elevada. Portanto, não são concentrações no nível do solo.
2. A resolução horizontal mínima do modelo Catt-Brams, utilizado pelo Sisam para modelar os dados de poluição é de 15 km.
3. Assim, embora o resultado do modelo apresente boa concordância em termos do padrão geral de evolução espaço-temporal, essas concentrações podem não ser representativas da real exposição da população.

4. Os indicadores de risco construídos não levaram em consideração a magnitude da população exposta. Existem áreas de florestas e áreas agrícolas com baixa densidade populacional e, nesses casos, os riscos foram superestimados.

Os resultados mostram que os mapas de risco são instrumentos importantes para a vigilância em saúde ambiental, possibilitando uma associação mais efetiva de informações ambientais com as de saúde pública, contribuindo para a identificação de áreas prioritárias de ações. Ações específicas de vigilância podem ser definidas para os diferentes níveis de risco em âmbito local, facilitando a atuação dos serviços municipais que, em geral, não dispõem de pessoal qualificado para avaliar e tomar decisões. Também em âmbito nacional, os mapas de risco podem ser utilizados para estudos de diagnóstico e tendência dos impactos das queimadas na saúde da população.

Por outro lado, deve ser destacada a importância da continuidade no fornecimento dos dados pelo Sisam, bem como sua ampliação para a divulgação de informações relativas aos demais poluentes. Há, também, necessidade de investimentos na calibração e no refinamento dos modelos para a melhoria contínua das informações.

Recomenda-se a realização de mais estudos, com o intuito de avaliar novas variáveis e a validação dos indicadores propostos. O delineamento conduzido, a partir de variáveis agregadas em polígonos municipais, minimiza a possibilidade de generalização dos resultados da pesquisa para outras localidades. Por outro lado, é importante analisar os dados com outros níveis de agregação, como microrregião ou mesorregião. A reprodução do método proposto é recomendável para efeitos comparativos.

REFERÊNCIAS

BIODIESELBR.COM. Proálcool – Programa Brasileiro de Álcool. Disponível em: www.biodiesel.com/proalcool/pro-alcool/programa-etanol.htm. Acessado em: 25 set. 2012.

CIFUENTES L.A.; KRUPNICK, A.J.; RYAN, R.O.; TOMAM, M.A. *Urban air quality and human health in Latin America and the Caribbean*. Washington, 2005. Disponível em: http://www.bvsde.paho.org/bvsacd/cd30/human.pdf. Acessado em: 17 jul. 2012.

DANAEI, G.; HOORN, S.V.; LOPES, A.D.; MURRAY, C.J.L.; EZZATI M. Causes of cancer in the world: comparative risk assessment of nine behavioral and environmental risk factors. *Lancet*, v. 366, p. 1784-93, 2005.

FREITAS, S.R.; LONGO, K.M.; SILVA DIAS, M.A.T.; SILVA DIAS, P.L. Emissões de queimadas em ecossistemas da América do Sul. *Estudos Avançados*, v. 19, n. 53, p. 167-85, 2005.

[HEI] HEALTH EFFECTS INSTITUTE. Health effects of outdoor air pollution in developing countries of Asia: a literature review. *Special Report*, 15. abr. 2004.

————. Traffic-related air pollution: a critical review of the literature on emissions, exposure, and health effects. *Special Report* 17. jan. 2010.

[INPE] INSTITUTO NACIONAL DE PESQUISAS ESPACIAIS. Divisão de Satélites e Sistemas Ambientais. *Queimadas – monitoramento de focos*. Disponível em: http://www.sigma.cptec.inpe.br. Acessado em: 02 jun. 2010.

_____. *Queimadas: monitoramento de focos*. Disponível em: http://sigma.cptec.inpe.br/queimadas/queimamensaltotal1.html?id=mm#. Acessado em: 19 mar. 2011.

KOHLHEPP, G. Análise da situação da produção de etanol e biodiesel no Brasil. *Estudos Avançados*, v. 24, n. 68, p. 223-54, 2010.

[OMS] ORGANIZAÇÃO MUNDIAL DA SAÚDE. *Indicadores para o estabelecimento de políticas e a tomada de decisão em saúde ambiental* [mimeo]. Genebra, 1998.

_____. *WHO Air quality guidelines for particulate matter, ozone, nitrogen dioxide and sulfur dioxide. Global update 2005. Summary of risk assessment*. Genebra: OMS, 2005.

PRADO, G.B.; RIBEIRO, H. Pecuarização da Amazônia e consumo de carne: o que está por trás? *Saúde e Sociedade*, v. 20, n. 3, 2011.

RADOJEVIC, M. Burning issues. *Chemestry in Britain*, v. 34, n. 12, p. 38-42, 1998.

RIBEIRO, H.; PESQUERO, C. Queimadas de cana-de-açúcar: avaliação de efeitos na qualidade do ar e na saúde respiratória de crianças. *Estudos Avançados*, Universidade de São Paulo, v. 24, n. 68, p. 255-71, 2010.

WALLER, L.A.; GOTWAY, C.A. *Applied Spatial Statistics for Public Health Data*. New Jersey: John Wiley & Sons, 2004.

Posfácio

No ano de 2012, A Universidade de São Paulo captou preocupações e desejos dos pesquisadores, decisores políticos e cidadãos no título do seu novo trabalho: *Indicadores de Sustentabilidade e Gestão Ambiental*. À semelhança de publicações anteriores, a qualidade dos textos que o constituem permitem que o leitor confirme que, no campo do desenvolvimento sustentável, a construção e operacionalização de bons indicadores requer estabelecimento de princípios e boas práticas que norteiem todo o processo, partindo da definição de necessidades e de foco, de engajamento de partes interessadas, de procedimentos de comunicação e diálogo, e do seu uso na formulação e implementação de políticas públicas.

A leitura de seus 23 capítulos vai ao encontro desta preocupação, destacando, em simultâneo, o aparente paradoxo do modelo fragmentado de decisão visando o desenvolvimento sustentável, o qual não está alinhado com os compromissos firmados nos tratados internacionais. O que emerge, portanto, desta discussão sobre tomada de decisão, gestão ambiental e desenvolvimento sustentável, é a demanda por sinais que possam orientar a sociedade sobre os rumos a serem desenhados, em termos de políticas e de padrões de consumo e produção associados. Esta mudança de perspectiva reflete, diretamente, na escolha de indicadores apropriados aos processos de tomada de decisão, nos âmbitos individual e coletivo, do local ao global e do global ao local.

Este livro permite uma aproximação a uma visão mais sustentável e ajustada do desenvolvimento territorial, colocando, inevitavelmente, algumas questões:

- O que são indicadores?
- Como se constroem indicadores de sustentabilidade?
- Quais os desafios do uso de indicadores na avaliação de sustentabilidade?
- Qual a aplicabilidade da pegada ecológica no âmbito da sustentabilidade?
- Quais os indicadores ambientais aplicáveis ao planejamento e à gestão municipal?
- Quais os indicadores de sustentabilidade aplicados ao desenvolvimento turístico?
- Qual a relevância dos indicadores ambientais, físicos e sociais na construção de territórios saudáveis, ativos e produtivos?
- Por que se apela a uma nova visão da sustentabilidade, quando os indicadores de qualidade de vida brasileiros, apesar da corrente global econômica estar em queda, têm tido, nos últimos anos, um crescimento progressivo?
- Por que se considera que são necessárias novas "lentes" para observar o desenvolvimento sustentável, quando grande parte dos progressos não valorizaram essa perspectiva?

Existe, de fato, uma aparente contradição, que é evidente em muitas decisões politicas, profissionais e da sociedade civil: são unânimes em afirmar que o atual modelo de crescimento oferece e proporciona níveis de prosperidade e de melhores condições de vida mas falha quando se avaliam a sustentabilidade e o desenvolvimento do território.

Se pensarmos na complexa interação do conjunto de indicadores de sustentabilidade, compreende-se que o incremento em um deles terá impactos, por vezes inesperados ou imprevisíveis, nos outros. É fundamental compreender esses aparentes paradoxos, para que se defenda, com base em evidência científica, a aspiração de integrar todas as componentes da sustentabilidade – econômica, social e ambiental. De fato, desde o início, a leitura de *Indicadores de Sustentabilidade e Gestão Ambiental* remete para uma preocupação: só muito recentemente é que a questão do desenvolvimento social passou a ser progressivamente incorporada nos processos de transformação tecnológica e econômica, e a sensibilização ambiental amplia seu espaço nestes processos, permeando instituições da sociedade e apresentando apelo político crescente. Nesse sentido, o conceito de sustentabilidade implica um conjunto cada vez mais alargado de objetivos e indicadores, concretizáveis a médio e longo prazo, por meio de metas que contribuam para a (re)orientação de políticas públicas setoriais.

Esta obra permite aprofundar o conhecimento sobre uma temática que, estando longe de ter esgotado o seu campo de interesse e aplicação, é de grande pertinência e atualidade. Sua leitura pode ser orientada da seguinte forma: os capítulos 1 a 4 permitem uma visão geral da definição, construção e uso de indicadores de sustentabilidade; os capítulos 5 a 10 têm um foco mais específico e direcionado para a aplicação de indicadores de sustentabilidade em municípios urbanos; os capítulos seguintes apresentam casos de aplicação de indicadores de sustentabilidade em diferentes contextos, todos eles da maior relevância.

O resultado desta leitura é o enriquecimento do leitor em um vasto conjunto de questões fundamentais para melhor compreender a avaliação da sustentabilidade, exemplificada na construção de indicadores de sustentabilidade aplicáveis ao planejamento e à gestão municipal, à saúde, ao turismo e a arranjos produtivos locais e setores produtivos (como industrial têxtil e de produção de etanol de cana-de-açúcar) ou, ainda, concretizados no indicador da pegada ecológica e nos indicadores de energia e abastecimento de água, esgotamento sanitário e coleta seletiva de resíduos. São identificados os conceitos e métodos que sustentam os casos práticos apresentados (as experiências de Jaboticabal e de Ribeirão Pires são exemplos da aplicação dos indicadores de sustentabilidade em municípios; as universidades são caso de estudo para os indicadores da pegada ecológica) de forma consistente, identificando opções para remediar ações e construir instrumentos de avaliação e efetividade das ações. É nesse sentido que este livro se torna fundamental: quando se pretende a melhoria do governo dos municípios e dos setores produtivos, com consequências no aumento do bem-estar e da saúde das populações.

Neste livro são destacadas as inter-relações entre as diferentes dimensões da sustentabilidade, permitindo a análise de relações causais. O espectro é muito largo e cobre tanto os "riscos para a saúde associados à poluição do ar por queima de biomassa para os municípios brasileiros", quanto relações menos conhecidas, como a inclusão do "método da pegada ecológica na avaliação da gestão do desenvolvimento territorial" ou "aplicabilidade da pegada ecológica em contexto universitário". Destaque, ainda, para a apresentação de "indicadores de energia, desenvolvimento e sustentabilidade" e de "indicadores de postura ambiental de setor de produção de etanol de cana-do-açúcar" e para "indicadores para a prestação e regulação de serviços de abastecimento de água e esgotamento sanitário".

Dessa forma, compreendendo uma visão mais holística e, por isso, mais sustentável, os textos que compõem esta publicação alertam para a necessidade de mobilizar ações e recursos para (re)construir municípios, cidades, setores de atividade, empresas. O objetivo deverá ser criar novas bases sociais, culturais e econômicas que tenham como finalidade a conservação (ou incremento) dos alicerces ambientais de modo a ser possível oferecer benefícios de longo prazo às futuras gerações brasileiras e, também, às futuras gerações de todo o mundo.

Ao longo dos textos pode-se verificar como se procedeu à avaliação de diferentes áreas da vida econômica e social e de que forma elas afetam (e são afetadas) pelo ambiente e pelo desenvolvimento sustentável, oferecendo pistas para ultrapassar os desafios que se colocam atualmente ou se colocarão no futuro. Essas indicações suportam ações individuais, comunitárias e políticas que poderão proporcionar um equilíbrio entre a prosperidade dos povos e o aumento da qualidade de vida, por um lado, e o desenvolvimento e sustentabilidade, local e global, por outro.

Observando a experiência acumulada nas últimas décadas na construção e uso de indicadores para apoiar a tomada de decisão alinhada ao paradigma do desenvolvimento sustentável, é possível identificar um conjunto de desafios para operacionalização de indicadores de sustentabilidade. Nesse contexto, os atores desse momento de mudanças devem trabalhar em conjunto para vencer obstáculos políticos, técnicos e tecnológicos, o que significa criar ambiente de diálogo e aprendizagem coletiva, bem como colocar permanente prioridade em processos de educação e capacitação para o desenvolvimento sustentável.

Em síntese, *Indicadores de Sustentabilidade e Gestão Ambiental* tem como objetivo reforçar o conhecimento dos desafios que o tema da sustentabilidade encerra. Mas é, também, uma oportunidade de promover uma melhor compreensão da dinâmica da urbanização e do setor produtivo e seus impactos ambientais, fornecendo aos governos municipais, cientistas, formuladores de políticas e público em geral, informação confiável e atualizada sobre os territórios e as pessoas. Por outro lado, alerta consciências para a necessidade e utilidade de tornar público, por meio da publicação de avaliações que contenham informação sobre o estado do meio ambiente, os principais fatores de mudança, a identificação de temas emergentes e a valorização geral das principais políticas públicas, fornecendo informação para a tomada de decisão, especialmente na formulação de políticas e na distribuição de recursos.

Paula Santana
Universidade de Coimbra

Índice remissivo

A

Abastecimento de água 647
Administração pública 475
Administrações municipais 126
Agenda 21 189, 267
Agenda 21 Global 31, 189, 250
Agenda 21 Local 31, 189
Agente etiológico 445
Algas vermelhas 402
Ambiente inovador 330
Anuário GEO 127
Arranjos produtivos 333
Arranjos produtivos locais 329
Avaliação ambiental integrada 128
Avaliação de desempenho 652

B

Bacia hidrográfica 252, 265
Barômetro da sustentabilidade 68
Biocapacidade 481
Biocombustíveis 594
Biodiversidade 495
Biomassa 705
Bottom-up 405

C

Campus universitário 526
Cana-de-açúcar 594
Capacidade biológica 499
Capacidade de resposta 20
Capacidade institucional 34
Capital construído 53
Capital humano e social 53
Capital natural 52
Capital social 678
Catadores 677, 680
Cidadania 678
Cidades 193, 473
Cluster 331
Coleta seletiva 677
Combustíveis renováveis 593
Complexo industrial 226
Comunidade universitária 496
Concentrações urbanas 328
Confederação Nacional das
    Indústrias 561
Conselho da Cidade 191
Conselho Nacional de Meio
    Ambiente 679
Construção de indicadores 82, 170

Consumo alimentar 534
Consumo de água 532
Consumo de energia 531
Controle social 264, 657
Crescimento urbano 228, 445
Cubatão 224
Cultivo de algas 412

D

Danos ambientais 2
Déficit ecológico 481
Degradação ambiental 223
Delphi 686
Democracia 162
Dengue 461
Descentralização 162
Desenvolvimento do turismo 295
Desenvolvimento econômico 1
Desenvolvimento local 160, 475
Desenvolvimento sustentável 4, 31, 82, 189, 223, 295, 367, 406, 474
Desenvolvimento urbano 227
Determinantes ambientais 445
Diagnóstico 191
Dimensões da sustentabilidade 475
Distrito industrial 330
Doenças de veiculação hídrica 647
Doenças infecciosas 445
Doenças transmissíveis reemergentes 445

E

Ecodesenvolvimento 387
Ecossistemas urbanos 473
Ecoturismo 295
Emissões de poluentes 234
Empreendimentos turísticos 313
Energia renovável 594
Equidade 60
Espaço construído 533
Etanol 593

F

Felicidade 495
Ferramentas de avaliação 336
FPEIR 136
FPSEEA 445, 446

G

GEO 127, 449
GEO Cidades 64, 128
GEO Mundo 127
GEO Nacional 128
GEO Regiões 127
GEO Sub-regiões 127
GEO temáticos 128
Geoprocessamento 707
Gestão administrativa 595
Gestão ambiental 595
Gestão municipal 125
Gestão participativa 384
Gestão pública 178, 473
Gestão sustentável de resíduos sólidos 677
Gestão urbana 263
Grau de sustentabilidade 408

H

Habitat de inovação 330

I

IDH 96, 475
IDS 475
Impacto ambiental 160, 525, 594
Indicador 298, 336, 594
Indicador ambiental 126, 131, 239
Indicadores de desempenho ambiental 571
Indicadores de desenvolvimento sustentável 21, 130, 191
Indicadores de postura ambiental 593
Indicadores de qualidade de vida urbana 130

Indicadores de saúde 447
Indicadores de saúde ambiental 451
Indicadores de sustentabilidade 159, 313, 401, 474, 682
Indicadores industriais 572
Indicadores sociais 82
Indicadores socioambientais 376
Indicadores territoriais 389
Índice de Desenvolvimento Humano 196
Índice de Desenvolvimento Humano Municipal 196, 475
Índice de Preservação da Vida Aquática 243
Índice de Qualidade Ambiental Urbana 283
Índice de Qualidade das Águas 125, 243
Índice de Qualidade de Águas Brutas para Fins de Abastecimento Público 243
Índice de qualidade do ar 239
Índice de sustentabilidade 406, 687
Índice econômico 424
Índice institucional 427
Índice Paulista de Responsabilidade Social 197
Índice Paulista de Vulnerabilidade Social 247
Índice social 416
Índices 190, 604
Indústria 41
Indústria automobilística 593
Informação 1
Informações ambientais 2
Infraestrutura sanitária 647
Infraestrutura urbana 647
Instrumentos de gestão 163
Inventário ambiental 583

J

Justiça social 495

L

Limpeza urbana 83, 679

M

Malária 445
Mapa Estratégico da Indústria 561
Marcos regulatórios 660
Materiais recicláveis 678
Mídia 40
Mobilidade 537
Modelo conceitual estrutural 81
Modelo PEIR 63, 450
Modelo PER 133, 136, 448
Município de São Paulo 147

O

Oficina 199
ONG 41

P

Padrão de consumo 83
Painel da sustentabilidade 70
Palestras 305
Paradigma 295
Participação 34, 300
Participação popular 81
Participação social 159
Passivos ambientais 160
Paz 495
Pegada ecológica 65, 476, 495, 525
PEIR 63, 450
PER 133, 136, 448
Pescadores 402
PIB 249, 368
Planejamento ambiental urbano 84
Planejamento urbano 145
Plano Nacional de Resíduos Sólidos 680
Pnuma 138
Pobreza 264

Políticas ambientais 562
Políticas locais 160
Políticas públicas 24, 159
Políticas urbanas 166
Poluição 232
Poluição atmosférica 230
Poluição do solo 231
Postura ambiental 594
Princípios da sustentabilidade 198
Processo participativo 159
Produção industrial 368
Produto Interno Bruto 1
Produto Nacional Bruto 1
Programa Nacional de Qualidade em Saneamento (PNQS) 657
Proteção aos Mananciais 196
Protocolo de Kyoto 593

Q

Qualidade de vida 82, 375
Queima da cana 707
Questionários 535

R

Reciclagem 83
Recursos hídricos 264
Recursos naturais 160, 495
Relações de trabalho 328
Renda familiar 374
Resíduos 83
Resíduos industriais perigosos 231
Resíduos sólidos 534, 679
Risco 265, 445, 705

S

Saneamento 264
Saneamento ambiental 647

Saneamento básico 245, 264, 648
Saúde 38, 131, 705
Saúde ambiental 445
Saúde humana 84, 445
Saúde pública 647
Séries de dados 132
Setor industrial 561
Setor têxtil 563
Síndromes de sustentabilidade 71
Sistema de indicadores 170, 190, 263, 298
Sistema de indicadores sanitários 648
Sistema de indicadores socioambientais 265
Sistemas de avaliação 32
Sustentabilidade 161, 329, 496, 523
Sustentabilidade corporativa 596
Sustentabilidade ecológica 22
Sustentabilidade econômica 22
Sustentabilidade espacial 22
Sustentabilidade local 161
Sustentabilidade social 21

T

Tecnologias ambientais 600
Titularidade dos serviços 650
Tomada de decisão 7, 31
Top-down 405
Tratamento de esgotos sanitários 647
Turismo 295
Turismo rural 295
Turismo sustentável 296

U

Universalidade 648
Universidades 524

ANEXO

Dos Editores
e Autores

Dos editores

Arlindo Philippi Jr – Engenheiro civil (UFSC), engenheiro sanitarista e de segurança do trabalho (USP), mestre e doutor em Saúde Pública (USP). Pós--doutor em Estudos Urbanos e Regionais (Massachusetts Institute of Technology – MIT, EUA). Livre-docente em Política e Gestão Ambiental (USP). É professor titular da Faculdade de Saúde Pública da USP. Exerce atualmente a função de presidente da Comissão de Pós-Graduação da Faculdade de Saúde Pública e de pró-reitor adjunto de pós-graduação da USP.

Tadeu Fabrício Malheiros – Engenheiro civil (USP), especialista em Engenharia Ambiental, mestre em Resources Engineering (Universitat Karlsruhe), doutor e pós-doutor em Saúde Pública (USP). Atualmente é professor doutor na Escola de Engenharia de São Carlos (EESC/USP) e vice-diretor do Centro de Recursos Hídricos e Ecologia Aplicada da EESC/USP.

Dos autores

Adelaide Cassia Nardocci – Bacharel em Física (UEL), mestre em Engenharia Nuclear (Coppe/UFRJ) e doutora em Saúde Pública (USP). Pós-doutorado (Universidade de Bologna) e livre-docente (USP). É professora associada do Departamento de Saúde Ambiental da Faculdade de Saúde Pública da USP e coordenadora do Núcleo de Pesquisa em Avaliação de Riscos Ambientais.

Alceu de Castro Galvão Jr – Engenheiro civil (Universidade Federal do Ceará – UFC), mestre em Hidráulica e Saneamento e doutor em Saúde Pública (USP). É analista de regulação da Agência Reguladora de Serviços Públicos Delegados do Estado do Ceará (Arce).

Alexandre Caetano da Silva – Engenheiro sanitarista e civil (Escola de Engenharia de Mauá – EEM). Analista de Regulação da Agência Reguladora de Serviços Públicos Delegados do Estado do Ceará (Arce).

Angélica Aparecida Tanus Benatti Alvim – Arquiteta e urbanista (Faculdade de Belas Artes de São Paulo), mestre e doutora em Arquitetura e Urbanismo (Faculdade de Arquitetura e Urbanismo da USP – FAU/USP). Coordenadora, professora adjunta e pesquisadora do Programa de Pós-Graduação em Arquitetura e Urbanismo da Faculdade de Arquitetura e Urbanismo na Universidade Presbiteriana Mackenzie. Foi coordenadora de Pesquisa da FAU/Mackenzie e editora dos *Cadernos de Pós-Graduação em Arquitetura e Urbanismo*. É líder do Grupo de Pesquisa Urbanismo Contemporâneo: Redes, Sistemas e Processos.

Arlindo Philippi Jr – Engenheiro civil (UFSC), engenheiro sanitarista e de segurança do trabalho (USP), mestre e doutor em Saúde Pública (USP). Pós-doutor em Estudos Urbanos e Regionais (Massachusetts Institute of Technology – MIT, EUA). Livre-docente em Política e Gestão Ambiental (USP). É professor titular da Faculdade de Saúde Pública da USP. Exerce atualmente a função de presidente da Comissão de Pós-Graduação da Faculdade de Saúde Pública e de pró-reitor adjunto de pós-graduação da USP.

Beatriz Bittencourt Andrade – Administradora e mestre em Administração (Universidade Federal de Santa Catarina – UFSC). Pesquisadora colaboradora do grupo Observatório da Sustentabilidade e Governança da UFSC.

Bernardo Arantes do Nascimento Teixeira – Engenheiro civil (Universidade Federal de Minas Gerais – UFMG), mestre e doutor em Hidráulica e Saneamento (USP) e pós-doutor (Universidad Autónoma de Barcelona). É docente da Universidade Federal de São Carlos (UFSCar), tendo coordenado a graduação em Engenharia Civil e a pós-graduação em Engenharia Urbana. Foi pró-reitor de pós-graduação da UFSCar na gestão 2008-2012.

Carlos Alberto Cioce Sampaio – Administrador, mestre e doutor em Planejamento e Gestão Organizacional para o Desenvolvimento Sustentável e pós-doutor em Ecossocioeconomia e Cooperativismo Corporativo. Foi professor visitante do Centro Brasileiro de Estudos Contemporâneos da Escola de Altos Estudos em Ciências Sociais, em Paris, e do Centro de Estudos Ambientais da Universidade Austral do Chile. É professor do Departamento de Turismo e do Programa de Pós-Graduação em Meio Ambiente e Desenvolvimento da Universidade Federal do Paraná. Coordena o Núcleo de Ecossocioeconomia. Professor do Programa de Pós-Graduação em Desenvolvimento Regional da Universidade Regional de Blumenau (Furb), no qual coordena o Núcleo de Políticas Públicas.

Christian Eduardo Henríquez Zuñiga – Administrador de empresas turísticas com ênfase em planejamento para o desenvolvimento do turismo sustentável (Universidade Austral de Chile – UACh); mestre em Desenvolvimento Regional (Universidade Regional de Blumenau – Furb); doutor em Ciências Humanas (UACh) e no Programa de Pós-Graduação em Meio Ambiente e Desenvolvimento (Universidade Federal do Paraná – UFPR), com bolsa Conicyt, e no Centro de Recursos Hídricos e Ecología Aplicada (USP). É investigador e professor do Centro Transdisciplinar de Estudos Ambientais e Programa de Honra em Ambiente, Sociedade e Mudanças climáticas da UACh. Durante o primeiro semestre de 2012 foi pesquisador e professor visitante na Incubadora Tecnológica de Cooperativas Populares (ITCP/UFPR).

Dora Blanco Heras – Física com especialização em Eletrônica (Universidad de Santiago de Compostela) e doutora em Física. É professora titular da Universidad de Santiago de Compostela na área de arquitetura e ciências computacionais. Foi coordenadora do Plano de Desenvolvimento Sustentável dessa universidade.

Evaldo Luiz Gaeta Espíndola – Cientista biológico (Universidade Federal de Mato Grosso do Sul – UFMS), mestre em Hidráulica e Saneamento e doutor em Ciências da Engenharia Ambiental (USP). Atualmente é professor livre-docente da USP, sendo responsável pelo Núcleo de Estudos em Ecossistemas Aquáticos. Foi coordenador do Programa de Pós-graduação em Ciências da Engenharia Ambiental e diretor do Centro de Recursos Hídricos e Ecologia Aplicada, do Departamento de Hidráulica e Saneamento, da EESC/USP. Atualmente realiza seu pós-doutoramento na Universidade de Sheffield, Inglaterra, na área de Ecotoxicologia.

Fábio Silva Lopes – Processador de dados (Universidade Presbiteriana Mackenzie) e doutor em Ciências (USP). É coordenador do curso de Sistemas de Informação da Faculdade de Computação e Informática da Universidade Presbiteriana Mackenzie. Tem experiência em engenharia de software, banco de dados, geoprocessamento, BI e aplicações voltadas para saúde e meio ambiente.

Frederico Yuri Hanai – Engenheiro Mecânico (Escola de engenharia de São Carlos – EESC/USP) e especialista em Ecoturismo, Educação e Interpretação Ambiental (Universidade Federal de Lavras). Mestre em Hidráulica e Saneamento, especialista em Educação Ambiental e Recursos Hídricos, doutor em Ciências da Engenharia Ambiental, pós-doutor (EESC/USP).

Gilda Collet Bruna – Arquiteta e urbanista e doutora (Faculdade de Arquitetura e Urbanismo da USP – FAU/USP). Especialização (Japan International Cooperation Agency – JICA – Tóquio, Japão). Livre-docente (FAU/USP). Pós-doutorado como professora visitante (Universidade do Novo México, Allbuquerque, Estados Unidos). Aposentou-se como professora titular da FAU/USP. Foi diretora da FAU/USP de 1991 a 1994. Foi presidente da Empresa Paulista de Planejamento Metropolitano (Emplasa). Atualmente é professora associada plena da Universidade Presbiteriana Mackenzie.

Gina Rizpah Besen – Psicóloga, ambientalista e doutora em Saúde Pública (Faculdade de Saúde Pública – FSP/USP). Exerceu cargos de secretária de meio ambiente de Embu das Artes, de diretora de controle da qualidade ambiental e chefe da assessoria técnica da Secretaria do Verde e do Meio Ambiente de São Paulo. Desenvolve consultorias em gestão ambiental junto aos setores governamental, privado e terceiro setor na elaboração e implantação de projetos de responsabilidade socioambiental, cursos e publicações pedagógicas voltadas ao consumo e gestão sustentável de resíduos sólidos.

Glória Regina Calháo Barini Néspoli – Engenheira civil (Universidade Federal do Mato Grosso – UFMT). Bacharel em Direito (Universidade de Cuiabá). Especialista em Gerência de Cidade (Fundação Armando Álvares Penteado). Mestre em Geografia, concentração em Ambiente e Desenvolvimento Regional (UFMT). Doutora em Saúde Pública, concentração em saúde ambiental (Faculdade de Saúde Pública – FSP/USP). Elaborou trabalhos nas áreas de planejamento governamental, ambiental e de desenvolvimento urbano. Servidora do Município de Cuiabá-MT. Pesquisadora CNPQ.

Hans Michael van Bellen – Engenheiro mecânico, mestre em Administração e doutor em Engenharia de Produção (Universidade Federal de Santa Catarina – UFSC) com realização de doutorado modalidade sanduíche (Universität Dortmund). Atualmente é professor adjunto da UFSC, vinculado ao Departamento de Engenharia do Conhecimento do Centro Tecnológico. Atua como docente e pesquisador nos programas de pós-graduação em Administração e Contabilidade.

Helena Ribeiro – Geógrafa (Pontifícia Universidade Católica de São Paulo – PUC-SP), mestre em Geografia (Universidade da Califórnia, Berkeley), e doutora em Geografia Física (USP). Professora do Departamento de Saúde Ambiental da Faculdade de Saúde Pública da USP. Atualmente exerce a função de diretora desta instituição.

Ioshiaqui Shimbo – Mestre em Construção Civil e Engenharia Urbana (Escola Politécnica – EP-USP), doutor em Educação (Unicamp). Professor do Programa de Pós-Graduação em Engenharia Urbana na Universidade Federal de São Carlos (UFSCar). Membro do Grupo de Pesquisa Habitação e Sustentabilidade (Habis) e do Núcleo Multidisciplinar e Integrado de Estudos, Formação e Intervenção em Economia Solidária (Numi-EcoSol) da UFSCar.

Leydy Viviana Agredo González – Técnica em Administração de Empresas (Instituto Cecnal), economista (Universidad del Valle, Cali, Colômbia), com MBA em direção de projetos (Universidad del Mar, Viña del Mar, Chile). Atua na Federación Nacional de Comerciantes (Fenalco) Valle del Cauca.

Laudemira Silva Rabelo – Química industrial (Universidade Federal do Ceará – UFC), especialista em Responsabilidade Social (Faculdade Integrada do Ceará) e mestre em Desenvolvimento e Meio Ambiente (UFC). Atualmente é doutoranda em Desenvolvimento e Meio Ambiente na UFC.

Liliane Garcia Ferreira – Licenciada em Letras (Português-Espanhol) (Universidade Estadual Paulista – Unesp), bacharel em Direito (Fundação de Ensino Eurípedes Soares da Rocha) e especialista em Interesses Difusos e Coletivos (Escola Superior do Ministério Público de São Paulo). Mestre em Saúde Pública (Faculdade de Saúde Pública – FSP/USP. Atualmente é Promotora de Justiça junto ao Ministério Público do Estado de São Paulo e Consultora da Organização das Nações Unidas (ONU) junto à Secretaria da Convenção sobre o Comércio Internacional de Espécies da Flora e Fauna Selvagens em Perigo de Extinção.

Lineu Belico dos Reis – Engenheiro eletricista com mestrado e doutorado em Engenharia Elétrica (Escola Politécnica da USP – EPUSP). Livre docente em Engenharia Elétrica (EPUSP), consultor e professor de cursos de pós-graduação no Programa de Educação Continuada em Engenharia da EPUSP; Instituto de Eletrotécnica e Energia (USP); Fundação Armando Álvares Penteado; Associação Brasileira da Infraestrutura e Indústrias de Base, nas áreas de energia elétrica e energia, meio ambiente e sustentabilidade.

Luiz Guilherme Rivera de Castro – Arquiteto e Urbanista (Faculdade de Arquitetura e Urbanismo da USP – FAU/USP)), mestre em Arquitetura e Urbanismo (Universidade Presbiteriana Mackenzie) e doutor em Arquitetura e Urbanismo (FAU/USP). Atualmente é professor na Faculdade de Arquitetura e Urbanismo da Universidade Presbiteriana Mackenzie, coordenando a sequência de disciplinas de planejamento urbano.

Luiz Gustavo Faccini – Geógrafo (Universidade Estadual de Maringá – UEMPR). Especialista em Geoprocessamento (Centro Universitário Senac-SP). Tem experiência nas áreas de geografia, geoprocessamento e geografia da saúde e em planejamento regional, na elaboração de planos diretores municipais. Atualmente é mestrando no Programa de Pós-Graduação em Saúde Pública da USP.

Mara Lúcia Barbosa Carneiro Oliveira – Engenheira civil com especialização em Engenharia Sanitária (Faculdade de Saúde Pública da USP – FSP/USP). Especialização em Administração Pública (Fundação Getulio Vargas – Brasília). Mestrado em Planejamento e Gestão Ambiental (Universidade Católica de Brasília). Já atuou como sanitarista do Ministério da Saúde, na coordenação geral de saúde ambiental. Foi coordenadora geral de Saneamento Urbano da Secretaria Nacional de Saneamento. Atuou como assessora de saúde ambiental da Oficina de campo da Organização Mundial da Saúde (OMS) na Fronteira México/Estados Unidos em El Paso, Texas. Atualmente é assessora de saúde ambiental da representação da OMS no Brasil em Brasília, DF.

Maria Luiza de Moraes Leonel Padilha – Engenheira Agronôma (Faculdade de Agronomia e Zootecnia Manoel Carlos Gonçalves), especialista em Gestão Ambiental (Faculdade de Saúde Pública da USP – FSP/USP), mestre em Administração (PUC-SP), doutora (FSP/USP), pós-doutora (Departamento de Saúde Ambiental da FSP/USP). Atualmente é docente da Escola Senai Mário Amato – Faculdade Senai de Tecnologia Ambiental.

Mario Alejandro Pérez Rincón – Economista (Universidad del Valle, Cali, Colômbia), mestre em Economia (Centro de Investigaciones y Docencia Económica, México), PhD e mestre em Ciências Ambientais, com ênfase em Economia Ecológica e Gestão Ambiental (Universidad Autónoma de Barcelona, Espanha). É professor da Universidad del Valle, atuando no Instituto Cinara, onde trabalha com temas como economia ecológica e ambiental, gestão de serviços públicos de água, de saneamento e de recursos hídricos, avaliação de projetos e desenvolvimento sustentável.

DOS AUTORES | **739**

Marise Tissyana Parente Carneiro Adeodato – Arquiteta e Urbanista (Universidade Federal do Ceará – UFC), mestre em Engenharia Urbana (Universidade Federal de São Carlos – UFSCar) e doutora em Arquitetura e Urbanismo (Faculdade de Arquitetura e Urbanismo da USP – FAU/ USP). Atualmente ocupa o cargo de arquiteta e urbanista na Secretaria de Planejamento da Prefeitura Municipal de Sumaré, SP.

Natália Sanchez Molina – Administradora e mestre em Ciências da Engenharia Ambiental (USP). Atualmente é professora do curso de Engenharia Ambiental da Unesc Rondônia.

Omar Yazbek Bitar – Geólogo (Instituto de Geociências da USP), mestre em Geociências (Instituto de Geociências da Unicamp) e doutor em Engenharia (Escola Politécnica da USP – EPUSP). Pesquisador e docente do Instituto de Pesquisas Tecnológicas (IPT) da USP, atuando em avaliação de impactos ambientais e planejamento e gestão territorial.

Oscar Dalfovo – Cientista computacional, especialista em Organização, Sistemas e Métodos, mestre em Administração de Negócios, doutor em Ciência da Computação (Universidade Federal de Santa Catarina – UFSC). Segundo doutorado em Engenharia e Gestão do Conhecimento (UFSC). Consultor na área de sistemas de informação, administração, inteligência competitiva, tecnologia da informação e comunicação, plano de negócios e gestão do conhecimento. É coordenador do laboratório de pesquisa científica e tecnológica no âmbito do Programa Temático em Sistemas de Informação e coordenador do Programa de Mestrado em Administração da Universidade Regional de Blumenau (Furb).

Patrícia Cristina Silva Leme – Cientista biológica (Universidade Federal de São Carlos – UFSCar), mestre e doutora em Educação (UFSCar). É educadora da Universidade de São Paulo, junto ao Programa USP Recicla da Superintendência de Gestão Ambiental.

Patrícia Verônica Pinheiro Sales Lima – Agrônoma e mestre em Economia Rural (Universidade Federal do Ceará – UFC), doutora em Ciências – Economia Aplicada (USP). Atualmente é professora associada da UFC, lecionando no Mestrado Acadêmico em Economia Rural e no Programa de Pós-Graduação em Desenvolvimento e Meio Ambiente.

INDICADORES DE SUSTENTABILIDADE E GESTÃO AMBIENTAL

Peter Zeilhofer – Geógrafo (Ludwig-Maximilians Universitaet – LMU, Munique, Alemanha). Doutor em Engenharia Florestal (LMU). Professor associado na Universidade Federal de Mato Grosso (UFMT). Pesquisador CNPq na área de geoprocessamento aplicado a recursos hídricos e geografia de saúde.

Renata Amaral – Engenheira ambiental (Escola de Engenharia de São Carlos – EESC/USP). Atualmente, é coordenadora de projetos na Giral Viveiro de Projetos/SP, atuando na área de planejamento e gestão de projetos voltados a temática de resíduos sólidos, com inclusão dos catadores de material reciclável. Trabalhou como bolsista no Programa USP Recicla da USP e foi consultora do Projeto de Cooperação Internacional entre USP e Universidade Autônoma de Madri (UAM) na área de sustentabilidade universitária.

Ricardo Siloto da Silva – Arquiteto e Urbanista (Faculdade de Arquitetua e Urbanismo da USP – FAU/USP) e doutor em História e Sociedade (Universidade Estadual Paulista – Unesp). Coordena pesquisas em Gestão do Ambiente Urbanizado, com ênfase em sustentabilidade urbana e regional, ecologia urbana e instrumentos de gestão e de planejamento urbanos. Foi assessor do MEC e exerceu diversas funções administrativas em órgãos públicos e na universidade, assumindo pró-reitorias na Universidade Federal de São Carlos (UFSCar) e na universidade Federal do ABC (UFABC).

Roberto Righi – Arquiteto e urbanista (Faculdade de Arquitetura e Urbanismo da USP – FAU/USP). Professor titular da Faculdade de Arquitetura e Urbanismo da Universidade Presbiteriana Mackenzie, onde foi diretor e chefe de departamento da graduação; fundador e coordenador da pós-graduação. Também é professor doutor da FAU/USP; conselheiro e pesquisador do Núcleo de Tecnologia da USP (Nutau/USP) e vice-presidente da empresa e-DAU. Contribuiu no urbanismo na Prefeitura Municipal de São Paulo. Atuou em concursos, exposições, premiações, orientações e consultoria em urbanismo, arquitetura e artes visuais, assinando comunicados em eventos científicos e artigos em revistas e livros.

Samuel Luna de Almeida – Geógrafo (Universidade Estadual de Maringá), especialista em Geoprocessamento (Senac). Vem atuando como pesquisador em projetos de pesquisa do Departamento de Saúde Ambiental da Faculdade de Saúde Pública da USP, na área de análise espacial de dados de saúde e avaliação de riscos ambientais. Atualmente é mestrando no Programa de Pós-Graduação em Saúde Pública da USP.

Sonia Maria Viggiani Coutinho – Bacharel em Direito (USP), mestre em Saúde Pública, especialista em Direito Ambiental, doutora em Ciências, pós-doutoranda (Faculdade de Saúde Pública da USP – FSP/USP). Atualmente é pesquisadora e coordenadora executiva da Rede Siades (Sistema de Informações Ambientais para o Desenvolvimento Sustentável) e pesquisadora do Núcleo de Apoio à Pesquisa em Mudanças Climáticas (NapMC/Incline – Interdisciplinary Climate Investigation Center).

Sueli Corrêa de Faria – Arquiteta e Urbanista (Universidade de Brasília – UnB), mestre em Planejamento Urbano e Regional (Coppe/UFRJ), doutora em Planejamento Ambiental (Universitaet Stuttgart); pós-doutora (Chinese Research Academy of Environmental Sciences, Pequim), e MBA em Business Coaching (UCB e NewField Consulting, EUA). Foi professora visitante na UnB e professora titular do Programa de Pós-Graduação em Planejamento e Gestão Ambiental da Universidade Católica de Brasília, onde coordenou a linha de pesquisa Planejamento e Gestão Ambiental, liderando o grupo internacional de pesquisa Green Governance. Presidiu a Urbenviron, Associação Internacional de Planejamento e Gestão Ambiental.

Tadeu Fabrício Malheiros – Engenheiro civil (USP), especialista em Engenharia Ambiental, mestre em Resources Engineering (Universität Karlsruhe), doutor e pós-doutor em Saúde Pública (USP). Atualmente é professor doutor na Escola de Engenharia de São Carlos (EESC/USP) e vice-diretor do Centro de Recursos Hídricos e Ecologia Aplicada da EESC/USP.

Tania de Oliveira Braga – Geóloga (Instituto de Geociências da USP) e especialista em Segurança e Meio Ambiente em Mineração (École des Mines d'Alès, França). É pesquisadora do Instituto de Pesquisas Tecnológicas, atuando em avaliação geoambiental e recursos hídricos.

Tiago Balieiro Cetrulo – Engenheiro Agronômo e mestre em Ciências da Engenharia Ambiental (USP). Atualmente é professor e coordenador no Curso de Engenharia Ambiental das Faculdades Integradas de Cacoal (Unesc).

INDICADORES DE SUSTENTABILIDADE E GESTÃO AMBIENTAL

Valdir Fernandes - Cientista social, mestre e doutor em Engenharia Ambiental (Universidade Federal de Santa Catarina – UFSC). Pós-doutorado em Saúde Ambiental (Faculdade de Saúde Pública da USP – FSP/USP), em parceria com o Centro de Capacitação e Pesquisa em Meio Ambiente da USP. É *Academic Partner* do projeto *Advancing Sustainability* da Alcoa Foundation. Atualmente é Professor no Centro Universitário das Faculdades Associadas de Ensino (FAE) e na Universidade Positivo (UP).

Volia Regina Costa Kato - Graduada e mestre em Ciências Sociais (USP) e doutora em Arquitetura e Urbanismo (Faculdade de Arquitetura e Urbanismo da Universidade Presbiteriana Mackenzie – FAU/Mackenzie). É professora pesquisadora na graduação e no pós-graduação *latu sensu* da FAU/Mackenzie.

Wanda Maria Risso Günther - Engenheira civil (Instituto Mauá de Tecnologia) e cientista social (USP), especialista em Engenharia de Saúde Pública, mestre e doutora em Saúde Pública (Faculdade de Saúde Pública da USP – FSP/USP). Atualmente é professora associada da FSP/USP, prefeita do Quadrilátero Saúde/Direito da USP, vice-coordenadora da área de concentração saúde ambiental do Programa de Pós-Graduação em Saúde Pública, coordenadora do Programa USP Recicla e representante titular da USP no Conselho Estadual de Saneamento. Ministra disciplinas na graduação e pós-graduação, desenvolve pesquisas e orientações na pós-graduação com ênfase em questões de resíduos sólidos, gestão ambiental, saúde ambiental e saúde pública.

Do prefaceador

Jacques Marcovitch – Master of Management (Vanderbilt University, EUA), doutor em Administração (FEA/USP), e pós-doutor (International Management Institute, Suíça). Foi reitor da USP de 1997 a 2001, pró-reitor de Cultura e Extensão Universitária da USP de 1994 a 1997, diretor do Instituto de Estudos Avançados e da FEA/USP, presidente das Empresas de Energia do Estado de São Paulo (CESP, CPFL, Eletropaulo e Comgás) e Secretário de Economia e Planejamento do Estado de São Paulo. Atualmente, além das atividades acadêmicas, é membro do Conselho Superior do Graduate Institute of International and Development Studies (IHEID), em Genebra. Recebeu vários reconhecimentos, entre eles: l'Ordre Nationale de la Legion D'Honneur (França), Prêmio Jabuti, Grã-Cruz da Ordem de Rio Branco, e Grã Cruz da Ordem Nacional do Mérito Científico. É professor da USP, dedica-se ao estudo do pioneirismo empresarial, estratégia e inovação com foco no crescimento econômico, na distribuição de renda e na sustentabilidade ambiental.

Do posfaceador

Paula Santana – Geógrafa e doutora em Geografia Humana. Investigadora e professora catedrática da Universidade de Coimbra dedicada à docência e investigação nas áreas da Geografia da Saúde e Planejamento Urbano Saudável. É atualmente vice-presidente da Comissão de Coordenação e Desenvolvimento Regional de Lisboa e Vale do Tejo. Nos últimos dois anos publicou, entre outras revistas, na *Social Science & Medicine, International Journal of Health Services, European Journal of Public Health, Sexually Transmitted Infections, European Journal of Cardiovascular Prevention and Rehabilitation, New England Journal of Medicine* e *Cadernos de Saúde Pública*. Venceu, em co-autoria, o prêmio Bial de Medicina Clínica (2006), o prêmio de reconhecimento científico da Rede Portuguesa de Cidades Saudáveis (2008) e a menção honrosa do prêmio Bial de Medicina Clínica (2009). Pelo contributo prestado na área da Geografia da Saúde, foi-lhe concedido o título de Membro Correspondente da Geographical Society of Finland, foi eleita membro do Steering Committee da Commission on Health and Development (IGU) e representa Portugal em nove programas científicos internacionais (financiados, entre outras, pela Organização Mundial de Saúde, União Europeia, European Science Foundation, Medical Research Council de Glasgow).

COLEÇÃO AMBIENTAL

ARLINDO PHILIPPI JR
COORDENADOR

Gestão de Natureza Pública e Sustentabilidade
Arlindo Philippi Jr, Carlos Alberto Cioce Sampaio, Valdir Fernandes

Gestão Ambiental e Sustentabilidade no Turismo
Arlindo Philippi Jr, Doris Ruschmann

Curso de Gestão Ambiental
Arlindo Philippi Jr, Marcelo de Andrade Roméro, Gilda Collet Bruna,

Reúso de Água
Pedro Caetano Sanches Mancuso, Hilton Felício dos Santos

Empresas, Desenvolvimento e Ambiente – Diagnóstico e Diretrizes de Sustentabilidade
Gilberto Montibeller F.

Educação Ambiental e Sustentabilidade
Arlindo Philippi Jr, Maria Cecília Focesi Pelicioni

COLEÇÃO AMBIENTAL

ARLINDO PHILIPPI JR
COORDENADOR

Energia Elétrica e Sustentabilidade – Aspectos Tecnológicos, Socioambientais e Legais
Lineu Belico dos Reis,
Eldis Camargo Neves Cunha

Energia, Recursos Naturais e a Prática do Desenvolvimento Sustentável – 2ª ed.
Lineu Belico dos Reis, Eliane A. F. Amaral Fadigas, Cláudio Elias Carvalho

Saneamento, Saúde e Ambiente – Fundamentos para um Desenvolvimento Sustentável
Arlindo Philippi Jr

Gestão do Saneamento Básico – Abastecimento de Água e Esgotamento Sanitário
Arlindo Philippi Jr,
Alceu de Castro Galvão Jr

Política Nacional, Gestão e Gerenciamento de Resíduos Sólidos
Arnaldo Jardim, Consuelo Yoshida, José Valverde Machado Filho

Curso Interdisciplinar de Direito Ambiental
Arlindo Philippi Jr, Alaôr Caffé Alves